Donner der Gerechtigkeit

Der prophetische Traum des hl. Don Bosco. Die „beiden Siegessäulen“ waren der Gegenstand des prophetischen Traums, den Don Bosco 1862 hatte. Ihm wurde geoffenbart, daß der Friede in der Welt sich erst nach einer fürchterlichen Schlacht einstellen werde, in welcher der Papst triumphieren würde, indem er das Schiff Petri, die Kirche, an den Säulen der Echaristie und der wahren Verehrung Mariens verankern werde.

Donner der Gerechtigkeit

Die Warnung
Das Wunder
Die Läuterung
Das Friedenszeitalter

Gottes allerletzter Akt der Barmherzigkeit

Von Ted und Maureen Flynn

Mediatrix-Verlag
A-3423 St. Andrä-Wördern, Gloriette 5

Geschrieben, zusammengestellt und redigiert von Ted und Maureen Flynn.

ISBN 3 85406 158 7

Printed in Austria
1. Auflage 2000

Bestelladresse für Österreich:
Mediatrix-Verlag, A-3423 St. Andrä-Wördern, Gloriette 5.

Direktbezug:
Mediatrix-Buchhandlung, A-1010 Wien, Seilerstätte 16.

Bestelladresse (und Direktbezug) für Deutschland:
Mediatrix-Verlag, D-84495 Altötting, Kapuzinerstraße 7.

Herstellung und Druck:
Offsetdruckerei Dr. Ranner, A-1210 Wien

Gewidmet an
Colleen und Danny,

die eine Quelle großer Freude sind.
Ad majorem Dei gloriam

Erklärung

Seit Aufhebung von can 1399 und 2318 des vorherigen kirchlichen Rechtsbuches können Veröffentlichungen über neue Erscheinungen, Offenbarungen, Prophezeiungen, Wunder usw. auch ohne ausdrückliche kirchliche Druckerlaubnis unter der Beachtung, daß darin nichts dem Glauben und der allgemeinen christlichen Moral widerspricht, von den Gläubigen verbreitet und gelesen werden. Das bedeutet, daß kein Imprimatur erforderlich ist, wenn man Informationen über neue Erscheinungen verbreitet, die von der Kirche noch nicht beurteilt worden sind. Die Autoren wünschen ihren unbedingten Gehorsam gegenüber dem abschließenden und offiziellen Urteil des kirchlichen Lehramts zum Ausdruck zu bringen, bezüglich aller Ereignisse, die derzeit noch untersucht werden.

Im zwölften Kapitel des Dokuments des Zweiten Vatikanischen Konzils, *Lumen Gentium*, fordern die Konzilsväter die Gläubigen auf, offen und aufmerksam gegenüber der Art und Weise zu sein, Privatoffenbarungen eingeschlossen, wie der Heilige Geist weiterhin die Kirche führt. Wir lesen: „Solche Gnadengeschenke, ob es sich dabei um eine besondere Erleuchtung oder solche einer weiter verbreiteten, einfacheren und allgemeineren Art handelt, müssen dankbar und trostreich angenommen werden, da sie für die Nöte der Kirche besonders geeignet und nützlich sind. ... Das Urteil über ihre Echtheit und ihre richtige Anwendung liegt bei jenen, die die Kirche leiten, und bei jenen, deren besondere Aufgabe es ist, den Geist nicht auszulöschen, sondern alles zu untersuchen und an dem festzuhalten, was gut ist.“

Inhaltsverzeichnis

Buch I: Aufruf zur Umkehr

Buch II: Die warnende Stimme der Mutter

Buch III: Zeichen und Drangsale

Buch IV: Die Reinigung der Welt

Buch V: Die neue Ära / Der Triumph der zwei Herzen

Anerkennungen

Wir danken dem Herrn und seiner Mutter für die außerordentlichen Gnadenerweise, die wir, nur Gott weiß warum, erhalten haben. Als wir damit begannen, Informationen zusammenzutragen, hätten wir nie geglaubt, eine solch reiche Ader an geistlichen Schätzen zu finden. Wir erhielten einen kurzen Einblick in das tiefe Geheimnis, das sich nun vor aller Welt enthüllt. Bald werden alle Maria „Königin" nennen.

Wir danken unseren Eltern für ihre Unterstützung in all den Jahren unserer abenteuerlichen Unternehmungen, was immer auch das Thema war. Wir hätten es nie ohne Euch getan.

Ein herzliches Dankeschön auch an Jim O'Rourke. An späten Abenden, während ich eine große Anzahl von Informationsmaterial durchsah und versuchte, es zu verstehen, ging mir immer wieder ein Gedanke auf Dich, Jim, bezogen durch den Kopf: „Recht so, du guter und treuer Knecht!" Danke auch an die Familie Gonzales, Dr. und Frau Francis N. Hennessey, Stan Karminski, Bud MacFarlane, Bernie Marcotte, Malachi Martin, Rick Rotondi, Ron Stone und alle Freunde, die am Zustandekommen dieses Buches beigetragen haben. Euch allen unseren aufrichtigen Dank.

All unseren Freunden von *Signs of the Times* (Zeitzeichen) –, der „Armee der Getreuen", von denen in den Botschaften gesprochen wird: unsere Zeitschrift *„Signs of the Times"* (Zeitzeichen) und dieses Buch wären ohne euren Einsatz nie erschienen. Weltweit haben in den letzten fünf Jahren Zehntausende von Menschen das Resultat eurer Arbeit gelesen. Der Herr weiß darum.

Ted und Maureen Flynn
8. September 1993

Vorwort

Nur ein unaufmerksamer und sehr abgelenkter Christ unserer Tage hätte es vermeiden können, durch den „langen, heißen Sommer" von 1993 wenigstens einen flüchtigen Eindruck davon zu gewinnen, daß im Laufe der letzten Jahre ein ständiges Anwachsen von Ereignissen – im weitesten Sinne des Wortes – stattgefunden hat, die alle anzeigen, daß die Menschheit im allgemeinen und die heilige, römisch-katholische Kirche im besonderen eine schicksalshafte Schwelle erreicht haben, jenseits deren eine neue Art und Weise des Menschseins liegt.

Buchstäblich hat jedes Jahrzehnt alleine dieses Jahrhunderts eines nach dem anderen an, was Christus „Zeichen der Zeit" nannte (Matthäus 16, 1–4), hervorgebracht.

Ganz allgemein kann man sagen, daß es nahezu unmöglich ist, von diesen Ereignissen und dem Aufschrei des Anspruchs der Beteiligten überhaupt nichts erfahren zu haben: Visionen, Erscheinungen, Botschaften, Voraussagen, Warnungen, Auslegungen, weinende Statuen und blutende Ikonen, wunderbare Quellwasser, unerklärliche Heilungen, Wunder der tanzenden Sonne und Mondfinsternisse, kleine Kinder, die die Zukunft voraussagen, ungebildete Männer und Frauen, die Päpste und Regierungschefs beraten, länderweite Tourneeveranstaltungen von Vermittlern besonderer Botschaften. Und all das ist durchströmt von der offensichtlichen Hervorhebung der einzigartigen Rolle der Allerseligsten Jungfrau Maria von Nazareth als Königin des Himmels, Mutter aller Lebenden und – ohne Überraschung – als Mittlerin aller Gnaden.

Es ist, als ob die Worte des Propheten Joel sich erfüllten: „Darnach aber wird es geschehen: Ich werde meinen Geist über alles Fleisch ausgießen, eure Söhne und eure Töchter werden weissagen, eure Greise Träume haben und eure Jünglinge Gesichte schauen." (Joel 2, 28)

Aber solchem Jubel wird in ernüchtender Weise die andere Seite vom Blutbad dieses Jahrhunderts gegenübergestellt. Denn dieses ist ein Jahrhundert, welches uns schockierende Schreckensszenen beschert hat und noch weiterhin solche hervorbringt: die Tötung à la Schlachthof durch geplante Kriege von buchstäblich Millionen von Männern, Frauen und Kindern; die Vernichtung – manchmal, als ob über Nacht—von mächtigen Weltreichen, ein immer größer werdender Strom von Kindestötungen, der in den letzten fünfzig Jahren wohl auf über 1 Milliarde angewachsen ist; eine ständig anwachsende Zahl von Bruderkriegen.

Zum Zeitpunkt dieser Niederschrift sind 245 solcher Kriege im vollen Gang. Massenweise gibt es Folterungen und Verfolgungen auf allen fünf Kontinenten, außerdem noch Naturkatastrophen ohne gleichen in der bekannten Menschheitsgeschichte. Diese Szenerie der Welt wird überschattet von einem allgemeinen wirtschaftlichen Niedergang und dem klaren Hervortreten einer bis jetzt bloß rudimentär existierenden Eine-Welt-Regierung, welche vollkommen gottlos, furchterregend gefährlich für die menschliche Freiheit ist und welche skizzenhaft der Darstellung des „großen Bruders" in George Orwells Buch mit dem Titel „1984" ähnelt.

Heutzutage werden wir mit einem Meer an Ereignissen, einer Flut von Einzelheiten und einem sich ständig beschleunigenden Kaleidoskop an Geschehnissen konfrontiert. Es ist eine Situation, wie dafür geschaffen, uns in Verwirrung zu führen und uns aus dem Gleichgewicht zu bringen. Unter solchen Umständen werden Männer und Frauen zu ungenauen Einschätzungen und dadurch zu unklugen, das Gegenteil bewirkenden Handlungen verleitet. Unglücklich sind jene unter uns, welche größtenteils aus eigener Überzeugung übereilig genaue Daten, Zeiten, Orte und Ereignisse des neuen, erwarteten Weltzustandes voraussagen. Denn weder in uns selbst noch durch uns selbst können wir einen echten Trost finden. Und wir bedürfen des Trostes, zärtlicher Tröstung. Denn wir sind eine unglückliche Rasse.

Unglücklich und ohne Hoffnung sind jene, welche, obwohl sie sich zumindest vage dessen bewußt sind, aus welchem Grund auch immer keine Quelle der Erleuchtung besitzen, keine von der Vorsehung gewährte Norm des rechten Verstandes, um die Wahrscheinlichkeit unserer Situation zu erfassen. Denn ohne das kostbare Licht von oben können wir uns sicherlich keines begründeten Vertrauens erfreuen, jenseits der bloß menschlichen Hoffnung, welche ein guter Begleiter sein mag, aber niemals mehr als ein blinder Führer. Die traurigsten Exemplare unter uns sind jene, die sich durch besondere Fähigkeiten in der Analyse materieller Dinge auszeichnen wie der Wettervorhersage, Börsentrends, der neuesten Strömungen in Politik, Mode und Sexualmoral, aber die unfähig sind, das zu erkennen, was Christus als jene charakteristischen „Zeichen der Zeit" hervorhob. Der ansonsten milde und liebenswerte Herr, Jesus Christus, bezeichnete solche Leute als ein „böses und ehebrecherisches Geschlecht" und bezog sie nicht in seine ernsthafte Erwägung ein.

In dieser Situation bedarf es vor allem der Tatsachen, der Wahrheit, soweit wir sie von jenen Ereignissen, welche die besondere Rolle der Allerseligsten Jungfrau Maria unterstreichen und welche scheinbar zu unserer Belehrung stattgefunden haben, mit Sicherheit erlangen können. Denn selbst ihre voreingenommensten und lauesten Kritiker müssen wohl oder übel die Vorrangstellung bemerken, die ihrer glänzenden Person in den mannigfaltigen Ereignissen eingeräumt wird, welche viele im guten Glauben dem direkten Eingreifen Gottes in die Welt unserer Sinne zuschreiben, sowie die Vorliebe ihres göttlichen Sohnes, der diese Zeit als das Zeitalter Mariens anerkannt sehen will.

Mehr als alles andere bedürfen wir eines Handbuchs, welches uns in einer geordneten Weise die genaueste Geschichtschreibung in dieser Angelegenheit vorstellt. Es muß so vollständig wie möglich sein mit den wichtigsten Einzelheiten, dennoch aber ein leicht zu lesendes Nachschlagewerk. Es muß objektiv sein, jedoch zugleich in klarster Weise auf der Seite der Engel. Es muß eine solide Grundlage der Glaubwürdigkeit schaffen, ohne aber gleichzeitig sich der Versuchung durch müßige Spekulation auszusetzen oder in übertriebener Weise dem letztgültigen Urteil des kirchlichen Lehramts vorzugreifen, welches allein unsere menschliche Glaubwürdigkeit in den göttlichen Glauben umwandeln kann. Denn nur das allein ist die Aufmerksamkeit eines Christen in dieser seltsamen Zeit am Ende des zweiten Jahrtausends wert.

Dieses Buch von Ted und Maureen Flynn erfüllt in der Meinung des Autors dieser Zeilen alle charakteristischen Merkmale, die oben aufgezeigt wurden. Es ist viel mehr als nur ein Computerausdruck reiner Fakten und viel hilfreicher als ein möchtegern „objektiver" Bericht – ein utopisches Ideal, dessen sich die meisten nicht-neutralen Beobachter rühmen.

Denn es wurde im großen Vertrauen auf die Weisheit jener zusammengestellt, welche Katholiken als die Mutter der fleischgewordenen Weisheit anreden, die heilige Mutter unseres Herrn Jesus Christus.

Es wird für alle Kinder Gottes veröffentlicht, wer immer sie auch sein mögen. Und es wird auf den Weg gesandt mit jenem uralten Gebet fester Erwartung, welches der heilige Johannes so vertraulich in den Worten seiner aramäischen Muttersprache ausgedrückt hat: „Maranatha!" Komm, Herr! Komm, Herr Jesus Christus!

Malachi B. Martin
am Fest der leiblichen Aufnahme Mariens in den Himmel
15. August 1993

ICH RUFE ALLE

„Die Zeit ist gekommen, da ich mich in der Kirche immer mehr und mit immer größeren Zeichen offenbare. An vielen Orten habe ich meine Tränen vergossen. Ich wollte damit alle an mein schmerzensreiches Mutterherz ziehen. Die Tränen einer Mutter vermögen auch die härtesten Herzen aufzurütteln. Gegenwärtig aber lassen sie, selbst wenn es blutige Tränen sind, viele meiner Kinder völlig teilnahmslos. ***Meine Botschaften werden um so häufiger, je mehr sich die Stimme meiner Diener der Verkündigung der Wahrheit verschließt.****"*

Marianische Priesterbewegung
30. Oktober 1975

DAS MENETEKEL AN DER WAND

„Sondern du hast dich wider den Herrn des Himmels erhoben und hast die Gefäße seines Hauses vor dich bringen lassen und du, deine Gewaltigen, deine Gemahlinnen und deine Nebenfrauen, ihr habt Wein daraus getrunken und die Götzen von Gold und Silber, Erz, Eisen, Holz und Stein, die weder sehen noch hören noch fühlen, hast du gepriesen; den Gott aber, in dessen Hand dein Odem und alle deine Wege sind, hast du nicht verherr-licht. Darum wurden von ihm die Finger der Hand gesandt, die dies schrieb, was hier aufgezeichnet steht. Dies aber ist die Schrift, welche aufgezeichnet ist: Mane, Thekel, Phares. Und dies ist die Deutung der Worte: Mane: Gezählt hat Gott deine Herrschaft und hat ihr ein Ende bereitet. Thekel: Gewogen wardst du auf der Wage und zu leicht erfunden. Phares: Geteilt ward dein Reich und den Medern und Persern gegeben."

Daniel 5, 23-28

Buch I
Aufruf zur Umkehr

1

Der Morgenruf des Wächters: Die Zeit drängt

Eine schlimmere Strafe als die Sintflut ist daran, über diese arme und pervertierte Menschheit hereinzubrechen. Feuer wird vom Himmel fallen, und das wird das Zeichen sein, daß die Gerechtigkeit Gottes nun die Stunde ihrer großen Offenbarung festgesetzt hat. Ich weine, weil die Kirche weiter auf dem Weg der Spaltung, des Verlustes des wahren Glaubens, der Abtrünnigkeit und der Irrtümer geht, die immer mehr propagiert werden, ohne daß sich ihnen irgendjemand entgegenstellen würde. Nun ist das, was ich in Fatima vorhergesagt habe und was hier (in Akita) in meiner dritten Botschaft enthüllt habe, die ich meiner kleinen Tochter anvertraute, daran, sich zu erfüllen. Auch für die Kirche ist der Moment der großen Prüfung gekommen, denn der Mensch der Gesetzwidrigkeit wird sich in ihrem Innern festsetzen und der Greuel der Verwüstung wird in den heiligen Tempel Gottes einziehen.

Unsere Liebe Frau durch Don Stefano Gobbi,
am 15. September 1987 in Akita, Japan,
am Fest Mariä Schmerzen

Das zwanzigste Jahrhundert ist Zeuge eines Phänomens geworden, welches einfach zu groß ist, als daß es von einem vernünftigen Menschen ignoriert werden könnte. Übernatürliche Ereignisse explodieren quasi fast täglich mitten unter uns. Weil das Böse in diesem Jahrhundert ins Extreme angewachsen ist, gießt der Himmel über uns große und noch nie dagewesene Gnaden aus, um uns mit den notwendigen Mitteln auszurüsten, den Kampf mit dem moralischen Verfall, der unsere Existenz bedroht, zu bestehen. Die Sünde ist ins Uferlose gewachsen, aber der Gnadenstrom überschwemmt die Welt in noch größerem Maße. Unsere Liebe Frau nennt den Grund ihrer Warnungen: uns auf das zweite Kommen Jesu Christi vorzubereiten. So wird es klar und deutlich gesagt. Die Allerheiligste Dreifaltigkeit hat Maria, die Muttergottes, Mutter der Kirche, unsere Mutter, gesandt, um uns zu warnen.

Die Botschaften erbitten eindringlich unsere Aufmerksamkeit, aber viele weigern sich zu hören. Die Verhärtung der Herzen erschwert das Hören der schallenden Trompeten vom Himmel. Statuen weinen menschliche Tränen und Blut, junge Menschen weissagen, religiöse Gemeinschaften sprießen aus dem Boden, Botschaftern werden Warnungen gegeben, Maria stellt ein Heer frommer Menschen zusammen, und Berichte von Marienerscheinungen erfolgen in einer noch nie dagewesenen Häufigkeit in der Menschheitsgeschichte.

Die Menschen werden gebeten, ohne Aufschub zu Gott zurückzukehren. Gott benützt Erscheinungen (himmlische Auftritte) und innere Einsprechungen (im Innern wahrgenommene wörtliche Mitteilungen), weil andere Mittel gescheitert sind. Er hat uns wiederholt gewarnt, daß die Zeit Seiner Barmherzigkeit dem Ende zugeht und die Zeit Seiner Gerechtigkeit im Kommen ist.

Diese Erscheinungen haben einen Reichtum an Botschaften sowie bemerkenswerten Früchten erbracht: weltweit Millionen von Bekehrungen, Rückbesinnung auf das geistliche Leben und Heilungen körperlicher, geistiger, moralischer und geistlicher Art. Eine ganze Kultur erhebt sich spontan aus der Erfahrung jener, die von dem Unerwarteten und Übernatürlichen berührt worden sind. Diese Kultur findet in marianischen Zentren, Verlagen, Gebetsgruppen und alternativen Medienverbindungen ihren Ausdruck. Viele Menschen sind davon überzeugt, daß ihnen von Gott vergeben wurde, daß sie von Ihm geliebt und unendlich wichtig sind für die Erfüllung und Umsetzung des himmlischen Planes.

Maria: Auserwählte Prophetin unserer Zeit

Mit dem derzeitigen Reichtum an Erscheinungen und inneren Einsprechungen weckt die Allerseligste Jungfrau Maria unsere Aufmerksamkeit darauf, daß jetzt eine riesige Schlacht stattfindet. Satan hat all seine Dämonen losgelassen, denn der Himmel gewährte ihm ein Jahrhundert, dieses 20. Jahrhundert, um das Allerschlimmste zu tun in dem Versuch, die Kirche zu zerstören. Satans Ziel ist es, das Licht des Glaubens auf der Erde auszulöschen. Das zu bewerkstelligen, rühmte er sich. Papst Leo XIII. hatte die Vision einer Auseinandersetzung zwischen Gott und Satan. Es wurde ihm zu verstehen gegeben, daß Satan einhundert Jahre gewährt würden, während deren er die Kirche angreifen und versuchen dürfe, sie zu zerstören. In der Vision wählte Satan das 20. Jahrhundert als den Zeitraum seiner hundert Jahre. Er ist voll wütender Geschäftigkeit, denn er weiß, daß seine Zeit kurz ist.

Die Schlacht, die jetzt im Übernatürlichen ausgetragen wird, wird sich bald mit faszinierender Gewalt vor unseren Augen abspielen – am Himmel, zur See und zu Land. Diese Schlacht kann nicht außerhalb des Glaubens verstanden werden. Wir werden Zeugen der Hilfe der Allerseligsten Jungfrau Maria. Sie ist Königin des Himmels und wahrer Leuchtturm für alle Christen. Jetzt ist es Teil des Planes Gottes, die „Frau, mit der Sonne umkleidet," (Offenbarung 12, 1) in aller Welt erscheinen zu lassen, um seinem Volk in ihrem Unbefleckten Herzen einen sicheren Hafen zu gewähren.

Der Endkampf ist schon sehr nahe. Der Rest derer, die überleben werden, wird nur klein sein. Und doch bleibt noch ein sicherer Ort, an dem alle vor dem heraufziehenden Unwetter bewahrt bleiben können, nämlich: die Arche des Unbefleckten Herzens Unserer Lieben Frau, welches voller Liebe für Jesus und uns ist. Sie ruft alle ihre Kinder auf, durch den Akt der Weihe in ihr Herz einzutreten. Die Strafe steht vor der Tür. Unsere Liebe Frau lädt uns alle ein, in ihren Zufluchtsort einzutreten.

Während des Ablaufs der „Reinigung" oder der „Züchtigung" müssen wir erwarten, daß die Kirche schrecklich verfolgt – ja scheinbar fast vollkommen zerstört wird. Maria warnt uns, daß die Erde „drei Tagen der Finsternis" ohne das Licht Christi ausgeliefert sein wird, wie Christus selbst drei Tage in seinem Grab verbrachte. Jedoch nach dem Ende dieser Reinigung wird eine Auferstehung in Glorie und das Zeitalter des Friedens kommen. Darin liegt die Quelle unserer Hoffnung, weil der Herr Sieger ist und die Geißel der Sünde hinweg genommen wird.

Den Weissagungen vieler Marienerscheinungen zufolge werden Zerstörungen massiver Art zu Land, auf See und am Himmel erfolgen. Die Heilige Schrift beschreibt, daß beim Tod Jesu die Erde bebte, Blitze am Himmel aufleuchteten, Donner rollte, Finsternis über das ganze Land hereinbrach und der Schleier im Tempel zerriß (Matthäus 27, 45 - 54). In unserer Zeit, in der der Materialismus und die ständig wachsende Sünde herrscht, wird es nicht mehr lange dauern, bis die Erde erneut ihren gewaltigen Kummer zum Ausdruck bringt.

Bevor das jedoch geschieht, so sagt Maria, wird es eine Warnung und ein Wunder geben. Die Warnung wird ein geheimnisvolles, weltweites Ereignis sein, bei dem jeder den Zustand seiner Seele erkennt, so wie Gott ihn sieht. Die Warnung ist ein Aufruf zur Umkehr. Innerhalb eines Jahres nach der Warnung wird ein Wunder, ein großes, übernatürliches Zeichen, folgen, welches dauerhaft, sichtbar und wissenschaftlich unerklärbar sein wird. Kurze Zeit nach dem Wunder folgen schreckliche Züchtigungen, und nur nach einer gründlichen „Reinigung" kommt ein „Zeitalter des Friedens". Das wird nicht das Ende der Welt sein, wie manche denken, sondern die Dämmerung einer neuen Epoche, eines neuen Zeitalters, in dem Gott verherrlicht wird.

Die Botschaften bilden einen Wegweiser für die Zukunft. Sie sprechen von dem sündigen Zustand der heutigen Welt und erwähnen „Geheimnisse", welche zukünftige Ereignisse betreffen. Eine Reihe von gewaltigen Umwälzungen (sowohl natürlicher als auch übernatürlicher Art) auf der Erde werden der Menschheit zu verstehen geben, daß Gott existiert und daß das Seelenheil das Zentrum unserer Aufmerksamkeit sein sollte. Wir haben vergessen, daß in der letzten Analyse das ganze menschliche Leben sich auf eine einfache Wahl zwi-schen Himmel und Hölle reduziert. Und der Himmel scheint die Absicht zu haben, sehr bald gewaltige Überzeugungsmittel zu gebrauchen in einer Art und Weise, wie man es in der Weltgeschichte noch nie gesehen hat. Im alttestamentlichen Buch Genesis wird uns die äußerste Unzufriedenheit Jahwehs mit seinem Volk gezeigt. Ja so groß war sein Mißfallen, daß Gott bereute, den Menschen erschaffen zu haben, wie wir es in Genesis 6, 6 lesen. Gott reinigte die gesamte Welt durch die Sintflut. Bevorstehende Ereignisse von ähnlicher Heftigkeit werden uns von vielen verläßlichen, kirchlich anerkannten Quellen vorausgesagt.

Maria besitzt das Herz einer Mutter, einer Mutter, die für sämtliche ihrer Kinder einsteht. Sie streckt ihre Hand nach den Fernstehenden aus, den Sündern, den Atheisten, jenen, welche Gott abweisen, solchen, die Ihn bekämpfen, und auch denen, die Ihn hassen. Sie möchte allen als ihre Mutter helfen, denn die Zeit ist knapp geworden.

Aus der Sicht der Theologen

Der Theologe Karl Rahner wies darauf hin, daß wir viel leichter und wirksamer durch solche göttlichen Eingriffe bewegt werden, die wir Erscheinungen nennen, als durch die abstrakten Lehren gebildeter Theologen oder der Hierarchie der Kirche.[1]

Einer der größten Theologen in der Geschichte des Katholizismus, der heilige Thomas von Aquin, schrieb in seiner *Summa Theologica*: „...Zu jeder Zeit hat es Menschen gegeben, die in den Angelegenheiten bezüglich des Seelenheils der Auserwählten durch Gott inspiriert wurden, ... und zu jeder Zeit hat es Personen gegeben, die vom Geist der Prophetie erfüllt waren, nicht um dadurch ein neues Dogma zu verkünden, sondern um das Handeln der Menschen zu lenken." Es ist offensichtlich, was uns der heilige Thomas sagen will, daß nämlich Privatoffenbarungen eine wichtige Funktion erfüllen. Sie sind sicherlich ein Mittel der göttlichen Vorsehung, obwohl niemand gezwungen ist, Privatoffenbarungen zu akzeptieren. Dem heiligen Thomas zufolge scheinen die meisten Menschen der Aufmunterung zu bedürfen, die ihnen durch Privatoffenbarungen als Hilfe für ihr Seelenheil zuteil wird.[2]

Seher in aller Welt

Die Botschaften, die für die Welt erteilt wurden, stammen von „Sehern" aus der ganzen Welt, welche selber den verschiedensten gesellschaftlichen Schichten und Ausbildungsständen angehören. Zum Beispiel erhält der italienische Priester, Don Stefano Gobbi, derzeit detaillierte innere Einsprechungen, die zur Gründung einer internationalen, 55.000 Mitglieder zählenden marianischen Priesterbewegung geführt haben. Einmal fragte Don Gobbi Unsere Liebe Frau: „Warum wählen Sie nicht jemanden aus, der besser geeignet und mehr Fähigkeiten besitzt als ich?" Unsere Allerseligste Mutter antwortete ihm: „Mein Sohn, ich habe Dich auserwählt, weil Du das am wenigsten geeignete Werkzeug bist. Deshalb wird niemand sagen können, daß es Dein Werk ist." Die Bewegung begann 1972, und die Botschaften dauern noch bis zum heutigen Tag an und werden von Jahr zu Jahr detaillierter.

Die Erscheinungen der Allerseligsten Mutter finden auf dem Land sowie in der Stadt und auf allen Kontinenten der Welt statt. Es gibt keinen Ort der Erde, der nicht von ihrer Gegenwart berührt wird. Sie sucht sich die unbekannten Örtlichkeiten der Welt aus, in denen die Armen und die zu kurz Gekommenen leben.

Die gegenwärtige marianische Zeit begann 1830, als Unsere Allerseligste Mutter der Katharina Labouré in dem Kloster in der *rue de Bac*, in Paris, in Frankreich, als Mittlerin aller Gnaden erschien und der Welt die „Wundertätige Medaille" brachte. Auf der einen Seite der Medaille ist die Abbildung der beiden Herzen, das Unbefleckte Herz Mariens und das Allerheiligste Herz Jesu. Die andere Seite stellt Unsere Liebe Frau mit ausgestreckten Händen dar, aus denen Gnadenstrahlen hervorgehen.

Sechzehn Jahre nach ihrer Erscheinung in der *rue de Bac* erschien am 19. September 1846 Unsere Allerseligste Mutter Kindern in La Salette, in den französischen Alpen. Maria sprach mit den Kindern Mélanie Calvat und Maximin Giraud über viele Dinge, die ein Ärgernis für Ihren Sohn sind. Sie sagte ihnen, daß 1864 viele Dämonen aus der Hölle losgelassen würden. La Salette wurde 1851 von der Kirche anerkannt. Papst Pius IX. verkündete 1854 das Dogma von der Unbefleckten Empfängnis.

Vier Jahre danach erschien, 1858, Unsere Allerseligste Mutter in Lourdes einem Bauernmädchen, Bernadette Soubirous, der sie sich als die Unbefleckte Empfängnis vorstellte, womit sie das Dogma, das von Pius IX. verkündigt worden war, bestätigte. Bernadette hatte diesen Ausdruck, bevor sie ihn von Unserer Allerseligsten Mutter erfuhr, nie zuvor gehört.

Mariens nächste bedeutendere Erscheinung war 1917 vor drei Kindern, in Fatima, in Portugal. Sie bat, daß alle Bischöfe der Welt vereint Rußland Ihrem

Unbefleckten Herzen weihen sollten. Wenn dies nicht geschähe, so warnte sie, würde Rußland seine Irrtümer über die ganze Welt verbreiten. Sie gab die Warnung, daß sich ernsthafte Folgen einstellen würden, wenn Rußland nicht geweiht würde. Dies ereignete sich vor der russischen Revolution von 1917.

Im Jahre 1961 erschien Maria in Garabandal, in Spanien, wo der Wunsch nach der Weihe Rußlands erneut nicht erfüllt wurde. In Garabandal sagte sie den Sehern, daß der Zornbecher der Gerechtigkeit Gottes dabei sei, sich zu füllen, und daß viele Opfer gebracht und viele Bußakte vollzogen werden müßten, um Gottes Strafe abzuwenden. In Akita, in Japan, wiederholte Maria, 1973, diese Botschaft, indem sie von einer über die Menschheit hereinbrechenden Bestrafung sprach, die schlimmer sein würde als die Sintflut, sollte die Menschheit sich nicht bekehren.

Seit 1981 sehen in Medjugorje, im früheren Jugoslawien, sechs Kinder (heute junge Erwachsene) in einem Dorf täglich Maria und empfangen Botschaften von der Allerseligsten Mutter. Es wird geschätzt, daß jenes abgelegene Dorf von etwa 15 Millionen Pilgern und 15.000 Mitgliedern des Klerus besucht wurde. Es ist das Zentrum marianischer Verehrung in unserer Zeit. Während Fatima die bedeutendste Erscheinung der ersten Hälfte des 20. Jahrhunderts war, erfüllt Medjugorje die geistlichen Bedürfnisse der Generation dieses letzten Teils des Jahrhunderts. Seine Eminenz, Joseph Kardinal Ratzinger, stellte in *„Zur Lage des Glaubens: Ein Gespräch mit Vittorio Messori"*, Verlag Neue Stadt, München, 1985, S. 113 fest: „Im übrigen – ... - ist eines der Zeichen unsrer Zeit, daß sich die Meldungen über >Marienerscheinungen< in der ganzen Welt häufen."

Bei einer solchen Häufung von Ereignissen dürfen wir uns nicht so sehr auf die Phänomene als solche konzentrieren, sondern müssen uns viel mehr die Frage nach dem Warum stellen. Warum erscheint Maria fortwährend? Dies ist eine entscheidende Frage, die wir ehrlich in unseren Herzen abwägen müssen. In aller Welt hat man Statuen beobachten können, die Tränen und neuerdings Bluttränen vergießen. Es wurde uns gesagt, daß die Bluttränen bedeuten, daß die Strafe nahe vor der Tür steht.

Die Heilige Schrift sagt aus, daß dem zweiten Kommen Jesu Naturkatastrophen wie Hunger, Erdbeben und Zeichen an Sonne, Mond und Sternen als Warnung vorausgehen werden. Obwohl auch gilt: „Jenen Tag aber und jene Stunde kennt niemand, ..." (Matthäus 24, 36), hat Jesus uns doch Zeichen angekündigt, auf die wir beim Herannahen jener Zeit achten sollten. Vor sechzehn Jahren sagte Papst Paul VI., daß er ein klares Bild von gegenwärtigen Ereignissen sah, welches ihm zu denken gab, daß dies die Endzeit sein könnte. Paul VI. war ein vorsichtiger Mensch, der sich reserviert ausdrückte und dennoch diese Beobachtung zum Ausdruck brachte. Im Jahre 1977, einem Jahr vor seinem Tod, schrieb er: „Eine große Verwirrung gibt es in unseren Tagen in der Welt und in der Kirche, und was hier in Frage steht, ist der Glaube. Es geschieht nun, daß ich mir den geheimnisvollen Satz Jesu im Evangelium des hl. Lukas wiederhole: 'Wird aber der Menschensohn auf Erden Glauben finden, wenn er kommt?' (Lukas 18, 8). Und es geschieht heute auch, daß Bücher erscheinen, in denen der Glaube in einigen wichtigen Punkten verkürzt dargelegt wird, daß die Episkopate dazu schweigen. Und daß man diese Bücher nicht sonderbar findet, das ist nach meiner Meinung sonderbar.

Ich lese manchmal das Evangelium vom Ende der Zeiten, und ich stelle fest, daß in diesem Augenblick einige Zeichen dieses Endes hervortreten. Sind wir ganz nahe diesem Ende? Das werden wir nie wissen. Man muß sich immer bereit halten, aber alles kann noch lange Zeit dauern. Das, was mich beeindruckt, ist: Wenn ich die katholische Welt betrachte, scheint es, daß im Innern des Katholizismus manchmal ein Denken einer nichtkatholischen Richtung die Oberhand gewinnt, und es kann geschehen, daß morgen dieses nichtkatholische Denken im Inneren des Katholizismus das stärkste sein wird. Aber es wird nie das Denken der Kirche darstellen. *Es ist notwendig, daß eine kleine Herde bleibt, wie klein sie auch immer sein mag.*“[3]

Trotz aller schlimmen Warnungen dürfen wir die Hoffnung nicht verlieren. Jesus ist der Sieger, und Er wird es Satan nicht gestatten, Seine Kirche zu überwältigen. Die Heilige Schrift verspricht, daß die Erde zuletzt vom Bösen gereinigt wird. In den kommenden dunklen Nächten dürfen wir die Hoffnung nicht verlieren. Die Bibel sagt, daß die Pforten der Hölle die Kirche nicht überwinden werden. Der heilige Augustinus hat einmal gesagt: „Das, was der Mensch erbaut, wird auch von Menschen zerstört, aber die Stadt Gottes wird von Gott erbaut und kann von Menschen nicht zerstört werden.“

Maria verkündet uns in verschieden Erscheinungen, daß ihre Botschaften nicht nur für Katholiken, sondern für alle Menschen gedacht sind. Maria sagt, daß die katholische Kirche die Fülle der Gnaden besitzt, welche der Menschheit zum Heil und zur Ausdauer im Kampf mit der ständigen Arglist des Teufels gewährt wurden. Aber Sie ist die Mutter aller auf Erden.

Die Allerseligste Mutter bittet jeden Gläubigen um seine persönliche Entscheidung zur Erlangung der Heiligkeit. Mit Nachdruck hebt sie die Notwendigkeit der Verpflichtung hervor, zu „beten, beten, und beten“, nicht nur mit den Lippen, sondern aus dem Herzen. Sie sagt uns, daß wir fasten, uns mit Gott und dem Nachbarn versöhnen sollen, um für uns selbst und die Welt den Frieden zu erlangen. Die Botschaften verlangen von uns, daß wir uns ändern.

Maria hat über unser Zeitalter gesagt: „Es ist eine Zeit, die schlimmer ist als zur Zeit der Sintflut.“ Wie das antike Ninive befinden wir uns nur Zentimeter weit vom Abgrund der Zerstörung. Aber genauso wie Ninive die Katastrophe abwendete, indem es die Warnungen des Jonas annahm und sich von der Sünde abkehrte, können auch wir die göttliche Gerechtigkeit durch Gebet, Buße und Fasten mildern. Gott wird Sein Volk niemals verlassen, wenn es Ihm antwortet. In der Heiligen Schrift warnt Gott bei 177 verschiedenen Gelegenheiten das Volk Israel davor, Seine unendliche Liebe und Barmherzigkeit zurückzuweisen. Siebzigmal beantwortete es Israel positiv, und es wurde gesegnet. Hundertsiebenmal stellte sich Israel den Warnungen gegenüber taub, und es wurde für lange Zeiträume heftig gezüchtigt. Und darin liegt das tiefe Geheimnis unseres Planeten, der auf dem Spiele steht.

Gottes kleine Armee

Die Geschichte und die Heilige Schrift zeigt uns viele Beispiele von Mitteilungen Gottes an Sein Volk und Seine Propheten. Als König Nabuchodonosor eine Traumdeutung benötigte, suchte er den Ratschlag eines jungen Mannes namens Daniel, von dem es heißt: „Gott aber verlieh diesen Jünglingen Kenntnis und Einsicht in aller Schrift und Weisheit, dem Daniel aber die Gabe, alle Gesichte und Träume zu verstehen." (Daniel 1, 17)

Dasselbe gilt für die Weisen, die den Geburtsort des Messias suchten. Die Geschichte der Erlösung stand in den Sternen geschrieben, und sie wußten, welchem Zeichen sie folgen mußten (Matthäus 2, 2). In einem Traum wurden sie gewarnt und dazu angehalten, sich auf einem anderen Weg nach Hause zu begeben. Die Weisen waren gelehrte Männer, denen Gott Einsicht und Verständnis gegeben hatte. Ihnen wurde eine Aufgabe übertragen, und sie führten sie aus. Der Himmel sprach zu ihnen und führte sie auf eine Weise, die sie verstehen konnten. Die Heilige Schrift ist voll solcher Ereignisse. *Jenen, die die Weisheit und das Verständnis der Wege Gottes besitzen, wird zum Wohl der Bevölkerung Einblick in die Zukunft gegeben, wie es im Großen Glaubensbekenntnis heißt: „Wir glauben an den Heiligen Geist, ..., der gesprochen hat durch die Propheten, ..."* Die Propheten sind ein Sprachrohr zum Wohl der Menschen. Es ist eine Handlung aus Liebe, wenn Gott uns vor bevorstehenden Gefahren warnt oder uns zur Umkehr in der Befolgung Seines Willens aufruft.

Obwohl Gott in der Vergabe Seiner Gnaden überaus großzügig ist, ist doch oft die Zahl derer, die darauf positiv antworten, gering. Genauso wie die Armee, die Gedeon im Alten Testament (Das Buch der Richter 7, 4) aufstellte und welche Gott von 10.000 auf 300 Soldaten verringerte, sind die Menschen, die auf Mariens Botschaften positiv antworten, nur ein kleiner Bruchteil der Kirche. Aber Maria verspricht Ihrer Heerschar den Sieg. Und, wie im Fall Gedeon, wird gerade die geringe Anzahl der Bewegung ein kräftiges Zeugnis dafür ablegen, daß der Sieg tatsächlich durch den Herrn errungen wurde.

Eine Vielfalt an Erscheinungen

Zur Zeit wird von Hunderten von Marienerscheinungen berichtet. Ein Sturm zieht herauf, und die Gnade läßt uns wissen, wo der sichere Hafen liegt. In Medjugorje hat Maria gesagt, daß sie, wenn es notwendig sein sollte, in jedem einzelnen Haushalt erscheinen werde. Ihre Liebe und ihre Sorge um ihre Kinder ist dermaßen groß in dieser schrecklichen Zeit.

Der Inhalt der Botschaften, selbst von angesehenen Sehern mag sich nicht immer als hundertprozentig genau herausstellen. Alle Botschaften müssen dem Prüfungsverfahren der kirchlichen Behörden unterstellt werden. Dennoch bleibt weiterhin wahr, daß eine breite und gründliche Auswahl der Botschaften Unserer Lieben Frau in der ganzen Welt ein erstaunliches Merkmal an Folgerichtigkeit und Logik aufweist. Der Hauptpunkt, dessen wir uns bewußt sein sollten, ist der, daß die Warnungen von Maria, der Königin der Propheten, der Prophetin unserer Zeit, selber stammen. Zudem kann man nicht so viele ähnliche Botschaften, die von Sehern mit derart unterschiedlichem kulturellen Hintergrund zu uns kommen, einfach von der Hand weisen. Logischerweise verringern sowohl die Häufigkeit als auch die Konstanz eines Ereignisses zunehmend seine Zufallswahrscheinlichkeit. Erscheinungen geschehen mit solcher Häufigkeit, daß wir nicht mehr länger die Tatsachen mißachten können. Die Botschaften sollte man mit einem offenen Ohr und Herzen lesen.

Genauso wie sich Erscheinungen häufen, so nimmt auch die Anzahl innerer Einsprechungen an ganz bestimmte Seelen zu. Eine innere Einsprechung ist nichts Seltsames oder Sensationelles. Vielmehr ist es eine mystische Besonderheit, die im Leben der Kirche vorhanden ist und sich in geistlichen Aufzeichnungen niedergeschrieben findet. Bei einer inneren Einsprechung sieht man nicht mit den Augen, hört man nicht mit den Ohren oder verspürt man nicht mit anderen leiblichen Sinnesorganen. Auch ist eine innere Einsprechung nicht einfach eine gute geistige Eingebung, jenes Licht, das der Heilige Geist im Geist und im Herzen jener Menschen entzündet, die aus dem Gebet und dem Glauben leben.

Die innere Einsprechung ist jene geistige Gabe, durch die Gott etwas bekannt machen will und jemandem hilft, etwas auszuführen. So wird die betreffende Person, indem sie ein Wort Unseres Herrn oder, wie in dem Fall vieler innerer Einsprechungen in diesem Buch, von Unserer Allerseligsten Mutter erhält, zu einem Werkzeug der Mitteilung. Die Einsprechungen empfangende Person wird so einfach zu einem Sprachrohr Gottes, um Botschaften zu vermitteln. In der Geschichte der katholischen Kirche ist diese mystische Besonderheit nichts Ungewöhnliches.[5]

Unsere Allerseligste Mutter sagte uns durch Don Gobbi in einer am 18. September 1988 empfangenen Botschaft, daß uns zehn Jahre, zehn entscheidende Jahre, gegeben sind: „**In diesem Zeitraum von zehn Jahren wird die Zeit der großen Bedrängnis reif werden, die euch von der göttlichen Schrift vor dem zweiten Kommen Jesu vorausgesagt worden ist. In diesem Zeitraum von zehn Jahren wird sich die geheime Macht der Gesetzwidrigkeit offenbaren, die von der immer größeren Ausdehnung des Abfalls vorbereitet wird. In diesem Zeitraum von zehn Jahren werden sich alle Geheimnisse verwirklichen, die ich einigen meiner Kinder geoffenbart habe, und es werden sich auch alle Geschehnisse erfüllen, die euch von mir vorausgesagt worden sind.**“

Das Fundament unseres Glaubens ist Jesus Christus, der uns sowohl durch die Schrift als auch durch die Tradition geoffenbart worden ist. Alles, was dies schmälert, ist Irrlehre. Die Rolle Mariens ist nicht dazu da, etwas zu verkürzen, sondern um ein Licht auf Jesus hin aufleuchten zu lassen. Ihre Rolle ist es, den Vater zu verherrlichen und zugleich Seinem Volk eine Botschafterin zu sein.

So wie Johannes der Täufer beim ersten Kommen Jesu Ihm einen Weg bereitete, so bereitet Maria Ihm den Weg vor Seinem zweiten Kommen. Maria verkündet, daß uns eine neue Welt und ein neuer Zeitabschnitt bevorsteht und daß der Sieg ihres Unbefleckten Herzens und das zweite Pfingsten (Ausgießung des Heiligen Geistes) die Herrschaft des Allerheiligsten Herzens Jesu herbeiführen wird. Am 13. Oktober 1990 sprach die Allerseligste Mutter zu Don Gobbi über die glorreiche Herrschaft Jesu und Sein zweites Kommen: „Das herrliche Reich Christi, das sich unter euch mit dem zweiten Kommen Jesu in die Welt errichten wird, ist nahe. Es ist Seine Wiederkunft in Herrlichkeit. Es ist seine herrliche Wiederkunft, um unter euch sein Reich aufzurichten und die ganze Menschheit, die mit Seinem Kostbarsten Blut erlöst worden ist, in den Stand ihres neuen irdischen Paradieses zurückzuführen. **Was sich vorbereitet, ist etwas so Großes, wie es seit der Schöpfung der Welt noch nie dagewesen ist.**“

2

Die große Schlußszene: Die Explosion des Übernatürlichen heute

Darnach aber wird es geschehen: Ich werde meinen Geist über alles Fleisch ausgießen, eure Söhne und eure Töchter werden weissagen, eure Greise Träume haben und eure Jünglinge Gesichte schauen. Ja, auch über meine Knechte und Mägde will ich in jenen Tagen meinen Geist ausgießen. Und ich werde Wunderzeichen am Himmel und auf der Erde erscheinen lassen, Blut und Feuer und Rauchsäulen. Die Sonne wird sich in Finsternis wandeln und der Mond in Blut, bevor der große und schreckliche Tag des Herrn kommt. Und es wird geschehen: Jeder, der den Namen des Herrn anruft, wird gerettet werden; denn auf dem Berge Sion und zu Jerusalem soll Rettung sein, wie der Herr gesprochen hat, und unter den Übriggebliebenen für die, welche der Herr beruft.

Joel 2, 28 - 32

Der Plan Mariens

In einer Botschaft vom 9. November 1984 teilte Maria Don Gobbi ihren Plan für unsere Zeit mit. Unsere Allerseligste Mutter sagte: „In diesen Botschaften enthülle ich euch auch meinen Plan in seiner stillen Vorbereitung, in seiner schmerzhaften Ausführung und in seiner siegreichen Erfüllung.

Nun seid ihr dabei, an der schmerzhaftesten und blutigsten Beendigung der Reinigung anzugelangen, die in diesen Jahren vor dem großen Triumph meines Unbefleckten Herzens in der Ankunft des herrlichen Reiches Jesu bei euch stattfinden wird. Es ist ein Plan, der dieses Jahrhundert umfaßt. Im Jahr 1917 habe ich ihn in Fatima gleichsam als eine prophetische Ankündigung vorweggenommen, in dem Augenblick, da der große Kampf zwischen der mit der Sonne bekleideten Frau und dem roten Drachen klar erschien – ein Kampf, der das ganze Jahrhundert über dauern sollte – als eine stolze Herausforderung an Gott von seiten meines Widersachers, der sich in der Sicherheit wiegte, die Zerstörung der Kirche zu erreichen und die gesamte Menschheit zu einer universalen Ablehnung Gottes zu verführen.

Der Herr hat ihm diesen Zeitraum zugestanden, damit der Stolz des roten Drachen am Ende von der Demut, der Kleinheit und von der Kraft eurer Himmlischen Mutter, der mit der Sonne bekleideten Frau, die jetzt alle ihre kleinen Kinder in ihrer zum Kampf aufgestellten Heerschar sammelt, zerbrochen und besiegt werde.

Nun, da ihr in die schmerzvollsten und blutigsten Jahre dieses großen Kampfes gelangt, habe ich persönlich eingegriffen, um mir durch die Marianische Priesterbewegung, die mein Werk ist, meine Schar zu formen."

Die Zeichen dieser Zeit

Dieses Kapitel erforscht mehrere Zeichen dieser Zeit, sowohl natürliche als auch übernatürliche. Das herausragendste Zeichen dieses Zeitalters ist Maria. Menschen von allen Enden des Planeten berichten von eindringlichen Botschaften der Liebe und von Warnungen der Allerseligsten Mutter Jesu Christi. Für sie trifft die Beschreibung des „großen Zeichens", der „Frau, mit der Sonne umkleidet," im zwölften Kapitel der Geheimen Offenbarung zu, in der der heilige Johannes ihr Erscheinen als das Anzeichen der „Endzeit" voraussagte.

Diese weit verbreiteten Berichte von Erscheinungen Mariens, der „Frau, mit der Sonne umkleidet," werden begleitet von vielen gut dokumentierten und wissenschaftlich unerklärlichen Phänomenen, welche auch „Zeichen" sind. Das Erscheinen des „großen Zeichens" ist eine Erfüllung der Weissagung des heiligen Johannes, welches anzeigt, daß wir tatsächlich in der „Endzeit" sein könnten, jenem besonderen Zeitabschnitt, der unmittelbar dem zweiten Kommen Jesu vorhergeht und, worauf vorbereitet zu sein, uns die Schrift ernsthaft einschärft.

Marienerscheinungen sind nicht neu. Durch die gesamte Kirchengeschichte hindurch hat Gott Maria, die Mutter der Kirche, ihren Kindern als ein besonderes Zeichen der Hoffnung in bedrängter Zeit gesandt. Gott sendet „Zeichen" nicht nur, um sein Volk mit der Versicherung, daß Er es nicht verlassen hat, zu trösten, sondern auch, um es zu warnen, wie weit es in die Irre gegangen ist und um ihm zu helfen, auf den rechten Weg zurückzukehren. Das Anwachsen der Berichte von Marienerscheinungen in unserer Zeit und die „Zeichen und Wunder", welche von Millionen gewöhnlicher Menschen wahrgenommen werden, deuten sowohl auf eine tiefe, geistige Krise als auch auf eine große Hoffnung hin. Gottes Volk mag Ihn aus den Augen verloren haben, aber Er hat Sein Augenmerk nicht von uns abgewendet. Er ist sehr gegenwärtig und besorgt über unsere immer stärkere Entfremdung von Ihm. Sein persönliches Eingreifen ist notwendig und steht vor der Tür. Er sendet Seine beste Botschafterin, Seine am höchsten geschätzte Seele – Seine eigene Mutter – um uns zu warnen, zu beschützen, zu bilden, in jedweder Weise vorzubereiten, damit wir für den Tag Seines Kommens in der nahen Zukunft bereit sind. Wir können das alles nicht völlig verstehen, so daß wir unsere Herzen wie kleine Kinder öffnen müssen. Wie die Schrift sagt: „Wenn ihr nicht werdet wie die Kinder..."

Zeitalter Mariens

In der Schrift spricht Jesus von „den Zeichen der Zeit". Zum Beispiel heißt es: „Die Pharisäer und Sadduzäer traten an ihn heran, um ihn auf die Probe zu stellen. Sie verlangten von ihm, er solle ihnen ein Zeichen vom Himmel zeigen. Er aber erwiderte ihnen: ‚Am Abend sagt ihr: Es gibt schönes Wetter; denn der Himmel ist feuerrot. Am Morgen: Heute gibt es Regenwetter; denn der Himmel ist trübrot. Das Aussehen des Himmels wißt ihr zu deuten, die Zeichen der Zeit aber versteht ihr nicht?...'" (Matthäus 16, 1 - 3)

Die „Zeichen der Zeit" können sich auch auf die unmittelbare Antwort des Himmels auf den geistigen Zustand einer Epoche beziehen, wobei besondere übernatürliche Gnaden vom Himmel gesandt werden, um das Gewissen eines Zeitalters zu bessern. Der Himmel hat uns geradezu mit Zeitzeichen überflutet, besonders in unserem Jahrhundert mit einer wachsenden Dringlichkeit. Wie die Ereignisse, die unsere Zeit charakterisieren, immer gewalttätiger und offensichtlich dämonisch werden (die Abtreibung ist das klarste, erkennbare Zeitzeichen dieser negativen Entwicklung), werden die Warnungen des Himmels immer außergewöhnlicher, leidenschaftlicher und verhängnisvoller. In diesem Sinne meinen wir, den Anfang der Zeitzeichen zu sehen, von denen der Prophet Daniel und das Neue Testament sprechen, wenn sie „Kriege und Kriegsgerüchte" mit einbeziehen. Diese Zeichen deuten in sich steigerndem Maße auf eine Züchtigung hin. Die Botschaften Mariens sagen uns in einfacher Sprache, daß die Zeit der Barmherzigkeit Gottes ihrem Ende zugeht und die Zeit Seiner Gerechtigkeit im Begriff ist zu beginnen. Jedoch wollen die Menschen in unserer Zeit der Selbstzufriedenstellung und Eigenliebe nichts von der Gerechtigkeit Gottes hören.

Diese Zeit kann man leicht als das „Zeitalter Mariens" wiedererkennen, welches vor langer Zeit von verschiedenen Heiligen beschrieben wurde, die erkannten, daß so, wie Gott beschloß, Jesus uns zum ersten Mal durch eine Jungfrau, Maria, zu senden, Er dasselbe auch für Sein zweites Kommen beschließen würde.

Diese Wahrheit findet man weder unmittelbar in der Schrift noch kann man sie logisch ableiten. Vielmehr ist es eine Angelegenheit von Privatoffenbarungen und der Entwicklung eines Verständnisses, unter der Führung des Heiligen Geistes, von der Rolle Mariens in der Heilsgeschichte. Das Zweite Vatikanische Konzil bestätigt, daß der Grund für die Rolle Mariens im Wohlgefallen Gottes liegt.

Obwohl die marianische Theologie über die Jahrhunderte weiterentwickelt wurde, waren doch die grundsätzlichen Begriffe schon in den allerersten Praktiken der Kirche vorhanden und können, dem berühmten Theologen des 19. Jahrhunderts, John Kardinal Newman, zufolge, in vielen Schriften der Kirchenväter bis ins zweite Jahrhundert aufgezeigt werden. Lehrsätze der marianischen Theologie haben oft für kontroverse Aufregung in der Kirchengeschichte gesorgt; dennoch haben sie aber die Prüfung durch das kirchliche Lehramt vielfach bestanden. Eine tiefe marianische Sicht bereichert viel mehr, als daß sie das Verständnis von Gottes Weisheit verschleiert, und diese Sicht ist sicherlich in der Schrift vorausgeschaut. Maria als „das Zeichen" wird in der Schrift immer als die Mutter des großen Königs dargestellt, niemals aber bloß um ihrer selbst willen. Gleicherweise erscheint Maria auf der Erde nicht, um sich selber zu verherrlichen. **Ihre Sendung ist es, uns auf dem kürzesten möglichen Weg zu ihrem Sohn zu führen.** Sie wurde uns als Geschenk gesandt, und so sollte es auch aufgefaßt werden. Die folgenden Schriftabschnitte stellen uns Maria mit ihrem Sohn als Zeichen vor.

„Deswegen wird der Herr selbst euch ein **Zeichen** geben: Siehe, die Jungfrau wird empfangen und einen Sohn gebären und man wird seinen Namen Emmanuel nennen." (Isaias 7, 14)

„Und dies soll euch zum **Zeichen** sein: Ihr werdet ein Kind finden, das in Windeln gewickelt ist und in einer Krippe liegt." (Lukas 2, 12) „Sie gingen eilends hin und fanden Maria und Joseph und das Kind, das in der Krippe lag." (Lukas 2, 16)

„Simeon pries sie selig. Dann sprach er zu Maria, seiner Mutter: ‚Dieser ist bestimmt zum Fall und zur Auferstehung vieler in Israel und zum **Zeichen** des Widerspruchs. – Und auch deine Seele wird ein Schwert durchdringen. – So sollen die Gedanken vieler Herzen offenbar werden.'" (Lukas 2, 34 - 35)

Botschaften aus allen Himmelsrichtungen

Maria hat wiederholt unerfahrene Kinder erwählt, um ihre Botschaften der Welt zu bringen – Botschaften der Hoffnung und von der Notwendigkeit, ihrem göttlichen Sohn gegenüber Buße zu tun. Naive Kinder haben kein eigenes Programm, und ihr ansteckender Idealismus kümmert sich nicht darum, was die anderen denken.

Maria wurde von der Allerheiligsten Dreifaltigkeit auserwählt, als Antwort auf die Bedrohung Satans einzugreifen, der auch als die Schlange, der Drache, identifiziert wird. Am 7. Dezember 1974 offenbarte Maria Don Gobbi, warum sie sich „die Kleinen" aussucht: **„Ich, die Mutter der Kirche, greife persönlich ein und beginne mein Rettungswerk. Und sein Anfang wird so aussehen: bescheiden, ganz verborgen, auf so demütige und unscheinbare Weise, daß es die meisten nicht einmal bemerken werden. Aber dies, meine Söhne, war schon immer die Art, wie eure Mutter handelt."**

Die Häufigkeit der Erscheinungen Mariens scheinen auf eine Art Abschluß hinzuweisen, eine Explosion des Übernatürlichen. Wir machen zur Zeit die Erfahrung der großen Schlußszene dieses Zeitalters.

Seit Fatima haben mehr als dreihundert Erscheinungen stattgefunden, bedeutsam genug, daß sie die Aufmerksamkeit und die Prüfung durch Kirchenbehörden verdienen. Angeblich finden noch Hunderte von weiteren solcher Erscheinungen statt, aber die genaue Zahl wird man nicht vor jenem Ereignis wissen, während dessen Maria verspricht, alle ihre echten Erscheinungen mit Hilfe eines dauerhaften Zeichens zu bestätigen. Die Forscher und Beobachter marianischer Phänomene sind sich sicher, daß die Zahl und die Häufigkeit solcher Berichte (von Marienerscheinungen) noch nie so groß gewesen ist. Selbst für die Zweifler sind diese himmlischen Erscheinungen Ereignisse von unbezweifelbarer soziologischer Bedeutung. Es ist unmöglich, mehr als nur einigen wenigen dieser Erscheinungen gerecht zu werden. Die Botschaften sprechen von Frieden, von Umkehr, von tugendhaftem Leben, Reue, Lebensänderung, Richtlinien, wie das Evangelium zu leben sei, von sakramentalem Leben, Gebet und Reinigung. Erscheinungen ereignen sich überall in der Welt. Es gibt einfach viel zu viele, um sie alle beim Namen zu nennen.

Unsere Seele ist erfüllt von unstillbarem Hunger nach Wahrheit, nach einer wirklichen Begegnung mit Gott. Wir sind geistige Wesen, die sich nach der Wahrheit Gottes sehnen. Manchmal spricht der Himmel nicht so klar und deutlich, wie wir es gerne hätten. Das Evangelium lehrt uns, einen Baum an seinen Früchten zu erkennen, denn ein schlechter Baum kann keine gute Frucht bringen. In Puerto Rico, im Ort Sabana Grande, hat Unsere Liebe Frau mitgeteilt, daß echte Erscheinungen durch Gebet, Fasten und Abtötung gekennzeichnet sind. Diese Formel soll uns führen, denn wir müssen zwischen Wahrheit und Falschheit unterscheiden. Im geistlichen Sinne befinden wir uns auf einem Weg ohne Landkarte. Wir müssen dafür offen sein, was der Heilige Geist in unserer Mitte heute vollbringt, denn die Ereignisse, die Maria weissagt, sind alle in der Heiligen Schrift erwähnt.

Die Botschaften ereignen sich auf allen Kontinenten der Welt; alle sagen sie im wesentlichen dasselbe aus. **Die große Anzahl und Häufigkeit der Botschaf-**

ten ermöglichen es weder, sie alle zu lesen, zu untersuchen oder zu kennen, noch ist dies notwendig. Einer dieser Botschaften zu gehorchen, ist besser, als sie alle zu kennen. Maria erscheint in einer bestimmten Gegend der Welt aus einem besonderen Grund, um dort das Augenmerk auf einen regionalen Nutzen und eine regionale Ermahnung zu richten. Warum suchte sie sich abgelegene Dörfer wie Lourdes, Fatima, Garabandal und Medjugorje für ihre Erscheinungen aus? Aus heutiger Sicht ist das Gebiet Kroatiens und Bosnien-Herzegowinas ein Schlachtfeld in einer Gegend, von wo aus schon Weltkriege begannen. Menschen werden im Namen der ethnischen Säuberung wie auf dem Schlachthof abgeschlachtet. Millionen von Flüchtlingen verlassen ihre Heimat, und unzählige Tausende sterben in Massakern und in Hungersnot. Nur mit der Zeit wird man den genauen Grund wissen, warum Medjugorje, im ehemaligen Jugoslawien, zum Brennpunkt solcher außergewöhnlicher Gnaden wurde. Die Orte, an denen Unsere Liebe Frau erscheint, sind genauso von Bedeutung wie die Botschaften selbst. Die Himmelspläne müssen wegen ihres Wertes für die Gegenwart betrachtet werden, sind aber meist erst im Rückblick genauer verständlich.

An einem Ort stellt sich Maria als die zärtliche Mutter vor, die die Familien zur Erlangung der Heiligkeit ermuntert. An einem anderen stellt sie sich als Fürsprecherin und Ratgeberin vor. In Garabandal, in Spanien, bringt sie eine prophetische Botschaft der Welt, welche von Warnungen handelt. In Escorial, wiederum in Spanien, spricht sie mit jenen, die arm und durch die Umstände niedergeschlagen sind. Während die Botschaften in ihren Besonderheiten alle unterschiedlich sind, so sind sie alle doch im Wesentlichen gleich: Gebet, Glaube, Umkehr, Friede, Fasten und Liebe.

Das große Programm Mariens

Papst Johannes Paul II. schrieb in seiner 1987 veröffentlichten Enzyklika „*Redemptoris Mater*", daß Marienerscheinungen die Reise der Allerseligsten Jungfrau in Raum und Zeit auf einer Pilgerfahrt zum zweiten Kommen Jesu und ihres Endsieges über Satan darstellen. Das ist jetzt ihre Rolle, wie es vom Anfang an vorgesehen war.

Die Botschaft an die Marianische Priesterbewegung vom 30. Oktober 1975 sprach von den Tränen Mariens, die vielerorts selbst als Bluttränen vergossen werden. **Man hat uns die Bedeutung der Bluttränen erklärt: Sie zeigen hin auf die Tatsache, daß die Züchtigung nahe ist.**

Je mehr wir uns mit den Warnungen Mariens beschäftigen, umso mehr sind wir von der Exaktheit echter Erscheinungen überzeugt. Unklarheiten gibt es nicht, wenn eine Erscheinung von der Kirche anerkannt wurde, obwohl sich Probleme bei der Auslegung der Botschaften im Laufe der Zeit gelegentlich einstellten und sich noch weiterhin ergeben werden.

Das himmlische Mosaik

Die Teilnehmer in der marianischen Bewegung dürfen sich nicht bloß an der ihnen vertrautesten Erscheinung festmachen und den Rest mißachten und als geringer oder wertlos betrachten. Die Leute, die sich näher mit Fatima, Garabandal, Medjugorje und anderen Orten befassen, müssen sich darüber klar werden, daß der Himmel ein schönes Mosaik aus kleinen Steinchen zusammenstellt, um der Welt die Gegenwart Mariens zu zeigen. Im Ort San Nicolas, in Argentinien, sagte Jesus am 19. November 1987: **„Meine Mutter muß angenommen werden. Meiner Mutter muß in der Gesamtheit ihrer Botschaften Gehör geschenkt werden. Mit Hilfe ihres Unbefleckten Herzens werden Seelen zu Mir kommen.“** Der Versuch, eine bestimmte Erscheinung gegen eine andere auszuspielen, bedeutet doch bloß eine verengte Sicht für die größere Rolle Mariens als Mutter der Menschheit, die ihr von der Allerheiligsten Dreifaltigkeit zugewiesen wurde. Alle sollten versuchen, die Wahrheit und die Warnungen zu begreifen, da Maria die Botschaften des Himmels zum Nutzen aller verkündet. Im Geiste der Unterscheidung müssen wir verstehen, daß das, was Maria in Ruanda sagt, nicht so ohne weiteres auf uns, in den Vereinigten Staaten, zutreffen mag, sondern daß es sich dabei um eine besondere Botschaft an die Menschen Afrikas handelt. Wir dürfen andere Erscheinungen und Botschaften nicht kritisieren, denn es fehlt uns die weitere Perspektive von Gottes großartigem Plan. So wie der König David den Saul nicht verfolgte, weil er zuvor von Gott einmal gesalbt worden war, so sollten auch wir vorsichtig sein, bevor wir uns ein Urteil gestatten, und sollten diese Aufgabe den zuständigen und fähigen Kirchenbehörden überlassen. Natürlich wird die Kirche zur rechten Zeit, wenn theologische Irrtümer vorhanden sein sollten, unter der Leitung des Heiligen Geistes solche Erscheinungen herausfiltern, die nicht echt sind. In der Apostelgeschichte gibt Gamaliel der Synagoge den Rat: Gebt die Leute frei denn, wenn etwas von Gott stammt, ist es von Dauer, und umgekehrt wenn nicht, geht es von selbst zugrunde (Apostelgeschichte 5, 38 - 39). Satan ist kein Dummkopf. Vermischt mit echten Erscheinungen gibt es sicherlich solche, die unecht und vom Vater der Lügen angeregt worden sind. Es würde nicht dem Charakter Satans entsprechen, wenn dies nicht der Fall wäre. Der Plan des Bösen ist es, Verwirrung zu stiften und auf diese Weise alle Erscheinungen in Mißkredit zu bringen. Wir wären überrascht, wenn dies nicht in Kürze geschehen sollte. Wir sollten damit rechnen.

Die nächste Zeit

Papst Pius XII. warnte uns vor den „harten und bitteren Leiden“, denen das Menschengeschlecht ausgesetzt ist. Er sagte: „Die Menschheit muß sich auf Leiden vorbereiten, wie sie sie nie zuvor erlitten hat.“ Papst Pius XII. beschrieb unsere Zeit als „die schlimmste seit der Sintflut“, und er erklärte, daß „die Stunde geschlagen habe und die am weitesten verbreitete, bitterste und grausamste Schlacht, die die Welt je gekannt hat, eingetreten sei. Sie muß bis zur Neige ausgetragen werden.“[1]

Der bekannte katholische Würdenträger, Erzbischof Fulton J. Sheen, schrieb 1950: „Wir leben in der Zeit der Apokalypse – den letzten Tagen unserer Ära... Die beiden großen Mächte, jene des mystischen Leibes Christi und jene des mystischen Leibes des Antichristen, sind im Begriff, sich zur Schlacht eines katastrophalen Ausmaßes zu formieren.“[2] Auf den einfachsten Nenner gebracht, ist es der Plan Mariens, uns auf die nächste Zeit vorzubereiten.

Die Wachstumskurve der letzten Jahre

Wie die Anzahl der Marienerscheinungen in der ganzen Welt in einer beunruhigenden Weise, besonders in den letzten zehn Jahren, angewachsen ist, werden wir an die Schriften des heiligen Ludwig von Montfort (1673 - 1716) erinnert, in denen er seine Überzeugung zum Ausdruck brachte, „daß der Herrschaft des Herrn Jesus (Christus) die der Allerseligsten Jungfrau vorausgehe. So wie Maria dem ersten Kommen Jesu auf Erden vorherging, so hat die Allerheiligste Dreifaltigkeit festgelegt, daß sie dem zweiten Kommen Christi vorangehen soll.“ Nie zuvor in der Geschichte hat es eine solche Anzahl an Erscheinungen und übernatürlichen Ereignissen gegeben wie in diesem Jahrhundert, vor allem in der zweiten Hälfte. Am 8. Dezember 1990 erklärte Maria Don Gobbi gegenüber: „Ich bin von der Heiligsten Dreieinigkeit erwählt worden, die Mutter des zweiten Advents zu werden, und so besteht meine mütterliche Auf-gabe darin, die Kirche und die ganze Menschheit vorzubereiten, um Jesus, der zu euch in Herrlichkeit wiederkommt, aufzunehmen.“

Michael Freze, Tertiar vom heiligen Franziskus, schreibt in seinem Buch, *They Bore The Wounds of Christ* (zu deutsch: Sie trugen die Wundmale Christi), daß es 321 echte Stigmatisierte in der Kirchengeschichte gegeben habe. Davon wurden 62 heiliggesprochen. Die Bekanntesten sind: der heilige Franziskus von Assisi, die heilige Katharina von Siena (Kirchenlehrerin), Therese Neumann, die deutsche Stigmatisierte, die viele Jahre lang nur von der heiligen Eucharistie lebte, und Padre Pio, der italienische Pater, der 1968 starb. Diese Menschen waren mit außergewöhnlichen Gnadengaben ausgestattet und machten großen Eindruck in ihrer Zeit. Heute ist das nicht anders. Christina Gallagher in Irland, Amparo Cuevos in Spanien, Mirna Nazzour aus Damaskus in Syrien, Maria Esperanza in Venezuela, Patrizia in England, Gladys Quiroga de Mota in Argentinien, der Priester James Bruse in Virginia, Eileen George in Massachusetts, Schwester Agnes Sasagawa aus Akita, in Japan, – sie alle besitzen derzeit auf die eine oder andere Weise die tatsächlichen Stigmata oder eine andere sichtbare oder unsichtbare Form des Leidens. Die Zahl der Stigmatisierten wächst heute an. Es sind darunter mehrere, die unter vielen anderen Menschen sagen, daß sich uns in der bevorstehenden Zukunft schlimme Ereignisse nähern.

Wenn man die Erscheinungen in unserem Jahrhundert untersucht, erkennt man einen sich langsam aber beständig entfaltenden Plan Gottes, besonders in den letzten beiden Jahrzehnten. Dieser Plan scheint sich in den letzten fünf Jahren zu beschleunigen, was wir an der explodierenden Anzahl von Erscheinungen erkennen. Welche Bedeutung hat das alles? Nähern wir uns einem Ereignis von monumentaler geistiger Bedeutung? Leben wir in jenen im Buche der Geheimen Offenbarung vorausgesagten Tagen? Sind wir am Ende einer Epoche angelangt und treten wir in ein neues Zeitalter ein? Das sind alles wichtige und ehrliche Fragen, die gestellt werden müssen. Bevor wir uns jedoch näher mit diesen Fragen beschäftigen können, ist ein Rückblick auf wichtige Marienerscheinungen angebracht. Viele der älteren sind bekannt, so daß wir mehr Platz für die neueren eingeräumt haben. Diese Erscheinungen haben wir in vier Zeitabschnitte eingeteilt.

Die wesentlichen Zeitabschnitte der Erscheinungen

Wir richten uns nach der historischen Einteilung, die P. Lambert Terstroet, SMM, ein Priester aus der Montfortkongregation, der in Island lebt, vorgeschlagen hat und der die wichtigsten Erscheinungen in vier Zeitabschnitte einteilt. Der erste Abschnitt ist der von Guadalupe, in Mexiko, 1531, mit seinen tiefen Auswirkungen auf ganz Amerika. Der zweite umfaßt die französische Periode und beginnt mit den Erscheinungen 1830, in der Rue-de-Bac, vor der heiligen Katharina Labouré und endet 1871 mit der Erscheinung von Pontmain. Der dritte Abschnitt behandelt die „europäische" Periode, welche mit der Erscheinung Unserer Lieben Frau in Fatima, in Portugal, 1917, anfängt und die Erscheinungen von Banneux und Beauraing, in Belgien, 1932/1933, einschließt. Sie endet mit den Berichten von Erscheinungen in Amsterdam (Bot-schaften, die nahezu 40 Jahre, von 1945 bis 1984, umfassen), wo Maria unter dem Titel „Die Frau aller Völker" erschien.

Der vierte Zeitabschnitt beginnt in unserer Zeit mit der „interkontinentalen" Explosion oder dem weltweiten großen Schlußakt der Marienerscheinungen, welcher Anfang der sechziger Jahre im Ort Garabandal, in Spanien, beginnt. Um dem Leser eine Auswahl von der Vielfalt der Marienerscheinungen vorzustellen, (dieses Kapitel versteht sich in keiner Weise als ein Gesamtbericht auch nur einer Mehrheit von ernsthaft untersuchten Berichten) werden wir eine kurze Zusammenschau von mehreren dieser wichtigen „Zeitzeichen" wiedergeben.[3]

Unsere Liebe Frau von Guadalupe, 1531 – anerkannt

Guadalupe bedeutet: „Jene, die die Schlange zertritt". Das Indianerwort für „Jene, die die Schlange zertritt" hört sich wie der Ortsname Guadalupe an, was die Spanier irrtümlich auf ihr berühmtes Heiligtum bezogen. Die Erscheinung von Guadalupe ist in unseren Tagen eng mit dem Ende der Abtreibung verbunden. Unsere Liebe Frau zertrat die Schlange in Amerika und beendete damit das bei den Azteken brutal praktizierte Menschenopfer. Die Rolle Unserer Lieben Frau von Guadalupe in diesem Jahrhundert ist es, die Schlange zu zertreten und das erneut aufgenomme Menschenopfer – in Form von erlaubter Abtreibung – zu beenden.

Rue-de-Bac, Paris, Frankreich, 1830 – anerkannt

Am 27. November 1830 erschien Maria schweigend vor der heiligen Katharina Labouré und zeigte ihr das Bildnis einer Medaille, deren Herstellung sie wünschte. Unsere Liebe Frau erschien auf der Medaille mit Lichtstrahlen, die von Ringen an ihren Fingern ausgingen und auf ihre Rolle als „Mittlerin aller Gna-den" hinwiesen. Die Gnaden entstammen den Verdiensten Christi, aber sie werden von Seiner Mutter ausgeteilt. Nicht von allen Ringen gingen Lichtstrahlen aus, was andeutete, daß viele der Gnaden, die Gott durch Maria austeilen wollte, unbeansprucht blieben. Um die Gestalt Unserer Lieben Frau herum waren die folgenden Worte eingeschrieben: „O Maria, ohne Sünde empfangen, bitte für uns, die wir zu Dir unsere Zuflucht nehmen." Diese Medaille wurde als „Wundertätige Medaille" bekannt, weil mit dem Tragen derselben viele Wunder verbunden waren. **Auf der Rückseite der Medaille sind das Unbefleckte Herz Mariens und das Allerheiligste Herz Jesu zusammen abgebildet. Das war das erste Mal, bei dem die beiden Herzen gemeinsam erschienen.** Am 8. Dezember 1854, vierundzwanzig Jahre nach der Erscheinung, verkündigte Papst Pius IX. das Dogma von der „Unbefleckten Empfängnis". Dieses Dogma besagt: „Die Allerseligste Jungfrau Maria wurde im Augenblick ihrer Empfängnis durch eine einzigartige Gnade und ein Privileg des allmächtigen Gottes im Hinblick auf die Verdienste Jesu Christi, des Heilands des Menschengeschlechtes, von jeglicher Befleckung durch die Erbsünde bewahrt."

La Salette, Frankreich, 1846 – anerkannt

Zwölf Jahre vor den Erscheinungen im Ort Lourdes, in Frankreich, sahen 1846 zwei Kinder, Mélanie Calvat und Maximin Giraud, die glänzende Erscheinung einer weinenden Frau. Sie sprach mit ihnen über viele Dinge, die ihren Sohn betrübten. Sie warnte vor einer kommenden Hungersnot. Aber vor dem Nahrungsmangel würden viele Kinder der Gegend einer ernstlichen Erkrankung erliegen. Sie sagte: „Wenn ihr euch nicht bekehrt, wird es mir nicht möglich sein, die Hand Gottes zurückzuhalten." In einer berühmten Fassung des sogenannten „Geheimnisses von La Salette" offenbarte Unsere Allerseligste Mutter, daß „Luzifer 1864 losgelassen würde. Die Kirche würde schlimmen Angriffen ausgesetzt und das Monstrum [der Kommunismus] würde am Ende des 19. oder am Anfang des 20. Jahrhunderts losgekettet werden. Rom würde den Glauben verlieren und zum Sitz des Antichrist werden und die Kirche sich im Niedergang befinden. Viele Züchtigungen sind vorausgesagt; der Antichrist wird besiegt werden; Feuer wird die Erde reinigen und die Werke des menschlichen Stolzes verzehren, und alles wird erneuert werden." Sie machte einen Aufruf an „die Kinder des Lichtes, die wenigen, die sehen können, die wahren Jünger des lebendigen Gottes, die wahren Nachfolger Christi, die Gläubigen der letzten Tage, daß sie hervortreten und die Welt mit Licht erfüllen und kämpfen mögen. Denn jetzt ist die Zeit aller Zeit und das Ende jeglichen Endes."

Lourdes, Frankreich, 1858 – anerkannt

Vier Jahre nach der Verkündigung des Dogmas der Unbefleckten Empfängnis erschien Maria achtzehnmal einem sehr armen jungen Mädchen namens Bernadette Soubirous zwischen dem 11. Februar und dem 16. Juli 1858. Am 25. März 1858, dem Fest Verkündigung des Herrn, offenbarte Unsere Liebe Frau der ungebildeten Bernadette: „Ich bin die Unbefleckte Empfängnis." Weil das Dogma erst vor weniger als vier Jahren feierlich verkündet worden war und Bernadette seine Existenz nicht gekannt haben konnte, wurde ihr bei der Wiederholung der Worte der Allerseligsten Mutter große Glaubwürdigkeit zugesprochen. Es war eine Bestätigung des Himmels für die Wahrheit des Dog-mas. Zudem wurde Bernadette von Maria aufgefordert, damit zu beginnen, ein Loch in den Boden zu graben. Unter dem Hohn der Mitbewohner tat Bernadette es gehorsamst. Sogleich floß Wasser aus der Stelle, an der Bernadette gegra-ben hatte, zunächst als kleines Rinnsal, das mittlerweile zu der Größenordnung eines kleinen Flusses angewachsen ist. Es wurde von Tausenden von Heilungen berichtet von Menschen, die dieses wundertätige Wasser getrunken oder darin gebadet hatten. Die Wände der Grotte, in der die Allerseligste Mutter erschien, sind gesäumt von den Krücken derer, die, völlig geheilt, den Wassern entstiegen sind.

Pontmain, Frankreich, 1871 – anerkannt

Diese Erscheinung erfolgte während des deutsch-französischen Krieges. Die deutschen Truppen waren schon nahe an Pontmain herangerückt. Die Leute des Dorfes beteten, daß ihnen Schutz gewährt werde. Am Abend des 17. Januar erschien Maria, mit einem dunkelblauen Kleid bekleidet und ein Kruzifix in ihrer Hand, mehrere Minuten lang am Himmel. Unter der Erscheinung waren die Worte zu lesen: „Bitte, betet! Gott wird euch bald erhören. Mein Sohn läßt sich rühren.“ In der selben Nacht wurde die Armee durch einen Befehl des deutschen Hauptquartiers zurückgerufen, und am 28. Januar wurde der deutsch-französische Waffenstillstand unterzeichnet. Pontmain bleibt uns als ein kräftiges Beispiel für die Macht des Gebetes in Erinnerung, wie wir uns vor Unheil und Krieg bewahren können.

Fatima, Portugal, 1917 – anerkannt

Fatima nimmt wohl die Schlüsselstellung in den Erscheinungen des 20. Jahrhunderts ein. Viele der derzeitigen Botschaften aus der ganzen Welt, insbesondere die Vorgänge in Rußland, lenken unsere Aufmerksamkeit zurück auf die Ereignisse von Fatima. Maria, die sich als Königin des Rosenkranzes vorstellte, erschien 1917 drei Hirtenkindern abseits, auf dem Land, in Portugal. Es war das Jahr der bolschewistischen Revolution, und Maria übertrug den drei Kindern, Luzia, Franziskus und Jacinta, für die Menschen des 20. Jahrhunderts wichtige Botschaften. Noch vor der Revolution der Bolschewisten weissagte sie, daß Rußland „seine Irrtümer über die ganze Welt verbreiten“ würde. Sie teilte den Kindern Geheimnisse mit, die sich auf die Zukunft der Kirche und der Menschheit bezogen. Sie sagte zu den beiden Kindern, Franziskus und Jacinta, daß sie sich bald bei ihr im Himmel befinden würden (sie starben kurze Zeit danach), **daß aber Luzia so lange leben würde, bis sich alle Botschaften erfüllt hätten.** Man muß dabei festhalten, daß bei der Niederschrift dieses Textes Luzia ihrem Alter nach Mitte der Achtziger ist. In Fatima sagte Maria, daß Jesus die Einführung der Verehrung ihres Unbefleckten Herzens wünsche. Sie verlangte die Weihe Rußlands an ihr Unbeflecktes Herz durch alle Bischöfe der Welt. Auch erbat sie die Aufopferung der ersten Samstage, um ihr Herz zu trösten. Am Ende, so versprach sie, wenn dies alles getan würde, werde Rußland sich bekehren und der Welt eine Zeit des Friedens gewährt werden. (Für ausführlichere Erläuterungen sehen Sie sich bitte Kapitel 9 über Fatima und die Endzeit an.)

Beauraing, Belgien, 1932-1933 – anerkannt

Fünfzehn Jahre nach den Erscheinungen in Fatima, erschien Maria Kindern in Belgien, sowohl in Banneux als auch in Beauraing. Diese sind die letzten Marienerscheinungen, denen die volle Anerkennung von Rom gewährt wurde, obwohl viele der erst kürzlich erfolgten Erscheinungen die Anerkennung des jeweiligen Ortsbischofs erhalten haben. Die zwei Erscheinungen in Belgien entwickelten die Botschaften von Fatima weiter und bereiteten den Weg für die Botschaften von Amsterdam. In Beauraing erschien Unsere Liebe Frau fünf Kindern, Ferdinande, Gilberta, Albert, Andreas und Gilbert, während 32 Erscheinungen, vom 19. November 1932 bis zum 3. Januar 1933. Am 21. Dezember 1932 stellte sich Unsere Liebe Frau den Kindern vor: „Ich bin die

Unbefleckte Jungfrau." Die Kinder sahen ein goldenes Herz in der Mitte der Brust Mariens. Am 3. Januar 1933 sagte sie zu Andreas: „Ich bin die Muttergottes, die Königin des Himmels. Betet immer!"

Banneux, Belgien, 1933 – anerkannt

Die acht Erscheinungen in Banneux, vom 15. Januar 1933 bis zum 2. März 1933, unterstrichen die Bedeutung der Gegenwart Mariens unter uns. Unsere Liebe Frau erschien nur einer einzigen Seherin, Mariette Beco, zwölf Jahre alt, welche in einem verarmten Teil des Landes lebte. Indem sie sich die „Jungfrau der Armen" nannte, sagte sie, daß sie gekommen sei, um die Kranken und die Leidenden zu trösten. „Ich bin die Mutter des Erlösers, Mutter Gottes", erklärte sie.

Eine kleine, aber mit Bezug auf die späteren Erscheinungen in Amsterdam wichtige Einzelheit ist, daß Unsere Liebe Frau am 18. Januar zu Mariette sagte: „Tauche deine Hände ins Wasser! Diese Quelle ist mir vorbehalten." (Sie befanden sich in der Nähe einer Quelle.) Am nächsten Tag sagte Unsere Liebe Frau: „Diese Quelle ist vorbehalten für alle Nationen."

Amsterdam, Niederlande, 1945-1959 – wird noch geprüft

Den Berichten nach erschien Unsere Liebe Frau und sprach mittels innerer Einsprechungen mehrere Jahrzehnte lang unter dem Titel „Die Frau aller Völker" mit einer in Amsterdam lebenden Frau namens Ida Peerdeman. Sie brachte viele Botschaften von großer Bedeutung für die Zukunft der Kirche. Sie schien das Zweite Vatikanische Konzil und viele der dabei speziell behandelten Themen vorauszusagen, und das mehr als zehn Jahre bevor das Konzil „überraschend" einberufen wurde. Sie bestätigte, daß viele Neuerungen innerhalb der Kirche notwendig waren, so daß Rom guten Gebrauch machen konnte von den besonderen günstigen Gelegenheiten in unserer Zeit, um mit modernen Mitteln das Evangelium zu verkünden. Sie warnte aber vor der großen Gefahr für die Kirche gegen Ende des 20. Jahrhunderts durch das Wiederaufleben der Häresien des Modernismus.

Die Frau aller Völker weissagte ein „letztes Mariendogma", welches Unsere Liebe Frau als „Miterlöserin, Mittlerin und Fürsprecherin" verkünden und welches die marianische Theologie zusammenfassen und erklären und Unsere Liebe Frau „krönen" sollte. Zum Zeitpunkt dieser Niederschrift werden diese Erscheinungen noch von der Kirche geprüft. Es wird berichtet, daß Kardinal Ratzinger der Seherin geschrieben habe, daß es kein theologisches Hindernis für die mögliche Verkündigung dieses Dogmas gebe. Einige vermuten, daß die Verkündigung dieses Dogmas der Anlaß sein könnte für ein offizielles Schisma in der katholischen Kirche, wie es von einigen Sehern für die letzten Tage vorausgesagt wird.[4]

Serednje, Ukraine, 1953 – wird noch geprüft

Am 20. Dezember 1953 sah eine Frau namens Hanja in einer Vision während der heiligen Messe den Berg von Serednje und den Ort, an dem sich kleine Quellen klaren Wassers befand. Sie sah es deutlich vor sich, obwohl sie den Berg nie zuvor besucht hatte. Im Verlauf der Vision sah sie die Jungfrau Maria und hörte, wie sie sagte: „Meine Tochter, meine Tochter, meine Tochter, du siehst, welche Fülle an Gnaden ich besitze. Aber ich habe niemanden, dem ich meine Gnaden geben könnte, denn es gibt so viele Töchter und Söhne, die sich von mir abgewandt haben, und niemand fragt nach mir in diesem Jubiläumsjahr. Ich wünschte, eine große Vergebung für arme Sünder zu erhalten. **Eine Katastrophe erwartet euch wie zur Zeit Noahs. Nicht durch eine Flut, sondern durch Feuer wird die Zerstörung kommen. Eine gewaltige Feuersbrunst wird ganze Nationen wegen ihrer Sünden vor Gott vernichten.** Seit Beginn der Welt hat es nie eine solche Sündenflut gegeben wie heute. Dies ist das Reich Satans. Ich werde auf diesem Berg verweilen, von dem aus ich das ganze Weltall und die vielen Sünder sehe, und ich werde meine Gnaden durch diesen Brunnen ausspenden. Wer kommt, um seine Sünden zu bereuen, und dieses Wasser gläubig empfängt, den werde ich an Seele und Leib heilen."

Garabandal, Spanien, 1961 – wird noch geprüft

Als die Kubakrise die ganze Welt mit nuklearer Vernichtung bedrohte, zog Unsere Liebe Frau Tausende in ein abgelegenes Dorf, im nördlichen Spanien, wo sie vor vier jungen Mädchen erschien und aufsehenerregende Zeichen und Wunder vollbrachte. Ihre Botschaften waren voller Einzelheiten. Unsere Liebe Frau verkündete den Mädchen, daß der „Becher [der göttlichen Gerechtigkeit] voll sei, ja in der Tat dabei sei überzufließen." Diese Erscheinungen scheinen überaus bedeutsam zu sein. Vieles von dem, was sie aussagen, paßt genau mit dem zusammen, was in den Botschaften anderer bedeutender Erscheinungen wie Medjugorje berichtet wird. Dieses Buch behandelt die Ereignisse von Garabandal, in Spanien, in einem eigenen Kapitel. Maria spricht in diesen Erscheinungen von der Warnung, dem Wunder und der Strafe. Sobald die Warnung eingetroffen sein wird, werden viele nach Garabandal fahren, um das Wunder zu sehen.

Akita, Japan, 1973 – vom Ortsbischof anerkannt

Schwester Agnes Sasagawa empfängt immer noch täglich Botschaften in Erscheinungen, welche damit begannen, als die zu jenem Zeitpunkt noch taube Schwester beobachtete, wie Licht aus dem Innern des geöffneten Tabernakels hervorstrahlte. Der Schwester Agnes wurde von Unserer Lieben Frau Heilung versprochen. Dieses Versprechen erfüllte sich, obwohl die Schwester an den Stigmen leidet.

Die Statue ihres Klosters, eine Originalkopie des Bildes der Frau aller Völker, hat bei 101 Gelegenheiten Tränen geweint. Anläßlich der Erscheinungen der Frau aller Völker sprach Maria zum ersten Mal von sich als Miterlöserin. Die Mitteilungen der Schwester beziehen sich auch auf Unsere Liebe Frau als Miterlöserin. Am 13. Oktober 1973 erhielt Schwester Agnes eine Botschaft über eine Züchtigung, bei der Feuer vom Himmel fallen und den größten Teil der Menschheit auslöschen soll, und vom Eindringen des Teufels in die Kirche. (Sehen Sie auch Kapitel 11, über Akita, das diese Botschaften behandelt!)

Medjugorje, (ehemaliges) Jugoslawien, 1981 bis zur Gegenwart

Seit dem 24. Juni 1981 erscheint Maria als „Königin des Friedens" sechs Bauernkindern in dem Dorf Medjugorje. Seither haben nahezu alle der mittlerweile jungen Erwachsenen täglich Botschaften erhalten. Der Inhalt der Botschaften Unserer Lieben Frau kann in fünf wesentlichen Punkten wiedergegeben werden: **Sie erbittet von uns das Gebet aus dem Herzen, Fasten, Versöhnung mit Gott und dem Nächsten, Bekehrung und Frieden.** Zur Zeit sind dies die eindrucksvollsten aller Marienerscheinungen. Die Illustrierte *Life* schätzt, daß im Zeitraum von zehn Jahren mehr als 15 Millionen Pilger Medjugorje besucht haben. Auf den Tag genau zehn Jahre, nachdem die Allerseligste Mutter begann den Kindern zu erscheinen und die Welt zu bitten, für den Frieden zu beten, trennte sich Kroatien von Jugoslawien und der seit dem Zweiten Weltkrieg brutalste Krieg in Europa brach aus. Mehrere aktuelle Erscheinungen sind „Nebenprodukte" von Medjugorje in dem Sinne, daß die neuen Seher ihre mutmaßlichen Visionen erst nach einer Pilgerfahrt nach Medjugorje erhielten. (Schlagen Sie Kapitel 12 über Medjugorje für weitere Einzelheiten nach!)

Kibeho, Ruanda, 1981 – vom Ortsbischof anerkannt

Im November 1981 begannen in Kibeho, in dem afrikanischen Land Ruanda, die Erscheinungen für die sieben Seher: Alfonsa, Emmanuel, Anathalia, Maria-Klara, Stefanie, Agnes und Vestine. Drei von ihnen wohnten in einem armen Gebiet in einer von Nonnen geleiteten Schule, und drei weitere lebten im Busch. Unser Herr erschien unabhängig davon einem jungen Heiden namens Sagstascha, der seither den christlichen Namen Emmanuel angenommen hat. Unser Herr lehrte ihn das Vaterunser und unterrichtete ihn im Glauben. Emmanuel erhielt von der Allerseligsten Mutter folgende Botschaft:

„Es bleibt nicht mehr viel Zeit, sich auf das Letzte Gericht vorzubereiten. Wir müssen unser Leben ändern und der Sünde widersagen. Wir müssen beten und uns auf unseren Tod und das Ende der Welt vorbereiten. Wir müssen unsere Vorbereitungen treffen, solange uns noch Zeit bleibt. Jene, die sich recht verhalten, kommen in den Himmel. Sollten sie Böses tun, so verurteilen sie sich selbst ohne Hoffnung auf eine zweite Instanz. Verliert keine Zeit und zögert nicht, Gutes zu tun und zu beten. Es bleibt nicht mehr viel Zeit, bis Jesus kommt."

Obwohl für sechs der Seher die Erscheinungen 1983 endeten, erfährt Alfonsa weiterhin nahezu jedes Jahr am 28. November neue Visionen. Die letzte erlebte sie am 28. November 1989. In diesen Erscheinungen nennt sich Unsere Liebe Frau die „Mutter des Wortes". Sie hebt die Bedeutung des Rosenkranzes und des Gebetes hervor und mahnt, den Nächsten wie sich selbst zu lieben. Jesus sagte zu Emmanuel: **„Zu viele Menschen behandeln ihren Nächsten unehrlich. Die Welt ist voller Haß. Ihr werdet die zeitliche Nähe meines zweiten Kommens daran erkennen, wenn ihr den Ausbruch von Religionskriegen seht. Dann wißt, daß ich unterwegs bin."** Die Allerseligste Mutter sagte ihnen: „Ich bin gekommen, um zu eurem Heil den Weg für meinen Sohn zu bereiten, und doch wollt ihr es nicht verstehen. Die Zeit, die noch verbleibt, ist kurz, und ihr seid abgelenkt. Ihr laßt euch von den Gütern dieser Welt, die doch vergehen, ablenken. Ich habe gesehen, wie viele meiner Kinder verloren gingen, und bin gekommen, ihnen den wahren Weg zu weisen."

Die Erscheinungen in Kibeho, in Afrika, wurden in erster Instanz vom Ortsbischof am 15. August 1988 anerkannt, wodurch eine öffentliche Verehrung ermöglicht wurde. Die Kirche prüft weiterhin diese Ereignisse.

San Nicolas, Argentinien, 1983 – wird noch geprüft

Im Jahre 1983 begann Unsere Liebe Frau einer Frau namens Gladys Quiroga de Motta im Ort San Nicolas, in Argentinien, zu erscheinen. Gladys erhielt von Unserem Herrn und von Unserer Lieben Frau viele Botschaften. Seit 1990 erscheint Unsere Liebe Frau weiterhin vor Gladys, aber ohne ihr noch Botschaften für die Welt zu geben. Die Frau bekam mehr als 1.800 Botschaften vom 13. Oktober 1983 bis zum 11. Februar 1990. Der führende Mariologe P. René Laurentin schreibt in seinem Buch *An Appeal From Mary in Argentina* (zu deutsch: Ein Ruf Mariens in Argentinien), daß die Botschaft einfach ist: „Gott wünscht den Bund mit Seinem Volk durch Maria, Seine Bundeslade, zu erneuern."

Die Antwort der Menschen in Argentinien auf die Erscheinungen ist überwältigend. Tausende und Abertausende von Pilgern haben San Nicolas besucht, und viele Heilungen haben stattgefunden. Gladys erhielt die Wundmale Christi. Der Bischof, Monsignore Catagna, gewährt seine Unterstützung. Eine Sonderkommission untersucht diese Erscheinungen, und eine offizielle Anerkennung scheint kurz bevorzustehen.[5]

England, 1985 – wird noch geprüft

Im Februar 1985 begann Patrizia [Familienname wird zurückgehalten], eine englische Hausfrau und Mutter von drei Kindern, innere Visionen und Einsprechungen Unseres Herrn und Unserer Lieben Frau bezüglich der Verehrung der göttlichen Unschuld zu erhalten. Als Protestantin, die sich mit einem Katholiken verheiratete, hatte sie versprochen, ihre Kinder katholisch zu erziehen, und später konvertierte sie zum Katholizismus. Die Botschaften, die noch anhalten, teilen sich in zwei Hauptgruppen: die Verehrung der gekreuzigten Unschuld und die Verehrung der mystischen Wunden Unserer Lieben Frau. Die Botschaften an Patrizia ermöglichen es uns, die Rolle Mariens als Miterlöserin, Mittlerin und Fürsprecherin zu erklären.

Christus ist eine Opferseele, und Maria ist eine Opferseele; beide schmerzensreichen Herzen leiden als Sühne für Sünden. In diesen Botschaften, die die Förderung der Verehrung der gekreuzigten Unschuld aussprechen, fordert uns Christus auf, auch Opferseelen zu werden und uns mit Seinem Leiden zu vereinigen. In Seinem Aufschrei der Verlassenheit vom Kreuz: „Mein Gott, mein Gott, warum hast du mich verlassen?" – schaute er im voraus die vielen Opferseelen durch die Jahrhunderte, die alle an Seinem Sieg teilnehmen würden. Christus wählte das Ende des 20. Jahrhunderts aus, um die Verehrung der göttlichen Unschuld zu offenbaren und zu verbreiten. Sie ist vor allem beabsichtigt zur Sühne der Abermillionen von abgetriebenen Kindern 2.000 Jahre nach dem Tod unseres Herrn.

Während der Kalvarienberg zunächst und vor allem die Szene der Passion und des Todes unseres Herrn ist, so war es doch auch der Grund für das Leiden Unserer Lieben Frau an verborgenen und mystischen Wunden. Gott wünscht, daß diese kostbaren Wunden Unserer Lieben Frau nicht mehr länger verborgen bleiben. Vielmehr sollen wir, sein Volk, begreifen, welch hervorragende Reinigung die Menschheit durch die Verehrung der verborgenen und mystischen Wunden Mariens erhält und erhalten wird. Patrizia sagte: „Wenn die göttliche Unschuld in uns triumphiert, dann wird auch das Unbefleckte Herz Unserer Lieben Frau triumphieren. Diese Gnade ist das Ergebnis der mystischen Wunden Unserer Lieben Frau."[6]

Schrein Unserer Lieben Frau von Lourdes in der Melleray-Grotte im Kreis Waterford, Irland, 1985 – wird noch geprüft

In den Bergen von Knockmealdown erschien, so wird berichtet, Unsere Liebe Frau bei der Melleray-Grotte, welche Unserer Lieben Frau von Lourdes geweiht ist. Beim ersten Mal erschien sie im August 1985 einem siebzehnjährigen, ortsansässigen Mädchen, Ursula O'Rourke. In der darauffolgenden Woche erschien sie zwei Jungen aus der Gegend, nämlich dem zwölfjährigen Tom Cliffe und dem elfjährigen Barry Buckley. Maria gab ihnen Botschaften, welche vom Gebet und von bevorstehenden Katastrophen handelten. Jeden Abend erschien Unsere Liebe Frau den beiden Jungen, kurz nachdem sie die Grotte betreten und einen Teil des Rosenkranzes gebetet hatten. Sie erschien immer rechts von der Statue, wenn sie ihre Botschaften verkündete und zog sich anschließend in die Statue zurück. Die Jungen sahen sie dann in Gestalt der Statue, aber mit wehendem blonden Haar und einer Silberkrone. Ihr Kleid schien wie vom Winde bewegt, und die Finger und Lippen der Statue öffneten sich zum Gebet und Gesang.

Andere Menschen aus der Umgebung, sowohl Erwachsene als auch Kinder, hatten Visionen von Heiligen und verehrungswürdigen Personen wie Johanna von Arc und Padre Pio. An einem Abend erschien unsere Liebe Frau einem Bauern aus der Gegend, Michael O'Donnell. Sie mahnte ihn, „am Sonntag im Gebet auszuharren".

Am 19. August 1985 hatte Tom Cliffe in der Melleray-Grotte eine Vision. Darin sah er Unseren Herrn und die Apostel um einen Tisch in einem großen Raum sitzen. Draußen, auf der Straße, befanden sich Bettler und einige Leute, die mit Besen kehrten, und bellende Hunde. Es war ein langer Tisch, an dessen Ende Unser Herr saß. Unser Herr gestikulierte mit seinen Händen und schien einen der Apostel zu belehren. Tom erschrak darüber, denn er dachte, daß Unser Herr Seine Ermahnungen an ihn richte. An jenem selben Abend sagte Unsere Liebe Frau: „Ich habe eine Botschaft." Und zu den Jungen sprach sie folgendes: „Meine Botschaft handelt vom Frieden und Gebet. Sag den Leuten, daß das Wasser gesegnet ist." Unsere Allerseligste Frau befand sich nahe bei den Jungen mit ausgestreckten Armen. Tom streckte ihr seine Hand entgegen, um sie zu berühren, aber sie sagte: „Nein." Dann ging sie erneut die Stufen hoch zurück, drehte sich um und sagte: „Gottes Zorn richtet sich gegen die Welt. Die Menschen müssen sich bessern und beten. Meine Botschaft richtet sich an alle Menschen in der Kirche Gottes. **Den Menschen werden zehn Jahre gewährt, während deren sie sich bessern und beten müssen. Und wenn sie es nicht tun, dann wird sich folgendes ereignen.**" Dann zeigte Maria ihnen eine Vision von schrecklichen zukünftigen Ereignissen.

Inchigeela, Irland, 1985 – wird noch geprüft

Seit dem 5. August 1985 wird von Erscheinungen Unserer Lieben Frau in zwei entfernten Grotten in der Nähe von Inchigeela, in Irland, berichtet. Drei Kinder, Rosemary O'Sullivan, Marie Vaughn und Kelly Noonan, behaupteten, die Allerseligste Mutter gesehen zu haben. Nach dem März 1987 wurde von keinen weiteren Erscheinungen vor den Kindern berichtet. Einige der Botschaften lauteten, wie folgt.

Am 16. Juni 1986 an Rose: „Ich bin die Königin des Friedens."

Am 2. November 1986 an Marie: „Ich wünsche die größere Verbreitung des braunen Skapuliers."

Am 22. Februar 1987 an Kelly: „Söhne und Töchter der Welt, ich bitte euch, die Zehn Gebote zu lesen und zu halten."

Am 25. Juli 1986 erschien Unsere Liebe Frau auch der Mary Casey, einer Mutter von neun Kindern. Diese erhielt mehrere Botschaften. Am 20. August 1986 sagte Unsere Liebe Frau zu Frau Casey: „Frieden. Das Gebet ist die beste Waffe, die ihr besitzt. Es ist ein Schlüssel für das Herz Gottes. Ihr müßt zu Jesus aus eurem Herzen beten. Euer Gebet soll eure ehrliche Dankbarkeit zum Vater ausdrücken. Der Teufel hat Macht bei jenen, die ihn fürchten, und ist schwach gegenüber jenen, die ihn verachten. Satan kann bei niemandem etwas ausrichten, der sich ganz Gott ausgeliefert hat. Geh in Frieden!"

Bessbrook-Grotte, Irland (1987) – wird noch geprüft

Unsere Liebe Frau erschien im Frühjahr 1987 den beiden Beulah Lynch und Mark Treanor in der Bessbrook-Grotte. Am 30. Mai 1987, so berichtete Mark Treanor, verspürte er den spontanen Drang, die Grotte aufzusuchen. Dort sah er eine weiß gekleidete Frau, die ihn anschaute. Sie trug eine goldene Krone. Am 2. Juni sah Beulah Lynch Unsere Liebe Frau. Sie war unaussprechlich schön, jung, mütterlich und von Licht umflossen.

Am 11. Juni sagte Unsere Liebe Frau zu Beulah Lynch: „Ich bin eure Mutter. Ich liebe euch. **Die Welt muß sich wohl verhalten. Die Welt muß sich ändern. Der Welt wird eine große Katastrophe zustoßen. Sag ihnen, sich zu beeilen. Dies ist ein Befehl Gottes. Die Botschaften von hier sind die Botschaften von Medjugorje. Die Kinder von Medjugorje sind die Kinder von hier.**"

Am 10. Juli sagte Unsere Liebe Frau zu Beulah Lynch: „Mein Kind, die Botschaften dürfen nicht leichtfertig aufgenommen werden. Sie sind ernst. Sie stammen von Gott. Die Welt befindet sich in großer Gefahr. Gott ist nicht zufrieden. Euch wurde ein Geschenk Gottes gegeben. Sag den Leuten, daß sie kommen und beten sollen. Betet und fastet und tut Buße."

Am 20. August sagte Unsere Liebe Frau zu Beulah Lynch: „Der Welt wird eine große Katastrophe zustoßen. Die Welt muß sich bessern. Satan ist dabei, die Welt zu zerstören."

Am 11. November sprach Unsere Liebe Frau mit Beulah Lynch: „Mein Kind, ich bin eure Mutter, Mutter Gottes. Ihr könnt euch den Zorn Gottes nicht vorstellen. Gott ist aufgrund der Sünden der Welt sehr, sehr erzürnt. Ich kann Ihn nicht länger zurückhalten. Ich kann die Welt nicht retten. Die Menschen müssen die Welt retten. Die Menschen müssen zur Grotte kommen, um zu beten, zu fasten und Buße zu tun, bevor die Züchtigungen beginnen."

Hruschiw, Ukraine (1914, 1986 bis 1988) – wird noch geprüft

Vieles von dem, was über die Ukraine bekannt ist, verdanken wir Josip Terelja, dem ehemaligen politischen Gefangenen, der zwanzig Jahre in der ehemaligen Sowjetunion inhaftiert war. Der ukrainische Erscheinungsort, Hruschiw genannt, ist schon lange eine Pilgerstätte, von dem Erscheinungen schon vor zweihundert Jahren bis heute berichtet wurden. Josip sagt aus:

„Etwa 22 Bauern sahen dort Unsere Liebe Frau, und sie kündigte achtzig oder neunzig Jahre der Bedrängnis für die Gläubigen an. Das war 1914. Wie ich es verstehe, warnte sie, wie auch in Fatima, daß Rußland gottlos werden und die Menschheit hart an den Abgrund der Zerstörung bringen würde. Es war eine bedeutsame Parallele zu dem, was Schwester Luzia aus Fatima Jahre später mitgeteilt wurde: – Sollte Rußland nicht zum Christentum zurückkehren, dann könnte es wohl einen weiteren Weltkrieg geben und ganze Nationen würden vernichtet.“[7]

Am 26. April 1987 (genau auf Stunde und Tag ein Jahr nach dem Unfall in dem Kernkraftwerk von Tschernobyl) erschien Unsere Liebe Frau der zwölfjährigen Marina Kisin in dem kleinen Dorf Hruschiw, in der Ukraine, nahe bei einer katholischen Kapelle, welche schon jahrhundertelang ein Zentrum der Marienverehrung gewesen war. Diese kleine Kirche hat seither eine große Anzahl sowohl katholischer als auch nichtkatholischer Pilger angezogen. Einmal versammelten sich 20.000 Menschen in einem Kartoffelfeld, um einen Blick auf Maria werfen zu können. Es wird von einigen geschätzt, daß nicht weniger als 400.000 Menschen die große Freude hatten, die Gestalt Mariens gesehen zu haben, als sie ihre Kinder in dem katholischsten Teil der ukrainischen Nation besuchte. Diese Erscheinungen haben sehr eindrucksvolle Botschaften sowie bemerkenswerte Zeichen und Wunder erbracht. Wir werden eine lange Botschaft Unserer Lieben Frau als Hinweis auf die starke Intensität ihrer Worte in der Ukraine zitieren.

Unsere Liebe Frau sagte: „Lehrt die Kinder beten. Lehrt die Kinder, in der Wahrheit zu leben, und lebt selbst in der Wahrheit. **Tschernobyl ist eine Mahnung und ein Zeichen für die ganze Welt.** Betet ständig den Rosenkranz. Der Rosenkranz ist eine Waffe gegen Satan. Er fürchtet den Rosenkranz. Betet den Rosenkranz täglich und ständig bei allen Versammlungen von Menschen. Ich bin gekommen, um dem ukrainischen Volk zu danken, weil ihr am meisten in den letzten siebzig Jahren für die Kirche Christi gelitten habt. Ich bin gekommen, euch zu trösten und euch zu sagen, daß eure Leiden bald zu Ende gehen werden. Die Ukraine wird ein unabhängiger Staat werden. Bereut und liebt einander. *Die Epoche steht bevor, die als die Endzeit bezeichnet wird, wie es vorausgesagt* *wurde.* Seht die Verwüstung, die uns umgibt, die Trägheit, den Völkermord, die vielen anderen Sünden. Ich kam zu euch mit Tränen, um euch anzuflehen, zu beten, Anstrengungen für das Gute zu unternehmen und für die Ehre Gottes zu arbeiten. Die Ukraine war die erste, die mich als ihre Königin würdigte, und ich habe sie in meine Obhut genommen.

Ihr müßt arbeiten, und ohne Arbeit gibt es kein Glück, und niemand wird das Reich Gottes erhalten, ohne dafür zu arbeiten. Wenn ihr euch für Gott anstrengt, dann werdet ihr mein Herz gewinnen, und es wird euch möglich sein, in Einheit zu leben. Folgt den Führern der Kirche mutig, und Ihr werdet euer Land gewinnen und Liebe unter den Nationen der Welt erlangen. Ich liebe die Ukraine und die Ukrainer wegen ihrer Leiden und ihrer Treue zu Christus, dem König. Und ich werde die Ukraine beschützen zur Ehre und für die Zukunft des Reiches Gottes auf Erden. Die Ukrainer müssen zu Aposteln Christi unter den Völkern Rußlands werden, denn, wenn Rußland nicht zum Christentum zurückkehrt, wird der dritte Weltkrieg ausbrechen."

Die Ukraine ist entscheidend für die Bekehrung Rußlands. Rußland hält den Schlüssel für den Weltfrieden in seinen Händen. Schließlich wird uns gesagt, daß Rußland zum Instrument der Bekehrung des Westens wird. Der Anfang für diese Kettenreaktion liegt in der Ukraine.

Es scheint, daß auch die USA eine wichtige Rolle in der Bekehrung Rußlands spielt, welche den Weltfrieden herbeibringen wird. Josip Terelja hörte, wie Unsere Allerseligste Mutter sagte: „Betet für Rußland. Rußland wird sich nur bekehren, wenn alle Christen für seine Bekehrung beten. Betet für die Wiedervereinigung der Kirchen in Rußland. Alle Christen sollten bereuen und durch die Reinigung von der Sünde die Gottlosigkeit in Rußland, wie ihre fortgesetzte Verbreitung in der ganzen Welt durch Rußland, anhalten. Betet in brüderlicher Liebe für die Bekehrung des russischen Volkes. Die gläubigen ukrainischen Christen werden ihre eigene Nation retten. Bis der Westen seine eigene Schuld vor dem Osten anerkennt, wird es Rußland erst möglich sein, Christus, den König, zu empfangen." [Anzumerken ist: Im Jahre 1054 spaltete sich die Christenheit in einem Schisma, welches die Ost- von der Westkirche abtrennte. Der Begriff ‚der Bekehrung' beinhaltet die Wiedervereinigung der getrennten Teile der Kirche unter der Führung des Papstes.]

Maria zeigte Josip noch mehrere Visionen, unter anderem eine von dem Staatsstreich gegen Michail Gorbatschow, dem früheren Chef der UdSSR. Josip Terelja hatte diese Vision im Jahre 1987; der Versuch, Gorbatschow zu stürzen, geschah im August 1990, drei Jahre nachdem er vorausgesagt wurde. Wir zitieren Josip Terelja aus dem Buch *Witness* (zu deutsch: Zeugnis): „Ich sah eine Karte der Ukraine, und der blutige Fluß begann auszutrocknen. Die Erde war an vielen Stellen verbrannt und nahm eine schwarze und graue Farbe an. Das war die

Farbe des Todes. Aber zwischen der schwarzen und grauen Asche sah ich Gras aufsprießen. Es war sehr hoch. Ich erblickte die Menschen, wie sie niederknieten und weinten, aber ich wußte, daß dies Tränen der Freude und Erlösung waren. Ich sah das neue Babylon, die rote Stadt, die in der Erde versank. In jener Stadt. unter einem christlichen Tempel, befand sich ein geheimes Versteck. Dort befanden sich acht Männer – acht Herrscher, alle acht wie von gelbem Wachs. Sie lachten schrecklich und zeigten ihre Zähne. Gorbatschow sagte mir, daß nicht er im Staat das Sagen habe. Ich sah den wahren Führer der UdSSR hinter einer gelben Leinwand: Es war Luzifer selbst, in der Gestalt Jelzins. Seine Augen waren rot und sein Gesicht gerötet. Ich schaute, und aus dem Boden jener Stadt kamen riesige, mattrote Ratten, so groß wie Hunde, gerannt. Diese Tiere waren grauenhaft. Ich wußte, daß sie giftig waren.

Ich hörte die Stimme der Frau voll Liebe und Güte. Sie sagte: ‚Du hast den gottlosen Osten und Westen gesehen. Der Unterschied besteht darin, daß im Westen die Gottlosigkeit nicht offiziell anerkannt ist. Aber das Ziel der Gottlosigkeit im Osten wie im Westen ist dasselbe. Um Rußland und die ganze Welt vor der gottlosen Hölle zu bewahren, müßt Ihr Rußland zu Christus, dem König, bekehren. Die Bekehrung Rußlands wird die christliche Kultur im Westen erhalten und wird ein Impuls für das Christentum in der ganzen Welt sein. Aber das Königreich Christi, des Königs, soll durch die Herrschaft der Muttergottes errichtet werden.'"

[Anmerkung: Maria hat gesagt, daß Rußland zum Christentum zurückkehren muß. Maria macht in mehreren anderen Botschaften die Aussage, daß der Schlüssel für die Stabilität des Westens in der Bekehrung Rußlands liege. Rußland scheint eine größere strategische Rolle als die anderen Republiken im Friedensplan des Himmels zu besitzen.]

Cuenca, Ecuador, 1988-1990 – wird noch geprüft

Patrizia „Pachi" Talbot war eine typische Jugendliche, die sich nicht sehr für Religion interessierte. Als im Religionsunterricht ein Video über die Erscheinungen in Medjugorje gezeigt wurde, war ihre spontane Reaktion: „Das ist lächerlich." Pachi interessierte sich mehr dafür, als Fotomodell aufzutreten, und sie war darin recht erfolgreich. Dennoch erschien ihr die Allerseligste Mutter ab August 1988 über einen Zeitraum von achtzehn Monaten als „Hüterin des Glaubens". Ihre Botschaften ermahnen die übriggebliebenen Gläubigen zu grundlegender katholischer Praxis: Eucharistie, Buße, Gebet, Fasten, Weihe an die beiden Herzen, Verehrung des Skapuliers, Andacht und Betrachtung vor dem Allerheiligsten Altarssakrament und innerem Frieden.

Pachi erhielt auch ernste Botschaften. Als sie zum Beispiel den Tepeyac-Berg in Guadalupe, in Mexiko, besuchte, wurde Patrizia von der Allerseligsten Jungfrau mitgeteilt: „Schlimme Dinge werden sich in der Welt ereignen, und das, was erwünscht ist, ist Bekehrung.“ Patrizia wurde ermahnt, das eigentliche Geheimnis nicht zu offenbaren, da „es Panik hervorrufen würde“. Einen Monat vor dem Eintreffen des Ereignisses wird Patrizia durch ihre geistlichen Leiter die Welt entsprechend den Botschaften warnen. Die Jungfrau sagte zu Patrizia, daß das Geheimnis aus drei Teilen bestehe und daß alle drei Teile von künftigen Züchtigungen der Welt handelten.

Es wird berichtet, daß die Jungfrau zu Patrizia gesagt hat: „Der Krieg steht nahe vor der Tür. Er beginnt mit falschen Friedensverträgen, Verträgen, denen wir nicht unser Vertrauen schenken sollten. Viele Länder werden daran beteiligt sein, unter anderem die Vereinigten Staaten, China, Rußland, Rumänien... Darum ist gerade heute Bekehrung so wichtig.“

In bezug auf die drei finsteren Tage, die von vielen Sehern der Neuzeit vorausgesagt wurden, stellt Pachi fest: „Die Heilige Jungfrau sprach darüber und sagte, daß die Erde für drei Tage aus ihrer Umlaufbahn geworfen werde. Zu jenem Zeitpunkt wird das zweite Kommen Christi nahe sein. Der Teufel wird die Welt beherrschen. In jenen Tagen sollten die Familien ununterbrochen beten. Wegen der falschen Propheten, die die Worte Christi verfälschen, müssen wir uns im Zustand der heiligmachenden Gnade befinden, damit wir das Gute vom Bösen unterscheiden können...

Wir sollten niemandem die Türen unserer Häuser öffnen. Wir sollten einfach ununterbrochen beten. Die Jungfrau sagte, daß es besser wäre, nicht einmal zum Fenster hinauszuschauen, weil wir sonst das Wirken der Gerechtigkeit Gottes über die Menschen beobachten würden. Es wird so grauenhaft sein, daß wir es nicht betrachten wollen.“

Pachi unterscheidet sich nicht sehr von anderen Jugendlichen ihres Alters. Vor den Erscheinungen ließen sich ihre Eltern scheiden, und in einer Reaktion der Rebellion darauf versuchte sie, sich das Leben zu nehmen. Seit 1990 haben sich ihre Eltern wieder versöhnt. Zum Zeitpunkt der ersten Erscheinungen waren ihr die Schriften von Don Gobbi und anderer Mystiker in der ganzen Welt, von denen viele behaupten, ähnliche Botschaften empfangen zu haben, nicht bekannt. Pachi hebt hervor, daß nur noch kurze Zeit verbleibe und daß es einen Zeitpunkt geben werde, ab dem eine Bekehrung nicht mehr möglich sei.[8]

Litmanova, Slowakei, 1990 – wird noch geprüft

Seit dem August 1990 soll Maria in einem kleinen Ort in der Slowakei, nahe der polnischen Grenze, zwei zwölfjährigen Hirtenkindern, Katarina und Svetka, erschienen sein. Unsere Liebe Frau bat die Kinder, Opfer zu bringen, am

Gottesdienst teilzunehmen, und Bußgebete für ihre Sünden und die der ganzen Welt aufzuopfern. Die Allerseligste Jungfrau nannte sich selbst die „ganz Reine und Sündenlose“. Sie erscheint am ersten Sonntag eines jeden Monats. Im August 1991 waren zum ersten Jahrestag der Erscheinungen über 500.000 Menschen anwesend. Die Leute in Litmanova gehören dem griechisch-katholischen Ritus an. Wie Garabandal und Medjugorje ist Litmanova ein armes Dorf. Eine wundertätige Quelle entspringt auf der Anhöhe eines Berges. Und, wie an so vielen anderen Orten, hat Maria gesagt, daß ein Zeichen auf dem Berg nach dem Ende der Erscheinungen verbleiben werde.

Der Vatikan wie der griechisch-katholische Bischof von Presov und der römisch-katholische Bischof Jan Hirka haben Untersuchungen eingeleitet. Unsere Liebe Frau verspricht ein neues Zeitalter des Friedens und der Freude. Wir sind der Meinung, daß es deshalb grundsätzlich bedeutsam ist, weil die Slowakei (Teil der alten Tschechoslowakei) ein Satellitenstaat der ehemaligen Sowjetunion ist und die freie Religionsausübung für die um das Überleben kämpfenden neuen Demokratien so notwendig ist. Die 500.000 Teilnehmer an der Messe zum ersten Jahrestag zeigen an, daß, wie in der Ukraine, die Menschen der ehemaligen kommunistischen Länder großen Hunger nach Gott und allen geistlichen Dingen haben.[9]

Erscheinungsorte

Im folgenden nun eine Liste der bekannteren Erscheinungsorte in der ganzen Welt. Diese Liste soll in keiner Weise als vollständig oder endgültig verstanden werden.

1531—Guadalupe, Mexiko: Juan Diego
1634—Quito, Ecuador: Mutter Mariana de Jesus Torres
1830—Rue-de-Bac, Paris: Katharina Labouré
1846—La Salette, Frankreich: Mélanie Calvat und Maximin Giraud
1858—Lourdes, Frankreich: Bernadette Soubirous
1871—Pontmain, Frankreich: Eugène und Joseph Barbadette
1879—Knock, Irland: Fünfzehn Personen
1904—Polen: P. Maximilian Kolbe
1914—Hruschiw: Mehrere Personen
1917—Fatima, Portugal: Luzia, Franziskus und Jacinta (Kinder)
1932—Beauraing, Belgien: Voisin und Degeimbre (Kinder)
Banneux, Belgien: Mariette Beco
1937—Polen: Schwester Faustyna
1938—Belgien: Bertha Petit

1940—Ungarn: Schwester Marie Natalia
1945—Zagreb, Jugoslawien: Julka
1945—Amsterdam, Niederlande: Ida Peerdeman
1947—Marienfried, Deutschland: Barbara Reuss
1947—Montichiari, Italien: Pierina Gilli
1947—Tre Fontane, Italien: Bruno Cornacchiola
1951—Polen: Barbara Klosowna
1953—Sabana Grande, Puerto Rico: drei Kinder
1954—Serednje, Ukraine: Anna/Hanja
1954—Fostoria, Ohio, USA: Schwester Mildred Maria
1954—Calabria, Italien: Mutter Elena Aiello
1954—Windy Gap, Nordirland: Seamus Quail
1958—Turzovka, Tschechoslowakei: Matous Lasut
1961—Garabandal, Spanien: vier Kinder
1962—Skiemonys, Litauen:
1963—Vietnam: Rosa Maria
1964—San Damiano, Italien: Mama Rosa Quattrini
1965—Belgien: Marguerite
1966—Porto San Stefano, Italien: Enzo Alocci
1968—Italien: Mama Carmela Carabelli
1968—Zeitoun, Ägypten: Hunderttausende

Seit 1970

1972—Mailand, Italien: Don Stefano Gobbi
1972—Dozulé, Frankreich: Madeleine
1973—Akita, Japan: Schwester Agnes Sasagawa
1974—Binh Loi, Vietnam: Stefan Ho-Ngoc-Anh
1974—Kanada: Bruder Josef Franziskus
1974—Rom, Italien: Mutter Elena Patriarca Leonardi
1976—Betania, Venezuela: Maria Esperanza und andere

Seit 1980

1980—Cuapa, Nicaragua: Bernardo Martinez
1980—El Escorial, Spanien: Amparo Cuevas
1980—Taiwan: fünf Personen
1981—Kibeho, Ruanda, Afrika: sieben Kinder
1981—Medjugorje, Jugoslawien: sechs Kinder
1982—Eisenberg, Österreich: Aloisia Lex
1982—Damaskus, Syrien: Mirna Nazzour
1983—Penablanca, Chile: Miguel Angel Poblete

1983—San Nicolas, Argentinien: Gladys Quiroga de Motta
1985—Melleray-Grotte, Irland: mehrere Personen
1985—Ballinspittle, Irland:
1985—Surrey, England: Patrizia
1985—Oliveto Citra, Italien: mehrere Kinder
1985—Inchigeela, Irland: drei Kinder
1985—Naju, Korea: Julia Kim
1986—Shoubra, Ägypten: Tausende
1986—Manila, Philipinnen: Soldaten
1987—Bessbrook, Nordirland: Beulah Lynch und Mark Treanor
1987—Hruschiw, Ukraine: Marina Kisin
1987—Mayfield, Irland: Sally Ann und Judy Considine
1987—Conyers, Georgia, USA: Nancy Fowler
1987—Cuenca, Ecuador: Patrizia Talbot
1988—Cortnadreha, Irland: Christina Gallagher
1988—Scottsdale, Arizona, USA: mehrere Personen
1988—Phoenix, Arizona, USA: Estela Ruiz
1988—Lubbock, Texas, USA: drei Erwachsene
1989—Kanada: Jim Singer
1989—Marlboro, New Jersey, USA: Joseph Januszkiewicz
1989—Kettle River, Minnesota, USA: Steve Marino
1990—Kanada: Josip Terelja
1990—Denver, Colorado, USA: Theresa Lopez
1990—Litmanova, Tschechoslowakei: zwei Kinder
1990—Melbourne, Australien: Josefina-Maria
1991—Mozul, Irak: Dina

und viele, viele unerwähnt gelassene Erscheinungen mehr...

3

Prophetin unserer Zeit

Am Himmel erschien ein großes Zeichen: Eine Frau, mit der Sonne umkleidet, den Mond unter ihren Füßen und eine Krone von zwölf Sternen auf ihrem Haupte. Sie war gesegneten Leibes und schrie in ihren Wehen und Geburtsnöten. Noch ein anderes Zeichen erschien am Himmel: Ein großer, feuriger Drache mit sieben Köpfen und zehn Hörnern und sieben Kronen auf seinen Köpfen. Sein Schweif fegte den dritten Teil der Sterne des Himmels weg und warf sie auf die Erde. Der Drache stellte sich vor die Frau, die gebären sollte, um ihr Kind gleich nach der Geburt zu verschlingen. Sie gebar ein männliches Kind, das alle Völker mit eisernem Zepter regieren soll. Doch ihr Kind ward zu Gott auf seinen Thron entrückt. Die Frau aber floh in die Wüste. Dort fand sie eine Stätte, die Gott ihr bereitet hatte, damit sie dort zwölfhundertsechzig Tage lang Unterhalt fände. Da erhob sich ein [großer] Kampf im Himmel. Michael und seine Engel kämpften mit dem Drachen, und der Drache und seine Engel kämpften. Aber sie vermochten nicht standzuhalten, und ihr Platz im Himmel ging verloren. So wurde der große Drache gestürzt: die alte Schlange, die Teufel und Satan heißt und die die ganze Welt verführt. Er wurde auf die Erde gestürzt, und mit ihm wurden seine Engel gestürzt.

Geheime Offenbarung 12, 1 - 9

In unseren Tagen, in denen der Glaube sich in einer Krise befindet, macht sich Maria weit bekannt. In der Botschaft vom 3. Juli 1987 durch Don Stefano Gobbi sagte Maria insbesondere: „Dies ist meine Zeit.“

„Mit diesem Jahr wird die Zeit eurer himmlischen Mutter auf machtvolle und offizielle Weise beginnen. ... Dies ist die Zeit der großen Züchtigung. Der Kelch der göttlichen Gerechtigkeit ist voll, übervoll, ja er läuft über. Bosheit bedeckt die ganze Erde; die Kirche ist durch den sich ausbreitenden Abfall von Gott und durch die Sünde verdunkelt. Damit seine Barmherzigkeit triumphieren kann, muß euch der Herr jetzt durch sein machtvolles Wirken von Gerechtigkeit und Liebe reinigen und läutern. Für euch bereiten sich die schmerzlichsten und blutigsten Stunden vor. Diese Zeit ist näher, als ihr es euch vorstellt. Bereits in diesem Marianischen Jahr werden sich einige von den großen Ereignissen erfüllen, die ich in Fatima vorhergesag habe. ... Jesus wird sein glorreiches Reich errichten. Er wird bei euch sein, und ihr werdet die neue Zeit, die neue Ära kennenlernen. Ihr werdet schließlich eine neue Erde und einen neuen Himmel sehen...

Dies ist die Zeit der großen Barmherzigkeit. Der Vater möchte mit der Glut seines ganzen Herzens die Ströme seiner unendlichen Liebe über diese arme Menschheit ergießen. Der Vater will mit seinen Händen eine neue Schöpfung formen, in der seine göttliche Spur deutlicher sichtbar ist, angenommen und bejaht wird. Eine Schöpfung, in der seine Vaterschaft von allen verherrlicht und gepriesen wird."

„Dies ist meine Zeit. 'Dies', das heißt, die Tage, die ihr durchlebt, sind 'mein', denn es ist die Zeit, die durch meine große und starke Gegenwart gekennzeichnet ist. Diese Zeit wird um so mehr die meine werden, je stärker sich mein Sieg ausbreiten und den Sieg, der jetzt meinem Gegner gehört, übertreffen wird. Diese meine Gegenwart wird sehr stark und außerordentlich werden, vor allem in den meinem Unbefleckten Herzen geweihten Familien. Sie wird von allen bemerkt und für euch Quelle eines besonderen Trostes werden."

Mariens Mittlerrolle hat niemals aufgehört. Gottvater wollte, daß sie als Instrument diene. **Sie ist die Botschafterin und die Prophetin schlechthin.** Mehrere ihrer Titel werden im folgenden Abschnitt behandelt.

Titel als Königin unseres Zeitalters

Im Laufe der Geschichte hat Unsere Allerseligste Mutter aktiv in die Angelegenheiten der Menschen eingegriffen.

Prophetin dieser letzten Zeiten

Am 22. November 1992 drückte Unsere Allerseligste Mutter ihre Rolle recht klar und deutlich Don Gobbi gegenüber aus. Sie sagte: „Mit der Freude einer Mutter, die sieht, wie ihre kleinen Kinder immer mehr auf sie hören und ihr auf dem Weg folgen, der von mir als **Prophetin dieser letzten Zeiten, die ihr gerade durchlebt,** vorausverkündet wurde, segne ich euch mit meinem Sohn Jesus Christus, ..."

Die Unbefleckte Empfängnis

Gott bereitete jene vor, die dazu vorbestimmt war, Seinen einzigen Sohn in ihrem Mutterleib und ihrem Leben zu empfangen. Genau so wie die Anordnungen, die Gott zur Herstellung der Bundeslade im Alten Testament gab, in vielen Einzelheiten dargestellt wurden und präzise waren, weil Gott dort sich selber niederlassen wollte, so wurde auch Maria, wie die Kirche lehrt, auf einzigartige Weise vorbereitet, damit in ihr ihr Schöpfer Fleisch annehme und ihr Leib Seiner wachsenden Gestalt eine Wohnung bereite. Weil Christus in ihr enthalten war, wurde sie auch die neue Bundeslade genannt, und die Kirche lehrt, daß Gott sie darauf besonders vorbereitete. Christus empfing Seinen Leib nicht aus einem sündenbefleckten Gefäß. Kraft der vorgesehenen Verdienste Seines Todes und Seiner Auferstehung hatte er Maria schon geheiligt, indem er sie vom Augenblick der Empfängnis im Leib ihrer Mutter vom Makel der Erbsünde freihielt. Jesus schuf ein sündenloses und unbeflecktes Gefäß. Papst Pius IX. ver-kündigte dieses Dogma im Jahre 1854, und vier Jahre später bestätigte Maria es, als sie sich in Lourdes als die Unbefleckte Empfängnis vorstellte.

Mutter der Kirche

Maria wurde immer als ein Vorbild für die Kirche und als ihre Mutter, mit ihr eng verbunden, betrachtet. Die Kirche versteht den Bericht im Johannesevangelium von Maria am Fuß des Kreuzes als die Handlung Christi, welcher der Kirche Maria (als ihre neue Mutter) und Maria die Kirche (als ihre neuen Kinder) gibt. Das beinhaltet sowohl mütterliche als auch kindliche Verpflichtungen und Verantwortung. Maria verhielt sich so aufs innigste als Mutter gegenüber dem Haupt der Kirche, Jesus, daß sie sich auch im Verlauf der Zeit dem Leib Christi gegenüber als Mutter verhalten wird. Papst Paul VI. erklärte zum Abschluß des Zweiten Vatikanischen Konzils, 1965, feierlich Maria zur „Mutter der Kirche".

Über Mariens einzigartige Rolle wurde auch von anderen innerhalb der Kirche jahrhundertelang gesprochen. Im 17. Jahrhundert waren zwei dieser Stimmen die selige Maria von Agreda, eine spanische Nonne, und der heilige Ludwig von Montfort. Die selige Maria von Agreda sagte über die Allerseligste Mutter: „Es wurde mir offenbart, daß durch die Fürsprache der Muttergottes alle Irrlehren verschwinden würden. Der Sieg über die Häresien wurde von Christus Seiner Allerseligsten Mutter vorbehalten. In der Endzeit wird der Herr auf besondere Weise den Ruhm Seiner Mutter verbreiten. Durch Maria begann die Erlösung, und durch ihre Fürsprache wird sie vollendet werden. Vor dem zweiten Kommen Christi muß Maria mehr als je zuvor in Barmherzigkeit, Macht und Gnade erstrahlen, um die Ungläubigen zum katholischen Glauben zu bringen. Die Macht Mariens in der Endzeit wird sehr auffallend sein. Maria wird das Reich Christi über die Heiden und Mohammedaner ausbreiten, und es wird große Freude herrschen, wenn der Thron Mariens als Gebieterin und Königin der Herzen errichtet werden wird. Vor dem Ende der Welt wird eine ungewöhnliche Züchtigung der Menschheit stattfinden."[1]

Der heilige Ludwig von Montfort schrieb: „**Aber die Macht Mariens über alle Teufel wird besonders in der Endzeit hervorscheinen, wenn der Satan seine Schlingen gegen ihre Ferse legen wird: das heißt soviel wie gegen ihre demütigen Knechte und armen Kinder, die sie aufrichten wird, um gegen ihn Krieg zu führen. Aus der Sicht der Welt werden sie wie die Ferse klein und arm, vor allen erniedrigt, niedergetreten und verfolgt sein, so wie die Ferse auch den anderen Teilen des Körpers unterstellt ist. Aber dafür werden sie reich an Gottes Gnade sein, welche Maria an sie im Überfluß verteilen wird. Vor Gott werden sie an Heiligkeit groß und gepriesen sein, durch ihren lebendigen Eifer über allen Geschöpfen stehen, und durch die Hilfe Gottes dermaßen ausgerüstet sein, daß sie durch die Demut ihrer Fersen, vereint mit Maria, den Kopf des Teufels zertreten werden und Jesus Christus triumphieren wird.**"

Der heilige Ludwig von Montfort schrieb auch: „Maria allein hatte vor Gott Gnade gefunden (Lukas 1, 30) ohne Hilfe von irgendeinem anderen bloßen Geschöpf ... Sie war voller Gnade, als sie von dem Erzengel Gabriel (Lukas 1, 28) begrüßt wurde, und sie wurde im Überfluß durch den Heiligen Geist von Gnade erfüllt, als Er sie mit unaussprechlichem Schatten bedeckte (Lukas 1, 35); und sie hat diese doppelte Fülle von Tag zu Tag, von Augenblick zu Augenblick, in solchem Maß vergrößert, daß sie einen Grad von gewaltiger und unvorstellbarer Gnade erreicht hat."[2]

Maria als die neue Eva

Die Idee von Maria als „neuer Eva" wurde in den Schriften des berühmten Konvertiten vom Anglikanismus des 19. Jahrhunderts, John Kardinal Henry Newman, auf wunderschöne Weise ausgedrückt. Er schrieb: „Obwohl ich der Ansicht bin, wie du weißt, daß sich im Lauf der Zeit die apostolische Wahrheit entwickelt, so hebt doch solche Entwicklung nicht die Väter auf, sondern erklärt und vervollständigt sie lediglich. Und insbesondere, was unsere Lehre bezüglich der Allerseligsten Jungfrau betrifft, so bin ich mit den Vätern zufrieden ... Die Väter genügen mir."

Kardinal Newman bestand darauf: „Ich gestehe völlig ein, daß im Verlauf der Jahrhunderte die Verehrung der Allerseligsten Jungfrau unter den Katholiken zugenommen hat; ich räume jedoch nicht ein, daß die auf sie bezogene Lehre angewachsen sei, denn ich glaube, daß sie ihrem Wesen nach von Anfang an ein und dieselbe war."[3]

In bezug auf die althergebrachte Lehre von Maria als der zweiten Eva zitiert Newman aus drei Quellen: dem heiligen Justin (120-165), dem heiligen Irenäus (120-200) und Tertullian (160-220). Von diesen sagt Newman: „Tertullian steht für Afrika und Rom, der heilige Justin vertritt Palästina und der heilige Irenäus Kleinasien und Gallien, oder vielmehr steht er für den heiligen Johannes, den

Evangelisten, denn er wurde vom heiligen Märtyrer Polykarp unterrichtet, der ein enger Vertrauter des heiligen Johannes wie der anderen Apostel war."

Wir zitieren aus der frühesten Quelle, dem heiligen Märtyrer Justin: „Wir wissen, daß Er vor allen Geschöpfen durch seine Vollmacht und aufgrund seines Willens aus dem Vater hervorging ... und durch die Jungfrau Mensch wurde, da-mit in der Weise, wie der von der Schlange herrührende Ungehorsam seinen Anfang nahm, auch in der gleichen Weise die Überwindung dessen vonstatten gehe. Denn während Eva, die Jungfrau war und unberührt, als sie das Wort der Schlange aufnahm, Ungehorsam und Tod hervorbrachte, antwortete die Jungfrau Maria hingegen im Glauben und freudig, als der Engel ihr die frohe Botschaft brachte, daß der Geist des Herrn über sie kommen und die Kraft des Allerhöchsten sie überschatten werde und deshalb der Heilige, der von ihr geboren würde, Sohn Gottes sei: ‚Mir geschehe nach deinem Wort.'"

Kardinal Newman zeigte auf, daß die drei verschiedenen Zeugen, welche die weit auseinanderliegenden Länder vertreten, anzeigen, daß die Lehre von Maria als „der zweiten Eva" schon vor dem Jahre 200 fest gegründet war. Von den allerersten schriftlichen Zeugnissen der Kirche liegt eine allgemein angenommene Sicht der Rolle Mariens vor.[4]

Königin des Himmels und der Erde / Königin des Friedens

Die Identität Mariens mit der Kirche ist nirgends so offensichtlich wie im 12. Kapitels der Geheimen Offenbarung. Während einige behaupten, daß diese Schriftstellen sich nicht auf Maria, sondern auf die Kirche beziehen, so gilt der Bezug doch für beide. „Die Frau" schrie in ihren Wehen und gebar ein männliches Kind, den König, „der alle Völker mit einem eisernen Zepter regieren soll", den Christkönig. Diese Schriftpassagen beziehen sich sicher auf die Marienerscheinungen unserer Tage, welche Maria als Königin vorstellen, die „den Kopf der Schlange" im Endsieg über den Feind „zertreten wird".

Wie mit allen anderen ihrer Titel so ist die Bezeichnung Mariens als Königin des Himmels und der Erde einzig und allein hergeleitet von ihrer einzigartigen Beziehung zum König der Könige und zum Herrn der Herren. Die leibliche Aufnahme in den Himmel ist das Dogma, welches uns bereit macht, Mariens Rolle als Königin der Engel anzunehmen. Denn sie ist die Erste der Erlösten, die die Fülle der Herrlichkeit mit Leib und Seele erreicht hat. Da sie die Erste ist, führt sie den Rest von uns zum Sieg, indem sie uns hilft, die vom Satan hinterhältig gelegten Schlingen zu umgehen, welche die Kraft der guten Nachricht verwässern und davon ablenken sollen.

Maria führt uns lediglich zu ihrem Sohn, der Quelle ihres Lebens und ihrer Freude. Sie lehrt uns grundsätzliche, geistige und allgemein einsichtige Prinzipien, wie Gebet, Fasten und Versöhnung mit Gott und dem Nächsten.

Die leibliche Aufnahme in den Himmel

Schriftstücke, die ins 2. Jahrhundert zurückreichen, verweisen darauf, daß Christen allgemein annahmen, daß Maria in den Himmel aufgenommen wurde: Sowohl ihr Leib als auch ihre Seele wurden in den Himmel aufgenommen, als die Zeit des Endes ihres Erdendaseins gekommen war. Sie hat schon die volle Herrlichkeit erreicht, die alle Auserwählten beim Jüngsten Gericht erhalten sollen. Aufgrund ihres sündenlosen Zustands bedurfte ihr Leib nicht der Grabesverwesung.

Es gibt viele Gründe für diesen Glauben an die leibliche Aufnahme Mariens in den Himmel. Darunter befindet sich die Tatsache, daß die Reliquien und die Gräber der ersten Christen identifiziert, verehrt und auf verschiedene Weise gefeiert wurden. In dieser Hinsicht existiert nichts in bezug auf Maria außer dem Haus von Loreto, in Italien, in dem Jesus vermutlich erzogen wurde. Es gibt weder Unterlagen über ihren Todestag noch die Feier desselben, kein Grab, keine Reliquien, und doch war sie vielleicht das herausragendste Mitglied der frühen Kirche aufgrund ihres engen Bezugs zum Gründer. Sie war schließlich die Mutter des Erlösers.

Die Kirche hat immer an der Wahrheit von Mariens leiblicher Aufnahme in den Himmel festgehalten, und 1950 wurde sie von Papst Pius XII. förmlich als zum Bestandteil des katholischen Glaubens gehörend erklärt. Die leibliche Aufnahme Mariens in den Himmel erleichtert es, andere Gesichtspunkte ihrer Rolle besser herauszukristallisieren, wie zum Beispiel die der Königin des Himmels, der eine königliche Rolle zukommt am Höhepunkt des Krieges der Geister, welcher laut diesen Berichten in der „Endzeit" (Geh. Offenb. 12) geführt werden soll.

In der frühen Kirche nahm die Verehrung Unserer Lieben Frau einen großen Platz ein, und viele Kirchen wurden ihr zu Ehren geweiht. Zum Beispiel weihte Chlodwig I. im Jahre 101 eine Kirche in der Nähe von Paris zu Ehren „Unserer Lieben Frau von Argenteuil". „Unsere Liebe Frau jenseits des Tibers" wurde von Calixtus I. im Jahre 224, in Rom, erbaut. Die heilige Helena errichtete eine Kapelle, genannt „Unsere Liebe Frau vom Anfang", welche vom heiligen Silvester im Jahre 320 geweiht wurde, und so weiter und so fort.

Der Legende nach wurde die erste erwähnte Kapelle Unserer Lieben Frau in Tripoli vom heiligen Apostel Petrus geweiht. Wenn wir die Ehren betrachten, die Maria im Lauf der Geschichte zukamen, dann ist die Lehre von der leiblichen Aufnahme Mariens in den Himmel nicht mehr so schwer zu begreifen.[5]

Königin des Heiligen Rosenkranzes

Als Königin des Heiligen Rosenkranzes fordert uns Maria zum Gebet auf als Gegenmittel zu unserem hektischen Leben am Ende des 20. Jahrhunderts. Früher schon hatte Maria durch die Macht des Heiligen Rosenkranzes eingegriffen, um die Christenheit in der Schlacht von Lepanto vor dem Islam zu bewahren. Der Heilige Vater rief Europa zum Rosenkranzgebet auf, als es danach aussah, daß der Islam ganz Europa überlaufen würde. Viele beteten den Rosenkranz, und Europa wurde nicht besiegt.

Unsere Königin führt uns auf einen Meditationsweg, der unseren allzu beschäftigten Verstand zur Ruhe bringt, indem sie unsere Gedanken für eine Weile auf die Betrachtung der Geheimnisse unserer Erlösung lenkt. Wir werden ermahnt, immer wieder um ihre mächtige Fürsprache unsererseits zu bitten, und zwar „jetzt und in der Stunde unseres Todes", von der wir wissen, daß der Teufel sein möglichstes tun wird, um unsere Seelen zu entreißen. Maria hat wiederholt gesagt, daß die Antwort zu allen unseren persönlichen Problemen in „der schwachen Schnur des Rosenkranzes" liegt.

Zum Beispiel erschien Unsere Liebe Frau am 8. Oktober 1984 dem Seher von Medjugorje, Jakov Colo, bei ihm, zu Hause. Sie sagte: „Liebe Kinder, widmet all eure Gebete, die ihr abends in euren Häusern verrichtet, der Bekehrung der Sünder, weil die Welt in einen großen moralischen Verfall versunken ist. Betet den Rosenkranz jeden Abend!" Am 9. Januar 1989 sagte Maria den Sehern in Medjugorje: „... In diesen Tagen lade ich euch dazu ein, das Gebet in euren Familien zu erneuern und jeden Abend alle Geheimnisse des Rosenkranzes zu betrachten."

Am 1. Juni 1984 mahnte sie: „Die Liebe Gottes sei allzeit in euch, weil ihr ohne sie nicht vollständig umkehren könnt. Der Rosenkranz in euren Händen soll euch an Jesus denken lassen."

Darüber hinaus lehrte Maria am 8. August 1985: „Liebe Kinder, heute rufe ich euch auf, besonders jetzt mit Hilfe des Gebets gegen Satan vorzugehen. Satan möchte jetzt, da ihr über seine Aktivitäten Bescheid wißt, seine Anstrengungen vergrößern. Liebe Kinder, kleidet euch in eure Rüstungen, bereit zur Schlacht, und besiegt ihn mit dem Rosenkranz in euren Händen!"

Königin und Mutter der Familien

In der Botschaft vom 23. Juli 1987 an Don Gobbi stellte Unsere Allerseligste Mutter ihre Rolle in der Familie dar: „Ich bin die Mutter und die Königin der Familien. Ich wache über ihr Leben, nehme mir ihre Probleme zu Herzen, kümmere mich nicht nur um das geistige, sondern auch um das leibliche Wohl aller ihrer Mitglieder. **Sooft ihr eine Familie meinem Unbefleckten Herzen weiht, ist es so, als ob ihr eurer Himmlischen Mutter die Haustür öffnen, sie zum Eintreten einladen und ihr Raum geben würdet, damit sie ihre mütterliche Funktion immer stärker ausüben kann.**"

Am 3. Juli 1984 sagte Maria den Sehern in Medjugorje: „Liebe Kinder, heute Abend bittet eure Mutter euch, die ihr zugegen seid, wenn ihr wieder nach Hause zurückgekehrt seid, das Gebet in euren Familien wiederaufleben zu lassen. Nehmt euch Zeit zum Gebet, liebe Kinder! Ich möchte euch als eure Mutter insbesondere sagen, daß die Familie gemeinsam und zusammen beten muß. Der Heilige Geist möchte in den Familien zugegen sein. Gestattet dem Heiligen Geist Sein Kommen! Der Heilige Geist kommt durch das Gebet. Darum betet und erlaubt es dem Heiligen Geist, euch zu erneuern, heute eure Familien zu erneuern!"

Maria als Miterlöserin, Mittlerin, Fürsprecherin

„Der Geist und die Braut sprechen: Komm!" (Offb 22, 17). Diese vom Heiligen Geist inspirierten Worte aus den letzten Sätzen der Heiligen Schrift sollten im Volk Gottes ein hoffnungsvolles Vertrauen in bezug auf das andauernde Wirken des Heiligen Geistes und Mariens, seiner Unbefleckten Braut, in ihrer zeitgenössischen Sendung der Fürsprache für die Kirche heute, entzünden.

Es ist beachtenswert, daß das in der Schrift gebräuchliche Wort Advokat (griechisch „parakletos", wörtlich übersetzt „hereingerufen, um zu helfen")[6], wie es von Jesus beim letzten Abendmahl gebraucht wird, sich auf den kommenden Beistand des Heiligen Geistes für die zukünftige Kirche bezieht (Joh 15, 26). Letzterer Gebrauch desselben Begriffes für Mariens fürsprechende Hilfe bei Gott für die Menschheit, wie schon bei den Kirchenvätern behandelt, drückt die innnige Verbindung des Geistes und der Fürsprecherin in der himmlischen Fürsprache weiterhin aus.[7] Ein Gelehrter machte die Anmerkung, daß der Titel „Fürsprecherin" „fast nur von Maria, nicht von den übrigen Heiligen gebraucht wird, wie er dann auch wegen seines weiteren Umfanges und als schriftmäßiger Eigenname des Heiligen Geistes eine besondere Weihe hat. Er paßt speziell in gegenwärtiger Beziehung auf Maria, um so mehr, wie schon früher bemerkt, wegen ihrer speziellen Beziehung zum Heiligen Geist, da er in ihren Bitten selbst mit unaussprechlichen Seufzern bittet."[8]

Die innig vertraute Vereinigung des Heiligen Geistes mit Maria kann hinsichtlich Mariens Aufgabe als Füsprecherin, die bei Gott für die Menschheit eintritt, ebenso gesehen werden, wie es aus Mariens Rolle als Mittlerin bei Gott für die Menschen einzutreten, klar wurde.[9] Der Beitrag des heiligen Maximilian Kolbe gibt uns ein theologisches Fundament für die Rolle Mariens als Fürsprecherin, bei der sie auf Gott hin rückbeziehend für die Menschheit, in untrennbarer Vereinigung mit dem Heiligen Geist, Fürsprache einlegt.

Der heilige Maximilian Kolbe erklärt Mariens Rolle folgendermaßen: „Jede Aktion hat eine Reaktion in Aussicht. Die Reaktion ist die Frucht der Aktion. Gott der Vater ist erstes Prinzip und letzter Sinn. Die Immaculata ist voll der Gnade. Nichts fehlt ihr in der Weise der Gnade. Der Weg der Gnade ist immer derselbe: Aktion vom Vater durch den Sohn und vom Heiligen Geist (und durch) die Immaculata; dann die umgekehrte Reaktion: von den Geschöpfen durch die Immaculata, (durch) den Heiligen Geist und Christus zurück zum Vater."[10]

Maria steht daher (als Mittlerin aller Gnaden) am Ende der heilbringenden Handlung Gottes und zu Beginn der Reaktion (als Fürsprecherin des Gottesvolkes) der menschlichen Familie zurück zu Gott. Maria ist weder das Ende noch der Anfangspunkt von Gottes Handlung der Menschheit gegenüber, aber wegen ihrer innig vertrauten Verbindung mit dem Heiligen Geist, besitzt sie eine instrumentale Anwesenheit an beiden Punkten.[11] Wir sehen diese vereinigte Sendung des Beistandes zwischen dem Geist und der Braut zu Pfingsten. Es ist Aufgabe Mariens, der Fürsprecherin des Gottesvolkes, das Herabkommen des Heiligen Geistes, des Beistandes, zu Zeiten besonderer Not für die Kirche zu erflehen. Sie führt die Aufgabe der helfenden Fürbitte aus, indem sie den Heiligen Geist anfleht, auf die frühen Jünger des Herrn herabzukommen, und sie wird diese fürsprechende Rolle mit dem Heiligen Geist für die Kirche fortsetzen. Dies zeigt Papst Johannes Paul II. auf, indem er die Worte des Zweiten Vatikanischen Konzils zitiert: „‚Wir sehen Maria (Apg 1, 14) mit ihren Gebeten die Gaben des Geistes erflehen, der sie schon bei der Verkündigung überschattet hatte.' Es gibt also in der Gnadenordnung, die sich unter dem Wirken des Heiligen Geistes vollzieht, eine einzigartige Entsprechung zwischen dem Augenblick der Menschwerdung des Wortes und jenem der Geburt der Kirche. Die Person, die beide Momente vereinigt, ist Maria: Maria in Nazareth und Maria im Abendmahlsaal von Jerusalem. In beiden Fällen ist ihre zurückhaltende, aber wesentliche Gegenwart ein Hinweis auf den Weg der ‚Geburt durch den Heiligen Geist'. Die im Geheimnis Christi als Mutter gegenwärtig ist, wird so – durch den Willen des Sohnes und das Wirken des Heiligen Geistes – auch gegenwärtig im Geheimnis der Kirche. Auch in der Kirche bleibt sie mütterlich zugegen, wie die am Kreuz gesprochenen Worten anzeigen: ‚Frau, siehe, dein Sohn', ‚Siehe, deine Mutter'."[12]

Mariens Rolle als Fürsprecherin, die die Hilfe des Heiligen Geistes für die Kirche in der Zeit der Bedrängnis herabfleht, wird für die Kirche bis zum zweiten Kommen Christi, der Zeit, die „nur der Vater weiß" (Mk 13, 32), fortbestehen. Der heilige Ludwig von Montfort, der von Papst Johannes Paul II., unter vielen Zeugen und Lehrern, aufgrund seines außergewöhnlichen Beitrages zu einer ‚echten marianischen Spiritualität'[13] ausgewählt wurde, beschreibt redegewandt die dauernden Früchte des Heiligen Geistes und Mariens in den Gliedern des Leibes Christi als einer fürsprechenden und heiligenden Handlung, die erst mit dem Ende der Welt aufhören wird. „Gott der Heilige Geist ist in Maria fruchtbar geworden, mit der er sich vermählt hat. Mit ihr und in ihr hat er sein Meisterwerk, den Gottmenschen, hervorgebracht; mit ihr und in ihr bringt er täglich bis zum Ende der Welt die Auserwählten und die Glieder am Leibe dieses anbetungswürdigen Hauptes hervor. Je mehr er darum seine teure und unzertrennliche Braut Maria in einer Seele findet, desto mehr kann er in dieser Seele wirken, desto besser kann er Christus in ihr hervorbringen und umgekehrt die Seele in Christus ... Gemeinsam mit dem Heiligen Geist hat Maria den Gottmenschen hervorgebracht, das Größte, was es je gab und geben wird. Sie wird auch die größten Dinge der Endzeit wirken. Ihr ist die Bildung und Erziehung der großen Heiligen vorbehalten, die gegen das Weltende hin auftreten werden."[14]

Papst Johannes Paul II. bestätigt Mariens lebenswichtige Rolle, durch ihren besonderen Beistand und als „Mittlerin aller Gnaden", in der Vorbereitung des Gottesvolkes für das zweite Kommen Christi: „Denn wenn die jungfräuliche Mutter in einzigartiger Weise mit ihm bei seinem ersten Kommen verbunden war, wird sie es durch ihr fortwährendes Mitwirken mit ihm auch in der Erwartung seiner zweiten Ankunft sein: ... sie hat jene Aufgabe als Mutter und Mittlerin der Gnade auch bei seiner endgültigen Ankunft, wenn alle zum Leben erweckt werden, die Christus angehören, (1 Kor 15, 22)."[15] Und da Mariens Rolle als Fürsprecherin untrennbar von der göttlichen Handlung des Geistes ist, werden es der Geist und die Braut gemeinsam sein, die vereint die Welt für die glorreiche Wiederkehr Christi des Königs vorbereiten (Mt 16, 27; Mk 13, 26; 1 Thess 4, 15-17) und wieder sagen: „Komm" (Offb 22, 17).

Tatsächlich aber geschieht es nicht erst bei dem zweiten Kommen Christi, daß der Geist und die Fürsprecherin herbeigerufen werden, um dem Gottesvolk zu helfen, sondern immer wenn sich das Gottesvolk in schwierigen Zeiten befindet. Eindeutig gibt es in unserem eigenen Zeitalter in Kirche und Welt bedeutende Gefahren und Bedrängnisse. Papst Johannes Paul II. hat sich wiederholt auf die angstreichen Zeiten unserer zeitgenössischen Kirche und Welt bezogen und auf die neuen Bedrohungen, denen unsere heutige Menschheit begegnet, hingewiesen.[16]

Unser gegenwärtiger Heiliger Vater geht genauer auf solch schwerwiegende Sorgen um die zeitgenössische Welt in seiner Enzyklika „Über das Erbarmen Gottes" ein: „Wie die Propheten bestürmen wir diese Liebe, die mütterliche Züge trägt und wie eine Mutter jedem ihrer Kinder, jedem verirrten Schäflein, nachgeht, selbst wenn es Millionen solcher Verirrungen gäbe, selbst wenn das Unrecht in der Welt überhand nähme gegenüber dem Recht, selbst wenn die Menschheit von heute für ihre Sünden eine neue ‚Sintflut' verdiente, ... Und wenn so mancher Zeitgenosse den Glauben und die Hoffnung nicht teilt, die mich als Diener Christi und Verwalter der Geheimnisse Gottes veranlassen, in dieser Stunde unserer Geschichte, Gottes Erbarmen auf die Menschheit herabzurufen, suche er zumindest, den Grund für diese meine Sorge zu

verstehen. Sie ist von Liebe zum Menschen eingegeben, zu allem, was menschlich ist und was nach der Ahnung vieler unserer Zeitgenossen von einer Gefahr schrecklichen Ausmaßes bedroht ist.“[17]

Unser eigenes Zeitalter ist daher sicher nicht von dem Bedarf ausgenommen, Maria als unsere Fürsprecherin heute anzuerkennen und anzurufen, so daß sie wieder einmal, das erneute Herabkommen des Heiligen Geistes zur geistigen Wiederbelebung des Gottesvolkes in der modernen Zeit herabflehen kann.

***

Die Lehre der Kirche warnt uns davor, die Privilegien Mariens zu übertreiben. Maria muß immer als Christus untergeordnet betrachtet werden.

Nirgends wird dies deutlicher als in einem Erlebnis in Medjugorje, von dem Pfarrer Shamon aus Rochester im Bundesstaat New York, Autor eines kürzlich erschienen Buches über die Apokalypse, berichtet. Anläßlich seines Besuches bei drei verschiedenen Gelegenheiten im Erscheinungsraum der St.-Jakobus-Kirche, brachte Pfarrer Shamon eine geweihte Hostie mit ins Zimmer. Seine Absicht war es, „die Geister zu scheiden“. Als Maria den Sehern erschien, war es Pfarrer Shamon unmöglich, sich niederzuknien, wie es alle anderen in ihrer Gegenwart tun. Seine Knie hatten sich versteift! Das geschah bei allen drei Gelegenheiten. Darüber sehr betrübt vernahm er hörbar die Stimme einer Frau: „Ich werde es nicht zulassen, daß sich mein Sohn vor mir niederkniet.“

Die Texte des Zweiten Vatikanums erklären: „Wir besitzen nur einen Mittler, wie wir es vom Wort des Apostels wissen: ‚Es gibt ja nur Einen Gott und nur Einen Mittler zwischen Gott und den Menschen: den Menschen Christus Jesus, der sich zum Lösegeld für alle dahingegeben hat.‘ (1 Tim 2, 5-6). Die mütterliche Pflicht Mariens gegenüber den Menschen verdunkelt oder vermindert in keiner Weise diese einzigartige Mittlerrolle Christi, sondern im Gegenteil sie zeigt ihre Macht auf. Denn der ganze rettende Einfluß der Allerseligsten Jungfrau auf die Menschen stammt nicht aus irgendeiner inneren Notwendigkeit, sondern aus dem göttlichen Wohlgefallen. Er entströmt dem Überfluß der Verdienste Christi, ruht auf seiner Vermittlung, ist davon ganz abhängig und zieht davon seine ganze Macht. In keiner Weise verhindert er die unmittelbare Union der Gläubigen mit Christus. Im Gegenteil fördert er diese Union.“[18]

„In ihrer mütterlichen Nächstenliebe sorgt sich Maria um die Brüder ihres Sohnes, die sich immer noch, umgeben von Gefahren und Schwierigkeiten, auf der Erdenreise befinden, bis sie in das Glück des Vaterlandes geführt werden. Deshalb wird die Allerseligste Jungfrau von der Kirche angerufen unter den Titeln Fürsprecherin, Helferin, Adjutrix und Mittlerin. Diese sind jedoch so zu verstehen, daß sie weder etwas von der Würde und Wirksamkeit Christi als dem einzigen Mittler hinwegnehmen noch etwas dazu hinzufügen.“[19]

Papst Benedikt XV. schrieb 1918 über die Rolle Mariens als Miterlöserin: „Maria litt und starb beinahe mit ihrem leidenden Sohn; für die Erlösung der Menschheit verzichtete sie auf ihre Mutterrechte und, insoweit es von ihr abhing, opferte sie ihren Sohn als Genugtuung der göttlichen Gerechtigkeit auf; so daß wir wohl sagen können, daß sie zusammen mit Christus die Menschheit erlöst hat."[20]

Die Botschaft Mariens an Don Gobbi vom 13. Juli 1980 wirft ein weiteres Licht auf ihre Rolle als Miterlöserin: „Jesus ist der einzige Erlöser, denn er ist der einzige Mittler zwischen Gott und den Menschen. Er hat aber alle jene mit seinem Erlösungswerk verbinden wollen, die von ihm selbst erlöst worden sind, damit das barmherzige Werk seiner Liebe auf noch größere und wunderbarere Weise erstrahlen kann. ...

Ich bin für euch das vollkommene Vorbild eurer Mitarbeit am Erlösungswerk, das von meinem Sohn vollbracht worden ist. In der Tat wurde ich als Mutter Jesu von ihm zuinnerst mit seiner Erlösung verbunden.

Meine Gegenwart unter dem Kreuz sagt euch, wie mein Sohn im Augenblick seiner Passion, seines Todes für euch, die Mutter mit seinem ganzen großen Schmerz vollkommen vereinigen wollte.

Wenn das Kreuz sein Leidenspfahl war, so war der Schmerz meines Unbefleckten Herzens gleichsam der Altar, auf dem mein Sohn das Opfer des neuen und ewigen Bundes dem Vater dargebracht hat. ...

Meine mütterliche Aufgabe ist es, allen meinen Kindern auf jede Weise zu helfen, das Heil zu erreichen; und auch heute noch besteht meine Aufgabe darin, in ganz besonderer Weise an der Erlösung, die mein Sohn Jesus vollbracht hat, mitzuarbeiten. **Meine Funktion als wahre Mutter und Miterlöserin wird allen offenkundig werden.**"

Am 15. September 1990 bestätigte unsere Allerseligste Mutter durch Don Gobbi ihre Rolle als Miterlöserin erneut: „Du wirst überall die größten Wundertaten sehen, denn die Zeit meiner mütterlichen Miterlösung ist gekommen." Der heilige Ludwig von Montfort nannte diese Aufgabe Mariens in der Endzeit ein „großes Geheimnis, und daß alle Zungen darüber verstummen sollten."

Die Frau aller Nationen

Unsere Liebe Frau sagte in Fatima: **„Am Ende wird mein Unbeflecktes Herz triumphieren."** Ist die Zeit vom Anfang des Triumphs des Unbefleckten Herzens gekommen? Warum wurde die Statue Unserer Lieben Frau von Akita nach einem Bild der *Frau aller Nationen* geschaffen? Viele Mariologen glauben, daß die Offenbarungen der Frau aller Nationen, auch unter dem Namen der *Frau* *aller Völker* bekannt, den Schlüssel zur Antwort auf diese Fragen und zukünftige Ereignisse enthalten, die der Welt vor dem Jahre 2000 zustoßen werden.[21]

Diese Lehre bringt die ganze Wahrheit über Maria und ihre Teilhabe durch Glauben und Gehorsam am Erlösungswerk der Menschheit zum Ausdruck. Für ihr Mitwirken mit dem Erlöser, sowohl bei der Inkarnation (Fleischwerdung Jesu in der Allerseligsten Jungfrau) als auch auf dem Kalvarienberg geben wir ihr den Titel der **Miterlöserin** (englisch Co-Redemptrix). **Die Vorsilbe „mit"** (eng-lisch „co") **zielt nicht auf Gleichheit ab, sondern stammt von dem lateinischen Wort „cum", was soviel wie „mit" bedeutet. Maria nimmt nicht wie eine, die gleich ist, teil, sondern wie eine, die Anteil hat am Erlösungsprozeß ihres Sohnes. Miterlöserin** (englisch Co-Redemptrix) **heißt wörtlich „mit dem Erlöser".**

In ihrer Rolle als **Mittlerin der Gnaden** wirkt Maria an der vollkommenen Vermittlung Jesu Christi zwischen Gott und den Menschen mit. Sie nimmt Teil an der Austeilung der Gnaden an das Gottesvolk, Gnaden, die „das Geschenk der ewigen Erlösung" am Kreuz erworben (Joh 19, 26), darstellen. Als **Fürsprecherin** bringt Maria die Bitten des Gottesvolkes vor Gott.

Die Lehre von Maria als Miterlöserin, Mittlerin und Fürsprecherin stellt in den Lehren der Kirche nichts fundamental Neues dar. Diese Rollen sind in fester Weise in der Heiligen Schrift als auch in der apostolischen Tradition, wie sie vom kirchlichen Lehramt gelehrt wird, gegenwärtig.

Die Erscheinungen von Amsterdam begannen am 25. März 1945 (dem Fest Mariä Verkündigung) und dauerten bis zum 31. Mai 1959. In dieser Zeit ereigneten sich 55 Visionen. Unsere Liebe Frau erschien einer Frau mittleren Alters namens Ida Peerdeman und überließ ihr Botschaften, die zukünftige Ereignisse vieler Nationen sowie insbesondere Änderungen innerhalb der Kirche betrafen. Die bedeutendste Weissagung Unserer Lieben Frau bezieht sich auf das letzte Mariendogma der Geschichte, welches vom Papst zu verkünden sein wird. Dieses Dogma wird erklären, daß Maria unter den Titeln Miterlöserin, Mittlerin und Fürsprecherin anerkannt sein soll.

Von weiten Kreisen wird angenommen, daß der Triumph des Unbefleckten Herzens erst nach der Verkündigung dieses Dogmas durch die Kirche anfangen kann. Wir wollen im folgenden einen kurzen Blick auf einige der Botschaften Unserer Lieben Frau werfen.

In ihrer ersten Vision vom 25. März 1945 wurde Ida gezeigt, daß der Zweite Weltkrieg in Holland am 5. Mai 1945 enden würde. In ihrer Botschaft vom 13. Mai 1955 warnt Maria den Klerus, „vor falschen Lehren, insbesondere was die Eucharistie anbetrifft, auf der Hut" zu sein. Sie läßt auch Warnungen bezüglich eines großen Glaubensabfalls, der innerhalb der Kirche entstehen würde, verlauten. Unsere Liebe Frau offenbarte der Ida auch das kommende Zweite

Vatikanische Konzil, welches später dann am 11. Oktober 1962 von Papst Johannes XXIII. eröffnet wurde.

Während der 54. Vision, welche sich am 19. Februar 1958 ereignete, sagte Unsere Liebe Frau zu Ida: „Ich werde dir etwas sagen, was du niemandem mitteilen darfst, nicht einmal dem Küster oder deinem Beichtvater. Sobald das Ereignis eingetroffen ist, ist es dir gestattet, ihnen zu sagen, daß die Frau es dir jetzt gesagt hat. Und dies ist die Mitteilung: Höre gut zu! Der derzeitige Heilige Vater, Papst Pius XII., wird Anfang Oktober dieses Jahres von euch zu uns aufgenommen werden. Die Frau aller Nationen, die Miterlöserin, Mittlerin und Fürsprecherin wird ihn zur ewigen Seligkeit geleiten."

Da Ida darüber erschrak, forderte Unsere Liebe Frau sie auf, die Botschaft in einem zugeklebten Umschlag an ihren Seelenführer, Pfarrer Frehe, mit der Anweisung zu übergeben, den Umschlag nicht vor dem 1. Oktober zu öffnen. Papst Pius XII. starb unerwartet am 9. Oktober 1958.

In ihrer Botschaft vom 8. Dezember 1952 sagte sie: „Ich komme, um alle Nationen zu vereinen, alle Nationen im Geiste, im wahren Heiligen Geist, zu einen." Unsere Liebe Frau meinte weiter, daß die in der Vergangenheit angekündigte Zeit gekommen sei und eine neue Zeit sich eröffne. Sie wiederholte oft: „Dies ist unsere Zeit."

Am 15. September 1990 betonte Unsere Liebe Frau durch Don Gobbi ihre Rolle erneut: „Ihr seid die Söhne meiner mütterlichen Vorliebe. Ihr seid von mir erwählt worden, einen Teil meiner siegreichen Heerschar zu bilden. Von meinem Plan als Mittlerin und als Miterlöserin seid ihr ein wichtiger Teil. Mein Sohn Jesus wollte, daß ich unter dem Kreuz stehe, um meinen unbefleckten Schmerz mit seinem ganzen göttlichen Leiden zu verbinden. Er hat mein menschliches Leiden mit seinem vereinen wollen und mich zuinnerst mit dem Geheimnis der Erlösung verbunden. Er hat mich auf diese Weise berufen, wahre Miterlöserin zu sein."

Das letzte Dogma in der marianischen Geschichte

Eine der bedeutendsten Offenbarungen der Frau aller Völker wurde am 15. November 1951 mitgeteilt, als Unsere Liebe Frau auf dem Globus der Erde mit einem Kreuz hinter sich erschien, wobei Strahlen von den Händen ihrer ausgestreckten Arme ausgingen und sich eine Vielfalt von Schafen auf dem Erdenrund versammelte. Sie sagte: „Hier ist die Frau aller Völker, die vor dem Kreuz ihres Sohnes steht; mit beiden Beinen steht sie mitten in der Welt, und sie ist von der Herde Jesu Christi umgeben. In dieser Zeit komme ich als Miterlöserin und Mittlerin. Vom Augenblick der Verkündigung an war ich Miterlöserin. Und dies ist die Bedeutung: die Mutter wurde durch den Willen des Vaters als Miterlöserin festgesetzt. Sag dies euren Theologen. Sag ihnen zugleich, daß **dieses Dogma das letzte in der marianischen Geschichte sein wird.**"

Unsere Liebe Frau offenbarte Ida Peerdeman während ihrer 50. Vision, am 31. Mai 1954, daß an einem zukünftigen 31. Mai die Miterlöserin, Mittlerin und Fürsprecherin ihren offiziellen Titel als „Frau aller Völker" erhalten werde. Im Verlauf derselben Botschaft sagte die Frau auch: „Nachdem das Dogma – das letzte Dogma in der marianischen Geschichte – verkündet sein wird, wird die Frau aller Völker den Frieden herbeischaffen, wahren Frieden für die Welt. Aber die Nationen müssen vereint mit der Kirche mein Gebet beten. Dann werden sie die Erfahrung machen, daß die Frau als Miterlöserin, Mittlerin und Fürsprecherin gekommen ist. So sei es."

Am 11. Februar 1951, während ihrer 27. Vision, lehrte Unsere Liebe Frau Ida Peerdeman folgendes Gebet:

HERR JESUS CHRISTUS, SOHN DES VATERS,
SENDE DEINEN GEIST AUF DIE GANZE ERDE HERNIEDER!
LASS DEN HEILIGEN GEIST IM HERZEN ALLER VÖLKER LEBEN,
DAMIT SIE BEWAHRT WERDEN
VOR MORALISCHEM VERFALL, KATASTROPHEN UND KRIEG.
MÖGE DIE FRAU ALLER VÖLKER,
DIE EINST MARIA WAR,
UNSERE FÜRSPRECHERIN SEIN.
AMEN.

Als Unsere Liebe Frau dieses Gebet lehrte, sagte sie: „Dieses Gebet ist kurz, damit es von allen in dieser geschäftigen modernen Welt gebetet werden kann. Es dient dazu, den wahren Geist auf die Welt herabzurufen." Die Verbreitung dieses Gebets begann nach der kirchlichen Genehmigung in den Niederlanden im Jahre 1951 und wird unterstützt durch die kirchliche Genehmigung von mehr als 30 ausländischen Bischöfen. Die Ereignisse werden derzeit untersucht. Wir warten auf das endgültige Urteil der katholischen Kirche, welches wir in den nächsten Jahren erwarten. Zur Erfüllung aller Ereignisse, die vorausgesagt wurden, muß dieses Dogma verkündet werden. Kardinal Ratzinger, als Präfekt der Glaubenskongregation der katholischen Kirche, hat die erneute Untersuchung veranlaßt und hat Dr. Mark Miravelle von der franziskanischen Universität dazu beauftragt, Informationen über dieses Dogma niederzuschreiben und zu veröffentlichen. Die Information wurde am 27. Mai 1993 in einem Buch mit dem Titel *„Maria: Miterlöserin, Mittlerin, Fürsprecherin"* veröffentlicht.

Die Arche des Neuen Bundes

Und ich werde in jener Nacht durch das Land Ägypten hindurchziehen und alle Erstgeburt im Lande Ägypten, sowohl unter den Menschen wie unter dem Vieh, töten, und ich will an allen Göttern Ägyptens Gericht üben, ich, der Herr. Das Blut aber wird zum Zeichen für euch an den Häusern sein, in denen ihr seid; wenn ich das Blut sehe, werde ich vor euch vorübergehen, und die verderbenbringende Plage soll nicht über euch kommen, wenn ich das Land Ägypten schlage. (Ex 12, 12 - 13)

Genauso wie die Israeliten vormals die Warnung erhielten, ihre Türpfosten mit dem Blut eines Lammes zu bestreichen, damit der Todesengel an ihren Häusern vorübergehe, so werden auch wir vor zukünftigen Katastrophen gewarnt. Die Mitglieder dieser unsichtbaren Armee, welche klein an Zahl und dem Unbefleckten Herzen Mariens und dem Allerheiligsten Herzen ihres Sohnes geweiht sind, werden vor den zukünftigen Ereignissen bewahrt.

Nachdem Israel von der Sklaverei Ägyptens befreit worden war, wurde es danach von Gottes Gegenwart in der Bundeslade beschützt. Allen wurde die Chance der Zuflucht eingeräumt, aber nur wenige antworteten dem Anruf Gottes zur Zeit Noahs. Noah war die Zielscheibe des Spottes – bis der Regen kam. Uns wird in Deutlichkeit und in Einzelheiten gesagt, wo sich unsere Sicherheit und Zuflucht befindet – in den Herzen Jesu und Mariens. Unrecht ist zu Recht geworden, und rechtes Verhalten wird zu falschem erklärt (Jes 5, 20). Pornographie wird nicht einmal mehr in Frage gestellt. Der Star aus der Rockmusik, Madonna, ist zu einer kulturellen Heldin geworden; sie trägt gleichzeitig einen Ring Luzifers an ihrer Hand und einen Rosenkranz um ihren Hals. Die Tugendhaften werden beschimpft und ausgelacht. „Sie sind ungebildet, ihre Betrachtungsweise ist zu einfach, sie sind alle so naiv", hört man den allgemeinen Ausruf derjenigen, die der Welt mehr zugewandt sind. In einer Welt, die in zunehmendem Maß von Kräften geschüttelt wird, die sich scheinbar unserer Fähigkeit, sie zu bremsen oder aufzuhalten, entziehen – Kriminalität, Krieg, Abtreibung, Hungersnot, Scheidung – mag es wohl ein bißchen zu naiv aussehen, wenn man seine Kraft bei der einfachen Jungfrau von Bethlehem sucht. Aber Gottes Pläne wenden sich oft an die Sanftmütigen und Demütigen.

Ziehen Sie einmal in Betracht, was Unsere Liebe Frau Don Gobbi und der marianischen Priesterbewegung am 29. Oktober 1977 sagte: **„Laßt euch nicht überraschen, vielgeliebte Söhne, wenn mein Feind alles unternimmt, um dieses mein Werk zu behindern. Seine bevorzugte Waffe ist es, Zweifel und Unschlüssigkeit über all das zu säen, was ich selber jetzt in der Kirche durchführe. Er sucht diese Zweifel auf Beweggründe zu stützen, die nach außen hin fest und richtig zu sein scheinen. Auf diese Weise bewirkt er (bei euch) eine kritische Haltung gegenüber allem, was ich euch sage, noch bevor ihr meine Worte vernehmt und sie versteht.**

Ihr hört gelegentlich von hochgebildeten Mitbrüdern, ja auch von Experten und Fachtheologen, die das, was ich sage, ablehnen, weil sie mit ihrem von Bildung und Wissen erfüllten Geist jedes meiner Worte unter die Lupe nehmen. So finden sie unüberwindliche Schwierigkeiten gerade in jenen Sätzen, die den Einfachen und Kleinen so klar erscheinen. **Mein Wort kann nur von denen verstanden und aufgenommen werden, die einen demütigen und bereiten Geist, ein schlichtes Herz und klare und reine Augen haben. Wenn die Mutter zu ihren kleinen Kindern spricht, so hören diese auf sie, weil sie sie lieben. Sie tun, was sie sagt, und so wächst ihre Erkenntnis, und ihr Leben wird intensiver.**

Jene können nicht ihre Söhne sein, die sie – noch bevor sie sie anhören – kritisieren, die das, was sie sagt, zurückweisen, bevor sie es in die Tat umsetzen. Bei all diesen kann, selbst wenn ihr Wissen wächst, weder ihre Weisheit zunehmen, noch ihr Leben intensiver werden.

Ich sage euch dies, damit ihr nicht betrübt seid, wenn ihr hört, daß selbst die Gebildeten und Professoren Schwierigkeiten mit meinen Worten haben, wohingegen alles so klar und einfach jenen erscheint, die ich dazu aufrufe, klein zu sein. Seht auf eure Himmlische Mutter, die sehr wohl weiß, wohin und wie sie euch führen soll, damit der Plan ihres Unbefleckten Herzens sich erfülle. Laßt euch weder durch die Zweifel und Unschlüssigkeiten, die noch anwachsen können, entmutigen noch überraschen, ohne jedoch in irgendeiner Form mein großes Werk der Liebe im voraus zu beurteilen."

Am 30. Juli 1986 erklärte Unsere Liebe Frau durch Don Gobbi eine weitere ihrer Rollen: **„Dies ist der Augenblick für alle, in mir Zuflucht zu suchen, denn ich bin die Arche des neuen Bundes. Zur Zeit Noahs, unmittelbar vor der Sintflut, betraten jene, die der Herr zum Überleben seiner furchtbaren Strafe bestimmt hatte, die Arche. In eurer Zeit fordere ich alle meine Kinder auf, die Arche des neuen Bundes zu betreten, die ich in meinem Unbefleckten Herzen bereitet habe, damit ihnen von mir geholfen werden kann, die blutige Last der großen Prüfung zu tragen, die der Ankunft des Tages des Herrn vorausgeht. Schaut nicht irgendwo anders hin. Es geschieht heute wie zur Zeit der Sintflut."**

Unsere Allerseligste Mutter sprach am 6. Februar 1987 durch Gladys aus Argentinien über ihre Rolle als Arche des Neuen Bundes. „Meine Tochter, in dieser Zeit bin ich für alle eure Brüder die Arche. Ich bin die Arche des Friedens, die Arche der Erlösung, die Arche, in die meine Kinder eintreten müssen, wenn sie im Reich Gottes zu leben wünschen."

Mutter des zweiten Advents

Am 1. Januar 1990 sagte Maria durch Don Gobbi weiterhin aus, daß sie die Mutter des zweiten Advents ist. „Und als Mutter will ich euch an der Hand nehmen und euch auf der Schwelle dieses Jahrzehnts begleiten, das ihr gerade an diesem Tag beginnt. Es ist ein sehr wichtiges Jahrzehnt. Es ist eine Zeitperiode, die besonders durch eine starke Gegenwart des Herrn unter euch gekennzeichnet ist. Im letzten Jahrzehnt eures Jahrhunderts werden die Ereignisse, die ich euch vorausgesagt habe, in Erfüllung gehen. Es ist nun notwendig, daß ihr euch alle von meinem mütterlichen Wirken heranbilden laßt.

... In diesen Jahren bereite ich euch durch mein mütterliches Wirken vor, den Herrn, der kommt, zu empfangen. Seht das ist der Grund, warum ich von euch die Weihe an mein Unbeflecktes Herz verlangt habe: Um euch alle zu dieser inneren Fügsamkeit heranzubilden, die für mich notwendig ist, um in einem jeden von euch wirken zu können, indem ich euch zu einer tiefen Umwandlung bringe, die euch vorbereitet, den Herrn würdig zu empfangen.

Ich bin die Mutter des zweiten Advents. Ich bereite euch auf sein neues Kommen vor. Ich eröffne den Weg zu Jesus, der in Herrlichkeit zu euch kommen wird. Ebnet die Hügel, die durch den Stolz, den Haß und die Gewalt entstanden sind. Füllt die Schluchten auf, die durch die Laster, durch die Leidenschaften und durch die Unreinheit aufgerissen wurden."

Maria als Vorläuferin des Kommens Christi

In seiner kürzlich erschienenen Enzyklika, *Redemptoris Mater*, spricht Papst Johannes Paul II. von Maria als der geschichtlichen Vorläuferin Christi: „Die Kirche ist sich dessen immer bewußt gewesen, daß Maria am Horizont der Heilsgeschichte vor Christus erschien ... Als sich die Fülle der Zeit näherte – der rettende Advent des Emmanuel – lebte jene schon auf Erden, die von aller Ewigkeit her vorbestimmt war, seine Mutter zu sein. Die Tatsache, daß sie dem Kommen Christi vorausging, spiegelt sich alljährlich in der Liturgie des Advents wieder."[22]

Heute sind die marianischen Botschaften fest in der Lehre der Kirche über die Rolle der Mutter begründet. Sie tragen die grundsätzlichen geschichtlichen Themen in die sonderbare Atmosphäre unserer bedrängten Zeit, in der gewissenhafte Menschen wissen, daß der Verfall nicht so weitergehen kann, wie er sich jetzt vollzieht. Die folgende, ziemlich erschreckende Botschaft an Don Gobbi vom 30. Juli 1986 scheint sich klar auf das obige Zitat aus *Redemptoris Mater* zu beziehen.

„Dies ist der Augenblick für alle, in mir Zuflucht zu suchen, denn ich bin die Arche des neuen Bundes. Zur Zeit Noahs, unmittelbar vor der Sintflut, betraten jene, die der Herr zum Überleben seiner furchtbaren Strafe bestimmt hatte, die Arche. In eurer Zeit fordere ich alle meine Kinder auf, die Arche des neuen Bundes zu betreten, die ich in meinem Unbefleckten Herzen bereitet habe, damit ihnen von mir geholfen werden kann, die blutige Last der großen Prüfung zu tragen, die der Ankunft des Tages des Herrn vorausgeht."

Am 1. Januar 1987 sprach unsere Allerseligste Mutter zu Don Gobbi über ihre Sendung: „Ich bin die Mutter Gottes. ... Nun muß die Sendung, die mir von der Heiligsten Dreifaltigkeit anvertraut worden ist, von der gesamten Kirche anerkannt werden. ... **Ich bin die aufsteigende Morgenröte, die den großen Tag des Herrn ankündigt.**

In diesen Jahren wird die Kirche und die ganze Menschheit staunen angesichts der großen Ereignisse der Gnade und der Errettung, die das Unbefleckte Herz eurer Himmlischen Mutter euch bringen wird."

Der Duft von Rosen

Die Gegenwart Mariens manifestiert sich an vielen Orten. Oft erscheint sie unter dem Duft von Wohlgerüchen oder Rosen. Die Menschen, die der marianischen Bewegung angehören, sind recht vertraut mit dem Duft von Rosen, und es ist ihre Weise, die Menschen wissen zu lassen, daß sie sich unter ihnen befindet. Bei Dutzenden von Gelegenheiten sind wir unter Menschen gewesen, die einen wunderbaren Duft wahrnahmen, und jemand flüsterte: „Riecht ihr auch die Rosen?" Gewöhnlich werden mehrere Leute zustimmen. Die Allerseligste Mutter besprach dieses Zeichen mit Don Gobbi am 24. Januar 1984:

„Ein Zeichen des Wohlgeruches meiner mütterlichen Gegenwart sind die Erscheinungen, die ich noch in vielen Regionen der Erde vollbringe. Ja, in dieser Zeit erscheine ich in Europa, in Asien, in Afrika, in Amerika und im fernen Ozeanien. Die ganze Welt ist von meinem Mantel eingehüllt! ... Mit dem Zeichen, das ich euch mit dem Duft schenke, den ich stark oder weniger stark ausströme, will ich euch zeigen, daß ich immer unter euch bin, aber vor allem, wenn ihr es am meisten benötigt. Wenn ihr den Duft nicht wahrnehmt, oder ihn nur ganz leicht verspürt, so ist das nicht, weil ich euch nicht liebe oder weil ihr böse seid."

Wege ohne Landkarte

Bezüglich der mystischen Phänomene, die uns umgeben, befinden wir uns auf einem Weg ohne Landkarte. Der Glaubensabfall, die Verfolgungen, die Reinigung, die bevorstehenden großen Züchtigungen, der zweite Advent und das neue Zeitalter des Friedens wurden alle von unserem Herrn für das Ende der Zeit in der Schrift vorausgesagt. Maria ist beauftragt worden, auf diesem Weg bis zum zweiten Kommen unseres Herrn unser Lotse zu sein. Der heilige Thomas von Aquin sagte, nachdem er seine *Summa Theologica* geschrieben und zeit seines Lebens den Glauben verteidigt hatte: „Alles, was ich geschrieben habe, ist bloßes

Stroh“, als er im Tode den lebendigen Gott traf. Die systematische Theologie war damals wie heute für den Aquinaten akzeptabel. Thomas von Aquin sprach und schrieb über Gott mit Hilfe großer Eingebungen durch den Heiligen Geist. Jedoch, als er Gott im übernatürlichen Bereich des Todes begegnete, wurde ihm bewußt, daß seine Worte einen geringeren Wert besaßen, weil sie nicht mehr in der Lage waren, seine Gefühle zu beschreiben sowie das, dessen er gewärtig wurde. Wie das Geheimnis sich manifestiert, in dem Maria als Miterlöserin, Mittlerin, Fürsprecherin, Mutter des zweiten Advents, Arche des Neuen Bundes und unter anderen Bezeichnungen, die unserem Denken ein Rätsel aufgeben, beauftragt wird, so müssen wir für die Mysterien des Himmels offen bleiben.

Die Allerseligste Mutter tut alles, was zur Erlangung des Heils ihrer Kinder notwendig ist. Sofern es ihr möglich ist, tut eine Mutter nicht alles, was sie kann, für die Sicherheit ihrer Kinder? Wegen des Glaubensabfalls, den wir durchleben, sagte die Allerseligste Jungfrau Maria der Welt durch die Seher von Medjugorje, daß sie alles, was sie tun kann, in dieser Zeitspanne vollbringen werde: „Ich will fortfahren, euch Botschaften zu überbringen wie nie zuvor in der Geschichte seit dem Beginn der Zeit.“ Im Frühjahr 1982 befragten die Seher die Allerseligste Mutter über andere angebliche Erscheinungen. Sie fragten: „Die Leute wundern sich darüber, daß Sie an so vielen Orten erscheinen.“ Die Allerseligste Mutter antwortete: „Wenn es notwendig ist, werde ich in jedem Haus erscheinen.“[23]

Abschluß der Erscheinungen?

Die Botschaft vom 25. Oktober 1992, in Medjugorje, sagt aus: „**Darum, liebe kleine Kinder, hört auf das und lebt, was ich euch sage, weil es für euch wichtig ist, wenn ich nicht mehr bei euch sein werde, daß ihr euch meiner Worte erinnert und all dessen, was ich euch gesagt habe.**“

Diese Botschaft ist für uns bedeutungsvoll. Maria webt mit ihren Botschaften ein Thema zusammen, und gibt oft Hinweise und Anweisungen für gegenwärtige und zukünftige Ereignisse. Es scheint, daß ihre Sendung, die Welt zu warnen, ihrem Ende entgegengeht. Maria hat den Sehern von Medjugorje gesagt, daß, wenn dort ihre Erscheinungen aufhören, drei Warnungen für die Welt folgen werden. Nach der dritten Warnung wird für alle Welt sichtbar ein Zeichen am Ort der Erscheinungen in Medjugorje erscheinen. Das Zeichen wird ein Zeugnis für die Echtheit der Erscheinungen sein. Nach dem sichtbaren Zeichen wird für jene, die noch leben, eine kurze Zeit der Umkehr verbleiben. Vor kurzem erbat Maria die wöchentliche Beichte, den häufigen Empfang der Eucharistie und das ständige Verweilen im Stand der Gnade.

4

Propheten mitten unter uns

Denn die Augen des Herrn schauen über die ganze Erde hin und geben denen Kraft, die mit ungeteiltem Herzen auf ihn vertrauen.

2 Chr 16, 9

Heute, mehr denn je zuvor, gibt es unter uns viele Männer, Frauen und Kinder, die mit besonderen Gnaden ausgestattet sind, um anderen zu helfen, sich auf die kommende, unheilvolle Zeit vorzubereiten. Genauso wie im Alten Testament Gott Propheten erweckte, um die Alarmglocke zu läuten, so gibt Er auch in dieser Zeit Propheten und Heilige.

Viele ihrer Botschaften werden in allen wichtigen Glaubensgemeinschaften vernommen. Weil die Zeit so sehr drängt, hat der Himmel uns viele Zeichen und Propheten gesandt, um uns zu warnen. In dem Maße wie die Zustände in der Welt immer chaotischer werden und die Apostasie, der Glaubensabfall, in der katholischen Kirche zunimmt, hat Gott in unserer Zeit diese Propheten erweckt, um die moralischen Gefahren, die Irrlehren, die Gründe für unsere Schwierigkeiten aufzuzeigen.

Die Mehrzahl der Botschaften wurde seit 1981, dem Jahr der ersten Erscheinung in Medjugorje, übermittelt. Viele der Menschen, denen derzeit Erscheinungen gewährt werden oder die Botschaften empfangen, haben entweder Medjugorje besucht oder sind von den dortigen Erscheinungen Unserer Lieben Frau zutiefst berührt worden. Viele Gebetsgruppen sind heute in verschiedenen Ländern wie auch in den USA eine Frucht der Erfahrungen von Pilgerreisen zu diesem abgelegenen Dorf. Diese besonders begnadeten Individuen dienen als Leuchttürme, um auf die gefährlichen Hindernisse auf dem Weg zu einem wahren Glauben an Gott hinzuweisen. Heute besitzen wir keine Entschuldigung mehr dafür, wenn wir unser Leben nicht ändern, weil nämlich Unsere Liebe Frau überall auf der Welt erscheint. Sollte jemand über keine der Erscheinungen oder die dort vermittelten Botschaften Bescheid wissen, dann liegt das einzig an seinem fehlenden Interesse.

Die Botschaften und Warnungen sprechen zu allererst von der Notwendigkeit der persönlichen Bekehrung. Unsere Liebe Frau betont in allen echten Erscheinungen die Notwendigkeit von Bekehrung, Gebet, Fasten, Buße und persönlicher Hingabe.

Die Botschaften der heute lebenden Mystiker rufen uns wie ein Echo die Hauptbotschaften und Warnungen Unserer Lieben Frau entgegen. Die Allerseligste Mutter hat ihre Botschaften über die ganze Welt verbreitet, nicht nur durch ihre Erscheinungen, sondern auch durch die Botschaften ihrer Propheten.

Prüfung und Unterscheidung

Es ist keine Sünde, wenn man nicht an innere Einsprechungen, himmlische Botschaften oder Visionen glaubt. Der Glaube an Erscheinungen ist weder der Grundstein unseres Glaubens noch sollte er es sein. Häufig hat es Probleme der Deutung über verschiedene Kulturen hinweg gegeben. Das ist normal und manchmal der Grund für Verwirrung. Himmlische Erscheinungen sind eher mit einem Gewürz in einem an sich schon reichlichen Festmahl zu vergleichen, und Erscheinungen nähren weiterhin unseren Geist. Mariens Rolle ist es, auf Jesus hinzuweisen, gleichsam wie Johannes der Täufer sagte: „Er muß wachsen und ich abnehmen." (Joh 3, 30).

Die letzten Erscheinungen, die die volle Anerkennung von Rom erhielten, waren die von 1932/1933 in Beauraing und Banneux, in Belgien. Viele der erst vor kurzem erfolgten Erscheinungen besitzen die Anerkennung des Ortsbischofs. Bis heute hat selbst Medjugorje nicht die formelle Anerkennung Roms erhalten, obwohl nahezu 15 Millionen Besucher sowie 15.000 Mitglieder des Klerus den Erscheinungsort aufsuchten. Weil Marienerscheinungen für so viele Gläubige ein Stolperstein sind, ist die formelle Anerkennung der Kirche für legitime Erscheinungen wünschenswert. Andererseits muß die Kirche langsam vorgehen, um in aller Fülle zu untersuchen und die Langzeitfrüchte zu beobachten und im sorgfältigen Gebrauch der Gabe der Unterscheidung festzustellen, was sich genau ereignet.

Um für ein besonderes Zeitalter mehr Geistesfreiheit zu gestatten, erlaubte Papst Paul VI. im Jahre 1966 „die Veröffentlichung von neuen Erscheinungen, Offenbarungen, Prophezeiungen und Wundern, die ohne die ausdrückliche Erlaubnis durch die Kirche unter den Gläubigen verbreitet und von ihnen gelesen werden dürfen, unter der Voraussetzung, daß sie nichts enthalten, was dem Glauben und der Moral widerspricht. Das bedeutet, daß ein *Imprimatur* nicht notwendig ist."[1] Dies gestattet Flexibilität, so daß der Geist nicht ausgelöscht wird.

Jedoch öffnet diese neue Freiheit auch die Tür für möglichen Mißbrauch. Für die verschiedensten Leute bedeutet das Reich des Geistes jeweils etwas anderes. Und Satan erscheint oft als Engel des Lichtes. *Der Maßstab muß sein, welche Früchte sich ergeben. Die Finsternis kann kein Licht hervorbringen.* Oft erkennen wir Gott an dem, was Er nicht ist. Bei Ihm gibt es nie Neid, Verwirrung, Zorn oder Streit. In Gott findet man Tugendhaftigkeit und Rechtschaffenheit. Bei Ihm ist Friede, Milde, Liebe, Freundlichkeit, Sanftmut und Demut. Die Atmosphäre, die eine Erscheinung umgibt, kann ein bedeutsamer Maßstab für ihre Echtheit sein. Halten die Aussagen der Propheten dem Test der Zeit stand? Gehorchen die Seher dem Lehramt der Kirche und ihrem Ortsbischof? Bringen die Botschaften Friedfertigkeit oder verbreiten sie Verwirrung?

Um diese modernen Propheten besser zu verstehen, wird in Folgendem eine Einführung in mehrere Mystiker gegeben. Beachten Sie dabei, daß dies nur einige wenige sind, die von den Autoren dieses Buches aufgrund der Aussagekraft ihrer Botschaften ausgewählt wurden. Diese Menschen unterstehen der Leitung durch Seelenführer, und viele von ihnen sind von der Kirche intensiv geprüft worden. Wie in Medjugorje dauern die Erscheinungen, Visionen und inneren Einsprechungen bei jedem der Botschafter noch an. Wie lange noch sind wir uns nicht sicher?

In ihrer Gesamtheit geben uns diese Botschaften mehr für unser Heil als die Botschaften, die sich auf die Warnungen vor Schrecken und Drangsalen für die Menschheit beziehen. Wir haben nur Ausschnitte aus Tausenden von Botschaften Mariens zitiert, um den Ernst unserer Zeit und den Eifer, mit dem der Himmel unsere Aufmerksamkeit zu wecken sucht, hervorzuheben. Eine vollständige Sammlung aller Marienerscheinungen und Prophetien würde nur überwältigen. Ein großes Ereignis muß bevorstehen, denn Maria spricht in einer solchen Häufigkeit und Dringlichkeit wie nie zuvor in der ganzen Geschichte.[2]

Einige der derzeitigen Propheten

Don Stefano Gobbi. Am 8. Mai 1972 nahm ein einfacher Priester namens Don Stefano Gobbi an einer Wallfahrt nach Fatima teil. Machtvoll verspürte er in seinem Innern, daß „das Unbefleckte Herz Mariens" ein Heilmittel für die Probleme wäre, deren die Kirche sich im Inneren mit ihrem eigenen Klerus ausgesetzt sah. Unsere Liebe Frau plante, indem sie ihn als ein demütiges Werkzeug gebrauchte, eine Schar von Priestern der ganzen Welt zusammenzuführen, die gewillt war, sich ihrem Unbefleckten Herzen zu weihen, eine Treueverpflichtung gegenüber dem Heiligen Vater und der mit ihm vereinten Kirche abzulegen und die Gläubigen in den sicheren Zufluchtsort ihres mütterlichen Herzens zu führen. Im Juli 1973 fing Don Gobbi damit an, einige der inneren Einsprechungen, die Maria ihm gewährt hatte, niederzuschreiben. Aus dieser Sammlung entstand das Buch „*Unsere Liebe Frau spricht zu ihren vielgeliebten Priestern*". Eine spätere Ausgabe, welche noch mehr Botschaften enthielt, erschien unter dem Titel: „*An die Priester die vielgeliebten Söhne der Muttergottes*".

Dieses wahrlich bemerkenswerte Buch ist in viele Sprachen übersetzt und zum Hauptmittel geworden, die Marianische Priesterbewegung (MPB) zu bilden. Die MPB ist eine wirklich geistliche Bewegung, keine von Menschen geschaffene Organisation. Zur Zeit haben sich über 300 Bischöfe und Kardinäle und weltweit mehr als 55.000 Priester ihren Zielen angeschlossen und sind die vor-geschlagenen Verpflichtungen eingegangen. Die Botschaften selbst, welche Don Gobbi in der Form von „inneren Einsprechungen" erhält, beschäftigen sich mit der Endzeit, Heiligkeit, der glorreichen Wiederkunft Christi und einer Reihe von anderen wichtigen Themen, die unsere Zeit betreffen.

Christina Gallagher. Seit 1981 hat die Frau eines jungen irischen Klempners und Mutter von zwei Jugendlichen Botschaften von hoher Dringlichkeit von Jesus, Maria und verschiedenen Heiligen erhalten, welche von den Sünden unserer Tage und den von ihnen heraufbeschworenen, bevorstehenden Drangsalen handeln. Kein vertrauenserweckender Seher macht Angaben bezüglich des exakten Datums. Die Allerseligste Mutter warnt uns wie die Schrift, uns vor jenen zu hüten, die genaue Zeitangaben machen. Doch zeigen die Botschaften von Christina an, daß wir die Ankunft der bevorstehenden Ereignisse nahezu sofort erwarten sollten. Christina steht unter der geistlichen Leitung des irischen Pfarrers Gerard McGinnity, einem bekannten Mariologen, der ein Doktorat in Patristik hat und der von der Echtheit der Erfahrungen Christinas überzeugt ist. Christina ist eine in einer wachsenden Zahl von Sehern, die spontan in ihrem eigenen Fleisch Wunden empfangen, die ähnlich den Kreuzigungswunden Christi sind. Christina erleidet diese Wunden, Stigmata genannt, in der Gestalt von blutigen Einstichen auf ihrer Stirn in der Art der Dornenkrone.

Maria Esperanza. Maria Esperanza De Bianchini, eine liebevolle Ehefrau und Mutter von sieben Kindern, wohnt im Ort Betania, in Venezuela. Seit ihrem fünften Lebensjahr, als ihr eine Vision der hl. Theresia vom Kinde Jesu eine tatsächliche Rose zuwarf, welche sie auffing und ihrer Mutter übergab, hat Maria ein Leben voller mystischer Phänomene erlebt. Tatsächlich wurde ihr als Jugendlicher in einer Vision ein bestimmtes Stück Land gezeigt, auf dem Maria später erscheinen würde. Maria und ihr Ehemann fanden das Stück Land, das genau ihrer früheren Vision entsprach, und sie erwarben es im März 1974. Seit dem 25. März 1976 erscheint Maria in Betania als „Mutter der Versöhnung aller Völker". Der Erscheinung Unserer Allerseligsten Mutter vor Maria geht oft die Ankunft eines großen, blauen Schmetterlings unmittelbar voraus.

Neben den Erscheinungen mit ihren wunderschönen Botschaften ereignen sich bei Frau Esperanza weiterhin mystische Phänomene: Am Karfreitag erleidet sie die blutigen Stigmata Christi; manchmal erscheint die Eucharistie auf wunderbare Weise auf ihrer Zunge; der Duft von Rosen erfüllt ihre Gegenwart. Viele Tausende von Besuchern in Betania sehen auch die Allerseligste Mutter. Eine geweihte Hostie, die spontan in den Händen des Priesters zu bluten begann, wurde untersucht und für echt befunden. Sie befindet sich jetzt in der Residenz des Bischofs. Eine spezielle Erscheinung, während der am 25. März 1984 108 Menschen Unsere Liebe Frau in Betania sahen, wurde vom Ortsbischof der Diözese, Bischof Pio Bello, anerkannt.

Maria erhielt viele apokalyptische Botschaften, darunter auch die folgende, welche sich auf die Warnung zu beziehen scheint: **„Es kommt der Augenblick eines großen Tages des Lichts. Das Gewissen dieses geliebten Volkes muß gewaltsam aufgerüttelt werden, damit es ‚sein Haus in Ordnung bringt' und Jesus die gerechten Sühneopfer für die täglichen Veruntreuungen, die von den Sündern begangen werden, aufopfert. ...“**[3]

Mirna aus Damaskus in Syrien. Nur wenige Schritte von der Stelle, an der der heilige Paulus dem Berichte nach blind von seinem Pferd fiel und zum „Heidenapostel“ beauftragt wurde, empfing eine junge Hausfrau und Mutter von zwei Kleinkindern einige der bemerkenswertesten mystischen Phänomene. Mirna, eine schüchterne, schöne junge Frau, die der melkitischen griechisch-katholischen Kirche angehört und mit einem griechisch-orthodoxen Mann verheiratet ist, empfängt Worte unseres Herrn über seinen Wunsch für die Einheit der Kirchen, vor allem zwischen der orthodoxen und der römisch-katholischen Kirche, die sich 1054 von einander trennten. Den Hauptbeitrag für die Wiedervereinigung der orthodoxen und der römisch-katholischen Kirche wird die Allerseligste Jungfrau leisten, da die ihr eigene Rolle in beiden Glaubensbekenntnissen verstanden wird.

Mirna erleidet nicht nur die Stigmata, die sich an Karfreitagen zeigen und auf Video aufgenommen wurden, sondern von Ikonen in ihrer Umgebung fließt auch Öl – 100%ig reines Olivenöl. Auch entströmt dieses reine Olivenöl Mirnas Körper, und sensationelle Heilungen sind dokumentiert, wenn Menschen mit diesem Öl berührt wurden und Mirna für sie gebetet hatte. Der orthodoxe Ortsbischof hat einen Hinweis auf seine Anerkennung der Erfahrungen Mirnas über ihrer Haustür anbringen lassen.[4]

Julia Kim. Frau Kim lebt im Ort Naju, in Korea, und ist eine verheiratete, zum Katholizismus konvertierte Mutter von vier Kindern. Sie wurde auf dramatische Weise geheilt, nachdem die Ärzte sie zum Sterben aus dem Krankenhaus nach Hause entlassen hatten. Siebenhundert Tage lang, seit dem

30. Juni 1985, weint eine kleine, im Besitz von Julia befindliche Statue Wassertränen und Tränen leuchtend roten Blutes. Kürzlich hat die Statue angefangen, ein duftendes Öl auszuscheiden. Sowohl Jesus als auch Maria erscheinen vor Julia, und ihre Botschaften sind tiefgehend. Sie baten Julia, sich Jesus als „Sühneseele" für die Sünden anderer, insbesondere für die Sünde der Abtreibung, anzubieten. Sie macht die Erfahrung einer intensiven Todesangst als Zeichen der Betrübnis des Himmels über unsere rücksichtslose Mißachtung des menschlichen Lebens und des Willens Gottes, es zu erschaffen und zu segnen. Julia erlebt den Todeskampf eines ungeborenen Kindes, welches dabei ist, abgetrieben zu werden. Manchmal dauert ihr Leiden stundenlang. Beim Empfang der heiligen Kommunion wurde bei ihr echtes Fleisch und Blut auf ihrer Zunge im Foto festgehalten. Julia erleidet die sichtbaren Stigmata, und der Duft von Rosen ist deutlich an Objekten, die von ihr angefaßt wurden, wahrnehmbar (und verweilt an ihnen oft monatelang). Julia untersteht der geistlichen Leitung von Pfarrer Raymond Spies.[5]

Jim Singer. Jim Singer wurde 1952 in Zagreb, der Hauptstadt Kroatiens, geboren. Er ist verheiratet, hat zwei Töchter und lebt in der kanadischen Provinz Ontario. Bis 1991 war Jim der Werksleiter einer Fabrik eines bekannten Chemiekonzerns. Im Jahre 1991 wurde die Firma umstrukturiert und Leute entlassen, darunter auch Jim. Seine Frau Natalie arbeitet im Pfarrbüro der katholischen Pfarrei, der sie angehören. Jim und seine Frau sind kroatischer Abstammung. In den an Jim gerichteten Botschaften wird Kroatien die „Heimat seiner Vorfahren" genannt. Lange bevor dieser häßliche Krieg in jenem Teil der Welt ausbrach, hatte ihn der Herr Jim und seiner Familie vorausgesagt.

Jim hat vom Mai bis September 1989 hundert Botschaften erhalten; seither sind sie weniger häufig geworden. Die Botschaften an Jim zeigen Originalität, Ökonomie der Sprache und Macht. Viel wird in wenigen Worten gesagt. Jim weist uns auf einen neuen Titel Satans hin: das „Irrlicht". Am 23. Mai 1993 sprach der Herr zu Jim über dieses „Irrlicht".

„... So viel von dem, weswegen ich euch ermahnte, ist dabei, sich zu erfüllen. Ich spreche deshalb zu dir erneut, weil so viele meiner geliebten Kinder dieser Welt weiterhin durch dieses gefahrvolle Zeitalter wandern, apathisch gegenüber meinen Ermahnungen, blind für die Zeichen der Zeit, meine Anrufe ignorierend. Ich habe euch vieles anvertraut, erneut sage ich einem jeden von euch: nützt alle meine Gnaden; meine Gnaden sollen eure einzige Nahrung sein. Das Irrlicht lebt mitten unter euch; er ist mächtig. Glaubt, daß er existiert! Aber wieder sage ich euch: lebt nicht in der Furcht vor seinen bösen Taten! Sondern, statt dessen, seht sie euch an, seht sie euch gut an! Reißt dem Übeltäter seine zahlreichen Masken vom Gesicht und bekämpft ihn standhaft! Die Gnadengaben meines Geistes sollen euer Schutzschild sein. Macht euer aufrichtiges, liebendes Gebet zu eurer Waffe. Meine Kinder müssen wissen, daß sie nur durch mich gerettet werden können. Wißt, daß nur ich eure wahre Zufluchtsstätte bin. Ich möchte, daß alle Kinder bei mir sind. Ich erwünsche von einem jeden meiner Kinder Treue und Standfestigkeit. Ich bin die Wahrheit, ich bin der Weg, ich bin das Leben. Vergeßt niemals, daß ich es bin, der jeden Schritt eines jeden meiner Kinder mit Kraft erfüllt, welches, mir dienend, durchs Leben geht."[6]

Sechs Kinder aus Medjugorje, im ehemaligen Jugoslawien. Weil wir diese Erscheinungen in einem gesonderten Kapitel behandeln, wollen wir hier nur kurz erwähnen, daß seit dem 25. Juni 1981 sechs Kinder in einem abgelegenen Dorf, in Bosnien-Herzegowina, täglich von der Allerseligsten Jungfrau Maria, die sich selbst die „Königin des Friedens" nennt, besucht werden und Botschaften empfangen. Sie hat die Menschen gebeten, ihr Leben durch Gebet aus dem Herzen, Fasten, Versöhnung mit Gott und dem Mitmenschen, Bekehrung und Friedfertigkeit zu ändern. Auf den Tag genau zehn Jahre, nachdem diese Visionen anfingen, verließ das benachbarte Kroatien die jugoslawische Föderation, was zum blutigsten Krieg in Europa seit dem Zweiten Weltkrieg führte. Medjugorje liegt direkt im Zentrum dieses Schreckens, und doch beschreiben alle Berichte von dort die Menschen als friedlich, ruhig und liebenswert. Medjugorje hat in der kürzesten Zeit größeren Eindruck auf die Welt gemacht als alle anderen Erscheinungen je zuvor. Viele andere derzeitige Seher berichten, daß ihre Erfahrungen mit der Muttergottes erst nach ihrer Rückkehr von einer Pilgerfahrt nach Medjugorje begannen. Die Illustrierte *Life* berichtete, daß mehr als 15 Millionen Pilger dieses winzige Dorf besucht haben. Die Berichte von Heilungen, Bekehrungen, Zeichen und Wundern sind wahrhaft erstaunlich. Unsere Liebe Frau, Königin des Friedens, hat vor kurzem gesagt, daß Medjugorje „ein Zeichen" für die Welt „ist". Sie warnt uns vor einer kommenden Züchtigung, die den Krieg in Bosnien-Herzegowina wie ein Kinderspiel aussehen lassen wird.

Luz Amparo Cuevas. Seit dem 14. Juni 1981 erscheint unsere Allerseligste Mutter einer armen, einfachen Hausfrau und Mutter von sieben Kindern in dem Ort Escorial, in Spanien. Unsere Liebe Frau offenbarte sich als die schmerzensreiche Mutter und bat Luz Amparo eindringlichst, mehr und mehr Menschen auf die Wichtigkeit des Gebets und Fastens hinzuweisen. Wir sollen dem Herrn unser tägliches Kreuz aufopfern, uns mehr von den Bequemlichkeiten und verderbenden Einflüssen der Welt absondern und die Verehrung des Allerheiligsten Herzens ihres Sohnes, seiner Passion und seines Todes sowie seiner Gegenwart in der Allerheiligsten Eucharistie fördern. Indem die Menschen das tun, können sie dazu beitragen, den Schmerz Unserer Lieben Frau zu lindern und sich selbst auf die Konfrontation mit den Gefahren dieses Zeitalters vorzubereiten.

Luz Amparo hat seit ihrem Lebensanfang nur Schmerzen und Leiden gekannt. Ihre Mutter starb, als sie gerade sechs Monate alt war. Ihr Vater heiratete wieder und ihre Stiefmutter behandelte sie grausam. Von ihrem siebten Lebensjahr an wurde von ihr erwartet, daß sie durch Verkäufe auf dem Bürgersteig zum Familieneinkommen beitrage. Wenn das kleine Kind wenig oder kein Geld mit nach Hause brachte, wurde es geschlagen, erhielt kein Essen und mußte wie ein verwahrlostes Kind im Freien schlafen.

Als sie neun Jahre alt war, mußte sie aufgrund dessen, daß sie ständig der Witterung ausgesetzt war, und wegen Unterernährung ins Krankenhaus eingewiesen werden. Danach behielt ihre Stiefmutter sie zu Hause, schloß sie oft in eine Besenkammer ein und gab ihr lediglich trockene Haferflocken mit etwas Wasser zu essen. Ihre Schulausbildung wurde vernachlässigt und selten wurde sie zur Kirche geschickt. Die kleine Märtyrerin überlebte hauptsächlich nur wegen ihrer großen Liebe zu Maria, der Gottesmutter, deren Schutz sie ständig erflehte.

Im Alter von sechzehn Jahren heiratete sie einen viel älteren Mann, der sie auch schlecht behandelte. Er war alkoholabhängig und oft arbeitslos. Luz Amparo fand Arbeit in den Häusern der Reichen, wo sie den Haushalt versah. Auf diese Weise war es ihr möglich, für die Ausbildung ihrer Kinder genügend Geld zu verdienen. Einer ihrer Söhne ist heute Arzt, der eine Praxis in Madrid betreibt.

Ende der siebziger Jahre litt sie an Krebs und wurde als aussichtslos unheilbar diagnostiziert. Ihre reichen Arbeitgeber brachten sie in einem Rollstuhl nach Lourdes. In Lourdes wurde sie auf wunderbare Weise geheilt, und zwei Jahre danach begann ihr, 1981, in Escorial, die Allerseligste Mutter zu erscheinen. Am 16. Oktober 1980 erhielt Luz Amparo die ersten Gnadenerweise des Himmels. An jenem Tag versorgte sie für eine Familie den Haushalt, als sie die Erfahrung einer inneren Einsprechung machte, die sie dazu aufforderte, „für den Frieden in der Welt zu beten; für die Bekehrung der Sünder zu beten". Nahezu gleichzeitig begann sie an der Stirn und an den Händen zu bluten. Sie fragte mit hörbarer Stimme: „Was ist das?" Als Antwort auf diese Frage erhielt sie eine Vision unseres gekreuzigten Herrn und die folgende Erklärung: „Meine Tochter, das ist die Passion Christi. Du bist berufen, sie vollständig zu durchleben." Worauf Amparo erwiderte: „Aber ich kann es nicht aushalten." Dann hörte sie die Stimme unseres Herrn sagen: „Wenn du dieses Leiden nicht einmal für ein paar Sekunden ertragen kannst, wie war es mir möglich, es stundenlang am Kreuz zu erdulden, indem ich für jene starb, die mich kreuzigten. Du wirst dazu beitragen, viele Seelen zu retten, indem du dieses Leiden auf dich nimmst." Amparo willigte ein, für die Rettung von Seelen dieses Leiden anzunehmen.

Von jenem Tag an wurde das spirituelle Leben Amparos zutiefst verändert. Sie empfing die unsichtbaren Stigmata. Diese unsichtbaren Zeichen des Leidens unseres Herrn, bei dem er seinen Leib und sein Blut um unseres Heiles willen aufopferte, wurden gelegentlich äußerlich sichtbar; ihre Stirn, Augen, Mund, Hände, Knie und Füße waren dann blutbedeckt. Zu allen Gelegenheiten, wenn sich ihre Stigmata sichtbar zeigten, war sie von einem angenehmen Duft umgeben. Amparo erhielt viele Botschaften, die die Züchtigung und die drei Tage der Finsternis betreffen.

Estela Ruiz. Als Hausfrau und Mutter von sieben Kindern, die in Phoenix, im US-Bundesstaat Arizona, lebt, erhält Estela seit dem 3. Dezember 1988 Erschei-nungen und Botschaften. Maria erscheint als „Unsere Liebe Frau von Amerika" mit Botschaften für uns alle. Diese Botschaften werden vor der Menschenmen-ge, die sich bei ihrem Haus versammelt, verlesen. Unsere Liebe Frau erschien Estela 1989 nahezu täglich, und alle ihre erwachsenen sieben Kinder haben sich zu einem heiligmäßigen Leben bekehrt.

Im Unterschied zu ihrem Mann war Estela Erscheinungen und Botschaften gegenüber skeptisch gewesen, bis ihr Unsere Liebe Frau zu erscheinen begann. Als ihr Mann, im September 1988, nach Medjugorje fuhr, war sie mehr daran interessiert, nachdem ihre Kinder erwachsen waren, sich wieder ins Arbeitsleben einzugliedern. Als sie zu Hause an einem Bild Unserer Lieben Frau von Guadalupe vorbeiging, welches ihr Gatte gemalt hatte, hörte sie die schöne Stimme einer Frau sagen: „Guten Morgen, Tochter." Ihre erste Reaktion darauf war zu denken, daß sie nun schon anfing, Stimmen zu hören. Zwei Tage danach, als sie die Sache schon vergessen hatte, geschah das gleiche noch einmal. Da fing sie an zu denken, daß doch etwas daran sein könnte. Als ihr Gatte, mit dem sie dreißig Jahre verheiratet war, aus Medjugorje zurückgekehrt war, schaute sie ihm in die Augen und stellte fest, daß er anders aussah. Etwas hatte ihn verändert. Estela wurde sich dessen bewußt, daß Unsere Liebe Frau auch sie veränderte.

Mehrere Monate danach, im Dezember 1988, begann die Allerseligste Mutter Estela zu erscheinen. Während der ersten Erscheinung sagte Unsere Liebe Frau ihr: „Ich bin gekommen, dich zu bitten, meine Botschafterin zu sein, und ich möchte wissen, ob du es tun willst. Ich werde dir und deinen Kindern helfen, viele Veränderungen vorzunehmen. Es wird eine Zeit kommen, während der ich die Familie vorbereiten will und viele Botschaften an die Familie senden werde." Seither hat die gesamte Familie die Erfahrung von Bekehrungen gemacht, welche zu großen Veränderungen führten. Ein Sohn, der drogenabhängig war, ist vollständig geheilt und betätigt sich jetzt als ein kraftvoller Zeuge für den Herrn.

Eine Botschaft, die Estela am 19. Januar 1991 empfing, unterscheidet sich nicht wesentlich von Botschaften in anderen Teilen der Welt. Sie bezieht sich auf die Grundsätze von Gebet, Bekehrung und Fasten. Maria sagte: „Von jenen, die auf meinen Ruf gehört haben, erbitte ich jetzt, daß sie sich meinem Werk verpflichten. Beginnt ernsthaft euer Gebetsleben, und nichts soll euch von dieser

Verpflichtung fernhalten. Ich erbitte jetzt ein Fasten von den Bewohnern des amerikanischen Kontinents als ein Liebesopfer. Fangt sofort mit dem Fasten an! Ich benötige eure Verpflichtung zu Gebet und Opfer. Es gibt keine Zeit mehr, euch mit euren kleinen eigenen Sorgen zu befassen. Überlaßt das Selbstmitleid und den Ärger den anderen! Für solches Verhalten gibt es keine Zeit mehr. Wenn ihr noch nicht gelernt habt, die zu lieben, die um euch sind, wie könnt ihr erwarten, daß die Welt jene Liebe erlerne, von der ich gesprochen habe. ... Ich bitte euch, für den Frieden in der Welt zwei Fasttage in der Woche zu halten. Wir dürfen und können die Hoffnung nicht aufgeben. ..."

Einmal erschien Unsere Liebe Frau Estela Ruiz in der Kirche des Unbefleckten Herzens in Phoenix. Estela berichtete: „Ich fragte Unsere Liebe Frau, wer sie sei, was sie mache und wer sie gesandt habe. Unsere Liebe Frau sagte: ‚Ich bin das Unbefleckte Herz Mariens.' Danach sagte sie: **‚Dies ist meine Herrschaft – dies ist die Zeit meiner Herrschaft. Ich bin hier, um meine Kinder zu meinem Sohn zurückzubringen. Der, der mich gesandt hat, ist Gott, unser Vater.' Dann fragte ich sie, wer sie sei. Und sie antwortete: ‚Ich bin das Unbefleckte Herz Mariens, aber ich bin dieselbe, die überall in der Welt erschienen ist.' Danach sagte sie mir: ‚Schau dich doch in dieser Kirche um, und betrachte die verschiedenen Weisen, in denen ich erschienen bin.'"**

Estela erklärte, daß sich in jener Kirche Statuen von der schmerzhaften Mutter, von Unserer Lieben Frau von Guadalupe und von Unserer Lieben Frau von Fatima befinden. Unsere Liebe Frau sagte: **„Ja, ich bin die Muttergottes, und ich bin an verschiedenen Orten erschienen. Es gibt nur eine, und diese bin ich, und ich bin alle jene (Erscheinungen). Aber heute komme ich, zu dieser Zeit, als das Unbefleckte Herz Mariens, weil dies die Zeit der Herrschaft meines Unbefleckten Herzens ist. Und ich bin gekommen, meine Kinder zu Gott zurückzurufen."**

In einer weiteren Botschaft, vom 2. März 1991, sagte Unsere Liebe Frau: „Ich bitte euch, weiterhin den Frieden in der Welt zu erflehen. Ihr müßt verstehen, daß der Friede nicht durch eine erfolgreiche Schlacht herbeigeführt wird, sondern dadurch, daß sich die Herzen und das Leben der Menschen ändern. ... Die Menschen müssen begreifen, daß die Verheerung und Zerstörung, die sie einander antun, in der Welt weitergehen werden, wenn sich die Herzen der Menschen nicht ändern sollten. ..."

Die Diözese von Phoenix hat unter der Leitung von Bischof Thomas O'Brien eine Untersuchungskommission bezüglich der mutmaßlichen Erscheinungen eingesetzt. Nachdem er Einsicht in die Ergebnisse der Kommission genommen hatte, stellte der Bischof fest: „Das Ergebnis zeigt, daß zur Zeit durch die Andachten weder der Kirche als Einrichtung noch den Gläubigen Schaden zugefügt wird ..." Als Unsere Liebe Frau des amerikanischen Kontinents lädt uns Maria dazu ein, die wahre Bedeutung unseres Lebens zu erkennen und die Verehrung unseres Herrn Jesus Christus zu fördern und zu intensivieren.[7]

Theresa Lopez. Der Theresa Lopez aus Denver, im Bundesstaat Colorado, wurde gesagt, daß sie eine der vielen Funken sein werde, die den Glauben der Lauwarmen im Westen entzünden werde. Theresa wurde im katholischen Glauben erzogen, aber wie so viele ihrer Generation verlor sie das Interesse am Glauben, so daß sie „in die Welt hinausgehen" konnte. Sowohl sie als auch ihr Mann Jeff waren in zuvor geschlossenen Ehen nicht kirchlich verheiratet gewesen, was Probleme von Annulierung, alleinerziehender Elternschaft und Scheidung mit sich brachte.

Am 3. April 1990 wachte Theresa mitten in der Nacht auf und hörte eine Stimme, die sie dazu aufforderte, „das Wort zu lesen". Nachdem sie sich bewußt wurde, daß dies kein Streich ihrer Kinder war, schlug sie die Bibel an der Stelle des Briefes an die Epheser 1, 15 - 19 auf. Die Worte, die sie las, lauteten: „Seitdem ich von eurem Glauben an Jesus, den Herrn und von eurer Liebe zu allen Heiligen vernommen habe, danke ich unaufhörlich euretwegen, wenn ich in meinen Gebeten euer gedenke. Möge der Gott unseres Herrn Jesus Christus, der Vater der Herrlichkeit, euch den Geist der Weisheit und Offenbarung verleihen, ihn recht zu erkennen. Möge er die Augen eures Herzens erleuchten, damit ihr einseht, zu welcher Hoffnung ihr berufen seid, wie reich das herrliche Erbe für die Heiligen ist und wie überschwenglich groß seine Macht, die sich an uns, die wir gläubig geworden sind, erweist." Nachdem sie bis zur Morgendämmerung gelesen hatte, teilte sie Jeff, ihrem Gatten, ihr Erlebnis mit. Voll Verwunderung zog Jeff ein zerknittertes Stück Papier aus seiner Brieftasche hervor, auf welches er zehn Jahre zuvor an einem Tiefpunkt in seinem Leben genau denselben Vers niedergeschrieben hatte. Im März 1991 verspürte Theresa im Innern den Drang, Medjugorje zu besuchen. Dort machte sie die Erfahrung verschiedener mystischer Phänomene mit den Sehern und mit einigen Mitgliedern des Pastoralteams, darunter auch P. Slavko Barbaric, einem der Franziskanerpatres, die zur Betreuung der St. Jakobs-Kirche bestellt sind.

Nach ihrer Rückkehr in die Vereinigten Staaten stellten sich diese mystischen Phänomene weiterhin ein. Sie hörte, wie eine Stimme sagte: „Bringe meine Kinder zur Quelle!" Die einzige Quelle, an die sie denken konnte, war die beim Schrein von Mutter Cabrini, im Ort Golden, im US-Bundesstaat Colorado. Die Nachricht darüber verbreitete sich, und die Menschenansammlungen häuften sich wie an anderen Erscheinungsorten in der ganzen Welt. Eine andere innere Einsprechung gab die Anweisung: „Ich wünsche, daß ihr euch alle am zweiten Samstag des Monats versammelt!" Es geschahen Phänomene wie die Erscheinung des Abbilds der Allerseligsten Mutter am Tabernakel, von zwei Tauben auf beiden Seiten begleitet, helle Lichter, die aus dem Tabernakel schienen, und Momente, in denen Menschen Zeugen der Vision der Allerseligsten Mutter wurden. Bei einer Gelegenheit nach einer Botschaft sagte Theresa zur Allerseligsten Mutter: „Mutter, ich liebe Dich." Darauf kam sie vorwärts und küßte Theresa auf die Stirn.

Die Szene ist vergleichbar mit Medjugorje und anderen Erscheinungsorten in der Welt. Es gibt keine natürliche Erklärung. Nur auf übernatürliche Weise kann man solche Ereignisse erklären. Jeff, der sich selbst bloß als Katholik am Rande beschreibt, hatte bis zum Tod ihrer kleinen Tochter, die dem Syndrom des plötzlichen Kleinkindtodes erlag, noch nie einen Rosenkranz gebetet. Theresa dachte, daß das Rosenkranzgebet nur zu Beerdigungen passte. Josip Terelja, der aufgrund seines Glaubens über zwanzig Jahre lang in der ehemaligen Sowjetunion inhaftiert war, sagte, daß diese Stelle ein Ort sein werde, an dem sich viele Wunder ereignen würden. Es wird eine genau so große Pilgerstätte werden wie Fatima und Medjugorje.[8]

Josefina-Maria. Josefina-Maria ist italienischer Abstammung und wurde in Melbourne, in Australien, geboren. Sie ist verheiratet, arbeitet als Lehrerin und lebt einfach und bescheiden, wobei sie sich auf ihre Arbeit, ihre häuslichen Pflichten und das Gebet konzentriert. Die Botschaften unseres Herrn und Unserer Lieben Frau begannen für Josefina am 20. September 1990. Seither hat sie über 1.000 Botschaften erhalten.

Die Botschaften an Josefina sind für die ganze Welt bestimmt. Sie handeln von Frieden, Bekehrung, Gebet, Fasten, Glauben, Einfachheit, Demut und der grenzenlosen Liebe und Barmherzigkeit Gottes. Die Botschaften haben schon in Melbourne und Umgebung viele Früchte hervorgebracht, indem sie die Gründung von gezielten Gebetsgruppen und die erneuerte Verehrung des Allerheiligsten und des Unbefleckten Herzens veranlaßten.

Wie bei anderen Sehern unserer Tage benützt der Herr Josefina, um die Welt zu warnen, daß die Zeit der Gerechtigkeit Gottes kurz bevorsteht, daß weitere und größere Züchtigungen am Horizont erscheinen. Zugleich aber sagt er uns, wir sollten uns nicht fürchten, denn die Züchtigungen dienten der Rettung von Seelen und dazu, eine Welt, die durch Habgier und Sünde verdorben worden ist, zu erneuern.

„Fürchte dich nicht, mein Volk!" sagte Jesus durch Josefina am 22. Juli 1993. „Ich liebe euch mit meinem Allerheiligsten Herzen. Ein jeder muß an mir vorbeigehen, bevor er zum Vater gelangt.

Mein Volk, viele Seuchen und Katastrophen suchen die Erde heim. Und dennoch erkennen viele Menschen sie nicht als solche, die in der Schrift vorhergesagt wurden. Aber, mein Volk, fürchte dich nicht! Denn meine göttliche

Hand beschützt euch wie eine Decke. Die zu mir gehören, haben nichts zu befürchten. Euch wird nichts geschehen.

Die Leiden der Zeit, in der wir uns befinden, sind, mein Volk, meine Kleinen, da zur Rettung von Seelen. Fürchtet euch nicht, ihr, meine Demütigen; ihr, die ihr mir euer Leben, euer alles gegeben habt. ... Der Plan meines Vaters [das Angesicht der Erde zu erneuern] ist dabei, sich zu entfalten. Verweilt im Frieden, seid in der Liebe beständig und leitet mein Volk zum Frieden; aber immer, indem ihr sie an meine Liebe erinnert. Opfert euch, meine Kinder, und seid meine Miterlöser, indem ihr beim Plan meines Vaters mithelft."[9]

Joseph Januszkiewicz. In den Medien ist auch ausführlich über die mutmaßlichen Marienerscheinungen berichtet worden, die Joseph Januszkiewicz, aus Marlboro, im US-Bundesstaat New Jersey, hatte, der 1988, nach einem Besuch in Medjugorje, augenblicklich von einem bei der Arbeit zugezogenen, ernsthaften Rückenleiden und dem teilweisen Verlust des Gehörs geheilt wurde. Er fuhr als Skeptiker dorthin, aber 1989 fing er an, Botschaften von Maria zu erhalten. Die Erscheinungen, welche am 17. März 1989 zunächst täglich begannen, erfolgen nun öffentlich am ersten Sonntag jedes Monats und unregelmäßig auch privat. Gezielt richten sich seine Botschaften an den Klerus. Diese Erscheinungen werden durch die kirchlichen Behörden in der Diözese Trenton, im US-Bundesstaat New Jersey, untersucht.[10]

Noch viele Männer und Frauen erhalten Offenbarungen Gottes, die wir kurz erwähnen wollen, wie zum Beispiel Josip Terelja, ein ukrainischer, katholischer Regimekritiker, der heute in Kanada lebt; Julka aus Zagreb (ehemaliges Jugoslawien); Schwester Luzia von Fatima; Schwester Agnes Sasagawa von Akita; die Seher von Garabandal; Eileen George aus Worcester, im US-Bundesstaat Massachusetts; Schwester Anna Ali aus Kenia; der Priester James Bruse aus Lake Ridge, im US-Bundesstaat Virginia; Mariamante vom Apostolat der heiligen Mutterschaft in Michigan; Schwester Natalia aus Ungarn; Dozule in Frankreich und andere mehr.

In keiner Weise ist dies eine abschließende und vollständige Liste. Es ist unmöglich, alle Propheten unserer Tage, die Botschaften von Jesus oder der Allerseligsten Mutter empfangen, aufzuzählen. Im Buch der Könige wird die Geschichte erzählt, wie Eliseus Elias nicht verlassen wollte, weil Eliseus und „die Söhne der Propheten" im voraus wußten, daß Elias in den Himmel aufgenommen werden sollte. Gott hatte dies „den Söhnen der Propheten" mitgeteilt. Die Generationenfolge der Propheten von der Frühzeit an bis in unsere Tage bleibt ununterbrochen.

5

Die Rolle Unserer Lieben Frau in der Erlösung

..., aber der Heilseinfluß der Allerseligsten Jungfrau auf die Menschen entspringt nicht einer inneren Notwendigkeit, sondern einer Neigung Gottes. Er fließt aus der Überfülle der Verdienste Christi, beruht auf seiner Vermittlung, hängt völlig davon ab und nimmt von daher all seine Kraft ...

Lumen Gentium, Zweites Vatikanisches Konzil

Der heilige Ludwig von Montfort beschrieb im 17. Jahrhundert die Lage der Kirche in der Endzeit und welche Rolle Maria darin spielen würde. Er stellte fest: **„Beim zweiten Kommen des Herrn wird Maria vom Heiligen Geist in besonderer Weise bekannt gemacht werden, damit durch sie Jesus besser bekannt und ihm mehr gedient wird. ... Maria wird in jenen letzten Tagen mehr als je zuvor erstrahlen, um arme Sünder zurückzubringen, die sich von der Familie Gottes entfernt haben. ...** Doch werden Seelen, die durch Gottlosigkeit verhärtet wurden, eine schreckliche Rebellion gegen Gott provozieren, indem sie versuchen werden, alle Seelen in die Irre zu führen (selbst jene, die sich ihrem Aufruhr widersetzen) und sie werden viele durch ihre Drohungen, Fallen und verführerischen Versprechungen dazu veranlassen, abzufallen. ... Da Satan weiß, daß ihm nur wenig Zeit bleibt, wird er seine Anstrengungen und Kämpfe verdoppeln. Er wird grausame Verfolgungen heraufbeschwören und den Gläubigen schreckliche Fallen auf ihrem Weg stellen. ... **Maria wird eine Armee der Apostel der Endzeit aufstellen, um gegen den Bösen Krieg zu führen. ...** Im Ansehen der Welt werden sie gering und arm sein, und sie werden sogar von anderen Mitgliedern des Leibes Christi verfolgt werden. Aber sie werden reich an Gnade sein, und Maria wird sie überreich segnen. ... **In allen Dingen werden sie bei Maria ihre Zuflucht haben, und sie werden den kürzesten und**

vollkommensten Weg zu Jesus kennen, und sie werden vollständig ihm gehören. ... Sie werden wahre Apostel der Endzeit sein, denen der Herr das Wort und die Macht geben wird, um Wunderbares zu vollbringen und die Kriegsbeute seines Feindes zu entführen. ... Sie werden das Gold der Liebe in ihren Herzen, den Weihrauch des Gebets in ihrer Seele und die Myrrhe der Abtötung und der Aufopferung an ihrem Leibe tragen. ... Sie werden wahre Jünger Jesu Christi sein, die treu in seinen Fußstapfen folgen und den schmalen Steg des Heils entsprechend dem Evangelium lehren. ... Das sind die großen Menschen, die in der Endzeit erscheinen werden, und Maria ist diejenige, welche sie nach der Anordnung des Allerhöchsten heranbilden wird, das Reich Gottes auszubreiten und den siegreichen Triumph des Herrn über die Gottlosen und alle seine Feinde zu demonstrieren."[1]

Eine einzigartige Rolle zugestanden

Der Beginn der Erscheinungen reicht bis in das Jahr des Herrn 41 zurück, als der heilige Jakobus als Missionar auf der iberischen Halbinsel ankam. Man kann heute diese Geschichte in Santiago de Compostela, einer der größten Kathedralen Europas, im nördlichen Spanien, sehen und hören. Sie ist dem heiligen Jakobus, dem Apostel Jesu Christi, geweiht. Es ist interessant festzustellen, daß der heilige Jakobus der erste Märtyrer der Apostel in der Kirche war und daß die Allerseligste Mutter gesagt hat, daß ihre letzten öffentlichen Erscheinungen dieser Epoche bei der St.-Jakobs-Kirche, in Medjugorje, sein werden.

Maria besitzt eine einzigartige Beziehung zur Allerheiligsten Dreifaltigkeit: Sie ist die Tochter des Vaters, Mutter des Sohnes und Braut des Heiligen Geistes. Allein von Maria empfing Jesus Seine Menschheit, da er keinen irdischen Vater hatte. Das Konzil von Ephesus definierte im Jahre 431, daß Maria „Gottesgebärerin" oder Theotokos ist. Kein anderes Geschöpf hatte oder kann jemals eine solch einzigartige Beziehung zum Schöpfer des Universums haben. Durch Mariens Demut, Gehorsam und Glauben wurden in der Fleischwerdung des Gottmenschen die menschliche und die göttliche Natur Geschwister. Der Vater wählte aus allen Geschöpfen, die er erschaffen hatte, eine Frau aus, um daran mitzuwirken, Seinem eingeborenen Sohn eine menschliche Natur zu geben.

Das ist ein tiefes Geheimnis. Kein Engel oder irgendein Mensch waren zu dieser Ehre auserkoren, den lange erwarteten Messias, das Licht und den Erlöser der Menschheit der Dunkelheit der Welt vorzustellen. Statt dessen wurde einer demütigen Jungfrau die Freude zuteil, an der Bereitung eines Leibes für Gott beizutragen (Hebr 10, 5), damit Er Sich als einer von uns manifestieren könne. Maria war von Gott seit aller Ewigkeit vorherbestimmt, diese Rolle zu erfüllen. Sie stellt am vollkommensten die „bevorzugte Tochter" Zions dar, welche in der Schrift geweissagt wird und die an der Befreiung ihres Volkes Israel mitwirkt. Sie war diejenige, welche der Engel mit den Worten begrüßte: „Sei gegrüßt, du Gnadenvolle! Der Herr ist mit dir", wodurch sich wörtlich die Weissagungen Isaias erfüllten, welche Hunderte von Jahren zuvor ausgesprochen worden waren: „Siehe, die Jungfrau wird empfangen und einen Sohn gebären und man wird seinen Namen Emanuel nennen" (Jes 7, 14), ein Name, der „Gott mit uns" bedeutet.

Die Funktion Mariens erwächst vollkommen aus ihrer Beziehung zu Jesus Christus. Sie wurde dazu befähigt, Gott in ihrem eigenen Sein aufzunehmen, weil Er sie ganz besonders auf diese Rolle vorbereitet hatte. Durch eine außergewöhnliche Gnade war sie völlig rein, nur auf Gott bezogen, leer aller Eigenmächtigkeit und allen Eigenwillens. Ihre Demut und Bescheidenheit machten es möglich, daß das Licht sich in ihrer Seele vollkommen spiegeln konnte. In gleicher Weise war sie von Gott besonders vorbereitet worden, so daß sie, wie ihr Sohn, nie der Erbsünde unterlag. Wie Johannes der Täufer war Maria Vorläuferin des ewigen Lichtes, aber sie war nicht selber das Licht. Dennoch besitzt sie eine einzigartige Beziehung zu diesem Licht, und dies ist ein Symbol für die neue Beziehung, die auch wir erhalten sollen, wenn wir schließlich die Fülle unserer himmlischen Belohnung erreichen.

Wenn wir das Verständnis Mariens durch die Kirche erforschen, müssen wir uns immer daran erinnern, daß sie ein Mensch ist genau so wie wir und, abgetrennt von Gott, über keinerlei Ruhm verfügt. Aber weil unser Herr durch die Jungfrau Maria Mensch wurde, wäre es dumm von uns, wenn wir nicht nach der Fülle der Botschaften suchten, die der Herr vermitteln möchte. Denn das, was Gott auswählt, entspringt nicht einer Laune, sondern viel mehr Seiner tiefgründigen Weisheit. Die beständigen Reflexionen und die im Lauf der Zeit im Gebet vollzogenen Betrachtungen durch die Kirche haben große Bedeutung für die Rolle Mariens erbracht, sowohl im Himmel als auch auf Erden. Ihre Vorbereitung auf ihre irdische Rolle ist „die Unbefleckte Empfängnis", ein Dogma, welches aussagt, daß sie im Augenblick ihrer Empfängnis vom Makel der Erbsünde befreit war. Das wurde von Pius IX. 1854 feierlich verkündet und vier Jahre später der heiligen Bernadette in Lourdes bestätigt, als die Allerseligste Mutter sagte: „Ich bin die Unbefleckte Empfängnis."

Vor nahezu 2.000 Jahren vereinigte Gott in und mit Sich eine Menschennatur im Schoß einer Jungfrau. Die antike hebräische Schrift hatte dieses Ereignis vorausgesagt, und das Volk der Juden erwartete geduldig die Erfüllung der Weissagung. Vor Maria erschien ein Engel, Gabriel, wie einst der (gefallene) Engel Luzifer vor Eva erschien. Im Unterschied zu Eva, welche den Versuchungen des Teufels zur Erlangung von Ruhm („und ihr werdet wie Götter sein") erlegen war, unterwarf sich Maria demütig dem ewigen Plan des Vaters, indem sie einwilligte, Gottes eingeborenen Sohn in ihrem Schoß zu empfangen. Sie sagte einfach: „Siehe, ich bin die Magd des Herrn; mir geschehe nach deinem Wort." Und es begann sich die verheißene Erlösung der Menschheit vor den verdunkelten Augen der Welt zu entfalten.

Im Lauf der Kirchengeschichte haben Heilige und Päpste von der engen Gemeinschaft Unserer Lieben Frau mit Christus in unserer Erlösung gesprochen. Sie sprachen auch über ihre Vermittlung von Gnaden und über ihr unablässiges Gebet zu ihrem Sohn für uns. Die Päpste haben in der Vergangenheit klar die Lehren von Unserer Lieben Frau als Miterlöserin und Mittlerin aller Gnaden vertreten. Diese Wahrheit ist bisher noch nicht feierlich als Dogma definiert worden, aber sie ist Teil der katholischen Überlieferung. Man muß dabei zur Kenntnis nehmen, daß das Dogma der leiblichen Aufnahme in den Himmel erst 1950 definiert wurde, obwohl das entsprechende liturgische Fest von der Kirche im 6. Jahrhundert eingeführt wurde und die schriftliche Überlieferung davon bis ins 2. Jahrhundert zurückreicht.

Maria hat vielen Mystikern offenbart, daß der Herr von uns wünscht, daß wir sie als Miterlöserin, Mittlerin und Fürsprecherin annehmen und anrufen, um damit die offizielle Anerkennung der Kirche für das zu vollenden, was der Allmächtige für und durch sie getan hat (Lukas 1, 49). Die Visionen der Ida Peerdeman aus Amsterdam und „Die Frau aller Völker" bestätigen diese Funktion.

Jesus Christus ist, wie Schrift und Tradition lehren, der Mittler zwischen Gott und den Menschen, unser Erlöser und Fürsprecher beim Vater. Durch den Willen des Vaters und kraft des Heiligen Geistes geht alle Gnade und unsere Erlösung von Christus aus. Aber in Seiner unablässigen Betätigung für uns zögert Jesus nicht, Seine eigenen Vorrechte mit jenen zu teilen, von denen Er Sich nicht schämt, sie Seine Brüder zu nennen (Hebräer 2, 11). Zum Beispiel ist Er der einzige Hohe Priester, und doch teilt Er Sein Priestertum mit den geweihten Dienern Seiner Kirche. Jesus teilt mit Seiner geliebten Mutter Seine göttlichen Privilegien in dem Maße, wie ein menschliches Geschöpf fähig ist, diese zu besitzen. Das Zweite Vatikanische Konzil lehrt, daß die Mittlerfunktion Unserer Lieben Frau eine Teilhabe an der einzigen Quelle ist, die Christus selbst ist.

Die griechische Patristik verstand die Fleischwerdung als eine wahre Erlösungshandlung und nicht bloß als eine notwendige Voraussetzung für das Kreuz. Alles Geschaffene wurde geheiligt, seitdem der Sohn Gottes eine geschaffene Natur in und mit Sich selbst vereinte. Deshalb spielte Maria eine wesent-liche, mitwirkende Rolle in unserer Erlösung, indem sie dem Wort Fleisch gab. Der heilige Augustinus spricht von dem Schoß der Jungfrau Maria als der Brautkammer, worin die göttliche Natur sich mit der menschlichen Natur vereinte. Und doch bedeutet dies nicht die Vollendung ihrer Mitwirkung.

Unsere Liebe Frau sagte zu der Seherin Ida aus Amsterdam: „Der Herr und Meister hatte die Frau für das Opfer vorgesehen. Denn das Schwert war schon auf das Herz der Mutter gerichtet gewesen.“[2] (Lukas 2, 35) Maria war von Gott auserwählt worden, an den Leiden Jesu in einzigartiger Weise innerlich teilzunehmen – und dies nicht einfach allein aufgrund ihrer Mutterliebe. Jesus, der neue Adam, suchte Maria, die neue Eva, als einen bräutlichen Partner mit Seinem Erlösungswerk zu verbinden. Daß Maria die neue Eva ist, wurde schon in der Mitte des 2. Jahrhunderts vom heiligen Justin ausdrücklich gelehrt.

Die ganze Kirche ist die Braut Christi. Weil Maria in sich selbst vollkommen die Kirche verkörperte, litt sie nicht bloß mit Christus, sondern sie empfing von ihm auch die Fülle der Erlösungsgnaden für die Menschen aller Zeiten. Wegen dieser Mitwirkung an unserer Erlösung wurde Unsere Liebe Frau die Gnadenvermittlerin für all jene, die Christus auf dem Kalvarienberg zu ihren Kindern gemacht hat.

Christus, der Gottmensch, vollbrachte das Werk unserer Erlösung, und doch wollte er Maria mit diesem Werk verbunden wissen. Er gewährt seine Erlösungsgnade der ganzen Kirche durch die Vermittlung Mariens, die unterm Kreuz stand und uns alle in ihren mütterlichen Schmerz mit aufnahm. Unsere Liebe Frau steht dort nicht nur als Gnadenvermittlerin von Christus auf uns zu, sondern sie bringt auch als Fürsprecherin unsere Gebete und Nöte von uns zu Ihm. Als Miterlöserin, Mittlerin und Fürsprecherin lebt Maria in der Herrlichkeit des Herrn als Seine Mutter und Magd.

Tradition

Die katholische Verehrung Mariens ist unmittelbar bezogen auf und entstammt dem katholischen Glauben an Christus. Wenn Er nicht der ewige Sohn Gottes wäre, der zu unserem Heil Fleisch annahm, dann stünde Maria nicht mehr Ehre zu, als bloß die Mutter einer berühmten Persönlichkeit zu sein. Der heilige Ludwig von Montfort schrieb, daß im Vergleich zu Jesus Maria nicht die Spur von Wichtigkeit zukommt. Und doch entstammen viele der schönsten Schriften über Maria der Feder des heiligen Ludwig. Wenn aber Jesus tatsächlich das ist, was die Schrift und die Kirche über Ihn aussagt, dann steht Unserer Lieben Frau die der Mutter Gottes gebührende Ehre zu. **Die katholische Lehre fordert niemanden dazu auf, Maria anzubeten. Sondern viel mehr verehren Katholiken Maria wegen der Rolle, die ihr gegeben wurde.**

Die Mariendogmen, die in den Konzilien der Frühzeit der Kirche definiert wurden, wurden aufgestellt, um die christologischen Dogmen zu sichern, die in Zweifel gezogen worden waren. Die Mutter kann man nicht vom Sohn trennen. Gewisse unausweichliche Folgerungen bezüglich Unserer Lieben Frau ergeben sich aus dem, was über Christus offenbart wurde. Die Kirche hat diese Wahrheiten im Lauf ihrer Geschichte sorgfältig definiert und getreu verkündet. Wenn man Unsere Liebe Frau aus dem Mysterium Gottes und unserer Erlösung ausschließt, bleibt am Ende nur eine verarmte Form des Christentums übrig, die der Vollständigkeit der Heilsmission Christi beraubt ist.

Maria und ihre protestantischen Kinder: eine kritische Erläuterung

Der katholische Glaube und die hauptsächlichen anderen Glaubensbekenntnisse sind seit der Reformation in vielen Themen unterschieden. Die Definition der Eucharistie als eine symbolische Handlung oder als wirkliche und bleibende Gegenwart Christi, das Problem von Glauben und Tradition und die Allerseligste Mutter sind nur einige der strittigen Punkte, die Katholiken von Protestanten trennen. Infolge der Komplexität dieser Themen ist es unmöglich, angemessen alle Streitfragen, die uns voneinander trennen, zu erwähnen, aber wir hoffen, daß ein wenig Einsicht gewonnen wird, so daß mehr Licht als Schatten auf das Thema der katholischen Marienverehrung geworfen wird.

Die Verehrung Unserer Lieben Frau ist ein kostbares Kronjuwel des Katholizismus, aber es scheint den meisten Protestanten ein Dorn im Auge zu sein. Praktisch werden alle katholischen Lehren in bezug auf Maria von der weitaus größten Mehrheit der Protestanten verworfen. Dies ist ein unglückliches Erbe der „Reformation", obwohl die Reformatoren selbst im Denken und ihrer Verehrungspraxis weitaus katholischer waren als ihre spirituellen Abkömmlinge. Die scheinbar endlose Serie von Abspaltungen, die mit Luther begannen, haben zahlreiche Christen von ihrer Mutter, der Kirche, und von ihrer Mutter Maria getrennt, obwohl doch Martin Luther selbst eine tiefe Verehrung der Muttergottes besaß.

Hier wollen wir nun kurz ein paar grundsätzliche, charakteristische Gedanken des Protestantismus behandeln, welche ein Hindernis darstellen für die Akzeptanz der Lehren in bezug auf Maria und andere Wahrheiten, die von der katholischen Kirche gelehrt werden. Zugegebenermaßen können wir weder mit Autorität für jegliche protestantische Kirche oder Sekte sprechen noch können wir ins Detail gehen. Aber wir können Einsicht in einige wenige gemeinsame protestantische Glaubensansichten und Gedankenwege gewinnen, die unnötig den Zugang zur Fülle der göttlich offenbarten Wahrheit und der Mittel, die Gott benutzt hat, sie uns mitzuteilen, begrenzen.

Die heilige Tradition ist eines der Streitthemen. Das Prinzip der „Schrift alleine" (sola scriptura) als der einzigen Quelle göttlicher Offenbarung ist ein Markenzeichen des Protestantismus. Und doch unterstützt die Schrift den

Begriff der Tradition (2 Thessalonicher 2, 15; 2 Timotheus 2, 2) und zeigt an keiner Stelle an, daß die Schrift alleine die ganze Offenbarung ist. Wenn das „sola scriptura“-Prinzip selber nicht in der Schrift vorgefunden werden kann, wie kann es dann von den Verfechtern vertreten werden, die nur glauben, was in der Bibel steht.

Die Bibel bezieht sich oft auf das verkündete Evangelium, die mündliche Tradition, die der geschriebenen vorausging (und sie immer noch begleitet). Wenn die Bibel die einzige Quelle der Offenbarung ist, dann besaßen die ersten Generationen von Christen keine Offenbarung, denn sie hatten keine Bibel oder besser gesagt kein Neues Testament. Aber wahrhaftig besaßen sie das Wort Gottes: es wurde ihnen von den Aposteln und ihren Nachfolgern gepredigt.

Es gibt Lehren in bezug auf Unsere Liebe Frau, die nicht ausdrücklich in der Schrift gelehrt werden, aber die in der heiligen Tradition als glaubwürdiger Ausdruck des Glaubens und der Praxis der von Jesus Christus gegründeten Kirche weitergegeben wurden. Oft sprechen Katholiken von der Schrift und der Tradition als den Quellen der Offenbarung. Aber vielleicht wäre es zutreffender von der Schrift in der Tradition zu sprechen, weil jede authentische Lehre – ob mündlich oder geschrieben—welche von den Aposteln und ihren Nachfolgern weitergegeben wurde, Teil der heiligen Tradition ist, dem Erbe unseres Herrn Jesus Christus.

Das Lehramt der Kirche

Wer bestimmt, daß eine bestimmte Lehre rechtmäßig den apostolischen Glauben wiedergibt? Darin gibt es eine weitere Schwierigkeit für Nichtkatholiken: das Lehramt der katholischen Kirche. Jesus versprach, Seine Kirche auf dem Felsen Petri zu errichten, indem Er ihm die „Schlüsselgewalt“ gab, zu binden und zu lösen, mit dem darüber hinausgehenden Versprechen, daß die Pforten der Hölle sie nicht überwältigen werden (Matthäus 16, 18 - 19). Außerdem versprach Er, daß der Heilige Geist bei Seiner Kirche verweilen und Seine Jünger in die volle Wahrheit einführen werde (Johannes 16, 12 - 13). Deshalb hat die Kirche unter der garantierten Leitung durch den Heiligen Geist die Macht, die Echtheit einer jeden Lehre zu beurteilen, die vorgibt, den apostolischen Glauben zu verkünden.

Die Vielfalt protestantischer Sekten rührt zu einem nicht unerheblichen Teil her von dem Vertrauen auf die individuelle Auslegung der Schrift (angeblich unter der Führung des Heiligen Geistes) als einem Mittel zum Erkennen der Wahrheit. Der Heilige Geist hat nicht Abspaltungen und Verwirrungen hervorgerufen, wie sie sich aus den einander widersprechenden persönlichen Interpretationen ergeben.

Ein klares Beispiel der Gnade Gottes in Seiner Kirche und der Beihilfe des Heiligen Geistes ist die Tatsache, daß die Kirche fähig war, unter den vielen Briefen, die den Aposteln zugeschrieben wurden, und anderen Schriftstücken, die in den liturgischen Versammlungen verlesen wurden, zu entscheiden, welche der göttlichen und welche nicht der göttlichen Inspiration zu verdanken sind. Der Kanon des Neuen Testamentes war nicht vollständig vor dem Ende des 4. Jahrhunderts abgeschlossen (obwohl die meisten kanonischen Schriften schon vorher anerkannt wurden). Wenn die Kirche unterscheiden kann, welche Schriften das Wort Gottes enthalten, dann kann sie sicherlich erkennen, welche Traditionen und Lehren die göttliche Offenbarung darstellen.

Die ökumenischen Konzilien sind Beispiele für die Art und Weise, wie die Kirche die Lehren des Evangeliums klarstellt und sie gegen häretische Fehlinterpretationen verteidigt. Die Geschichte der Entwicklung der Mariendogmen ist ein weiterer Beleg dafür, wie der Heilige Geist die Kirche in die volle Wahrheit des christlichen Glaubens eingeführt hat. Er (Jesus) hat gesagt, daß Er alle Tage bei uns sein wird und der Heilige Geist uns führen und die Mächte der Hölle Seine Kirche nicht überwältigen werden. Jesus, der bei uns durch seinen Geist in der Kirche bleibt, ist die lebendige Tradition, die mit immer größerer Klarheit einer jeden Zeit und Kultur das Evangelium des Heils mitteilt. Der letzte Abschnitt im Evangelium des heiligen Johannes (Johannes 21, 25) weist implizit auf die Existenz einer Tradition hin: „Es gibt noch vieles andere, was Jesus getan hat. Wollte man das im einzelnen niederschreiben, so könnte, glaube ich, die ganze Welt die Bücher nicht fassen, die man schreiben müßte."

Die Inkarnation

Alle Christen glauben an die Inkarnation des Sohnes Gottes. Aber die katholische Theologie sieht richtigerweise die Inkarnation als etwas mehr an als bloß eine notwendige Voraussetzung für den Erlösertod Jesu. Vielfach konzentriert sich die protestantische Theologie ausschließlich auf das Kreuz, und dies hat zur Folge, daß die theologische Reflexion der Menschwerdung eingeschränkt wird. Solche Reflexion würde natürlich zu einem Bewußtsein der unerläßlichen Rolle Unserer Lieben Frau im Heilsgeschehen sowie ihrer erhabenen Würde in den Augen Gottes führen.

Viele Kirchenväter, vor allem die großen der Patristik, verstanden die Menschwerdung als einen Erlösungsakt an sich, wenn auch nicht als Vollendung der Erlösung. Die erstaunliche Tatsache, daß Gott Mensch wird, indem er eine erschaffene Natur untrennbar mit Seiner unerschaffenen verbindet, genügt, um die ganze Schöpfung zu heiligen und sie in eine neue Beziehung zu Ihm selber zu bringen. Entsprechend der göttlichen Weisheit ist die Funktion Mariens in der göttlichen Inkarnation wesentlich: durch ihre persönliche Einwilligung gab sie Gott Fleisch und Blut. Von aller Ewigkeit her sah der Vater Maria als die Frau voller Gnade, die einzig und allein der Welt Seinen Sohn als den Gottmenschen, unseren Heiland, geben würde.

Wenn aber Maria bloß eine fromme junge Jüdin gewesen wäre, auf die nur zufällig die Wahl fiel, wie sie auf jede andere hätte fallen können, den Messias (sowie andere Kinder, wie viele fälschlich behaupten,) zu gebären, und die danach im Hintergrund verschwinden könnte, dann wäre das unaussprechliche Geheimnis der Menschwerdung ihres Reichtums beraubt. Es ist undenkbar, daß die einzige Frau, die dazu auserkoren war, Gott im Fleisch zu gebären, für diese erhabene Berufung keine außergewöhnlichen Gnaden empfangen hätte oder daß Gott nicht wünschte, eine derart Begnadete in besonderer Weise zu verherrlichen. Und doch hält die große Furcht, der Mutter Jesu auch nur die geringste Beachtung und Verehrung entgegenzubringen, die meisten davon ab, die Fülle und die Tiefe der Weisheit und Liebe Gottes in rechter Weise zu schätzen, der „seinen Sohn, der von einer Frau geboren war, sandte" (Galater 4, 4). Die Menschwerdung bildet auch die Grundlage für die Gesamtheit der Sakramente sowie für die Benutzung heiliger Bildnisse, was alles im großen und ganzen vom Protestantismus abgelehnt wird.[3]

Offenheit für den Heiligen Geist

Die Rolle Mariens ist immer, den „Herrn hochzupreisen". Im ersten Kapitel des Lukasevangeliums finden wir einen der schönsten Abschnitte der Schrift. Zacharias, der Hohe Priester, ist mit Elisabeth verheiratet und beide sind schon fortgeschrittenen Alters. Elisabeth ist unfruchtbar und kinderlos und leidet unter dieser Erniedrigung. Zacharias unternimmt alles, um Gott zu gefallen und in seinem Alltag ein aufrichtiger Mensch zu sein. Als er sich im Tempel befindet, erscheint ihm der Engel Gabriel beim Altar und sagt: „Elisabeth, deine Frau, wird dir einen Sohn gebären; dem sollst du den Namen Johannes geben. ... schon im Mutterschoße wird er vom Heiligen Geiste erfüllt sein. ... mit dem Geiste und der Kraft des Elias, ..." (Lukas 1, 13 - 17). Zacharias, der Hohe Prie-ster und Mann Gottes, zweifelt an den Worten des Engels und sagt: „Woran soll ich das erkennen? Ich bin ja alt, und auch meine Frau ist hochbetagt." Wegen seines Zweifels macht ihn der Engel sogleich bis zur Geburt des Johannes stumm. Gabriel begründet dies: „Weil du aber meinen Worten nicht geglaubt hast, ..." (Lukas 1, 20). Elisabeth empfängt, gebiert einen Sohn und nennt ihn Johannes, wie ihr der Engel zu verstehen gegeben hat. Nicht länger aber erleidet sie Schmach, da sie nun ein Kind besitzt.

Dann aber besucht Gabriel Maria (Lukas 1, 26) und sagt: „Sei gegrüßt, du Gnadenvolle! Der Herr ist mit dir." Wie Zacharias fürchtet sie sich im Anfang, und Gabriel sagt: „Fürchte dich nicht, Maria; denn du hast bei Gott Gnade gefunden. Du wirst empfangen und einen Sohn gebären. Dem sollst du den Namen Jesus geben. Er wird groß sein und der Sohn des Allerhöchsten genannt werden." Da Maria eine Jungfrau ist, versteht sie nicht, wie sie empfangen könnte. Gabriel antwortet: „Der Heilige Geist wird über dich kommen, und die Kraft des Allerhöchsten dich überschatten." (Lukas 1, 35). „Darum wird auch das Heilige, das [aus dir] geboren wird, Sohn Gottes genannt werden." Die Antwort Mariens steht im krassen Gegensatz zu der des Hohen Priesters Zacharias: „Da sprach Maria: ‚Siehe, ich bin die Magd des Herrn; mir geschehe nach deinem Wort.' Und der Engel schied von ihr." (Lukas 1, 38)

Mit ganzem Herzen glaubte Maria den Worten des Engels; nur verstand sie nicht. Gabriel erklärte, daß Gott auf wunderbare Weise ihre Schwangerschaft ermöglichen würde. Sie akzeptierte alles, selbst ohne den Vorteil eines vollkommenen Verständnisses. Im Glauben nahm sie seine Worte als wahr an.

Maria besucht ihre Kusine Elisabeth, und beide sind sich dessen bewußt, daß sie den Sohn Gottes trägt. Vom Heiligen Geiste erfüllt, sagt Elisabeth: „Selig, die geglaubt hat, daß in Erfüllung gehen wird, was ihr vom Herrn gesagt wurde."

Die Antwort Mariens

Die Antwort Mariens ist für alle Christen vorbildlich. Sie glaubte, was der Himmel bestimmte. Sie zweifelte nicht, sondern in Demut vertraute sie. Nichts ist irrationaler, als daß der Heilige Geist eine Jungfrau überschatten, die Jungfrau empfangen und dann den Sohn Gottes gebären sollte.

Da Maria vom Anfang an für eine besondere und erhabene Rolle auserwählt worden war, ist es dann nicht passend, daß ihre Rolle zunehmen sollte, wenn der Himmel es so verfügte. Im Gegensatz zu Eva nahm sie freiwillig diese Rolle an und gestattete so, daß Gottes Erlösungswerk durch sie vollbracht wurde. Wie Eva hätte sie es abweisen können, aber als die neue Eva nahm sie die Rolle an, die für sie bestimmt war.

Maria trennte sich von der ganzen Menschheit und nahm den Willen des Vaters in ihrem Leben an. Sie wurde das auserwählte Gefäß des Himmels, um den Heiland der Welt vorzustellen. Die einfache Frau aus Nazareth war von Gottvater mit dem Zweck erschaffen worden, Jesus zu gebären. Um in die Welt zu kommen, hatte Gott eine Weise gewählt, die jeglicher menschlichen Vernunft widersprach, indem er eine ungewöhnliche Geburt mit einem ungewöhnlichen Tod verband: der Erlöser sollte aus einer armen und demütigen Frau in einem Stall geboren werden.

Der Lebensweg Mariens von Nazareth zum Obergemach (in Jerusalem) dauerte dreiunddreißig Jahre, aber ihre Erkenntnis von der Bedeutung des Christseins währte wesentlich länger. Das war ein Weg mit großen Herausforderungen: manchmal unglaublich, manchmal freudig, bisweilen schwierig und rätselhaft. Es war ein Weg mit vielen Kurven, aber an jeder Biegung war sie offen für Gottes Wort, nahm es in ihr Herz auf und erwog darin seine Bedeutung und seinen Zusammenhang.

Und sie vertraute.

Auf das Wort Gottes zu hören, es abzuwägen, es anzunehmen, nicht nur mit dem Verstand, sondern im Herzen und mit dem Willen, und die Quelle seiner Inkarnation zu sein – das ist es, was in den Worten Mariens Christsein bedeutet.

Das Magnifikat

Da sprach Maria: „Hoch preist meine Seele den Herrn,
Und mein Geist frohlockt in Gott, meinem Heiland:
Herabgesehen hat er in Gnaden auf seine niedrige Magd.
Seht, von nun an werden mich seligpreisen alle Geschlechter.
Großes hat an mir getan der Mächtige.
Sein Name ist heilig,
Sein Erbarmen währt von Geschlecht zu Geschlecht
Für die, die ihn fürchten.
Machtvoll waltet sein Arm.
Er vernichtet die Herzen voll Hochmut,
Gewalthaber stürzt er vom Thron,
Niedrige hebt er empor.
Hungrige erfüllt er mit Gütern,
Reiche läßt er leer ausgehen.
Angenommen hat er sich Israels, seines Knechtes,
Eingedenk seines Erbarmens
Mit Abraham und seinen Nachkommen auf ewig,
Wie er unseren Vätern verheißen." (Lukas 1, 46 - 55)

Hier ist der Allerseligsten Mutter Loblied und für die Welt ein Beispiel, das wir alle nachahmen sollen. Die Allerseligste Mutter preist Gottes Herrlichkeit. Gottes Wille war Mariens Wille, und sie war offen für seine Gnaden. Mariens Rolle ist die des Vorbilds und der Fürsprecherin der Menschheit vor Gottes Thron, wie es die Worte dieser schönen Hymne verkünden:

Tota pulchra es Maria,	Vollkommen schön bist du, Maria,
Et Macula Originalis	Und Erbsünde, nein, o nein,
Non, non, est in te.	Die gibt es nicht in Dir.
Tu gloria Jerusalem,	Du die Glorie Jerusalems.
Tu laetitia Israel,	Du die Freude Israels,
Tu honorificentia	Du die größte Ehre
Populi nostri.	Unseres Volkes.
Intercede pro nobis	Bitt für uns
Ad Dominum Jesum Christum.	Beim Herrn Jesus Christus.

Buch II
Die warnende Stimme der Mutter

6

Die Geheimnisse der Apokalypse

Ich öffne euch das versiegelte Buch, damit die Geheimnisse, die in ihm enthalten sind, geoffenbart werden.

Unsere Liebe Frau zu Don Stefano Gobbi
Marianische Priesterbewegung
13. Oktober 1988

Nahezu 2.000 Jahre lang ist das Buch der Geheimen Offenbarung bestenfalls ein Änigma, ein Rätsel und ein Puzzle gewesen. Bitten Sie einmal fünf Leute, daraus einen Satz auszulegen, und Sie werden fünf verschiedene Antworten erhalten. Vielleicht auch sechs.

Den meisten, die versucht haben, dieses geheimnisvolle Buch der Bibel auszulegen, ist es nicht gelungen. Einige haben Vermutungen über die Bedeutung der Zahl 666 und ihre Anwendbarkeit auf einige hohe Staatsmänner angestellt. Es wurde von einigen vermutet, daß Gorbatschow und der weinrote Fleck auf seiner Stirn einen Teil des Rätsels darstellen. In dem Aufkommen der Europäischen Union aus zehn Nationen mit ihrer gemeinsamen Währung wurde das Tier mit den zehn Hörnern oder in dem Sitz in Rom die Buhlerin Babylon gesehen. Die Liste könnte vom Unterhaltsamen bis zum Absurden fortgesetzt werden. Und so war es bis heute.

In der Geheimen Offenbarung sind einige einzigartige Versprechen enthalten: alle, die sie lesen, erhalten eine besondere Gnade (Offb 1, 3); jedem aber, der etwas zu den Botschaften hinzufügt, „... wird Gott die Plagen zufügen, von denen in diesem Buche geschrieben steht. Wer von den Worten dieses prophetischen Buches etwas wegnimmt, dem wird Gott wegnehmen seinen Anteil an dem Baume des Lebens ..." (Offb 22, 18).

In seinem Buch *„Apocalypse: The Book for Our Times“* (zu deutsch: Die Apokalypse: Das Buch für unsere Zeit) äußert Pfarrer Albert Shamon eine Vermutung, warum dieses Buch so schwer zu verstehen ist. Er meint, daß es deshalb auf so symbolische Art und Weise geschrieben worden sei, damit die Geheimnisse Gottes seinen Feinden verborgen blieben. Es bedarf der Erleuchtung. Bis vor kurzem war die Geheime Offenbarung ein versiegeltes Buch, in dem den Lesern nur seltene, kurze Einblicke in die ewige Wahrheit gewährt wurden.

Genesis und Apokalypse

Das Buch der Geheimen Offenbarung kann man nicht richtig verstehen, wenn man nicht erst zu einer Passage im ersten Buch Moses zurückgeht. Dort wird „die Frau“ (Eva) für immer aus dem Paradiesgarten vertrieben wegen ihrer Zusammenarbeit mit „der Schlange“, die damit bestraft wird, daß sie auf der Erde kriechen muß. „Und Gott, der Herr, sprach zu der Schlange: Weil du dies getan hast, so bist du verflucht unter allem Vieh und unter den Tieren des Feldes; auf deinem Bauche sollst du kriechen und Erde fressen dein Leben lang. Ich will Feindschaft setzen zwischen dir und dem Weibe, und zwischen deiner Nachkommenschaft und ihrer Nachkommenschaft: sie wird dir den Kopf zertreten, und du wirst ihrer Ferse nachstellen.“ (Genesis 3, 14 - 15).

Die Apokalypse verspricht, daß eines Tages der Kopf der Schlange von „der Frau“, (der „neuen“ Eva, wie die Kirchenväter Maria bezeichneten), zertreten würde. „Die Frau“, Eva, nahm eine entscheidende Rolle im Sündenfall der Menschheit ein durch ihren **Ungehorsam** Gott gegenüber und ihr Verlangen nach Selbsterhöhung. „Die Frau“ Maria spielt eine entscheidende Rolle in der Erlösung der Menschheit durch ihren **Gehorsam** Gott gegenüber, der „... herab-gesehen hat ... in Gnaden auf Seine niedrige Magd. Seht, von nun an werden mich selig preisen alle Geschlechter.“ (Lukas 1, 48). Die Erfüllung von Gottes Erlösungsversprechen im 12. Kapitel der Geheimen Offenbarung (die mit der Sonne umkleidete Frau kämpft mit der Schlange und zertritt deren Kopf) wird ergänzt durch das ursprüngliche Versprechen im 3. Kapitel des ersten Buches Moses.

Die Verheißung im 3. Kapitel der Genesis wurde im 12. Kapitel der Apokalypse erfüllt, in dem Maria als das große Zeichen am Himmel erscheint: „Am Himmel erschien ein großes Zeichen: Eine Frau, mit der Sonne umkleidet, den Mond unter ihren Füßen und eine Krone von zwölf Sternen auf ihrem Haupte.“ In seiner 1967 veröffentlichten Enzyklika, *Signum Magnum*, identifiziert Papst Paul VI. Unsere Liebe Frau von Fatima als die biblische Darstellung der mit der Sonne umkleideten Frau.

Die Versiegelung der Buchrolle

„Ich sah in der Rechten dessen, der auf dem Throne saß, ein *Buch, das war innen und außen beschrieben* und mit sieben Siegeln versiegelt. Und ich sah einen mächtigen Engel, der mit lauter Stimme rief: ‚Wer ist würdig, das Buch zu öffnen und seine Siegel zu lösen?' Doch niemand im Himmel und auf Erden und unter der Erde vermochte das Buch zu öffnen und Einblick zu nehmen. Da weinte ich sehr, daß niemand würdig befunden wurde, das Buch zu öffnen und Einblick zu nehmen. Einer der Ältesten sprach zu mir: ‚Weine nicht! *Siehe, gesiegt hat der Löwe aus dem Stamme Juda, der Sproß Davids.* Er wird das Buch und seine sieben Siegel öffnen.'" (Offb 5, 1 - 5). „Nun sah ich, wie das Lamm das erste von den sieben Siegeln öffnete." (Offb 6, 1)

Im 6., 7. und 8. Kapitel der Apokalypse werden die Siegel gelöst. Als im 8. Kapitel „... das Lamm das siebte Siegel öffnete, entstand im Himmel eine Stille, wohl eine halbe Stunde lang. Ich sah, wie den sieben Engeln ... sieben Posaunen gegeben wurden ..." (Offb 8, 1 - 2), die für verschiedene Katastrophen auf der Erde stehen. Im 11. Kapitel stößt der siebte Engel in seine Posaune.

„‚... *Die Völker zürnten.* Aber da kam dein Zorn und die Zeit, über die Toten Gericht zu halten und deine Knechte zu belohnen: die Propheten, die Heiligen und die deinen Namen fürchten, klein und groß, und zu verderben, die die Erde verderben.' Da öffnete sich der Tempel Gottes im Himmel, und die Bundeslade wurde in seinem Tempel sichtbar. Blitze folgten, laute Donnerschläge, Erdbeben und starker Hagelschlag." (Offb 11, 18 - 19). „Am Himmel erschien ein großes Zeichen: Eine Frau, mit der Sonne umkleidet, den Mond unter ihren Füßen und eine Krone von zwölf Sternen auf ihrem Haupte." (Offb 12, 1).

Maria, die Frau, mit der Sonne umkleidet, erscheint als Zeichen und erklärt die Geheimnisse der Geheimen Offenbarung. Am 12. April 1947 verkündete Unsere Allerseligste Mutter in Tre Fontane (Drei Brunnen), in Rom, Italien: „Ich bin die Jungfrau der Offenbarung."

Die Jungfrau der Offenbarung

Maria erschien mit dieser Verkündigung als Jungfrau der Offenbarung in Tre Fontane dem Bruno Cornacchiola, einem verbissenen; extremen Feind der Kirche, der den Papst zu ermorden plante. In ihren Händen hielt sie die Heilige Schrift. Durch dieses Ereignis erlebte Bruno eine tiefe Bekehrung und gelangte zu der Überzeugung, daß seine bisherigen Ansichten bezüglich der Heiligen Schrift und des Lebens Unserer Lieben Frau falsch waren. Unsere Liebe Frau selbst belehrte ihn über die Geschichte ihres Lebens, angefangen von ihrem Ursprung bis zu ihrer glorreichen Aufnahme in den Himmel. Bruno erlebte eine

Bekehrung von Grund auf, und er übergab schließlich dem Papst das Messer, mit dem er ihn zu töten beabsichtigt hatte.

In den letzten Jahren hat Unsere Allerseligste Mutter die Geheime Offenbarung in Botschaften an die Marianische Priesterbewegung und an andere mutmaßliche Seher ausgelegt und erklärt. In diesen Botschaften spricht sie von den Gründen und der Sendung, um diese Geheimnisse verständlich zu machen.

Die mit der Sonne umkleidete Frau sagt über ihre Rolle durch Don Gobbi am 24. April 1980 ausdrücklich aus: **„Ich bin die Jungfrau der Offenbarung. In mir verwirklicht sich das Meisterwerk des Vaters auf eine so vollkommenen Weise, daß er auf mich das Licht seiner Vorliebe ausstrahlen kann. Das Wort nimmt in meinem jungfräulichen Schoß die menschliche Natur an und so kann es bis zu euch kommen – durch meine wahre, mütterliche Funktion. Der Heilige Geist zieht mich wie ein Magnet in das Innerste des Lebens der Liebe zwischen dem Vater und dem Sohn hinein und so werde ich innerlich umgewandelt und so sehr ihm angeglichen, daß ich seine Braut sein kann. ...**

Ich werde euch zum vollen Verständnis der Heiligen Schrift führen. Besonders werde ich euch die Seiten ihres letzten Buches verständlich machen, die ihr nun durchlebt. In diesem Buch ist alles schon vorausgesagt, auch das, was noch eintreffen muß. Der Kampf, zu dem ich euch berufe, ist klar beschrieben und mein großer Sieg ist vorausgesagt.“

In La Salette beschrieb 1846 Unsere Allerseligste Mutter die Ereignisse, die im Buch der Geheimen Offenbarung vorausgesagt wurden. In Fatima bekräftigte sie 1917 noch einmal, was sie in La Salette gesagt hatte, und sie fügte noch einige Einzelheiten hinzu. Die Allerseligste Mutter weissagte viele der Hauptereignisse, die in diesem Jahrhundert stattfinden sollten – Ereignisse, die tatsächlich eingetroffen sind. Unter diese Ereignisse sind zu zählen der Zweite Weltkrieg, die Verbreitung des Kommunismus in der Welt und die Verfolgung der Kirche, die er hervorrufen würde, die kirchliche Unreinheit, der Modernismus, der Glaubensabfall und der moralische Verfall unserer Kultur.

Am 13. Mai 1979 sprach Maria zu Don Gobbi über die mit der Sonne umkleideten Frau im 12. Kapitel der Geheimen Offenbarung. **„Ich bin vom Himmel gekommen, um euch meinen Plan in diesem Kampf zu enthüllen. Der Kampf erfaßt alle, die sich in den Dienst von zwei einander so entgegengesetzten Anführern gestellt haben: in den Dienst der mit der Sonne bekleideten Frau oder in den Dienst des roten Drachens.**

Ich habe euch den Weg gezeigt, den ihr gehen müßt: den des Gebetes und der Buße. ...

Jetzt kündige ich euch an, daß dies die Zeit der entscheidenden Schlacht ist. In diesen Jahren werde ich selbst als die mit der Sonne bekleideten Frau

einschreiten, um den Triumph meines Unbefleckten Herzens zur Vollendung zu führen, den ich durch euch, meine vielgeliebten Söhne, schon begonnen habe.“

Ich eröffne euch das versiegelte Buch

In Mitteilungen an die Marianische Priesterbewegung und andere Seher, über die berichtet wurde, identifiziert Unsere Liebe Frau Dinge, Vorstellungen oder Einrichtungen in der Apokalypse (dem Buch der Geheimen Offenbarung) als Bestien oder Tiere. Zum Beispiel ist der rote Drache der marxistische Atheismus; die schwarze Bestie, flink wie ein Panther, versinnbildlicht das Freimaurertum; das Tier wie ein Lamm bedeutet das Freimaurertum innerhalb der Kirche, und die Zahl des Tieres ist 666. Nach Jahrhunderten der Spekulation wird in Einzelheiten eine volle und befriedigende Erklärung gegeben. In diesen Botschaften erklärt sie auch in allen Einzelheiten die wahre Natur des Buches der Geheimen Offenbarung. Jahrelang hat uns die Allerseligste Mutter vorbereitet, und seit dem Ende der achtziger Jahre hat sie damit begonnen, uns die genaue Bedeutung der Sätze in der Apokalypse auszulegen. Mehrere der wichtigeren Interpretationen werden im folgenden kurz dargestellt.

In ihrer Botschaft vom 13. Oktober 1988 an Don Gobbi sprach Unsere Liebe Frau von ihrer Rolle als Zeugin und Vorläuferin der Geheimnisse der Offenbarung. Sie sagte: „**Von diesem Ort aus, wo ich als die mit der Sonne bekleidete Frau erschienen bin, verkünde ich euch, daß der Höhepunkt der Zeit der Reinigung gekommen ist und daß ihr deshalb gerufen seid, die schmerzlichsten Augenblicke von all dem, was euch vorausgesagt worden ist, zu erleben. Der Herr sendet mich zu euch, damit ich die Aufgabe vollende, die mir von der Heiligsten Dreieinigkeit in dieser eurer Zeit anvertraut worden ist.**

Ich öffne euch das versiegelte Buch, damit die Geheimnisse, die in ihm enthalten sind, geoffenbart werden. Ich habe euch aus allen Teilen versammelt, und ihr seid von mir herangebildet worden, um für die großen Ereignisse, die euch erwarten, bereit zu sein. Nur so könnt ihr eure wichtige Mission erfüllen.“[1]

Der rote Drache und das schwarze Tier: Kommunismus und Freimaurertum

Am 29. Juni 1983 offenbarte Unsere Allerseligste Mutter durch Don Gobbi die Namen der beiden Organisationen, welche bedeutende Anstrengungen unternahmen, um die Kirche zu zerstören: „Der rote Drache ist der marxistische Atheismus, der nun die ganze Welt erobert und die Menschheit dazu verleitet hat, eine neue Zivilisation ohne Gott aufzubauen. Darum ist die Welt eine trockene und kalte Wüste geworden, eingetaucht in das Eis des Hasses und in die Finsternis der Sünde und der Unreinheit. Das schwarze Tier ist auch die

Freimaurerei, die in die Kirche eingesickert ist und sie angreift, verletzt und sie mit ihrer hinterlistigen Taktik zu zerstören versucht."

Der riesige rote Drache

Am 14. Mai 1989 sprach die mit der Sonne umkleidete Frau erneut zu Don Gobbi über weite Ländereien und Eroberungen des roten Drachen: „Der große feuerrote Drache ist der atheistische Kommunismus, der in allen Teilen den Irrtum der Leugnung und der hartnäckigen Zurückweisung Gottes verbreitet hat. Der große feuerrote Drache ist der marxistische Atheismus, der sich mit zehn Hörnern zeigt, nämlich mit der Macht seiner Kommunikationsmittel, um die Menschheit zum Nichtbefolgen der zehn Gebote zu verleiten, und mit sieben Köpfen, auf jedem von ihnen ein Diadem, Zeichen der Macht und der Herrschaft. Die gekrönten Köpfe zeigen die Nationen an, in denen der atheistische Kommunismus errichtet ist und mit der Kraft seiner ideologischen, politischen und militärischen Macht herrscht.

Die Größe des Drachen zeigt klar das Ausmaß der von der unangefochtenen Herrschaft des kommunistischen Atheismus besetzten Erde. Seine Farbe ist feuerrot, weil er Kriege und Blut als Werkzeuge seiner zahlreichen Eroberungen gebraucht.

Der große feuerrote Drache hat es in diesen Jahren erreicht, die Menschheit durch den Irrtum des theoretischen und praktischen Atheismus zu erobern, der nun alle Nationen der Erde verführt hat. So wurde erreicht, eine neue Zivilisation ohne Gott, eine materialistische, egoistische, genußsüchtige, trockene und kalte Zivilisation zu errichten, die den Keim der Verwesung und des Todes in sich trägt."

Der Seher von La Salette, Maximin Giraud, sprach von dem Ungeheuer (Kommunismus), das am Ende des 19. oder dem Anfang des 20. Jahrhunderts aufstehen würde. Wie in der Botschaft Nummer 267 der Marianischen Priesterbewegung erwähnt wird, ist das schwarze Tier das Freimaurertum. Die Freimaurerei ist ein umfassendes, kompliziertes Thema; nur wenige Menschen sind sich bewußt, wie tief die Wurzeln dieser Sekte tatsächlich reichen. Das Freimaurertum ist heute vielleicht die größte weltliche Macht auf Erden, und es kämpft täglich mit den Angelegenheiten Gottes. Es ist eine Macht, die in der Welt Kontrollfunktionen ausübt, indem es im Bankwesen und der Politik im Hintergrund arbeitet. Es hat effektiv sämtliche Religionen durchsetzt. Das Maurertum ist ein elitärer, weltweiter Geheimbund, der die Autorität der katholischen Kirche durch geheime Machenschaften an der Spitze untergräbt, um das Papsttum zu zerstören. Das Papsttum bleibt weiterhin eine Zielscheibe wegen der Kontrollfunktion und des Einflusses, den Rom ausübt – etwas, wonach die Freimaurerei verlangt.

Die Botschaften, die Maria uns vermittelt, sind kein leeres Geschwätz. Durch Don Gobbi hat uns die Allerseligste Mutter deutlich zum Ausdruck gebracht, daß der Übergang vom Kommunismus zur demokratischen Freiheit in Osteuropa und Rußland aufgrund ihres Eingreifens friedlich verlief. Sie hat auch die Aussage gemacht, daß ihr nächstes Ziel die Demontage des Freimaurertums ist.

Die neue Weltordnung

Pat Robertson vom Christian Broadcasting Network (Netz des christlichen Rundfunks) hat uns eine Schilderung der weltlichen und religiösen Aspekte dieser Bewegung für die Eine-Welt-Regierung gegeben, welche aufgrund seiner Kenntnis beider Gesichtspunkte ohne gleichen ist. Was ist die Macht, die die Angelegenheiten Gottes zu vereiteln scheint? Wo befindet sie sich? Wer besitzt jetzt darüber die Kontrolle? Wird ein System der Macht und Autorität errichtet werden, ohne daß dafür eine Grundlage geschaffen wird? Verfügt der Feind über eine Struktur? Wird es über Nacht geschehen, oder sind Voraussetzungen geschaffen worden? Erinnern Sie sich an die Worte der Allerseligsten Mutter und der Schrift bei vielen Anlässen! Eine häufig wiederholte Botschaft ist die, daß Satan mächtig ist, das Werk Gottes zerstören will und zum Erreichen dieses Ziels viele Mittel verwendet. Dem Buch *The New World Order* (zu deutsch: „Die neue Weltordnung“) von Robertson zufolge hat die Freimaurerei sowohl im weltlichen als auch im religiösen Bereich die größte negative Auswirkung auf die heutige Gesellschaft im Abbruch dessen, was Gott gehört. Ihr Programm heißt Herrschaft. Als eine der Quellen zitiert Robertson den früheren Premierminister Englands, Benjamin Disraeli, der einmal schrieb: „Die Welt wird von ganz anderen Persönlichkeiten regiert, als sich jene vorstellen, die nicht zum Hintergrund gehören.“

Woodrow Wilson, dessen Hauptberater einer war, der dem Hintergrund angehörte, sagte: „Es gibt eine Macht, die irgendwo so organisiert, so fein, so überwachend, so verbunden, so vollständig, so alles durchdringend ist, daß man besser nicht laut darüber spricht, wenn man sie verurteilt.“[2]

Das Tier, das einem Panther gleicht: Weltlich-politische Freimaurerei

In einer auf den 3. Juni 1989 datierten Botschaft an die Marianische Priesterbewegung drückt Maria aus, wie subtil und allgegenwärtig diese Macht in der heutigen Welt ist: „Wenn der feuerrote Drache der marxistische Atheismus ist, dann ist das schwarze Tier die Freimaurerei. Der Drache zeigt sich in der Stärke seiner Macht; das schwarze Tier indessen agiert im Schatten, es verbirgt und versteckt sich, um so in alle Bereiche einzudringen. Es hat die Tatzen eines Bären und das Maul eines Löwen, weil es überall mit Verschlagenheit und den gesellschaftlichen Kommunikationsmitteln, das heißt der Werbung, wirkt. Die sieben Köpfe zeigen die verschiedenen Freimaurerlogen an, die überall auf heimtükkische und gefährliche Weise agieren.

Dieses schwarze Tier hat zehn Hörner und auf den Hörnern zehn Diademe, die Zeichen der Herrschaft und des Königtums sind. Die Freimaurerei herrscht und regiert in der ganzen Welt durch die zehn Hörner. Das Horn ist in der biblischen Welt immer ein Werkzeug der Verstärkung gewesen, eine Weise, die eigene Stimme stärker hörbar zu machen, ein starkes Mittel der Kommunikation. Deshalb hat Gott Seinen Willen durch zehn Hörner Seinem Volk mitgeteilt, die sein Gesetz bekannt gemacht haben: die zehn Gebote. Wer sie annimmt und befolgt, geht im Leben auf dem Weg des göttlichen Willens, der Freude und des Friedens."

„Aufgabe des schwarzen Tieres, das heißt der Freimaurerei, ist es, in heimtükkischer, aber zäher Weise zu kämpfen, um die Seelen zu hindern, den vom Vater und vom Sohn aufgezeigten und durch die Gaben des Geistes erleuchteten Weg zu gehen. In der Tat, wenn der feuerrote Drache agiert, um die ganze Menschheit dazu zu verleiten, auf Gott zu verzichten, Gott zu leugnen und daher den Irrtum des Atheismus verbreitet, so besteht das Ziel der Freimaurerei nicht darin, Gott zu leugnen, sondern Ihn zu lästern. ... Das ist der Grund, warum sich in dieser Zeit hinter der verderbten Tätigkeit der Freimaurerei die schwarzen Messen und der Satanskult überall ausbreiten. Außerdem agiert die Freimaurerei mit jedem Mittel, um zu verhindern, daß die Seelen gerettet werden, und ist auf diese Weise bestrebt, das von Christus vollbrachte Werk der Erlösung vergeblich zu machen."

„Die Aufgabe der Freimaurerlogen ist es, heutzutage mit großer Verschlagenheit zu wirken, um überall die Menschheit dazu zu verleiten, das heilige Gesetz Gottes zu mißachten, in offenem Gegensatz zu den zehn Geboten zu handeln, die Gott allein gebührende Anbetung zu entziehen, um sie falschen Idolen zukommen zu lassen, die von einer immer größeren Anzahl von Menschen gepriesen und angebetet werden: der Verstand; das Fleisch; das Geld; die Uneinigkeit; die Herrschaft; die Gewalttätigkeit und das Vergnügen."

„Jetzt versteht ihr, wie sehr in dieser Zeit gegen den entsetzlichen und heimtückischen Angriff des schwarzen Tieres, nämlich der Freimaurerei, mein Unbeflecktes Herz eure Zufluchtsstätte und der sichere Weg wird, der euch zu Gott führt. In meinem Unbefleckten Herzen zeichnet sich die von eurer himmlischen Mutter benützte Taktik ab, um die vom schwarzen Tier benützten hinterlistigen Machenschaften zu bekämpfen und zu besiegen."

Das Tier, das einem Lamm gleicht: Kirchliche Freimaurerei

Sofort nach ihrer Einführung in das politische Freimaurertum gibt die Allerseligste Mutter am 13. Juni 1989 der Marianischen Priesterbewegung Einsicht in die kirchliche Freimaurerei und ihre Macht auf Erden: „Um dieses Ziel zu erreichen, kommt aus der Erde herauf ein Tier, das zwei Hörner wie jene eines Lammes hat, dem schwarzen Tier, das aus dem Meer steigt, zu Hilfe. ... Eng verbunden mit dem Symbol des Opfers ist jenes des Priestertums: die zwei Hörner. Eine Kopfbedeckung mit zwei Hörnern trug der Hohepriester im Alten Testament. Die Mitra – mit zwei Hörnern – tragen die Bischöfe in der Kirche, um die Fülle ihres Priestertums anzuzeigen.

Das schwarze Tier, das einem Panther gleicht, gibt die Freimaurerei an; das Tier mit den zwei Hörnern, das einem Lamm gleicht, zeigt die in das Innere der Kirche eingedrungene Freimaurerei an, das ist die kirchliche Freimaurerei, die sich vor allem unter den Mitgliedern der Hierarchie ausgebreitet hat. Diese freimaurerische Unterwanderung im Innern der Kirche ist euch schon in Fatima von mir vorausgesagt worden, als ich euch angekündigt habe, daß Satan sich bis in die Spitze der Kirche einschleichen würde. Wenn es Aufgabe der Freimaurerei ist, die Seelen ins Verderben zu bringen, indem sie diese zur Anbetung von Götzen bringt, so ist das Ziel der kirchlichen Freimaurerei hingegen, Christus und seine Kirche zu zerstören, indem sie ein neues Idol schafft, das heißt einen falschen Christus und eine falsche Kirche."

Die Schriften und Visionen der Schwester Anna Katharina Emmerich, einer Augustinernonne des 19. Jahrhunderts, welche die Stigmata Unseres Herrn trug und ein Leben voll Schmerzen durchlitt, gewähren uns prophetische Einsicht. Schwester Emmerich schrieb am 13. Mai 1820: „**Erneut sah ich, wie der Petersdom von einem Plan der geheimen Sekte [Freimaurertum] unterminiert wurde, während Stürme ihn beschädigten. Aber ich sah auch, daß sich Hilfe näherte, als die Not den Höhepunkt erreicht hatte. Wieder erblickte ich die Allerseligste Jungfrau, wie sie sich über den Kirchenbau stellte und ihren Mantel [darüber] ausbreitete. Ich schaute einen Papst, der zugleich sanft und streng war. ... Dann sah ich eine große Erneuerung und die Kirche erhob sich hoch hinauf in den Himmel.**"

Von August bis Oktober 1820 sah Schwester Emmerich noch weitere Visionen. Sie fuhr fort: „**Ich sehe noch mehr Märtyrer, nicht jetzt, aber in der Zukunft. ... Ich sah, wie die geheime Sekte unaufhörlich die große Kirche unterminierte. In ihrer Nähe schaute ich ein schreckliches Tier, das aus dem Meer auftauchte. In der ganzen Welt wurden gute und fromme Menschen,**

besonders der Klerus, verfolgt, unterdrückt und ins Gefängnis geworfen. Ich verspürte, daß sie eines Tages Märtyrer werden würden.

Nachdem die Kirche zum größten Teil [von der geheimen Sekte] zerstört worden war und nur noch das Allerheiligste und der Altar erhalten blieb, sah ich, wie die Zerstörer mit dem Tier die Kirche betraten. Dort trafen sie eine Frau von edler Herkunft, die schwanger zu sein schien, denn sie schritt sehr langsam. Bei ihrem Anblick erschraken die Feinde sehr, und das Tier konnte keinen Schritt mehr vorwärts setzen. Es reckte sich nach vorne, um die Frau zu verschlingen, aber die Frau drehte sich um und verbeugte sich [zum Altar], wobei ihre Stirn den Boden berührte. Darauf sah ich, wie das Tier zum Meer hin die Flucht ergriff, und die Feinde flüchteten in größter Verwirrung. Dann schaute ich, wie sich in der Ferne große Legionen näherten. Vorne sah ich einen Mann auf einem weißen Pferd. Gefangene wurden befreit und schlossen sich ihnen an. Allen Feinden wurde nachgestellt. Dann sah ich, wie die Kirche zügig wiederaufgebaut wurde, und sie erschien glänzender als je zuvor.“

Die Zahl des Tieres: 666

In den folgenden Worten Unserer Allerseligsten Mutter, mitgeteilt durch Don Gobbi am 17. Juni 1989, erklärt sie, wie Satan die Menschheit von der wahren Kirche durch zahlreiche religiöse Revolutionen weggeführt hat, Revolutionen, die fortgesetzt werden, bis Satan schließlich in menschlicher Gestalt erscheinen wird. Unsere Liebe Frau gibt weiterhin zu verstehen, warum im Buch der Geheimen Offenbarung der Antichrist mit der Zahl 666 in Verbindung gebracht wird. Es folgen Einsichten in das, was man als das größte historische Rätsel betrachten könnte:

„Im Kapitel 13 der Offenbarung steht geschrieben: ‚Hier braucht man Kenntnis. Wer Verstand hat, berechne den Zahlenwert des Tieres. Denn es ist die Zahl eines Menschennamens; seine Zahl ist 666 (sechshundertsechsundsechzig)'. Mit dem Verstand, vom Licht der göttlichen Weisheit erleuchtet, kann man aus der Zahl 666 den Namen eines Menschen entschlüsseln, und dieser Name, von dieser Zahl angezeigt, ist jener des Antichrists.

Luzifer, die alte Schlange, der Teufel oder Satan, der feuerrote Drache, wird in diesen letzten Zeiten der Antichrist. Schon der Apostel Johannes erklärte, daß jeder, der leugnet, daß Jesus Christus Gott ist, der Antichrist ist. Das Standbild oder das Idol, das zur Ehre des Tieres errichtet wird, um von allen Menschen angebetet zu werden, ist der Antichrist.

Berechnet jetzt seine Zahl 666, um zu verstehen, daß sie den Namen eines Menschen angibt. Die Zahl 333 gibt die Gottheit an. Luzifer widersetzt sich Gott aus Stolz, weil er sich über Gott stellen will. 333 ist die Zahl, die das

Geheimnis Gottes angibt. Derjenige, der sich über Gott stellen will, trägt das Zeichen 666, und deshalb gibt diese Zahl den Namen Luzifers, Satans, an, das ist derjenige, der sich gegen Christus stellt, der Antichrist.

333 einmal angegeben drückt das Geheimnis der Einheit Gottes aus. 333 zweimal angegeben gibt die zwei Naturen an, die göttliche und die menschliche, die in der göttlichen Person Jesu Christi vereint sind. 333 dreimal angegeben gibt das Geheimnis der drei göttlichen Personen an, das heißt, es drückt das Geheimnis der Heiligsten Dreieinigkeit aus. Also drückt die Zahl 333, einmal, zweimal und dreimal wiedergegeben, die Hauptgeheimnisse des katholischen Glaubens aus, die sind: 1.: Die Einheit und Dreieinigkeit Gottes. 2.: Die Menschwerdung, das Leiden, der Tod und die Auferstehung unseres Herrn Jesus Christus.

Wenn 333 die Zahl ist, die die Gottheit angibt, so wird der, der sich über Gott selbst stellen will, mit der Zahl 666 angegeben.

666, einmal angegeben, das ist mal 1, drückt das Jahr 666, sechshundertsechsundsechzig, aus. In dieser historischen Periode manifestiert sich der Antichrist im Phänomen des Islams, der direkt das Geheimnis der göttlichen Dreieinigkeit und die Gottheit unseres Herrn Jesus Christus leugnet. Der Islam mit seiner militärischen Stärke entfesselt sich überall und zerstört alle antiken christlichen Gemeinden, fällt in Europa ein, und nur durch mein mütterliches und außerordentliches Eingreifen, das stark vom Heiligen Vater erfleht wird, gelingt es ihm nicht, die Christenheit völlig zu zerstören.

666 zweimal angegeben, das heißt mal 2, drückt das Jahr 1332, tausenddreihundertzweiunddreißig, aus. In dieser historischen Periode manifestiert sich der Antichrist mit einem radikalen Angriff auf den Glauben an das Wort Gottes. Durch die Philosophen, die anfangen, ausschließlich der Wissenschaft einen Wert zu geben und dann der Vernunft, strebt man allmählich an, den menschlichen Verstand allein zum einzigen Kriterium der Wahrheit zu machen. Die großen philosophischen Irrtümer, die durch Jahrhunderte bis in unsere Tage fortdauern, werden geboren. Die der Vernunft als dem ausschließlichen Kriterium der Wahrheit zugeschriebene übertriebene Wichtigkeit führt notwendigerweise zur Zerstörung des Glaubens an das Wort Gottes.

In der Tat, mit der protestantischen Reform weist man die Überlieferung als Quelle der göttlichen Offenbarung zurück und anerkennt nur die Heilige Schrift. Aber auch diese muß durch die Vernunft interpretiert werden, und starrsinnig weist man das authentische Lehramt der hierarchischen Kirche, dem Christus es anvertraut hat, den Glaubensschatz zu hüten, zurück. Jeder ist frei, die Heilige Schrift zu lesen und nach seiner persönlichen Auslegung zu verstehen. Auf diese Weise wird der Glaube an das Wort Gottes zerstört. Das Werk des Antichrists in dieser historischen Periode ist die Spaltung der Kirche und die sich daraus ergebende Bildung neuer und zahlreicher christlicher Konfessionen, die allmählich zu einem immer umfassenderen Verlust des wahren Glaubens an das Wort Gottes gedrängt werden.

666 dreimal angegeben, das ist mal 3, drückt das Jahr 1998, tausendneunhundertachtundneunzig, aus. In dieser historischen Periode wird die Freimaurerei, unterstützt von der kirchlichen, ihr großes Ziel erreichen: ein Idol zu errichten, um es an die Stelle Christi und seiner Kirche zu setzen. Ein falscher Christus und eine falsche Kirche. Deshalb ist das Standbild, das zu Ehren des ersten Tieres errichtet wurde, um von allen Bewohnern der Erde angebetet zu werden, und das mit seinem Kennzeichen alle jene bezeichnen wird, die kaufen oder verkaufen wollen, jenes des Antichrists.

So seid ihr am Höhepunkt der Läuterung, der großen Bedrängnis und des Abfalls angelangt. Die Apostasie wird nun allgemein sein, weil fast alle dem falschen Christus und der falschen Kirche folgen werden. Dann wird das Tor geöffnet sein für das Erscheinen des Menschen oder der Person des Antichrists selbst!"

„Mut! Seid stark, meine kleinen Kinder. Euch fällt in diesen schwierigen Jahren die Aufgabe zu, im Glauben an Christus und seine Kirche treu zu bleiben und Feindschaft, Kämpfe und Verfolgungen auf euch zu nehmen. Aber ihr seid ein wertvoller Teil der kleinen Herde, die die Aufgabe hat, zu kämpfen und am Ende die mächtige Kraft des Antichrists zu besiegen."

In La Salette sagte 1846 Unsere Allerseligste Mutter voraus: „Rom wird den Glauben verlieren und der Sitz des Antichrists werden. Die Kirche wird sich im Niedergang befinden ..."

Eine Krone aus zwölf Sternen

Der Allerseligsten Mutter wird ein Titel als der Mutter und Königin der ganzen Kirche gegeben. Am 8. Dezember 1989, dem Fest der Unbefleckten Empfängnis, gab Unsere Allerseligste Mutter Don Gobbi eine weitere Botschaft bezüglich ihrer Rolle als der mit der Sonne umkleideten Frau und ihrer Rolle, mit der Schlange Krieg zu führen.

„Am Ende werde ich als die mit der Sonne bekleidete Frau gesehen, die die Aufgabe hat, gegen den feuerroten Drachen und sein mächtiges Heer zu kämpfen, um ihn zu besiegen, ihn zu fesseln und ihn in sein Reich des Todes zu stoßen, damit Christus allein auf der Welt herrschen kann. Hier bin ich also von der Heiligen Schrift im Glanz meines mütterlichen Königtums vorgestellt: ‚Dann erschien ein großes Zeichen am Himmel: Eine Frau, mit der Sonne bekleidet, der Mond war unter ihren Füßen und ein Kranz von zwölf Sternen auf ihrem Haupt.'

Um mein Haupt ist also ein Kranz von zwölf Sternen. Der Kranz ist ein Zeichen des Königtums. Er ist aus zwölf Sternen zusammengesetzt, weil er zum Symbol meiner mütterlichen und königlichen Anwesenheit im Herzen des Volkes Gottes selbst wird.

Die zwölf Sterne geben die zwölf Stämme Israels an, die das auserwählte Volk bilden und vom Herrn ausgesucht und berufen sind, das Kommen des Sohnes Gottes und Erlösers in die Welt vorzubereiten. Weil ich berufen bin, die Mutter des Messias zu werden, ist es mein Ziel, die Erfüllung der Versprechen, der jungfräuliche Sproß, die Ehre und der Ruhm des ganzen Volkes Israels zu sein."

„Die zwölf Sterne bedeuten auch die zwölf Apostel, die das Fundament sind, auf dem Christus seine Kirche gegründet hat. Ich war während der drei Jahre der öffentlichen Mission Jesu oft bei ihnen, um sie zu ermutigen, ihm zu folgen und an ihn zu glauben. An ihrer Stelle stand ich zusammen mit Johannes im Augenblick der Kreuzigung, des Todeskampfes und des Todes meines Sohnes Jesus unter dem Kreuz."

Ich bin Mutter und Königin der ganzen Kirche.

„Die zwölf Sterne bedeuten auch eine neue Wirklichkeit. Tatsächlich sieht mich die Offenbarung als ein großes Zeichen am Himmel: Die mit der Sonne bekleidete Frau, die den Drachen und sein mächtiges Heer des Bösen bekämpft. Dann weisen die Sterne rings um mein Haupt auf jene hin, die sich meinem Unbefleckten Herzen weihen, an meiner siegreichen Schar teilnehmen, sich von mir führen lassen, um diese Schlacht zu kämpfen und am Ende unseren größten Sieg zu erlangen."

„Die zwölf Sterne, die den leuchtenden Kranz meines mütterlichen Königtums bilden, werden von den Stämmen Israels, von den Aposteln und von den Aposteln dieser eurer letzten Zeiten gebildet."

Das Zeichen an der Stirn und Hand

Die Apokalypse beschreibt ein Zeichen an der Hand oder Stirn, das von jenen getragen wird, die dem Tier folgen:

„Ich sah einen andern Engel hoch am Himmel fliegen. Der hatte den Erdenbewohnern, allen Völkern, Stämmen, Sprachen und Geschlechtern eine ewige Heilsbotschaft zu verkündigen. Er rief mit lauter Stimme: ‚Fürchtet Gott und gebt ihm die Ehre! Gekommen ist die Stunde seines Gerichtes. Betet ihn an, der Himmel und Erde, Meer und Wasserquellen erschaffen hat.' Ihm folgte ein zweiter Engel, der rief: ‚Gefallen, gefallen ist das große Babylon, das mit dem Glutwein seiner Buhlerin alle Völker berauscht hat.'

Ihnen folgte ein dritter Engel, der mit lauter Stimme rief: ‚Wer das Tier und sein Bild anbetet und dessen Zeichen an seiner Stirne oder seiner Hand trägt, soll von dem Glutwein Gottes trinken, der unverdünnt in seinen Zorneskelch eingeschenkt ist. Mit Feuer und Schwefel soll er vor den heiligen Engeln und dem Lamme gepeinigt werden. Der Rauch ihrer Qualen steigt auf in alle Ewigkeit. Tag und Nacht haben sie keine Ruhe, die das Tier und sein Bild anbeten und das Zeichen seines Namens tragen. ...'" (Offb 14, 6 - 11).

In einer diesbezüglichen Botschaft erklärte Unsere Liebe Frau etwas mehr das Zeichen an der Stirn der Gläubigen. In dieser Erscheinung erschien Unsere Liebe Frau, 1958, dem Matous Lasut, einem Waldarbeiter aus dem tschechoslowakischen Dorf Turzovka. Wegen seines Glaubens war Matous drei Jahre lang von den kommunistischen Machthabern inhaftiert worden. Maria sagte zu Matous: **„Alle meine Kinder werden das Zeichen des Kreuzes auf ihrer Stirn empfangen und tragen. Nur meine Erwählten werden dieses Zeichen sehen. Diese Erwählten werden von meinen Engeln unterrichtet werden, wie sie sich zu verhalten haben.** Meine Getreuen werden in den schwierigsten Stunden ohne alle Anzeichen der Furcht sein. Sie werden von den guten Geistern beschützt und vom Himmel ernährt werden, von wo sie weitere Anweisungen erhalten werden. Sie werden in einen todesähnlichen Schlaf verfallen, aber sie werden von den Engeln behütet werden. Wenn sie vom Schlaf erwachen, werden sie wie neugeboren sein. Ihre Körper werden schön und ihre Seelen werden in Gott versunken sein. Die Erde wird schön sein, und meine Erwählten werden sehen, wie Gott sich um sie kümmert."[3]

In einer Botschaft vom 8. September 1989 an die Marianische Priesterbewegung erklärt Maria weiterhin das Zeichen des Tieres: „Laßt euch von mir ernähren und formen; laßt euch mit Fügsamkeit von mir führen. **Laßt euch von mir mit meinem mütterlichen Siegel kennzeichnen. Dies ist die Zeit, in der die Anhänger desjenigen, der sich Christus entgegenstellt, mit seinem Kennzeichen auf der Stirn und auf der Hand bezeichnet werden.**

Das Kennzeichen auf der Stirn und auf der Hand ist Ausdruck einer totalen Abhängigkeit desjenigen, der mit diesem Zeichen gekennzeichnet wird. Das Zeichen gibt jenen an, der ein Feind Christi ist, nämlich das Zeichen des Antichrists, und sein Kennzeichen, das eingeprägt wird, bedeutet die völlige Zugehörigkeit der bezeichneten Person zu der Schar desjenigen, der sich Christus entgegenstellt und gegen seine göttliche und königliche Herrschaft kämpft.

Das Kennzeichen ist auf der Stirn und auf der Hand eingeprägt. Die Stirn gibt den Verstand an, denn der Geist ist der Sitz der menschlichen Vernunft. Die Hand drückt die menschliche Tätigkeit aus, denn der Mensch handelt und arbeitet mit seinen Händen.

Dennoch ist es die Person, die in ihrem Verstand und ihrem Willen mit dem Kennzeichen des Antichrists bezeichnet wird. Wer sich mit dem Kennzeichen auf der Stirn bezeichnen läßt, wird zur Annahme der Lehre der Verleugnung Gottes, der Zurückweisung seines Gesetzes und des Atheismus verleitet, der in dieser Zeit immer mehr verbreitet und propagiert wird. Er wird so gedrängt, den Ideologien, die heute in Mode sind, zu folgen und ein Propagandist für alle Irrtümer zu werden.

Wer sich mit dem Kennzeichen auf der Hand bezeichnen läßt, wird verpflichtet, in selbständiger und von Gott unabhängiger Weise zu handeln und die eigene Aktivität zur Suche eines nur materiellen und irdischen Gutes hinzuordnen. So entzieht er seine Tätigkeit dem Plan des Vaters, der ihn mit seiner göttlichen Vorsehung erleuchten und beschützen will; der Liebe des Sohnes, der die menschliche Mühe zu einem wertvollen Mittel für seine eigene Erlösung und Heiligung macht; der Kraft des Geistes, der überall wirkt, um jedes Geschöpf innerlich zu erneuern.

Wer mit dem Kennzeichen auf der Hand bezeichnet ist, arbeitet für sich selbst, um materielle Güter anzuhäufen, er macht das Geld zu seinem Götzen und wird Opfer des Materialismus.

Wer mit dem Kennzeichen auf der Hand bezeichnet ist, handelt nur für die Befriedigung seiner eigenen sinnlichen Begierden, um nach Wohlhabenheit und Vergnügen zu streben, um alle seine Leidenschaften voll zu befriedigen, besonders die der Unreinheit, und wird Opfer der Genußsucht.

Wer mit dem Kennzeichen auf der Hand bezeichnet ist, macht aus dem eigenen Ich den Mittelpunkt all seines Handelns, betrachtet die anderen als Gegenstände, um sie für den eigenen Vorteil zu gebrauchen und auszunützen, und so wird er ein Opfer des zügellosen Egoismus und des Mangels an Liebe.

Wenn mein Widersacher alle seine Anhänger mit seinem Kennzeichen bezeichnet, ist die Zeit gekommen, in der auch ich, eure himmlische Heerführerin, mit meinem mütterlichen Siegel alle jene bezeichne, die sich meinem Unbefleckten Herzen geweiht haben und zu meiner Schar gehören."

Und so ergibt sich eine neue Perspektive, wie man sie zuvor nicht gesehen hat. Der Teufel wie auch die Allerseligste Mutter kennzeichnen all jene, die sie die ihrigen nennen.

Dem Volk Gottes wird genügend Zeit gegeben, um eine Arche in Vorbereitung auf die nächste „Sintflut" zu bauen, welche erneut gesandt wird, um die Erde zu züchtigen. Diesmal wird die Reinigung nicht durch die Flut, sondern durch das Feuer erfolgen. Das Muster der himmlischen Informationsweitergabe beruht oft auf der Basis des jeweils notwendigen, erforderlichen Wissens, und es wird gewöhnlich nur stückchenweise vermittelt. Eine der Informationsquellen, Don Gobbi, hat seit 1973 zu uns durch die Marianische Priesterbewegung gesprochen und uns Wegweisung für die Gegenwart angeboten.

Wir müssen auf solche Seher hören, wenn wir erwarten wollen, die Zeit, in der wir leben, zu verstehen.

7

„Warum weine ich?"

Sobald Maria an den Ort kam, wo Jesus war, und ihn sah, fiel sie ihm zu Füßen mit den Worten: „Herr, wärest du hier gewesen, so wäre mein Bruder nicht gestorben." Als Jesus sah, wie sie weinte und wie auch die Juden weinten, die mit ihr gekommen waren, wurde er innerlich tief ergriffen und erschüttert. Er fragte: „Wo habt ihr ihn hingelegt?" Sie erwiderten ihm: „Herr, komm und sieh!" Jesus brach in Tränen aus. Da sagten die Juden: „Seht, wie lieb er ihn hatte!"

Johannes 11, 32 - 36

Es muß die Frage gestellt werden: „Warum werden Tränen vergossen?" Warum weint Maria? In der ganzen Welt weinen Statuen, Ikonen strömen einen Duft von Wohlgerüchen und Rosen aus, und dennoch wird die kritische Frage nicht gestellt. Warum geschehen diese Phänomene?

Neben der wachsenden Zahl von Marienerscheinungen häufen sich auch andere wunderbare Ereignisse. Von überall in der Welt erreichen uns Berichte von weinenden Marienstatuen, welche aufgrund der Sünden der Welt und der bevorstehenden Katastrophen weinen. Vor kurzem wurde berichtet, daß Maria zum Zeichen der nahen Züchtigungen Bluttränen zu weinen begonnen hat. Wie Jesus am Ölberg vor Seiner Kreuzigung Bluttränen vergoß, so ändern sich nun auch die Tränen der Statuen in der ganzen Welt von Wasser zu Blut. Dadurch wird uns eine Botschaft vermittelt.

Die Botschaft Unserer Lieben Frau an Don Gobbi vom 13. Juli. 1973: „Der Grund meiner Tränen, ...", war ihre vierte Botschaft, die sie an ihn richtete. (Weitere Botschaften) zum Thema der Tränen erfolgten im Lauf der Jahre und nahmen eine höhere Dringlichkeit an. Ihre Tränen fallen häufig, um ihren Kindern zu helfen, die Zeit, in der wir leben, zu verstehen.

Maria stellt fest: **„Der Grund meiner Tränen, der Tränen einer Mutter, sind meine Kinder, die in großer Zahl gottvergessen leben, in Fleischeslust verstrickt. Sie eilen unaufhaltsam dem Verderben zu. Vielen von diesen waren meine Tränen ganz gleichgültig – für sie flossen sie vergeblich. Der Haupt-grund meiner Tränen sind die Priester: Diese meine bevorzugten Söhne sind ja mein Augenstern – alle diese meine geweihten Kinder! Siehst du, wie viele mich nicht mehr lieben? Wie viele mich nicht mehr wollen? Siehst du, wie sie den Lehren meines Sohnes kein Gehör mehr schenken?“**

Darüber hinaus erklärt Maria durch Don Gobbi, warum ihre Tränen weiterhin fließen:

Warum weine ich noch?

„Warum weine ich noch? Ich weine, weil die Welt meine mütterliche Einladung zur Bekehrung und zur Rückkehr zum Herrn nicht annimmt. Sie setzt mit Hartnäckigkeit ihren Weg der Rebellion gegen Gott und sein Gesetz der Liebe fort. Der Herr wird offen verleugnet, beleidigt und gelästert. Eure himmlische Mutter wird öffentlich beschimpft und lächerlich gemacht. Meine außerordentlichen Aufrufe werden nicht angenommen und man schenkt den Zeichen meines ungeheuren Schmerzes, die ich euch gewähre, keinen Glauben. Euer Nächster wird nicht geliebt: täglich werden Anschläge auf sein Leben und seine Güter gemacht.“ (Teil der Botschaft vom 15. September 1987).

Mein Herz blutet

Am 6. September 1986 sprach Maria erneut durch Don Gobbi, wobei sie die Botschaft auf eine höhere Stufe der Dringlichkeit bringt: „Ich bin eure so schmerzerfüllte Mutter. Auch heute vergieße ich reichliche Tränen aus meinen barmherzigen Augen. Sie wollen euch zu verstehen geben, wie groß der Schmerz des Unbefleckten Herzens eurer himmlischen Mutter ist. Mein Herz blutet. Mein Herz ist von tiefen Wunden durchbohrt. Mein Herz ist in ein Meer von Schmerzen eingetaucht.

Ihr lebt dahin, ohne euch bewußt zu sein, welches Schicksal euch erwartet. Ihr verbringt eure Tage in einem Zustand der Unwissenheit, der Gleichgültigkeit und des völligen Unglaubens. Wie ist das nur möglich, obwohl ich euch doch auf so verschiedene Weise und durch außergewöhnliche Zeichen vor der Gefahr, die ihr lauft, gewarnt und euch die blutige Prüfung angekündigt habe, die nun eingetroffen ist? Da die Menschheit meine wiederholten Aufrufe zur Bekehrung, zur Reue, zur Umkehr zu Gott nicht angenommen hat, wird die größte Strafe, die der Menschheit in ihrer ganzen Geschichte je widerfahren ist, über sie hereinbrechen. Es wird eine viel größere Strafe als die Sintflut

sein. Das Feuer wird vom Himmel kommen, und ein Großteil der Menschheit wird vernichtet werden. Die Kirche Jesu wird von der schrecklichen Seuche der Treulosigkeit und der Apostasie verwundet. Scheinbar herrscht Ruhe, als ob alles gut gehen würde. Aber in Wirklichkeit wird sie von einem ständig zunehmenden Unglauben durchdrungen, der überall die große Apostasie verbreitet. Viele Bischöfe, Priester, Ordensleute und Gläubige glauben nicht mehr. Sie haben nun den wahren Glauben an Jesus und sein Evangelium verloren. Deshalb muß die Kirche durch Verfolgung mit Blut geläutert und gereinigt werden."

„Es wird immer häufiger gesündigt. Die Sünde wird nicht mehr als etwas Schlechtes angesehen – sie wird angestrebt, bewußt gewollt und nicht mehr gebeichtet. Unreinheit und Unkeuschheit bedecken die von eurer Auflehnung gebauten Häuser. Deshalb blutet mein Herz: Wegen des hartnäckigen Unglaubens und der Härte eurer Herzen."

Vor dem Jahr 2000?

Die Worte Christina Gallaghers klingen wie ein Echo jener Worte, die Unsere Liebe Frau zu anderen Sehern sprach. „Die Züchtigung muß kommen, nicht nur um die Erde, sondern auch um die Kirche zu reinigen, weil sich die Finsternis sogar in der Kirche befindet", sagte Frau Gallagher. Sie glaubt, daß sich alles, was ihr gezeigt oder gesagt wurde, vor dem Jahr 2000 erfüllen werde.

Unsere Allerseligste Mutter hat gesagt: „Mein Kind, bete, bete, bete! Ihr kennt die schreckliche Zeit nicht, die meinen Kindern bevorsteht. O, ihr meine Kleinen, eine schreckliche Zeit des Kampfes liegt vor euch. So viele meiner Kinder werden vernichtet werden und verloren gehen. Die Gerechtigkeit Gottes ist unvorstellbar. **O, mein Herz blutet für meine Kinder, die nicht hören und in ihrem sündigen Treiben fortfahren.** Die Engel und Heiligen rufen Gott an, daß Er die Erde reinige. Fürchte dich nicht, mein Kind. Mein Friede sei mit dir im Vater, Sohn und Heiligen Geist."[1]

Die inständige Bitte aus dem Herzen einer Mutter

Die Allerseligste Mutter teilte einer jungen Mutter, die im mittleren Westen der Vereinigten Staaten lebt, den Grund für ihre Tränen mit. Die innere Einsprechungen empfangende Frau verbleibt zum Schutz der Privatsphäre der Familie anonym. Sie verwendet das Pseudonym „Mariamante".

Die Allerseligste Mutter sagte ihr: „Ich spreche unmittelbar zu deiner Seele. Das geschieht nicht auf gewöhnliche Weise. Obwohl Gott mir dieses Vermögen gegeben hat, habe ich es in der Vergangenheit selten angewendet, weil das in einer frömmeren Zeit nicht notwendig war, als die Kirche noch geachtet wurde.

Traurigerweise ist dies nicht mehr der Fall. Darum muß ich andere Mittel benutzen, um mit meinen Kindern zu sprechen."

Am 22. Februar 1987 sagte ihr die Allerseligste Mutter: „Gott hat mir die Macht gegeben, die verhärtesten Herzen zu rühren. Ja, so ist es im Lauf der Jahrhunderte tatsächlich immer schon gewesen. Dennoch ist es jetzt um so dringender, da ich außerordentliche Mittel anwenden muß, um meine von der Sünde verhärteten Kinder zu erreichen. ... O, wie wünschte ich doch, alle meine Priestersöhne davon zu überzeugen, zum Rosenkranzgebet zurückzukehren, doch so viele haben sich in der Sünde versteift, daß es mich betrübt. Sie haben das Gebet vergessen. Inständig bitte ich sie aus dem Herzen einer Mutter, zum Gebet zurückzukehren. Nur das wird sie retten. Sieh doch meine Tränen! Ich weine ob ihrer Seelen, die einmal so makellos und rein waren und jetzt von der Sünde entstellt sind. Reinheit und Demut, Gehorsam und Armut, Gebet und Buße – das wird sie zu meinem Sohn zurückführen, der sie ebenso sehr liebt."

Rosa Mystica

Es wird von Statuen der Rosa Mystica (geheimnisvollen Rose) berichtet, daß sie sowohl Wasser- als auch Bluttränen geweint haben. Über achtzig dieser Ereignisse sind bezeugt und die Berichte davon an den Vatikan weitergeleitet worden.

Im Jahre 1947 erschien die Allerseligste Jungfrau der Italienerin Pierina Gilli. Unsere Liebe Frau war von Trauer erfüllt, und ihre Tränen fielen zu Boden. Ihre Brust war von drei Schwertern durchbohrt. Unsere Liebe Frau sagte: *„Gebet, Buße und Sühne"*, worauf sie schwieg. Bei der zweiten Erscheinung zeigten sich statt der ihre Brust durchbohrenden Schwerter drei Rosen: eine weiße, eine rote und eine goldene. Unsere Allerseligste Mutter teilte Pierina mit, daß das erste Schwert der Verlust von Berufungen bedeutet. Das zweite Schwert steht für die in Todsünde lebenden Priester, Mönche und Nonnen. Das dritte Schwert sind die Priester und Mönche, die den Verrat des Judas begehen, was auf jene hinweist, die ihre Berufung und oft ihren Glauben aufgeben und zu Feinden der Kirche werden. Die weiße Rose zeigt den Geist des Gebetes an, die rote den Geist der Sühne und des Opfers und die goldene oder gelbe Rose den Geist der Buße. Weitere Erscheinungen brachten das Mißfallen des Himmels mit jenen zum Ausdruck, die wider die heilige Reinheit sündigen.[2]

Die Bücher und Statuen von den Erscheinungen der Rosa Mystica sind bei den Laien und beim Klerus äußerst beliebt. Die Botschaften Unserer Lieben Frau an Pierina Gilli über die Priesterschaft scheinen in Anbetracht der erst kürzlich berichteten Skandale, welche einige Kleriker und sexuelle Vergehen an Kindern betreffen, recht prophetisch zu sein. Unsere Liebe Frau hatte die

Notwendigkeit des Gebets und der heiligen Reinheit für die Gott geweihten Seelen besonders betont.

Pfarrer James Bruse

Pfarrer James Bruse aus Lake Ridge, einem Vorort Washingtons, im US-Bundesstaat Virginia, ist der dritte Priester in der Geschichte der römisch-katholischen Kirche, der die Stigmata, die fünf Wunden Christi, besitzt. (Die beiden anderen Priester sind Padre Pio, der 1968 starb, und P. Gino, der derzeit in Italien lebt.) Der Legende nach besaß der heilige Paulus ebenfalls die Stigmata. Aufgrund der Stigmata und anderer Phänomene, wie das Weinen, Bluten und die Farbveränderung von Statuen in seiner Gegenwart wurden die internationalen Medien auf Pfarrer Bruse aufmerksam. Unter anderem erschien eine Titelgeschichte am 25. März 1993 im *U.S. News and World Report* (zu deutsch: US-Nachrichten und Weltreport).

Seit Weihnachten 1991 weinen Statuen, die sich in der Nähe von Pfarrer Bruse befanden, Tränen, bluten, und ihre Farbe verändert sich. Eine dieser Statuen in seinem Pfarrhaus an der St.-Elizabeth-Ann-Seton-Pfarrei hat Bluttränen geweint. Eine andere Statue Unserer Lieben Frau von Fatima hat Wassertränen geweint. Die erste Statue, die zu weinen begann, war die Unserer Lieben Frau der Gnaden, eine Statue, die der Familie des Pfarrers Bruse gehörte. Zwei ca 91cm hohe, handgeschnitzte Medjugorje-Statuen, welche als Pilgerstatuen von *Signs of the Times* (zu deutsch: Zeitzeichen) aus Sterling, im US-Bundesstaat Virginia, erworben wurden, wurden zu Pfarrer Bruse gebracht, damit er sie für ihre Mission segne. Eine dieser Medjugorje-Statuen wurde im April 1992 gesegnet, und sie weinte drei Stunden lang vor Hunderten von Menschen in der St.-Elizabeth-Ann-Seton-Kirche. Diese Statue pilgert jetzt in verschiedenen Pfarreien, entlang der Ostküste der Vereinigten Staaten. Im Laufe dieser Reise hat sie viermal geweint. Die zweite Medjugorje-Statue wurde im Mai 1992 von Pfarrer Bruse gesegnet, und auch diese hat geweint. Diese Statue pilgert entlang der amerikanischen Westküste, und es wird von Bekehrungen und Heilungen berichtet, wo immer diese Statue hinwandert.

Pfarrer Bruse meint, daß diese Phänomene der Stigmata, Bekehrungen, Heilungen und der weinenden Statuen echt sind, aber auf Christus hinweisen. Er sagte: „Christus ist die wahre Macht hinter all diesen Phänomenen. Christus ist dabei, uns auf das Reich Gottes vorzubereiten." Natürlich ist das immer die Sendung der Kirche gewesen, „aber vielleicht ist Christus dabei, uns schneller vorzubereiten; indem er sagt: ‚Seid bereit!', aber mehr noch, es uns laut zuruft. Es ist, als ob Christus sagte: ‚Wacht auf! Macht euch an die Arbeit in eurer Spiritualität!' Ich glaube, daß etwas ganz Großes bevorsteht. ..."

Pfarrer Bruse weist hin auf die außerordentliche Geschwindigkeit und Tiefe der Bekehrungen: „Etwas, was sich normalerweise über den Lebenszeitraum eines Menschen vollzogen hätte, geschieht für Tausende von Leuten innerhalb eines kurzen Zeitabschnitts. Neben den Bekehrungen gibt es auch viele Heilungen. Es gibt Berichte über Heilung von Krebs und anderen Erkrankungen. Am wichtigsten jedoch sind die Veränderungen im Leben der Menschen, die inneren Bekehrungen, die stattgefunden haben.“[3]

Gegenwärtig wird der Fall Pfarrer Bruse durch die zuständigen Diözesanbehörden untersucht.

8

La Salette: Der Teufel in der Welt

Dann führte ihn der Teufel [auf einen hohen Berg] hinauf, zeigte ihm in einem Augenblicke alle Reiche der Welt und sagte zu ihm: „All diese Macht und Herrlichkeit will ich dir geben; denn mir ist sie übertragen, und ich gebe sie, wem ich will. Wenn du mich anbetest, soll sie ganz dein sein.“ Jesus entgegnete ihm: „Es steht geschrieben: Du sollst den Herrn, deinen Gott, anbeten und ihm allein dienen.“

Lukas 4, 5 - 8

Um das Werk Gottes zu zerstören

Um die Rolle Satans in der heutigen Welt zu verstehen, müssen wir uns fragen, was er an uns bewirken kann, die wir nicht mit den Strategien vertraut sind, die er über Tausende von Jahren angewandt hat, wenn er selbst Jesus Christus mit dem Angebot von Macht, Autorität und Reichtum, der die Verehrung Satans begleitet, versucht. Demütig und zugleich fest müssen wir auf die überkommene Weisheit und die Botschaften des Himmels vertrauen, die auf unsere Zeit anwendbar sind, wenn wir das Übel in unserer Mitte zu bekämpfen trachten.

Schon gleich zu Beginn muß man sich daran erinnern, daß der volle Erwerb des Preises für das ewige Leben nicht auf dieser Erde erreicht wird. Das Regierungssystem Gottes ist die Kirche, und das System der Menschen ist Macht, Freimaurerlogen, Reichtum, Geiz und ungerechte Regierungen. Wer betreibt diese Einrichtungen an ihrer höchsten Stelle? Oft sind es keine gottesfürchtigen Menschen. Letztlich ist es der Kampf zwischen Gut und Böse, der in den Herzen, im Verstand und in den Seelen der Menschen ausgetragen wird.

Die Rolle des Teufels in der heutigen Welt ist die, die sie schon immer gewesen ist. Sein einziges Trachten ist es, das Werk Gottes und das, was gut ist, zu zerstören. Propheten und Erscheinungen warnen uns vor seinen Taktiken. Unter den Worten, die ihn beschreiben, sind zu finden: Verführer, der Böse, Schlange und eine endlose Litanei verabscheuungswürdiger Dinge, die nicht aus Gott stammen. In ihm gibt es nichts Gutes. Dennoch hat ihn die moderne Welt als eine arglose Karikatur mit Hörnern und einer Gabel verharmlost, anstelle der äußerst zerstörerischen Gewalt, die er wirklich ist. Die größte Quelle seiner Macht und Befriedigung ist, daß viele nicht mehr an seine Existenz glauben.

Der heilige Paulus spricht vom Anlegen der Rüstung im spirituellen Kampf in der Welt, in der wir leben: „Legt die Waffenrüstung Gottes an, damit ihr den Ränken des Teufels widerstehen könnt. Unser Kampf gilt ja nicht Fleisch und Blut, sondern den Mächten und Gewalten, den finsteren Weltherrschern und den bösen Geistern in den Himmelshöhen. (Epheser 6, 11 - 12)

Warnungen bezüglich des Bösen

Am 25. September 1992 gab Unsere Liebe Frau folgende Botschaft an Maria Pavlovic, eine der Seher/Innen von Medjugorje: „Heute möchte ich euch noch dies sagen: **Ich bin auch in dieser unruhigen Zeit bei euch, in der der Satan alles zu zerstören sucht, was ich und mein Sohn Jesus aufbauen. Besonders trachtet er nach dem Verlust eurer Seelen. Er möchte euch so weit wie möglich von einem christlichen Leben entfernen sowie von den Geboten, zu deren Befolgung die Kirche euch aufruft. Der Satan möchte all das, was in euch und um euch heilig ist, zerstören. Darum, ihr kleinen Kinder, betet, betet, betet, damit ihr all das verstehen könnt, was Gott euch durch mein Kommen gibt.**“[1]

Am 25. Januar 1991 sprach die Allerseligste Mutter in Medjugorje vom bösen Plan Satans: „Der Satan ist mächtig, und er sucht, nicht nur das menschliche Leben, sondern die Natur und den Planeten, auf dem ihr lebt, zu zerstören...“

Am 7. Oktober 1983 sagte Maria zu Don Gobbi: „Heute ist Satan in der Lage, alles mit dem Geist des Stolzes und der Rebellion gegen Gott zu erobern, und er fürchtet diejenigen, die eurer himmlischen Mutter auf dem Weg der Kleinheit und der Demut nachfolgen.“

Am 7. Juni 1986 sprach Maria zu Don Gobbi über die Fähigkeiten Satans: „Es gibt Übel auf sozialer Ebene, wie Zwietracht und Haß, Hunger und Armut, Ausbeutung und Sklaverei, Gewalt, Terrorismus und Krieg. Um euch vor all diesen Übeln zu bewahren, fordere ich euch auf, euch in den Schutz des sicheren Zufluchtsortes meines Unbefleckten Herzens zu begeben. Aber in diesen Zeiten habt ihr es vor allem notwendig, vor den furchtbaren Nachstellungen meines

Gegners verteidigt zu werden, dem es gelungen ist, seine Herrschaft auf Erden zu errichten. Es ist die Herrschaft, die sich gegen Christus auflehnt. Es ist die Herrschaft des Antichrists. In diesem letzten Abschnitt eures Jahrhunderts wird diese seine Herrschaft den Höhepunkt ihrer Gewalt, ihrer Macht, ihrer großen verführerischen Kraft erreichen. **Es naht die Stunde, da der gesetzwidrige Mensch, der die Stelle Gottes einnehmen will, um sich selbst als Gott anbeten zu lassen, sich in seiner ganzen Macht zeigen wird.**"

Der heilige Ludwig von Montfort behandelt die einander feindlichen Rollen von Himmel und Hölle: „Was Luzifer durch den Stolz verloren hat, hat Maria durch Demut wieder gewonnen. Was Eva verdammt und durch den Ungehorsam verloren hat, hat Maria durch Gehorsam gerettet. Indem Eva der Schlange gehorchte, hat sie alle ihre Kinder sowie sich selbst zerstört und ihm [Satan] ausgeliefert; Maria hat dagegen, indem sie Gott vollkommen gehorchte, alle ihre Kinder und Diener wie sich selbst gerettet und sie seiner Majestät geweiht."[2]

Die Warnungen von La Salette in Frankreich

Die Botschaft Unserer Allerseligsten Mutter vom 19. September 1846 in La Salette, Frankreich, wird selten erwähnt. Diese wurde zwei Kindern, Mélanie Calvat und Maximin Giraud, während einer Erscheinung mitgeteilt, welche von der Kirche 1851 anerkannt wurde. Die Botschaft wurde bis zum heutigen Tag vernachlässigt, zum Teil deshalb, weil nach der Erscheinung mehrere unterschiedliche Versionen des Geheimnisses umhergingen und weil es deswegen schwierig wurde, die authentische Botschaft herauszufinden. Die Version, aus der wir hier zitieren, wird im allgemeinen als die authentischeste angenommen und flößt durch ihre prophetische Sicht Ehrfurcht ein.[3]

Die Botschaft bezog sich nicht nur auf Frankreich, sondern auf die Kirche und die ganze Welt. Sie handelt in ausführlichem Detail von zukünftigen Ereignissen. Sie besitzt große Bedeutung für unsere Zeit. Wegen ihrer Wichtigkeit (für unsere Zeit) ist diese Botschaft in ihrer Gesamtheit wiedergegeben. Der Glaubensabfall, den wir jetzt erleben, wurde in La Salette vorausgesagt. Die Botschaft von La Salette ermöglicht es zu verstehen, warum der Teufel über soviel Herrschaft und Macht in unserer heutigen Welt verfügt, obwohl Maria sagt, daß er jetzt dabei ist, seine Macht zu verlieren.

„Mélanie, was ich dir jetzt sage, soll nicht immer geheim bleiben. Du kannst es 1858 veröffentlichen.

Die Priester, Diener meines Sohnes, die Priester sind durch ihr schlechtes Leben, durch ihr ehrfurchtsloses Betragen und ihre Gottlosigkeit bei der Feier der heiligen Geheimnisse, durch ihre Liebe zum Gelde, zu Ehren und

Vergnügungen unreine Kloaken geworden. Ja, die Priester rufen die Rache heraus, und die Rache hängt über ihren Häuptern. Wehe den Priestern und den gottgeweihten Personen! Sie kreuzigen durch ihre Treulosigkeiten und ihr schlechtes Leben von neuem meinen Sohn. Die Sünden derer, die Gott geweiht sind, schreien zum Himmel, und sie rufen um Rache. Und siehe, die Rache lauert schon vor ihren Türen, denn es findet sich niemand, um Barmherzigkeit und Verzeihung für das Volk zu erflehen. Es gibt keine hochherzigen Seelen mehr, es ist niemand mehr würdig, das Opferlamm ohne Makel dem Ewigen für die Welt aufzuopfern.

Gott ist bereit, in einer beispiellosen Weise zuzuschlagen. Wehe den Bewohnern der Erde! Gott geht daran, seinen Zorn auszulassen. Und niemand vermag, sich den so großen vereinten Übeln zu entziehen. Die Häupter, die Leiter des Gottesvolkes, haben das Gebet und die Buße vernachlässigt, und der Dämon hat ihren Verstand verdunkelt. Sie sind jene irrenden Sterne geworden, welche der alte Widersacher mit seinem Schweif nach sich zieht, um sie zugrunde gehen zu lassen. Gott wird der alten Schlange erlauben, Zwietracht unter den Herrschenden, in allen Gesellschaftsklassen und in allen Familien hervorzurufen. Man wird leibliche und geistige Qualen erleiden. Gott wird die Menschen sich selbst überlassen und Strafen senden, die während mehr als fünfunddreißig Jahren aufeinander folgen werden.

Die Menschheit steht am Vorabend der schrecklichsten Geißeln und der größten Ereignisse. Man muß darauf gefaßt sein, mit eiserner Rute geführt zu werden und den Kelch des Zornes zu trinken. Der Stellvertreter meines Sohnes, der Hohepriester Pius IX., soll nach dem Jahr 1859 niemals mehr Rom verlassen. Er sei standhaft und großmütig und kämpfe mit den Waffen des Glaubens und der Liebe. Ich werde mit ihm sein. Er traue dem Napoleon nicht. Sein Herz ist doppelt (falsch). Und wenn er gleichzeitig Papst und Kaiser sein will, wird sich Gott bald von ihm zurückziehen. Er ist jener Adler, der in seinem Streben, immer höher zu steigen, in das Schwert stürzen wird, mit dem er die Völker nötigen will, ihn aufsteigen zu lassen.

Italien wird für seinen Ehrgeiz, das Joch des Herrn aller Herren abzuschütteln, bestraft. Auch dieses wird dem Kriege überliefert werden. Das Blut wird überall fließen. Die Kirchen werden geschlossen oder entheiligt werden. Die Priester, die Ordensleute werden fortgejagt; man läßt sie sterben, eines grausamen Todes sterben. Viele werden den Glauben verlassen. Die Zahl der Priester und Ordensleute, die sich von der wahren Religion trennen, wird groß sein; unter diesen Personen werden sich selbst Bischöfe befinden.

Der Papst möge sich vor Wundertätern in acht nehmen. Denn die Zeit ist gekommen, da die erstaunlichsten Wunder auf der Erde oder in der Luft stattfinden.

Im Jahre 1864 wird Luzifer mit einer großen Menge von Teufeln aus der Hölle losgelassen. Sie werden den Glauben allmählich auslöschen, selbst in Menschen, die Gott geweiht sind. Sie werden sie in einer Weise blind machen, daß diese Menschen, falls sie nicht eine besondere Gnade empfangen, den Geist dieser bösen Engel annehmen werden. Viele Ordenshäuser werden den Glauben völlig verlieren und viele Seelen mit ins Verderben ziehen.

Schlechte Bücher wird es auf der Erde in Überfluß geben, und die Geister der Finsternis werden überall eine Kälte gegen alles ausbreiten, was den Dienst Gottes betrifft. Sie werden eine sehr große Macht über die Natur haben. Es wird Kirchen geben, in denen man diesen bösen Geistern dient. Manche Personen werden von diesen bösen Geistern von einem Ort zum anderen versetzt, und sogar Priester, weil diese sich nicht vom guten Geist leiten lassen, der ein Geist der Demut, der Liebe und des Eifers für die Ehre Gottes ist. Man wird Tote und selbst Gerechte „auferstehen" lassen; d.h. diese Toten werden die Gestalt der gerechten Seelen annehmen, die auf Erden gelebt haben, um die Menschen bes-ser zu verführen. Diese sogenannten (auferstandenen) Toten, die nur Teufel unter diesen Gestalten sein werden, werden ein anderes Evangelium predigen, das dem des wahren Jesus Christus entgegengesetzt ist, das das Dasein des Himmels sowie die (ewig) verdammten Seelen leugnet. Alle diese Seelen werden wie mit ihren Leibern vereinigt erscheinen."

„... Der Stellvertreter meines Sohnes wird viel zu leiden haben, da die Kirche eine Zeitlang schweren Verfolgungen ausgesetzt sein wird. Das wird die Zeit der Finsternisse sein. Die Kirche wird eine schreckliche Krise durchmachen. Da der heilige Glaube an Gott in Vergessenheit geraten ist, will jeder einzelne sich selbst leiten und über seinesgleichen stehen. Man wird die bürgerlichen und kirchlichen Gewalten abschaffen. Jede Ordnung und jede Gerechtigkeit wird mit Füßen getreten werden. Man wird nur Mord, Haß, Mißgunst, Lüge und Zwietracht sehen, ohne Liebe zum Vaterland und zur Familie.

Der Heilige Vater wird viel zu leiden haben. Ich werde bis zum Ende mit ihm sein und sein Opfer in Empfang nehmen. [Anmerkung: Don Gobbi verwendet genau diesen Ausdruck für den derzeitigen Papst, Johannes Paul II.] Die Übeltäter werden mehrfach nach seinem Leben trachten, um ihm Schaden zuzufügen und die Zeit seines Lebens abzukürzen, aber weder er noch sein Nachfolger werden den Triumph der Kirche Gottes sehen.

Die bürgerlichen Regierungen werden alle dasselbe Ziel haben, das da ist, die religiösen Grundsätze abzuschaffen und verschwinden zu lassen, um für den Materialismus, Atheismus, Spiritismus und alle Arten von Lastern Platz zu schaffen. Im Jahre 1865 wird man Greuel an den heiligen Orten sehen. In den Ordenshäusern werden die Blüten der Kirche in Fäulnis übergehen, und der

Teufel wird sich als König der Herzen gebärden. Die Oberen der Ordensgemeinschaften mögen auf der Hut sein, wenn sie jemand in das Kloster aufzunehmen haben; denn der Teufel wird alle seine Bosheit aufwenden, um in den religiösen Orden Leute unterzubringen, die der Sünde ergeben sind. Denn die Unordnungen und die Liebe zu fleischlichen Genüssen werden auf der ganzen Welt verbreitet sein."

„... Frankreich, Italien, Spanien und England: Das Blut wird auf den Straßen fließen. Franzose wird mit dem Franzosen kämpfen, der Italiener mit dem Italiener. Schließlich wird es einen allgemeinen Krieg geben, der entsetzlich sein wird. Für eine Zeitlang wird Gott weder Italiens noch Frankreichs gedenken, weil das Evangelium Christi ganz in Vergessenheit geraten ist. Die Bösen werden ihre ganze Bosheit entfalten. Man wird sich töten, man wird sich morden bis in die Häuser hinein. Auf den ersten Hieb Seines Schwertes, das wie ein Blitz einschlagen wird, werden die Berge und die ganze Natur vor Entsetzen zittern, weil die Unordnungen der Menschen und ihre Verbrechen das Himmelsgewölbe durchdringen. Paris wird niedergebrannt und Marseille verschlungen werden. Mehrere große Städte werden niedergebrannt und durch Erdbeben verschlungen werden. Man wird glauben, alles sei verloren. Man wird nur Menschenmord sehen. Man wird nur Waffengetöse und Gotteslästerungen hören.

Die Gerechten werden viel leiden; ihre Gebete, ihre Bußübungen und ihre Tränen werden zum Himmel emporsteigen, und das ganze Gottesvolk wird um Verzeihung und Erbarmen flehen und meine Hilfe und meine Fürbitte anrufen. Dann wird Jesus Christus durch eine Tat seiner Gerechtigkeit und seiner großen Barmherzigkeit für die Gerechten seinen Engeln befehlen, alle seine Feinde dem Tode zu überliefern. Plötzlich werden die Verfolger der Kirche Jesu Christi und alle der Sünde ergebenen Menschen zugrunde gehen, und die Erde wird wie eine Wüste werden. Dann wird der Friede, die Versöhnung Gottes mit den Menschen werden. Man wird Jesus Christus dienen, ihn anbeten und verherrlichen. Die Nächstenliebe wird überall aufblühen. Die neuen Könige werden der rechte Arm der hl. Kirche sein, die stark, demütig, fromm, arm, eifrig und eine Nachahmerin der Tugenden Jesu Christi sein wird. Das Evangelium wird überall gepredigt werden, und die Menschen werden große Fortschritte im Glauben machen, weil es Einigkeit unter den Arbeitern Jesu Christi geben wird und die Menschen in der Furcht Gottes leben werden.

Dieser Friede unter den Menschen wird aber nicht von langer Dauer sein. Fünfundzwanzig Jahre reichlicher Ernten werden sie vergessen lassen, daß die Sünden der Menschen die Ursache aller Strafen sind, die über die Erde kommen. Ein Vorläufer des Antichrist wird mit seinen Truppen aus vielen Völkern wider den wahren Christus, den alleinigen Retter der Welt, kämpfen. Er wird viel Blut vergießen und die Verehrung Gottes vernichten wollen, damit man ihn wie einen Gott ansehe.

Die Erde wird dann mit allerlei Plagen geschlagen werden (zusätzlich zu den Plagen und der Hungersnot, die weit verbreitet sein werden). Es wird Kriege geben bis zum letzten Kriege, der dann von den zehn Königen des Antichrist geführt wird, welche Könige von einem gleichen Vorhaben beseelt sind und die einzigen sind, welche die Welt regieren werden. Bevor dieses eintritt, wird es eine Art falschen Frieden auf der ganzen Welt geben. Man denkt an nichts anderes als an Belustigungen. Die Bösen geben sich allen Arten von Sünden hin. Aber die Kinder der heiligen Kirche, die Kinder des Glaubens, meine wahren Nachahmer, werden in der Liebe zu Gott und in den Tugenden unter der Führung des Heiligen Geistes wachsen. Selig die Seelen, die demütig vom Heiligen Geist geleitet sind! Ich werde an ihrer Seite kämpfen, bis sie die Fülle ihrer Jahre erreicht haben werden.

Die Natur lechzt nach Rache wegen der Menschen und bebt vor Entsetzen in Erwartung dessen, was über die durch Verbrechen besudelte Erde hereinbrechen soll. Zittert, du Erde und ihr, die ihr Gelübde zum Dienste Jesu Christi abgelegt habt und die ihr innerlich nur euch selbst anbetet! Zittert, denn Gott geht daran, euch seinen Feinden zu überliefern, da die heiligen Orte in Verderbnis sind. ... So wird es um die Zeit sein, wenn der Antichrist geboren wird von einer jüdischen Ordensfrau, einer falschen Jungfrau, die mit der alten Schlange, dem Meister der Unzucht, im Bunde stehen wird. Sein Vater ist Bischof. Bei seiner Geburt wird er Gotteslästerungen ausspeien; er wird Zähne haben; mit einem Worte, dieser ist ein fleischgewordener Teufel. Er wird bei seiner Geburt in ein schreckliches Geschrei ausbrechen, er wird Wunder wirken, er wird sich von der Unzucht nähren. Er wird Brüder haben, die, obwohl sie keine fleischgewordenen Teufel wie er sind, dennoch Kinder des Bösen sind. Wenn sie zwölf Jahre alt sind, werden sie durch die stattlichen Siege, die sie errungen haben, die Aufmerksamkeit auf sich ziehen. Bald wird jeder von ihnen ganze Armeen anführen, wobei sie von den Legionen der Hölle unterstützt werden.

Die Jahreszeiten werden sich verändern. Die Erde wird nur schlechte Früchte hervorbringen, die Sterne werden ihre regelmäßigen Bahnen verlassen. Der Mond wird nur ein schwaches rötliches Licht wiedergeben. Das Wasser und das Feuer werden der Erde furchtbare Erdbeben und krampfhafte Bewegungen mitteilen, welche Berge, Städte ... versinken lassen. Rom wird den Glauben verlieren und der Sitz des Antichrist werden.

Die Dämonen werden mit dem Antichrist große Wunderdinge auf der Erde und in den Lüften wirken, und die Menschen werden immer schlechter werden. Gott wird für seine treuen Diener und die Menschen guten Willens sorgen. Das Evangelium wird überall gepredigt werden, alle Völker und alle Nationen werden Kenntnis von der Wahrheit haben.

Ich richte einen dringenden Aufruf an die Erde! Ich rufe auf die wahren Jünger Gottes, der in den Himmeln lebt und herrscht. Ich rufe auf die wahren Nachahmer des menschgewordenen Christus, des einzigen und wahren Erlösers der Menschen. Ich rufe auf meine Kinder, meine wahren Frommen; jene, die sich mir hingegeben haben, damit ich sie zu meinem göttlichen Sohne führe ... Endlich rufe ich auf die Apostel der letzten Zeiten, die treuen Jünger Jesu Christi, die ein Leben der Verachtung der Welt und ihrer selbst führen, in Armut und Demut, in Selbstverachtung und in Schweigen, in Gebet und Abtötung, in Keuschheit und in Vereinigung mit Gott, in Leiden und in Verborgenheit vor der Welt. Die Zeit ist da, daß sie ausziehen, um die Welt mit Licht zu erfüllen. Gehet und zeiget euch als meine geliebten Kinder. Ich bin mit euch und in euch, sofern euer Glaube das Licht ist, das euch in diesen Tagen der Drangsale erleuchtet. Euer Eifer mache euch hungrig nach dem Ruhm und der Ehre Christi. Kämpfet, Kinder des Lichtes, ihr, die kleine Zahl, die ihr sehend seid; denn die Zeit der Zeiten, das Ende der Enden ist (dann) da.

Die Kirche wird verfinstert, die Welt in Bestürzung sein. Aber da sind Henoch und Elias, erfüllt vom Geiste Gottes. Sie werden mit der Kraft Gottes predigen, und die Menschen guten Willens werden an Gott glauben und viele Seelen getröstet werden. Sie werden durch die Kraft des Heiligen Geistes große Fortschritte machen und die teuflischen Irrtümer des Antichrist verurteilen. Wehe den Bewohnern der Erde! Es wird blutige Kriege geben und Hungersnöte und Pestseuchen und ansteckende Krankheiten. Es wird ein schrecklicher Hagel von Tieren niederregnen. Gewitter werden Städte erschüttern und Erdbeben ganze Länder verschlingen. In der Luft wird man Stimmen hören. Menschen werden mit ihrem Kopf gegen die Wand anrennen und den Tod herbeiwünschen, und anderswo wird der Tod ihre Qual sein. Überall wird Blut fließen. Wer könnte da siegen, wenn Gott nicht die Zeit der Prüfung abkürzte? Durch das Blut, die Tränen und die Gebete der Gerechten wird sich Gott erweichen lassen. Henoch und Elias werden dem Tode überliefert. Das heidnische Rom wird verschwinden. Und Feuer vom Himmel wird herabfallen und drei Städte verzehren. Die ganze Welt wird von Entsetzen geschlagen. Es ist Zeit. Die Sonne verfinstert sich. Der Glaube allein wird leben."

„... Nun ist die Zeit da! Der Abgrund öffnet sich. Siehe da den König der Finsternis! Siehe da das Tier mit seinen Untergebenen, das sich „Erlöser der Welt" nennt. Stolz wird es sich in die Lüfte erheben, um zum Himmel aufzusteigen. Es wird durch den Hauch des heiligen Erzengels Michael erstickt. Er stürzt herab, **und die Erde, die sich seit drei Tagen in beständigen Umwälzungen befindet, wird ihren Schoß voll des Feuers öffnen. Er wird verschlungen für immer mit all den Seinen in die ewigen Abgründe der Hölle.** Dann werden Wasser und Feuer die Erde reinigen und alle Werke des menschlichen Hochmuts vertilgen, und alles wird erneuert werden. Man wird Gott dienen und verherrlichen."

Nahezu alle Mystiker und Seher in unserer Mitte sprechen vom Satan als von einer Person. Niemals beschreiben sie ihn als ein ätherisches, esoterisches, unpersönliches oder eingebildetes Ding.

Der Satan existiert wirklich

Patrizia aus Ecuador ist sich der Rolle des Teufels in der heutigen Welt bewußt. Unsere Liebe Frau sagte ihr: „..., denn es gibt eine Hölle, so wie ein Himmel existiert, aber es gibt nur einen König, Gott Vater. Aber der Satan existiert, der nur Haß, Perversion und all das, was euren Herzen den Frieden nimmt, in sich enthält. Meine Kinder, öffnet (Christus) eure Herzen; erlaubt dem Satan nicht, in eure Herzen einzudringen. Bekämpft das Böse, und überlaßt eure Herzen dem Allerheiligsten Herzen meines Sohnes und meinem Unbefleckten Herzen. Und all das, was ich euch mitteile, befindet sich in der Heiligen Schrift. Tut das, was ich von euch erbitte. Teuflische Trends, und davon gibt es viele in der Welt, versuchen Einfluß und Verwirrung auf meine kleinen Seelen auszuüben. Satan wird seinen Gipfel erreichen, wenn er von meinen Kindern angehimmelt wird. Es gibt einen falschen Propheten, der sie verwirren wird, indem er sagt, daß er (Satan) Gott ist, aber er entstammt dem Blut der Dämonen. Er wird den Vater verraten. Und wer ein Herz und Weisheit besitzt, wird erkennen, daß er [der falsche Prophet] auf seiner rechten Hand die Zahl des Tieres ‚666' trägt. Der Satan ist losgebunden, um meine Kleinen anzurühren, aber ich bin jene Frau, die der Vater ankündigte, welche den Kopf der Schlange, die der Satan ist, zertreten wird."

„... und so ist Satan tief in die Kirche eingedrungen. Aber fällt kein Urteil über jene, die euch verurteilen.

Ein weiterer Sieg Satans ist es, daß sich junge Frauen, meine kleinen Kinder, vor der Ehe Männern hingeben. Dazu haben sie kein Recht, denn der Leib und die Seele gehören Gott, und sie dürfen es nur tun, wenn Er es durch das gesegnete Sakrament [der Ehe] gestattet, weil der Mensch nicht trennen darf, was Gott vereint hat.

Ein weiterer Sieg Satans ist die Ehescheidung. (Sie betrifft) jene, die in einer der größten Segnungen scheitern, nämlich dem Ehesakrament, indem sie viele Liebhaber haben und versuchen, das zu trennen, was der Vater vereint hat. Noch ein großer Sieg ist die Abtreibung, welche ein Angriff gegen den großen Segen des Vaters ist, nämlich das Leben.

Dann gibt es noch einen Sieg Satans: die Mode und die Kleidung, in der sich junge Frauen obszön für die Messe kleiden. Sie erregen dadurch Versuchungen zur Sünde. Sie sollten sich respektierlich benehmen und sich in einer Weise kleiden, in der man nicht sündhaft betrachtet wird, sondern ehrenhaft und mit Respekt. Denn ihr müßt wissen, daß die Mode und die Musik einen Sieg Satans bedeuten. Denn mit der Mode verleitet er die Menschen dazu, Sklaven des Geldes und der Sünde zu werden. Denn jene, die ihren Leib zur Schau stellen und dies nicht bereuen, werden verurteilt werden, weil der Vater den Leib nicht schuf, um ihn zur Schau zu stellen, sondern um ihn zu pflegen als einen Tempel Gottes. ... Es gibt eine Musik, [die Gott beleidigt]. In wie vielen Botschaften habe ich dich gebeten, sie aufzugeben, denn du weißt, daß sie einen Lobpreis auf Satan enthält und in deinem Verstand wie eingraviert verhaftet bleibt, denn er flößt sie ein, und sie bleibt in deinem Leben eingraviert. Durch diese Musik macht er sich über den Vater, meinen geliebten Sohn, den Heiligen Geist und mich, die Mutter des Sohnes, lustig. Sein großer Sieg soll abgöttisch verehrt werden bis zu dem Punkt, daß ein Ritual mit menschlichem Blut und anderen Menschenteilen aufgeopfert wird, und [sie] haben sogar das Opfer ihres Lebens angeboten, um ihre Seelen dem Satan zu übergeben. Es gelang ihm, daß ihm zur Anbetung Bilder hergestellt wurden, und sie besitzen ein Buch, das ihnen zufolge heilig ist, denn sie haben große Tempel, um ihn anzubeten."[4]

Begegnung mit dem Feind

Ein gemeinsames Kennzeichen der meisten Erscheinungen ist, daß ein Besuch Satans bald erfolgt, wann immer Maria mit einer Botschaft des Friedens und der Bekehrung kommt. Es scheint eine Art himmlischer Regel dafür zu bestehen: **Jene, die das Privileg haben, besondere Gnaden zu erfahren, müssen oft unter teuflischen Angriffen leiden.**

Einer, der einen solchen Angriff erleiden mußte, war Pfarrer Ken Roberts, ein beliebter Prediger und Redner. Pfarrer Roberts brachte oft Gruppen junger Leute auf Pilgerfahrten nach Medjugorje. Oft veranlaßte der Besuch in Medjugorje die meisten Jugendlichen, sich auf ein intensiveres Glaubensleben zu verpflichten. Es ist ein großer Gnadenort, und Pfarrer Roberts entschloß sich, die Gelegenheit zur Bekehrung rebellierender Jugendlicher auszunutzen. Aber eine kleine Gruppe dieser Jugendlichen hatte ein größeres Interesse daran, gesellige Feiern abzuhalten, als am Gebet teilzunehmen.

Eines Nachts eilte einer dieser Jugendlichen ins Zimmer zu Pfarrer Roberts und weckte ihn mit einer bestürzenden Nachricht auf: Der Satan war als überraschender Gast bei der nächtlichen Party aufgetaucht und terrorisierte nun die Nachtvögel. Der Pfarrer meinte zunächst, daß es sich nur um einen weiteren Streich handele. Aber die Angst, welche im Gesicht des Jungen zu lesen war, belehrte ihn eines anderen.

Nachdem er den Partyraum betreten hatte, bemerkte der Priester einen starken Temperaturrückgang. Es war plötzlich eisig kalt geworden. Dann bedrängte ihn der Gestank von Schwefel. Jeglicher Zweifel an einer dämonischen Gegenwart wich von ihm, als er den Widerhall einer unirdischen Stimme im Raum hörte: „Ha, ha, ha! Ich weiß, wer du bist, Priester Gottes!"

Die Stimme kam aus der Lunge und von den Lippen eines jungen Seminaristen. Der Pfarrer hatte ihn auf diese Fahrt mitgenommen, daß er ihm bei der Aufsicht der Jugendlichen behilflich sei. Aber dies war nicht mehr der Seminarist, den Pfarrer Roberts kannte. Das Gesicht des jungen Mannes war von Wut entstellt, und seine Augen bewegten sich wild hin und her. In seiner Hand hielt er drohend ein Messer. Und sein Körper – sein dünner, unathletischer Leib – konnte kaum von vier starken, jungen Männern zurückgehalten werden.

Der Pfarrer war nie zuvor in einer solchen Situation gewesen. Als Priester, der nach dem Zweiten Vatikanischen Konzil ausgebildet worden war, hatte er keine Ahnung, was er tun sollte. Er versuchte, dem Seminaristen seine Hände aufzulegen und über ihn zu beten. Aber als Antwort wurde er mit einer Reihe von Flüchen und einem Wust von Beschimpfungen überhäuft, wie er sie nie zuvor oder je hernach gehört hatte. Dann versuchte er es mit Gebeten in Englisch, Latein und Französisch mit dem Erfolg, daß der besessene Seminarist ein jedes seiner Worte nachäffte – nur rückwärts (in umgekehrter Leseweise, z.B. „gut" wird zu „tug"). In seiner Verzweiflung besprengte der Priester schließlich den jungen Mann mit Weihwasser. Der Seminarist kam wieder zu Sinnen. Der Gestank von Schwefel verschwand aus der Luft, und es war nicht mehr kalt. Der Dämon war entschwunden.

Diese Begegnung hatte allerdings zwei langanhaltende Wirkungen. Die erste war, daß die geselligen Jugendlichen sofort überraschend ernüchtert wurden. Sie tauschten ihre Bierflaschen und ihre Rockmusik gegen Bibeln und Rosenkränze aus. Vom nächsten Tag an waren die Jugendlichen bei jeder Messe, unabhängig von der verwendeten Sprache, anwesend! Und das zweite war, daß sich Pfarrer Roberts dessen bewußt wurde, daß es an der Zeit war, sich ein paar traditionelle Exorzismusgebete anzueignen.

Christina Gallagher

Christina Gallagher, die irische Mystikerin, spricht auch vom Satan aus eigener Erfahrung. Christina hatte ein Erlebnis, bei dem sie den Satan von Angesicht zu Angesicht sah. Sie war darüber zu tiefst erschrocken, und es dauerte mehrere Tage, bis sie sich davon erholt hatte.

Die Botschaften, die Christina seit 1988 erhielt und noch weiterhin erhält, beziehen sich ständig auf die lebenswichtige Bedeutung der Rückkehr zu

Gott, „solange dafür noch Zeit bleibt". Sie enthalten einen Zug von großer Dringlichkeit.

Unsere Liebe Frau hat angedeutet, daß die Reinigung (der Erde) verringert werden kann, wenn sich die Menschen zu Gott bekehren und ihr Leben ändern. Aber sie hat auch gesagt, daß ihre Bitten ignoriert werden. Am 30. Mai 1989 empfing Christina Gallagher folgende Botschaft: **„Meine Kinder, so viele von euch rufen nach mir mit der Bitte um Hilfe. Ich kann euch nicht helfen, wenn ihr keine Hilfe wollt. Ihr betet, wenn ihr euch in Nöten befindet. Die Sünde in der Welt verursacht so viel an Zerstörung, Katastrophen und Krankheiten jeglicher Art, aber ihr verbleibt in eurer Blindheit. Der Satan ist jetzt dermaßen stark, er vernichtet wegen der sündigen Menschen so viele meiner armen, unschuldigen Kinder. Wann werden es meine Kinder verstehen, wieviel an Gebet, Fasten und Opfern notwendig ist, um die Dunkelheit, die die ganze Welt umgibt, zu überwinden? Meine Kinder rufen nur dann zu mir, wenn alles andere gescheitert ist. Ich möchte so gerne helfen, aber ihr müßt euch entscheiden. Meine Kinder, die Reinigung ist schon unterwegs. Wie blutet doch mein Herz für meine Kinder, die blind und taub sind. ...“**[5]

Ein ständiger Abstieg

Im ersten Teil des 18. Jahrhunderts bereiste der französische Philosoph, Alexis de Tocqueville, die Vereinigten Staaten. Als Ergebnis seiner Reise schrieb er ein Buch, „Demokratie in Amerika", das voll Einsichten und Erfahrungen ist. Das Buch ist zu einem Klassiker in bezug auf die frühen, richtungsweisenden Jahre der Republik (der Vereinigten Staaten) geworden. Er erkannte, daß die Vereinigten Staaten zu jener Zeit schon eine große Nation waren, welche zu einem stär-keren Faktor in der Welt werden sollte. Er fuhr damit fort, sich zu fragen, was Amerika so groß machte. Er sagte, daß er nach dem Faktor der Größe Amerikas in ihren Städten suchte und ihn dort nicht fand. Er suchte ihn auf dem Land und fand ihn nicht, in den Fabriken und fand ihn nicht, ja er suchte überall und konnte ihn nicht finden. Schließlich, als er die Kirchen besuchte, fand er heraus, was Amerika so groß machte. In so und so vielen Worten sagte er in einer prophetischen Weise aus, daß Amerika groß sei, weil es gut sei. In Medjugorje sagte Maria, daß der Satan sich besonders auf die Zerstörung der Vereinigten Staaten konzentriere wegen der Rolle, die Gott ihnen zur Erhaltung des Friedens in der Welt gegeben habe.

Während in den ehemals kommunistischen Staaten die Einschränkung der Religionsausübung verringert wird, so gehen wir in Amerika und im Westen in die entgegengesetzte Richtung. In einer öffentlichen Schule wurde es einem Lehrer verboten, eine Bibel auf seinem Pult zu haben. Im Bundesstaat Oregon unterstützt das Kultusministerium ein Programm, welches die Verteilung von Informationsmaterial beinhaltet, das Schulkinder darüber aufklärt, wie man sich beim homosexuellen Verkehr schützt. Derartige Beispiele sind zahlreich und werden von Tag zu Tag perverser.

In dem Maße, wie wir das Schulgebet – schweigend oder in anderer Form – aus unseren Klassenzimmern entfernt haben, wurden wir Zeugen eines erschrekkenden Niedergangs in unseren Schulen und in unserer Gesellschaft. Allen totalitären Regimen war es klar, daß eine Nation ihr Selbstverständnis verliert, wenn ihr ihre Symbole weggenommen werden. Unangemessen vorbereitet sind die heutigen Kinder zum größten Teil für spirituelle Wahrheiten nicht sensibilisiert.

Ein anderes Gebiet, bei dem es in Amerika rasant abwärts geht, ist das Gebiet der Volkskultur. Nacktheit und unzüchtiges Benehmen stellen die Norm statt der Ausnahme dar. Was noch vor einigen Jahren als unannehmbar betrachtet wurde, wird heute ohne Widerspruch hingenommen. Hollywood hat das gute Ende (eines Films) durch Gewalt, Sex und Schimpfworte ersetzt. Wenn ein Film ein „ernsthaftes Thema" vermittelt, handelt es sich gewöhnlich um einen Angriff auf die Religion, den Patriotismus oder die Familie. Hollywood hat den traditionellen Werten den totalen Krieg erklärt, und (nur) wenige wehren sich dagegen. Jene, die dagegen einstehen, werden oft lächerlich gemacht.

In nur wenigen Jahren haben wir uns von der Wahrheit und Güte wegtreiben lassen. Während wir uns von den Normen, die Gott gesetzt hat, entfernen, lehrt uns die Geschichte durch die Historiker Arnold Toynbee, Will Durant und andere, daß unsere hohen moralischen Normen nur durch Revolutionen und Aufruhr geändert werden. Das wahrscheinliche Ergebnis der Ausschweifungen unserer Kultur ist die Errichtung eines totalitären Regimes zur Kontrolle derselben. Jegliches Übermaß führt bald in sein Gegenteil.

Abtreibung – die letzte Stufe der Kindesmißhandlung

Der Herr sagte zu Jeremias: „Ehe ich dich im Mutterleibe bildete, habe ich dich gekannt; und ehe du hervorgingst aus dem Mutterschoße, habe ich dich geheiligt ..." (Jeremias 1, 5). Die Abtreibung hätte in der Welt nie geschehen können, wenn es nicht zuvor einen Glaubensabfall gegeben hätte. In gleicher Weise wäre kein Glaubensabfall erfolgt, wenn ihm nicht der Modernismus und die verschiedenen Häresien vorausgegangen wären. Die Aushöhlung des Glaubens ist unmittelbar für das Einläuten der Abtreibungsbewegung verantwortlich.

Nirgends anders erkennen wir, wie sehr wir uns haben wegtreiben lassen, als darin, wie wir die Abtreibung beurteilen. Gemäß der Lebensrechtsbewegung *Human Life International* erfolgt in den Vereinigten Staaten heute eine Abtreibung alle zwanzig Sekunden oder über 4.300 pro Tag. Diese tägliche Anzahl ergibt die schaurige jährliche Summe der geschätzten 30 Millionen Abtreibungen seit jenem Grundsatzurteil des obersten Gerichtshofs von 1973 in der Sache *Roe gegen Wade.*

Die Gesetzesvorlage der Wahlfreiheit (*Freedom of Choice Act* oder *FOCA*) wird die Wartezeit, die Zustimmung der Eltern und die „informierte Zustimmung" für Frauen abschaffen, sollte sie vom Kongreß der Vereinigten Staaten verabschiedet werden. Sie wird eine gesetzliche Struktur schaffen, welche es ermöglicht, legal ungeborene Kinder während der gesamten neun Monate der Schwangerschaft zu töten. Wir sind eine Nation, die einen jeden mit $5.000 unter Strafe stellt, der das Ei eines Adlers zertrümmert, und doch erlauben wir es medizinischem Personal, Säuglinge so lange am Leben zu erhalten, bis es gelungen ist, ihre Gehirne und andere Körperteile für Experimente an fötalem Gewebe „zu ernten".[6]

Einige Untersuchungen ergeben, daß die Durchschnittszahl der Abtreibungen in der früheren Sowjetunion bei sieben pro Frau in ihrer Gesamtlebenszeit liegt. Siebzig von hundert Schwangerschaften enden in der Abtreibung in der ehemaligen Sowjetunion. Auf Weltebene ist die Zahl der Abtreibungen noch erschreckender. Das kommunistische China zählt etwa 1,4 Milliarden Einwohner, und es verhängt strikte soziale und finanzielle Bestrafungen für den Fall von mehr als einem Kind (pro Familie). Abtreibungen in den letzten Monaten sind keine Seltenheit. Weltweit hat die Zahl der Abtreibungen Hunderte von Millionen erreicht. **Darin liegt einer der Hauptgründe für die kommende Reinigung (der Erde).**

Vor mehreren Jahren sagte Mutter Teresa: „Die Frucht der Abtreibung ist der Atomkrieg." Ebenso sagte sie: „Wenn wir eine Stunde vor dem allerheiligsten Altarssakrament verweilten, würde die Abtreibung beendet."[7] Die Zeit wird uns richten. Niemals hätte die Abtreibung eine solch allgemeine Akzeptanz finden können, wenn die Kirchen der Welt das Evangelium gepredigt hätten. Die Sünde der Abtreibung ist einer der Hauptgründe für die Bedrohung durch Züchtigungen auf der Erde.

Die Heilige Schrift zeigt uns, daß wir die spirituellen Gesetze eine Zeitlang verletzen können, aber daß einmal Gott der Vater zu sagen scheint: „Jetzt ist genug." Die Abtreibung ist eine dieser Fälle.

Die Abtreibung aus der Sicht des Himmels

Es folgen Ausschnitte aus den Botschaften Jesu und Mariens sowie Zitate von Sehern bezüglich der Sünde der Abtreibung.[8]

Die Allerseligste Jungfrau Maria an Bacco Umberto am 6. August 1986, in Oliveto Citra, in Italien: „Meine Kinder, ich bin für euch zur Erde gekommen, um eure Herzen für Gott zu öffnen. Mein Sohn, schau dich um! Die Welt ist voller Sünde. Viele deiner Brüder und Schwestern sind durch die Abtreibung getötet worden, und Gott wünscht dies nicht, weil sie Seine Geschöpfe sind. Für diese Menschen hat Er viele Strafen vorbereitet."

Der Seher über die Schmerzen Unserer Lieben Frau wegen der Abtreibung: Oliveto Citra, Italien, 24. Mai 1985: „Wie Jesus so verteidigt unsere Himmlische Mutter das Leben und die Unschuld der Kinder. Wenn sie um Gebet und Buße für die Bekehrung der Sünder bittet, die den Zorn Gottes herausfordern, dann denkt sie sicherlich an die Herausforderung der Gerechtigkeit Gottes durch die Verführung der unschuldigen Kinder. In einer der Botschaften sprach sie sich nachdrücklich wider das abscheuliche Verbrechen der Abtreibung aus, indem sie erklärte ... , daß sich unter den Getöteten (zukünftige) Priester und Heilige befunden hätten."

Der Seher und Vernehmer innerer Einsprechungen, Mike Slater aus Lubbock, in Texas: „Einmal erschien sie bei uns während des Rosenkranzgebets ganz in weiß gekleidet. Dann verfärbte sich ihr schönes weißes Kleid blutrot. Als wir dort verwundert knieten, erklärte sie uns, daß ihr Kleid sich wegen des Blutes, das von den abgetriebenen Kindern vergossen wird, rot verfärbt."

Die Allerseligste Jungfrau Maria zu Steve Marino aus Green Bay, im Bundesstaat Wisconsin, am 9. April 1991: „... Ich bitte euch, mir weiterhin zu vertrauen und an mich zu glauben. Ich wünsche, daß du allen sagst, wie sehr Jesus sie liebt. Er liebt einen jeden so sehr, daß er seine Hand der Gerechtigkeit zurückgehalten hat, um mir, seiner Mutter, Zeit zu gewähren, um noch mehr Seelen zu meinem Sohn zu führen. Der Mord so vieler unschuldiger und schöner Kinder im Mutterleib, der große Glaubensabfall, der sich immer weiter in unserer Kirche verbreitet, die Sünde der Unsittlichkeit – seid ihr, Kinder, euch dessen bewußt, daß unsere Körper Tempel des Heiligen Geistes sind? Noch bleibt Zeit zur Bekehrung, aber ihr dürft sie nicht länger aufschieben, weil die verbleibende Zeit kurz ist und sich alles ändern wird. Ich, eure Mutter, bin gekommen, um euch den Weg zu weisen. Das Gebet ist der Weg, meine Kinder. ... Vor dem Kreuz Jesu bete ich für eure Bekehrung."

Die Allerseligste Jungfrau Maria zu „Mariamante", am 7. März 1987: „Wie ihr wißt, hat Satan die Familie und das Priestertum als Ziel seiner Angriffe ausgewählt, weil diese die heiligsten der Berufungen sind, aus denen die meisten meiner

Kinder zu mir in den Himmel kommen. Traurigerweise werden viele Kinder heute nicht mehr in Familien hineingeboren, sondern sie werden sogar schon vor ihrer Geburt durch die Wahl ihrer Eltern zu Waisen gemacht, die sie nicht mehr wünschen. Das tut meinem Herzen so weh. Freut euch eurer Kinder, und gebt ihnen jene sichere Umgebung, die sie verdienen."

Unser Herr an Mariamante, am 8. März 1987: „Der Herr übt seine Rache mit einem zweischneidigen Schwert, und ‚die Rache ist mein', sagt der Herr. Jene, die ihren Körper in dem nicht enden wollenden Versuch, das Leben zu verhindern, verstümmelt haben, bedürfen der Reue. Sie haben schwerwiegend gesündigt und sollten als Sühne für ihre Sünden keusch bleiben. Schau den Schmerz, den diese Verirrung der heutigen Gesellschaft verursacht hat, besonders gegenüber den Kindern, die ihre Opfer geworden sind, Leidtragende in dem Sinne, daß sie alles an Materiellem besitzen, dennoch aber Mangel an Liebe haben, weil sie über keine Geschwister verfügen. Die Eltern, die sich dafür entschieden, das Leben schon vor seinem eigentlichen Beginn zu zerstören, handeln entsprechend dem Denken der modernen Welt. Sie leiden unter Einsamkeit, dem Mangel an kindlicher Zuneigung und jeglicher Art, welche sich direkt auf diese Verirrung zurückführen läßt. Die launenhaften und bedenklichen Entschuldigungen heutiger Menschen, das menschliche Leben zu verleugnen, sind ein Greuel wider die göttliche Ordnung und unmittelbar verantwortlich für viele der Sünden und Tragödien, dessen Zeugen ihr heute werdet."

Die Allerseligste Jungfrau an D.J. aus dem Distrikt von Columbia, USA, am 27. Mai 1992: „Mein Kind, ich bin gekommen, um zur Welt zu sprechen. Viele kennen mich unter diesem Bildnis als Unsere Liebe Frau von Guadalupe, Unsere Lieben Frau von Amerika und Patronin der ungeborenen Kinder. Ich bin heute Abend hierher gekommen, weil mein Sohn verlangt, daß ich in diesem Bild, das um die Welt verbreitet wird, als Mittel der Bekehrung anerkannt werde und als Instrument, welches das Ende der Sünde der Abtreibung herbeiführt. Selbst zu diesem Zeitpunkt, in dem ich spreche, erhebt der Satan seinen Widerstand gegen diesen Plan. Aber die Gnade meines Herzens ist größer als jegliche Macht der Finsternis. Kind, ich gebe dir diese Botschaft durch die Gnade meines Herzens. Nun mußt du es bekannt machen."

Unser Herr an Christina Gallagher in der Melleray-Grotte, im Kreis Waterford, in Irland, am 21. September 1990: „Die drei Sünden, welche mein Herz derzeit am meisten betrüben, sind die Abtreibung, die Tötung der unschuldigen Kinder, das Menschenopfer der unschuldigen Kinder an Satan und der Mißbrauch der unschuldigen Kinder."

Die Allerseligste Jungfrau Maria an Don Stefano Gobbi aus Italien, am 8. September 1983: „Klein sind für mich alle jene Kinder, die schon empfangen wurden und absichtlich noch im Schoß ihrer Mütter getötet werden. Die Liebe und der brennende Wunsch eurer himmlischen Mutter und der Kirche nach ihrer Rettung, zusammen mit dem unschuldigen Blut, das von denen vergossen wurde, die das Gesetz Gottes verachten und brechen, ist schon eine Begierde- und Bluttaufe, die sie alle rettet."

Die Allerseligste Jungfrau Maria an Don Stefano Gobbi aus Italien, am 15. November 1990: „..., und die Abtreibungen, diese Tötungen von unschuldigen Kindern, die vor dem Angesichte Gottes nach Rache schreien und in jedem Teil dieses eures Vaterlandes ausgeführt werden, ... Der Augenblick der göttlichen Gerechtigkeit und der großen Barmherzigkeit ist nun gekommen. Ihr werdet die Stunde der Schwäche und der Armut kennenlernen, die Stunde des Leides und der Niederlage, die reinigende Stunde des großen Strafgerichtes."

Als Antwort auf die 1991 gestellte Frage an die Seherin Mirjana Dragicevic aus Medjugorje, im ehemaligen Jugoslawien: „Hat die Allerseligste Jungfrau Maria die Abtreibung in den Vereinigten Staaten erwähnt?" – „Nicht nur in den Vereinigten Staaten, sondern in der ganzen Welt. Im zweiten Jahr der Erscheinungen fragte ich die Allerseligste Mutter bezüglich der Abtreibung, weil ich in der Stadt und in einer Umgebung aufwuchs, in der es davon viele gab. Die Allerseligste Mutter antwortete, daß es für Gott keine Sünde gebe, die nicht verziehen werden könnte. Aber für die Abtreibung muß man ein ganzes Leben lang Buße tun, nicht nur die Mutter, sondern beide Eltern, Mutter und Vater. Mirjana fragte die Allerseligste Mutter, was mit den ungeborenen Kindern geschehe, und die Allerseligste Mutter sagte: ‚Sie sind bei mir.'"

Die Allerseligste Jungfrau Maria am 4. August 1990 zu einem Amerikaner: „Ich wünsche, daß du sofort deine ganze Gruppe für das Leben und alle eure Anstrengungen unter das Banner eurer Lieben Frau von Guadalupe stellst. Ich werde euch meinen mächtigen Schutz und meine Hilfe geben. Ich werde euch zum Sieg über die Mächte des Todes führen, welche den ungeborenen Kindern im Mutterleib nachstellen ... Zusammen werden wir, meine lieben Kinder, das schreckliche Übel der Abtreibung beenden. Ich werde euch dabei helfen, alle Abtreibungen aufzuhalten. Dabei wird es keine Ausnahmen geben. Zusammen werden wir ein neues Zeitalter einläuten, in dem alles menschliche Leben geschützt ist, das heißt eine jede Person von der Empfängnis bis zum natürlichen Tod ... Ich werde dem heutigen blutigen Menschenopfer ein Ende bereiten, wie ich es bei den Heiden nach dem Wunder meines Bildnisses von 1531 tat."

Unser Herr 1991 an Zdenko „Jim" Singer in Kanada: „Liebe Kinder, zu eurem Heil gab ich euch das Gesetz: Du sollst nicht töten. Unter diesen Kindern [die abgetrieben wurden] befanden sich eine große Zahl, die für euch zu eurem Wohl ein Geschenk waren. Das Irrlicht weiß dies, und dennoch beherrscht er eure verhärteten Herzen. Diese so unschuldigen Kinder waren zu euch gesandt mit der Absicht, euch von der Verzweiflung, unter der ihr jetzt leidet, zu befreien. Diese unschuldigen Seelen wurden mit der Absicht gesandt, diese Welt zu regieren und vorwärts zu bringen, die ich euch in der Weise als Geschenk gab, wie ich es dich lehre: aus meiner Liebe."

1531 in Guadalupe, Mexiko

Nirgends war die Rolle der Allerseligsten Mutter strahlender als in jenem Teil, in dem sich heute Mexiko befindet. Im Jahre 1531 stellte sie sich Amerika in einem kleinen mexikanischen Dorf, Guadalupe genannt, vor. Die Geschichte ist von solcher Bedeutung, daß wir Einzelheiten darstellen, die Ihnen helfen sollten, ihre in die Geschichte eingreifende Rolle zu verstehen. Es war die erste Erscheinung, welche weltweiten Beifall erntete.

Die Schiffe Spaniens und Portugals fuhren vor allem aus, um neue Länder zu finden, aus denen sie reiche Beute an Gold in ihre Heimatländer zurückbringen konnten. Sie raubten, plünderten und verwüsteten die Inselnationen in ihrer unaufhörlichen Jagd nach Reichtümern, was zu einem legalisierten Völkermord führte. Kolumbus war 39 Jahre zuvor dort gelandet, und der Zusammenprall der Kulturen begann. In der mexikanischen Kultur [der Azteken] erforderte das Menschenopfer jährlich Zehntausende von menschlichen Leben. Dies war die historische Situation für das Eingreifen der Allerseligsten Jungfrau, während dessen sie sich als „Patronin Amerikas" vorstellte, obwohl der Titel ihres Banners „Mutter aller meiner Kinder" war. Sie erschien am höchsten Gipfel des Gebirges (auf ihrer Suche nach Gott beteten die Indianer am höchsten für sie erreichbaren Ort), und die Farbe ihres Tilma oder Mantels (der Muttergottes) war die Farbe der aztekischen Götter, womit sie ihre königliche Herkunft zum Ausdruck brachte.

Im Jahre 1531 war die Spannung zwischen den eingeborenen Indianern und den Spaniern in der Neuen Welt bis zur Entladung gewachsen. Cortez hatte erobert, aber seine Streitkräfte mißhandelten die Indianer auf barbarische Weise, obwohl diese den Spaniern an Zahl weitaus überlegen waren. Franziskanermissionare waren erst kürzlich nach Mexiko gekommen, um das Evangelium zu verkünden. Man brachte ihnen mehr Vertrauen entgegen als den spanischen Soldaten, aber das Land befand sich am Rande eines Gemetzels. Die Religion der Azteken verlangte nach Menschenopfern. Jährlich wurden geschätzte 20.000 Menschen hingeschlachtet und verstümmelt. Ihre noch klopfenden Herzen wurden ihnen bei lebendigem Leib aus der Brust geschnitten, wobei die Priester der Azteken diese Opfer den von ihnen verehrten Sonnen- und Schlangengöttern zu deren Befriedung darbrachten.

Juan Diego aus Guadalupe

Am frühen Morgen des 9. Dezember 1531 war ein kinderloser Witwer, namens Juan Diego, unterwgs zur St.-Jakobus-Kirche, um dort der heiligen Messe beizuwohnen. Er war 57 Jahre alt und seit fünf Jahren Konvertit. Da vernahm er einen himmlischen Chor und hörte dann die sanfte und milde Stimme einer Frau rufen: „Juan Diego! ... Juanito!" Juan erstieg den Berg in Richtung der Stimme. Die Sonne war noch nicht aufgegangen, und doch verschlug es Juan den Atem, als er ein junges Indianermädchen sah, kaum sechzehn Jahre alt, offensichtlich schwanger und unglaublich schön. Sie war mit dem Aqua-Mantel bekleidet, der nur der königlichen Familie vorbehalten war, woran ein schwarzes Kreuz an einer Spange bei ihrem Hals hing, und sie war in ein goldenes Licht getaucht. Die Farben des Regenbogens umgaben die Erscheinung mit solcher Intensität, daß das Gestein am Boden wie Edelsteine aussah. Mit sanfter Stimme sprach sie zu Juan Diego, wobei sie sich als Jungfrau Maria vorstellte. Sie bat ihn, Bischof Fray Juan de Zumarraga die Botschaft auszurichten, daß sie an dieser Stelle die Errichtung einer Kirche wünsche, damit sie dort allen Leuten helfen und sie trösten könne.

Der Bischof schlug Juan vor, die Dame um ein Zeichen zu bitten. Maria versprach, daß sie dies tun würde, wenn Juan am Montag, dem 11. Dezember, bei Tagesanbruch zurückkehre. Maria beauftragte Juan Diego, auf den Gipfel des Tepeyac-Berges zu klettern und die dort vorhandenen Blumen zu pflücken. Im Gehorsam erstieg Juan den steinigen und von Raureif bedeckten Berg, auf dem zur besten Zeit nicht viel wuchs, um so weniger im Dezember. Dort fand er kastilische Rosen aller Farben in voller Blüte, welche vom Morgentau bedeckt waren. Er pflückte sie, sammelte sie in seinem Gewand, dem Tilma, und brachte sie zu Unserer Lieben Frau. Sie ordnete die Rosen auf seinem Tilma sorgfältig, band sie fest und beauftragte Juan, sie dem Bischof als sein von ihm verlangtes Zeichen zu überbringen.

Juan Diego eilte zur Residenz des Bischofs. Er teilte dem Bischof alles mit, was die Dame gesagt hatte. Als er seinen Tilma öffnete, fielen die Rosen zu Boden. Auf dem Gesicht des Bischofs zeichnete sich Bestürzung ab. Er fiel vor Juan Diego auf die Knie, dennoch aber schaute er nicht auf die Rosen, wie Juan es sah, sondern auf ihn – auf seinen Tilma. Da blickte Juan nach unten. Das Bildnis der schönen Dame, wie Juan sie gesehen hatte, nahm auf seinem Tilma Gestalt an wie heutzutage ein sich entwickelndes Foto. Als der Bischof und die übrigen im Raum anwesenden Indianer den Tilma sahen, fielen auch sie auf die Knie.

Was nun sah jeder von ihnen? Der Bischof sah natürlich die Allerseligste Jungfrau Maria, wie sein Glaube ihn gelehrt hatte, daß sie erscheinen könnte. Sie war die „mit der Sonne umkleidete Frau, den Mond unter ihren Füßen", die Mutter Jesu Christi. Die Indianer, die nicht das christliche Erbe teilten, sahen etwas ganz anderes. Sie schauten jemanden vom Himmel (mit Sternen auf ihrem Mantel und auf dem Mond stehend), eine Königin, die in der Aqua-Farbe, der dem königlichen Geschlecht vorbehaltenen Farbe, gekleidet war. Sie stand vor der Sonne, womit angezeigt war, daß sie größer als der Sonnengott der Azteken war, und auf dem Mond, dem Symbol des Schlangengottes Quetzalcoatl. Den Gürtel ihres Gewandes trug sie hoch, womit angezeigt wurde, daß sie schwanger war. Ihre Augen schauten nach unten, womit ihre Demut zum Ausdruck gebracht war. Somit war klar, daß sie keine Göttin war, obwohl sie über den Göttern der Azteken stand. Schließlich trug sie ein schwarzes Kreuz an einer Spange. Die Prinzessin der Azteken hatte vor kurzem einen Traum gehabt, worin sie ein schwarzes Kreuz als Zeichen der Eroberer gesehen hatte. In den darauf folgenden Tagen geschahen Heilungswunder. Der Wunsch Mariens nach dem Bau einer Kirche ihr zu Ehren wurde erfüllt. In den nächsten drei Jahren erfolgte eine Massenbekehrung, wie es sie nie zuvor noch je hernach in der Geschichte des Katholizismus gegeben hatte. Das blutige heidnische Brauchtum des azteki-schen Menschenopfers verschwand vollkommen.[9]

Die Fortsetzung

Guadalupe ist ein Indianerwort, das soviel heißt wie „sie, die die Schlange zerquetscht". Im Jahre 1990 begann den Berichten zufolge Maria einem Mann aus Seattle im US-Bundesstaat Washington als die „Jungfrau von Guadalupe" zu erscheinen, wobei sie bat, daß sich alle Kräfte für das Leben unter ihrem Banner als „Beschützerin der ungeborenen Kinder" versammelten. Ihr Ziel ist es, der Abtreibung schließlich ein Ende zu bereiten, genau so wie sie vor fast 500 Jahren dem aztekischen Brauchtum blutiger Menschenopfer Einhalt gebot. Sie sagte dem Seher aus Seattle, daß sie das blutige Opfer unschuldigen Lebens des 20. Jahrhunderts, welches wir Abtreibung nennen, beenden werde. Mehrere Nach-bildungen ihrer Originalabbildung wurden im Auftrag der mexikanischen Bischöfe hergestellt und reisen mit dieser Sendung in Amerika umher. Es wird von vielen Zeichen und Wundern berichtet, die mit den Reisen dieser „Missionsbilder" vom Tilma des Juan Diego einhergehen, darunter Heilungen, Sonnenphänomene und bezeugte Berichte von Rosenblüten, die auf dem Bildnis Gestalt annehmen und herunterfallen. Wenn Maria 1531 ein Zeichen der Hoffnung war, so wird Unsere Allerseligste Mutter heute um so mehr als Zeichen der Hoffnung benötigt.

Zu diesem Zeitpunkt können wir das Ende der Abtreibung nicht erblicken. Dennoch befindet sich Unsere Allerseligste Mutter immer ein paar Schritte voraus, und mit einem Wohlklang an Gebeten und der mächtigen Fürbitte

Unserer Lieben Frau und Christi, ihres Sohnes, wird die Geißel der Abtreibung ausgelöscht werden wie zuvor der aztekische Greuel des Menschenopfers. Wir müssen jedoch betonen, daß Unsere Liebe Frau gesagt hat: „Zusammen werden wir die Abtreibung beenden." Sie benötigt unsere Gebete, Opfer und Hilfe.

Aus dem Mund anderer

Botschaften erhielten wir von Gladys aus San Nicolas, in Argentinien, und der stigmatisierten Julia Kim aus Naju, in Korea. Sie warnen vor den Aktivitäten Satans in der Welt, insbesondere was die Abtreibung anbetrifft.

Gladys

„Meine Kinder, in den großen Städten der Welt sieht man Atheismus und eine völlige Gleichgültigkeit Gott gegenüber. Der Böse ist wie in einem Sprudel aufgestiegen, indem er die schwachen Geister (der Menschen) mit seiner Bosheit und Dominanz überwältigt." (2. September 1985)

„Meine Tochter, es ist wahr, daß jetzt der Böse triumphiert, aber es ist ein Sieg, der nur von kurzer Dauer ist. Der Herr gewährt ihm nur Zeit, genau die gleiche Zeit, die er dem Menschen gibt, um zu Gott zurückzukehren. Darum nehmen Laster und weltlicher Wahnsinn mit jedem Tag zu. Die Schwachheit muß zur Stärke werden, und darin wird es mir gelingen, das Böse loszuwerden. Bis jetzt ist das Herz des Menschen noch nicht völlig eingenommen worden." (11. Oktober 1986)

„Es gibt überall so viele verrückte Leidenschaften, meine Kinder, daß viele Menschen von Blindheit geschlagen sind. Die Sünde überschreitet jegliches Maß. Der Teufel möchte die völlige Herrschaft über die Erde. Er wünscht die Zerstörung. (2. Juni 1985)

„Du weißt, meine Tochter, daß ein Sturm losgebrochen ist, ein schrecklicher Sturm, das Werk des Teufels. Für viele Sünder ist das Wort des Herrn ein Stolperstein. Aber wiederhole, was ich dir so oft gesagt habe: ‚Gottes Werk ist groß. Nichts Böses kann es aufhalten.'" (6. April 1986)

„Tochter, die Erde ist bewohnt und scheint doch unbewohnt zu sein. Sie befindet sich in einer sehr großen Finsternis. Die Warnung Gottes umgibt die Welt! Jene, die im Herrn verweilen, haben nichts zu befürchten, aber jene, die verleugnen, was von Ihm stammt, müssen sich fürchten." (14. Oktober 1986)

„Gladys, bete auch für die Kinder, die nicht geboren werden, die nie das Tageslicht erblicken. Es gibt so viele Abtreibungen, so viele trachten nach dem Leben, das nur Gott gehört!" (7. März 1987)

Julia Kim: „Ich leide am schrecklichsten, wenn ich Kinder so kurz nach ihrer Empfängnis sterben sehe, zu Tode gebracht durch die chemischen Mittel, die viele Frauen einnehmen, um das Leben schon bei seinem Beginn abzuwürgen. Ich flehe euch an, meinen Schmerz zu mildern, indem ihr Opfer bringt und Sühnegebete aufopfert. Überall bitte ich die Priester inständig: Bitte, gestattet es nicht, daß meine Tränen umsonst fließen. Ich wünsche, daß meine lieben Prie-ster zu Sühneseelen für die Bekehrung der Sünder und zum Heil der Menschheit werden. Der Satan verkleidet sich auf verschiedene Weise – nach außen gut, karitativ, intellektuell und mit heiligem Aussehen – aber letztlich beabsichtigt er Spaltung, Häresie und Verwirrung. Das beste Mittel, um diesen Anstrengungen des Bösen, die Kirche zu schwächen, entgegenzutreten, ist, meine Botschaften in die Tat umzusetzen." (Juni 1989)

Des Satans letzte Stunde

Diese Botschaft wurde am 13. Oktober 1987 in Hongkong während der Fei-ern zum 70. Jahrestag der Erscheinungen von Fatima empfangen. Die Botschaft vermittelte Informationen an die marianische Priesterbewegung bezüglich der letzten Stunde des Satans.

„Es sind siebzig Jahre her, seit ich vom Himmel zu euch als die mit der Sonne bekleidete Frau herabgestiegen bin. Es sind auch siebzig Jahre her, daß mein Gegner, der Satan, aus dem Abgrund zu euch heraufgestiegen ist, um sich als roter Drache in seiner ganzen furchtbaren Macht zu zeigen. Tatsächlich ist es ihm gelungen, seine Herrschaft über viele Nationen auszudehnen und seine Taktik der Gottesleugnung und der Rebellion gegen Gott in allen Teilen der Welt zu verbreiten.

So hat der rote Drache in der Periode dieser siebzig Jahre die Menschen mit der Kette seiner Sklaverei gefesselt. Er hat euch zu Sklaven des Stolzes und der Überheblichkeit gemacht mit der betrügerischen Täuschung, euch dazu zu bringen, ohne Gott leben zu können und euch selbst an die Stelle Gottes zu setzen, damit er – Satan – in euch seine Gebärde der Rebellion und der Herausforderung des Herrn erneuern kann. So hat er überall den Irrtum des Atheismus verbreitet und die Menschheit dazu angestachelt, eine neue Zivilisation ohne Gott zu bauen."

Die Macht Satans und seine begrenzte Zeitspanne wird in der Botschaft Unserer Lieben Frau an Don Gobbi vom 1. Januar 1992 dargestellt: „Erhebt eure Augen von dieser finsteren Zeit, die ihr jetzt durchlebt, und fürchtet euch nicht, auch wenn der Satan nun der unwidersprochene Beherrscher der Welt und Herr über die ganze Menschheit ist. Bald wird sein Reich zerfallen und seine Macht vernichtet werden, denn ich selbst werde ihn in Ketten legen und ihn in den See des ewigen Feuers und des Todes sperren, aus dem er nie mehr entkommen können wird. Und Jesus Christus, der König der ewigen Herrlichkeit, wird über die erneuerte Welt herrschen und so die neue Zeit anbrechen lassen, die bald kommt. ... Heute verkünde ich euch, daß eure Erlösung nahe ist."

Die Abhilfe Mariens gegen die Eroberungen des Satans wurden Don Gobbi am 7. Oktober 1983 gegeben: „Der Stolz Satans wird noch von der Demut der Kleinen besiegt werden und der rote Drache wird sich endgültig gedemütigt und geschlagen fühlen, wenn ich ihn fesseln werde – nicht indem ich mich einer starken Kette bediene, sondern einer zerbrechlichen Schnur: jener des heiligen Rosenkranzes."

Wir befinden uns nun am Ende der Herrschaft Satans, nahe der Zeit, wann das Geheimnis des Greuels offenbar und der Welt sein Gesicht zeigen wird. Die Sünden der Abtreibung, der Homosexualität und aller Unreinheit werden heutzutage als normal akzeptiert. Unrecht ist zu Recht geworden, und weder unser Klerus, noch unsere Abgeordneten oder die Mehrheit unserer Mitbürger erheben irgendeinen Einspruch. Unsere Städte sind Zentren von Gewaltverbrechen, in denen man abends keinen Spaziergang in aller Sicherheit wagen kann. Drogen sind überall anzutreffen, und sie zerstören unsere Jugend in der ganzen Welt. Viele Familien sind von so zahlreichen Übeln verwüstet, daß nur wenige von ihnen von dem unmoralischen Klima unserer Tage unberührt geblieben sind.

Satan hat die Zeit seiner Herrschaft gehabt, und die mit der Sonne umkleidete Frau wird bald den Kopf der Schlange zertreten. Die Zerstörung hat ihren Preis gefordert, so daß es fast zu einem vollständigen Verlust des Glaubens ge-kommen ist. Die Voraussagen von La Salette sind alle im „Jahrhundert Satans" eingetroffen.

9

Fatima und die Endzeit

Das Gebäude der modernen Kultur muß auf spirituellen Prinzipien errichtet werden, die es alleine stützen und sogar erleuchten und beleben können. Solch unerläßliche Prinzipien einer überlegenen Weisheit kann man nur ... im Glauben an Gott finden.

Papst Paul VI. vor den Vereinten Nationen am 4. Oktober 1965

Die Bedeutung Fatimas für dieses Jahrhundert

Nach dem gescheiterten Mordanschlag 1981 und während seiner Genesung dachte Papst Johannes Paul II. über Fatima nach. Er sagte seinem Freund, Bischof Paul M. Hnilica SJ: „Paul, in diesen drei Monaten ist mir klar geworden, daß die einzige Lösung aller Probleme der Welt, des Friedens als Befreiung vom Krieg, der Überwindung des Atheismus und des Abfalls von Gott in der Bekehrung Rußlands liegt. Die Bekehrung Rußlands ist der Gehalt und die Bedeutung der Botschaft von Fatima. Der Triumph Mariens wird nicht zuvor kommen.“[1]

Unter den Marienerscheinungen des 20. Jahrhunderts nimmt Fatima die Schlüsselstellung ein. Papst Pius XII. bemerkte, daß die Botschaft von Fatima eine der größten Eingriffe Gottes in die Weltgeschichte durch Maria seit dem Tod der Apostel darstellt. Nur im Namen Gottes greift die Allerseligste Mutter ein. Sie sagt kein Wort noch setzt sie einen Schritt ohne den ausdrücklichen Willen Gottes. Die Botschaft von Fatima kann man nicht verstehen, wenn man den atheistischen Kommunismus nicht kennt, wenn man nicht weiß, was in Rußland geschehen ist.[2]

Papst Pius XI. sagte: „Heute betrachten wir etwas, was die Weltgeschichte nie zuvor gesehen hat: das Schwenken der Fahne des Satans im Kampf gegen Gott und die Religion, gegen alle Völker und in allen Teilen der Welt; ein Phänomen, welches alles, was zuvor geschehen ist, übersteigt."[3]

In der Menschheitsgeschichte kommt in der Brutalität des Menschen gegen den Menschen niemand dem Kommunismus gleich. In seinem Ausmaß übersteigt er alle vorherigen Verfolgungen der Kirche. Es wird geschätzt, daß Hitler für den Tod von ungefähr 12 Millionen Menschen, die Opfer des Holocausts und des Krieges eingeschlossen, verantwortlich ist. Es wird angenommen, daß Lenin, Mao, Stalin und andere nach ihnen zusammen für über 100 Millionen Tote unmittelbar verantwortlich sind.

Nahezu 300 Millionen Menschen in den Republiken (der ehemaligen Sowjetunion) und nahezu 1,4 Milliarden Menschen in China sind diesem System der Ungerechtigkeit unterstellt gewesen. Darin sind alle die anderen Satellitenstaaten, die sich im Griff des Kommunismus befanden, nicht eingeschlossen. Das ist kein Werk des Menschen; dahinter steht eine höhere und schlauere Macht.

Seit der Revolution von 1917 hat Satan sich unermüdlich damit beschäftigt, das Herz und die Seele Rußlands zu besitzen. Weil die Welt den Botschaften Fatimas nicht folgte, ist es ihm zu einem großen Teil gelungen. Nicht, bevor die Allerseligste Mutter in dieser Zeit eine erweiterte Rolle einnahm, sehen wir Veränderungen. Sie lädt uns zur höchst möglichen Berufung ein: Miterlöser unserer Geschwister in Christo zu werden. Das ist die Botschaft Fatimas, die Botschaft des Friedens.

Die Bekehrung Rußlands ist nur ein Teil der Botschaft insgesamt. Sie steht nicht für sich allein, sondern ist Teil einer größeren Botschaft in den ausgehenden Jahren dieses Jahrhunderts.

Auftakt zu Fatima

Am 27. November 1830 erschien Unsere Allerseligste Mutter in der rue de Bac in Paris der Catherine Labouré und gab ihr die „Wundertätige Medaille". Maria bat, daß die Medaille zwei Herzen zeigen solle: das Allerheiligste Herz Jesu und das Unbefleckte Herz Mariens zusammen auf einer Seite der Medaille.

Unsere Liebe Frau sagte 1846 in La Salette, Frankreich, zu Maximin Giraud: „Später wird dieser Friede durch das Monstrum (Kommunismus) gestört werden. Das Untier wird im 19. oder spätestens am Anfang des 20. Jahrhunderts erscheinen."[4]

In Hruschiw, in der Ukraine, sahen 1914 zweiundzwanzig Bauersleute Unsere Liebe Frau. Sie sagte 80 oder 90 Jahre des Elends voraus. (Erinnern Sie sich, daß die freie Religionsausübung erst in den letzten Jahren ermöglicht wurde.) Wie in Fatima warnte sie, daß Rußland gottlos werden und die Menschheit nahe an den Abgrund der Zerstörung bringen würde. Es war ein bedeutsames Verbindungsstück zu dem, was Jahre später Schwester Luzia von Fatima mitgeteilt wurde: wenn Rußland nicht zum Christentum zurückkehre, werde es einen weiteren Weltkrieg geben und ganze Nationen würden vom Erdboden verschwinden.

Die Erscheinungen von Fatima

1916 – Der Engel des Friedens erscheint

In einer Zeit der Verfolgung der Kirche in Portugal erschien 1916 der Engel des Friedens, der Schutzengel Portugals, drei Kindern: Luzia, Francesco und Jacinta. Er erschien bei drei Gelegenheiten.

Während des Frühlings des Jahres 1916 bat der Engel des Friedens die drei Kinder, mit ihm zu beten. Er kniete sich nieder und verbeugte sich tief und wiederholte dreimal das Gebet: „Mein Gott, ich glaube an Dich, ich bete Dich an, ich hoffe auf Dich, ich liebe Dich. Ich bitte Dich um Verzeihung für jene, die nicht glauben, nicht anbeten, nicht hoffen und Dich nicht lieben.“ Er hielt sie an, auf diese Weise zu beten.

Mitten im Sommer des Jahres 1916 erschien er den drei Kindern und sagte: „Was macht ihr da? Betet! Betet viel! Die Herzen Jesu und Mariens haben für euch Pläne der Barmherzigkeit. Bringt dem Allerhöchsten unaufhörlich Gebete und Opfer dar! Opfert dem Herrn alles, was in eurer Macht steht, auf als Sühneopfer für die Sünden, durch die Er beleidigt wird, und als Bittgebet für die Bekehrung der Sünder. Fleht auf diese Weise den Frieden auf euer Land herab! Ich bin sein Schutzengel, der Engel Portugals. Vor allem nehmt die Leiden an, die der Herr euch senden mag, und unterstellt euch ihnen willig!“[5]

Im Herbst des Jahres 1916 erschien der Engel erneut den Kindern, wobei er einen goldenen Kelch in der einen Hand hielt und in der anderen Hand darüber eine Hostie, aus der Blut in den Kelch tropfte. Der Engel ließ den Kelch und die Hostie in der Luft schweben und kniete sich, davor verbeugend, nieder, mit dem Kopf den Boden berührend. Und dreimal wiederholte er dieses Gebet: „Heiligste Dreifaltigkeit, Vater, Sohn und Heiliger Geist, ich bete Dich in tiefster Ehrfurcht an und opfere Dir auf den kostbaren Leib, das Blut, die Seele und die Gottheit unseres Herrn Jesus Christus, der in allen Tabernakeln der Welt gegenwärtig ist, zur Sühne für die Schmähungen, Sakrilegien und die Gleichgültigkeit, durch die Er selbst beleidigt wird. Durch die unendlichen Verdienste Seines Heiligsten Herzens und die Fürbitte des Unbefleckten Herzens Mariens bitte ich Dich um die Bekehrung der armen Sünder.“ Dann reichte der Engel Luzia und den anderen beiden Kindern die heilige Kommunion und gab ihnen den Kelch zum Trinken und sagte: „Esset und trinket den Leib und das Blut Jesu Christi, der von undankbaren Menschen aufs schrecklichste geschmäht wird. Sühnt für ihre Sünden und tröstet euren Gott!“

Fatima 1917 — Die mit der Sonne umkleidete Frau

Kurz nach Mittag, am 13. Mai 1917, in der Cova da Iria, nachdem die drei Kinder gerade ihr Mittagsmahl beendet hatten und sich zu einem Spiel aufmachen wollten, sahen sie einen Blitz und dann noch einen. Eine schöne Dame, „heller als die Sonne", erschien über einer kleinen Steineiche. Sie sagte: „Fürchtet euch nicht! Ich werde euch nichts antun. Ich komme vom Himmel." Luzia fragte: „Was möchten Sie von uns?" Die Dame antwortete: „Ich wünsche, daß ihr hierher um dieselbe Zeit am 13. der folgenden sechs Monate kommt, und dann werde ich euch sagen, wer ich bin und was ich wünsche." Die Dame fragte sie: „Möchtet ihr euch Gott anbieten und alle Leiden, die Er euch senden mag, als Sühne für die zahllosen Sünden, durch die Er beleidigt wird, und als Bittgebet für die Bekehrung der Sünder annehmen?" Indem sie für alle drei antwortete, sagte Luzia ja. Die Dame darauf: „Dann werdet ihr viel leiden müssen, aber die Gnade Gottes wird euch trösten." Im Weggehen sagte sie noch: „Betet täglich den Rosenkranz um den Frieden der Welt und für die Beendigung des Krieges."

Am 13. Juni 1917 erschien die Dame den drei Kindern zum zweiten Mal bei dem Eichenbaum. Luzia fragte die Dame, was sie von ihr wünsche. Die Dame antwortete: „Ich möchte, daß ihr hier am 13. des nächsten Monats wieder herkommt. Betet den Rosenkranz und zwischen den Gesätzen fügt folgendes Gebet ein: ‚O mein Jesus, verzeih uns unsere Sünden, bewahre uns vor dem Feuer der Hölle, führe alle Seelen in den Himmel, besonders jene, die Deiner Barmherzigkeit am meisten bedürfen.' Ich wünsche, daß ihr lesen und schreiben lernt. Und später werde ich euch sagen, was ich sonst noch wünsche."

Die Dame teilte ihnen mit, daß sie bald Francesco und Jacinta zum Himmel mitnehmen werde (Eine Grippewelle forderte nach einander 1919 das Leben von Francesco und 1920 das von Jacinta). Aber die Dame sagte zu Luzia: „Doch du mußt hier noch längere Zeit bleiben. Jesus möchte dich dazu verwenden, mich bekannt zu machen und daß ich geliebt werde. Er möchte die Verehrung meines Unbefleckten Herzens in der Welt verbreiten. Ich verspreche das Heil jenen, die es umarmen, und ihre Seelen werden von Gott geliebt werden wie Blumen, die ich selbst an Seinem Thron als Zierde angebracht habe." Sie versprach Luzia, daß sie sie nie verlassen werde. Sie sagte: „Mein Unbeflecktes Herz wird dein Zufluchtsort sein und der Weg, der dich zu Gott führen wird."

Am 13. Juli 1917 erschien Unsere Liebe Frau erneut über der Eiche. Luzia fragte: „Was wünschen Sie von mir?" Die Dame antwortete: „Ich möchte, daß ihr am 13. des nächsten Monats hierher zurückkommt und daß ihr weiterhin täglich zu Ehren Unserer Lieben Frau vom heiligen Rosenkranz den Rosenkranz betet, um der Welt den Frieden und das Ende des Krieges zu erlangen, denn nur Sie kann helfen. Kommt weiterhin jeden Monat hierher! Im Oktober werde ich euch mitteilen, wer ich bin und was ich wünsche. Und ich werde ein Wunder geschehen lassen, so daß jeder es sehen und so glauben kann."

Dann sagte die Dame den Kindern: „Opfert euch für die Sünder auf und sagt oft, besonders wenn ihr ein Opfer bringt: ‚O mein Jesus, aus Liebe zu Dir, für die Bekehrung der Sünder und als Sühne für die Beleidigungen, die dem Unbefleckten Herzen Mariens angetan werden.'" Nachdem sie das gesagt hatte, streckte sie ihre Hände aus, von denen Lichtstrahlen ausgingen, die in den Boden eindrangen, und den Kindern wurde eine Vision der Hölle gezeigt.

Die Dame sagte zu Luzia: „Ihr habt die Hölle gesehen, wohin sich die Seelen der armen Sünder begeben. Um sie zu retten, will Gott in der Welt die Verehrung meines Unbefleckten Herzens verbreiten. Wenn die Menschen das befolgen, was ich euch sage, werden viele Seelen gerettet werden, und es wird Friede sein. Der Krieg wird zu Ende gehen. Aber wenn sie nicht damit aufhören, Gott zu beleidigen, wird ein weiterer, schlimmerer Krieg in der Zeit Pius XI. ausbrechen. **Wenn ihr in einer Nacht ein unbekanntes Licht leuchten seht, dann wisset, daß dies das große Zeichen ist, das Gott euch gibt, um anzudeuten, daß Er im Begriff ist, die Welt für ihre Sünden durch Krieg, Hunger, Verfolgung der Kirche und des Heiligen Vaters zu bestrafen.** Um dies zu verhindern, werde ich kommen, um für die Weihe Rußlands an mein Unbeflecktes Herz und die Sühnekommunion an den ersten Samstagen zu bitten. Sollte man meine Bitten befolgen, wird sich Rußland bekehren und es wird Friede sein. **Sollte man sie aber nicht befolgen, so wird Rußland seine Irrtümer über die ganze Welt verbreiten, Kriege und die Verfolgung der Kirche anzetteln; die Guten werden zu Märtyrern, der Heilige Vater wird vieles zu erleiden haben, verschiedene Nationen werden ausgelöscht werden; am Ende wird mein Unbeflecktes Herz triumphieren.** Der Heilige Vater wird mir Rußland weihen, welches sich bekehren wird, und der Welt wird einige Zeit des Friedens gewährt. ... Sag dies niemandem. Francesco, ja, ihm darfst du es sagen."

Am 19. August 1917 erschien die Dame den Kindern erneut bei Valinhos, in der Nähe der Cova da Iria. Die Ortsbehörden hatten die Kinder gefangen genommen und mehrere Tage lang festgehalten, um zu verhindern, daß sie sich am 13. zur Cova da Iria begeben konnten.

Luzia fragte erneut: „Was wünschen Sie?" Die Dame sagte: „Ich möchte, daß ihr weiterhin am 13. zur Cova da Iria kommt und weiterhin täglich den Rosenkranz betet." Sie versprach Luzia: „Ja im letzten Monat, im Oktober, werde ich ein Wunder vollbringen, so daß alle an meine Erscheinungen glauben können. Wenn sie dich nicht zum Dorf gebracht hätten, wäre das Wunder noch größer ausgefallen. Der heilige Josef wird kommen, um die Menschen zu segnen. Außerdem werden Unsere Liebe Frau vom heiligen Rosenkranz und die

Schmerzensreiche Mutter kommen." Die Dame sagte: „Betet! Betet viel und opfert euch für die Sünder auf, denn viele Seelen enden in der Hölle, weil niemand für sie betet und sich für sie aufopfert!"

Am 13. September 1917 erschien die Dame. Wie es ihr Brauch war, fragte Luzia: „Was wünschen Sie von mir?" Die Dame antwortete: „Die Leute sollen weiterhin täglich den Rosenkranz beten, um das Ende des Krieges zu erlangen." Luzia flehte Sie um ein Wunder an. Die Dame entgegnete: „Ja, im Oktober werde ich ein Wunder vollbringen, damit alle glauben können."

Das Sonnenwunder

Am 13. Oktober 1917 war Europa von einem starken Sturm heimgesucht worden. Der Boden war naß und schlammig. Eine Menschenmenge, die auf zwischen 50.000 und 70.000 geschätzt wurde, befand sich, vom Regen durchnäßt, auf dem Weg zum Erscheinungsort.

Die Dame erschien. Auf Luzias übliche Frage: „Was wünschen Sie?" war die Antwort: „Ich möchte euch sagen, daß ihr hier mir zu Ehren eine Kapelle errichten sollt und daß ich die Liebe Frau vom heiligen Rosenkranz bin. Sie sollen weiterhin täglich den Rosenkranz beten. Der Krieg wird bald zu Ende gehen, und die Soldaten werden heimkehren."

Als die Allerseligste Mutter im Begriff war, sie zu verlassen, öffnete sie ihre Hände, von denen Lichtstrahlen in Richtung Sonne ausgingen. Allmählich verblaßte die Sonne, und sie erschien wie eine silberne Scheibe, so daß alle sie unmittelbar betrachten konnten, ohne ihre Augen zu schützen. Strahlen vielfarbigen Lichts gingen von der Sonne in alle Richtungen aus: rot, blau, gelb, grün und eine jede Farbe in der Farbskala. Dann begann die Sonne sich wild um ihre Achse zu drehen, und sie schien ein gigantisches Feuerrad zu sein. Die Sonne tanzte wild umher. Plötzlich schien sich die Sonne aus ihrer Laufbahn zu lösen. Sie raste immer näher auf die Erde zu, und es sah so aus, als ob sie auf die Erde stürzen würde. Die Menschen erstarrten vor Schreck, und Rufe der Reue und Bitten um Barmherzigkeit waren zu hören. Viele dachten, das Ende der Welt sei gekommen. Dann, genauso plötzlich, hörte die Sonne auf, sich auf die Erde zu stürzen, und in genau derselben drehenden Bewegung bewegte sie sich aufwärts, bis sie ihren Ausgangspunkt am Himmel erreicht hatte. Die regennasse Kleidung von 50.000 bis 70.000 Menschen war im Nu getrocknet. Von diesem Ereignis wurde in mehreren Tageszeitungen berichtet.

Zum Zeitpunkt dieser Niederschrift lebt Schwester Luzia noch. Sie hat weiterhin Botschaften von Unserer Allerseligsten Mutter empfangen. Luzia wurde gesagt, daß sie die Erfüllung aller Botschaften von Fatima sehen werde. Luzia ist heute 86 Jahre alt.

In seiner Enzyklika *Signum Magnum*, vom Mai 1967, identifiziert Papst Paul VI. Unsere Allerseligste Mutter von Fatima mit „der von der Sonne umkleideten Frau“, womit er sie unmittelbar gleichsetzt mit [der Gestalt aus] dem 12. Kapitel der Apokalypse.

Fünfundsiebzig Jahre lang Ereignisse in Fatima

Eine Reihe von wichtigen Ereignissen, die mit Fatima in Verbindung stehen, sind im folgenden aufgezählt.[6]

- Am 10. Dezember 1925: Die Allerseligste Jungfrau erschien Luzia mit dem Jesuskind an ihrer Seite. Unsere Liebe Frau erbat die Verehrung ihres Unbefleckten Herzens an den ersten fünf Samstagen als Sühne für (die Beleidigungen) ihres Unbefleckten Herzens.

- Am 15. Februar 1926: Luzia erschien das Jesuskind, welches sie fragte, ob sie die Verehrung (des Unbefleckten Herzens an den ersten Samstagen) als Sühneleistung für das Unbefleckte Herz Seiner Mutter verbreitet habe.

- Am 13. Juni 1929: Schwester Luzia hatte im Kloster zu Tuy, in Spanien, eine Vision der Allerheiligsten Dreifaltigkeit und der Jungfrau von Fatima. Maria hielt das Unbefleckte Herz in ihrer Hand und sagte zu Schwester Luzia: „Es ist der Augenblick gekommen, da Gott vom Heiligen Vater verlangt, daß er zusammen mit allen Bischöfen der Welt die Weihe Rußlands an mein Unbeflecktes Herz vollziehe; Er verspricht durch dieses Mittel, es zu bekehren.“ Luzia teilte diese Botschaft ihrem Beichtvater, Pater José Bernardo Goncalves, mit, und jener leitete sie an den Bischof von Leiria weiter. Es gibt keinerlei Anhaltspunkt dafür, daß Papst Pius XI. diese Botschaft jemals erhielt. Schließlich gelangte die Botschaft nach Rom, aber in der Zwischenzeit war die Weihe Rußlands nicht vollzogen worden, und die Ereignisse in der Sowjetunion liefen auf einem Katastrophenkurs weiter.[7]

- Am 13. Oktober 1930: Der Bischof von Fatima erklärt, daß die Erscheinungen von Fatima als übernatürlichen Ursprungs angenommen werden dürfen.

- Am 12. September 1935: Die leiblichen Überreste Jacintas werden nach Fatima übertragen. Als man den Sarg öffnet, findet man ihr Gesicht unversehrt. Der Bischof beauftragt Luzia, alles aufzuschreiben, dessen sie sich über Jacintas Leben erinnern konnte. Die ersten Memoiren der Schwester Luzia wurden noch vor dem 25. Dezember 1935 beendet.

- November 1937: Der Bischof von Leiria, in dessen Diözese sich die Pfarrei von Fatima befindet, beauftragt Schwester Luzia, ihre Lebensgeschichte und den Hergang der Erscheinungen aufzuzeichnen. Ihre zweiten Memoiren wurden in jener Zeit geschrieben.

- 25. - 26. Januar 1938: Die in Fatima am 13. Juli 1917 vorhergesagten Lich-ter wurden in Europa und in den Vereinigten Staaten gesehen. Die Leute wurden von dem Schein der Lichter aufgeschreckt, was von den Wissenschaftlern als eine Aurora Borealis von „außergewöhnlicher Stärke" bezeichnet wurde. Im Kloster zu Tuy, in Spanien, bewunderte Luzia das [himmlische] Schauspiel. Sie sandte einen Brief an den Bischof, in dem sie feststellte, daß „Gott hiervon Gebrauch machte, um mir anzudeuten, daß seine Gerechtigkeit im Begriff sei, die schuldigen Nationen zu bestrafen". Papst Pius XI. hatte vorausgesagt, daß einem großen Zeichen schreckliche Verfolgungen folgen würden. Innerhalb von Monaten war Hitler in Österreich einmarschiert, um es an Deutschland anzuschließen. Die Aggressionen Hitlers hatten begonnen, und bald darauf folgte der Zweite Weltkrieg mit der Invasion Polens am 1. September 1939.

- Am 31. August 1941: Schwester Luzia schrieb ihre dritten Memoiren, worin sie einige Details aus Jacintas Leben erhellte. In diesen ihren dritten Memoiren erwähnte Schwester Luzia zum ersten Mal, daß das Geheimnis aus drei verschiedenen Teilen besteht. Und sie offenbarte die ersten beiden Teile. Sie brachte zum Ausdruck, daß es ihr zu jenem Zeitpunkt nicht gestattet sei, den dritten Teil des Geheimnisses zu veröffentlichen.

- 8. Dezember 1941: Als Antwort auf den Befehl ihres Bischofs vom 7. Oktober 1941, alles niederzuschreiben, dessen sie sich in bezug auf die Ereignisse von Fatima sonst noch erinnern könne, stellt Schwester Luzia ihre vierten Memoiren vor.

- Am 31. Oktober 1942: In einer portugiesischen Rundfunkmitteilung weiht Papst Pius XII. die Welt dem Unbefleckten Herzen Mariens.

- Am 13. Mai 1946: Papst Pius XII. krönt das Bildnis Unserer Lieben Frau von Fatima und erklärt sie zur „Königin der Welt".

- Am 13. Juni 1946: In seiner Enzyklika *Deiparae Virginis Mariae* bezieht sich Papst Pius XII. wohlwollend auf die Botschaft Unserer Lieben Frau zu Fatima.

- Am 7. Juli 1952: Papst Pius XII. weiht das russische Volk dem Unbefleckten Herzen Mariens.

- Am 12. November 1954: Papst Pius XII. erhebt das Heiligtum von Fatima zur Basilika.

- Am 13. Dezember 1962: Papst Johannes XXIII. führt das Fest Unserer Lieben Frau vom heiligen Rosenkranz zu Ehren Unserer Lieben Frau von Fatima ein.

- Am 21. November 1964: Papst Paul VI. erneuert die von Papst Pius XII. vollzogene Weihe Rußlands an das Unbefleckte Herz vor den versammelten Konzilsvätern des Zweiten Vatikanischen Konzils. Obwohl die Konzilsväter anwesend waren, vollzog er sie alleine.

- Am 13. Mai 1967: Papst Paul VI. begibt sich nach Fatima, wo er zur erneuten Weihe an das Unbefleckte Herz auffordert.

- Am 13. Mai 1981: Papst Johannes Paul II. wird schwer durch die Kugel eines Attentäters verletzt. Der Papst wurde vor dem Tode bewahrt, als er sich umdrehte, um ein junges Mädchen in der Menge zu betrachten, welches ein Bild der Jungfrau von Fatima trug. Als der Papst sich umwandte, verfehlte in ein Schuß, der auf seinen Kopf gerichtet worden war. Dann gab der Attentäter noch zwei Schüsse ab, die den Papst in der Bauchgegend trafen. Der Papst sprach mit Luzia von seinem Krankenbett aus. Während seiner Genesung von seinen Verletzungen las er alle ihm zugänglichen Informationen über Fatima, führte einen Briefwechsel mit Luzia und las erneut das berühmte, unveröffentlichte dritte Geheimnis.

- Am 13. Mai 1982: Anläßlich seines Besuches in Fatima, um Maria für die Erhaltung seines Lebens zu danken, stellte Papst Johannes Paul II. fest, daß die „Botschaft von Fatima immer noch von größerer Wichtigkeit ist, als sie es vor fünfundsechzig Jahren war. Sie ist immer noch sehr dringlich." Nachdem er Briefe an die katholischen Bischöfe in der ganzen Welt gesandt hatte, machte der Papst den Versuch, mit ihnen zusammen in „kollegialer Weise" die Welt und damit Rußland dem Unbefleckten Herzen Mariens zu weihen. Viele Bischöfe zeigten keinerlei Reaktion, und Schwester Luzia stellte im Anschluß fest, daß der Versuch nicht alle von Gott verlangten Bedingungen erfüllte.

- Am 8. Dezember 1983: Papst Johannes Paul II. stellte fest: **„Genau am Ende des zweiten Jahrtausends versammeln sich am Horizont der ganzen Menschheit gewaltige bedrohliche Wolken, und Dunkelheit verfinstert die Seelen der Menschen."**[8]

Kontroverse Nummer 1: das dritte Geheimnis von Fatima

Am 31. August 1941 schrieb Schwester Luzia ihre dritten Memoiren, worin sie einige Details aus Jacintas Leben aufhellte. In diesen ihren dritten Memoiren erwähnte Schwester Luzia zum ersten Mal, daß das Geheimnis aus drei unterschiedlichen Teilen besteht. Sie schrieb: „Das Geheimnis besteht aus drei verschiedenen Angelegenheiten, und davon werde ich zwei entschleiern."

Das erste betrifft die Vision der Hölle und die Bestimmung des Unbefleckten Herzens Mariens als höchstes Heilmittel, das Gott der Menschheit zur Rettung von Seelen anbietet. Unsere Liebe Frau sagte: „Um sie zu retten, wünscht Gott die Einführung der Verehrung meines Unbefleckten Herzens in der Welt."

Das zweite betrifft die große Prophetie bezüglich eines wunderbaren Friedens, den Gott der Welt durch die Weihe Rußlands an das Unbefleckte Herz Mariens zu schenken wünscht, und den Vollzug der Sühnekommunion an den ersten Samstagen des Monats. „Wenn die Menschen meinen Bitten folgen, wird sich Rußland bekehren und die Welt wird den Frieden erhalten." Und zugleich findet sich dort auch die Ankündigung schrecklicher Bestrafungen, sollten die Menschen darin verharren, ihre Bitten nicht zu befolgen. Schwester Luzia stellte fest, daß es ihr zu jenem Zeitpunkt nicht gestattet wäre, den dritten Teil des Geheimnisses zu offenbaren.

Bischof da Silva erhielt die Erlaubnis, es zu lesen, aber er wollte sich nicht mit dieser Verantwortung belasten. Er versuchte, es an das Heilige Offizium weiterzuleiten, aber Rom verweigerte seine Annahme. Es wurde dann beschlossen, daß im Falle des Todes von Bischof da Silva der Briefumschlag (der die Aufzeichnung des Geheimnisses enthielt) Kardinal Cerejeira, Patriarch von Lissabon, anvertraut werden solle.[9]

Das Heilige Offizium verlangte 1957 den Text des dritten Geheimnisses, welcher bis dahin in der Residenz des Bischofs von Leiria aufbewahrt worden war. Die Überreichung des versiegelten Dokumentes an Bischof Cento, den Apostolischen Nuntius in Lissabon, wurde Weihbischof Venancio anvertraut.

Am 16. April 1957 traf der versiegelte Umschlag in Rom ein. Er wurde in einer kleinen Schatulle mit der Aufschrift „Geheimnis des Heiligen Offiziums" im Büro Papst Pius' XII. abgelegt.

Es scheint, daß Papst Pius XII. das Geheimnis nicht gelesen hat. Nach Angaben von Kardinal Ottaviani und Monsignore Capovilla, Sekretär von Papst Johannes XXIII., war der Umschlag noch versiegelt, als Papst Johannes XXIII. ihn 1959 öffnete, ein Jahr nach dem Tod von Papst Pius XII. Offensichtlich hatte Papst Pius XII. sich dazu entschieden, bis 1960 zu warten. Er starb am 9. Oktober 1958, ohne das Geheimnis gelesen zu haben.

Schwester Luzia vertraute 1957 Pater Fuentes an: „Die Allerheiligste Jungfrau hat mir mitgeteilt, daß der Teufel im Begriff ist, eine entscheidende Schlacht gegen die Jungfrau zu beginnen ..., und der Teufel weiß, was Gott am meisten beleidigt und was ihm in der kürzesten Zeit die meisten Seelen zuführt. Er setzt alles daran, geweihte Seelen von Gott wegzuführen, denn auf diese Weise wird es ihm gelingen, den Seelen der Gläubigen den Schutz wegzunehmen und so sich ihrer um so leichter zu bemächtigen."

Am 26. Dezember 1957 sagte Luzia zu Pater Fuentes, dem Postulator des Seligsprechungsprozesses von Jacinta und Francesco: „Die Allerseligste Jungfrau ist sehr betrübt, denn niemand nimmt ihre Botschaft ernst. Weder die Guten noch die Bösen. Die Guten verfolgen weiter ihren Weg, aber ohne dabei auf die Botschaft zu achten. Ich kann keine weiteren Details enthüllen, denn es handelt sich immer noch um ein Geheimnis. Nur der Heilige Vater und seine Exzellenz, der Bischof von Fatima, könnten es nach dem Willen der Allerseligsten Jungfrau wissen. Aber sie haben sich nicht dazu entschlossen, es zu wissen, denn sie wollten nicht beeinflußt sein."[11]

Im Jahre 1959 durchlief eine sich weit verbreitende Verehrung des Unbefleckten Herzen Mariens ganz Italien. Am 13. September 1959 weihten alle italienischen Bischöfe Italien feierlich dem Unbefleckten Herzen Mariens.[12]

Am 17. August 1959 wurde Papst Johannes XXIII. von Monsignore Philippe, damals ein Beamter des Heiligen Offiziums, der Umschlag nach Castel Gandolfo gebracht. Papst Johannes XXIII. öffnete den Umschlag nicht sofort, sondern stellte fest: „Ich warte, bis ich es mit meinem Beichtvater lesen kann."[13]

Sollte das Geheimnis veröffentlicht werden?

Nach Angaben von Monsignore Capovilla wurde das Geheimnis einige Tage später gelesen. Monsignore Paulo José Tavarez vom Staatssekretariat leistete Hilfe beim Lesen des portugiesischen Textes. Später ließ Johannes XXIII. es von Kardinal Ottaviani, dem Präfekten des Heiligen Offiziums, lesen. Plötzlich wurde am 8. Februar 1960 durch ein einfaches Kommuniqué der portugiesischen Presseagentur mitgeteilt, daß das dritte Geheimnis von Fatima nicht und wahrscheinlich nie veröffentlicht werden würde. Das Kommuniqué des Vatikans endete [mit folgendem Text]: „Obwohl die Kirche die Erscheinungen von Fatima anerkennt, wünscht sie dennoch nicht die Verantwortung dafür zu übernehmen, die Wahrheit der Worte, von denen die drei Hirtenkinder sagten, daß die Jungfrau Maria sie an sie gerichtet hätte, zu garantieren."

Auf eigene Initiative entschloß sich Bischof Venancio, einen Appell an den Weltepiskopat zu richten mit dem Versuch, für den folgenden 13. Oktober einen Tag des Gebets und der Buße zu organisieren, aber der Vatikan stellte sich seinem Vorschlag gegenüber taub, und so geschah nichts. Das fügte der Sache Fatimas ungeheuren Schaden zu. Ab jener Zeit, nach dieser öffentlichen Mißachtung des „Geheimnisses Mariens", begann die Verehrung der Allerseligsten Jungfrau (zunächst) wahrnehmbar und dann in alarmierender Weise inmitten der Kirche abzunehmen.[14]

Bruder Michael zufolge, Autor eines dreibändigen Werkes unter dem Titel *Toute la vérité sur Fatima* (zu deutsch: Die ganze Wahrheit über Fatima), sollte dieser Fehler fatale Folgen haben. Er steht auf dem Standpunkt, daß durch die Mißachtung der Prophetien und der zu Fatima geäußerten Bitten die Jungfrau Maria – ja Gott selbst — mißachtet und vor der ganzen Welt lächerlich gemacht wurde. Indem man der Botschaft der Jungfrau nicht gehorchte, mußte als Konsequenz die durch die mütterliche Warnung Unserer Lieben Frau angekündigte Bestrafung in tragischer und unvermeidlicher Weise folgen.

Kardinal Ottaviani teilte mit, daß Papst Johannes XXIII. das Geheimnis „in einem jener Archive“ ablegte, „die wie ein sehr tiefer, dunkler Brunnen sind, auf dessen Grund Dokumente fallen, und niemand ist in der Lage, sie je wiederzusehen“. Papst Paul VI. nahm sofort die gleiche Haltung gegenüber dem dritten Geheimnis ein.

Die Jungfrau hatte gebeten, daß das Geheimnis 1960 veröffentlicht werde, weil, wie Schwester Luzia Kardinal Ottaviani mitteilte, „1960 die Botschaft deutlicher erscheinen werde“. Andere Äußerungen Schwester Luzias sagen aus, daß „die von Unserer Lieben Frau im dritten Geheimnis vorhergesagten Bestrafungen schon begonnen haben“.

Wir befinden uns jetzt in der Zeit, von der die Botschaft handelt. Wir durchleben jetzt das dritte Geheimnis. Wir sind Zeugen der Ereignisse, die es ankündigt.[15]

In der ganzen Welt warteten 1960 Katholiken darauf, daß der Papst den Brief öffne und das Geheimnis lüfte. Aber Papst Johannes XXIII. und die folgenden Päpste haben die Gläubigen sehr enttäuscht, indem sie sich weigerten, seinen Inhalt bekannt zu machen.[16]

Wir sind uns nicht im klaren darüber, warum das so ist. Papst Johannes XXIII. schreibt in dem *Journal einer Seele*, seinem Tagebuch, daß aufgrund des Eingriffs der Allerseligsten Mutter das Zweite Vatikanische Konzil ein Erfolg war. **Papst Johannes XXIII. hatte das Geheimnis von Fatima gelesen und erklärt, daß das Geheimnis sich nicht auf sein Pontifikat bezog. Warum mehrere Päpste das Geheimnis nicht bekannt machten, ist ein Mysterium.**

Die Sache, warum die Päpste seit Fatima das dritte Geheimnis nicht veröffentlicht haben, ist weiterhin kontrovers. Die Meinungen der Gelehrten gehen darüber auseinander, ob das dritte Geheimnis nur zur Kenntnisnahme durch die Päpste oder zur allgemeinen Veröffentlichung gedacht war. Der Kommentar von Papst Johannes XXIII. und anderer nach der Lektüre des Geheimnisses – indem sie zum Ausdruck brachten, daß es sich nicht auf ihre Pontifikate bezog – scheint diesem Argument Glaubwürdigkeit zu schenken. Darüber hinaus steht Papst Johannes Paul II. unter dem Schutzmantel Mariens, und er hat ebenfalls den Inhalt nicht bekannt gemacht. Es scheint, daß das dritte Geheimnis der Welt durch viele Quellen zugänglich gemacht werden sollte.

Am 11. Oktober 1992 fand ein Interview zwischen Schwester Luzia und Anthony Kardinal Padiyara aus Indien, Bischof Francis Michaelappa aus Indien und Pfarrer Francisco Pacheco aus Fort Ceara, in Brasilien, statt. Schwester Luzia wurde von Kardinal Padiyara gefragt: **„Ist es immer noch der Wille Gottes und Unserer Lieben Frau, daß die Kirche das dritte Geheimnis veröffentlicht?“ Es wird berichtet, daß Schwester Luzia geantwortet habe: „Das dritte Geheimnis war nicht für die Veröffentlichung gedacht. Es war nur für den Papst und die**

unmittelbare Hierarchie der Kirche bestimmt. Unsere Liebe Frau hat zu keinem Zeitpunkt gesagt, daß es der Öffentlichkeit spätestens 1960 zugänglich gemacht werden sollte. Das Geheimnis war für den Papst." Einige angesehene Priester bezweifeln, daß dieses Interview jemals stattgefunden hat. Die Kontroverse geht also weiter.[17] [Anmerkung des Übersetzers: Seit der ursprünglichen Niederschrift des englischen Originaltextes sind berechtigte Zweifel bekannt geworden, die in Frage stellen, ob es bei diesem „Interview" mit rechten Dingen zuging. Siehe Frère François de Marie des Anges, in CRC, Oktober 1992.]

Die Geheimnisse von Fatima sind immer noch nicht von der Kirche freigegeben worden, aber durch das Eingreifen der Allerseligsten Mutter an [anderen] Erscheinungsorten haben wir eine gute Vorstellung von ihrem Gehalt.

Wir wissen von der Botschaft vom 13. Oktober 1973 in Akita und der Botschaft an Don Gobbi vom 13. Mai 1990, daß das Geheimnis sich auf den Glaubensabfall und die Züchtigungen zu beziehen scheint.

„Die Allerseligste Jungfrau hat uns gesagt", vertraute Schwester Luzia Pater Fuentes an, daß „viele Nationen vom Angesicht der Erde verschwinden werden und daß Rußland das Instrument der himmlischen Züchtigung der Welt sein wird, wenn wir nicht zuvor die Bekehrung dieser armen Nation erlangen."

Bischof Venancio ernannte 1966 den inzwischen verstorbenen Pater Alonso zum offiziellen Archivar von Fatima. Pater Alonso kam zu der Schlußfolgerung, daß das dritte Geheimnis sich im wesentlichen auf spirituelle Züchtigungen bezieht, welche weitaus schlimmer, ja sogar furchtbarer sind als Hungersnot, Krieg und Verfolgung, denn es betrifft die Seelen und ihr Heil oder ihre ewige Verdammung. Sein Werk bestand aus vierzehn Bänden, welche er nicht veröffentlichen durfte! Jedoch war es ihm vor seinem Tod, am 12. Dezember 1981, möglich, seine Schlußfolgerungen in verschiedenen Kleinschriften und zahl-reichen Aufsätzen in theologischen Zeitschriften bekannt zu machen.

In einer Reihe von Briefen aus den Jahren 1969-1970 offenbart Schwester Luzia einiges mehr: „Es ist tatsächlich traurig, daß sich so viele Menschen von der teuflischen Welle beeinflussen lassen, die zur Zeit die Welt überrollt, und daß sie sich so mit Blindheit schlagen lassen, daß sie unfähig sind, Irrtümer einzusehen! **Ihr Hauptfehler ist, daß sie zu beten aufgehört haben;** auf diese Weise haben sie sich Gott entfremdet, und ohne Gott scheitert alles. Der Teufel ist sehr schlau, und er hält Ausschau nach unseren Schwachpunkten, um uns darin zu versuchen. Wenn wir nicht bestrebt und sorgfältig sind, von Gott unsere Kraft zu erhalten, werden wir fallen, denn unser Zeitalter ist sehr böse, und wir sind schwach. Nur die Kraft Gottes kann uns aufrecht erhalten."[18]

Schwester Luzia schrieb: **„Die Menschen sollten täglich den Rosenkranz beten. Das hat Unsere Liebe Frau wiederholt in allen ihren Erscheinungen**

gesagt, so als ob sie uns wider diese Zeit der diabolischen Verwirrung stärken wollte, damit wir uns nicht von Irrlehren verführen lassen. ... Leider ist der Großteil der Menschen in religiösen Angelegenheiten unwissend, und so lassen sie sich in jedwelche Richtung führen. Darum auch die große Verantwortung derjenigen, die die Aufgabe haben, sie zu leiten. ... Eine diabolische Desorientierung erstürmt die Welt und verführt die Seelen! Dem muß Widerstand geleistet werden.“[19]

Am 16. September 1970 schrieb Schwester Luzia: „Unser armer Herr. Er hat uns mit so viel Liebe erlöst, und doch wird Er so wenig verstanden! So wenig geliebt! Wird Ihm so schlecht gedient! Es schmerzt, so große Verwirrung zu sehen und bei so vielen Menschen, die sich in verantwortungsvollen Positionen befinden! Es ist dem Teufel tatsächlich gelungen, Böses unter dem Schutzmäntelchen des Guten hereinzubringen. Die Blinden führen jetzt die anderen, wie es uns der Herr in seinem Evangelium sagt, und die Seelen lassen sich verführen. Liebend gerne mache ich mich zum Opfer und opfere mein Leben Gott auf für den Frieden in seiner Kirche, für die Priester und alle geweihten Seelen, besonders für jene, die derart getäuscht und verirrt sind!“[20]

Schwester Luzia besteht darauf, daß „die Jungfrau wußte, daß diese Zeit der diabolischen Verwirrung kommen würde“.[21] Jemandem, der sie nach dem Inhalt des dritten Geheimnisses fragte, antwortete Schwester Luzia einmal: „Es steht im Evangelium und in der Apokalypse. Lies sie!“ **Sie vertraute Pater Fuentes ebenfalls an, daß die Jungfrau Maria ihr klar zu verstehen gab, daß „wir uns in der Endzeit befinden“.**[22]

Die größte Gefahr für eine Nation

Im August 1984 sagte Kardinal Ratzinger, daß das dritte Geheimnis sich auf „eine Mahnung in bezug auf den Ernst des Lebens, der Geschichte, und in bezug auf die Gefahren, die die Menschheit bedrohen,“ bezieht. Auf die Frage antwortend: „Warum befindet sich der Glaube in der Krise?“ stellte er fest: „Es geht um die Gefahren, die den Glauben bedrohen, die Wichtigkeit der Endzeit und die Tatsache, daß die Prophetien, die in diesem dritten Geheimnis enthalten sind, mit dem übereinstimmen, was die Schrift ankündigt.“[23]

Am 10. September 1984 erklärte Bischof Amaral von Leiria in Portugal im Auditorium der Technischen Universität von Wien: „Das Geheimnis von Fatima handelt weder von Atombomben noch von Nuklearsprengköpfen noch von SS20-Raketen. Sein Inhalt betrifft nur unseren Glauben. Das Geheimnis mit der Ankündigung von Katastrophen oder einer atomaren Vernichtung zu identifizieren heißt, die Bedeutung der Botschaft zu entstellen. Der Glaubensverlust eines Erdteils ist schlimmer als die Vernichtung einer Nation; und es ist wahr, daß der Glaube in Europa ständig abnimmt." Die These von Pater Alonso ist jetzt durch den Bischof von Fatima öffentlich bestätigt. Die Botschaft sagt eine schreckliche Krise innerhalb der Kirche voraus. **Es ist der Verlust des Glaubens, der in unserer Zeit erfolgen würde, wie es die Unbefleckte Jungfrau voraussagte, wenn ihre Bitten nicht zur Genüge erfüllt würden. Dieser Glaubensverlust und alles, was damit zusammenhängt, ist das Drama, dessen wir seit 1960 Zeugen geworden sind.**[24]

Gravierende Umstände

Darum müssen wir uns fragen, warum so gute und heiligmäßige Männer auf dem Stuhl des heiligen Petrus wie Johannes Paul II. das dritte Geheimnis von Fatima nicht veröffentlicht haben. Während er 1980 zu Fulda in Deutschland sprach, stellte Johannes Paul II. als Antwort auf eine Frage nach dem dritten Geheimnis fest, daß Luzias Text von Züchtigungen handelt. Auf eine weitere Frage antwortend, sagte er, daß „die Züchtigungen nicht mehr vermieden werden können. Dafür sei es zu spät". Er erklärte, daß „die Würfel gefallen sind. [Die Züchtigungen] können abgemildert werden, indem man den Rosenkranz betet." Er wiederholte, daß er wie seine Vorgänger im Amt des heiligen Petrus es vorzöge, die Veröffentlichung zu verschieben, um die Weltmacht des Kommunismus nicht zu ermutigen, gewisse Handlungen zu vollziehen.

Diese Fragen werfen auch ein Licht darauf, warum er es nicht unternommen hat, durch päpstliche Steuerung und umfassende Bemühungen den fortwährenden und rapiden Abstieg der Kirche umzukehren. Papst Johannes Paul II. sagte während der Zusammenkunft in Fulda: **„Nein, die Kirche kann zur Zeit nicht reformiert werden."**[25] **Auch er entschied sich dazu, das dritte Geheimnis nicht zu entschleiern.**

Wenn man es in seiner Tragweite versteht, kann man von der Aussage Johannes Pauls II. schockiert sein: „Um die Weltmacht des Kommunismus nicht zu ermutigen, gewisse Handlungen zu vollziehen." Wenn der Papst zu einer solchen Schlußfolgerung gelangt, so macht dies deutlich, wie exakt die Botschaft Luzias sein muß.

Pater Malachi Martin in *The Keys of This Blood* (zu deutsch: Die Schlüssel dieses Blutes) schreibt zu diesem Thema: „Die Worte Luzias in jenem ‚dritten Geheimnis' sind so bestimmt und so überprüfbar – und deshalb so authentisch – daß, wenn diese Worte dem Führungsgremium des leninistischen Parteistaates bekannt wären, dieses sich in aller Wahrscheinlichkeit dazu entschließen würde, gewisse Territorial- und Militärbewegungen durchzuführen, gegen die der Westen nur geringe Abwehrmöglichkeiten besitzen könnte, und die Kirche würde in weitere und tiefere Unterdrückung durch den Parteistaat fallen." Das drückt den vollen Ernst von Luzias Worten aus. Der kapitalistische Westen könnte der UdSSR in die Falle gehen. In der diplomatischen Sprache des Vatikans sind Luzias Worte von schwer wiegender geopolitischer Bedeutung. Sie dürfen nicht wie fromme Sprüche aufgefaßt werden. Fatima bezieht sich auf heftige Politik der Nationen. Seit Johannes XXIII. den Umschlag öffnete und die Worte las, hat der Vatikan sie immer behutsam behandelt. Das „Geheimnis" muß begraben werden, wie es Kardinal Ottaviani 1957 ausdrückte, „im geheimsten, tiefsten, dunkelsten und unerreichbarsten Ort der Erde. Wenn es ein beherrschendes Element im ‚dritten Geheimnis' gibt, dann ist es Rußland."[26]

„Es muß jedoch hinzugefügt werden, daß die gegen die Kirche gerichteten Partisanen innerhalb der Bürokratie des Vatikans und in der ganzen Kirche alles das verabscheuen, was in irgendeiner Form nach Verehrung Mariens, Fatimas und der göttlichen Offenbarung riecht. Sie haben den von Gott inspirierten Glauben des Katholizismus aufgegeben, in dem Maria, die Muttergottes, ein fester Bestandteil ist. Sie wissen auch, daß sich der derzeitige Papst unter dem besonderen Schutz Mariens befindet.[27] Das hat Maria so oft den Sehern in aller Welt und vor allem Don Gobbi mitgeteilt, als sie sagte: ‚Er ist der Papst meines Geheimnisses.' Wenn Maria sagt: ‚Und ich werde sein Opfer entgegennehmen', so scheint sie – bald – auf den gewaltsamen Tod Papst Johannes Pauls II. hinzuweisen."

„Was nun soll Papst Johannes Paul II. tun? Er ist sich genau darüber im klaren, was die Zukunft bringen wird an Züchtigungen, Katastrophen, Erdbeben, Sturmfluten, dem Verrat seiner eigenen Kirchenmitglieder und der Weltpolitik sowie ihrer sensiblen Zusammenhänge. Während der Genesung von den ihm von seinem Attentäter, Mehmet Ali Agca, beigefügten Verletzungen wurde er sich bewußt, daß die einzige Hoffnung für die Welt die kollegiale Weihe Rußlands ist, wie es in Fatima erbeten wurde. Indem er eine Abmilderung der bevorstehenden Drangsale – aber auch nur eine Abmilderung – erhoffte, versuchte er Maria die Welt ‚mit einer besonderen Erwähnung Rußlands' zu weihen. Der erste Schritt Johannes Pauls II. war es, allen Bischöfen zu schreiben, um ihnen mitzuteilen, daß er genau das am 13. Mai 1982 in Fatima zu tun plane, woran teilzunehmen er sie alle einlud – entweder durch ihre Anwesenheit oder durch parallele Handlungen in ihren Heimatdiözesen. Der Glaubensabfall der letzten fünfzig Jahre erbrachte nur eine dürftige Reaktion. Viele der Bischöfe waren nicht mehr mit Rom vereint."[28]

Wurde das Geheimnis in anderen Erscheinungen entschleiert?

Hat die Allerseligste Mutter das dritte Geheimnis von Fatima in anderen Botschaften enthüllt? Viele, die diese Botschaften untersucht haben, glauben fest, daß Unsere Allerseligste Mutter es am 13. Oktober 1973 der Schwester Agnes Sasagawa zu Akita, in Japan, offenbart hat. Die Erscheinungen von Akita sind vom Ortsbischof anerkannt worden.

Die Botschaft lautet, wie folgt: **„Wie ich dir schon früher sagte, wird der himmlische Vater, wenn die Menschen nicht bereuen und sich bessern, eine schreckliche Strafe über die ganze Menschheit verhängen; eine Strafe, die fürchterlicher sein wird als die Sintflut; eine Strafe, wie man sie noch nie erlebt hat. Feuer wird vom Himmel fallen und den grösseren Teil der Menschheit vernichten und weder Priester noch Laien verschonen. Die Überlebenden werden sosehr leiden, dass sie die Toten beneiden. Die einzigen Waffen, die euch noch übrigbleiben werden, sind der Rosenkranz und das Zeichen, das der Sohn euch zurückgelassen hat. Betet täglich den heiligen Rosenkranz für den Papst, die Bischöfe und die Priester.**

Teuflische Kräfte werden selbst in der Kirche stattfinden; Kardinäle werden sich gegen Kardinäle erheben und Bischöfe gegen Bischöfe. Die Kirche wird erfüllt sein von Menschen, die Kompromisse annehmen. Die Priester, die mich verehren, werden von ihren Kollegen verachtet und verlacht; Altäre und Kirchen wird man verwüsten. Durch den Teufel verführt, werden zahlreiche Priester und Ordensleute den Dienst des Herrn verlassen.

Der Teufel wird sich besonders mit den gottgeweihten Seelen beschäftigen. Der Verlust zahlreicher Seelen betrübt mich. Schon überfliesst das Gefäss. Wenn man immer mehr sündigt, wird es keine Barmherzigkeit mehr geben.

Betet häufig den heiligen Rosenkranz! Ich allein bin noch in der Lage, euch von dem Unheil zu erretten, das auf euch zukommt. Jene, die ihr Vertrauen auf mich setzen, werden gerettet werden.“[29]

Andere wiederum weisen darauf hin, daß Unsere Liebe Frau erneut das dritte Geheimnis in einer inneren Einsprechung an die Marianische Priesterbewegung am 15. September 1987 zu Akita, in Japan, am Fest Mariä Schmerzen, enthüllt zu haben scheint: **„Eine schlimmere Strafe als die Sintflut ist daran, über diese arme und pervertierte Menschheit hereinzubrechen. Feuer wird vom Himmel fallen, und das wird das Zeichen sein, daß die Gerechtigkeit Gottes nun die Stunde ihrer großen Offenbarung festgesetzt hat. Ich weine, weil die Kirche weiter auf dem Weg der Spaltung, des Verlustes des wahren Glaubens, der Abtrünnigkeit und der Irrtümer geht, die immer mehr propagiert werden, ohne daß sich ihnen irgendjemand entgegenstellen würde. Nun ist das, was ich in**

Fatima vorhergesagt habe und was ich hier (in Akita) in meiner dritten Botschaft enthüllt habe, die ich meiner kleinen Tochter anvertraute, daran, sich zu erfüllen. Auch für die Kirche ist der Moment der großen Prüfung gekommen, denn der Mensch der Gesetzwidrigkeit wird sich in ihrem Innern festsetzen und der Greuel der Verwüstung wird in den heiligen Tempel Gottes einziehen.“

Don Gobbi erhielt in einer inneren Einsprechung am 11. Februar 1979 diese Botschaft (ähnlich der Warnung von La Salette): „Die innere Spaltung bringt auch oftmals Priester dazu, sich gegen Priester zu stellen, Bischöfe gegen Bischöfe, Kardinäle gegen Kardinäle. Denn noch niemals wie in dieser Zeit ist es Satan gelungen, sich mitten unter sie einzuschleichen, indem er das wertvolle Band ihrer gemeinsamen und gegenseitigen Liebe zerrissen hat.“ Am 13. Juni 1989 empfing Don Gobbi folgendes: „So verbreiten sich die Irrtümer überall selbst in der katholischen Kirche. Wegen der Verbreitung dieser Irrtümer entfernen sich heute viele vom wahren Glauben und verwirklichen so die Prophezeiung, die euch in Fatima von mir gemacht worden ist: – Es werden Zeiten kommen, in denen viele den wahren Glauben verlieren werden. – **Der Verlust des Glaubens ist Apostasie.“**

Kardinal Ratzinger

Kardinal Ratzinger hat im *Ratzinger Report* (deutscher Titel: Zur Lage des Glaubens: Ein Gespräch mit Vittorio Messori) geschrieben, daß das dritte Geheimnis von Fatima von jenem handelt, was er mit „de novissimis“ bezeichnete. Der Kardinal hatte guten Grund, davon zu wissen, denn er hatte zuvor das immer noch unveröffentlichte „Geheimnis“ gelesen. Der lateinische Ausdruck „de novissimis“ bedeutet soviel wie „die Endzeit betreffend“, indem es sich auf die letzten Tage oder die Schlußereignisse bezieht. Diese „Endzeit“, auf die sich Kardinal Ratzinger und das dritte Geheimnis von Fatima beziehen und über die Papst Paul VI. und seine Vorgänger sprachen, ist den Bibelforschern bestens bekannt.[30]

Kontroverse Nummer 2: Wurde Rußland dem Unbefleckten Herzen Mariens geweiht?

Bischof Paul M. Hnilica SJ, ein persönlicher Freund Papst Johannes Pauls II., der insgeheim in dem Quarantänesaal des Krankenhauses eines Gefangenenlagers zum Priester und dann drei Monate später in einem Keller zum Bischof geweiht wurde, organisierte die Katakombenkirche in der Tschechoslowakei. Er ist Titularbischof von Moskau. Er nahm 1963 am Zweiten Vatikanischen Konzil teil. Als er sich am 25. März 1984 insgeheim in Rußland aufhielt, vollzog Bischof Hnilica die Weihe Rußlands an das Unbefleckte Herz Mariens auf dem Altar der Sankt-Michaels-Kirche im Kreml, und er feierte dann später am selben Tag eine geheime Messe am Altar der Muttergottes in der Kirche, die „Mariä-Himmelfahrt“ genannt wird. Er berichtete dies dem Papst, der davon überzeugt war, daß dies für ihn ein Zeichen war. Es bereitete ihm große Schwierigkeiten, selbst auch nur einige Bischöfe und Kardinäle in Rom dazu zu bewegen, diese Weihe zusammen mit ihm zu vollziehen. Kardinal Ratzinger hat gesagt, daß es nicht leicht war, diese Weihe durchzuführen. **Kurz nach dem Akt von 1984 teilte Schwester Luzia dem päpstlichen Nuntius in Lissabon mit, daß die Bedingungen Gottes für die kollegiale Weihe Rußlands erfüllt wären.**

Am 25. März 1984 war Papst Johannes Paul II. mit einer moralischen Gesamtheit aller katholischen Bischöfe der Welt vereint, als er die Welt und deswegen Rußland dem Unbefleckten Herzen Mariens weihte. Die Weihe erneuerte die vorausgehenden Weihen der Welt durch Pius XII. im Jahre 1942 und Rußlands im Jahre 1952. Für die Weihehandlung von 1984 lud der Papst die orthodoxen Bischöfe und einige der Hauptvertreter der Protestanten ein, sich seiner Handlung anzuschließen. Viele reagierten darauf.

Vor dem Zusammenbruch des kommunistischen Imperiums erklärte Luzia im Juli 1989, daß die kollegiale Weihe Rußlands, wie sie von Unserer Lieben Frau erbeten worden war, „erfüllt wurde“ und daß „Gott sein Wort halten wird“. Einige Monate später begann die Welt Zeuge des Zusammenbruchs eines Imperiums zu werden.

Am 13. Mai 1990 verkündete Bischof Amaral von Leiria in der Cova da Iria, daß alle Anzeichen darauf hinweisen, daß die kollegiale Weihe Rußlands an das Unbefleckte Herz Mariens durch den Papst, vereint mit den Bischöfen der Welt, vollzogen wurde, wie es Unsere Liebe Frau gewünscht habe.

Bischof Hnilica erklärte, daß die Botschaft von Fatima die Aktivierung der Mächte des Himmels bedeute. Der ganze Himmel nimmt an der Erlangung jenes Sieges teil; alle Heiligen, alle Engel und die Allerseligste Mutter.[31]

Bisherige Resultate der Weihe vom 25. März 1984

Die Serie der Ereignisse:

- 1. Dezember 1989: Papst Johannes Paul II. trifft im Vatikan mit Präsident Michail Gorbatschow zusammen. Der Papst sagte, daß diese Zusammenkunft von der Vorsehung vorbereitet worden sei.

- 1. Dezember 1990: Der sowjetische Präsident Michail Gorbatschow trifft mit Papst Johannes Paul II. zum zweiten Mal zusammen.

- 1. Mai 1991: Papst Johannes Paul II. schreibt in seiner Enzyklika *Centesimus Annus* (Zur Hundertjahrfeier von *Rerum Novarum*) über den friedlichen Zusammenbruch des marxistischen Imperiums.

- 12./13. Mai 1991: Papst Johannes Paul II. reist nach Fatima, wo er Unserer Lieben Frau dafür dankt, daß sie ihm in dem Attentat von 1981 das Leben bewahrte. Er dankt Unserer Lieben Frau ebenso für die Früchte der kollegialen Weihehandlung „jenes denkwürdigen Tages, des 25. März 1984".

- 19. August 1991: Am vierundsiebzigsten Jahrestag der Erscheinung Unserer Lieben Frau zu Fatima unternehmen Mitglieder des Politbüros der Sowjetunion, die einen härteren Kurs wollen, einen versuchten Staatsstreich, um zur Zeit vor der Befreiung der Völker in den Sowjetrepubliken zurückzukehren.

- 22. August 1991: Am Fest Maria Königin scheitert der versuchte Staatsstreich der kommunistischen Hardliner.

- 12. September 1991: Don Gobbi teilt folgende Botschaft mit: „Im Namen Mariens ist in dieser Nation (Slowakei) der marxistische Kommunismus vernichtet worden, der seit Jahrzehnten seine Herrschaft ausgeübt hat und so viele meiner armen Kinder unter einer erdrückenden und blutigen Knechtschaft gehalten hat. Nicht auf Grund von Bewegungen oder Menschen der Politik, **sondern allein durch mein persönliches Einschreiten ist schließlich diese eure Befreiung zustandegekommen.** Und es wird auch im Namen Mariens sein, daß ich mein Werk mit der Vernichtung des Freimaurertums ... zur Vollendung bringen werde, ..."

- 8. Dezember 1991: Der Zusammenschluß der Gemeinschaft unabhängiger Staaten (GUS) der ehemaligen Sowjetrepubliken beginnt, wobei die Unabhängigkeit eines jeden von ihnen den bevorstehenden Zusammenbruch der Sowjetunion anzeigt.

- 25. Dezember 1991: Die sowjetische rote Fahne mit dem Hammer- und Sichel-Emblem wird zum letzten Mal eingeholt, und der sowjetische Präsident Michail Gorbatschow kündigt seinen Rücktritt und das Ende der Sowjetunion an. Die ehemaligen fünfzehn Republiken der Union der sozialistischen Sowjetrepubliken sind frei, um unabhängige Staaten oder Länder zu werden.

- 3. März 1992: Michail Gorbatschow lobt Papst Johannes Paul II. in einem Zeitungsartikel, der in zahlreichen Zeitungen in der ganzen Welt veröffentlicht wird. Er stellt fest, daß Papst Johannes Paul II. eine wichtige politische Rolle im Zusammenbruch des Kommunismus in Osteuropa gespielt habe. Papst Johannes Paul II., der sich der Macht des Gebets und der Sühne in der universalen Kirche bewußt ist, führt den Zusammenbruch nicht bloß auf seine eigenen Handlungen, sondern auf jene der Gesamtkirche zurück.

- 14. März 1992: Die *Prawda* (russisch für „Wahrheit"), die von Lenin gegründete Zeitung und sein Propagandamittel, wird zum letzten Mal gedruckt.[32]

Weihe gegenüber Bekehrung
Der Schlüssel zum Weltfrieden

Ist die Weihe Rußlands vollzogen worden? Aufgrund der Formen von Freiheit, die Ende der achtziger Jahre unter Perestroika und Glasnost erzielt wurden, sagten viele ja. Es war ein Anfang. Kurz danach stürzten die großen institutionellen Barrieren ein. Der Beweis liegt in den Resultaten, die durch Bischof Hnilica 1984 erreicht wurden. Das noch verbleibende Thema ist die Bekehrung Rußlands, die noch nicht erreicht ist. Diese beiden Themen der Weihe und der Bekehrung scheinen in der katholischen Welt Verwirrung zu stiften. Der rote Drache des Kommunismus ist in China und Nordkorea immer noch stark und abgeschwächt in Kuba und anderen Satelittenstaaten in der Welt. Noch viele andere Staaten in der Welt tendieren nach links hin. Jedoch **liegt der Schlüssel zum Weltfrieden in der Bekehrung Rußlands.**

Eine andere Meinung

Die Debatte, ob Rußland entsprechend der Bitten zu Fatima Unserer Allerseligsten Mutter geweiht worden ist, hält an. Wir werden einige Tatsachen vorstellen, so wie wir sie verstehen. Am 13. Mai 1990 äußerte sich Don Gobbi gegenüber der Marianischen Priesterbewegung zum Jahrestag der ersten Erscheinung in Fatima, Portugal, folgendermaßen: „Die Menschheit hat meine mütterliche Einladung, zum Herrn auf dem Weg der Bekehrung des Herzens und des Lebens, des Gebetes und der Buße zurückzukehren, nicht angenommen. So hat sie die furchtbaren Jahre des zweiten Weltkrieges kennengelernt, der Dutzende von Millionen Toten mit sich gebracht hat, weitverbreitete Vernichtungen von Völkern und Nationen.

Rußland ist mir durch den Papst mit allen Bischöfen nicht geweiht worden und so hat es die Gnade der Bekehrung nicht gehabt und hat seine Irrtümer in allen Teilen der Welt verbreitet, indem es Kriege, Gewalttaten, blutige Revolutionen, Verfolgungen der Kirche und des Heiligen Vaters hervorgebracht hat.

Satan ist der unangefochtene Beherrscher über die Geschehnisse dieses eures Jahrhunderts gewesen, indem er die gesamte Menschheit zur Zurückweisung Gottes und seines Gesetzes der Liebe verführt hat, überall die Spaltung und den Haß, die Unmoral und die Schlechtigkeit verbreitet hat und der es zuwege gebracht hat, überall die Ehescheidung, die Abtreibung, die Obszönität und die Homosexualität und die Zuhilfenahme von Mitteln, um das Leben zu vernichten, zu legitimieren."

Mehrere weitere Botschaften der Marianischen Priesterbewegung vermitteln Einsicht in diese Kontroverse.

25. März 1984

„Ich erbitte sie vor allem von Papst Johannes Paul II., dem ersten vielgeliebten Sohn, der sie aus Anlaß dieses Festes in feierlicher Weise vollzieht, nachdem er an die Bischöfe der Welt geschrieben hat, sie in Einheit mit ihm zu vollziehen. Leider ist nicht von allen Bischöfen die Einladung angenommen worden. Besondere Umstände haben es ihnen noch nicht gestattet, mir Rußland ausdrücklich zu weihen, wie ich es schon mehrmals erbeten habe. Wie ich euch schon gesagt habe, wird diese Weihe an mich gemacht werden, wenn blutige Ereignisse bereits auf dem Weg der Verwirklichung sein werden."

13. Mai 1987

„Meiner Bitte, daß mir Rußland durch den Papst zusammen mit allen Bischöfen geweiht werden soll, ist nicht nachgekommen worden, und so hat es seine Irrtümer in allen Teilen der Welt verbreitet."

Apostel des letzten Zeitalters

Am 12. September 1991 sagte Unsere Allerseligste Mutter, daß die Befreiung durch ihren Eingriff zustande kam: „Im Namen Mariens ist in dieser Nation der marxistische Kommunismus vernichtet worden, der seit Jahrzehnten seine Herrschaft ausgeübt hat und so viele meiner armen Kinder unter einer erdrückenden und blutigen Knechtschaft gehalten hat. Nicht auf Grund von Bewegungen oder Menschen der Politik, sondern allein durch mein persönliches Einschreiten ist schließlich diese eure Befreiung zustandegekommen. **Und es wird auch im Namen Mariens sein, daß ich mein Werk mit der Vernichtung des Freimaurertums, jeder teuflischen Macht, des Materialismus, des praktischen Atheismus zur Vollendung bringen werde**, damit die ganze Menschheit zu ihrer Begegnung mit dem Herrn gelangen kann und so gereinigt und vollkommen erneuert beim Triumph meines Unbefleckten Herzens in der Welt sein wird."

„Es wird darüber hinaus für die Entwicklung der großen Ereignisse, die dir von mir vorausgesagt worden sind, besonders wichtig sein, wenn in diesem Jahr zumindest meine Bitte erfüllt wird, die meiner Tochter, Schwester Luzia von Fatima, vorgetragen wurde, daß mir Rußland durch den Papst zusammen mit allen Bischöfen der Welt geweiht werde."

Hier noch mehrere andere zu betrachtende Themen:

- Die Anhänger Fatimas behaupten, daß Schwester Luzia seit 1917 gesagt wurde, daß Rußland das Instrument Gottes zur Züchtigung der Welt sei. Befinden wir uns gegenwärtig inmitten eines falschen Friedens? Viele sagen, daß es keinen andauernden Frieden geben werde, bis Rußland dem Unbefleckten Herzen in Einheit mit allen Bischöfen der Welt geweiht würde.

- In seinem Buch, *„New Lies For Old“* (zu deutsch: „Neue Lügen anstelle der alten“), stellt Anatoliy Golitsyn, ehemaliger, hochrangiger, russischer Überläufer vom KGB, fest, daß die Sowjetunion seit 1958 eine Strategie der Änderungsvorschläge für ihr System verfolgt. Sein Buch wurde 1984 im Westen veröffentlicht. Die Sowjets wurden sich darüber klar, daß sie nicht mehr länger mit dem technologischen Fortschritt des Westens Schritt halten konnten. Daraus entstand die Absicht, den Westen einzuschläfern, indem man den Frieden predigte und durch Verwendung von westlicher Hartwährung und Technologie zugleich aufrüstete, mit anderen Worten: Predige Frieden, während dessen du dich für den Krieg bewaffnest. Dieses Projekt stand unter dem Namen „Schelepin-Plan“, und er wurde 1958 formell verabschiedet.[33] Das Führungsgremium der UdSSR wollte erproben, wie weit in einer Nation eine scheinbare Demokratie zugelassen und der Westen zugleich dennoch zum Narren gehalten werden könnte. Es handelte sich um eine Langzeitstrategie, die sie ins nächste Jahrhundert führen sollte.

Sie basierte auf zwei Hauptprinzipien: **Desinformation** – um die Wahrheit auszuradieren und sie durch Lügen zu ersetzen; und **Provokation** – um Schritte gegen einen Feind einzuleiten, die letztlich der Sowjetunion zugute kämen, indem sie den Feind zum Akzeptieren des Gegenteils verleiten sollten. Das erste Versuchskaninchen für die Sowjetunion war die Tschechoslowakei. Das Projekt scheiterte letztlich, und das Ergebnis war der Prager Frühling von 1968, wobei die Panzer einrollten, um die Erhebung um Alexander Dubcek zu unterdrücken.

Die Sowjets lernten viel aus diesem Experiment und wurden sich darüber klar, was schief gegangen war. Golitsyn zufolge war der nächste Schritt die Einführung von Perestroika und Glasnost – modifizierte Versionen des Schelepin-Plans, die auf jahrelangen Studien und Experimenten basierten. Golitsyn be-hauptete auch, daß die ganze Geschichte der Länderbesetzungen durch die UdSSR ein Vorspiel für Glasnost gewesen sei. Diese Besetzung von anderen Ländern und die daraus gewonnenen Erfahrungen stellten das Forschungslabor für die Einführung von Glasnost und anderer Formen von Sozialreformen dar.

Die ehemalige UdSSR befindet sich heute im letzten Stadium des Schelepin-Planes oder in der ersten Phase der Restaurierung des Freimaurertums. Dadurch, daß das Freimaurertum in Einzelabteilungen eingeteilt ist, die nach dem Prinzip funktionieren, daß Mitglieder auf jeder Stufe nur das für sie je notwendige

Wissen vermittelt erhalten (wie alle Geheimdienste und Geheimsekten), wobei jede Stufe nichts von der Tätigkeit der anderen Stufen weiß, kann der Beweis für die Korrektheit der vorstehenden Analyse nur durch die Zeit erbracht werden. Es ist eine Tatsache, daß die alte Garde in der ehemaligen Sowjetunion die Zügel der Macht fest in der Hand hat.

- Gemäß einiger Schriftgelehrten sind die Kapitel 38 und 39 im Buch des Propheten Ezechiel so ausgelegt worden, daß sie sich in der Endzeit auf einen Einmarsch Rußlands in Israel beziehen. Wie ist dies möglich, wenn Rußland geweiht und bekehrt sein sollte?

- Rußland ist nicht bekehrt und ist ein unabhängiger Staat. Die Kirche in Rußland ist schwach bis nicht vorhanden. Der Hunger nach geistlichen Dingen ist deutlich spürbar, aber die Menschen bedürfen noch der Belehrung für irgendeinen Glauben. Moskau, eine Stadt mit nahezu zehn Millionen Einwohnern, besitzt ungefähr ein Dutzend katholische Priester. Die Kirchen in Rußland und den anderen Republiken werden hauptsächlich von alten Frauen und kleinen Kindern besucht. Die Gesamtzahl aller Kirchenangehörigen zählt einige Hundert für Städte mit Einwohnern in Millionenhöhe. Die Menschen fürchten sich aufgrund der Arbeitslager der nicht allzu entfernten Vergangenheit vor dem öffentlichen Gottesdienst. Ein gutes Gedächtnis fördert die Erinnerung an den hohen Preis des Gottesdienstes.

Rußland wird in der bevorstehenden Zukunft nur durch einen unmittelbaren Eingriff des Himmels bekehrt werden. Es bedarf eines Wunders wie der bevorstehenden Warnung und des Wunders, um die gegenwärtige Situation umzukehren.

- Am 13. Juli 1917 sagte Maria zu Luzia in Fatima: „Eines Tages werde ich zu dir kommen und um die Weihe Rußlands an mein Unbeflecktes Herz bitten." Maria erschien Luzia erneut 1929 zu Tuy, in Spanien, und sagte: „Was ich dir 1917 in Fatima sagte, erbitte ich jetzt." Luzia bat um die Weihe Rußlands unter dem Pontifikat Pius XI., und es geschah nichts. Der Herr erschien Luzia 1931 zu Rianjo, in Spanien, und sagte: „**Teile meinen Dienern mit: Aus der Tatsache, daß sie dem Beispiel des Königs von Frankreich folgen, indem sie die Ausführung meiner Anordnung hinauszögern, ergibt sich, daß sie ihm in seinem Unglück auch Gesellschaft leisten werden** [er wurde später getötet]. **Sie werden es bereuen, und sie werden es tun, aber es wird spät sein.**"

Die gegenwärtige Lage

Unter Berücksichtigung des oben Angegebenen wollen wir drei Themen be-trachten. Erstens hat Maria zu Don Gobbi gesagt: „Rußland ist mir durch den Papst zusammen mit allen Bischöfen nicht geweiht worden ..." Rußland ist nicht von allen Bischöfen geweiht worden, wie Unsere Allerseligste Mutter es in Fatima besonders erbeten hat. Zweitens befanden sich viele der Bischöfe in der ganzen Welt im Zustand der Apostasie, wie es in La Salette vorausgesagt wurde, so daß es für viele aus dem Klerus unerheblich war, ob eine dementsprechende Bitte aus Rom eintraf. In der Mitte der achtziger Jahre waren viele nicht mit Rom vereint. Ebenso folgt auch die Kurie oft nicht den Gedanken des Papstes. Drittens sagte der Herr durch Schwester Luzia: „Es wird zu einem späten Zeitpunkt getan werden."

Eine ungewisse Zukunft

Viele Menschen argumentieren, daß wir das Unvermögen einiger Mitglieder der Hierarchie, aus welchem Grund auch immer, den eindringlichen Botschaften Unserer Allerseligsten Mutter ab 1929 nicht Folge geleistet zu haben, teuer bezahlt haben. Irrtum und Verwirrung haben sich in der Kirche breit gemacht, wodurch der Glaube von Millionen Menschen mit dem einhergehenden Verlust vieler Seelen in Mitleidenschaft gezogen wurde.

Die Botschaft von La Salette, wonach Rom den Glauben verlieren und zum Sitz des Antichrists werden würde, scheint im Begriff zu sein, sich zu erfüllen. Unsere Allerseligste Mutter fuhr auch fort, bei anderen Erscheinungen in der Welt Warnungen auszusprechen und ihre Botschaften und Pläne zu enthüllen. Erneut fielen ihre Warnungen auf taube Ohren. Die Sowjetunion ist in getrennte Republiken auseinandergebrochen. Rußland ist eine souveräne Republik, die nicht bekehrt worden ist. Der Kommunismus und der rote Drache besitzen an vielen Orten in der Welt immer noch die Kontrolle. Dennoch hat Unsere Liebe Frau zu Fatima gesagt: „Am Ende wird mein Unbeflecktes Herz triumphieren." Das Schlußkapitel über Fatima ist noch nicht geschrieben worden.

Als die Atombombe 1945 Hiroshima zerstörte, überlebten acht Menschen, die in der Nähe des blendenden Zentrums des nuklearen Blitzes lebten, auf wunderbare Weise den versengenden Orkan aus Druckwelle und Gammastrahlen, während jeder andere innerhalb eines Umkreises von einer Meile das Leben verlor und andere, die davon weiter entfernt lebten, nach und nach aufgrund der tödlichen Wirkung der Strahlung verstarben. Mehr als dreißig Jahre lang haben ungefähr zweihundert Wissenschaftler diese acht Menschen untersucht, wobei sie vergeblich versuchten herauszufinden, was sie vor ihrer Verbrennung geschützt haben könnte. Einer der Überlebenden, P. H. Schiffer SJ, gab beim amerikanischen Fernsehen diese dramatische Antwort: „In jenem Haus lebten wir die Botschaft von Fatima."[34]

10

Garabandal in Spanien: Seine Zeit ist gekommen

Es gibt wichtige Querverbindungen zwischen La Salette in Frankreich, Fatima in Portugal, Garabandal in Spanien, Akita in Japan und Medjugorje in Jugoslawien. Mit ähnlicher Thematik bestätigen und verstärken sie einander: die Bedeutung und Macht des Rosenkranzgebetes und des Priestertums, die Betonung der heiligen Eucharistie, die Anwesenheit von Engeln (in mehreren der Erscheinungen geht ein Engel der Erscheinung Unserer Allerseligsten Mutter voraus, und er teilt an die Kinder die heilige Kommunion aus), der Nachdruck auf die heiligen Sakramente, die mitgeteilten Geheimnisse, die erst zu einem späteren Zeitpunkt enthüllt werden, der dringliche Aufruf zu Gebet und Buße, die Herauskristallisierung eines Hauptsehers unter den Kindern und die Vision von bevorstehenden schrecklichen Ereignissen.

In Garabandal und in Medjugorje sprach Unsere Liebe Frau 1. über eine Warnung, ein Wunder und eine Züchtigung, 2. über ein sichtbares Zeichen, das am Erscheinungsort zurückgelassen werde, damit die Menschen es glaubten und 3. über Anweisungen zum Fasten und die Auswahl eines Priesters, um der Öffentlichkeit Botschaften zu vermitteln.

Der Seherin von Medjugorje Mirjana zufolge kann die Züchtigung durch Gebet und Buße abgemildert, aber nicht aufgehoben werden. Mirjana sagte, daß eines der Übel, welches die Welt bedrohe, durch Gebet und Fasten beseitigt wurde. Aus diesem Grund fährt die Allerseligste Jungfrau fort, um Gebet und Fasten zu bitten. Sie erinnert uns daran: „Ihr habt vergessen, daß ihr durch Gebet und Fasten Kriege abwenden und die Naturgesetze außer Kraft setzen könnt."

Die Ähnlichkeiten zwischen den Erscheinungen von Fatima, Garabandal und Medjugorje sind verblüffend. Sie bauen aufeinander auf. In der Tat könnte man sie als eine ausgedehnte Erscheinung zu verschiedenen Zeiten und an verschiedenen Orten mit leicht unterschiedlichen Botschaften betrachten, welche Bedeutung für die Bedürfnisse der Kirche in der Zeit haben, in der die Visionen stattfanden.

Ereignisse, die einen Einfluß auf die ganze Welt haben werden

Die Erscheinungen zu San Sebastian de Garabandal, in Spanien, fanden von 1961 bis 1965 statt. Obwohl es beträchtliche Verwirrung über diese angenommenen Erscheinungen gab, hat die Kirche sie dennoch nie verurteilt. Eine neue Kommission wurde 1986 vom Bischof eingesetzt, und Garabandal wird derzeit kirchlich durch Beamte des Vatikans untersucht.

Die Botschaft von Garabandal enthält Prophetien bezüglich übernatürlicher Ereignisse, die die ganze Welt betreffen. Da wir uns möglicherweise kurz vor den vorausgesagten Ereignissen befinden, wäre es für die Gläubigen klug, sich der Botschaften Unserer Lieben Frau bewußt zu sein, insbesondere wenn die Kirche diese Erscheinungen als „glaubenswürdig" erklärt.

Bevorstehende Ereignisse

Die Prophetien von Garabandal besagen, daß vier der größten übernatürlichen Ereignisse der Menschheitsgeschichte nahe bevorstehen:

1. **Eine weltweite Warnung:** Sie wird von Gott kommen, und jeder in der ganzen Welt wird sie erfahren.

2. **Ein großes Wunder:** Gott wird das größte Wunder aller Zeiten vollbringen.

3. **Ein fortwährendes Zeichen:** Nach dem großen Wunder wird bei „den Kiefern" von Garabandal für immer ein Zeichen zurückbleiben, etwas, was man nie zuvor auf der Erde gesehen hat.

4. **Die Züchtigung:** Diese Strafe hängt von der Antwort der Menschheit auf diese Botschaften ab.

Wann werden diese Ereignisse eintreten?

Mari-Loli, eine der Seherinnen von Garbandal, kennt das Jahr der Warnung. Sie sagte, daß die Warnung sich innerhalb eines Jahres vor dem Wunder ereignen wird. Conchita, die älteste der Seherinnen von Garabandal, weiß, wann das Wunder geschehen wird.

Das Dorf

Die Geschichte von Garabandal begann am Abend des 18. Juni 1961, als der Erzengel Michael vier jungen Mädchen erschien. An den folgenden zwölf Tagen erschien er achtmal schweigend. Am 1. Juli endlich sprach der Engel, um anzukündigen, daß am darauffolgenden Tag die Allerseligste Jungfrau Maria ihnen als Unsere Liebe Frau vom Berge Karmel erscheinen würde. San Sebastian de Garabandal ist ein kleines Dorf von etwa 300 Einwohnern, welches im schönen Kantabrischen Gebirge, im nordwestlichen Spanien, in der Diözese von Santander, gelegen ist. Etwa dreihundert Meter nördlich des Dorfes, auf einem Gebrigskamm, stehen neun Pinien, wo Unsere Liebe Frau des öfteren erschien. Im Laufe der folgenden vier Jahre erschien Unsere Liebe Frau mehr als 2.000 Mal im Dorf.

Die Seherinnen

Die Seherinnen waren: Conchita González (zwölf Jahre alt), Jacinta González (zwölf Jahre alt), Mari Cruz González (elf Jahre alt), trotz des gleichen Namens nicht miteinander verwandt, und Mari-Loli Mazón (zwölf Jahre alt). Sie beschrieben Unsere Liebe Frau als eine schöne junge Frau von etwa achtzehn Jahren. Sie trug ein weißes Kleid mit einem blauen Mantel und einem braunen Skapulier über ihrem rechten Arm. Auf ihrem Kopf trug sie eine Krone von zwölf Sternen. Ihr Haar war dunkelbraun und war in der Mitte geteilt. Sie hatte ein ovales Gesicht mit einer feingliedrigen Nase. Die Mädchen sagten: „Keine andere Frau sieht wie sie aus oder spricht wie sie."

Den Erscheinungen gingen drei innere Anrufungen voraus, die jeweils stärker wurden und welche die Mädchen als Freude beschrieben. Nach der dritten Anrufung liefen die Mädchen aus den verschiedenen Teilen des Dorfes zum gleichen Ort und zur gleichen Zeit zusammen, zu einem Ort, der von Unserer Lieben Frau bestimmt worden war. Dann fielen sie in Ekstase auf ihre Knie.

Während der Ekstase wurden sie von „Forschern" Verbrennungen ausgesetzt, wurden helle Lichter in ihre Augen gestrahlt und wurden sie mit Nadeln gestochen, ohne jedoch die geringste Schmerzreaktion zu zeigen. Es wird berichtet, daß vier erwachsene Männer große Schwierigkeiten hatten, ein zwölfjähriges Mädchen vom Boden aufzuheben, während die Mädchen einander leicht Unserer Lieben Frau entgegenstreckten, um ihr einen Abschiedskuß zu geben. Die Erscheinungen waren von anderen Phänomenen begleitet, die den Naturgesetzen zu widersprechen schienen, wie das ekstatische Fallen und das Vorwärts- und Rückwärtslaufen über steiniges Gelände. Viele Devotionalien wurden von Unserer Lieben Frau geküßt. In der Ekstase reichten die Seherinnen diese Objekte an die rechtmäßigen Besitzer zurück, obwohl sie ihnen nicht bekannt waren. Die Seherinnen behaupteten, daß Unsere Liebe Frau sie zu der richtigen Person führte.

Unsere Liebe Frau versprach: „Durch den Kuß, mit dem ich diese Objekte berührte, wird mein Sohn Wunder, Verwunderliches und Erstaunliches vor und nach dem großen Wunder wirken." Die Erfüllung dieses Versprechens zeigt sich in den vielen Bekehrungen und Heilungen von unheilbaren und drogenabhängigen Menschen in der ganzen Welt.

Die Botschaft von Garabandal

Am 4. Juli 1961 offenbarte Unsere Liebe Frau ihre erste Botschaft für die Welt. Sie verlangte von den Mädchen, die Botschaft am 18. Oktober 1961 öffentlich zu verkünden. An jenem Tag gaben die Kinder die Botschaft bekannt: „Es müssen viele Opfer dargebracht werden, viel Buße. Wir sollen das Allerheiligste häufig besuchen ..., vor allem aber sollen wir gut sein ... Und wenn wir das nicht tun, wird eine Strafe über uns kommen ... Der Kelch wird schon voll, und wenn wir uns nicht bessern, wird eine sehr große Strafe über uns kommen."

Am 1. Januar 1965 teilte die Allerseligste Jungfrau Conchita Gonzáles mit, daß ihr am folgenden 18. Juni der Erzengel Michael erscheinen würde, um der ganzen Welt im Namen Mariens eine abschließende Botschaft zu geben, weil ihre erste Botschaft nicht befolgt worden sei. Bei dem „*Cuadro*" erschien Conchita der heilige Michael, während sie sich in Ekstase befand, die ungefähr sechzehn Minuten dauerte. Er überbrachte der ganzen Welt die folgende von Unserer Lieben Frau versprochene abschließende Botschaft: „Da man meine Botschaft vom 18. Oktober nicht erfüllt und der Welt bekannt gemacht hat, will ich euch sagen, daß dies die letzte Mahnung ist. **Früher füllte sich der Kelch allmählich, jetzt läuft er über. Von den Kardinälen, Bischöfen und Priestern gehen viele den Weg des Verderbens und reißen viele Seelen mit sich. Der Eucharistie mißt man immer weniger Bedeutung zu. Wir müssen uns anstrengen, um dem Zorn Gottes über uns zu entgehen.**

Wenn ihr Ihn aufrichtigen Herzens um Verzeihung bittet, wird Er euch vergeben. Ich, eure Mutter, möchte euch durch die Vermittlung des Engels Sankt Michael sagen, daß ihr euch bessern sollt. Ihr steht schon in den letzten Mahnungen. Ich liebe euch sehr und will eure Verdammung nicht. Wir werden euch gewähren, um was ihr aufrichtig bittet. Ihr müßt euch mehr opfern. Denkt an das Leiden Jesu." Unsere Liebe Frau erschien mit dem braunen Skapulier, das sie trug, womit sie zu verstehen gab, daß auch wir das braune Skapulier tragen sollten, und sie lehrte die Kinder, den Rosenkranz beten. Ihre größte Betonung legte sie auf die heilige Eucharistie und die Gebete für die Priester. Für Conchita fand die letzte Erscheinung am 13. November 1965 bei „den Pinien" statt.

Vier bevorstehende große Ereignisse

Die Seherinnen künden uns vier große und übernatürliche Ereignisse an, die in Garabandal vorausgesagt wurden. Wenn diese angekündigten Ereignisse eintreffen, werden sie die Echtheit der Erscheinungen von Garabandal bestätigen.

Die Warnung

Das erste Ereignis wird eine weltweite Warnung Gottes sein. In einem Brief vom 1. Januar 1965 schrieb Conchita: „Unsere Liebe Frau sagte, daß der ganzen Welt vor dem Wunder eine Warnung gegeben würde, damit die Welt sich bessere. Sie wird unmittelbar von Gott kommen und in der ganzen Welt sichtbar sein."

Am 2. Juni 1965 schrieb Conchita: „Die Warnung ist, wie die Züchtigung, etwas Furchtbares sowohl für die Guten wie für die Bösen. Es soll die Guten Gott noch näher bringen und die Bösen warnen, daß die Endzeit sich nähert. Das ist die letzte Warnung." Conchita erklärte, daß die Warnung eine Reinigung sei, um uns auf das Wunder vorzubereiten. Sie glaubt, daß wir nach diesen Ereignissen der Endzeit nahe sind. Jeder auf der Erde wird eine innere Erfahrung dessen machen, wie er im Licht der Gerechtigkeit Gottes gesehen wird. Gläubige wie Ungläubige werden diese Warnung erleben. Mari-Loli, die das Jahr der Warnung kennt, hat gesagt: „Wir werden sie in uns selbst fühlen, und es wird absolut klar sein, daß sie von Gott kommt."

Jacinta hat gesagt: „Die Warnung ist etwas, das zuerst in der Luft überall in der Welt gesehen und unmittelbar in das Innere unserer Seelen übertragen werden wird. Sie wird nur eine ganze kurze Zeit dauern, aber es wird sehr lange scheinen wegen ihrer Wirkung in uns. Sie wird für das Wohl unserer Seelen sein, damit wir in uns selbst unser Gewissen sehen ... das Gute und das Böse, das wir getan haben. Dann werden wir eine große Liebe fühlen zu unseren himmlischen Eltern und für alle unsere Beleidigungen um Vergebung bitten. Die Warnung ist für jedermann, weil Gott unser Heil (unsere Rettung) will. Die Warnung geschieht, um uns Ihm näherzubringen und unseren Glauben zu vermehren. Deshalb sollte man sich auf diesen Tag vorbereiten, aber nicht, indem man ihn mit Furcht erwartet; denn Gott schickt uns nichts um der Furcht willen, sondern vielmehr mit Gerechtigkeit und Liebe, und Er tut es für das Wohl aller Seiner Kinder, damit sie ewige Glückseligkeit genießen können und nicht verloren gehen."

Das große Wunder

Unsere Liebe Frau hat versprochen, daß ein großes Wunder über dem Pinienhain stattfinden wird. Es wird sich an einem Donnerstagabend, um 20:30 Uhr, zwischen dem 8. und 16. der Monate März, April oder Mai, ereignen. Das

Wunder wird mit einem wichtigen Ereignis in der Kirche sowie mit dem Festtag eines jungen Märtyrers der heiligen Eucharistie zusammenfallen. Jeder, der sich im Dorf oder auf den umliegenden Bergen befindet, wird es sehen. Die anwesenden Kranken werden geheilt werden. Sünder und Ungläubige werden bekehrt werden. Es wird möglich sein, dieses Ereignis im Foto festzuhalten oder im Fernsehen zu übertragen. Nach diesem Wunder wird Rußland bekehrt werden. Conchita, die das Datum dieses Wunders kennt, muß es acht Tage vorher bekanntgeben. Conchita teilt uns in ihrem Tagebuch mit, daß der amtierende Papst das Wunder dort sehen wird, wo er sich gerade aufhält.

Mari-Loli zufolge wird das Wunder innerhalb eines Jahres nach der Warnung erfolgen. Mari-Loli kennt das Datum der Warnung nicht, lediglich das Jahr. Sie hat ebenfalls gesagt, daß ihr die Allerseligste Mutter mitgeteilt hat: **„Es würde eine Zeit kommen, in der es so aussähe, als ob die Kirche erledigt wäre, in der es den Priestern erschwert sei, eine heilige Messe zu lesen oder von heiligen Dingen zu reden.“ Eine Zeit würde kommen, in der die Kirche den Eindruck mache, als sei es mit ihr zu Ende. Sie würde eine schreckliche Zeit der Prüfung durchstehen.** Als sie Unsere Liebe Frau fragte, wie dies zustande käme, antwortete Unsere Liebe Frau „durch den Kommunismus“.

Das bleibende Zeichen

Das große Wunder hat zur Folge, daß ein dauerhaftes Zeichen für immer verbleiben wird. Es wird übernatürlichen Ursprungs sein und etwas, was man nie zuvor auf der Erde gesehen hat. Conchita schrieb: „Ein Zeichen des Wunders, das man filmen oder per Fernsehen übertragen kann, wird für immer bei den Pinien verbleiben.“ Niemand wird es jedoch berühren können.

Die Züchtigung

Im Juli 1962 wurde Conchita, Mari-Loli und Jacinta eine Vision der bevorstehenden Züchtigung gezeigt. Sollten wir Ihren Warnungen nicht Folge leisten und sollte sich die Menschheit nach der Warnung und dem Wunder nicht bessern, so sagte Unsere Liebe Frau den Seherinnen, dann werde Gott die Züchtigung schicken. In einer Notiz stellte Conchita fest: „Die Strafe hängt davon ab, ob die Menschheit den Botschaften der Allerseligsten Jungfrau Maria Folge leistet oder nicht.“ In ihrem Tagebuch schrieb Conchita: „Sollte sich die Welt bessern, kann die Strafe vermieden werden.“ In ihrer Beschreibung der Vision der Züchtigung sagte Mari-Loli: „Es ist schlimmer, als wenn wir Feuer über uns und unter uns, ja ganz um uns herum hätten.“ Sie sah, wie sich Menschen ins Meer stürzten, aber anstatt das Feuer zu löschen, brannten sie umso mehr.

Padre Pio

Padre Pio war einer der wenigen Priester in der Kirchengeschichte, der die Stigmata Unseres Herrn empfing. Von jungen Jahren an durch viele geistliche Gaben ausgezeichnet, war Padre Pio von der Glaubwürdigkeit Garabandals überzeugt.

Im Frühjahr 1966 geschah ein Ereignis, welches den Glauben Padre Pios an Garabandal bestätigte. Conchita, die erst sechzehn Jahre alt war, besuchte mit ihrer Mutter und Pater Luna Rom. Sie war von Kardinal Ottaviani, dem Präfekten der Glaubenskongregation, eingeladen worden. Während dieses Besuchs traf Conchita privat mit Padre Pio zusammen. Bei dieser Gelegenheit nahm er ihre Hand und ihr Kruzifix, welches von Unserer Lieben Frau zu Garabandal geküßt worden waren, in seine beiden Hände. Das Kruzifix war während der Erscheinung vom 13. November 1965 durch die Hände des Jesuskindes gegangen.

Es war auch während dieses Besuchs in Rom, daß Conchita eine Privataudienz bei Papst Paul VI. hatte. Kein Bericht über diese Papstaudienz ist jemals veröffentlicht worden, außer daß der Papst gesagt hat: „Conchita, ich segne dich und mit mir segnet dich die ganze Kirche." Am 16. Oktober 1968 erhielt Conchita ein Telegramm, in dem sie gebeten wurde, nach Lourdes zu reisen, um dort einen Brief von Padre Pio in Empfang zu nehmen. In Lourdes traf sie Pater Bernardino Cennamo, der ihr die Information gab, daß er von Padre Pio beauftragt worden sei, ihr einen Brief und den ersten Schleier, der sein Gesicht nach seinem Tod bedeckte, zu überreichen.

Conchita fragte: „Wie kann es sein, daß mir die Jungfrau gesagt hat, daß Padre Pio vor seinem Tod das Wunder sehen würde?" Pater Cennamo antwortete: „Er hat in der Tat das Wunder vor seinem Tod gesehen. Padre Pio hat es mir selbst gesagt." Der Brief Padre Pios war von Pater Pelligrino aufgezeichnet worden, der sich um Padre Pio in seinen letzten Lebensjahren bemühte. Der Brief lautet wie folgt: „Für Conchita hat Padre Pio gesagt: ‚Ich bitte die Allerheiligste Jungfrau, dich zu trösten und dich immer zur Heiligkeit zu führen, und ich segne dich von ganzem Herzen.'"

Ein Jesuitenpater sieht das große Wunder

Pater Luis Maria Andréu, ein achtunddreißigjähriger Jesuitenpater, besuchte am 8. August 1961 Garabandal zum zweiten Mal. Während er die Seherinnen in ihrer Ekstase beobachtete, rief Pater Luis plötzlich viermal aus: „Ein Wunder!" Auf der Heimfahrt an jenem Abend mit seinen Freunden sagte Pater Luis: „Welch wunderbares Geschenk die Jungfrau mir gegeben hat! Wie glücklich sind wir, die wir eine solche Mutter im Himmel haben! Heute ist der glücklichste

Tag in meinem Leben!“ Kurz darauf senkte er sein Haupt und starb. In einer darauf folgenden Vision teilte Unsere Liebe Frau den Seherinnen mit, daß Pater Luis sie und auch das große Wunder gesehen habe. Er starb vor Freude. Außerdem offenbarte Unsere Liebe Frau am 14. September 1965 Conchita, daß der Leib Pater Luis Andréus am Tag des Wunders exhumiert und unverwest vorgefunden werde.

Andere geheimnisvolle Phänomene

Während der Erscheinungen war es den Mädchen möglich, Priester, die, um ihre Identität zu verheimlichen, im Dorf in Zivil erschienen, zu entdecken und zu erkennen. Oftmals im Verlauf ihres ekstatischen Umhergehens boten die Seherinnen diesen Priestern ihre Kruzifixe zum Kuß dar. Während einer von Conchitas Ekstasen, im Jahre 1962, knieten sich zwei Priester in Ehrerbietung nieder. Sie wurden behutsam von Conchita zum Stehen ermuntert, um dadurch den tiefen Respekt zum Ausdruck zu bringen, den Unsere Liebe Frau für die Priester hegt. Sie lehrte die Kinder, Priester vor einem Engel zu grüßen, weil ein Priester wichtiger sei, da nur ein Priester während des heiligen Meßopfers Brot und Wein in den heiligen Leib und das kostbare Blut Christi verwandeln könne.

Ein weiteres bemerkenswertes Ereignis in Garabandal betont die Bedeutung der Eucharistie. Es erschien ein Engel, der einen goldenen Kelch hielt. Der Engel bat die Kinder, sich auf Den zu besinnen, den sie empfangen würden. Er lehrte sie das Confiteor zu beten, worauf er ihnen die heilige Kommunion reichte. Er lehrte sie auch, in Danksagung das Gebet Anima Christi zu sprechen. Diese direkten Eingriffe erfolgten regelmäßig immer dann, wenn es dem Priester aus dem Nachbarort Cosio verwehrt war, nach Garabandal zu kommen.

Viele dieser „Kommunionen aus der Hand der Engel“ wurden auf Film aufge-nommen, welche die Bewegung der Lippen, der Zunge und des Halses der Mädchen zeigen. Da jedoch diese Hostien nur den Mädchen sichtbar waren, bezweifelten viele Skeptiker, daß sie tatsächlich die heilige Kommunion empfingen.

Als er danach befragt wurde, woher diese Hostien stammten, da nur ein Priester konsekrieren könne, teilte ihnen der Engel mit, daß diese Hostien den Tabernakeln der Kirche entnommen wären. Deshalb hätte auch ein Priester und kein Engel diese Hostien konsekriert. Am 22. Juni 1962 sagte der Engel zu Conchita, daß Gott ein „besonderes Wunder“ vollbringen würde. Damit sie glaubten, würde es den Menschen gestattet werden, die Hostie auf der Zunge Conchitas im Moment des Kommunionempfangs zu sehen. Die Eintragung Conchitas in ihrem Tagebuch vom 30. Juni 1962 stellt fest: „Während ich mich bei den Pinien befand, hörte ich eine Stimme, die sagte, daß das Wunder am

18. Juli stattfinden werde." Der Engel beauftragte sie später, diese Botschaft fünfzehn Tage im voraus anzukündigen.

Die sichtbare Hostie

Das Wunder der sichtbaren Hostie geschah am 19. Juli 1962, um 1:40 Uhr. Hunderte von Zeugen waren anwesend. Das Ereignis wurde von Don Alejandro, einem Geschäftsmann aus Barcelona, gefilmt. Dieser Film wurde später dem Bischof von Santander überreicht. Zeugen gaben an, daß Conchita kniete und die Zunge ausstreckte, um die Hostie zu empfangen. Zunächst zeigte sich nichts. Einige Augenblicke später erschien auf ihrer Zunge eine weiße Hostie, etwas dicker als gewöhnlich. Sie verweilte dort für einen Moment, bevor sie verzehrt wurde. Conchita bezeichnet dieses Ereignis als das „kleine Wunder". Es war dazu ausersehen, um unsere Aufmerksamkeit auf die Realität der wahren Gegenwart Unseres Herrn in der heiligen Eucharistie zu lenken.

Bedeutende Zeugen

Zwei bedeutende Zeugen, die während einiger der Erscheinungen anwesend waren und deren Leben dramatisch durch die Ereignisse von Garabandal verändert wurden, sind Joey Lomangino und Pater Ramon Andréu SJ.

Joey Lomangino

Joey Lomangino wurde am 5. Oktober 1930 im New Yorker Stadtteil Brooklyn geboren. Im Juni 1947, als Joey sechzehn Jahre alt war, wurde die Familie Lomangino von einer Tragödie heimgesucht. Joey füllte den Reifen an einem der Lkw in seines Vaters Eis- und Kohlengeschäft mit Luft, als plötzlich der Reifen explodierte. Der Reifen traf ihn zwischen den Augen und zerschnitt den optischen wie den Nerv des Geruchsinns, was dazu führte, daß er nicht mehr sehen und riechen konnte.

Die folgenden Jahre waren schwierig. Mit viel Geduld und Ausdauer gelang es Joey jedoch, seine Schulausbildung zu beenden und zusammen mit seinen drei Brüdern ein Sanitärgeschäft aufzubauen.

Während eines Urlaubs in Italien traf 1961 Joey mit Padre Pio zusammen. Diese Zusammenkunft veränderte sein Leben auf dramatische Weise. Joey erinnert sich, daß er zu jenem Zeitpunkt kein religiöser Mensch war. Jedoch setzte dieses Treffen den Prozeß der Bekehrung in seinem Leben in Gang.

Joey kehrte 1963 nach Italien zurück, um erneut Padre Pio zu begegnen. Während dieses Besuchs ermunterte ihn Padre Pio, zur Beichte zu gehen. Joey sagt aus, daß Padre Pio ihn unterbrach, als er sich segnete und mit seiner Beichte beginnen wollte, und ihm in perfektem Englisch alle Sünden aufzuzählen begann, welche Joey jemals in seinem ganzen Leben begangen hatte! Diese überwältigende Erfahrung war erst der Beginn dessen, was folgen sollte. Ein paar Tage später befand sich Joey kniend (in der Kirche), und er wartete darauf, daß Padre Pio mit der Messe beginnen würde. Als Padre Pio vorüberging, verspürte Joey etwas, was sich wie eine Explosion in seinem Kopf anfühlte. In jenem Augenblick erlangte Joey momentan seinen Geruchssinn zurück. Im Nu verspürte er den Duft von Rosen. Die Ärzte beschrieben dieses Wunder, als „ob eine Glühbirne mitten im Raum hänge, ohne daß dabei die elektrischen Leitungsdrähte damit verbunden wären, und sie doch leuchtete". Während dieses Besuchs fragte Joey Padre Pio, ob Unsere Liebe Frau in Garabandal erscheine. Seine Antwort war: „Ja." Joey fragte auch, ob er dorthin reisen solle. Die Antwort war: „Ja, warum nicht?" Auf diese Weise begann eine Reihe von Ereignissen, die Joey den Titel des „blinden Apostels von Garabandal" einbrachten. Er besuchte Garabandal mehrmals, und es entwickelte sich eine enge Beziehung zu den Seherkindern.

Am 19. März 1964 erhielt Conchita bei den Pinien eine innere Einsprechung von Unserer Lieben Frau. Ihr wurde mitgeteilt, daß Joey Lomangino am Tag des großen Wunders wieder sehen würde. Conchita wurde auch gesagt, daß Joey in New York ein „Haus der Nächstenliebe" eröffnen werde, das Gott große Ehre erweisen würde. Seit 1963 ist Joey in der ganzen Welt herumgereist, um Zeugnis abzulegen.

Pater Ramón Andréu SJ

Pater Ramón ist der Bruder des verstorbenen Paters Luis Andréu, jenes Priesters, der das große Wunder sah und darauf vor Freude starb. Pater Ramón erhielt von seinem Superior die Erlaubnis, Garabandal zu besuchen. Er wurde ebenfalls vom apostolischen Administrator der Diözese Santander, Bischof Doroteo Fernández, autorisiert. Es war sein Privileg, von mehr als 400 Ekstasen Zeuge geworden zu sein. Während seiner Besuche im Dorf fertigte er detaillierte Aufzeichnungen über alles, was er sah und hörte, in seinem Notizbuch an. Aufgrund von Pater Ramóns scharfem analytischen Verstand sind diese Aufzeichnungen einige der bedeutenderen Dokumente. Das erstaunlichste Ereignis für Pater Ramón war die Offenbarung durch die Seherinnen, daß sie mit seinem toten Bruder, Pater Luis Andréu, gesprochen hätten. Die Eintragungen Conchitas in ihr Tagebuch vom 15. und 16. August stellen folgendes fest:

„Ein paar Tage nach dem Tod von Pater Luis teilte uns die Allerseligste Jungfrau mit, daß wir mit ihm sprechen würden ... Um 20:00 oder 21:00 Uhr erschien uns die Allerseligste Jungfrau mit einem überaus freundlichen Lächeln, ganz so, wie auch sonst üblich. Sie sagte zu uns Vieren: ‚Pater Luis wird jetzt kommen und mit euch sprechen.' Einen Augenblick danach kam er und rief jeden von uns der Reihe nach. Wir sahen ihn nicht, sondern hörten nur seine Stimme. Sie war genau dieselbe, die er auf der Erde gehabt hatte. Nachdem er eine Weile gesprochen hatte, wobei er uns Ratschläge gab, sagte er uns gewisse Dinge für seinen Bruder, Pater Ramón María Andréu. Er brachte uns einige Wort in Französisch, Deutsch und Englisch bei und lehrte uns, in Griechisch zu beten."

Pater Ramón wurden auch genaue Einzelheiten vom Begräbnis seines Bruders und aus seinem persönlichen Leben mitgeteilt, die nur ihm bekannt waren. Bei einer weiteren Gelegenheit hinterließ Pater Luis eine Botschaft für seine Mutter: „Sei glücklich und froh, denn ich bin im Himmel, und ich sehe dich täglich." Das war eine Botschaft von großer Freude für seine Mutter, die in ein Kloster eintrat, und auch eine bemerkenswerte Offenbarung über unsere lieben Heimgegangenen, die in den Himmel aufgenommen wurden. Pater Ramón lebt heute in Kalifornien, und er ist mehr als bloß ein gewöhnlicher Zeuge. Sein Bruder, Pater Luis, und er waren besonders von Unserer Lieben Frau ausgewählt worden, um Zeugnis von den unglaublichen Ereignissen in Garabandal abzulegen.

Die Position der Kirche

Kurz nachdem 1961 die Erscheinungen begannen, setzte Bischof Doroteo Fernández, apostolischer Administrator der Diözese Santander, eine Untersuchungskommission ein, die aus drei Priestern und zwei Ärzten bestand, um die Erscheinungen zu erforschen. Der Psychiater, Luis Morales Noriega, und Pater Francisco Odriózola leiteten die Kommission. Diese Studiengruppe wurde nicht als eine kanonische Kommission aufgefaßt. Zur Gruppe gehörte auch Pater Juan del Val Gallo, der später zum derzeitigen Bischof von Santander ernannt wurde. Während der vier Jahre der Erscheinungen begaben sich die Mitglieder dieser Gruppe nur bei drei Gelegenheiten zum Dorf. Sie trafen sich weder als vollständige Kommission noch legten sie je einen gemeinsamen Bericht vor. Dr. Morales, der führende Experte in bezug auf Geisteskrankheiten in Santander, erklärte, daß es aufgrund psychologischer Theorien eine natürliche Erklärung für die Vorgänge gebe.

Er wies die ganze Angelegenheit als „Kinderspiel" von der Hand. Unsere Liebe Frau sagte den Seherinnen 1961: „Es wird eine Zeit kommen, da ihr vier einander widersprechen werdet, da eure Familien sich auch gegen einander in Widersprüche über die Erscheinungen verwickeln werden; ihr werdet selbst leugnen, mich oder Sankt Michael gesehen zu haben." Bei dieser Gelegenheit hörten Zeugen, wie die vier Seherinnen in der Ekstase sagten: „Wie kann das sein, daß wir eines Tages sagen werden, daß wir Sie nicht gesehen haben, da wir Sie doch jetzt sehen?" Unsere Liebe Frau teilte ihnen mit: „Weil ihr dieselbe Verwirrung durchleben werdet wie die Kirche.“ Diese prophetischen Worte erfüllten sich fast von Anfang an, und die Kinder leugneten später, jemals Erscheinungen gesehen zu haben. Deshalb waren der Bischof und seine Nachfolger ernsthaft reserviert in bezug auf die Echtheit der Erscheinungen. Bischof Fernández und sein direkter Nachfolger, Bischof Eugenio Beitia, veröffentlichten „Notas“. Diese „Notas“ rieten zur Vorsicht und verboten den Priestern den Besuch des Dorfes ohne Genehmigung. Sie besagten außerdem, daß es keinerlei Indiz gäbe, daß irgendwelche übernatürliche Ereignisse stattgefunden hätten.

Dennoch ist es wichtig zu bemerken, daß Bischof Beitia in seinen „Notas“ vom 8. Juli 1965 feststellte: „... Wir stellen fest, daß wir keinen Grund gefunden haben, der eine kirchliche Verurteilung bedingt, weder in der Lehre noch für die geistlichen Fürbitten, die man anläßlich der Ereignisse von Garabandal verbreitet und an treue Christen gerichtet hat, um so mehr noch, als sie eine Aufforderung zum Gebet, Opfer, zur eucharistischen Anbetung, zur Marienverehrung unter traditionsgemäß lobenswerten Formen und zur heiligen Furcht GOTTES, der durch unsere Sünden beleidigt wurde, enthalten. ...“ Der Nachfolger von Bischof Beitia, Bischof Puchol, war nicht so wohlgesinnt. Er verurteilte die Ereignisse in der ganzen Provinz in einer Pressekampagne. Durch seinen unzeitgemäßen Tod in einem Autounfall, am 8. Mai 1967, fiel die Diözesanverwaltung an Enrique Cabo, Generalvikar, bis ein neuer Bischof ernannt werden konnte. Der neue Nachfolger, Bischof Cirada, verurteilte ebenfalls die Erscheinungen, indem er über das Staatssekretariat der Kirche einen Brief an alle Bischöfe sandte.

Von 1966 bis 1983 wurde die Diskussion, ob die Ereignisse übernatürlicher Art seien oder nicht, kontrovers geführt. Jedoch wurden die Erscheinungen zu keinem Zeitpunkt offiziell verurteilt. Im Dezember 1971 wurde Bischof del Val Gallo zum neuen Oberhaupt der Diözese von Santander bestellt. Er zeigte sich den Erscheinungen gegenüber offen. Indem er sich der Unzulänglichkeit der ursprünglichen Kommission bewußt wurde, versuchte er eine neue unter der gemeinsamen Autorität Roms und der von Santander einzurichten. Diese Bemühungen wurden in jener Zeit aufgrund starker Widerstände abgebrochen.

Ein Brief vom 20. August 1978 wurde bei Bischof del Val Gallo persönlich abgegeben. Er wurde von den Priestern verfaßt, die sich in Lourdes zusammengefunden hatten, um die Ereignisse von Garabandal zu studieren. Zum Teil stellte der Brief fest: „Wir möchten Ihrer Exzellenz mitteilen, daß ungefähr 200 Katholiken aus fünf Kontinenten in Lourdes einen marianischen Kongreß durchführten, um ihre Liebe zu Maria und ihrem göttlichen Sohn zu bereichern und um in einer ernsthaften Atmosphäre und unter der Führung des Heiligen Geistes die Ereignisse von Garabandal zu studieren. Unter den Anwesenden befanden sich einige prominente Theologen, von denen zwei Berater des Zweiten Vatikanischen Konzils waren. Außerdem nahmen Experten in Mariologie, Psychiater und andere Wissenschaftler daran teil. Nach vertieftem Gebet und ermuntert durch die Anwesenheit der 200 Delegierten aus sechsundzwanzig Ländern, die die Empfindungen von Millionen von Katholiken widerspiegeln, fühlen wir uns vertrauensvoll dazu bewegt, an Eure Exzellenz die folgende Bitte zu richten:

Seit dem Beginn der Ereignisse, die in San Sebastian geschahen, sind viele Jahre vergangen, und der Herr hat schon einige der führenden Zeugen jener Geschehnisse heimgerufen. Dennoch leben, Gott sei Dank, immer noch viele der Zeugen. Folglich fühlen wir uns im Bewußtsein der transzendentalen Wichtigkeit der besagten Ereignisse verpflichtet, Eure Exzellenz zu bitten, ohne Zögern dieselben Zeugen einzuladen, ihre wertvollen Zeugnisse Ihrem Archiv zu unterbreiten. Obwohl die gegenwärtigen Umstände keine neue offizielle Untersuchung anzuraten scheinen, meinen wir doch, daß das Verschwinden solch kostbarer Zeugnisse, welche von ernsthaften und verantwortlichen Zeugen herrühren, einen unersetzlichen Verlust darstellen würde. Zugleich möchten wir Eurer Exzellenz versichern, daß die Bitte, die wir an Sie richten, in keiner Weise dem letzten Urteil der Kirche in dieser Angelegenheit vorgreift."

Unter den Unterzeichnern dieses Briefes befand sich Pater Joseph Pelletier, der ausführlich über Garabandal geschrieben hat. Weitere Unterzeichner waren Hochwürden A.J. Adikalam, Generalvikar von Madras, in Indien, P. Joseph Lee SDB aus Hong Kong, P. Francis Benac SJ aus Indien und P. François Turner OP aus Frankreich.

Dr. Luis Morales

Ein dramatischer Wendepunkt in den Ereignissen von Garabandal geschah am 30. Mai 1983. Dr. Morales, der führende Psychiater von Santander, hielt einen historischen Vortrag, in dem er sein ursprünglich negatives Urteil zurückzog und die Realität der Erscheinungen verteidigte. Diese aufsehenerregende Umkehrung seines Urteils beendete die zweiundzwanzig Jahre des Schweigens, welche von den Kirchenbehörden in Santander auferlegt worden waren. Gleich zu Anfang bemerkte Dr. Morales: „Heute bin ich hier, um zu Ihnen über die Erscheinungen Unserer Lieben Frau in Garabandal zu sprechen. Das geschieht, weil Sie selbst diesen Bewußtseinswandel in mir bewirkt hat. Darüber hinaus spreche ich mit der vollen Erlaubnis der kirchlichen Hierarchie." Er beendete seinen Vortrag mit den Worten: „Ich beende meinen Vortrag, indem ich die Jungfrau von Garabandal bitte, daß sie mich für den Rest meines Lebens unter ihren Mantel nehme und mir Barmherzigkeit zeige."

Die Einsetzung einer neuen Kommission

Bischof del Val Gallo setzte 1986 eine neue Kommission ein. Während seines Besuchs in Rom kündigte er dem Vatikan an, daß er wieder in aller Ruhe die Untersuchung der Ereignisse von Garabandal eröffne. Eine der Prophetien von Garabandal sagt aus, daß ein zukünftiger Bischof von Santander zunächst nicht an die Erscheinungen glauben würde. Jedoch würde er, nachdem er ein Zeichen erhalten hätte, alle Einschränkungen, die es den Priestern verbot, Garabandal zu besuchen, aufheben. Im Januar 1987 wurde dem Pfarrer von Garabandal, Hochwürden Gómez, vom Bischof die Anordnung gegeben, es den zu Besuch kommenden Priestern zu gestatten, in der Dorfkirche die heilige Messe zu lesen. Dieser Gesinnungswandel hob die Einschränkungen von 1962 auf. Der Bischof erklärte in einer vom katholischen Nachrichtendienst (CNS) verbreiteten Mitteilung, daß seine Entscheidung in keinerlei Weise mit seinem Glauben an die Erscheinungen verknüpft sei, sondern daß sie aus Respekt vor den Priestern erfolgt sei, die dort mit Pilgern ankämen. Seit diese Einschränkung aufgehoben ist, so teilt uns Conchita mit, sei die Zeit des Wunders sehr nahe. „Der Rest", sagt sie, „wird nicht lange auf sich warten lassen." Alle Untersuchungen wurden 1991 abgeschlossen und vom neuen Bischof nach Rom weitergeleitet.

Es sollte auch zur Kenntnis genommen werden, daß bis auf Mari Cruz González alle Seherinnen schriftlich ihre Dementis offiziell widerrufen haben. Zur Zeit der Niederschrift dieses Textes hat die Kommission den theologischen Teil ihrer Untersuchung abgeschlossen. Die historischen und soziologischen Untersuchungen stehen kurz vor ihrem Abschluß. Nach Beendigung der Untersuchung wird der Bischof alle Dokumente nach Rom weiterleiten, damit der Vatikan die letzte Entscheidung trifft, weil der Bischof mit Erreichen seines fünfundsiebzigsten Geburtstags, am 13. Juni 1991, in den Ruhestand trat. Während wir die Entscheidung der Kommission und das abschließende Urteil der katholischen Kirche erwarten, sollten wir uns von dem leiten lassen, was Conchita geschrieben hat. Am 14. September 1965 sagte sie: **„Die Jungfrau Maria hat es sehr gern, daß wir die Botschaft verbreiten, und sie versprach, jeden dafür zu belohnen, aber zuerst kommt der Gehorsam der Kirche gegenüber, weil dies Gott mehr rühmt und verherrlicht."**

Noch drei Päpste

Conchita hat gesagt: „Nach dem Tod von Johannes XXIII. hat mir Unsere Liebe Frau mitgeteilt: **‚Nach Papst Johannes werden nur mehr drei Päpste regieren. Einer wird nur eine kurze Zeit regieren und dann kommt das Ende der Zeit.'** Als Papst Paul VI. gewählt wurde, erwähnte dies Unsere Liebe Frau erneut. Sie sagte: ‚Nun wird es noch zwei Päpste geben und dann wird das Ende der

Zeit sein, das nicht das Ende der Welt sein wird.'" Weil der Sinn dieser Worte noch nicht verständlich ist, wäre es angebracht, darauf hinzuweisen, daß die Seherinnen sich nicht auf das Ende der Welt beziehen, wenn sie vom Ende der Zeit sprechen, sondern sich vielmehr auf das Ende einer Ära oder einer Zeitspanne beziehen. Die folgenden Zitate mit Bezug auf „Zeit" sind nicht dazu gedacht, die Bedeutung dieser Prophetie zu erläutern, sondern sie sollen nur andere Sinnzusammenhänge des Begriffs „Zeit" illustrieren. Zum Beispiel sprach im Alten Testament Gott, der Vater, zu uns durch die Propheten (manchmal auch die Ära oder Zeit der Juden genannt). Im Neuen Testament sprach Gott, der Sohn, in Seinem öffentlichen Leben auf Erden unmittelbar zu uns (auch bekannt als die Zeit der Heiden oder der Zeitabschnitt, der mit dem heiligen Paulus begann). Heute scheint Gott zu uns durch Maria, die Mutter Gottes, zu sprechen. Papst Johannes Paul II. hat unser Jahrhundert die „marianische Zeit" genannt.

Bis das Lehramt der Kirche ein abschließendes Urteil über Garabandal fällt, welches wir, die Gläubigen, bedingungslos annehmen werden, ist es klug, über die folgenden Fragen nachzudenken:

- Leben wir jetzt am Ende der marianischen Zeit und am Ende dessen, was manchmal die Zeit von Gottes großer Barmherzigkeit genannt wurde?
- Werden wir in die Zeit von Gottes Gerechtigkeit eintreten, wenn die Regierung Johannes Pauls II. zu Ende geht?

Die vierte und letzte Prophetie von Garabandal teilt uns mit, daß die Züchtigung davon abhängt, ob wir den Botschaften der Allerseligsten Jungfrau Maria Folge leisten.

Aus der Sicht der Theologen

Pater Michael O'Carroll aus Dublin, in Irland, ist ein Mitglied der Päpstlichen Marianischen Akademie und der französischen Gesellschaft für Mariologie. Er hat ausführlich über marianische Theologie und Frömmigkeit geschrieben. Am besten ist er wohl bekannt für sein Werk mit dem Titel *Theotokos*, einer theologischen Enzyklopädie über die Allerseligste Jungfrau Maria. Als er bezüglich der Entwicklungen in der letzten Zeit befragt wurde, sagte Pater O'Carroll folgendes: „**Interesse an Garabandal ist derzeit aus drei Gründen willkommen: er-stens, die überaus vielen Berichte von Erscheinungen Unserer Lieben Frau machen es durchaus wünschenswert, daß in jedem Fall ein ehrlicher Bericht über das, was stattgefunden hat und was die Reaktion der Kirchenbehörden war, vorliegt; zweitens hat es verwirrende und einander widersprechende Berichte zum Thema Garabandal gegeben, und drittens hat die ganze Geschichte jetzt ein deutliches Kennzeichen, daß es nämlich die Entscheidung des Bischofs gewesen ist, die Sache erneut aufzurollen.**" Diese ungewöhnliche Entscheidung bedeutet, daß die Aufmerksamkeit erneut auf die Phänomene gelenkt wird. Die Untersuchung und die abschließende Beurteilung wird aus soziologischen, theologischen, psychologischen und spirituellen Aspekten der Erschei-nungen bestehen. Der Bischof ist den Seherinnen gegenüber nicht abgeneigt, und er steht in Verbindung mit Pater François Turner OP, der die Geschichte jahrelang sorgfältig und aufmerksam verfolgt hat. Die Ergebnisse sollten von Nutzen sein.

Pater Edward O'Connor, Autor mehrerer Bücher und Artikel über Maria und einundfünfzig Jahre lang Mitglied der Theologischen Fakultät an der Notre-Dame-Universität, hat über die Theologie Mariens geschrieben und den Preis der Dayton-Bibliothek für sein Buch „*The Dogma of the Immaculate Conception*" (zu deutsch: Das Dogma der Unbefleckten Empfängnis) erhalten. Pater O'Connor hat sich aufmerksam über alle modernen Erscheinungen informiert und teilte uns über Garabandal die folgenden Gedanken mit: „Im Jahre 1967 habe ich Garabandal besucht und bin dort mit Jacinta und Mari-Loli sowie mit zwei Pfarrern, die sich um die Seherinnen bemühten, zusammengetroffen. Als ich dorthin reiste, war ich mir nicht im klaren über diese Erscheinungen und tendierte eher zur Skepsis. Als ich von dort wegfuhr, war ich von ihrer Echtheit überzeugt. Seither habe ich das Thema ernsthaft untersucht, und alles, was ich gelesen habe, bestärkt mich in meiner Überzeugung: Es ist unmöglich, daß vier elf- und zwölfjährige Mädchen solche Dinge vorschwindeln könnten."

Dr. Mark Miravalle, Direktor des marianischen Büros über gegenwärtige Erscheinungen und Dozent für Theologie an der franziskanischen Universität von Steubenville, bemerkte: „Die Botschaft von Garabandal paßt gut in das Gesamt der marianischen Botschaften an die moderne Welt. Ihr Nachdruck auf Buße, eucharistische Anbetung und Verehrung sowie die Erneuerung des Priestertums scheint überaus angebracht zu sein für die derzeitige Kirche und die heutige Welt. Garabandal manifestiert viele Zeichen der Echtheit."[1]

Die Warnung von Garabandal

Pater Joseph Pelletier, der bekannte Mariologe, stellte Conchita mehrere Fragen und zeigte weitere Einsicht in die Ereignisse von Garabandal. Die Antwort Conchitas vom 19. Juni 1965 lautete: „Hier (gebe ich) schriftlich die Warnung (wieder), die mir von der heiligen Gottesmutter übergeben wurde, als ich mich am 1. Januar dieses Jahres 1965 allein in den Pinien befand. ... Die Warnung, die uns die Gottesmutter schicken wird, wird wie eine Strafe sein, um die Guten Gott noch näher zu bringen und die anderen zu warnen. Worin diese Warnung bestehen wird, kann ich nicht preisgeben. Die Gottesmutter hat mir nicht den Auftrag gegeben, es zu sagen. Und auch nicht mehr darüber. Gott möchte, daß wir dank dieser Warnung besser werden und daß wir weniger Sünden gegen Ihn begehen.“ Auf die Frage des Mariologen und Grabandalforschers Pater Laffineur, ob diese Warnung auch Todesopfer fordern würde, antwortete sie schriftlich: „Wenn wir daran sterben, wird es nicht durch das Geschehen der Warnung selbst sein, sondern durch die starke Erregung, die wir beim Anblick und Verspüren der Warnung empfinden werden.“[2]

13. September 1965: Conchitas Antworten an einige Amerikaner folgen. Conchita macht als Antwort auf Fragen zwei Aussagen:

F. Wird die Warnung etwas Sichtbares oder etwas im Innern Verspürtes oder beides sein?

A. Die Warnung ist eine Sache, die direkt von Gott kommt. Alle Menschen auf der ganzen Erde werden sie sehen können, egal wo immer sie sich auch gerade befinden sollten.

F. Wird die Warnung allen Menschen in der Welt ihre je persönlichen Sünden enthüllen und trifft dies für die Angehörigen aller Religionen, Atheisten eingeschlossen, zu?

A. Es wird wie die Offenbarung unserer Sünden sein (im Innern jedes einzelnen von uns). Gläubige und ungläubige Menschen aller Erdteile werden sie sehen und spüren.

22. Oktober 1965: Aussagen Conchitas gegenüber einer Spanierin: Als Antwort auf eine Frage, ob sich die Warnung auf einen Kometen beziehen könne, der sich der Erde näherte, sagte Conchita: „Ich weiß nicht, was ein Komet ist. Wenn es etwas ist, das aus dem Willen der Menschen entstanden ist, antworte ich: ‚Nein.‘ Wenn es etwas ist, das Gott macht, ist es wohl möglich.“ Als die Frau ihre Furcht zum Ausdruck brachte und Conchita bat, für sie zu beten, antwortete diese: „Oh, ja, die Warnung wird schrecklich sein! Viel, viel schrecklicher als ein Erdbeben.“ Auf die Frage nach der Art der Warnung, entgegnete Conchita: „Es wird wie Feuer sein. Es wird nicht unseren Körper verbrennen, aber wir werden es an Leib und Seele spüren.“ Sie fügte hinzu: „Wir werden das später noch kommentieren. Alle Nationen und alle Menschen werden es gleich spüren. Niemand kann ihm entgehen. Und die Ungläubigen selbst werden die Angst vor Gott spüren. Selbst, wenn du dich in dein Zimmer einschließt und die Fensterflügel schließt, kannst du ihm nicht entgehen, du wirst es trotzdem sehen und spüren.“ Und weiter: „Ja, das ist wahr. Die Gottesmutter hat mir den Namen dieses Phänomens gesagt. Dieses Wort existiert in den (spanischen) Wörterbüchern. Es beginnt mit einem ‚A‘. Aber sie hat mir weder den Auftrag gegeben, es zu sagen, noch es zu verschweigen.“

Als die Dame erneut ihre Furcht zum Ausdruck brachte, fügte Conchita hinzu: „Oh, nach dieser Warnung aber wirst du Gott noch viel mehr lieben.“

Auf die Frage: „Und das Wunder?" sagte sie: „Das Wunder wird sicherlich kommen." Conchita fügte eine interessante Beobachtung hinzu: „Obwohl sein Eintreffen seine Zeit braucht, wird es nicht zu spät sein. Die Zeit Gottes ist immer die rechte Zeit."

Eine wichtige Bemerkung sollte hinzugefügt werden: Wenn Conchita die Warnung „wie Feuer" beschreibt, dann meint sie in gewisser Weise, daß sie dem Feuer ähnlich ist, aber daß sie kein Feuer ist.

Conchita zufolge haben die Warnung und Feuer zwei Dinge gemeinsam: Man kann sie „sehen" und „verspüren" und sie flößen „große Furcht" ein. Die War-nung wird von allen Menschen gesehen und verspürt werden, und sie wird die Menschen in große Furcht versetzen, eine Furcht, die so groß ist, daß man sich vorstellen kann, daß Menschen darüber sterben werden. Wenn man nach menschlichen Gesichtspunkten eine präzise und detaillierte Beschreibung des Phänomens anstreben wollte, so würde man nach etwas Unmöglichem suchen. Es ist dies auch nicht notwendig. Es sollte dies genügen, um uns dazu zu veranlassen, jetzt die Maßnahmen zu ergreifen, um bei der Ankunft der Warnung vorbereitet zu sein.

Die Warnung in der Perspektive

Wißbegierde ist ein völlig normales menschliches Charakteristikum. Aber allzu leicht kann es überhand nehmen. Wenn man sich allzu besorgt über eine Beschreibung der Warnung in Einzelheiten zeigt, könnte das zu einer krankhaften Neugierde führen, was nur irreführend und schädlich ist. Weil die Warnung etwas Übernatürliches ist, was unmittelbar von Gott hervorgerufen wird, werden menschliche Worte immer unangemessen sein, um sie zu beschreiben. Die Bilder und Vergleiche, die verwendet wurden, können höchstens nur einen Teil der Wirklichkeit wiedergeben. Solche Bilder allzu wörtlich zu nehmen, kann uns nur in die Irre führen. Es besteht auch eine ganz große Wahrscheinlichkeit, daß es uns schadet, indem es zu übermäßiger Angst und Furcht führt. Das kann zum Verlust unseres inneren Friedens führen, welcher wesentlich für unsere christliche Lebensführung ist.

Die Gottesfurcht ist eine gute Sache, wie es schon die Schrift lehrt. Aber die Furcht Gottes, welche die gute ist, ist nicht jener Art, die uns zwanghaft quält, die uns dazu führt, uns ständig zu fürchten, und die uns letztlich unseres inneren Friedens beraubt und uns von Gott entfernt. Die gute Furcht Gottes ist jene, die tugendhafte Seelen zu Gott hinzieht und die Sünder dazu veranlaßt, ihr Leben zu bessern. Genau das ist die Absicht, die Conchita der Warnung zuschreibt. Sie wird eine heilige Furcht Gottes hervorrufen. Zu diesem Zeitpunkt sollte unsere Sorge sein, Gott näherzukommen, indem wir uns der Sünde in unserem Leben entledigen und danach trachten, Ihn mehr zu lieben und Ihm besser zu dienen. Wenn wir das tun, werden wir bei der Ankunft der Warnung vorbereitet sein. Sicherlich wird sie uns ganz große Furcht bereiten. Dennoch wird uns diese Furcht nicht töten. Sie wird uns Gott näherbringen, weil wir uns davor fürchten, Ihn zu beleidigen, wie ein Sohn sich davor fürchtet, seinen Vater zu beleidigen, der ihm immer Gutes tut.

Wie vorausgesagt, hat es Verwirrung und Kontroversen über die Verbreitung der Botschaft von Garabandal gegeben. Am 13. Februar 1966 teilte Jesus Conchita mit: „Sorge dich nicht darüber, ob die Leute es glauben oder nicht glauben. ... Ich werde alles tun. Aber ich werde dir das Leiden nicht ersparen. Ich werde bei einem jeden sein, der für mich leidet. ... Du wirst viel leiden müssen, denn wenige Menschen werden dir glauben." Sowohl die Leiden Conchitas als auch der Glaubensmangel an die Erscheinungen wurden von unserem Herrn vorausgesagt. Jetzt befinden wir uns in einer Zeit des Wartens und der Erwartung in bezug auf Garabandal. Während dieser Zeit wollen wir alle im Glauben, indem wir zugleich die Botschaft leben und verbreiten, beten und opfern und alles in die Hände unseres Herrn legen. **Laßt uns tapfer sein und daran denken, daß nichts so sehr unsere Fähigkeit des Herzens Gott gegenüber vergrößert wie das Leiden. Die Leiden, die wir erdulden, läutern unsere Seelen, und sie sind von Gott gewollt als ein Zeichen seiner Liebe. Er ist der König der Liebe und des Friedens. Wer Gott findet, findet Frieden.**

Garabandal und die Synagoge

Pater François Turner, der französische Dominikaner, hielt im August 1988 in einer Scheune bei den Pinien Garabandals eine Rede. In den letzten dreißig Jahren wurde Pater Turner von nahezu allen, die sich mit den Erscheinungen von Garabandal beschäftigen, als einer der führenden Experten angesehen. Aus zahlreichen Gründen hat Garabandal nicht die Anerkennung erfahren, die vielen der anderen Erscheinungen in der letzten Zeit zuteil wurde. In Kürze wird die weltweite Aufmerksamkeit auf sie gelenkt werden. Das folgende ist die Zusammenfassung einer Rede, die Pater Turner gehalten hat.[3]

Die Rauchsäule von Garabandal

Es ist eine Tatsache, daß Conchita von der Allerseligsten Jungfrau erfuhr, daß bei den Pinien ein Zeichen zurückbleiben werde und daß es dort für immer bestehen werde. Es sei möglich, dieses zu fotografieren und per Fernsehen zu übertragen, aber nicht zu berühren, und es würde den Anschein einer Sache geben, die nicht von dieser Welt ist, da es von Gott herstammt. Es sei wunderbar, ein ständiges Wunder. Es kann mit einer Rauchsäule verglichen werden, aber ebenso mit Strahlen von Sonnenlicht, insofern es gesehen, aber nicht berührt werden kann. Es wird aus einer unbekannten Substanz bestehen.

Die Rauchsäule in der Bibel

Alle Hebräer, die mit Moses aus Ägypten auszogen, sahen den Herrn vor sich herziehen „..., des Tags in einer Wolkensäule, und des Nachts in einer Feuersäule; ...“ (Exodus 13, 21), die sie vor den Ägyptern bewahrte (Exodus 14, 24) und die die Gesetzestafeln am Berg Sinai begleitete (Exodus 19, 16 - 18; 34, 5), die bei seinem Volk verweilte und als deren Führer diente, wobei „... alle Stämme Israels sie auf allen ihren Lagerorten sahen.“ (Exodus 40, 36), die „... die Orte auswählte, an denen ihr euch lagern solltet, ...“ (Deuteronomium 1, 33). Es war der Herr, der „... daselbst in der Wolkensäule erschien, welche am Eingange des Zeltes stand.“ (Deuteronomium 31, 15)

Die geheimnisvolle Wolke erfüllte den Tempel Salomons (1 Könige 8, 10). Nehemias lobte den Herrn: „Du warst ihr Führer in der Wolkensäule bei Tage und in der Feuersäule bei Nacht, daß der Weg ihnen offenbar würde, den sie ziehen sollten.“ (Nehemias 9, 12) Die Psalmen erwähnen sie fünfmal: als Führer des Gottesvolkes (Psalm 76, 17 - 21 und 77, 14), als Überwinder der Götzendiener (Psalm 96, 2 - 7), als Beschützer (Psalm 104, 39), als Träger seines Wortes: „In der Wolkensäule redete er zu ihnen, sie bewahrten seine Zeugnisse und die Gebote, die er ihnen gegeben.“ (Psalm 98, 7). Die Propheten kündigten an, daß sie zurückkommen werde: „..., eine Wolke bei Tage schaffen und Rauch und leuchtenden Feuerglanz bei Nacht; ...“ (Isaias 4, 5) „Darnach aber wird es geschehen: Ich werde meinen Geist über alles Fleisch ausgießen, ... Und ich werde Wunderzeichen am Himmel und auf der Erde erscheinen lassen, Blut und Feuer und Rauchsäulen.“ (Joel 2; 28, 30).

Die leuchtende Wolke ist immer schon ein Wahlobjekt rabbinischen Denkens und der christlichen mystischen Theologie gewesen. Alle Juden wissen, was die Säule bedeutete: eine Manifestation Gottes, der unter seinem auserwählten Volk verweilte, sich unter ihnen einen Tabernakel errichtete, sie führte, sie erleuchtete und zu ihnen sprach. Die anderen Völker wußten davon (Numeri 14, 14). Das ist **Schechinah**, das heiligste und geheimnisvollste Zeichen der Gottheit. Die Schechinah-Herrlichkeit ist der Himmel selbst. Es ist Gottes physische Gegenwart.

Conchita hat gesagt, daß das permanente Zeichen über den Pinien wie eine Rauchsäule ist. Am 18. November 1961 wurde von einer Reihe von Leuten zwischen den neun Pinien am Tage eine Rauchsäule und des Nachts eine Feuersäule gesehen. Ramón González, ein Hirte, der ungefähr zwanzig Jahre alt war, hütete seine Schafe und bemerkte ein kleines Feuer, das etwa 50 cm im Durchmesser war. Erneut wurde dies im Herbst 1962 von einer Reihe von Leuten über eine Zeitspanne von zwei bis drei Monaten gesehen, die dies alle schriftlich bezeugt haben. Am 25. November 1965 wurde es wieder von vier französischen Zeugen beobachtet. Die Säule wurde bei Nacht klar und leuchtend gesehen.

Die wahrscheinliche Reaktion der Rabbiner

Für gebildete Juden und Rabbiner besteht das religiöse Leben zu einem großen Teil aus der guten Kenntnis der Heiligen Schrift. Ungeachtet ihres Glaubens haben in Israel alle Staatsangehörigen die hebräische Bibel als ihren einzigen Text der klassischen hebräischen Literatur studiert. Sie kennen die Bibel, ob sie sie nun als von Gott inspiriertes Wort auffassen oder nicht. Sie wissen von der prophetischen Ankündigung: „Dann werden eure Söhne und Töchter weissagen, ...“ (Apg 2, 17 - 21 und Joel 2, 28 - 31). Dank der Medien, die über dieses Ereignis berichten werden, wird ihnen sofort erkenntlich sein, daß katholische Mädchen angekündigt haben, daß eine Rauchsäule in einem katholischen Dorf im katholischen Spanien erscheinen und dort „*para siempre*“ (für immer) verweilen wird. Sie werden sich alle dafür interessieren, insbesondere die Sephardim, die spanischen Juden. Deren Interesse wird äußerst groß und von Dauer sein, weil das Wunder die dauerhafte, wunderbare Säule einleiten wird.

Der heilige Bernhard und der heilige Thomas von Aquin

Historiker betrachten als das erste Schisma in der Geschichte des Gottesvolkes die Trennung der Christen von der Kirche der Juden. Dieses Schisma wurde hervorgerufen durch die Weigerung der Synagoge, Jesus von Nazareth als den Mes-sias anzuerkennen. Mehrere Jahrhunderte lang war dieses erste Schisma nicht voll ausgeführt worden. In der römischen Basilika Santa Sabina (frühes fünftes Jahrhundert) stehen ominöse Gestalten, gebildet aus der heidenchristlichen Kirche und der Kirche der Synagoge, als wahre Gläubige nebeneinander. Der heilige Bernhard (1090 - 1153) und der heilige Thomas von Aquin (1225 - 1274) schrieben, daß die Kirche es der Synagoge gestatten würde, in ihre volle Erlösung einzutreten. Der heilige Bernhard schrieb, daß in den Augen Gottes die Synagoge nicht ihr Geburtsrecht über ihre Schwester, die Kirche, verloren habe. **In seinem Kommentar zum Hohenlied Salomons lehrte der heilige Thomas, daß die zukünftige Reintegration Israels das dritte Zeitalter der Kirche einläuten würde.** Seine Autorität ist gewaltig, und diese Sicht eröffnet große Perspektiven.

Heilige und Päpste zugleich, Papst Johannes Paul II. eingeschlossen, haben über das Geheimnis der Kirche und der Synagoge gesprochen. Der heilige Paulus schrieb im Römerbrief 11, 15: „Denn wenn schon ihre [der Juden] Verwerfung die Versöhnung der Welt bedeutet, was wird dann ihre Aufnahme anderes bedeuten als Leben aus den Toten?" Die Wiederkunft des Herrn und die Vorbereitung darauf sind in 2 Thessalonicher 2, 7 erläutert.

Was wir zu vermitteln versuchen, ist nicht bloß, daß es eine „Aufnahme" jenes Teils Israels, der sich verstockt hatte, geben wird (Römer 11, 7 - 24), sondern daß es sich als Folge dessen ereignen wird, was bald in Garabandal geschehen wird. Es wird bald geschehen, weil wir durch Conchita wissen, daß die vorausgesagten Ereignisse nahe bevorstehen.

Der Erzengel Sankt Michael

In Garabandal erschien zuerst vom 18. Juni bis 2. Juli 1961 ein Engel. Einige Male war St. Michael der Vorläufer Mariens und ihr alleiniger Botschafter an Conchita. Viel ist über die Rolle des heiligen Michael in Garabandal geschrieben worden. Dreimal wird der heilige Michael in der hebräischen Bibel erwähnt, jedesmal als Beschützer Israels oder als dessen Fürst. In Daniel 10, 20 - 21 heißt es: „Er sprach: Weißt du nicht, warum ich zu dir gekommen bin? Nun aber werde ich zurückkehren, um gegen den Fürsten von Persien zu streiten; als ich ausging, kam der Fürst von Griechenland. Doch will ich dir kundtun, was im Buche der Wahrheit aufgezeichnet ist, und niemand steht mir zur Seite bei allem diesem, als Michael, euer Fürst." In Daniel 12, 1 - 4 wird St. Michael sowie seine Rolle in der Endzeit erneut beschrieben: „Zu jener Zeit aber wird Michael, der große Fürst, der für die Söhne deines Volkes einsteht, sich erheben; denn es wird eine Zeit kommen, wie keine gewesen, seitdem Völker sind, bis zu jener Zeit. Zur selben Zeit werden von deinem Volke alle errettet werden, die im Buche aufgeschrieben erfunden werden. Und viele von denen, welche im Erdenstaube schlafen, werden erwachen, die einen zum ewigen Leben, die andern zur Schmach, um sie ewig zu schauen. Die aber einsichtig waren, werden strahlen wie der Glanz der Himmelsfeste, und die, welche viele in der Gerechtigkeit unterweisen, wie die Sterne von Ewigkeit zu Ewigkeit. Du aber, Daniel, verschließe diese Aussprüche und versiegle das Buch bis zur bestimmten Zeit; sehr viele werden es durchforschen und die Erkenntnis wird sich reich mehren."

Der heilige Michael wird „sich erheben; ... in einer Zeit, wie keine gewesen, ..." und dank seines Eingriffs „... werden von deinem Volke alle errettet werden, ...". Seine Macht ist groß, weil er „... einer der vornehmsten Fürsten ..." ist. In Daniel 10, 13 wird von der Erscheinung St. Michaels berichtet: „Aber der

Fürst des persischen Reiches widerstand mir einundzwanzig Tage und siehe, Michael, einer der vornehmsten Fürsten, kam mir zur Hilfe und ich blieb daselbst bei dem Könige von Persien." Obwohl die Kirche diese Textstelle auf sich selbst bezieht, ist es jedoch nicht möglich, „... jene, die Israeliten sind, ..." auszuschließen, da sie die ersten waren, die St. Michael als ihren Fürsten besaßen. Der Römerbrief, 9, 4 - 5, spricht vom Vorzug Israels: „Sie sind Israeliten, besitzen die Gotteskindschaft, die Herrlichkeit, die Bündnisse, die Gesetzgebung, den Gottesdienst und die Verheißungen. Ihnen gehören die Väter an, und von ihnen stammt dem Fleische nach Christus, der da ist über alles, Gott, hochgelobt in Ewigkeit. Amen."

Maria in Garabandal

Wie von St. Michael angekündigt, erscheint die Allerseligste Mutter zum ersten Mal in der Geschichte der Marienerscheinungen unter einem Titel, der sich auf einen heiligen Ort, den Berg Karmel, bezieht. Die drei heiligen Berge des Volkes Israel im Altertum waren die Berge Karmel, Sinai oder Horeb und Zion oder Jerusalem. Der Berg Karmel wurde durch den Propheten Elias geheiligt. Es ist der Berg, den Maria oft von dort, wo sie wohnte, gesehen hatte. Nazareth ist das einzige heilige Dorf, von dem aus der Berg deutlich sichtbar ist. Darüber hinaus sind die Karmeliter von allen Orden jene, die dem Judentum am nächsten stehen. Elias wird von den Brüdern und Schwestern des Karmeliterordens als ihr Gründer und Vorbild angesehen. Sie feiern sein Fest jedes Jahr am 20. Juli.

Conchita beschrieb Maria in ihrem Tagebuch als eine schöne Jüdin mit dunklem, welligem Haar, einer perfekten Nase, vollen Lippen und einem ziemlich dunklen Teint. In anderen Erscheinungen zeigt sich Maria als eine schöne junge Frau mit Merkmalen, wie sie anderen schönen jungen Frauen der Erscheinungsländer zu eigen sind. Mari-Loli fragte sie einmal, ob sie eine Jüdin sei, und ihre Antwort lautete: „Ja." Es war das erste Mal in der Geschichte der Erscheinungen, daß sich die Allerseligste Jungfrau so vorgestellt hat, indem sie sagte, daß sie selbst im Himmel zum Volk der Juden gehöre. Das wurde durch den verstorbenen Garabandalexperten, Pater Laffineur, bestätigt. Wie es geweissagt wurde, stritten alle Seherinnen ab, je eine Erscheinung gesehen zu haben. Die drei ältesten haben inzwischen ihre Zweifel und Dementis zurückgezogen. Und seit Januar 1963 dementiert Mari Cruz, daß sie jemals die Allerseligste Jungfrau gesehen habe, selbst vor dem Bischof von Santander, der sie am 24. Juni 1965 empfing.

El fin de los tiempos

Conchita verkündete die Prophetie, daß nach Johannes XXIII. vor *el fin de los tiempos*, dem Ende unserer Ära, nur noch drei Päpste sein würden. Wir wollen uns daran erinnern, daß Prophetien der Schrift und von Gott inspirierte Prophezeiungen normalerweise vor ihrer Erfüllung nicht wohl verstanden werden. Eine Rauchsäule am Tag und eine Feuersäule des Nachts wird ohne Frage die Aufmerksamkeit der Juden auf sich ziehen. Wenn wir die Gedanken des heiligen Thomas und des heiligen Bernhard über die zukünftige Reintegration Israels vergleichen, welche die dritte Ära der Kirche herbeiführen wird, bleibt der Ausdruck *el fin de los tiempos* von äußerster Wichtigkeit.

Die Dokumentation und die Quellen von Pater Turner sind einwandfrei, und sein Hergang und seine Gelehrsamkeit sind beträchtlich. Von Anfang an hat er das Dorf besucht, und es waren ihm die beteiligten wichtigen Leute bekannt. Die Welt wird bald ihre Aufmerksamkeit auf das winzige Dorf im nördlichen Spanien lenken. Sollte das dauerhafte Zeichen eine Rauchsäule sein, wird dies enorme Auswirkungen im Raum des Judentums haben.

Wenige bezweifeln, welch enormer Eindruck bei den Juden hinterlassen würde, wenn das dauerhafte Zeichen, von dem so viele Seher sprechen, am Tag eine Rauchsäule und des Nachts eine Feuersäule wäre. Viele Pilger, die Medjugorje und andere Heiligtümer besucht haben, haben auf dem Berg die Erscheinung eines großen weißen Kreuzes gesehen. Oft wird an vielen Erscheinungsorten auch eine Treppe zum Himmel mit einer offenen Tür gesehen. Eines oder beide dieser Phänomene könnte im Wunder oder im dauerhaften Zeichen eine Rolle spielen.

11

Die Tränen von Akita in Japan

Es brause das Meer und was es erfüllt,
der Erdkreis und die darauf wohnen!
Die Ströme mögen in die Hände klatschen,
die Berge allzumal frohlocken
vor dem Angesichte des Herrn;
denn er kommt, die Erde zu richten.
Er wird den Erdkreis mit Gerechtigkeit richten
und die Völker mit Billigkeit.

Psalm 97

Die Muttergottes hat einer japanischen Nonne namens Schwester Agnes Sasagawa wichtige Botschaften für die Welt anvertraut. Im Jahre 1973 kam die Allerseligste Jungfrau nach Japan, wo ungefähr 0,3 Prozent der Bevölkerung katholisch sind. Die Ordensgemeinschaft und das Kloster, welches die Allerseligste Jungfrau besuchte, sind auf die eucharistische Anbetung ausgerichtet, weshalb es nicht verwunderlich ist, daß die Ereignisse, die den Erscheinungen vorausgingen, beim Tabernakel begannen. Der erste Brennpunkt der mystischen Ereignisse von Akita war die Bestätigung der wahren Gegenwart unseres Herrn in der heiligen Eucharistie. Während der neun Jahre der himmlischen Ereignisse wird wiederholt die Existenz und die sehr aktive Rolle, welche die Schutzengel beim Schutz ihrer Schützlinge wahrnehmen, und die allgemeine Funktion aller Engel in der Verherrlichung Gottes gezeigt.[1]

Maria als Miterlöserin

Die Ereignisse, die in Akita stattfanden, weisen hin auf die Allerseligste Jungfrau als Miterlöserin. Die Geschehnisse konzentrieren sich auf eine im Kloster befindliche weinende Statue Mariens. Die Botschaft von Maria als Miterlöserin, Mittlerin und Fürsprecherin wird durch die Statue in verschiedener Weise vermittelt: 1. Die Statue ist eine Wiedergabe der Erscheinung der Frau aller Völker, wie sie in Amsterdam erschien, als sie die zukünftige Verkündigung des Dogmas von Maria als Miterlöserin, Mittlerin und Fürsprecherin ankündigte. 2. Die rechte Hand der Statue weist ein Stigma in Form eines Kreuzes auf, welches geblutet hat. Und 3. schwitzte die Statue Flüssigkeit und weinte Bluttränen. Der Schweiß und das Blut erwecken in uns Bilder vom Leiden Unseres Herrn. Die Mutter Christi als Miterlöserin teilt das Leiden ihres Sohnes. „Wenn man aus dem Blutvergießen Unserer Lieben Frau in Akita einen Schluß ziehen sollte, ist es jener, daß ihre Sendung als Miterlöserin nie ans Ende gekommen ist und daß sie bis auf den heutigen Tag fortdauert", sagte Pater Jacques, der französische Missionar, der dreißig Jahre lang in Japan gearbeitet hat und der Vorgesetzte der Schwestern war.

Die Funktion der Miterlösung wird von all jenen geteilt, die ihre Leiden mit jenem Christi vereinen und wie der heilige Paulus „... damit am eigenen Fleische erfüllen, was am Leidensmaße Christi noch abzutragen ist. Es kommt seinem Leibe, der Kirche, zugute." (Kolosser 1, 24). Diese Rolle der Laien wurde durch die Erscheinungen in Fatima ermutigt, als die Allerseligste Jungfrau sagte: „Betet und opfert viel für die Sünder, denn viele Seelen fallen der Hölle anheim, weil niemand für sie betet und sühnt." (August 1917).

Fest- und Gedenktage

Ein weiteres Augenmerk der Erscheinungen ist die Bedeutung der liturgischen Festtage. Es war am Fest des Allerheiligsten Herzens Jesu, daß Schwester Agnes zum ersten Mal vernahm, wie ihr Schutzengel zu ihr sprach. Weitere Botschaften des Schutzengels erhielt sie am Fest der Erzengel (29. September), der Schutzengel (2. Oktober) und am Fest des heiligen Josefs, des Arbeiters, (1. Mai). Die Statue Unserer Lieben Frau hörte am Fest des Gedächtnisses der Schmerzen Mariens zu weinen auf. Die mystischen Geschehnisse, die sich im Kloster ereigneten, endeten am Vigiltag des Festes Mariä, Königin aller Heiligen, und des Festes Unserer Lieben Frau vom Heiligsten Herzen (30. Mai), welches in jenem Jahr mit dem Pfingstfest zusammenfiel.

Auch wurden die Tage besonderer Verehrung hervorgehoben. Die ersten beiden Botschaften der Allerseligsten Jungfrau wurden an zwei ersten Monatsfreitagen vermittelt, welche mit der Verehrung des Allerheiligsten Herzens Jesu (Herz-

Jesu-Freitag) verbunden sind, und die dritte Botschaft erfolgte an einem Jahrestag des Sonnenwunders von Fatima (13. Oktober). Die rechte Hand der Statue Unserer Lieben Frau hörte an einem Herz-Jesu-Freitag zu bluten auf, und die Statue begann an einem anderen Herz-Jesu-Freitag zu weinen.

Die den Botschaften vorhergehenden Ereignisse

Unser Herr in der Eucharistie—1973

Schwester Agnes begab sich allein in die Kapelle, und plötzlich schien vom Tabernakel her ein helles Licht hervorzubrechen. Sie kniete sich sofort nieder und verweilte so eine Zeitlang, selbst nachdem das Licht verschwunden war. Schwester Agnes wußte, daß Jesus in der Hostie wahrhaft seine reale Gegenwart zum Ausdruck gebracht hatte.

14. Juni 1973

Schwester Agnes befand sich mit ihrer Gemeinschaft im Gebet vor dem Allerheiligsten, als plötzlich ein Licht vom Tabernakel hervorschoß. Zum Unterschied vom vorhergehenden Ereignis waren die goldenen Lichtstrahlen von einer roten Flamme umgeben. Es schien, als ob der ganze Tabernakel brenne.

28. Juni 1973

Während sie in der Kapelle betete, verspürte Schwester Agnes, wie etwas den Handteller ihrer linken Hand zu durchstoßen schien. Als sie die Kapelle verließ, sah sie zwei rote Kratzer, die in der Mitte ihrer Hand ein Kreuz bildeten. Dieses kleine Kreuz verursachte Schwester Agnes große Schmerzen. Schwester Agnes verzeichnete in ihrem Tagebuch, was während der Verehrung des Allerheiligsten nach der heiligen Messe geschah. „Plötzlich erschien vom Allerheiligsten ein blendendes Licht. Wie zuvor begann sich etwas wie Nebel oder Rauch um den Altar und die Lichtstrahlen zu bilden. Dann erschien eine Vielzahl von Wesen ähnlich wie Engel, die in Verehrung des Allerheiligsten den Altar umgaben... Das helle Licht, das von der Hostie ausging, war so strahlend hell, daß ich es nicht direkt ansehen konnte. Indem ich meine Augen schloß, verbeugte ich mich instinktiv."

29. Juni 1973: Fest des Allerheiligsten Herzens Jesu

Während der Verehrung des Allerheiligsten begann Schwester Agnes den Rosenkranz zu beten, als ihr in der Nähe auf ihrer rechten Seite eine Person erschien. Es war dieselbe Person, die der Schwester Agnes vier Jahre zuvor während eines Krankenhausaufenthalts erschienen war. Diese Person lehrte sie, das folgende Gebet nach einem jeden Gesätz des Rosenkranzes zu verrichten: „O mein Jesus, verzeih uns unsere Sünden, bewahre uns vor dem Feuer der Hölle, führe alle Seelen in den Himmel, besonders jene, die Deiner Barmherzigkeit am meisten bedürfen." Es war dasselbe Gebet, das Unsere Liebe Frau die drei Kinder in Fatima gelehrt hatte.

Jetzt stand diese Person erneut neben Schwester Agnes. Diesmal betete diese schöne Person den Rosenkranz mit Schwester Agnes, aber sehr langsam. Dann betete die schöne Person: „Allerheiligstes Herz Jesu, WAHRHAFT gegenwärtig in der heiligen Eucharistie, Dir weihe ich meinen Leib und meine Seele, damit sie vollständig mit Deinem Herzen vereint sind, welches jederzeit auf allen Altären der Welt aufgeopfert wird und den Vater preist, wobei es um die Ankunft Seines Reiches bittet. Bitte nimm dieses geringe Opfer meiner selbst an! Bediene dich meiner nach Deinem Willen zur Ehre des Vaters und zur Rettung der Seelen. Allerheiligste Muttergottes laß nicht zu, daß ich je von Deinem Sohn getrennt werde. Bitte verteidige und beschütze mich als Dein eigenes Kind. Amen."

(Anmerkung: Dieses Gebet wurde von Bischof Ito für das Institut der Dienerinnen der Eucharistie verfaßt. Ursprünglich enthielt der erste Satz nicht das Wort „wahrhaft". Auf die Bitte der Allerseligsten Jungfrau wurde das Wort „wahrhaft" eingefügt.)

Schwester Agnes wurde sich dessen bewußt, daß es ein Engel war, der ihr in der Gestalt einer Frau erschien. Und nach einiger Zeit gab er sich als Schutzengel der Schwester Agnes zu erkennen.

6. Juli 1973: Herz-Jesu-Freitag

Während der Verehrung (des Allerheiligsten) erschien erneut der Engel, und er begann mit Schwester Agnes den Rosenkranz zu beten. Plötzlich verspürte sie einen scharfen Schmerz in ihrer Hand, aber sie fuhr mit ihrem Gebet fort. Später, nachdem sie die Wunde untersucht hatte, stellte sie fest, daß sich jetzt im Schnittpunkt der beiden Kreuzesbalken ein Loch befand, aus dem Blut hervortrat. Der Schmerz hielt an, nachdem das Blut zu fließen aufgehört hatte. Schwester Agnes verbrachte eine von Schmerzen erfüllte Nacht.

Schwester Agnes verzeichnete in ihrem Tagebuch, daß um drei Uhr morgens folgendes geschah. „Ich hatte gerade erneut den Verband gewechselt und betete. Da hörte ich eine Stimme, von der ich nicht wußte, woher sie kam, die sagte: ‚Fürchte dich nicht! Bete inständig nicht nur für deine eigenen Sünden, sondern in Sühne für die Sünden aller Menschen. Die Welt verletzt heute das Allerheiligste Herz Unseres Herrn durch Undankbarkeit und Schmähungen. Die Wunden

Mariens sind viel tiefer und schmerzhafter als die deinigen. Laßt uns zur Kapelle gehen, um zu beten!'" Die Stimme war die Stimme ihres Engels, der später sagte: „Ich bin derjenige, der bei dir ist und über dich wacht."

Schwester Agnes eilte mit dem Engel zur Kapelle. „Zu jener Zeit befand sich die Statue auf der rechten Seite des Altars... Plötzlich meinte ich zu vernehmen, wie die hölzerne Statue lebendig wurde und im Begriff war, mit mir zu reden. Sie war in ein strahlendes Licht eingetaucht." Instinktiv warf sich Schwester Agnes zu Boden, und sie hörte die folgende Botschaft:

6. Juli 1973: Erste Botschaft der Allerseligsten Jungfrau

„Meine Tochter, meine Novizin, du hast mir sehr gut gehorcht, indem du alles verlassen hast, um mir nachzufolgen. Schmerzt dich das Versagen deines Gehörs? Sei dessen versichert, daß deine Taubheit geheilt werden wird. Hab Geduld! Dies ist die letzte Prüfung. Bereitet dir die Wunde in deiner Hand große Schmerzen? Opfere ein Sühnegebet für die Sünden der Menschen auf! Eine jede in dieser Gemeinschaft ist meine unersetzbare Tochter. Seit deiner Taufe hast du immer treu für sie gebetet. Bete weiterhin sehr viel ... sehr viel! Teile deinem Vorgesetzten alles mit, was sich heute ereignet hat, und gehorche ihm in allem, was er dir sagt. Er hat dich gebeten, inbrünstig zu beten." Aufgrund des Schmerzes in ihrer linken Hand begriff Schwester Agnes, daß sie die heilige Kommunion nicht per Handkommunion empfangen sollte. Der Schmerz war so stark, daß sie ihre Hand nicht ausstrecken konnte, um die Kommunion in der Hand anzunehmen.

7. Juli 1973

Am frühen Morgen betete Schwester Agnes in der Kapelle, und sie beobachtete etwas Ungewöhnliches an der rechten Hand der Statue der Allerseligsten Jungfrau. Mitten im Handteller der hölzernen Hand befand sich eine Wunde in der Form eines Kreuzes. Wo die beiden Kreuzbalken zusammentrafen, war ein zentrales Loch, aus dem Blut floß, was schrecklich anzuschauen war. Von Furcht und Respekt überwältigt, erinnerte sich Schwester Agnes an die Worte, die ihr in der Nacht mitgeteilt worden waren: „Opfere ein Sühnegebet für die Sünden der Menschen auf!"

27. Juli 1973

Zwei Tage lang konnte Schwester Agnes aufgrund der schmerzhaften Wunde in ihrer Hand nicht schlafen. In den frühen Nachmittagsstunden dieses Freitags wurde sie von einem gewaltigen Schmerz durchdrungen. Schwester Agnes begab sich in die Kapelle, um dort Zuflucht zu finden. Sie warf sich zu Boden und, sofort hörte sie, wie ihr Schutzengel sagte: „Deine Leiden gehen heute zu Ende. Bewahre sorgfältig die Erinnerung an das Blut Marias und präge es tief deinem Herzen ein. Dieses vergossene Blut hat eine tiefe Bedeutung; es ist das kostbare Blut, das vergossen wurde für eure Bekehrung, für den Frieden und zur Wiedergutmachung des Undanks und der Beleidigungen wider Gott. Bete insbesondere für die Bekehrung der Sünder, indem du das heiligste Herz Christi und sein kostbares Blut anbetest."

Zu ihrer eigenen Überraschung konnte Schwester Agnes darauf nicht antworten. Ihr Schutzengel fuhr fort: „Sag deinem Vorgesetzten, daß das Blut heute zum letzten Mal fließt. Auch dein Schmerz hört heute auf. Sag ihm, was heute geschehen ist. Er wird alles sofort verstehen. Und du, folge seinen Anweisungen!" Als der Engel seine Rede beendet hatte, lächelte er und verschwand.

3. August 1973

Am frühen Nachmittag begab sich Schwester Agnes in die Kapelle, um die Passion Unseres Herrn zu betrachten und danach den Rosenkranz zu beten. Dann hörte sie, wie ihr Schutzengel zu ihr sprach: „Du wolltest mich etwas fragen. Säume nicht und sei nicht besorgt!" (Der Bischof hatte Schwester Agnes drei Fragen für die Allerseligste Jungfrau gegeben. Und Schwester Agnes war dabei, darum zu beten, daß sich die Gelegenheit ergeben möge, diese ihr vom Bischof gestellte Aufgabe zu erfüllen.) Da hörte sie plötzlich eine unbeschreiblich schöne Stimme. In der Erkenntnis, daß es sich um die Allerseligste Jungfrau handelte, vernahm Schwester Agnes ihre zweite Botschaft:

3. August 1973

„Meine Tochter, meine Novizin, liebst du den Herrn? Wenn du den Herrn liebst, dann höre, was ich dir zu sagen habe; es ist sehr wichtig. Du sollst es deinem Vorgesetzten mitteilen. Viele Leute betrüben den Herrn. Ich erwarte Seelen, die Ihn trösten wollen. Mit dem Sohn erwarte ich Seelen, die um den Zorn des himmlischen Vaters zu beschwichtigen, anstelle der Sünder und der Undankbaren leiden und durch ihre Opfer Sühne leisten.

Um seinen Zorn gegen die Welt zu offenbaren, beabsichtigt der Vater, über die ganze Menschheit eine Strafe zu verhängen. Ich habe schon mehrmals mit dem Sohn versucht, seinen Zorn zu mildern. Ich habe viel Unglück verhindert, indem ich Ihm die kostbaren Sühneseelen darbrachte, die unseren Vater trösten, indem ich Ihm die Leiden Seines Sohnes am Kreuz, Sein Blut und die Zahl

seiner Opfer zeigte: Gebet, Busse, Armut, mutige Opfer, die den Zorn des Vaters beschwichtigen können. Ich wünsche, dass dein Institut in diesem Sinne handle. Dass es seine Armut schätze, dass es sich bekehre und bete, um den Undank und die Beleidigungen vieler vieler Menschen zu sühnen. Verrichtet das Gebet des Institutes, im Bewusstsein von seinem Inhalt. Setzt es in die Tat um und opfert es auf zur Wiedergutmachung der Sünden. Möge sich jede von euch entsprechend ihren Fähigkeiten und ihres Amtes völlig dem Herrn hingeben!

Auch in einem Säkularinstitut ist das Gebet notwendig. Zum Gebet bereite Seelen sind schon vereinigt. Ohne euch allzusehr um die Form zu kümmern, seid treu und eifrig im Gebet, um den Meister zu trösten.

(Nach einem Schweigen). Ist das, was du in deinem Herzen denkst, auch wahr? Bist du wirklich bereit, dich endgültig aufzuopfern? Meine Novizin, die du wünschst ungeteilt dem Herrn anzugehören, mache deine Gelübde im Bewusstsein, dass du mit drei Nägeln ans Kreuz genagelt wirst, wenn du dem Herrn eine würdige Braut sein willst. Diese drei Nägel sind die Armut, die Keuschheit und der Gehorsam. Der Gehorsam bildet die Grundlage. Lasse dich von deinem Oberen in völligem Gehorsam führen. Er wird dich zu verstehen und zu leiten wissen."

29. September 1973, Fest der Erzengel

Als die Gemeinschaft ihr Stundengebet in der Kapelle beendete, schien die Statue in ein Licht getaucht und von Feuchtigkeit überzogen zu sein, als ob sie schwitzte. Schwester Agnes verspürte, daß sich jemand neben ihr befand. Sie hob ihre Augen und sah den Engel. Er sagte: „Maria ist noch betrübter als bisher, als sie Blut vergoß. Willst (du) den Schweiß abwischen?" Mit großer Sorgfalt und Verehrung betupften Schwester Agnes und einige ihrer Mitschwestern die Statue mit Baumwolle, um den Schweiß zu entfernen. Die ganze Statue war schweißbedeckt. Eine Flüssigkeit, starkem Schweiß ähnlich, trat unaufhörlich hervor, besonders auf der Stirn und im Nacken. Da bemerkten die Schwestern auf einmal, daß von den Baumwolltüchern ein entzückender, unirdischer Duft ausging. Dieser Duft hielt sich in der Kapelle eine ganze Weile. Jedesmal, wenn man sie betrat, meinte man, in das Himmelreich eingetreten zu sein.

2. Oktober 1973, Fest der Schutzengel

Im Augenblick der Wandlung während der heiligen Messe erschien plötzlich vom Tabernakel her ein gleißendes Licht. „Zugleich erschien im Schattenriß eine Schar Engel, welche die leuchtende Hostie anbeteten. Sie knieten alle, mit dem

Rücken uns zugekehrt, in einem Halbkreis um den Altar. Es waren ihrer acht ... Es war schwer, ihre Kleidung genau zu beschreiben. Das einzige, was man sagen kann, ist, daß sie mit einer Art von weißem Licht umgeben schienen. ... Alle acht befanden sich dort, um das Allerheiligste Altarssakrament in einer Haltung großer Verehrung anzubeten.

Zur Zeit des Kommunionempfangs näherte sich mir mein Schutzengel, um mich dazu einzuladen, mich zum Altar zu begeben. In jenem Augenblick erkannte ich deutlich die Schutzengel eines jeden Mitglieds der Gemeinschaft, welche sich neben ihrer linken Schulter befanden und von Gestalt etwas kleiner waren als eine jede von ihnen. Wie mein Schutzengel schienen sie genauso mit Milde und Zuneigung über sie zu wachen und sie zu führen."

13. Oktober 1973. Letzte Botschaft der Allerseligsten Jungfrau Maria

Während der Verehrung der Eucharistie betete Schwester Agnes den Rosenkranz, als sie erneut die strahlende Pracht des Allerheiligsten Altarssakraments sah. Vom Tabernakel her schien das strahlende Licht sich über die ganze Kapelle auszubreiten. Im gleichen Augenblick verströmte die Statue Mariens einen himmlischen Duft. Nach der eucharistischen Anbetung begab sie sich in ihr Zimmer, aber kurz darauf kehrte sie zur Kapelle zurück. Schwester Agnes gab zu verstehen, daß sie kaum nach Betreten der Kapelle das Kreuzzeichen mit ihrem Rosenkranz beendet hatte, als sie von der Statue her eine Stimme von unbeschreiblicher Schönheit vernahm. Vom ersten Wort an warf sich Schwester Agnes auf den Boden und konzentrierte sich auf die Botschaft, die ihr mitgeteilt wurde. Es war die letzte Botschaft. Als die Stimme schwieg, überdachte Schwester Agnes das Gehörte, und nach einiger Zeit sagte die Allerseligste Jungfrau: „Möchtest du nicht noch etwas fragen? Heute werde ich zu dir zum letzten Mal mit einer lebendigen Stimme sprechen. Von jetzt ab wirst du jenem gehorchen, der dir gesandt ist [P. Yasuda], sowie deinem Vorgesetzten.

Bete oft den Rosenkranz! Ich allein kann euch vor den Katastrophen retten, die auf euch zukommen. Jene, die ihr Vertrauen auf mich setzen, werden gerettet werden.

Meine geliebte Tochter, höre gut auf das, was ich dir zu sagen habe. Du sollst es an deinen Oberen weiterleiten. **Wie ich dir schon früher sagte, wird der himmlische Vater, wenn die Menschen nicht bereuen und sich nicht bessern, eine schreckliche Strafe über die ganze Menschheit verhängen; eine Strafe, die fürchterlicher sein wird als die Sintflut; eine Strafe, wie man sie noch nie erlebt hat. Feuer wird vom Himmel fallen und den grösseren Teil der Menschheit vernichten und weder Priester noch Laien verschonen. Die Überlebenden**

werden so sehr leiden, dass sie die Toten beneiden. Die einzigen Waffen, die euch übrigbleiben werden, sind der Rosenkranz und das Zeichen, das der Sohn euch zurückgelassen hat. Betet täglich den Rosenkranz für den Papst, die Bischöfe und die Priester.

Teuflische Kräfte werden selbst in der Kirche stattfinden; Kardinäle werden sich gegen Kardinäle erheben und Bischöfe gegen Bischöfe. Die Kirche wird erfüllt sein von Menschen, die Kompromisse annehmen. Die Priester, die mich verehren, werden von ihren Kollegen verachtet und verlacht; Altäre und Kirchen wird man verwüsten. Durch den Teufel verführt, werden zahlreiche Priester und Ordensleute den Dienst des Herrn verlassen. Der Teufel wird sich besonders mit den gottgeweihten Seelen beschäftigen. Der Verlust zahlreicher Seelen betrübt mich. Schon überfliesst das Gefäss. Wenn man immer mehr sündigt, wird es keine Barmherzigkeit mehr geben.

Spreche mutig mit deinem Oberen. Er wird jede von Euch zum Gebet und zu Werken der Sühne auffordern!"

4. Januar 1975: Die Statue weint zum ersten Mal

Der Engel sagte zu Schwester Agnes: „Es sollte dich nicht überraschen, die Allerseligste Jungfrau weinen zu sehen. Sie weint, weil sie die zahlenmäßig größtmögliche Bekehrung wünscht. Es ist ihr Wunsch, daß sich Seelen durch ihre Fürsprache Jesus und dem Vater weihen. Der dich leitet, sagte euch heute während seiner letzten Predigt, daß euer Glaube abnimmt, wenn ihr nicht sehen könnt. Das kommt daher, weil euer Glaube schwach ist. Die Allerseligste Jungfrau freut sich über die Weihe Japans an ihr Unbeflecktes Herz, weil sie Japan liebt. Aber es stimmt sie traurig zu sehen, daß diese Verehrung nicht ernst genommen wird. Obwohl sie Akita zur Vermittlung ihrer Botschaften erwählt hat, traut sich der Ortspfarrer nicht zu kommen, weil er Angst davor hat, was man darüber sagen würde. Fürchte dich nicht! Die Allerseligste Jungfrau erwartet euch alle mit ausgestreckten Händen, um ihre Gnaden über euch auszugießen. Verbreite die Verehrung der Jungfrau Maria! Sie erfreut sich an der heutigen Weihe der Laien in Übereinstimmung mit dem Geist eures Instituts aufgrund ihrer Fürsprache. Du darfst die Laienmitglieder, die sich auf diese Weise geweiht haben, nicht als unbedeutend betrachten. Das Gebet, welches ihr gewöhnlich sagt: ‚Gewähre Japan die Gnade der Bekehrung auf die Fürsprache der Jungfrau Maria!' gefällt dem Herrn. Wenn es euch von eurem Vorgesetzten gestattet ist, sollt ihr, die ihr geglaubt habt, als ihr die Tränen Mariens saht, darüber zu so vielen Menschen wie möglich sprechen, um dadurch die Herzen Jesu und Mariens zu trösten. Verbreitet mutig diese Verehrung zu ihrer größeren Ehre! Du mußt meine Worte an deinen Vorgesetzten und an deinen Seelenführer weiterleiten."

1. Mai 1976, Fest des heiligen Josef, des Arbeiters

Nach der heiligen Kommunion sagte der Engel zu Schwester Agnes: „In dieser Welt beleidigen viele Menschen den Herrn. Unsere Liebe Frau wartet auf Seelen, die ihn trösten. Verweile in der Armut. Heilige dich und opfere Sühnegebete für die Undankbarkeit und die Beleidigungen so vieler Menschen auf. Der Rosenkranz ist deine Waffe. Bete ihn ehrfürchtig und mehrfach, wenn er für die Meinung des Papstes, der Bischöfe und Priester gedacht ist. Du darfst diese Worte [Mariens] nicht vergessen. Die Allerseligste Jungfrau betet unaufhörlich für die Bekehrung der größtmöglichen Zahl von Menschen, und sie weint in der Hoffnung, Seelen zu Jesus und zum Vater zu führen, die ihnen auf ihre Fürsprache aufgeopfert wurden. In dieser Meinung und um äußere Hindernisse zu überwinden, sucht innere Einigkeit zu erreichen, seid eines Herzens. Die Gläubigen sollen ein Leben führen, das einem Gläubigen angemessen ist. Betet mit einem neuen Herzen. Meßt zur Ehre Gottes und Seiner heiligen Mutter diesem Tag große Bedeutung zu."

29. September 1981: Die Bedeutung der Tränen

Während der eucharistischen Anbetung verspürte Schwester Agnes neben sich die Anwesenheit ihres Schutzengels. Allerdings sah sie nicht seine Gestalt, statt dessen erschien vor ihren Augen eine geöffnete Bibel. Als Schwester Agnes die Stelle Genesis 3, 15 wiedererkannte, erklärte der Engel: „Der Zahl des hundertundeinmaligen Weinens ist eine Bedeutung zuzuschreiben. Wie die Sünde durch eine Frau in die Welt trat, kam auch das Heil durch eine Frau in die Welt. Die Null, die zwischen den beiden Einern liegt, bedeutet Gott, der von aller Ewigkeit her und für alle Zeiten herrscht. Die erste Eins stellt Eva dar, die letzte Eins die Jungfrau Maria." Schwester Agnes las erneut diesen Vers. Dann verschwanden der Engel und die Vision der Bibel. (P. Yasuda kommentiert, daß diese Stelle in Genesis Protoevangelium genannt und als erste Ankündigung eines Messias, die den Menschen durch Gott gemacht wurde, verstanden wird. Es ist auch der erste Vers in der Bibel, der sich ahnungsvoll auf die Unbefleckte Empfängnis Mariens bezieht, welche sich nie unter der Herrschaft Satans befand.)

„Die Botschaft von Akita ist die Botschaft Fatimas..."

Bischof Ito, in dessen Diözese Akita liegt, hat folgende Ähnlichkeiten zwischen Akita und Fatima festgestellt:

Fatima: „Bereitet dir dies große Schmerzen? Mein Unbeflecktes Herz wird deine Zufluchtsstätte und der Weg ... zu Gott sein." (13. Juni 1917)

Akita: „Bereitet dir die Wunde in deiner Hand große Schmerzen? Opfere Sühnegebete für die Sünden der Menschen auf.“ (6. Juli 1973)

Fatima: „Der Heilige Vater wird viel zu leiden haben...“ (13. Juli 1917)

Akita: „Betet viel für den Papst...“ (6. Juli 1973)

Fatima: „Betet täglich den Rosenkranz!“ (13. September 1917)

Akita: „Betet täglich den Rosenkranz...“ (13. Oktober 1973)

Fatima: „... bietet euch Gott als Opfer an, um die Leiden anzunehmen, die Er euch senden wird. ...“ (13. Mai 1917)

Akita: „Opfert auf, [was immer Gott euch senden mag], zur Wiedergutmachung der Sünden.“ (3. August 1973)

Fatima: „Er wird die Welt für ihre Verbrechen bestrafen.“ (Juli 1917)

Akita: „Der Himmlische Vater wird, ..., eine schreckliche Strafe über die ganze Menschheit verhängen.“ (13. Oktober 1973)

Fatima: „Betet viel und leistet Sühne für die Sünder ...“ (August 1917)

Akita: „Opfere ein Sühnegebet für die Sünden der Menschen auf.“ (6. Juli 1973)

Fatima: „... Verfolgung der Kirche, die Guten werden verfolgt ... verschiedene Nationen werden ausgelöscht werden.“ (13. Juli 1917)

Akita: „... der größere Teil der Menschheit wird vernichtet und weder Priester noch Laien werden verschont werden.“ (Oktober 1973)

Die Anerkennung durch den Bischof

P. Yasuda, der Seelenführer der Schwester Agnes, war Zeuge bei 98 Gelegenheiten von insgesamt 101, an denen die Statue geweint hat. Hunderte haben die Statue weinen gesehen. Glauben zu haben war nicht ausschlaggebend, um dieses wunderbare Ereignis wahrzunehmen. Erst kürzlich teilte P. Yasuda in einem Fernsehinterview mit, daß am 29. Januar 1979 Proben der Tränen, des Blutes und des Schweißes zur Untersuchung an das Labor der Universität von Akita weitergeleitet worden seien. Dem unterzeichneten Laborbericht zufolge handelte es sich beim Blut um Blutgruppe „B“ und bei den Körperflüssigkeiten um Typ „AB“. Am 30. November 1981 ergab der Test für die Körperflüssigkeiten den Typ „O“. P. Yasuda schlägt als Erklärung vor, daß Gott, indem Er drei verschiedene Blutgruppen schafft, die ektoplastische Theorie völlig zurückweist, die Kritiker vorgeschoben hatten, um die blutende und schwitzende Statue in Mißkredit zu bringen. Diese Theorie besagt, daß Schwester Agnes ihr eigenes Blut „durch die Luft“ an die Statue überträgt. Die erste Kommission, die sich mit den Phänomen von Akita befaßte, benützte diese Theorie, um die Ereignisse in Mißkredit zu bringen.

Am Ostersonntag, dem 22. April 1984, veröffentlichte H.H. Johannes Shojiro Ito, Bischof von Niigata, einen Pastoralbrief, in dem er die Ereignisse von Akita als übernatürlich erklärte. In seinem Pastoralbrief geht Bischof Ito auf den Fall der Koreanerin Teresa Chun ein, die aufgrund eines Gehirntumors dahinvegetierte. Sie wurde auf wunderbare Weise während einer Erscheinung Unserer Lieben Frau von Akita geheilt. Eine weitere wunderbare Heilung war die der Schwester Agnes, die von ihrer Taubheit befreit wurde. Die Allerseligste Jungfrau Maria kündigte die Heilung der Nonne während des Segens mit dem Allerheiligsten Altarssakrament an.

12

Medjugorje: Seine Botschaften, Geheimnisse und Warnungen

Ich werde euch Botschaften wie nie zuvor in der Geschichte geben, und ich bin gekommen, um euch mitzuteilen, daß Gott existiert.

Unsere Liebe Frau zu den Sehern von Medjugorje

Am 24. Juni 1981 erschien am Fest des heiligen Johannes des Täufers die Allerseligste Mutter zwei Kindern in einem Dorf, in Jugoslawien. Die beiden Jugendlichen, die sechzehnjährige Mirjana Dragicevic und die fünfzehnjährige Ivanka Ivankovic, spazierten auf einer Straße des Podbrdo-Berges, als sie die schöne leuchtende Gestalt einer jungen Frau sahen, die ein überwältigendes Licht ausstrahlte. Ivanka zeigte auf die Dame und rief aus: „Sieh da, Mirjana, das ist die Gospa [Muttergottes]!" Ohne hinzusehen, erwiderte Mirjana: „Nun mach dir mal nichts vor. Würde uns die Muttergottes erscheinen?" Sie setzten ihren Spaziergang fort. Auf der Rückkehr vom Dorf Bijakovici begegnete ihnen auf dem Weg erneut dieselbe Dame, als sie mit Milka Pavlovic das Dorf verließen, die im Begriff war, Schafe zusammenzutreiben. Bei dieser Gelegenheit stießen noch die siebzehnjährige Vicka Ivankovic und der sechzehnjährige Ivan Dragicevic zu ihnen, die auch die Dame sahen. Als die fünf Jugendlichen die Vision aus der Ferne sahen, bedeutete ihnen Unsere Liebe Frau näherzukommen. Zunächst fürchteten sie sich, doch bald verspürten sie einen inneren Frieden und Freude. Die Vision hielt ungefähr 45 Minuten an.

Am darauffolgenden Tag, dem 25. Juni 1981, fühlten sich vier der jungen Leute, Ivanka, Mirjana, Vicka und Ivan, zum Berg Podbrdo hingezogen. Dieses Mal beschlossen sie, daß sie ihre beiden Freunde, Maria Pavlovic und den zehnjährigen Jakov Colo, herbeiholen würden, wenn ihnen die Erscheinung erneut begegnen sollte. Sie näherten sich dem Podbrdo-Berg um ungefähr 18:00 Uhr, und es war erneut Ivanka, die die Vision zuerst sah. Vicka konnte auch die Erscheinung sehen, und sie rannte, sich an ihr Versprechen erinnernd, um Maria und Jacov zu holen. Diese eilten sofort herbei. Jetzt sahen alle sechs Kinder die Allerseligste Mutter. Sie war sehr schön und verweilte ungefähr fünfzehn Minuten bei ihnen. Sie verabschiedete sich von den jungen Leuten mit den folgenden Worten: „Geht im Frieden Gottes!“

Bis zum heutigen Tag erscheint sie fortgesetzt den jungen Leuten. Oft geht der Erscheinung Unserer Lieben Frau ein helles Licht voraus, das einem Blitz ähnelt. Einem jeden dieser Jugendlichen sagte Unsere Liebe Frau, daß sie zehn Geheimnisse erhalten würden. Mirjana und Ivanka wurden bis jetzt schon ihre zehn Geheimnisse mitgeteilt, und sie sehen Unsere Liebe Frau nur noch selten. Ivan, Jacov, Vicka und Maria haben je neun Geheimnisse erhalten, und sie sehen Unsere Liebe Frau immer noch täglich. Die Hauptbotschaft Unserer Lieben Frau handelt vom Gebet, Fasten, Glauben, von der Bekehrung und vom Frieden. Sie betonte, daß der Friede nur über die Bekehrung oder die Versöhnung mit Gott und dem Nachbarn erhältlich sei.

Die Erscheinungen Unserer Lieben Frau in Medjugorje sind sehr wichtig, denn sie scheinen ein zentraler Brennpunkt von Botschaften für die Welt zu sein. Man kann, selbst nur auf die Vereinigten Staaten bezogen, den großen Einfluß erkennen, den Medjugorje auf das geistliche Leben von Sehern gehabt hat, die zum Beispiel in solchen Orten wie Scottsdale und Phoenix im Bundesstaat Arizona, Denver im Bundesstaat Colorado, Marlboro im Bundesstaat New Jersey, Conyers im Bundesstaat Georgia und vielen anderen Orten leben. Viele Seher in der ganzen Welt haben Medjugorje besucht, und für sie war das der Beginn ihres eigenen geschärften Bewußtseins für die Realität Jesu in ihrem Leben. In vielerlei Hinsicht sind andere Erscheinungsorte Satelliten von Medjugorje.

Der Angelpunkt für Erscheinungen

Für die Welt ist Medjugorje zu einem Leuchtturm geworden. Es ist zu einem besonderen Pilgerort geworden, der die Welt zu Gott zurückruft. Die Botschaften von Fatima und Garabandal wurden nicht befolgt. In Medjugorje bläst die Allerseligste Mutter in die Posaune, damit alle aufmerksam werden, während sie Botschaften vermittelt wie nie zuvor in der ganzen Geschichte. Es scheint dies ein letzter Versuch des Himmels zu sein, in einer Welt gehört zu werden, die zu geschäftig ist, um aufmerksam zuzuhören. Zuerst schienen sich einige Botschaften über den Frieden häufig zu wiederholen, aber jetzt erkennen wir, von welch prophetischer Natur diese Botschaften in Anbetracht der derzeitigen zerstörerischen politischen Situation waren. Wer hätte geglaubt, daß eine teuflische ethnische Säuberung einsetzen würde, die weiterhin die Welt in Schrecken versetzte. Fast jeden Abend wurden uns Bilder vom Krieg in Bosnien-Herzegowina im Fernsehen gezeigt. Die Botschaften Unserer Lieben Frau werden damit klarer. Jetzt verstehen wir, warum sie diesen Teil der Welt aussuchte, um dort zu erscheinen und Botschaften zu vermitteln.

Genauso wie Maria in Fatima erschien, um die Welt vor dem atheistischen Kommunismus und anderen Übeln zu warnen, so erscheint sie in Medjugorje, um die Alarmglocke zu läuten. In dem Maße, wie die ethnischen Konflikte anwuchsen, so nahm auch Mariens Flehen um Gebet und Buße zu. In der Botschaft vom 25. September 1992 erklärte uns Maria, wie Satan versucht, den Plan des Himmels zu durchkreuzen: „Liebe Kinder! Heute möchte ich euch auch folgendes sagen: In diesen rastlosen Tagen, in denen Satan all das zu zerstören wünscht, was ich und mein Sohn Jesus aufbauen, bin ich bei euch. In besonderer Weise wünscht er (Satan), eure Seelen zu verderben. Er versucht auch, euch soweit wie möglich vom christlichen Leben sowie von den Geboten zu entfernen, zu deren Einhaltung die Kirche euch auffordert. Satan möchte alles zerstören, was in und um euch heilig ist. Darum, meine Kinder, betet, betet, betet, damit ihr all das verstehen könnt, was Gott euch durch mein Kommen gibt!"

In der Botschaft vom 25. Oktober 1992 warnte sie uns, daß Satan mächtig ist und sich möglichst viele Seelen aneignen möchte. Sie bat uns, ihr zu vertrauen, und sie sagte, daß sie hier sei, um uns zu helfen und zu leiten. Maria gab auch zu verstehen, daß diese Erscheinungen bald zu Ende gehen würden. Wenn das geschehe, würden sich die vorausgesagten Geschehnisse in schneller Folge ereignen. Es wird uns in Medjugorje mitgeteilt, daß dies die letzten Erscheinungen auf Erden sind und daß alle Erscheinungen in der Welt beendet werden, wenn sie in Medjugorje zu Ende gehen.

„Liebe Kinder, ich lade euch jetzt zum Gebet ein, da Satan mächtig ist und wünscht, so viele Seelen wie möglich zu seinem Eigentum zu machen. Betet, liebe Kinder, und habt mehr Vertrauen in mich, weil ich hier bin, um euch zu helfen und euch auf einem neuen Weg zu einem neuen Leben zu führen. Darum, liebe Kinder, hört auf das und lebt, was ich euch sage, **weil es für euch wichtig ist, wenn ich nicht mehr bei euch sein werde, daß ihr euch an meine Worte erinnert und an all das, was ich euch mitgeteilt habe.** Ich rufe euch dazu auf, damit anzufangen, euer Leben von Grund auf zu ändern, und daß ihr euch zur Bekehrung mit eurem Leben und nicht mit Worten entschließt."

Durch die Seher wird uns mitgeteilt, daß nach dem Ende dieser Erscheinun-gen der Welt drei Warnungen gegeben werden, auf welche ein sichtbares Zeichen folgt. Nach dem Erscheinen des sichtbaren Zeichens „werden jene, die dann noch leben, nur noch kurze Zeit zur Bekehrung haben". Unsere Liebe Frau hat gesagt, daß ihre

Erscheinungen in Medjugorje eine große Gnade Gottes sind. Sie wiederholte das in Worten, die sie uns am 25. Juli 1992 gab: „... Dankt Gott für das Geschenk meiner Anwesenheit bei euch, weil ich euch sage: dies ist eine große Gnade ..."

Es sieht so aus, als ob diese große Gnade der himmlischen Besuche bald zu Ende gehen wird und daß unsere Welt die Gerechtigkeit Gottes erfahren wird. Wir werden dann all das durchleben müssen, was uns in der Schrift und während der letzten zwölf Jahre in Medjugorje gesagt worden ist.

Pilger erfahren 1992 in Medjugorje eine Warnung

Erst kürzlich gab es Berichte von Pilgern in Medjugorje, die beschreiben, wie sie die Erfahrung einer Gewissenserleuchtung machten, indem sie wie in einem Film ihr ganzes Leben vor ihrem Gewissen ablaufen sahen. Sie berichteten, daß sie in der Lage waren, klar und deutlich jedes Ereignis in ihrem Leben zu betrachten, in dem sie zu Gott „Ja" und „Nein" gesagt hatten. Ihre Gewissen wurden von einem solchen Licht durchleuchtet, daß sie sich selbst wie in einer Röntgenaufnahme des Heiligen Geistes sahen, „mit den Schatten der Sünde und dem Licht der Liebe, welches sie abgegeben hatten". Sie verspürten eine tiefe Reue. Zugleich widerfuhr ihnen eine große Heilung, sowohl körperlich wie auch geistig. Ein Drogenabhängiger wurde vollkommen von seiner Abhängigkeit geheilt. Jetzt haben diese Pilger nur noch ein Verlangen: Gott und Seine Liebe über alles andere in ihrem Leben zu setzen.[1] Könnte dies eine Vorahnung der kommenden weltweiten Warnung sein, von der Seher in Garabandal und an anderen Erscheinungsorten gesprochen haben?

Die Botschaften

An Erscheinungsorten bleiben die Botschaften der zentrale Aspekt. Deshalb haben wir unsere Aufmerksamkeit auf diese zentralen Themen gelenkt anstatt auf die Personen, die sie empfangen. Die nächsten, folgenden Seiten in Bezug auf diese Botschaften sind dem Buch von Mary Joan Wallace mit dem Titel *Medjugorje: Its Background and Messages* (zu deutsch: *Medjugorje: Der Hintergrund und die Botschaften*)[2] entnommen.

Die entscheidenden Botschaften beziehen sich auf die Auffindung eines richtigen Verhältnisses zu Gott durch Bekehrung und Versöhnung, einen Prozeß, der sich durch das ganze Leben eines Menschen hindurchzieht. „Um die Welt zu retten, ist Frieden erforderlich", betont Unsere Allerseligste Mutter. Sie lädt uns zu diesem Frieden ein, den die Welt nicht geben, sondern nur Gott gewähren kann; jenem inneren Frieden und jener Heiterkeit des Herzens, die dem Gebet, dem Fasten, der Buße, der Bekehrung, der Versöhnung und dem Glauben entstammen.

Als Königin des Friedens hat Unsere Liebe Frau immer wieder vom Frieden gesprochen. Gewöhnlich hat sie ihre Erscheinungen mit der Ermahnung abgeschlossen: „Geht im Frieden Gottes!" Am dritten Tag, als Maria den Berg Podbrdo hinabstieg, erschien ihr die Jungfrau Maria mit einem leeren Kreuz, von dem aus viele Regenbogenfarben ausstrahlten. „Frieden, Frieden, Frieden", weinte sie tränenerfüllt. „Nur Frieden! Fürchtet euch nicht vor der Ungerechtigkeit!" riet sie am nächsten Tag. „Sie hat immer schon existiert." „Wenn das Leiden sich einstellt", gab sie später als Rat, „opfert es Gott als Sühneopfer auf." Am 25. Juli 1990 sagte sie: „Ihr solltet alles aus Liebe tun! Nehmt alle Ärgernisse, alle Schwierigkeiten, ja alles mit Liebe an! Vergebt! Versöhnt euch! Ich wünsche euch alle zu dem Frieden zu bringen, den nur Gott gibt und der ein jedes Herz bereichert. Ich lade euch dazu ein, Träger und Zeugen meines Friedens für diese friedlose Welt zu werden. Friede soll in der ganzen Welt herrschen, in der es keinen Frieden gibt und die sich nach dem Frieden sehnt."

Bekehrung und Versöhnung werden dringendst benötigt

Ein weitere Botschaft handelt davon, sich Gott ganz zu überlassen, indem man sich im Gebet an Ihn wendet und „Ja" zu Seinem Willen sagt. „Ich möchte bei euch sein, um die ganze Welt zu bekehren und zu versöhnen", erklärte Maria am dritten Tag. „Laßt von all dem ab, was gegen die Bekehrung ist!"

Unsere Liebe Frau hat erklärt, daß die Versöhnung mit Gott und untereinander notwendig zur Erlangung des inneren und des Weltfriedens ist. „Liebe Kinder, heute rufe ich euch zu einem Leben der Liebe Gott und dem Nächsten gegenüber auf. Ohne Liebe könnt ihr, liebe Kinder, nichts tun." In einer anderen Botschaft flehte sie: „Öffnet eure Herzen für Jesus! Ich rufe euch zum Gebet und zur vollkommenen Hingabe an Gott auf. Heute bitte ich euch, damit anzufangen, mit der gleichen brennenden Liebe zu lieben, wie ich euch liebe." Diese Botschaften erinnern uns an die Lehre Jesu (Markus 12, 28-33) darüber, wie wir Gott mit ganzem Herzen, ganzer Seele, mit ganzem Gemüt und mit allen Kräften und unseren Nächsten wie uns selbst lieben sollen.

„Ich bitte euch, mir dabei zu helfen, euch Gott vorzustellen, ... euch auf den Weg des Heils zu führen." Maria flehte: „Auch jene, [welche von Gott getrennt leben], sind meine Kinder. Ich trauere um sie, weil sie nicht wissen, was sie erwartet, wenn sie nicht zu Gott umkehren. Betet für sie!" Die Jungfrau Maria sagte, daß sie gewöhnlich täglich vor dem Kreuz auf dem Berg Krizevac um Gottes Vergebung für die Menschheit und für Bekehrungen bete.

„Wenn ihr, liebe Kinder, mit ganzem Herzen betet, wird das eiskalte Herz eurer Brüder auftauen, und ein jedes Hindernis wird verschwinden. Die Bekehrung wird leicht sein für all jene, die sie erwünschen. Das ist eine Gunst,

die ihr für euren Nächsten erbitten müßt", unterwies sie am 23. Januar 1986. **„Ganz besonders bitte ich euch zu beten, damit all jene, die in weiter Ferne von Gott leben, bekehrt werden."**

Im August 1982 betonte sie, daß das Bußsakrament im Prozeß der fortwährenden Bekehrung wichtig sei. Maria legte dar: **„Man muß die Menschen dazu einladen, monatlich zur heiligen Beichte, besonders am Herz-Mariä-Samstag, zu gehen. ... Im Westen wird die monatliche Beichte ein Heilmittel für die Kirche sein. Man muß dem Westen diese Botschaft überbringen!"** Die Bitte Mariens um monatliche Beichte wurde sofort von den Priestern an St. Jakob aufgenommen und von den Pfarrangehörigen und den Pilgern befolgt. Die Seher und andere Pfarrangehörige in Medjugorje, einige jugendliche Mitglieder von Gebetsgruppen eingeschlossen, beichten nicht nur allmonatlich, sondern jede Woche. Von den Pilgern in Medjugorje kommen mehr wegen ihrer Bekehrung als aus dem Wunsch nach Heilung.

Maria sagt, daß die große Sünde der Welt darin besteht, daß so viele Menschen nicht an Gott interessiert sind, selbst wenn sie die Fähigkeit besitzen zu wissen, daß Er existiert. Egoistisch und voller Stolz sehnen sich die Menschen nicht nach Gott.

Indem sie im Oktober 1981 ihre Sorge für die Menschen des Westens zum Ausdruck brachte, erklärte Maria: **„Der Westen hat in der Zivilisation Fortschritte gemacht, aber ohne Gott, so als ob [die Menschen] ihre eigenen Schöpfer wären. In der Kirche würden ganze Regionen geheilt werden, wenn die Gläubigen einmal im Monat zur Beichte gingen." Später rief sie aus: „Ihr, die ihr glaubt, bekehrt euch! Beeilt euch, euch zu bekehren!"**

Weil die Welt sich im Zustand großer Sünde befindet, bittet Maria die Familien, jeden Abend zusammen zu beten, insbesondere für Bekehrungen. Bei den Erscheinungen in Fatima von 1917 bat Maria um Gebet für die Bekehrung Rußlands. Heute bittet uns Maria auch um Gebet für den Westen.

Glaube

Maria hat häufig zum Glauben ermuntert, und oft tat sie es im ersten Jahr der Erscheinungen. Sie betont, daß Glaube mit Vertrauen wächst; und ohne Gebet könnten Glaube und Vertrauen nicht lebendig erhalten werden. „Viele Gläubige beten nicht", stellte sie traurig fest. Maria lächelt, wenn sie das apostolische Glaubensbekenntnis, eines ihrer bevorzugten Gebete, vernimmt. Dies und das traditionelle siebenfache Beten des Vaterunsers, des Ave-Marias und des Ehre-sei (Medjugorje-Gebet) sind dazu da, uns zu helfen, den Glauben an die grundsätzlichen christlichen Glaubenssätze erneut zu betrachten und zu vertiefen.

Durch Jelena, eine junge Frau, die innere Einsprechungen wahrnimmt, welche die Botschaften der Seher ergänzen, bittet uns Maria am Donnerstagabend das Matthäusevangelium, 6, 24-34, zu lesen, welches das Vertrauen auf Gott und das vorrängige Suchen seines Reiches betont. Sie ermunterte uns, die Bibel entweder vor dem Allerheiligsten Altarssakrament oder zu Hause in der Familie zu lesen.

Maria sagt, daß alle Angst und jeder Konflikt in unseren Familien und in der Kirche ein Anzeichen für einen Mangel an Glauben ist. „Widersagt der Angst!" Jelena berichtete, daß sie diese Botschaft von Maria in einer inneren Einsprechung erhielt: „Wenn ihr sehr glücklich werden wollt, dann führt ein einfaches, demütiges Leben. Betet viel! Und laßt euch nicht in eure Probleme hinabziehen, sondern übergebt sie Gott, daß Er sie löse."

Durch die Seher bittet Maria die Priester, zu glauben und einen festen Glauben zu erlangen. Viele Priester haben die Pilger nach Medjugorje begleitet und die Botschaften untersucht. In *The Medjugorje Messenger* (zu deutsch: Der Botschafter von Medjugorje), einem vierteljährlich erscheinenden Magazin des Medjugorje-Zentrums in England, schrieb der Herausgeber, P. Richard Foley SJ, Anfang 1989, daß ungefähr 14.000 Priester seit dem Beginn der Erscheinungen nach Medjugorje gereist sind. Heute wird die Zahl auf 15.000 geschätzt.

Fasten und Buße

„Durch Fasten und Gebet kann man Kriege beenden; man kann die Gesetze der Natur außer Kraft setzen", betonte Maria am 21. Juli 1982. „Bis auf die Kranken muß jeder fasten." Sie empfahl, daß wir für die Kranken und jene in Schwierigkeiten fasten. Sie verbindet gewöhnlich Fasten mit Gebet. „Fastet und betet von Herzen! Fastet und betet aus Dankbarkeit Gott gegenüber, weil ich in dieser Pfarrei so lange verweilen darf." Wenn man sie nach der besten Art des Fastens befragte, antwortete sie: „Mit Brot und Wasser."

Anläßlich einer unerwarteten Erscheinung vor Ivan in seiner Wohnung, am 14. August 1984, Vigil des Festes von Mariä Himmelfahrt, äußerte Unsere Liebe Frau diese wichtige Bitte: „Ich bitte die Menschen, an diesen Tagen mit mir so viel wie möglich zu beten. Haltet an jedem Mittwoch und Freitag ein strenges Fasten ein. Betet täglich mindestens einen Rosenkranz - freudenreiche, schmerzhafte und glorreiche Geheimnisse." Jene, die in Medjugorje fasten, tun dies oft in Erinnerung, Vorbereitung und als Danksagung für das Sakrament der heiligen Eucharistie, welches von Jesus am ersten Gründonnerstag eingesetzt worden ist. Die frühen Christen fasteten ebenfalls jeden Mittwoch und Freitag, wobei sie sich am Mittwoch an den Verrat des Judas und am Freitag an den Opfertod Jesu für die Sünden der Menschheit erinnerten.

In seiner Erklärung für die Gründe des Fastens sagte P. Slavko Barbaric, einer der geistlichen Berater der Seher, daß man nicht fasten sollte, um sich ein Leid anzutun. Wir sollten eine positive Sicht des Fastens haben. Jesus empfahl das Fasten, und er praktizierte es selbst. Durch die ganze Bibel hindurch wird das Fasten empfohlen und befolgt, um den Satan und die Macht seiner Finsternis zu überwinden. Es soll uns dazu verhelfen, uns dem Ewigen Vater gegenüber zu öffnen und empfindsamer für die Nöte und den Hunger anderer zu werden. Indem wir das Materielle beiseite stellen, öffnen wir uns dem Geistigen. Fasten hilft uns ebenfalls, das himmlische Brot der heiligen Eucharistie besser zu erkennen. Er hat uns dazu ermuntert, um die Gnade des Fastens, des Gebets und der Liebe zu bitten.

In Medjugorje essen die Leute sehr gesundes, selbst gebackenes Brot, das manchmal mit Kartoffeln angereichert ist. Während des Fastens trinken sie oft Mineralwasser. Die Seher und die jugendlichen Mitglieder dreier Gebetsgruppen fasteten manchmal mehrere Tage in der Woche, insbesondere dann, wenn Maria um zusätzliche Gebete für besondere Nöte gebeten hatte. Sie fasteten ebenso von drei bis zu neun Tagen vor Hauptfesten.

Geistliche Berater sagen, daß man das Fasten nicht gänzlich aufgeben sollte, wenn man nicht in der Lage ist, „das beste Fasten" von Brot und Wasser zu befolgen. Um durchzuhalten, nehmen einige Leute ein wenig Suppe, einige Früchte, Joghurt und/oder Gemüse zu sich. Wenn man physisch zu fasten nicht fähig ist, so schlägt Maria vor, sollte man eine andere Form des Fastens oder der Buße befolgen. Um Jesu Christi willen und für die Absichten des Vaters bezüglich der Bekehrung und der Ausbreitung Seines Friedens sollte man einen Verzicht üben. Sie schlägt vor, daß man sich alkoholischer Getränke, des Zigarettengenusses und des Fernsehens enthalten kann. Sie hat darauf aufmerksam gemacht, daß das Fernsehen oft Anlaß zur Sünde sein kann, weil die Menschen sich nach dem Betrachten so vieler Programme zum Gebet nicht imstande fühlen. Maria hat für den Donnerstag eine andere als eine Essensverzichtleistung empfohlen, vielleicht den Verzicht auf Freizeit.

Viele Formen der Buße kann man in Medjugorje sehen, wie zum Beispiel, wenn einige der Seher, jugendliche Mitglieder von Gebetsgruppen und andere nachts den steilen und steinigen Weg auf den Krizevac-Berg bis hinauf zum großen Gipfelkreuz besteigen. Unterwegs beten sie an jeder Station des Kreuzweges für die Intentionen Mariens, wobei sie zugleich ihre eigenen Verzichtleistungen als Buße aufopfern. Ein besonderer Aufruf zum Gebet wurde an die Priester und Bischöfe gerichtet.

Gebet

Mariens häufigste Botschaften beziehen sich auf das Gebet des Herzens, bei dem geraume Zeit in der liebenden Konzentration auf die Gegenwart Gottes und die im Gebet ausgetauschten Worte verbracht wird. „Das Wichtigste im Leben ist das Gebet", sagte sie im Dezember 1983. „Das Gebet ist ein Gespräch mit Gott. Beten heißt, auf Gott zu hören", erklärte sie am 20. Oktober 1984. Sie fuhr fort: „Das Gebet ist für euch von Nutzen, weil nach dem Gebet alles klar ist. Das Gebet lehrt das Verständnis vom Glücklichsein."

Maria sagte, daß Gott jegliche Form des Gebetes gefällt – Gebet in Form eines Zwiegesprächs, vorgedruckte, formelle Gebete, Gebet mit Hilfe der Bibel und einfache Stille in der Gegenwart Gottes. Sie lehrte, daß man das Beten nur durch die Ausführung und die Übung lernt. „Ihr möchtet so gern all das praktizieren, was ich euch mitteile, aber ihr habt darin keinen Erfolg, weil ihr nicht genügend betet." Sie wiederholte am 25. Oktober 1989: „Deshalb entschließt euch dazu, ab heute ernsthaft mit Gott eure Zeit zu verbringen! Betet, betet, betet!"

Des öfteren ermunterte Maria dazu, die Hilfe des Heiligen Geistes zu suchen, wie zum Beispiel vor und nach der heiligen Messe. **„Es ist wichtig zum Heiligen Geist zu beten, damit Er auf euch herabkomme. Wenn man Ihn hat, besitzt man alles"**, betonte sie am 21. Oktober 1983. Indem sie an jenem Tag fortfuhr, gab sie als Kommentar: „Die Menschen machen einen Fehler, wenn sie sich mit ihren Bitten nur an die Heiligen wenden."

Maria hat darum gebeten, daß wir jeden Tag dem Heiligen Geist weihen und Ihn um Hilfe bitten, wenn wir mit unserem Gebet beginnen. Wir sollen Ihn um Verständnis und Beistand in der Nachfolge Gottes bitten. Wir sollen Ihn um den Segen für die in der Kirche Verantwortung tragenden Menschen und die ganze Welt bitten. Wir sollen Ihn um Hilfe darum bitten, Gott gegenüber offen zu sein und an uns Seinen Willen geschehen zu lassen.

In einer Botschaft vom 17. April 1986 sagte Maria: **„Liebe Kinder, ihr sorgt euch zu sehr um materielle Belange, und so verliert ihr all das, was Gott euch geben möchte. Betet deshalb, liebe Kinder, um die Gaben des Heiligen Geistes! Ihr benötigt sie, damit ihr Zeugnis von meiner Gegenwart hier und von all dem, was ich euch mitteile, ablegen könnt."**

Einige besonders wichtige Botschaften sind die folgenden.

Wöchentliche und monatliche Botschaften aus „der Schule des Gebets"

Vom März 1984 bis zum Januar 1987 teilte Maria wöchentlich Botschaften mit für die Pfarrangehörigen und all jene in der ganzen Welt, die diese Botschaften praktizieren möchten. In Botschaften, die einige „die Schule des Gebets" und „die

Schule der Heiligkeit" nennen, wurden das Gebet und die Liebe behandelt. Seither befassen sich die Botschaften, die an einem jeden 25. des Monats überbracht werden, mit geistlichen Anweisungen für die Gläubigen in der ganzen Welt.

„Betet zu Jesus! Ich bin seine Mutter, und ich werde bei Ihm Fürsprache halten. Ich werde helfen, ich werde mit euch beten ... Wir sind euch immer nahe, wenn man uns anruft. Ich möchte immer, daß ihr dem Vater näherkommt. Öffnet Gott eure Herzen wie die Blumen im Frühling, die sich nach der Sonne sehnen. Das Gebet soll für euch LEBEN sein!" Maria hat das Gebet als ein Zeichen beschrieben, das zeigt, wie sehr wir uns Gott anvertrauen – eine Hingabe, die sie immer mehr von uns verlangt: „Eine VOLLKOMMENE HINGABE."

Am 25. Mai 1987 erklärte Unsere Liebe Frau: „Ich bin eure Mutter, und ich möchte euch alle zur vollkommenen Heiligkeit führen. Ich wünsche, daß ihr alle auf Erden glücklich und dann im Himmel bei mir seid. Dies, liebe Kinder, ist mein Wunsch und der Grund, weswegen ich hierher komme."

Gebete während der heiligen Messe und eucharistische Anbetung

„Ich rufe euch zu einem aufmerksameren Gebet während und zu einer größeren Teilnahme an der heiligen Messe auf. Ich möchte, daß ihr während der heiligen Messe Gott in euch erfahrt." In einer Reihe von verschiedenen Botschaften über die heilige Messe betonte Maria das Folgende: „Kommt voller Liebe und akzeptiert die heilige Messe! Jeder, der an der heiligen Messe teilnimmt, soll voller Freude sein. Die heilige Messe ist das größte Gebet, das aus Gott stammt, und ihr werdet nie ihre volle Größe erfassen. Es soll die heilige Messe euer Leben sein!"

„Seid demütig während der heiligen Messe! Bereitet euch auf sie vor! Ich möchte, daß für euch die heilige Messe das Geschenk des Tages ist. Vor der heiligen Messe ist es notwendig, zum Heiligen Geist zu beten. Gebete zum Heiligen Geist sollten immer das heilige Meßopfer begleiten. Jesus Christus gibt sich euch Selbst während der heiligen Messe. Sagt Dank! Betet fortwährend das Allerheiligste Altarssakrament an ... Ich bin immer zugegen, wenn die Gläubigen (das Allerheiligste) anbeten. Dann empfängt man besondere Gnaden."

Gebete anhand der Heiligen Schrift

Häufig ermuntert Maria die Pfarrangehörigen und andere, das Gebet und das Lesen der Bibel in der Familie zu praktizieren. Am 2. Juni 1983 empfahl Maria: „Lest, was über Jesus geschrieben steht! Betrachtet es und teilt es anderen mit! Heute bitte ich euch, täglich zu Hause eure Bibel zu lesen." Am 18. Oktober 1984 drängte sie: „Legt sie (die Schrift) dort an einen markanten Platz, wo sie gesehen wird und euch daran erinnert, sie zu lesen und zu beten."

Durch Jelena sagte Maria: „Wenn ihr stärker als das Böse sein wollt, dann entwickelt in euch ein lebendiges Gewissen. Am Morgen betet eine angemessene Zeit! Lest eine Stelle in der Heiligen Schrift! Pflanzt das Wort Gottes in eure Herzen ein und versucht es den ganzen Tag über zu leben, besonders in Augenblicken der Versuchung. Auf diese Weise werdet ihr stärker als das Böse sein.“ Im März 1984 bat Maria durch Jelena darum, daß die Pfarrangehörigen bei ihren wöchentlichen Zusammenkünften für die Donnerstagsbotschaften die Matthäusstelle 6, 24-34 lesen.

Das Rosenkranzgebet

Am 27. September 1984 äußerte Maria die Bitte: „Ich bitte die Familien in der Pfarrei, den Familienrosenkranz zu beten.“ Am 8. Oktober 1984 hatte Maria durch Jacov folgendes zum Rosenkranz zu sagen: „Widmet all eure Gebete, die ihr abends in euren Häusern verrichtet, der Bekehrung der Sünder, weil sich die Welt im Zustand eines großen moralischen Verfalls befindet. Betet jeden Abend den Rosenkranz! Betet und haltet den Rosenkranz immer in euren Händen als ein Zeichen für Satan, daß ihr zu mir gehört.“ Während eines Besuchs in Kalifornien, im Dezember 1989, empfahl Ivan, sich für ernstliches Gebet Zeit zu nehmen. Er schlug vor, daß diejenigen, die den Rosenkranz beten, manchmal vor oder nach jedem Gesätz einen kurzen Abschnitt aus der Bibel lesen, ihn betrachten im Hinblick darauf, wie er sich auf das eigene Leben bezieht, darüber mit Gott in ihren eigenen Worten sprechen und Ihm dann danken.

Durch Jelena wurden in Medjugorje Mitglieder von jugendlichen Gebetsgruppen dazu ermuntert, den Jesusrosenkranz zu beten. Er enthält 33 Vater-unser und Betrachtungen über Jesus, wie zum Beispiel sein Vertrauen und seine Opferliebe.

Als man am 25. Juni 1985 Maria fragte, was von Priestern erwünscht sei, antwortete sie: „Ich bitte euch eindringlich, alle zum Rosenkranzgebet zu ermuntern. Mit dem Rosenkranz werdet ihr alle Probleme überwinden, die Satan der katholischen Kirche aufzubürden sucht. Alle Priester sollen den Rosenkranz beten. Nehmt euch Zeit für das Rosenkranzgebet.“

Das Gebet für die Armen Seelen im Fegefeuer

Alle sechs Seher haben den Himmel und das Fegefeuer und vier von ihnen haben die Hölle gesehen. Sie berichten, daß mehr Seelen in das Fegefeuer gelangen, als in der Hölle landen oder in den Himmel auffahren. Im Fegefeuer gibt es viele unterschiedliche Abstufungen. Einige davon befinden sich näher an der Hölle, andere wiederum näher am Himmel. Maria empfahl, daß man täglich mindestens je sieben Vater-unser, Ave-Maria, Ehre-sei und das apostolische Glaubensbekenntnis für die Seelen im Fegefeuer und für ihre Intentionen bete. Maria betonte, daß die Seelen im Fegefeuer auf unsere Gebete und Opfer warten.

Vicka und Jacov sagten aus, daß sie tatsächlich in den Himmel, die Hölle und das Fegefeuer mitgenommen wurden. Vicka beschrieb, wie sie im Fegefeuer eine weite, graue Fläche, im Himmel aber eine übergroße Freude auf den Gesichtern der dort Anwesenden gesehen habe. Sie berichtete, daß am Weihnachtstag vom Fegefeuer mehr Seelen in den Himmel kommen als an jedem anderen Tag des Jahres.

Maria teilte uns durch die Seher mit: „Heute lade ich euch dazu ein, täglich für die Seelen im Fegefeuer zu beten. Eine jede Seele bedarf des Gebetes und der Gnade, um zu Gott und Seiner Liebe zu gelangen. Auf diese Weise, liebe Kinder, gewinnt ihr neue Fürsprecher, die euch in eurem Leben dabei helfen zu erkennen, daß auf der Erde nichts für euch wichtiger ist, als zu suchen, den Himmel zu erlangen. Dafür, liebe Kinder, betet unaufhörlich, damit ihr euch selbst und anderen helfen könnt, denen euer Gebet Freude bereitet." Maria gab diese Botschaft am 6. November 1986.

Schutzgebet

Maria sagte, daß Satan vorübergehend in diesem 20. Jahrhundert Macht gewährt worden sei. Dennoch könnten wir ihn durch Gebet und Fasten völlig entwaffnen und uns dadurch unser Glück sichern. Ja selbst jetzt ist er dabei, seine Macht zu verlieren, und er ist dadurch aggressiv geworden. Er zerstört Ehen und schafft Streit unter den Priestern. Maria erklärte, daß er für Zwangsvorstellungen und Mord verantwortlich sei.

„Schützt euch durch Gebet und Fasten, besonders durch gemeinsames Gebet. Benützt wieder das Weihwasser!" Am 18. Juli 1985 sagte Maria: „Heute lade ich euch dazu ein, in eure Häuser mehr geweihte Gegenstände aufzunehmen, und daß jeder geweihte Gegenstände bei sich trägt ... Weil ihr dann gegen Satan eine Rüstung tragt, wird er euch weniger versuchen."

„Ihr wißt, daß ich euch eine Oase des Friedens versprochen habe; aber ihr wißt nicht, daß sich um diese Oase herum eine Wüste befindet, in der Satan Wache hält und jeden von euch in Versuchung zu führen sucht. Liebe Kinder, nur durch das Gebet könnt ihr jeden Einfluß Satans überwinden, wo immer ihr euch auch befinden mögt. Ich bin bei euch, aber ich kann euch nicht eures freien Willens berauben", erklärte sie am 7. August 1986.

Heilungsgebete

Am 25. Juli 1982, dem Patrozinium der St.-Jakobs-Pfarrei, empfahl Unsere Liebe Frau folgende wichtige Handlungen: das Gebet des apostolischen Glaubensbekenntnisses, die sieben Vater-unser, Ave-Maria und Ehre-sei sowie das Fasten bei Brot und Wasser.

„Es ist gut, den Kranken die Hände aufzulegen und zu beten. Es ist gut, die Kranken mit heiligem Öl zu salben. Nicht alle Priester besitzen die Gabe der Heilung. Um diese Gabe zu empfangen, muß ein Priester mit Ausdauer beten und fest glauben."

Jene, die an Gottesdiensten in Medjugorje teilnehmen, nehmen ihre Verantwortung ernst, sich in inbrünstigem und liebendem Gebet für die Nöte der An-wesenden und für jene, für die Gebete aufgeopfert werden, einzusetzen. Nach den Abendmessen folgen Heilungsgebete und die gelegentliche Salbung mit Öl durch die Priester.

Es wird angenommen, daß solch liebevolles und engagiertes Gebet in dieser Atmosphäre der Versöhnung, Liebe und Einigkeit – vereint mit der Fürsprache Unserer Lieben Frau – zu einer großen Anzahl von bemerkenswerten Heilungen beigetragen hat. Die Menschen haben in Medjugorje ein wunderbares Beispiel gezeigt, was getan werden kann, um zu Heilungen in der ganzen Welt beizutragen.

Das Gebet vor dem Kreuz

„Liebe Kinder, ich möchte euch in diesen Tagen sagen, daß ihr das Kreuz zum Mittelpunkt eures Lebens machen sollt. Betet insbesondere vor dem Kreuz, welches der Ursprung großer Gnaden ist. Macht in euren Häusern eine besondere Weihe zum Kreuz des Herrn. Versprecht, daß ihr Jesus nicht verletzen und daß ihr Ihn oder das Kreuz nicht beleidigen werdet." Das war eine Botschaft vom 12. September 1985.

Am 20. Februar 1986 bat Unsere Liebe Frau dringend: „Erneuert euer Gebet vor dem Kreuz! Liebe Kinder, ich gebe euch besondere Gnaden; und Jesus gibt euch vom Kreuz her besondere Gnadengeschenke. Nehmt sie an und lebt sie! Betrachtet das Leiden Christi. Vereint euer Leben mit dem Seinen!"

Das Gebet der Ganzhingabe

„Ich möchte euch zum Gebet und zur Ganzhingabe an Gott aufrufen. Ich komme hierher, um euch den Weg des Friedens und eures Seelenheils zu zeigen. Ich bitte euch, liebe Kinder, euch ganz hinzugeben; und ihr werdet in der Lage sein, all das zu leben, was ich euch auftrage." Am 25.Januar 1990 rief Maria aus: „... Erwählt Ihn vor allem und über alles, damit Er in eurem Leben Wunder vollbringen kann und damit jeder Tag in eurem Leben zur Freude mit Ihm wird.

Liebe Kinder, vergeßt nicht, daß euer Leben wie eine Frühlingsblume nur vorübergehend ist – heute noch so wunderschön und schon morgen völlig verschwunden. Darum betet, damit euer Gebet und eure Hingabe an Gott zu einem Zeichen wird. So wird euer Zeugnis nicht nur für euch wertvoll, sondern auch für einen jeden in der ganzen Ewigkeit."

Das Gebet in der Familie und Gemeinschaft

Unsere Liebe Frau hält uns vor allem zum Gebet in der Familie und Gemeinschaft an. Als unsere Mutter bat sie: „Das Gebet soll in euren Familien den ersten Platz einnehmen." Am 14. Februar 1985, einer der wenigen Gelegenheiten, bei der sie das kroatische Wort benutzte, das **„muß"** bedeutet, hob sie hervor: „Jede Familie **muß** beten und die Bibel lesen." Maria äußerte die Bitte, daß Familienmitglieder regelmäßig zusammen beten für Ungläubige, Sünder und dafür, daß die Botschaften praktiziert werden. „Ermuntert die kleinen Kinder, zu beten und die Messe zu besuchen. Ihr alle seid wichtig, besonders die älteren Menschen in den Familien. Ladet sie alle zum Gebet ein! Die jungen Leute sollen durch ihr Leben ein Vorbild für die anderen sein. Sie sollen Zeugen für Jesus sein.

Liebt eure Nächsten, besonders jene, die euch Ungemach bereiten. Fangt mit eurer Nächstenliebe bei euren Familien und Pfarreien an, und dann werdet ihr fähig sein, all jene, die zu euch kommen, anzunehmen. Die ganze Kirche bedarf der geistigen Erneuerung. Betet für die Herabkunft des Heiligen Geistes, damit eure Familien und Pfarreien erneuert werden." Als man sie am 11. April 1982 fragte, ob es notwendig sei, in den Pfarreien Gebetsgruppen einzurichten, antwortete Maria: „Gebetsgemeinschaften sind in allen Pfarreien notwendig."

Der Brief von P. Tomislav Vlasic an den Papst

Der folgende Brief von P. Tomislav Vlasic aus Medjugorje wurde am 2. Dezember 1983 an den Papst gesandt. Er vermittelt an den Vatikan Informationen über die Erscheinungen und die Botschaften. P. Vlasic stammt aus Jugoslawien. Er hat die Erscheinungen in Medjugorje von Anfang an verfolgt und gilt als einer der Hauptquellen für verläßliche Informationen. In dem Brief befaßt er sich mit den Themen des Friedens, dem sichtbaren Zeichen und den zehn Geheimnissen. In der darauf folgenden Zeit wurde P. Vlasic schließlich Pfarrer an der St.-Jakobs-Kirche. Der Brief lautet, wie folgt:

„Nach der Erscheinung der Allerseligsten Jungfrau vom 30. November 1983 suchte Maria Pavlovic mich auf und sagte: ‚Die Madonna sagt, daß der Heilige Vater und die Bischöfe sofort von der Dringlichkeit und der großen Wichtigkeit der Botschaft von Medjugorje informiert werden müssen.'

Dieser Brief versucht diese Pflicht zu erfüllen.

1. Fünf junge Leute (Vicka Ivankovic, Maria Pavlovic, Ivanka Ivankovic, Ivan Dragicevic und Jakov Colo) sehen täglich eine Erscheinung der Allerseligsten Jungfrau. Die Erfahrung, in der sie sie (die Jungfrau Maria)

sehen, ist eine Tatsache, die durch unmittelbare Beobachtung überprüft werden kann. Es ist gefilmt worden. Während der Erscheinungen reagieren die Jugendlichen nicht auf Lichtreize, Geräusche werden von ihnen nicht wahrgenommen, sie reagieren nicht, wenn jemand sie berührt, sie meinen, sich jenseits von Raum und Zeit zu befinden.

Die jungen Leute stimmen grundsätzlich in Folgendem überein:

● Wir sehen die Allerseligste Jungfrau so, wie wir alle anderen Menschen sehen. Wir beten mit ihr, wir sprechen mit ihr, und wir können sie berühren.

● Die Allerseligste Jungfrau sagt, daß sich der Weltfrieden in einer kritischen Situation befindet. Sie hat wiederholt zur Versöhnung und Bekehrung aufgerufen.

● Sie hat versprochen, der ganzen Menschheit ein sichtbares Zeichen am Erscheinungsort in Medjugorje zu hinterlassen.

● Der dem sichtbaren Zeichen vorausgehende Zeitraum ist eine Zeit der Gnade für Bekehrungen und zur Vertiefung des Glaubens.

● Die Allerseligste Jungfrau hat versprochen, uns zehn Geheimnisse anzuvertrauen. Bisher hat Vicka Ivankovic deren acht erhalten. Marija Pavlovic erhielt am 8. Dezember 1983 ihr neuntes Geheimnis. (Anmerkung des Übersetzers: Hier muß es sich um einen Irrtum entweder im Datum des Briefes oder im vorgenannten Datum handeln, da der 8.12.1983 für einen am 2.12.1983 geschriebenen Brief ein zukünftiges, noch nicht eingetroffenes Ereignis ist. Eine Klarstellung war von den beiden Autoren des Originals auf schriftliche Anfrage nicht zu erhalten.) Jakov Colo, Ivan Dragicevic und Ivanka Ivankovic haben jeweils neun erhalten. Nur Mirjana Dragicevic ist im Besitz ihrer zehn Geheimnisse.

● Diese Erscheinungen sind die letzten Erscheinungen der Allerseligsten Jungfrau auf Erden. Deshalb dauern sie so lange an und geschehen so häufig.

2. Die Allerseligste Jungfrau erscheint der Mirjana Dragicevic nicht mehr. Das letzte Mal, als sie eine der täglichen Erscheinungen sah, war Weihnachten 1982. Seither haben für sie außer an ihrem Geburtstag (18. März 1983) die Erscheinungen aufgehört. Mirjana wußte, daß dies eintreffen würde.

Mirjana zufolge vertraute ihr die Madonna das zehnte und letzte Geheimnis während der Erscheinung vom 25. Dezember 1982 an. Sie teilte auch das Datum mit, an dem die verschiedenen Geheimnisse eintreffen werden. Die Allerseligste Jungfrau hat Mirjana vieles über die Zukunft kundgetan, mehr als bisher den anderen Jugendlichen. Aus diesem Grund berichte ich weiter unten, was mir Mirjana anläßlich unseres Gesprächs vom 5. November 1983 mitgeteilt hat. Ich fasse den Gehalt ihres Berichtes zusammen, ohne sie wörtlich zu zitieren.

Mirjana sagte, daß der Welt drei Warnungen gegeben würden, bevor der Menschheit das sichtbare Zeichen erscheint. Die Warnungen werden in Form von Ereignissen auf der Erde geschehen. Mirjana wird sie selbst erleben. Drei Tage vor einer der Zurechtweisungen wird Mirjana einen Priester ihrer Wahl benachrichtigen. Das Zeugnis Mirjanas wird eine Bestätigung der Erscheinungen und ein Anreiz für die Bekehrung der Welt sein.

Nach den Zurechtweisungen wird ein Zeichen am Ort der Erscheinungen in Medjugorje für alle Welt sichtbar erscheinen. Das Zeichen wird gewährt werden als Zeugnis für die (Echtheit der) Erscheinungen und um die Menschen zum Glauben zurückzurufen.

Das neunte und das zehnte Geheimnis sind ernsthafter Natur. Sie beziehen sich auf Züchtigungen für die Sünden der Welt. Die Bestrafung ist unvermeidlich, denn wir können nicht erwarten, daß sich die ganze Welt bekehren wird. Die Strafe kann durch Gebet und Buße gemildert, aber sie kann nicht verhindert werden. Mirjana sagt, daß eines der Übel, das die Welt bedrohte, jenes, welches im siebten Geheimnis enthalten war, dank der Gebete und des Fastens verhütet wurde. Darum ermuntert die Allerseligste Jungfrau weiterhin zu Gebet und Fasten: ‚Ihr habt vergessen, daß ihr durch Gebet und Fasten Kriege verhüten und die Gesetze der Natur außer Kraft setzen könnt.'

Nach der ersten Warnung werden die anderen innerhalb ziemlich kurzer Zeit folgen. Auf diese Weise werden die Menschen einige Zeit zur Bekehrung haben.

Dieses Intervall wird eine Zeitspanne der Gnade und Bekehrung sein. Nachdem das sichtbare Zeichen erschienen sein wird, werden jene, die dann noch leben werden, nur noch kurze Zeit zur Bekehrung haben. Darum lädt uns die Allerseligste Jungfrau dringend zu Bekehrung und Versöhnung ein. Die Aufforderung zu Gebet und Buße ist dazu bestimmt, Übel und Kriege zu verhindern, aber vor allem um Seelen zu retten.

Mirjana zufolge stehen die von der Allerseligsten Jungfrau vorausgesagten Ereignisse kurz bevor. Aus dieser Erfahrung ruft Mirjana der Welt zu: ‚Beeilt euch und bekehrt euch; öffnet Gott eure Herzen!'

Zusätzlich zu dieser grundsätzlichen Botschaft berichtete Mirjana über eine Erscheinung, die sie 1982 hatte, von der wir glauben, daß sie ein wenig Licht in einige Aspekte der Kirchengeschichte bringen kann. Sie sprach von einer Erscheinung, in der ihr Satan als Allerseligste Jungfrau verkleidet erschien. Satan forderte Mirjana auf, der Madonna zu widersagen und ihm zu folgen. Auf diese Weise würde sie in der Liebe und im Leben glücklich werden. Der Jungfrau zu folgen, behauptete er, führe im Gegenteil nur zum Leid. Mirjana wies ihn zurück, und sofort kam die Jungfrau, und Satan verschwand. Dann gab ihr die Allerseligste Jungfrau dem Gehalt nach die folgende Botschaft:

‚Entschuldigt bitte, aber ihr müßt verstehen, daß Satan existiert. Eines Tages erschien er vor dem Thron Gottes und erbat die Erlaubnis, die Kirche eine Zeitlang versuchen zu dürfen. Gott gestattete es ihm, die Kirche ein Jahrhundert lang in Versuchung zu führen. Dieses Jahrhundert steht unter der Dominanz des Teufels; aber wenn die Geheimnisse, die euch anvertraut sind, erfüllt sein werden, wird seine Macht zerstört werden. Ja schon jetzt beginnt er seine Macht zu verlieren, und er ist angriffslustig geworden. Er zerstört Ehen, schafft Uneinigkeit unter Priestern, und er ist verantwortlich für Besessenheit und Mord. Ihr müßt euch gegen diese Dinge durch Fasten und Gebet schützen, insbesondere durch das Gebet in Gemeinschaft. Tragt geweihte Gegenstände bei euch! Bewahrt diese in euren Häusern auf und benutzt erneut das Weihwasser.'

Gewissen katholischen Experten zufolge, die diese Erscheinungen untersucht haben, wirft diese Botschaft an Mirjana ein Licht auf die Vision, die Papst Leo XIII. hatte. Gemäß ihrer Aussage führte Leo XIII. das Gebet zum heiligen Michael ein, welches von den Priestern bis zur Zeit des Zweiten Vatikanischen Konzils nach der Messe gebetet wurde, nachdem er eine apokalyptische Vision der Zukunft der Kirche gesehen hatte. Diese Experten sagen aus, daß das Jahrhundert der Versuchungen, welches Leo XIII. vorausgesehen hatte, derzeit seinem Ende entgegengeht.

Heiliger Vater, ich möchte nicht für das Verderben irgendeines Menschen verantwortlich sein. Ich tue mein Bestes. Die Welt ist zur Bekehrung und Versöhnung aufgerufen. Indem ich Ihnen schreibe, Heiliger Vater, tue ich nur meine Pflicht. Nachdem ich dieses Schreiben aufgesetzt hatte, reichte ich es an die Jugendlichen weiter, um die Allerseligste Jungfrau zu befragen, ob sein Inhalt korrekt sei. Ivan Dragicevic übermittelte mir folgende Antwort: ‚Ja, der Inhalt des Briefes ist wahr. Ihr müßt zuerst den Papst und dann den Bischof benachrichtigen.'

Dieser Brief wird begleitet von Fasten und Gebet, damit der Heilige Geist Ihren Verstand und Ihr Herz in diesem wichtigen Moment der Geschichte leitet.

Ihrer, in den heiligen Herzen Jesu und Mariä,

P. Tomislav Vlasic

Medjugorje, den 2. Dezember 1983“

Leben wie im Altertum

Nach einem auf Tonband aufgenommen Interview, plauderte P. Tomislav am 15. August 1983 ein wenig über die Geheimnisse. „Sie (die Seher) sagen, daß mit der Erfüllung der ihnen von Unserer Lieben Frau anvertrauten Geheimnisse das Leben in der Welt sich ändern wird. Was und wie es sich ändern wird, wissen wir nicht, da die Seher nichts über die Geheimnisse sagen möchten.“[3]

P. Tomislav fuhr fort: **„Das Leben in der Welt wird sich ändern. Nachher werden die Menschen glauben wie im Altertum.** Diese wenigen Worte deuten implizit außergewöhnliche Ereignisse an, die vor uns liegen und weswegen Unsere Liebe Frau nach Medjugorje kam, um die Welt darauf vorzubereiten.“ Dieses Thema stimmt überein mit dem Ernst und der Dringlichkeit anderer Erscheinungen, die in diesem Buch erwähnt wurden. Man muß sich daran erinnern, daß in Quito, Ecuador, Fatima, Akita und an vielen anderen Erscheinungsorten, die wir erwähnt haben, entweder eine stigmatisierte Person anwesend ist oder das Geschehen von Rom oder dem Ortsbischof anerkannt wurde. Zur Zeit ist Medjugorje von römisch-katholischen Autoritäten weder anerkannt noch verworfen worden, sondern es wird derzeit untersucht. Papst Johannes Paul II. rät niemandem von Medjugorje ab. Am 21. April 1989 berichtete Bischof Paul Hnilica SJ, Weihbischof von Rom, daß er vom Heiligen Vater ermahnt worden sei, weil er auf seiner Rückreise nach Rom von Moskau, wo er im Auftrag des Papstes an einem Treffen teilgenommen hatte, nicht in Medjugorje Zwischenstation gemacht hatte. Der Papst sagte zu Bischof Hnilica: „Wenn ich nicht der Papst wäre, befände ich mich jetzt schon in Medjugorje.“[4] Jene, die diesen Papst kennen, wissen um seine schon lange andauernde Verehrung Unserer Allerseligsten Mutter.

Die Botschaften von Medjugorje sind für ungezählte Millionen zugleich eine Quelle der Warnung als auch der Inspiration geworden. Es ist zu einem Leitstern geworden, indem es uns geistig aufmuntert, insofern die Allerseligste Mutter ihren Schutzmantel über die ganze Welt ausbreitet. Für den Einfluß Medjugorjes in der ganzen Welt gibt es in der Kirchengeschichte keinen Präzedenzfall, wobei ihre Früchte die Menschen aller Nationen erreichen. Es ist ein großes Geschenk des Himmels.

Buch III
Zeichen und Drangsale

13

Rauch dringt in die Kirche ein

Wird aber der Menschensohn auf Erden Glauben finden, wenn er kommt?

Lukas 18, 8

Nach dem Zweiten Vatikanischen Konzil bemerkte Papst Paul VI., daß der Rauch Satans durch eine Spalte in der Wand in die Kirche Gottes eingedrungen ist. Am 13. Oktober 1977 teilte Papst Paul VI. der Welt mit: „Der Schwanz Satans führt die Funktion des Zerfalls der katholischen Welt aus. Die Finsternis Satans ist in die katholische Kirche, selbst bis in ihre Spitzen, eingedrungen und hat sich darin breit gemacht. Die Apostasie, der Glaubensabfall, weitet sich immer mehr in der Welt aus bis hin zu den höchsten Stellen in der Kirche." Die Taktik Satans war, die Kontrolle zu gewinnen, indem er die römisch-katholische Kirche zu zerstören sucht. Wie Maria oft ausgesagt hat, hat er darin ziemlichen Erfolg gehabt.

Unsere Allerseligste Mutter hat die Ankunft dieser Finsternis und der Apostasie in den Erscheinungen 1846 von La Salette, in Frankreich, und 1973 zu Akita, in Japan, kundgetan. Unsere Allerseligste Mutter offenbarte dies ebenso Don Stefano Gobbi von der Marianischen Priesterbewegung in inneren Einsprechungen. Wie wir gesehen haben, scheint es, daß Informationen über diese Apostasie in dem unveröffentlichten dritten Geheimnis von Fatima enthalten sind.

Am 19. September 1846 erschien die Allerseligste Mutter zu La Salette, in Frankreich, der Mélanie Calvat und dem Maximin Giraud. Maria sagte zu Mélanie: **„Im Jahre 1864 wird Luzifer mit einer großen Menge von Teufeln aus der Hölle losgelassen. Sie werden den Glauben allmählich auslöschen, selbst in Menschen, die Gott geweiht sind.** Wehe den Kirchenfürsten, die nur nach Reichtümern und nach Erhaltung ihrer Autorität und nach stolzer Herrschaft trachten. Der Stellvertreter meines Sohnes wird viel zu leiden haben, da die Kirche eine Zeitlang schweren Verfolgungen ausgesetzt sein wird. Das wird die Zeit der Finsternisse sein. Die Kirche wird eine schreckliche Krise durchmachen. ... Rom wird den Glauben verlieren und der Sitz des Antichrist werden. ...; **denn die Zeit der Zeiten, das Ende der Erde ist (dann) da. Die Kirche wird verfinstert, die Welt in Bestürzung sein.** ... Nun ist die Zeit da! Der Abgrund öffnet sich. Siehe da den König der Finsternis! Siehe da das Tier mit seinen Untergebenen, das sich .Erlöser der Welt' nennt."

Maximin Giraud sprach von einem Monster - aller Wahrscheinlichkeit nach der Kommunismus - welches im Begriff sei, in der Welt aufzutreten. „Das Monstrum wird am Ende des 19. Jahrhunderts oder spätestens zu Beginn des 20. Jahrhunderts ankommen." Unsere Allerseligste Mutter teilte Maximin mit: **„Denn seht die Zeit der Zeiten, das Ende, das Äußerste steht vor der Tür! Die Kirche tritt in die Finsternis ein. Die Welt wird sich im Zustand der Bestürzung, der Verlegenheit und der Verwirrung befinden."**[1]

Zur Zeit der Erscheinungen und nachher stand die Kirche unter dem Druck von den Anhängern falscher Philosophien, der Freimaurer und mit ihnen verbundener Geheimgesellschaften und des Staates. Die Freimaurergruppe Illuminati traf sich 1829 in New York, wo sie ein Komitee gründete, das später Karl Marx finanziell unterstützte, den Begründer des atheistischen Kommunismus. Unter Lenin und Trotzki ersetzte in Rußland der Kommunismus die damals herrschende Monarchie durch Mord und Revolution. Die russischen Veteranen des Ersten Weltkriegs setzten 1917 durch einen Umsturz den Zaren ab. Eine revolutionäre Regierung von nur kurzer Dauer wurde von Alexander Kerenski gebildet, und innerhalb weniger Monate wurde diese von Lenin und Trotzki gestürzt. So wurde das sowjetische Rußland geboren, das erste größere Land, welches nach den Lehrsätzen des atheistischen Kommunismus regierte, der rote Drache – *und dies am Anfang des 20. Jahrhunderts!*

In seinem *Syllabus der Irrtümer* brachte 1846 Papst Pius IX. eine formelle Verurteilung der irrigen Lehrsätze moderner philosophischer Systeme, von Geheimgesellschaften und des Kommunismus zum Ausdruck. *Das kommunistische Manifest* wurde zwei Jahre später, 1848, veröffentlicht. Die Kirche war sich des verführerischen Einflusses des Kommunismus bewußt und veröffentlichte weitere Enzykliken, welche ihn verurteilten. Papst Leo XIII. entlarvte und verurteilte 1884 in seiner Enzyklika *Humanum Genus* die Vorschläge der Freimaurer, der mit ihnen verbundenen Geheimgesellschaften und die Lehre der Freimaurer, welche er als Naturalismus bezeichnete. Er stellte fest, daß der Kommunismus die Fortsetzung des Naturalismus sei.

Papst Leo XIII. definierte in seiner Enzyklika *Quod Apostolici Muneris* den Kommunismus als „die verhängnisvolle Seuche, die sich in das Innerste der menschlichen Gesellschaft einschmeichelt, nur um sie dann zu ruinieren."[2]

In einer Erscheinung am 13. Oktober 1973, in Akita – einer Erscheinung, die vom Ortsbischof anerkannt wurde, – sagte Unsere Allerseligste Mutter zu Schwester Agnes Sasagawa: „Wie ich dir schon früher sagte, ... teuflische Kräfte werden selbst in der Kirche stattfinden; Kardinäle werden sich gegen Kardinäle erheben und Bischöfe gegen Bischöfe. Die Priester, die mich verehren, werden von ihren Kollegen verachtet und verlacht; ... Die Kirche wird erfüllt sein von Menschen, die Kompromisse annehmen. Durch den Teufel verführt, werden zahlreiche Priester und Ordensleute den Dienst des Herrn verlassen. Der Teufel wird sich besonders mit den gottgeweihten Seelen beschäftigen."

Durch Don Gobbi von der Marianischen Priesterbewegung offenbarte uns Unsere Allerseligste Mutter am 20. November 1976: „So hat Satan jetzt sogar mitten unter den Dienern des Heiligtums sein Zelt aufgeschlagen. Durch ihn ist der Greuel der Verwüstung in den heiligen Tempel Gottes eingedrungen."

Am 26. August 1983 sagte Maria zu Don Gobbi: **„Der Irrtum wird gelehrt und er verbreitet sich unter zweideutigen Formulierungen neuer rein kultureller Auslegungen der Wahrheit. Der Geist der Welt wird aufgenommen, der sich mit seinem unheilvollen Einfluß breit macht und so viele Seelen dazu bringt, sich für die Sünde zu entscheiden, sie zu rechtfertigen und in ihr zu leben. Der Mangel an Glauben nimmt zu, und an vielen Kultorten werden die Bilder der Heiligen, sogar die eurer himmlischen Mutter, entfernt. Der Abfall von Gott hat sich nun in allen Teilen der Kirche verbreitet. Sie wird sogar von einigen ihrer Bischöfe verraten, von zahlreichen Priestern im Stich gelassen, von so vielen ihrer Kinder verlassen und von meinem Widersacher verwundet."**

Am 15. September 1983 stellte sie Don Gobbi gegenüber fest: „Ich bin unter dem Kreuz, das heute die Bischöfe tragen, die treu bleiben, während sich die Zahl derer erhöht, die die eigenen Wege gehen wollen, ohne den Heiligen Vater, den Jesus zum Fundament seiner Kirche gemacht hat, anzuhören und ihm zu folgen: Sie bereiten eine andere, vom Papst getrennte Kirche vor und das wird noch das Ärgernis einer schmerzhaften Spaltung herausfordern."

Am 6. September 1986 sagte sie zu Don Gobbi: „Auch die Uneinigkeit, die Spaltung, der Kampf und der Antagonismus ist in die Kirche eingedrungen. ... Das ist die von mir vorausgesagte Zeit, in der Kardinäle gegen Kardinäle sein werden, Bischöfe gegen Bischöfe, Priester gegen Priester, und die Herde Christi von den reißenden Wölfen zerrissen wird, die sich unter dem Anschein wehrloser und zahmer Lämmer eingeschlichen haben. Unter diesen sind auch einige, die hohe und verantwortungsvolle Positionen einnehmen, und durch sie ist es Satan gelungen, selbst an die Spitze der Kirche vorzudringen und dort zu wirken."

Die Freimaurer in der Kirche

In der Botschaft vom 13. Juni 1989 warnte die Allerseligste Mutter Don Gobbi vor der Gefahr der Freimaurer in der Kirche. Maria sagte: Diese Form der Freimaurerei trachtet

1. danach „..., sein (Jesu) göttliches Wort durch naturalistische und rationalistische Auslegungen zu verdunkeln, und beim Versuch, es verständnisvoller und annehmbarer zu machen, entleert sie es von seinem ganzen übernatürlichen Inhalt. So verbreiten sich die Irrtümer überall selbst in der katholischen Kirche. Wegen der Verbreitung dieser Irrtümer entfernen sich heute viele vom wahren Glauben und verwirklichen so die Prophezeiung, die euch in Fatima von mir gemacht worden ist: – Es werden Zeiten kommen, in denen viele den wahren Glauben verlieren werden. – Der Verlust des Glaubens ist Apostasie.";

2. „Diese kirchliche Freimaurerei wirkt auf heimtückische und teuflische Weise, um alle zur Apostasie zu verleiten.";

3. Sie hat zum Ziel „..., die Sünde zu rechtfertigen, sie nicht mehr als etwas Böses, sondern als einen Wert und ein Gut darzustellen. ... Die verderbliche Folge dieses furchtbaren Krebsgeschwüres, das in der ganzen Kirche verbreitet ist, besteht darin, daß die persönliche Beichte überall verschwindet.";

4. Sie „... fördert diejenigen Exegesen, die durch Anwendung verschiedener literarischer Gattungen das Evangelium rationalistisch und naturalistisch interpretieren, so daß es in allen seinen Teilen zerrissen wird. Am Ende kommt man zur Leugnung der geschichtlichen Realität der Wunder und der Auferstehung Christi und man bezweifelt selbst die Gottheit Jesu und seine rettende Mission.";

5. Sie trachtet danach „..., den mystischen Christus, der die Kirche ist, zu zerstören.";

6. Sie sucht „... diese Wirklichkeit ... der hierarchischen Kirche ..., das heißt den Papst und die mit ihm vereinten Bischöfe, durch den falschen Ökumenismus zu zerstören, der dazu führt, alle christlichen Kirchen anzunehmen, indem behauptet wird, daß jede von ihnen einen Teil der Wahrheit besitzt. Sie betreibt den Plan, eine allgemeine ökumenische Kirche zu gründen, die aus dem Zusammenschluß aller christlichen Konfessionen gebildet wird, unter ihnen die katholische Kirche.";

7. Sie versucht „... jedoch auf so viele und heimtückische Arten, die kirchliche Frömmigkeit in Bezug auf das Sakrament der Eucharistie anzugreifen. Man hebt von ihr nur den Aspekt des Mahles hervor, trachtet seinen Opferwert zu bagatellisieren und sucht die wirkliche und persönliche Gegenwart Jesu in den konsekrierten Hostien zu leugnen. Deshalb sind allmählich alle äußeren Zeichen abgeschafft worden, die den Glauben an die tatsächliche Gegenwart

Jesu in der Eucharistie angezeigt haben, wie Kniebeugen, öffentliche Anbetungsstunden und die heilige Gepflogenheit, den Tabernakel mit Licht und Blumen zu umgeben." und

8. „Die kirchliche Freimaurerei jedoch versucht mit dem heimtückischen und arglistigen Angriff auf den Papst das Fundament der Einheit der Kirche zu zerstören."

Am 13. Mai 1990 sagte Maria: „Die Kirche wird die Stunde ihres größten Abfalls kennenlernen, der Mensch der Gesetzwidrigkeit wird sich in ihr Inneres einschleichen und wird sich sogar in den Tempel Gottes setzen, während der kleine Rest, der treu bleiben wird, den größten Prüfungen und Verfolgungen unterworfen werden wird."

Am 15. November 1990 teilte die Allerseligste Mutter Don Gobbi die folgende Warnung mit: „Wie groß ist eure Verantwortung, ihr Hirten der heiligen Kirche Gottes! Man geht weiterhin auf der Straße der Abspaltung vom Papst und der Zurückweisung seines Lehramtes, **ja man bereitet sogar auf verborgene Weise ein wahres Schisma vor, das schnell offenkundig und ausgerufen werden könnte.** Dann wird nur mehr ein kleiner treuer Rest verbleiben, den ich im Garten meines Unbefleckten Herzens bewachen werde. Das von mir in Fatima vorausgesagte Strafgericht ist daran zu kommen. Es ist in jenem Teil des Geheimnisses enthalten, das euch noch nicht enthüllt worden ist. Der große Augenblick der göttlichen Gerechtigkeit und Barmherzigkeit ist über die Welt gekommen."

Der Ursprung des Problems

Vernünftige Menschen, die mit sich selber emotional und intellektuell ehrlich sind, werden sich fragen, wie wir in so kurzer Zeit uns haben so weit von Gott entfernen können. Um vollständig verstehen zu können, in welcher Lage wir uns heute befinden, müssen wir unsere derzeitige Verwirrung zu ihrem Ursprung zurückverfolgen. Im Paradiesgarten zu Eden warnte Jahweh Eva davor, von der verbotenen Frucht zu essen: „Die Schlange aber war listiger als alle Tiere der Erde, die Gott, der Herr, gemacht hatte. Diese sprach zu dem Weibe: Warum hat euch Gott geboten, ihr sollt nicht von allen Bäumen des Paradieses essen? Da antwortete das Weib derselben: Von den Früchten der Bäume, die im Paradiese sind, dürfen wir essen, aber von der Frucht des Baumes, der in der Mitte des Paradieses ist, gebot uns Gott, nicht zu essen und ihn auch nicht zu berühren, damit wir nicht sterben. Die Schlange aber sprach zum Weibe: Keineswegs werdet ihr sterben. Denn Gott weiß, daß, welchen Tages ihr davon esset, eure Augen sich auftun und ihr wie Götter sein werdet, Gutes und Böses erkennend. Da sah das Weib, daß der Baum gut, davon zu essen, und lieblich den Augen und angenehm anzuschauen sei, und sie nahm von seiner Frucht und aß und gab ihrem Manne, und er aß. Da wurden beider Augen aufgetan; und da sie erkannten, daß sie nackt seien, flochten sie Feigenblätter zusammen und machten sich Schürzen." (Genesis 3, 1-7)

In diesem Gedankenaustausch handeln drei Akteure: Gott, die listige Schlange oder der Teufel und der Mensch. Von Anfang an versuchte der Teufel den Menschen damit, wie Gott zu sein. Die Schlange bot dem Menschen intellektuelles Wissen an, um wie Gott zu werden. Der Mensch befolgte die Warnung Gottes nicht; er aß von der verbotenen Frucht und mußte die Konsequenzen tragen. Die Beteiligten an diesem menschlichen Drama sind gestern wie heute die gleichen; und der Kampf um die Seele des Menschen in einem unveränderten Krieg wird am Firmament fortgesetzt. Zuerst stellte Satan Adam und Eva eine Falle, indem er sich an ihren Intellekt richtete, damit er ihre Seelen einfangen könne. **Die Schlacht um unsere Seelen beginnt gewöhnlich im Geist über den Stolz unseres Intellekts.**

Der Angriff zielt auf eine Trennung der Einheit des Menschen mit Gott durch eine Aufforderung an den Menschen zu glauben, daß er Gott ersetzen oder Ihm gleich sein kann. Der Teufel ermuntert uns dazu, den Glauben durch die Vernunft beherrschen zu lassen. Dagegen verbanden die Kirchenväter Glauben mit Verstand, um die Welt zu verstehen. Die ersten Heiligen und Kirchenlehrer entwickelten eine Methode, mit deren Hilfe man das Universum, Gott **eingeschlossen,** verstehen konnte, die Scholastik genannt wird.

Das Denken der Frühzeit

Das Denken der Scholastik umfaßt eine Methode theologischer und philosophischer Betrachtung, die darauf abzielt, zu einem besseren Verständnis und zu einem tieferen Eindringen in die Offenbarungswahrheit und die christliche Dogmatik durch die geistigen Prozesse von Analogie, Definition, Betrachtung, Koordinierung und Systematisierung dieser Materien zu gelangen.[3] Die Grundlagen für die Scholastik wurden vom heiligen Augustinus gelegt. In seinem Werk *De Doctrina Christiana* legte er den Gebrauch der Dialektik zum Studium der christlichen Dogmatik nahe, und in seinem Buch *De Praedestinatione Sanctorum* behauptete er, daß Glauben zustimmendes Nachdenken bedeutet. Der heilige Anselm, ein weiterer Begründer der Scholastik, gab an, daß der Verstand verpflichtet sei, ein volleres Verständnis dessen zu gewinnen, was der Glaube vorgab.

Als die Philosophen und Theologen der Scholastik Übersetzungen aus dem Griechischen von Texten des Aristoteles erhielten, begann die Zeit der hohen Scholastik. Der heilige Albert der Große (Albertus Magnus, Lehrer des Aquinaten) und der heilige Thomas von Aquin versuchten die Lehren des Augustinus und des Aristoteles miteinander in Einklang zu bringen. Klare Unterscheidungslinien zwischen den Aussagen des Glaubens und der Vernunft wurden gezogen, indem ein Denkprozeß von Argument, Gegenargument und Lösung des Problems angewendet wurde.[4]

Der überall vorhandene und fortgesetzte Konflikt zwischen Religion, Wissenschaft und Philosophie hat zur Säkularisierung unserer Zeit beigetragen. Wie konnte es kommen, daß der Großteil der gebildeten Schichten Europas und Amerikas jener Theologie keinen Glauben mehr schenkte, die für nahezu sechzehn Jahrhunderte übernatürliche Zustimmung und Unterstützung für die unsichere und unangenehme Ethik gewährte, auf welcher die westliche Kultur gegründet worden war? Was sind die Auswirkungen – in der Ethik, Literatur und Politik – dieser stillschweigenden aber fundamentalen Umwandlungen?

Das Drama begann im 18. Jahrhundert mit dem Zeitalter des Rationalismus. Das umherwandernde und unruhige Leben des französischen Denkers Voltaire spiegelt in gewisser Weise diese turbulente Ära wieder, in der die Saat des Widerspruchs gesät wurde. Wegen dieser Ablehnung wurde, was einst heilig war, entweiht. Das Denken Voltaires, Rousseaus, Diderots und anderer entfachte eine weltweite Revolution. Der Mensch fiel erneut auf die Verführung der listigen Schlange herein, der den stolzen Verstand in der Abwesenheit des Glaubens mit alten Lügen für eine neue Epoche in Versuchung führte.

Aus den Schreiben des heiligen Thomas von Aquin erwuchs gleichzeitig das philosophische System des Thomismus. Seine *Summa Theologica* repräsentiert die Spitze des katholischen Denkens, in dem überkommene Wahrheit und Weisheit vereint wird. Die Scholastik und der Thomismus hatten über Jahrhunderte den Test der Zeit überstanden. Und doch hatte im Zeitraum weniger Jahre der Modernismus diese philosophischen Systeme als für die höhere Bildung nicht akzeptabel erklärt.

Die Unterwanderung des Geistes

Der Hauptwunsch Satans ist es, uns von Gott wegzuführen. Zuerst sucht er den Menschen dazu zu ermuntern, indem er seinen Verstand listig ablenkt, die Antworten in und bei sich selber zu finden. Wenn die Menschen annehmen, daß die Lösung durch sie selber erreichbar ist, haben sie keinen Grund mehr, mit Gott in Kontakt zu treten. Anstatt Gottvertrauen wird Selbstvertrauen durch Willenstärke zu ihrem Ziel. Gebet, Kirche, die Heilige Schrift und die Sakramente werden überflüssig. Dies steht in unmittelbarem Widerspruch zu den Worten der Allerseligsten Mutter an Erscheinungsorten, die immer wieder die Wichtigkeit dieser Dinge betont. Der Weg Mariens ist der des Herzensgebetes.

Das eigentliche Ziel Satans ist die Zerstörung des Papsttums und der heiligen römisch-katholischen Kirche. Der ursprüngliche Angriff zielt darauf ab, die Religion aus dem Bereich des Staates verschwinden zu lassen, was Fraktionen und Spaltungen verursacht und gottlose Gesetze hervorbringt. Nachdem das erreicht ist, schwächt die zweite Angriffswelle die Kirche von innen heraus. Satan verfolgt eine mächtige Strategie: teile und herrsche. Bring die Generäle zum Schweigen, und die Soldaten werden verwirrt und auseinandergetrieben.

Selbst über die grundsätzlichsten Dogmen herrscht in der Kirche weit verbreitete Verwirrung und Abweichung. Eine tödliche Krankheit hat sich so schnell und so weit verbreitet, daß wir uns nicht darüber im klaren sind, wie es zum derzeitigen Zustand gekommen ist. Es mag dabei behilflich sein, einmal kurz die führenden philosophischen Gedanken zusammenzufassen, die unser Denken vergiftet und zu diesem Zustand der Verwirrung und Spaltung geführt haben. Die Spaltung hat grundsätzlich zur Apostasie, dem Glaubensverlust, über den Zeitraum der letzten hundert Jahre geführt, in dem Maße, wie die Ansichten des Rationalismus Einzug in die Klassenzimmer Europas und Nordamerikas hielten.

Im 18. und 19. Jahrhundert brachte die **Aufklärung** und das **Zeitalter des Rationalismus** solche Denker wie **Rousseau, Voltaire und Diderot** hervor, die Rationalisten waren; das heißt, daß sie die Vernunft über dem Glauben ansiedelten. Dieser **philosophische Rationalismus** entnahm seine Methoden der Wissenschaft und der Naturphilosophie, welche dazu dienen sollten, die Religion als Mittel zum Verständnis der Natur und des Menschenschicksals zu ersetzen. Das Verständnis der Aufklärung in bezug auf die menschliche Natur betonte das Recht auf Selbstverwirklichung, die Freiheit des Denkens und der öffentlichen, freien Meinungsäußerung, ohne Zensur oder Unterdrückung befürchten zu müssen. **Rousseau** suchte das Verständnis der menschlichen Natur einzig im Privatbereich der Intuition und des Gewissens. Er versuchte die grundlegende Quelle moralischer Verpflichtungen im Inneren zu finden. **Voltaire**, die einflußreichste Gestalt der Aufklärung, war ein Reformer von eigenen Gnaden, der mit dem Wahlspruch „Vernichtet die Ehrlosen!" gegen die Kirche und das Christentum zu Felde zog. Er war Dëist – jemand, der glaubt, daß Gott nach der Schöpfung auf Seine Geschöpfe keinen Einfluß mehr ausübt. Zahllose philosophische Systeme entstammen dieser Bewegung wie der Liberalismus, religiöse Rationalismus, Positivismus, Säkularismus, Naturalismus, säkulare Humanismus, Indifferentismus, Individualismus, Sozialismus, Kommunismus, Marxismus, theologischer Liberalismus, radikaler Feminismus, Deismus, Agnostizismus, Atheismus und Pantheismus. Die Bewegung für ein Neues Zeitalter (*New Age*) ist eine weitere Taktik Satans, um den Glauben durch die Vernunft zu ersetzen. Ihr fehlt bloß ein „ismus" am Ende ihres Namens.

Es war diese Mischung aus modernen philosophischen Systemen, die die Scholastik aufgab und eine große Zahl von Irrtümern in bezug auf Gott, Jesus Christus, die Kirche, das Papsttum, die Dogmen und die Sakramente hervorrief. Diese Irrtümer wurden von Papst Pius IX., dem Ersten Vatikanischen Konzil,

Papst Leo XIII., dem heiligen Papst Pius X., Papst Pius XI. und den Päpsten bis zum heutigen Tag verurteilt. Diese modernen, falschen Philosophien wurden alle von Papst Pius IX. scharf verurteilt, der im *Syllabus der Irrtümer* unter zehn Titeln achtzig Hauptirrtümer seiner Zeit auflistete. Der Syllabus wurde am 8. Dezember 1864 veröffentlicht.[5] Heute wissen viele Katholiken nicht, daß die Vorgänger des Papstes diese Irrtümer verurteilt haben. Tatsächlich verstehen die meisten nicht, wie diese listigen und täuschenden philosophischen Systeme so tief in unsere Kirche und Kultur eindringen konnten.

Der heilige Papst Pius X. gab 1907 seine Enzyklika über den Modernismus, *Pascendi Dominici Gregis*, heraus. Der Modernismus gilt darin als eine Synthese aller Häresien, die in den falschen, modernen philosophischen Systemen begründet sind, welche die Kirche, die Gottheit Christi, die Dogmen der Kirche, die Disziplin, die Autorität und das Papsttum angreifen. Er stellte fest, daß der Modernismus zu Pantheismus und Atheismus führt. Er unterdrückte dann den Modernismus in der Kirche.[6]

Zu diesem Zeitpunkt war der Modernismus nicht nur mehr ein intellektuelles Gedankenspiel, sondern eine beachtliche Macht, die auf breiter Ebene moralische Zerstörung anrichtete. Papst Pius XI. schrieb *Divini Redemptoris* 1937 als die Hauptenzyklika gegen den Sozialismus und Kommunismus. In seinen stärksten Warnungen gegen die unheilvollen Gefahren des Kommunismus schrieb er an seine Bischöfe: „Achtet darauf, verehrte Brüder, daß es nicht zugelassen wird, daß die Gläubigen getäuscht werden. Der Kommunismus ist an und für sich falsch, und niemand, der die christliche Kultur retten möchte, darf mit ihm in irgendeiner Form zusammenarbeiten."[7]

Papst Pius XI. zählte drei fundamentale Gründe für die rasche Ausbreitung des Kommunismus auf: 1. Zuwenige Menschen waren fähig gewesen, das Wesen des Kommunismus zu begreifen; 2. eine Propagandaschlacht für den Kommunismus von derart diabolischem Ausmaß, wie sie von der Welt nie zuvor gesehen worden war; und 3. eine Verschwörung des Schweigens seitens eines Großteils der nichtkatholischen Presse in der Welt.

Der Modernismus: die Synthese aller Häresien

Es wäre nie möglich gewesen, diesen Zustand des Glaubensabfalls in unserer Kirche zu erreichen, wenn nicht philosophische Irrtümer tief in das katholische Denken eingedrungen wären. Papst Pius X. veröffentlichte 1907 eine Enzyklika über den Modernismus. Er wußte, daß der Modernismus möglicherweise der größte Angriff auf die Kirche unserer Zeit sein könnte. Er stellte fest: „Wir müssen jetzt unser Schweigen brechen, damit vor der ganzen Kirche jene Menschen ihrem wahren Gesicht nach entlarvt werden, die diese schlechte

Verkleidung angezogen haben." Als der Stellvertreter Christi auf Erden warnte uns der heilige Papst Pius X. vor dem Modernismus, der die Summe aller Irrtümer dieser modernen philosophischen Systeme ist, insofern sie sich auf Gott, Jesus Christus, die Heilige Schrift, die Tradition, die Päpste, die Kirche, die Sakramente, die Dogmen, das Papsttum, die kirchliche Autorität, die Hierarchie, den Staat und den Menschen beziehen.

Papst Pius X. stellte fest, daß er die Lehren des Modernismus ausführlich behandelt habe, „...um ihre Behauptung zurückzuweisen, daß wir ihre Ideen nicht verstehen. Wir wollten aufzeigen, daß ihr System nicht aus verstreuten und unverbundenen Theorien besteht, sondern daß es sich um ein organisches Ganzes handelt, in dem alle Teile fest miteinander verbunden sind, so daß es nicht möglich ist, eine von ihnen zuzulassen, ohne daß dadurch nicht auch alle gestattet wären. **Wir definieren den Modernismus als die Synthese aller Häresien,** der versucht, alle Irrtümer, die gegen den Glauben angeführt worden sind, zu sammeln und deren Gehalt und Substanz in einem (Irrtum) zu konzentrieren. Es bedeutet die Zerstörung nicht bloß der katholischen, sondern aller Religionen."[8]

Darüber hinaus verändert sich der Modernismus mit der Zeit, um sich dem jeweiligen Zeitalter anzupassen. Papst Paul VI. sagte: „Es ist die gefährlichste Revolution, die die Kirche jemals zu bewältigen hatte, und sie setzt ihr (der Kirche) immer noch mächtig zu. Diese Revolution ist ein Prozeß der Selbstvernichtung, und sie zielt darauf ab, die Kirche bis an den Rand der Zerstörung voranzutreiben. Es gibt drei verantwortliche Eltern für die als Modernismus bekannte Perversion: 1. Der religiöse Ahne ist die protestantische Reformation; 2. der philosophische Elternteil ist die Aufklärung; 3. die politische Abstammung leitet sich aus der französischen Revolution ab."

Papst Pius X. wies darauf hin, daß „... das ganze System mit all seinen Irrtümern aus der Allianz von Glaube und falschen Philosophien hervorgegangen ist. Die Modernisten nehmen zur Grundlage der Religionsphilosophie jene Lehre, die gewöhnlich mit Agnostizismus bezeichnet wird."

Als einige ihrer Hauptpunkte behandeln die Modernisten Dogmen (religiöse Formeln), von denen sie behaupten, daß sie Sätze zweiter Ordnung sind, die auf primären und einfachen Formeln beruhen. Sie halten sie für Symbole und Instrumente; das heißt Bilder und Ausdrucksmittel der Wahrheit, die veränderlich sind und die entwickelt und verändert werden müssen. Papst Pius X. stellte fest: „Kühn unterstellen sie der Kirche, daß sie sowohl in ihrer Unfähigkeit, zwischen der religiösen und ethischen Bedeutung der Formeln und ihrer oberflächlichen Bedeutung zu unterscheiden, den falschen Weg einschlage, als daß sie auch zäh und vergeblich an bedeutungslosen Formeln festhalte, während sie zuläßt, daß die Religion auf den Ruin zusteuert." Weiterhin sagte er: „Die Modernisten dementieren nicht, sondern im Gegenteil behaupten sie, einige verwirrt und andere ganz offen, daß alle Religionen wahr sind."[9]

Er fügte hinzu: „Die Modernisten geben zu, daß ihre drei Hauptschwierigkeiten die scholastische Philosophie, die Autorität der Kirchenväter und Tradition und das Lehramt der Kirche sind. Diese bekämpfen sie unaufhörlich. Die scholastische Philosophie und Theologie wird von ihnen nur verlacht und verachtet. Abgesehen davon, ob es sich um Unwissenheit oder Furcht oder um beides handelt, was dieses Verhalten in ihnen bewirkt, ist es sicher, daß in ihnen die Leidenschaft für das Neue immer mit einem Haß auf die Scholastik verbunden ist, und es gibt kein sichereres Zeichen dafür, daß sich ein Mensch auf dem Weg zum Modernismus befindet, als wenn er damit beginnt, seine Ablehnung für dieses System zu zeigen."[10]

Methoden der Zerstörung

Papst Pius X. wies darauf hin, daß „... die Modernisten sich der Lehrstühle in den Priesterseminaren und an den Universitäten bemächtigen und daraus allmählich Lehrstühle der Pest machen. Von diesen geheiligten Lehrstühlen streuen sie, obwohl nicht immer offen, die Saat ihrer Doktrinen aus; unverhohlen verkündigen sie ihre Lehren auf Kongressen; sie führen sie in Sozialeinrichtungen ein und machen sie dort populär. In ihrem eigenen Namen und pseudonym veröffentlichen sie eine Reihe von Büchern, Zeitungen, Rezensionen ... Wenn sie über die Geschichte schreiben, so ist es, um mit Neugier zu suchen und unter dem Vorwand, die ganze Wahrheit zu sagen, und mit einer Art von übler Befriedigung alles offen zu Tage zu legen, was für sie wie ein schwarzer Fleck in der Kirchengeschichte aussieht." Schließlich stellte Papst Pius X. fest: „Auf jegliche Art versuchen die Modernisten, die Autorität zu verringern und zu schwächen. Sie schlagen vor, selbst das kirchliche Lehramt zu beseitigen, indem sie seine Herkunft, seinen Charakter und seine Rechte frevlerisch fälschen und frei die Verleumdungen seiner Gegner wiederholen."[11]

Einige der von den Päpsten verurteilten Lehrsätze der Modernisten sind die folgenden:

- Der Glaube ist der Wissenschaft unterstellt.
- Kirche und Staat müssen voneinander getrennt sein, die Kirche aber muß dem Staat untergeordnet sein.
- Der Katholik muß vom Staatsbürger abgetrennt sein (das heißt: der Katholik als Staatsbürger muß als solcher unabhängig von den Normen seiner Religion handeln und im Konfliktfall die Normen des Staates und nicht die seiner Religion bevorzugen).

- Die Kirche und die Sakramente wurden nur mittelbar und nicht unmittelbar von Christus begründet.
- Die Sakramente sind nur Symbole oder Zeichen.
- Die Bibel ist von Gott inspiriert, aber nicht im Sinne des katholische Glaubens. Der Glaube der Modernisten gestattet es ihnen festzustellen, daß sich in der Bibel in bezug auf die Wissenschaft oder Geschichte viele Irrtümer befinden.
- Christus irrte sich offensichtlich selbst bezüglich der Zeit der Ankunft des Gottesreiches.
- Die Dogmen der Kirche sind angefüllt von eklatanten Widersprüchen.
- Christus gibt es zweimal, den realen Christus und den Christus des Glaubens. Demzufolge, was die Modernisten die wirkliche Geschichte nennen, war Christus weder Gott noch handelte er als Gott.
- Es ist erlaubt einzugestehen, daß der Christus der Geschichte dem Christus, der der Gegenstand des Glaubens ist, bei weitem unterlegen ist.
- Die Auferstehung Christi ist keine historische Tatsache.
- Die Gottheit Christi wird nicht aus den Evangelien bewiesen. Sie ist ein Dogma, welches das christliche Gewissen aus dem Begriff des Messias herleitete.
- Christus besaß nicht zu aller Zeit sein Bewußtsein von seiner messianischen Würde.
- Es ist unmöglich, die natürliche Bedeutung der Texte der Evangelien mit der Bedeutung, wie sie von unseren Theologen gelehrt werden, bezüglich des Gewissens und des unfehlbaren Wissens Jesu Christi in Einklang zu bringen.
- Nicht alles, was der heilige Paulus über die Einrichtung der Eucharistie gesagt hat, ist als historisch aufzufassen.[12]

Die Zeit nach dem Zweiten Vatikanischen Konzil – der Neomodernismus

Heute werden wir Zeugen der letzten Frucht jener verderblichen Lehren und des vollständigen Versuchs, den Menschen von Gott zu „befreien". Diese gottlosen Philosophien werden jetzt zu einem Denksystem vereint, welches die Masse manipuliert und beherrscht, die sich der intellektuellen Hintergründe nicht bewußt ist. Der Neomodernismus wird durch seine grundsätzliche Motivation geeint – den Haß auf Gott und die Religion. In vielen unserer katholischen Schulen herrscht ein solcher Glaubensverlust, daß sich der Antichrist in der Atmosphäre, die die Lehrsäle und Klassenzimmer anfüllt, wie zu Hause fühlen muß.

Wenn die Allerseligste Mutter vom institutionalisierten Glaubensverlust der Führenden in der Kirche spricht, dann bezieht sie sich auf jene, die dem Glauben zugunsten des modischen Liberalismus unserer Tage den Rücken gekehrt haben. Ein Beispiel wäre der Ausverkauf der Erzieher. P. Miceli SJ schreibt in seinem Buch *Antichrist* (zu deutsch: „*Der Antichrist*"): "Von 1967-1972 traf sich das Leitungspersonal katholischer Einrichtungen (Schulen und Universitäten) mit dem Vatikan, wobei das Leitungspersonal jegliche institutionelle, gesetzliche, akademische Loyalität gegenüber den Lehren Jesu Christi, wie sie der Kirche vom kirchlichen Lehramt übertragen werden, zurückwies. Dies ist institutionelle Apostasie von Christus und Seiner Kirche."[13]

„Die Führungskräfte, die es auf weltliche, akademische Auszeichnungen, grosse Zahlen von Studenten, teure wissenschaftliche Gebäudekomplexe, Werbewirksamkeit, politisches Ansehen und finanzielle Macht abgesehen hatten, ließen vollkommen den Zweck und den Geist einer katholischen Universität außer acht. Heute bevorzugt man in einer katholischen Universität intellektuelle Qualitäten vor dem Katholizismus, Wissenschaftlichkeit vor dem Glauben und Relativität vor der Wahrheit."[14]

„Im Namen der totalen Befreiung verlangt die Öffentlichkeit nach weit verbreitetem Gebrauch von Empfängnisverhütungsmitteln, das Recht auf straffreie und staatlich finanzierte Abtreibung, das Recht auf Versuchsehen, das Recht auf Homosexualität und das Recht auf die Ehe für Lesben und Homosexuelle. Dies sind keine Forderungen am Rande, sondern sie sind wesentlich mit der Bewegung für die totale Befreiung des Menschen von Gott, von der Moral, von einschränkenden, positiven Gesetzen und von den Gesetzen der Vernunft verbunden. In zunehmendem Maße leugnen diese Ansprüche das eigentliche Wesen des Menschen; sie bewegen sich jetzt auf die Leugnung oder Aufhebung der Institution Ehe als solcher zu.[15] Diese vom Glauben Abgefallenen haben diese Bewegungen per Gesetz ins Leben gerufen, und so befindet sich das Recht nun auf ihrer Seite. Die christliche Auffassung befindet sich jetzt im rechtslosen Raum.

Das erste Ziel der katholischen Modernisten ist die Bekehrung der Kirche in Rom zum Modernismus und dann die der universalen Kirche. Sie trachten danach, eine Kirche nach ihrem Bild zu schaffen – eine kleine, gnostische, elitäre Kirche von, im Sinne der Welt, weisen Intellektuellen, die das religiöse Denken und die religiöse Praxis des ganzen Menschengeschlechts beherrschen werden.

Heute, in der nachchristlichen Ära, haben sich die Neomodernisten unter solchen Bannern wie ‚Katholische Opposition' oder ‚Katholische Dissidenten' oder ‚Christliche Kritiker' reorganisiert. Diese Ablehnung und Kritik ist gegen ‚die institutionalisierte Kirche', nicht aber gegen die Feinde der Kirche gerichtet."[16]

Dieses Jahrhundert ist Zeuge der Irrtümer geworden – die aus dem Rationalismus, Naturalismus, Säkuralismus und Humanismus erwuchsen – was zum Modernismus führte, der Synthese aller Häresien. Durch den heiligen Papst Pius X. verurteilt, tauchte der Modernismus in den Priesterseminaren und Universitäten in den Untergrund ab, nur um nach dem Zweiten Vatikanischen Konzil als Neomodernismus wieder aufzutauchen. Der Neomodernismus verkleidet sich hinter verschiedenen Namen und Masken: unter anderem, dem Geist des Zweiten Vatikanischen Konzils, Feminismus in der Kirche, Befreiungstheologie und der Kirche des Konzils. Diese Fehlinterpretation und die unrichtige Ausführung der Bestimmungen des Zweiten Vatikanischen Konzils haben dazu geführt, daß zahlreiche Kardinäle, Priester, Nonnen und Laien den Glauben verloren haben und statt dessen jenem folgen, was viele das „Neue Christentum" nennen.

Die fünf Hauptmerkmale dieses „Neuen Christentums" sind:

1. **Anthropozentrismus:** Der Mensch, nicht Gott, steht im Mittelpunkt der Religion. Gott findet man einzig im Antlitz, in der Funktion, im Geschick und in der Zukunft des Menschen. Die Vorherrschaft des Menschen wird mit der Vorherrschaft Gottes gleichgesetzt.

2. **Immanent in der Welt:** Das Reich Gottes liegt nicht im Jenseits, nach dem Leben. Erlösung bedeutet Befreiung von sozialen Sünden, d.h. von Unwissenheit, Hunger, Unterentwicklung, politischer Unterdrückung, ökonomischer Ausbeutung. Im heutigen historischen Zusammenhang hat die persönliche Sünde keine Bedeutung mehr. Die neuen Katholiken, die hinter der Standarte des Sozialismus aufmarschieren, müssen das Reich Gottes durch die Vernichtung des Kapitalismus errichten.

3. **Die neue Evangelisierung:** Die wahre Bedeutung der Evangelien ist nicht geistlicher, sondern ökonomischer Art, die aus dem Dienst an den Armen erwächst. Nur die Armen und ihre sozialistischen Förderer können die Evangelien richtig verstehen. Das kirchliche Lehramt hat über die letzten zweitausend Jahre die Evangelien falsch ausgelegt, indem sie so die Armen ausbeutete und mit den Mächtigen dieser Welt an der Macht blieb.

4. **Die neue Lehre von der Kirche:** Die Kirche ist Teil der Welt. Sie existiert nicht für sich selbst, sondern um der Welt zu dienen. Deshalb muß sie alle ihre Einrichtungen auflösen. In der Liturgie darf jedes Mitglied die Rolle des Priesters übernehmen. Juristisch müssen alle Ortskirchen unabhängig sein, denn jegliche Autorität entstammt den einzelnen Gläubigen, die sich untereinander die Mitverantwortlichkeit teilen.

5. **Die neue Leidenschaft für Christus:** Diese Liebe gilt nicht Christus, dem Gottmenschen. Vielmehr ist sie für Christus, der bloß ein großer Mensch ist –

der für andere daseiende Mensch, der Freund, der Verteidiger, der Befreier der Armen, ja in der Tat der Revolutionär und große Umstürzler, der den Armen hilft, alle korrupten Institutionen zu beseitigen, die institutionalisierte Kirche eingeschlossen.

Schwächen zeigten sich bei den Führungskräften der Kirche besonders bei ihren renommierten Intellektuellen. Durch das Zweite Vatikanische Konzil trat deutlich zutage, daß zuviele ihrer eigenen Mitglieder schon während geraumer Zeit den heimlichen Wunsch hegten, sich dieser Welt anzupassen. Jetzt, indem sie das Konzil selbst als einen maßgeblichen Vorwand mißbrauchen, öffnen solche Liebhaber der Welt die Tore der Kirche, um die Gläubigen mit den verdummenden und tödlichen Energien des Neomodernismus in Kontakt zu bringen. Diese Katholiken der Neuen Kirche halten die angeblich starre und dogmatische Politik der katholischen Kirche für einen Skandal.

Zwischen Katholiken bestehen ernsthafte Aufspaltungen bezüglich wesentlicher Ansichten in Glaube und Morallehre: Irrtümer in bezug auf Gott, die Geschichtlichkeit der Evangelien, die wahre Gegenwart Christi im Allerheiligsten, die Gottheit Christi, die Unfehlbarkeit des Papstes, die Auferstehung, das Wesen der Kirche und ihr Heilsdienst und viele andere mehr, zu viele um sie alle aufzuzählen. Alle haben sie zur Spaltung und Zerstückelung der Herde Christi beigetragen.

Es sollte deshalb wenig überraschen, daß Satan sich in seinem Kampf wider die katholische Kirche mit seiner schweren Artillerie auf zwei Hauptlehren einschießt, die das Herz des katholischen Glaubens ausmachen: **1. die Eucharistie als die Realpräsenz Jesu Christi und 2. die Jungfrau Maria als die Muttergottes. Diese beiden Mysterien werden darauf reduziert, die christliche Weiterentwicklung alter heidnischer Mythen zu sein, Fabeln, die versuchen, die Herkunft des Universums durch monistische und kosmologische Kräfte zu erklären.**[17]

Der *Novus Ordo* der Messe betonte, so wie er von jenen vorgestellt wurde, die ihn für Papst Paul VI. ausgearbeitet hatten, den gemeinschaftlichen Mahlaspekt der Liturgie und vergaß den Opfercharakter. Kardinal Ottaviani vom Heiligen Offizium wurde deswegen beim Papst vorstellig, der den Aspekt des Opfers erneut einfügen ließ. Wie eine Umfrage vor kurzem gezeigt hat, haben die liturgischen Veränderungen in der Messe dazu geführt, daß eine Mehrheit der Katholiken heute der Ansicht ist, daß der Friedensgruß die Hauptsache der Messe ist. Eine große Anzahl katholischer Laien, Priester und Nonnen scheinen nicht mehr an die Realpräsenz Christi in der Eucharistie zu glauben, wie es von der katholischen Kirche gelehrt wird. In einigen Kirchen sind die Kniebänke entfernt worden. Die Kommunionbank wurde in den Kirchen der Vereinigten Staaten entfernt, so daß die Gläubigen sich beim Kommunionempfang nicht mehr aus

Ehrfurcht und Respekt vor dem Herrn niederknien können. Der Tabernakel wurde zum Seitenschiff in der Kirche verlegt, und in einigen Kirchen wurde er von der Kirche in eine Kapelle überführt, weit weg vom Hauptaltar.

In einer Privatoffenbarung vergleicht der Seher dies mit einem Ehrengast bei einem Bankett, den man bittet, doch aufzustehen und beiseite zu sitzen. Der Herr soll zu einem Seher gesagt haben: „Bringt mich in das Zentrum zurück!" Unsere Liebe Frau teilt in ähnlicher Weise mit: „Die heilige Messe soll die Mitte eures Lebens sein!"

Die kirchliche Freimaurerei: der Feind im eigenen Lager

Nirgends richtet der Feind größeren Schaden an, als wenn er sich im eigenen Lager befindet. Der Haupttrick des Satans war es, die Kirche vom Staat und die Kirche innerhalb ihrer selbst zu spalten. Bis jetzt ist der Plan des Satans aufgegangen. Dies führt uns zum Thema der Freimaurerei. Das ist ein komplizierter Gegenstand, indem ihre Führungskräfte in den meisten ökonomischen, politischen, juristischen und sozialen Bereichen Zugang haben und dort Kontrolle ausüben. Es handelt sich um ein weltweites Netzwerk, das die Allerseligste Mutter eine „geheime Sekte" nennt, die gemeinsame Ziele und ihre eigene Tagesordnung besitzt. Es existiert, in aller Kürze, ein weites Netzwerk, welches mehr auf irdische Ziele von Reichtum und Wohlstand als auf himmlische ausgerichtet ist. Dieses Netzwerk reicht traurigerweise selbst bis in die Kirche hinein. Was könnte schlimmer sein, als daß hochgestellte Leute im eigenen Lager gegen die Interessen dieses Lagers arbeiten? Diese Strategie der Täuschung in der Kirche wird die kirchliche Freimaurerei genannt.

Die Gründe für die Korruption in der Kirche sind zahlreich. Doch ist ein Bereich der weitverbreiteten Zerstörung das gewesen, was Papst Paul VI. die „Selbstvernichtung" der Kirche nannte; das heißt die Zerstörung „von innerhalb". Dabei zeigte er auf subversive Bewegungen in der Kirche, welche von innen heraus Schaden anzurichten suchen.

Eine solche wirksame Bewegung wird in dem Buch *AA-1025 – The Memoirs of an Anti-Apostle* (zu deutsch: *AA-1025 - Die Memoiren eines Anti-Apostels*) enthüllt. Dies ist das Buch einer französischen Krankenschwester, die in den sechziger Jahren das Opfer eines Autounfalls pflegte, der innerhalb von Stunden nach seiner Krankenhauseinlieferung seinen Verletzungen erlag. Der Mann führte keinen Personalausweis bei sich, aber er hatte eine Aktentasche mit biographischen Notizen, worin sich Informationen darüber befanden, wie die kommunistische Partei ihn beauftragt hatte, Priester zu werden, um die Kirche von innen auszuhöhlen und zu zerstören.

Da sie den Wert dieser Aufzeichnungen erkannte, veröffentlichte sie sie. Es stellt dies einen Bericht von einem Mann dar, der in den vierziger Jahren ins Priesterseminar eintrat und danach Jahr für Jahr Komplotte schmiedete, um alles, was römisch-katholisch ist, zu zerstören. Indem alle Geheimdienstmethoden des KGB verwendet werden, vermitteln die Notizen Informationen über den systematischen Plan, die Kirche von innen heraus niederzureißen. Für diesen ‚Anti-Apostel' begann alles damit, als ein Onkel, der Mitglied der kommunistischen Partei war, ihm sagte: „Ich werde dich jetzt aussenden, um einen militanten und internationalen Atheismus zu praktizieren. Du mußt alle Religionen bekämpfen, aber vor allem die katholische, welche die besser organisierte ist. Um dies in die Tat umzusetzen, wirst du in ein Priesterseminar eintreten und römisch-katholischer Priester werden." Die Notizen berichten dann ferner über den Mord an einem polnischen Bischof, der seine Rolle erkannte, eine Autoritätsstruktur und Befehlsrangordnung, die für ihn eingerichtet wurde, die Schließung von Tausenden von Kirchen in Rußland, die Infiltration und Positionierung von Priestern in hohe Stellungen, den Versuch, katholische Traditionen abzuschaffen, das letztendliche Ziel, alle Religionen in einer universalen Religion zu vereinen, die Versammlung von Schriftstellern, die diese Ansichten verbreiten, den Nachschub von Geldmitteln in russischer Währung, um sein Programm zu unterstützen, und eine vollständige Tagesordnung diabolischer extremer Ansichten. Als dieser Mann angeworben wurde, war er der 1025. in einem Plan, der „Seminaristen" in die ganze Welt verschickte.[18]

Unsere Liebe Frau sprach zu Patrizia Talbot (als „Pachi" bekannt) aus Cuenca, in Ecuador, über die Zerstörung der Kirche. **„Betet viel für [Priester], weil Satan in die Tiefen der heiligen Kirche eindringt. Laßt nicht zu, daß der Satan in euch eindringt. Ich bin die Hüterin des Glaubens.** Meine Kinder, der Satan möchte die Sendung zerstören, welche euch, Kindern des Lichts, der Himmel gewährt hat. In der gleichen Weise wird er versuchen, die Kirche zu zerstören, aber sein Versuch wird vergeblich sein, wenn ihr euch bekehrt. Betet den Rosenkranz, der ein Schild gegen das Böse ist. Benützt das Skapulier, welches euch schützen wird. Richtet in euren Häusern das Allerheiligste Herz Jesu ein, denn es wird bei euch die Einigkeit und den Frieden erhalten. Tut Buße und fastet, und mit Gebet werdet ihr das Herz meines Sohnes erreichen. Nehmt an der heiligen Messe teil und besucht das Allerheiligste Sakrament! Fleht zu mir, und ich werde euch unter meinem Mantel bewahren und in dem Herzen meines Sohnes."

Neuer Wein in alten Schläuchen

Der Zustand der heutigen Welt läßt es erscheinen, als ob die „listige Schlange" gesiegt hätte. Am stärksten waren die Meinungsverschiedenheiten in den letzten dreißig Jahren über die Realpräsenz in der Eucharistie, die Gottheit Christi, die päpstliche Unfehlbarkeit, die Auferstehung, das Wesen der Kirche und zahlreiche andere Themen, welche den mystischen Leib Christi in einer Weise gespalten haben, wie man es seit der Reformation nicht mehr gesehen hat. Die Botschaften der Allerseligsten Mutter handeln insbesondere von dieser Krise. Die Stimme Mariens und der Schrift spricht von dieser schwierigen Zeit. Die uns umgebende Verdorbenheit wurde von vielen vorausgesagt. Und so schlittert es weiterhin den Berg hinab. Der Plan des Feindes hat sich als wirksam erwiesen, und er zeigt sich als ein beachtenswerter Gegner. Es gibt nur wenige christliche Universitäten, an denen die Wahrheit in Glaube und Ethik gelehrt wird. Die Befreiungstheologen und die vom Lehramt abweichenden Akademiker haben viele Jahre lang einen bedeutenden Einfluß auf die Studenten ausgeübt. Die Feminisierung oder Geschlechterneutralität in der Sprache hat Fuß gefaßt, und mit jedem fortschreitenden Jahr wird sie fester verankert und gewinnt weitere Akzeptanz. Das Neue Zeitalter (*New Age*) schleicht sich mit einer großen Zahl von Anhängern ein und ist dennoch nur eine alte Irrlehre unter einem neuen Namen. Es ist eine aufgemöbelte Lüge, die den Verstand erneut zu betören versucht: „Ihr werdet wie Götter sein."

In seinem Buch *Trojan Horse in the City of God* (zu deutsch: *Trojanisches Pferd in der Stadt Gottes*) faßt der Gelehrte Dietrich von Hildebrand das Problem zusammen. Er schrieb: „Wie eine belagerte Stadt ist die Kirche von Irrtümern und den Gefahren unserer Zeit umzingelt. Leider sind einige Katholiken sich dessen nicht nur nicht bewußt, sondern sie sind in unterschiedlichem Maße davon angesteckt."

Der Höhepunkt der Schlacht

Was alles in diesen Tagen geschieht, ist an vielen marianischen Erscheinungsorten vorausgesagt worden. Alle Ereignisse sind dahingehend ausgerichtet, daß die mit der Sonne bekleidete Frau den Kopf der Schlange zertritt. Als Auftakt dazu wird es noch viele weitere Ereignisse geben, aber drei von ihnen werden von größerer Bedeutung sein.

Der erste größere Glaubensabfall wird sich als Folge des neuen Katechismus ergeben, der von Papst Johannes Paul II. am 8. Dezember 1992 unterzeichnet und zugelassen worden ist. Es ist eine rechtgläubige Version des Glaubens, was einige in der katholischen Hierarchie inakzeptabel finden werden. Es wird weiter die einander entgegengesetzten Lager spalten und einen Auftakt für die Botschaften von La Salette liefern: „Kardinal wider Kardinal, Bischof gegen Bischof." Die Spaltung in der Kirche stellt ein *de facto* Schisma dar, das bisher im großen und ganzen im Verborgenen abläuft und unter Kontrolle gehalten wird. Bald wird es offen zu Tage treten.

Ein Dokument, das mit dem neuen Katechismus verknüpft ist, ist die neue Enzyklika von Johannes Paul II. über die Morallehre (*Veritatis Splendor*), deren Veröffentlichung für den Spätherbst 1993 geplant ist. Es ist eine Enzyklika, die die Morallehre vertritt, wie sie vom Lehramt der Kirche gelehrt wird - und nicht wie von liberalen Theologen. Liberale, katholische Amerikaner werden beunruhigt sein über die Ansichten Roms. Das wird sich als ein Stolperstein für diejenigen herausstellen, die sich als „progressive Denker" bezeichnen. Mit jedem vorübergehenden Jahr wächst die Distanz zwischen der „amerikanischen katholischen Kirche" und der römisch-katholischen Kirche.

Die Frontlinien sind abgesteckt. Der Papst und die mit ihm vereinten Bischöfe haben uns in dem Versuch, die Fehlinterpretationen des katholischen Glaubens nach dem Zweiten Vatikanischen Konzil durch die Modernisten zu korrigieren, eine authentische, ausführliche Darstellung des wahren katholischen Glaubens gegeben. Die modernistischen Kardinäle, Bischöfe, Priester, Nonnen und Laien werden sich noch weiter hinter ihre eigenen Ansichten versteifen, wenn sie die neuen Dokumente lesen werden. Wir befinden uns unterwegs zu einem neuen Schisma von riesigem Ausmaß. Es wird so groß sein, daß es die mit dem Papst und Rom vereinte Kirche in den Untergrund treiben wird. In Kürze wird es für unkritische Beobachter schwierig sein, die wahre von der abgefallenen Kirche zu unterscheiden. Die uns von Unserer Lieben Frau durch die Marianische Priesterbewegung am 17. Juni 1989 mitgeteilte Botschaft sagt aus: **„Die Apostasie wird nun allgemein sein, weil fast alle dem falschen Christus und der falschen Kirche folgen werden."**

Das letzte größere Ereignis wird die Verkündigung des Dogmas von der Allerseligsten Jungfrau als Miterlöserin, Mittlerin und Fürsprecherin sein – das letzte marianische Dogma der katholischen Kirche. Vielen wird dies als eine Lehre von Dämonen erscheinen, und für jene, die einer solchen Lehre zustimmen, wird es tatsächlich der Beginn der Verfolgung sein. Diese Ereignisse werden der Bewegung für die Anti-Kirche und den Anti-Papst den Weg bereiten.

Heute sind viele Katholiken lau und gleichgültig. Auf die Verkündigung der oben genannten Enzyklika werden sie offen gegen den Papst Partei ergreifen. Die meisten werden wegen der großen Apostasie von den Praktiken des einen wahren Glaubens abfallen.

Ein Schisma ist schon da

Der Bruch mit Rom in Glaube und Lehre vollzieht sich jedes Jahr allmählich. Viele Bischöfe gehorchen den Anordnungen des Papstes nicht. Zur Zeit dieser Niederschrift hat der Papst keine Erlaubnis zur Verwendung geschlechterneutraler Sprache im amerikanischen Lektionar gegeben. Und doch scheint es, daß ein

Bischof in den Vereinigten Staaten die Verwendung dieses Lektionars in seiner Diözese mit der Begründung angeordnet hat, daß es bald zugelassen wird, obwohl es schwerwiegende Bedenken bezüglich falscher Übersetzungen von lateinischen Texten ins Englische gibt. Dies wurde nur aus dem Grund durchgeführt, um radikale Feministinnen zufriedenzustellen, als ein politisch korrekter Akt in der Kirche, ohne jedoch zuvor andere Mitglieder der Kirche zu befragen. Viele radikale, feministisch ausgerichtete Nonnen unterstützen die Abtreibung, Empfängnisverhütung, lesbischen Lebensstil und andere der katholischen Morallehre entgegengesetzte Praktiken. Viele katholische Priester glauben nicht an die Realpräsenz in der Eucharistie. Auch glauben viele Katholiken nicht an die Realpräsenz, persönliche Todsünden, die Notwendigkeit des Bußsakramentes, die Übel von Abtreibung, Homosexualität, Scheidung, Drogenmißbrauch und vorehelichem Geschlechtsverkehr, und die Autorität des Lehramts der heiligen römisch-katholischen Kirche.

Wenn Maria zur Miterlöserin erklärt wird, wie sie es selbst ausgesagt hat, wird sich der Zustand in der Kirche weiterhin verschlechtern. Eine Kombination von Ereignissen, wie zum Beispiel ein wirtschaftlicher und sozialer Zusammenbruch, wird dazu führen, daß die Menschheit den Antichrist und seine Marionette kirchlicherseits – die Anti-Kirche – akzeptiert, wie Maria es in La Salette prophezeite: „Rom wird den Glauben verlieren und zum Sitz des Antichrists werden."

Die Elemente der Apostasie sind uns im großen Detail mitgeteilt worden: Freimaurerei, kirchliche Apostasie, die Verehrung des Menschen vor und über Gott und extreme Gegensätze auf Erden, die Aufstellung eines Götzen, um ihn an die Stelle Christi und der Kirche zu setzen, und ein falscher Christus und eine falsche Kirche. Alles, was prophezeit wurde, ist dabei, sich zu erfüllen. Mit jedem fortschreitenden Jahr sind die Botschaften jener, die die Welt warnen, immer detaillierter geworden. Satan hat sich fest in den Hallen der kirchlichen Macht etabliert, und die Prophezeiung von La Salette, in Frankreich, kommt zu ihrer Erfüllung.

Bei ihren Erscheinungen spricht Unsere Liebe Frau von dem weit verbreiteten und nahezu vollständigen Glaubensverlust vor der Rückkehr Jesu Christi. Das Leiden des mystischen Leibes vollzieht sich vor unseren Augen wie die Passion Christi. Wie der Karfreitag dem Ostersonntag vorhergeht, so werden wir den Tod der katholischen Kirche vor ihrer Auferstehung in neuer Form in der glorreichen Ära des Friedens sehen.

14

Die große Apostasie: Der Glaubensverlust

Laßt euch in keiner Weise durch irgend jemand täuschen. ***Zuvor muß der Abfall kommen. Der Mensch der Gesetzlosigkeit muß offenbar werden, er, der Sohn des Verderbens, der Widersacher, der sich über Gott und alles Heilige erhebt. Er setzt sich sogar in den Tempel Gottes und gibt sich für Gott aus. Erinnert ihr euch nicht, daß ich euch das gesagt habe, als ich noch bei euch war?*** *Ihr wißt, was sein Hervortreten zu seiner Zeit noch aufhält. Schon ist das Geheimnis der Gesetzlosigkeit wirksam. Nur muß erst der zurücktreten, der es noch aufhält. Dann wird der Gottlose sich offenbaren. Ihn wird aber der Herr Jesus mit dem Hauche seines Mundes vernichten und durch den Lichtstrahl seiner Wiederkunft verderben. Jener tritt in satanischer Macht mit allerlei trügerischen Krafttaten, Zeichen und Wundern und mit allem sündhaften Trug auf bei denen, die verlorengehen. Denn sie haben die Liebe zur Wahrheit, die sie retten sollte, sich nicht zu eigen gemacht. Deshalb schickt Gott ihnen die wirksame Kraft der Verführung, daß sie der Lüge Glauben schenken. So sollen alle, die der Wahrheit nicht geglaubt, sondern an der Gottlosigkeit ihr Wohlgefallen hatten, dem Gerichte anheimfallen.*

2 Thessalonicher 2, 3-12

Die Apostasie wurde vorausgesagt

Wir befinden uns in einem solchen Zustand des Glaubensverlustes, daß sich der Brief des heiligen Paulus an die Thessalonicher im letzten Stadium der Erfüllung befindet. Die große Apostasie muß vor der Offenbarung des Gottlosen, des Antichrist, erfolgen. Der zweite Brief des heiligen Paulus an die Thessalonicher ist unmißverständlich, wie es die Worte Mariens sind: der Glaubensverlust wird stattfinden. Das Jahrhundert Satans befindet sich im

Schlußakt, und die Herrschaft Mariens hat begonnen. Bald wird sie der Schlange den Kopf zertreten.

Das marianische Zeitalter hat begonnen. In der großen Schlacht der Engelheere, kämpfen die Erzengel (Gabriel, Michael und Raphael) mit den Engeln des Himmels unter dem Schutzmantel der mit der Sonne bekleideten Frau gegen Satan und seine bösen Geister. Am 15. November 1990 sprach Unsere Allerseligste Mutter mit Don Gobbi über den Krieg, der mit ihrem Gegner geführt werde. Sie sagte aus: „Ihr seid auserwählt worden, um mit Mut gegen die Stärke desjenigen zu kämpfen, der sich Christus widersetzt, um am Ende meinen größten Sieg zu erreichen."

Akita

Während der Erscheinung vom 13. Oktober 1973 zu Akita, in Japan, sagte Unsere Allerseligste Mutter zu Schwester Agnes Sasagawa: „Wie ich dir schon früher sagte, ... Teuflische Kräfte werden selbst in der Kirche stattfinden; Kardinäle werden sich gegen Kardinäle erheben und Bischöfe gegen Bischöfe. Die Priester, die mich verehren, werden von ihren Kollegen verachtet und verlacht; ... Die Kirche wird erfüllt sein von Menschen, die Kompromisse annehmen. Durch den Teufel verführt, werden zahlreiche Priester und Ordensleute den Dienst des Herrn verlassen. Der Teufel wird sich besonders mit den gottgeweihten Seelen beschäftigen."

Die Bischofskonferenz Japans tagte vom 25. - 27. November 1992 unter Mitwirkung vieler Bischöfe und marianischer Führungspersönlichkeiten, um über die Bedeutung der Erscheinungen von Akita zu diskutieren. Während einer der Gespräche wurde P. Michael O'Carroll (ein führender marianischer Gelehrter unter den Anwesenden) gefragt, welchen Bezug das Dritte Geheimnis von Fatima zu Akita habe. Er antwortete: „Wenn Sie sich für das Dritte Geheimnis von Fatima interessieren, dann lesen Sie die Botschaften von Akita." Obwohl wir wissen, daß das Dritte Geheimnis von der Apostasie handelt, hat doch die Botschaft von Fatima noch einen tieferen Gehalt. Der Fatimaexperte Papst Johannes Pauls II. war ein Priester namens P. Joseph de St. Marie, der mittlerweile verstorben ist. Er setzte den Text für die Rede des Papstes in Fatima anläßlich seines Besuchs von 1982 auf. Dort dankte Papst Johannes Paul II. öffentlich Unserer Lieben Frau von Fatima dafür, daß sie ihm beim Attentatsversuch das Leben gerettet hatte. P. St. Marie kannte den Inhalt des Fatimageheimnisses. Als man ihn mehrere Jahre später nach dem Geheimnis befragte, antwortete er: „Wissen Sie, was die Menschen während des Sonnenwunders taten?" Die Antwort war: „Sie fielen auf ihre Knie und bereuten ihre Sünden." P. St. Marie entgegnete: „So wird es ebenfalls sein mit dem Unterschied, daß sich viele nicht bekehren werden, obwohl die Ereignisse katastrophal sein werden; das Sonnenwunder wird wie ein Vorbild oder eine Vorahnung dessen sein, was in der Zukunft auf uns zukommt.“ Die Botschaften von Fatima wurden durch jene von Akita in Japan ergänzt. Die Botschaften beider Erscheinungen geben uns eine vollständigere Sicht der Züchtigung der Apostasie.[1]

Don Gobbi

Die Allerseligste Mutter machte Don Gobbi bei einer Reihe von Gelegenheiten Mitteilungen über die bevorstehenden Schwierigkeiten.

Am 6. September 1986 sagte Maria: „Auch die Uneinigkeit, die Spaltung, der Kampf und der Antagonismus ist in die Kirche eingedrungen. Die Kräfte der Gottlosigkeit und der Freimaurerei, die sich in ihr Inneres eingeschlichen haben, haben es soweit gebracht, ihre innere Einheit zu brechen und den Glanz ihrer Heiligkeit zu trüben. Das ist die von mir vorausgesagte Zeit, in der Kardinäle gegen Kardinäle sein werden, Bischöfe gegen Bischöfe, Priester gegen Priester, und die Herde Christi von den reißenden Wölfen zerrissen wird, die sich unter dem Anschein wehrloser und zahmer Lämmer eingeschlichen haben. Unter diesen sind auch einige, die hohe und verantwortungsvolle Positionen einnehmen, und durch sie ist es Satan gelungen, selbst an die Spitze der Kirche vorzudringen und dort zu wirken. Bischöfe und Priester der heiligen Kirche Gottes, wie groß ist heute eure Verantwortung! Der Herr ist im Begriff, von euch Rechenschaft zu fordern, wie ihr seinen Weinberg verwaltet habt. Bereut, bittet um Vergebung und sühnt und seid vor allem wieder gewissenhaft gegenüber der Aufgabe, die euch anvertraut worden ist.“

Am 13. Mai 1990 stellte sie fest: „Nun beginnt ihr das letzte Jahrzehnt dieses eures Jahrhunderts. Ich steige vom Himmel herab, damit euch die letzten Geheimnisse offenbart werden mögen und ich euch so auf all das, was ihr nun für die Reinigung der Erde erleben müßt, vorbereiten kann. Mein drittes Geheimnis, das ich hier den drei Kindern, denen ich erschienen bin, offenbart habe und das euch bis jetzt noch nicht enthüllt worden ist, wird durch den Ablauf der Ereignisse allen von selbst offenkundig werden. Die Kirche wird die Stunde ihres größten Abfalls kennenlernen, **der Mensch der Gesetzwidrigkeit wird sich in ihr Inneres einschleichen und wird sich sogar in den Tempel Gottes setzen, während der kleine Rest, der treu bleiben wird, den größten Prüfungen und Verfolgungen unterworfen werden wird.**“

Am 15. November 1990 sagte Maria: „Die große Prüfung ist für eure Kirche gekommen. Man hat weiterhin die Irrtümer verbreitet, die zum Verlust des Glaubens geführt haben. ..., ja man bereitet sogar auf verborgene Weise ein wahres Schisma vor, das schnell offenkundig und ausgerufen werden könnte. ... Die große Prüfung ist für die ganze Menschheit gekommen. **Das von mir**

in Fatima vorausgesagte Strafgericht ist daran zu kommen. Es ist in jenem Teil des Geheimnisses enthalten, das euch noch nicht enthüllt worden ist. Der große Augenblick der göttlichen Gerechtigkeit und Barmherzigkeit ist über die Welt gekommen.“

Am 13. Mai 1991 offenbarte sie Don Gobbi: „**Geistig fühlt ihr euch ganz mit Johannes Paul II. vereint, mit meinem Papst. ... Heute bestätige ich euch, daß dieser der Papst meines Geheimnisses ist, der Papst, über den ich zu den Kindern während der Erscheinungen gesprochen habe, der Papst meiner Liebe und meines Schmerzes. ... Wenn dieser Papst die Aufgabe erfüllt haben wird, die ihm Jesus anvertraut hat, und ich vom Himmel herabsteigen werde, um sein Opfer aufzunehmen, werdet ihr alle von einer dichten Finsternis des Abfalls eingehüllt sein, die dann allgemein geworden sein wird.**“

Am 13. Mai 1992 sagte Maria: „Vielgeliebte Söhne, ihr erinnert euch heute an den 75. Jahrestag meiner ersten Erscheinung, die am 13. Mai 1917 in Fatima, in der Cova da Iria, stattgefunden hat. ... Damals habe ich vorausgesagt, daß eine Zeit kommen wird, in der der wahre Glaube verloren gehen und sich die Apostasie überall in der Kirche ausbreiten wird. Ihr erlebt jetzt diese Zeit, die ich vorausgesagt habe. ... Damals habe ich vorausgesagt, daß eine Zeit des Krieges und der Verfolgung der Kirche und des Heiligen Vaters kommen wird wegen der Ausbreitung des theoretischen und des praktischen Atheismus und des Aufstands der Menschheit gegen Gott und sein Gesetz. ... Damals habe ich die Strafe vorausgesagt, aber auch, daß am Ende mein Unbeflecktes Herz seinen Triumph feiern wird.“

Das Geheimnis der Prüfung

Die Apostasie bezeichnet den Glaubensverlust in der Kirche. Es scheint, als ob die Prüfung der Gläubigen sich ihrem Ende nähert. Die Zeit der Prüfung wurde im 12. Kapitel über Medjugorje in dem Brief von P. Tomislav Vlasic an Papst Johannes Paul II. vom 2. Dezember 1983 erwähnt. P. Vlasic schrieb, indem er zitierte, was Maria einem der Seher mitteilte: „... Ihr müßt verstehen, daß Satan existiert. **Eines Tages erschien er vor dem Thron Gottes und erbat die Erlaubnis, die Kirche eine Zeitlang versuchen zu dürfen. Gott gestattete es ihm, die Kirche ein Jahrhundert lang in Versuchung zu führen.** Dieses Jahrhundert steht unter der Dominanz des Teufels; aber wenn die Geheimnisse, die euch anvertraut sind, erfüllt sein werden, wird seine Macht zerstört werden. Ja schon jetzt beginnt er seine Macht zu verlieren, und er ist angriffslustig geworden. Er zerstört Ehen, ...“

Jemand, der auch glaubte, daß dieses Jahrhundert unter der Dominanz des Teufels steht, war Papst Leo XIII.. Die Illustrierte *Soul* (zu deutsch: *Seele*) veröffentlichte in ihrer Mai/Juni Ausgabe von 1984 folgende Anekdote: „Gerade nachdem Papst Leo XIII. am 13. Oktober 1884 die Zelebration seiner heiligen Messe beendet hatte, hörte er, wie eine tiefe, rauhe Stimme sagte: ‚Ich kann Deine Kirche zerstören ... Um das zu bewerkstelligen, benötige ich mehr Zeit und Macht.' Dann hörte der Papst, wie eine sanfte Stimme fragte: ‚Wieviel Zeit? Wieviel Macht?' ... Die rauhe Stimme antwortete: ‚Fünfundsiebzig bis hundert Jahre und eine größere Macht über jene, die mir zu Diensten sind.' Die sanfte Stimme erwiderte: ‚Die Zeit sei dir gewährt ...' Tief betrübt ordnete Papst Leo XIII. an, daß am Ende einer jeden heiligen Messe ein Gebet zum heiligen Erzengel Michael verrichtet werde:

‚Heiliger Erzengel Michael, verteidige uns im Kampfe; gegen die Bosheit und die Nachstellungen des Teufels sei unser Schutz. «Gott gebiete ihm», so bitten wir flehentlich; du aber, Fürst der himmlischen Heerscharen, stoße den Satan und die andern bösen Geister, die in der Welt umhergehen, um die Seelen zu verderben, durch die Kraft Gottes in die Hölle. Amen."

Dieses Gebet wurde nach der heiligen Messe ständig den Rest des 19. Jahrhunderts und bis zum 26. September 1964 gebetet, als die Liturgiekonstitution verordnete: „Leoninische Gebete sollen nach der Messe nicht mehr aufgesagt werden."

Indem sie die Richtigkeit des Dialogs, den Papst Leo XIII. gehört hatte, bestätigte, sagte Maria in ihrer Botschaft an die Marianische Priesterbewegung vom 9. November 1984 aus: **„Der Herr hat ihm diesen Zeitraum zugestanden, damit der Stolz des roten Drachen am Ende von der Demut, der Kleinheit und von der Kraft eurer himmlischen Mutter, der mit der Sonne bekleideten Frau, die jetzt alle ihre kleinen Kinder in ihrer zum Kampf aufgestellten Heerschar sammelt, zerbrochen und besiegt werde."** An der Wende zum 20. Jahrhundert stellte der heilige Papst Pius X. in seiner Enzyklika fest, daß der Modernismus in der Kirche der Ursprung von Häresien sei. Prophetisch sagte er voraus, daß die modernistische und säkularistische Häresie die Apostasie hervorbringen würde.

Jene in Führungspositionen werden zur Rechenschaft gezogen

In der Schrift und in den Botschaften Mariens wird beachtliche Schuld direkt den Priestern und jenen in Führungspositionen in der Kirche zugewiesen. Oft sprach Jesus anklagende Worte zu den Pharisäern und Sadduzäern. Indem er die Gesetzgeber und geistlichen Gebieter „eine Schlangenbrut und übertünchte Gräber" nannte, machte sich Jesus bei den Obrigen nicht beliebt. Daraufhin planten sie, ihn zu töten, weil seine Sendung nicht mit der ihrigen zusammenfiel. Der folgende Text der Schrift, dem Propheten Osee entnommen, spricht eine deutliche Sprache in bezug auf die Ausübung weltlicher Hoheit und Autorität und auf die Verantwortung jener, die kirchliche Führungspositionen innehaben:

Zweiter Tadel, besonders an die Führer gerichtet

Vernehmt dies, ihr Priester!
und merke auf, Haus Israel!
Haus des Königs, habet acht!
denn euch gilt das Gericht,
weil ihr ein Fallstrick gewesen seid für die Warte
und ein ausgespanntes Netz auf Thabor.
Schlachtopfer stürztet ihr in die Tiefe,
ich aber will sie alle züchtigen!
Ich kenne Ephraim,
und Israel ist nicht verborgen vor mir,
denn nunmehr hat Ephraim Buhlerei getrieben,
Israel ist befleckt.
Nicht richten sie ihre Gedanken darauf, zu ihrem Gott zurückzukehren,
denn der Geist der Buhlerei wohnt unter ihnen
und den Herrn kennen sie nicht.
Und die Hoffart Israels zeugt ihm ins Angesicht,
Israel und Ephraim werden ob ihrer Verschuldung zu Falle kommen,
es stürzt auch Juda mit ihnen.
Wenn sie dann mit ihren Schafen und ihren Rindern hingehen, den Herrn zu suchen,
werden sie ihn nicht finden,
er hat sich von ihnen entfernt.
Gegen den Herrn sind sie treulos geworden, denn fremde Kinder haben sie gezeugt; nunmehr wird sie ein Monat samt ihren Anteilen aufzehren.

Osee 5, 1-7

Unsere Liebe Frau hat sich in ihren Botschaften über Glaube und Gehorsam als strikt erwiesen. Es folgt die Botschaft vom 13. März 1990 an Don Gobbi mit dem Hinweis Unserer Lieben Frau auf den 2. Brief an die Thessalonicher. Jene, die Rebellion gegen das kirchliche Lehramt befürworten, Pfarrer, die den Geist liberaler Theologie atmen, und jene, die die Pflichten eines geweihten Priesters vernachlässigen, werden ermahnt. Unsere Liebe Frau sagt, daß ihre Aktivitäten mit der Annäherung der Wiederkunft (Christi) noch „energischer" Gestalt annehmen werden. Die Allerseligste Mutter stellt fest: „Ihr lest im Evangelium: ‚Wird jedoch der Menschensohn, wenn er kommt, auf Erden noch Glauben vorfinden?' Heute will ich euch einladen, diese Worte zu betrachten, die von meinem Sohn Jesus ausgesprochen worden sind. Es sind schwerwiegende Worte, die die Zeiten, in denen ihr lebt, widerspiegeln lassen und imstande sind, euch diese verständlich zu machen. Besonders könnt ihr euch die Frage stellen, warum sie Jesus ausgesprochen hat. Um euch auf sein zweites Kommen vorzubereiten und um euch einen Umstand zu beschreiben, der auf die Nähe seiner herrlichen Wiederkunft hinweisen wird. Dieser Umstand ist der Verlust des Glaubens. Auch in einem anderen Teil der Heiligen Schrift, im 2. Brief des heiligen Paulus an die Thessalonicher, wird klar angekündigt, daß sich vor der herrlichen Wiederkunft Christi ein großer Abfall verwirklichen muß. Der Verlust des Glaubens ist ein wahrer Abfall. Die Verbreitung des Abfalls ist also das Zeichen, das anzeigt, daß nun das zweite Kommen Christi nahe ist."

Christina Gallagher aus Irland

Offenbarungen über die Apostasie wurden der Christina Gallagher aus Irland mitgeteilt.

„Mein Kind, es gibt viele meiner Kinder, Söhne und Töchter des geweihten Lebens, die im Namen Gottes dienen. Aber in ihnen gibt es nicht den wahren Geist Gottes. Sie dienen Gott nur zum Scherz. Es betrübt mein Herz, dies zu sehen. Die Macht der Finsternis überschattet meine Kirche und die Welt." (23. Juli 1988)

„Mit erstaunlicher Schönheit kam Katharina von Siena. Sie sagte: ‚Betet täglich für den Papst, die Priester und Kardinäle und meine Schwestern, die Nonnen.' Dann wurden ihre Augen tränenerfüllt. Als ich sie fragte, warum sie unglücklich sei, antwortete sie nicht, sondern fuhr fort: ‚Wir befinden uns in der Zeit der Schlacht, aber erst am Anfang...'" (19. September 1990)

Gladys aus San Nicolas, in Argentinien

Gladys, einer Seherin aus Argentinien, wurden ähnliche Botschaften mitgeteilt: „Meine Tochter, wieviel Haß sich in den Menschen befindet, wieviel Mißtrauen und Verzweiflung! Sie verspüren dies wegen eines Mangels an Glauben und Liebe, weil Gott in ihren Herzen abwesend ist. Jene Kinder werden verloren gehen, wenn sie mit dieser Unwissenheit fortfahren. Es würde genügen, bloß um die Liebe zu Gott zu bitten; es würde genügen, Gott um Hilfe zu bitten, und Er würde sie umwandeln. Erinnert euch, daß Gott schützt. Lobpreis sei dem ewigen Vater." (28. Januar 1985)

Das Verständnis der Apostasie und der Botschaften von La Salette und Akita erhellt beträchtlich, wie wir zu dem derzeitigen Zustand der Verderbtheit in der ganzen Welt gelangt sind. Die Schrift äußert sich dazu deutlich. Im 2. Brief an die Thessalonicher sagt der heilige Paulus, daß die Apostasie dem Menschen der Gesetzlosigkeit vorhergeht, dem Antichrist, der sich sogar in den Tempel Gottes setzt.

Die Bewegung für ein Neues Zeitalter (*New Age*)

Adolf Hitler sagte: „Lüge, lüge oft genug, und die Leute werden dir glauben." Vielleicht ist heute keine religiöse Bedrohung des Katholizismus so verführerisch wie die Bewegung für ein Neues Zeitalter. Ihre größte Täuschung liegt in der Tatsache, daß sie so nahe bei der Wahrheit liegt, weswegen ihr viele auf den Leim gehen. Randall Baer, der vormals zu den Führungspersönlichkeiten der Bewegung für ein Neues Zeitalter gehörte, hat unter dem Titel *Inside the New Age Nightmare* (zu deutsch: *Mitten im Alptraum des Neuen Zeitalters*) ein Buch geschrieben, in dem er die internen Methoden und die Funktion dieser Bewegung ans Tageslicht bringt.[2] Wegen ihrer Inklusivität ist das Neue Zeitalter die Religion der Neuen Weltordnung. Ihr Kennzeichen ist der Mensch in der Mitte des Weltalls—der Mensch als Gott, dieselbe, alte Lüge. Herrn Baers einzigartige Einsichten gewähren ein tieferes Verständnis des Neuen Zeitalters. Deshalb zitieren wir ihn unmittelbar:

„Was genau ist das Neue Zeitalter? Im Wesentlichen ist es eine vom Satan kontrollierte, moderne, massenhafte Wiederbelebung von auf dem Okkulten basierenden Gedankensystemen und Praktiken, sowohl in offensichtlicher als auch in klug verstellter Form. Tatsächlich ist es eine ‚geistige Pest' der Endzeit, welche die ‚attraktive Illusion' verbreitet, ‚daß sie der Lüge glauben sollten'. Es ist nichts mehr als eine glänzend verführerische, breite Straße, die nur zur schließlichen Vernichtung führt. Über den Zeitraum der letzten drei Jahrzehnte hat jedoch eine gewaltige und noch nie dagewesene, massenhafte Wiederbelebung von auf Okkultem basierenden Praktiken stattgefunden, von denen einige als nicht-okkult ausgewiesen wurden. Das Ausmaß und die Wucht dieser Bewegung ist dergestalt, daß sie heute eine der gefährlichsten und wachsenden Bedrohungen des Christentums darstellt, insbesondere in den kommenden Jahren, in denen sich die Endzeit offenbart.

Woran denken die meisten Menschen, wenn sie den Begriff Neues Zeitalter hören? Shirley MacLaine? Harmonische Konvergenz? Wiedergeburt? Die Macht der Kristalle? Einbahnung? Übersinnliche Wahrnehmung? Tatsächlich sind diese nur ein Teil eines sehr breiten Spektrums von verschiedenen Formen, Strategien und Praktiken des Neuen Zeitalters. Um die Sache noch komplizierter zu machen, wird sogar der Begriff des Neuen Zeitalters manchmal nicht verwendet, wenn es sich doch um eine Sache handelt, die durch und durch zum Neuen Zeitalter gehört.[3]

Diese Bewegung kann man in der Tat am besten verstehen als ein breites Spektrum von nichtchristlichen Gedankensystemen und Praktiken, die man unter dem Namen spiritueller Humanismus des Neuen Zeitalters zusammenfassen könnte. Der Kern dieses Humanismus liegt in dem Glauben, daß der Mensch der Natur nach göttlich und er deshalb dem Wesen nach ‚Gott' oder ein erleuchteter ‚Gottmensch' ist. Der Mensch des Neuen Zeitalters, der von sich glaubt, daß er göttlich vollkommen und letztlich allmächtig ist, setzt sich selbst auf einen kosmischen Thron. Der Mensch macht sich selbst zu Gott.

So wie der weltliche Humanismus einem bestimmten Typus von Mensch seine eigene Art von antireligiöser Täuschung anbietet, so macht der spirituelle Humanismus einer ganz anderen Schicht von Menschen in unserer Gesellschaft, die nach spirituellem Sinn, Wahrheit und Erfüllung streben und suchen, das Angebot einer auf Spirituellem basierenden Fälschung.[4]

Es ist äußerst schwierig, die Bewegung für ein Neues Zeitalter anders als mit ein paar allgemeinen Beschreibungen zu definieren. Es gibt keine zentrale Organisation, die alle Lehrsätze, Aktivitäten oder Planziele kontrollierte. Kein Zentralkomitee, keine Ratsversammlung oder Organisation diktiert die Lehrsätze oder Planziele oder kontrolliert alle Aktivitäten. Das entscheidende Manifest, *The Aquarian Conspiracy* (zu deutsch: *Die Verschwörung des Wassermanns*), nennt es ‚ein führerloses aber mächtiges Netzwerk'. Dieses Kennzeichen gewährt Platz für eine gewaltige Variation an Denksystemen und Phänomenen, welche über vielerlei Art von unterschiedlichen Individuen und Organisationen gedeihen.

Darüber hinaus besitzt das Neue Zeitalter so viele Gesichter und Richtungen in ihrer allgemeinen Absicht, daß sie in jeden Aspekt der amerikanischen Gesellschaft sowohl offensichtlich als auch in subtiler und hintergründiger Weise eingedrungen ist. Von der Religion, dem Geschäftswesen und der Politik bis hin zur Musik, Erziehung und Wissenschaft hat sich das Neue Zeitalter wie ein Holzwurm in den Eckstein der westlichen Kultur hineingebohrt – viel mehr als sich viele Leute dessen bewußt sind. Das Denken des Neuen Zeitalters umfaßt alle Aspekte der menschlichen Erfahrung. Es stellt den Versuch dar, alle Aspekte des Lebens auf der personalen, zwischenmenschlichen, gesellschaftlichen und globalen Ebene zu revolutionieren.[5]

Es gibt einen grundsätzlichen Glaubenssatz, der besagt: ‚Schaffe deine eigene Realität, wie du sie für richtig hältst.' Zum Beispiel, ob jemand sich dazu entschließt, homosexuell, bisexuell, monogam, polygam oder was auch immer zu sein, ist in Ordnung, solange ‚es für mich das Richtige ist' oder ‚es liebevoll gemacht wird und niemand dabei zu Schaden kommt'. Alles ist relativ.[6]

Es gibt zwei einander überlappende aber verschiedene Richtungen des Denkens im Neuen Zeitalter: Die erste Sicht des Neuen Zeitalters faßt es als ‚Renaissance oder Wiedergeburt des Bewußtseins' auf.

Die Renaissance des Bewußtseins betrachtet die Menschheit als derzeit in der Anfangserfahrung eines neuen spirituellen und sozio-politischen Erwachens befindlich, einer modernen Superrenaissance, die dazu bestimmt ist, den Menschen zu einer neuen Ära des aufgeklärten, spirituellen Humanismus zu führen. Indem sie den Gedanken zurückweist, wonach der Mensch eines göttlichen Eingriffs bedarf, um bei der Schaffung einer globalen Utopie mitzuhelfen, sieht diese Sicht das Erwachen eines ‚unbegrenzten menschlichen Gottespotentials' als das Mittel, womit der ‚Himmel auf Erden' Wirklichkeit wird. Im Kern heißt das, so wie der Mensch durch die Praktiken des Neuen Zeitalters die höheren Stufen des ‚Gottesbewußtseins' erreicht, so wird das Morgenrot des Himmels nur durch das Erwachen des erleuchteten ‚höheren Bewußtseins' der Menschen auf der Erde aufleuchten.[7]

Den zweiten Hauptzweig des Denkens für ein Neues Zeitalter kann man als ‚Quantensprung des Bewußtseins' bezeichnen. Das besagt, daß wir uns an der Schwelle einer neuen Ära, einer ganz neuen Welt befinden. In der Zeitspanne eines Augenzwinkerns wird das Bewußtsein der Menschheit, unser kollektives Bewußtsein, einen unverzüglichen Quantensprung in den Himmel ausführen. Alles wird sich in einem Blitz göttlichen Lichts ändern. Seid bereit! Euer himmlisches Erbe erwartet euch. Tretet ein; das Wasser ist in Ordnung. Wer zögert, verliert. Wer das Leben wählt, ist gerettet.

Wenn dadurch, daß eine ausreichende Zahl von Menschen ein ‚höheres Bewußtsein' entwickelt haben, genügend Schwung erreicht worden ist, dann wird die ganze Welt bereit sein, einen kollektiven Quantensprung in eine höhere Dimension des Himmelsreiches durchzuführen. Die Erde und die Menschheit werden buchstäblich in einem Lichtblitz in den Himmel springen. Dieses Denkmodell vom Quantensprung des Bewußtseins ist unmittelbar mit irgendeiner Form von göttlicher Intervention verknüpft. Außerdem vertritt diese Richtung die Ansicht, daß im Neuen Zeitalter nicht Christus, sondern ein anderer ‚Weltlehrer' oder ‚Rat der aufgestiegenen Meister' göttliche Autorität besitzt.

Eine weitere, entstellte Variation zu diesem Thema ist, daß es sich nicht um den persönlichen, sichtbaren Jesus handelt, der wiederkehrt, sondern viel mehr um das ‚Christus-Bewußtsein', welches sich in den Geist aller Erdenbewohner hinabsenkt. Einige Fundamentalisten des Neuen Zeitalters sagen voraus, daß eine buchstäbliche Apokalypse kurz bevorsteht und daß diese durch mystische, außerirdische oder kosmische Kräfte in Gang gesetzt werden wird.

Viele aus dem Lager der Renaissance des Bewußtseins zielen darauf ab, zunehmend gesellschaftlich akzeptable Werte des Neuen Zeitalters in das persönliche und gesellschaftliche Leben zu integrieren. Das ist jene Seite des Neuen Zeitalters, der es besonders gelungen ist, in solche Bezirke wie die Welt des Geschäftswesens, die Psychologie, Unterhaltungsmedien, Erziehung, Gesundheitswesen und die Wissenschaft einzudringen. Im Sinne des Wertesystems und der praktischen Infiltration in den Hauptstrom der amerikanischen Kultur hat sich dieser Aspekt des Neuen Zeitalters wegen seiner subtileren humanistischen Annäherungsmethode als die erfolgreichere der beiden Richtungen erwiesen.

Von Natur aus, tendiert die Ansicht vom Quantensprung des Bewußtseins mehr in die Richtung des metaphysisch-okkulten Endes des Spektrums. Insbesondere kreisen die beherrschenden Themen um spiritistische Medien, Spiritismus, Hexerei, parapsychologische Kräfte und Magie jeglicher Art. Eine der grundsätzlichen Gefahren dieser Richtung des Neuen Zeitalters ist ihr Hauptbeitrag zu der in der Geschichte noch nie dagewesenen Freilassung dämoni-scher Kräfte in der heutigen Welt. ...[8]

Einbahnung, Macht der Kristalle, Kontaktaufnahme mit dem eigenen ‚höheren Selbst', Aufsuchen von geographischen ‚Strudeln' (okkulter ‚Kraftorte'), Verehrung von Göttinnen, Weltfriedensmeditationen, parapsychologisches Lesen, Selbstermächtigungsseminare, auf Okkultem begründete Erfolgs- und Wohlstandsseminare, praktische Kurse zur Entwicklung zwischenmenschlicher Beziehungen und der Sexualität und telepathische Kontaktaufnahme mit UFOs ...[9]

Die meisten Prophetien des Neuen Zeitalter sehen zur Jahrtausendwende eine Übergangsphase vor, in der jene, die die Botschaft und das Zeichen der ‚Neuen Weltordnung' akzeptieren, Teil des groß ausgerufenen Neuen Zeitalters werden. In dem Maße, wie die Kräfte des Antichrist in der ganzen Welt mehr an Macht gewinnen, soll tatsächlich eine überarbeitete und erweiterte, auf dem Neuen Zeitalter basierende Philosophie zur Anwendung kommen, um die Bevölkerung des Planeten von jenen zu ‚reinigen', die nicht ‚bereit' sind, den nächsten Schritt zu unternehmen, um eine Herrenrasse von Gottmenschen zu werden. Das sollte Erinnerungen an Hitlers ‚Blutopfer' der Juden wachrufen.

Eine genaue Lektüre von Schriften des Neuen Zeitalters zeigt, daß einige Anhänger des Neuen Zeitalters Christenverfolgungen befürworten. Dies geschieht auf der Grundlage der Notwendigkeit, jene loszuwerden, die sich möglicherweise weigern, die spirituelle Vereinigung der Menschheit zu akzeptieren, oder die versuchen sollten, diese zu ‚verhindern'. Wenn wahre Globalisierung – oder Welteinheit – schließlich Wirklichkeit werden soll, dann muß konsequenterweise jegliche Stimme der Opposition entweder bekehrt, zum Schweigen gebracht oder entfernt werden. Das ist natürlich der ‚Haken' – das Neue Zeitalter der Liebe und Harmonie muß möglicherweise eine Zeitlang Unterdrückung ausüben, um seine Version des Friedens auf Erden einzuläuten ...“[10]

15

Des Satans 100 Jahre: Antikirche, Antipapst, Antichrist

Zu jener Zeit war kein König in Israel, sondern jeder tat, was ihm recht dünkte.

Das Buch der Richter 21, 24

Der Beherrscher des 20. Jahrhunderts ist Satan, der Herr der Erde, der Fürst der Finsternis. Es ist das Jahrhundert, welches dem Satan von Gott zugestanden wurde, der diese Zeit verlangte, um die Kirche zu versuchen.

Am 13. Oktober 1884 hatte Papst Leo XIII. eine Vision, während derer er hörte, wie Satan Gott um 100 Jahre bat. Satan prahlte, daß er die Kirche zerstören und die Welt in die Hölle hinabziehen könne, wenn ihm nur genügend Zeit und Macht gewährt werde.

Unsere Allerseligste Mutter teilte 1982 Mirjana, eine der Seherinnen von Medjugorje, mit: „Entschuldigt bitte, aber ihr müßt verstehen, daß Satan existiert. Eines Tages erschien er vor dem Thron Gottes und erbat die Erlaubnis, die Kirche eine Zeitlang versuchen zu dürfen. Gott gestattete es ihm, die Kirche ein Jahrhundert lang in Versuchung zu führen. Dieses Jahrhundert steht unter der Dominanz des Teufels; aber wenn die Geheimnisse, die euch anvertraut sind, erfüllt sind, wird seine Macht zerstört werden. Ja schon jetzt beginnt er seine Macht zu verlieren, und er ist angriffslustig geworden. Er zerstört Ehen, schafft Uneinigkeit unter Priestern, und er ist verantwortlich für Besessenheit und Mord. Ihr müßt euch gegen diese Dinge durch Fasten und Gebet schützen, insbesondere durch das Gebet in der Gemeinschaft. Tragt geweihte Gegenstände bei euch! Bewahrt diese in euren Häusern auf und benutzt erneut das Weihwasser."

Zu Quito, in Ecuador, äußerte 1634 Unsere Allerseligste Mutter Warnungen vor unserer heutigen Zeit. In einer von der Kirche anerkannten Erscheinung erschien Maria als Unsere Liebe Frau vom Glück der Mutter Anna von Jesus Torres, während diese vor dem Allerheiligsten betete. Das Ewige Licht verlosch. Während sie versuchte, es erneut anzuzünden, wurde die Kirche von einem übernatürlichen Licht erhellt. In diesem Licht erschien die Muttergottes. Sie sagte der Mutter Anna: „Das Verlöschen des Ewigen Lichtes vor dem Gefangenen der Liebe, welches du sahst, hat viele Bedeutungen.

Die erste Bedeutung: Am Ende des 19. Jahrhunderts und für einen großen Teil des 20. Jahrhunderts werden verschiedene Irrlehren auf der Erde sich ausbreiten, welche dann eine freie Republik geworden sein wird. Das kostbare Licht des Glaubens wird wegen nahezu völliger moralischer Verderbnis in den Seelen verlöschen. In jenen Tagen wird sowohl privat wie auch öffentlich großes physisches und moralisches Unheil herrschen. Die kleine Zahl der Seelen, die am Glauben festhalten und die Tugenden praktizieren, wird grausamen und unaus-sprechlichen Leiden ausgesetzt sein...

Die zweite Bedeutung: Meine Gemeinschaften werden sich verlassen vorkommen; sie werden in ein bodenloses Meer der Bitterkeit eingetaucht sein, und es wird scheinen, als ob sie in ihren Drangsalen ertränken. Wieviele wahre Berufungen werden aus Mangel an geschickter und weiser Seelenführung verloren gehen? Jede Novizenmeisterin muß eine Seele des Gebets sein, die weiß, wie man die Geister unterscheidet.

Die dritte Bedeutung: In jenen Tagen wird die Luft vom Geist der Unreinheit erfüllt sein, der wie eine Sintflut aus Schmutz die Straßen und öffentlichen Plätze überfluten wird. Die Unzucht wird solche Maße annehmen, daß es in der Welt keine Jungfrauen mehr geben wird.

Die vierte Bedeutung: **Indem sie die Kontrolle über alle sozialen Schichten gewinnen, werden die Sekten mit großer Geschicklichkeit dahin tendieren, in das Herz der Familien einzudringen und selbst die Kinder zu zerstören. Der Teufel wird sich rühmen, sich heimtückisch von den Herzen der Kinder zu ernähren. Die Unschuld der Kindheit wird nahezu vollkommen verschwinden. Deshalb werden Berufungen zum Priestertum verloren gehen. Es wird ein wahres Unglück sein. Priester werden ihre heiligen Aufgaben aufgeben und vom Pfad, der ihnen von Gott vorgezeichnet worden ist, abweichen.**

Dann wird die Kirche wegen des Mangels an einem Prälaten und Vater, der in Liebe, Zärtlichkeit, Stärke und Weisheit über sie wacht, eine Zeit der dunklen Nacht durchschreiten, und eine Anzahl von Priestern werden den Geist Gottes verlieren und so ihre Seelen großer Gefahr aussetzen ... Satan wird auf dieser Erde die Kontrolle übernehmen aufgrund der Schuld glaubensloser Menschen, die wie eine dunkle Wolke das helle Firmament der dem Allerheiligsten Herzen meines göttlichen Sohnes geweihten Republik verdunkeln. Diese Republik, die es gestattete, daß alle Art von Laster bei ihr Zugang erhielt, wird allerlei Züchtigungen ausgesetzt sein: Krankheiten, Hungersnot, Krieg, Apostasie und dem Verlust zahlloser Seelen. Und um diese dunklen Wolken zu vertreiben, die das strahlende Morgenrot der Freiheit der Kirche blockieren, wird es einen schrecklichen Krieg geben, in dem das Blut der Priester und Ordensangehörigen fließen wird ... Jene Nacht wird so schrecklich sein, daß die Verderbtheit zu triumphieren scheint. Dann wird meine Zeit kommen: Auf erstaunliche Weise werde ich den Stolz Satans zerstören, ihn zu meinen Füßen werfen, ihn zutiefst in der Hölle festbinden und dadurch schließlich die Kirche und das Land von seiner grausamen Tyrannei befreien.

Die fünfte Bedeutung: Sehr reiche Menschen werden unbekümmert zuschauen, wie die Kirche unterdrückt, die Tugend verfolgt wird und das Böse triumphiert. Sie werden ihren Reichtum nicht dazu verwenden, das Böse zu bekämpfen und den Glauben wieder aufzurichten. Die Sache Gottes wird die Menschen kalt lassen, sie werden den Geist des Bösen in sich aufsaugen und von aller Art von Lastern und Leidenschaften hinweggefegt werden."[1]

Erinnern wir uns daran, daß Unsere Liebe Frau 1846 der Seherin Mélanie in La Salette mitgeteilt hat, daß Luzifer mit einer großen Zahl von Dämonen 1864 aus der Hölle losgelassen werden würde. Sie sagte, daß sie nach und nach selbst bei jenen, die Gott geweiht sind, den Glauben auslöschen würden. Der Geist der Finsternis würde sich überall verbreiten. Eine Zeitlang würde die Kirche einer großen Verfolgung, einer Zeit der Finsternis und einer schrecklichen Krise ausgesetzt sein.

Antikirche

P. Malachi Martin schrieb in seinem Buch *The Keys of This Blood* (zu deutsch: *Die Schlüssel dieses Blutes*), daß sich in der ganzen Kirche auf der Pfarr- wie auf der Diözesanebene, unter Laien, Nonnen, Priestern und Bischöfen der Glaube breit gemacht hat, daß nach dem Zweiten Vatikanischen Konzil die Eine, Heilige, Apostolische, Römisch-katholische Kirche zu existieren aufgehört habe. An ihre Stelle setzte sich „die nachkonziliare Kirche", welche ihre Anregungen aus „dem Geist des Zweiten Vatikanums" erhält. Nicht länger nannte man sie die „römisch-katholische Kirche", sondern statt dessen „das Volk Gottes" oder „die Kirche".

P. Martin weist darauf hin, daß die jetzt existierende Kirche sich radikal in vier Hauptpunkten von der Kirche vor dem Konzil unterscheidet:

1. Die nachkonziliare Kirche erhebt keinen Anspruch mehr auf den ausschließlichen Besitz der Mittel zum ewigen Heil. Wir alle – Katholiken, Nicht-

katholiken und Nichtchristen - sind Pilger, die sich auf verschiedenen Straßen auf dem Weg zum selben Ziel befinden.

2. In der nachkonziliaren Kirche ist die örtliche „Glaubensgemeinschaft" die Quelle religiöser Aufklärung, Führung und Autorität. Der rechte Glaube und die rechten Sitten werden nicht mehr durch die Hierarchie der Bischöfe gewähr-leistet, welche dem obersten kirchlichen Lehramt des Bischofs von Rom unterstellt ist.

3. Die weltweiten Gruppen der „Glaubensgemeinschaften" haben als ihre Hauptaufgabe in Zusammenarbeit mit „der Menschheit, den Weltfrieden erfolgreich zu erlangen und zu sichern und eine Weltreform in der Verwendung der Rohstoffe der Erde zu erreichen, um dadurch ökonomische Unterdrückung und den politischen Imperialismus zu beenden".

4. Die Regeln der „einstmaligen" römisch-katholischen Kirche bezüglich solcher Themen wie Empfängnisverhütung, Ehe, Tod und Sexualität müssen brüderlich an die Sicht, die Wünsche und die Praktiken der Welt insgesamt angepaßt werden.[2]

Die nachkonziliare Kirche und das heilige Meßopfer

Papst Paul VI. richtete 1963 das Consilium ein, welches aus etwa 200 Personen bestand, von denen viele während des Zweiten Vatikanischen Konzils als konziliare Periti („Experten") dienten. Diesem Komitee übertrug Papst Paul VI. die Aufgabe, die vom Zweiten Vatikanischen Konzil geforderten liturgischen Reformen auszuführen. Es wurde geleitet von Erzbischof Annibale Bugnini, von dem behauptet wird, daß er sich sehr fundierter Beziehungen zur Freimaurerei erfreute. Das Consilium erhielt die Hilfe von sechs protestantischen „Beobachtern", bei denen sich Papst Paul VI. öffentlich dafür bedankte, bei der Überarbeitung neuer liturgischer Texte mitgeholfen zu haben.[3]

Gemäß den Aussagen Pauls VI. wurden die Änderungen aus folgenden Gründen durchgeführt: 1. um die Liturgie der Kirche an die moderne Mentalität anzupassen; 2. im Gehorsam gegenüber den Beschlüssen des Zweiten Vatikanischen Konzils; 3. im Bewußtsein des Fortschritts der Liturgieforschung; 4. um zur ursprünglichen Praxis zurückzukehren und 5. aus Gründen der „Pastoral".[4]

Erzbischof Bugnini, der Sekretär des Consiliums, und Hochwürden Peter Coughlan stellten fest, daß die Richtlinien die theologischen Prinzipien behandeln, eine volle theologische Darstellung des neuen Ritus wiedergeben, die neue Messe vom Gesichtspunkt der Dogmatik beschreiben und als eine „dogmatische Einführung" dienen würden.[5]

Erzbischof Bugnini, Papst Pauls VI. ausführender Beamter in der Schöpfung des *Novus Ordo Missae* (Neuordnung der Messe), beschrieb das Resultat als „ein neues Lied" und als „die Eroberung der Kirche". Kardinal Benelli, einer der

Hauptarchitekten der neuen Liturgie, sagte aus, daß sie eine „neue Lehre von der Kirche" widerspiegele.[6]

Die „Neue Messe" oder der *Novus Ordo Missae* wurde erstmals im Oktober 1967 einer Bischofssynode in der sixtinischen Kapelle öffentlich vorgestellt. Zu jenem Zeitpunkt wurde sie *Missa Normativa* oder Standardmesse genannt. Die anwesenden Bischöfe wurden befragt, ob sie so eingeführt werden solle: einundsiebzig stimmten dafür, zweiundsechzig waren unter Vorbehalt dafür und dreiundvierzig lehnten sie strikt ab. Um den Wünschen dieser letzten Gruppe entgegenzukommen, wurden einige unwesentliche Änderungen vorgenommen, unter anderem die Wiederzulassung von zwei der traditionellen Gebete zur Opferung.[7]

Einige beunruhigte Bischöfe intervenierten, was man heute die Ottaviani-Intervention nennt. Der zentrale, strittige Punkt der Ottaviani-Intervention ist, daß die neue Meßordnung voller gefährlicher dogmatischer Irrtümer ist und einen Angriff gegen die katholische Lehre vom heiligen Meßopfer darstellt. Die Autoren der Intervention stellten fest, daß ihre Absicht keine ausführliche Darstellung aller Probleme der neuen Messe war, sondern vielmehr die Hervorhebung jener Abweichungen von der katholischen Lehre und Praxis, welche typisch für die neue Messe sind. Unter diesen listete die Intervention die folgenden auf:

- eine neue Definition der Messe als einer „Versammlung" statt eines Opfers, das Gott dargebracht wird;
- Auslassung von Elementen, die die katholische Lehre (was von den Protestanten äußerst zurückgewiesen wird) hervorhebt, daß die heilige Messe Genugtuung (Sühne) für die Sünden leistet;
- die Reduzierung der Rolle des Priesters zu einer Position, die in ungefähr der eines protestantischen Geistlichen gleichkommt;
- die eingeschlossene Leugnung der Realpräsenz Christi und der Lehre von der Transsubstantiation;
- die Veränderung der Wandlung von einer Opferhandlung zu einer bloßen Nacherzählung der Geschichte vom Letzten Abendmahl;
- die Zersplitterung der Einheit des Glaubens der Kirche durch die Einführung zahlloser Wahlmöglichkeiten und
- die durchgängig zweideutige Sprache und Aussprüche im Ritus, was die Lehre der Kirche kompromittiert.[8]

Nachdem er die Ottaviani-Intervention beantwortet hatte, promulgierte Papst Paul VI. die neue Meßordnung. Im Oktober 1984 wurde die Verwendung des römischen Meßbuches von 1962 durch Papst Johannes Paul II. unter der Bedingung autorisiert, daß diejenigen, die es verwenden, zustimmen, daß die neue Meßordnung gültig sei. Weiterhin fährt der Heilige Geist fort, die Kirche zu leiten und ihre Autorität unter der Führung des kirchlichen Lehramtes, der Schrift und der Tradition sicherzustellen.

Die Offenbarungen des Göttlichen Appells

Schwester Anna Ali, die am 29. Dezember 1966 in Kenia geboren und im April 1979 getauft worden war, wurde im Islam erzogen. Ihr Vater war ein frommer Moslem, aber ihre Eltern trennten sich, weil es zum Streit über den katholischen Glauben ihrer Mutter kam. Jesus erschien der Sr. Anna und sie zeichnete Seine Worte auf. Ihre Offenbarungen konzentrieren sich auf die Verehrung der heiligen Eucharistie. Die Botschaften von Sr. Anna sind von ihrem Bischof anerkannt worden.[9]

Wurde das heilige (Meß)opfer abgeschafft?

Unser Herr hat der Sr. Anna mitgeteilt, daß der Teufel alle Anstrengungen unternimmt, um Seine Gegenwart und das heilige Meßopfer abzuschaffen. Der Teufel bedient sich vieler vom rechten Weg abgefallener und sogar vieler geweihter Seelen, die aufs äußerste für dieses Unterfangen arbeiten. Mehr als je zuvor, so sagt der Herr, greifen die Freimaurer Sein göttliches Sakrament der Liebe im Tabernakel an. Sie stimmen alle darin überein, die Messe abzuschaffen.

Im Göttlichen Appell Nr. 4 sagte Unser Herr: „Bete für die Menschheit; die Welt wird immer schlechter. **Der Teufel versucht alles, um das hl. Meßopfer abzuschaffen. Die göttliche Gerechtigkeit bereitet sich vor.** Es wird ganz furchterregend schrecklich sein, als ob das Ende der Welt eingetroffen wäre. Aber noch ist das Ende nicht eingetroffen." (23. September 1987)

Im Göttlichen Appell Nr. 35 sagte Unser Herr: „Bete für die vielen verlorenen und für viele der Mir geweihten Seelen. Der Teufel benützt sie, um das Opfer der hl. Messe abzuschaffen." (1. November 1987)

Im Göttlichen Appell Nr. 46 sagte Er: „Diese Zeiten präsentieren uns die schlimmsten Stunden, in denen der Teufel alles versucht, um das hl. Opfer der Messe auszulöschen. ... Bete, bete für jene, die Mich auslachen, Mich beschimpfen, Mich verdammen und mehr noch als in der Vergangenheit Mich zertreten, um Meine Gegenwart im Sakrament der Liebe abzuschaffen." (5. Dezember 1987)

Im Göttlichen Appell Nr. 47 sagte Er: „Die Meinigen ... arbeiten unermüdlich in der Hoffnung, Meine Gegenwart und das hl. Meßopfer abzuschaffen." (6. 12. 1987)

Im Göttlichen Appell Nr. 53 sagte Er: „Der Teufel sagt dem göttlichen Sakrament der Liebe den Kampf an. Ich werde beschimpft und beleidigt; dies ist für Mich eine schreckliche Stunde. Die Meinen arbeiten stark daran, Meine Gegenwart im hl. Meßopfer abzuschaffen." (14. Dezember 1987)

Im Göttlichen Appell Nr. 54 sagte Unser Herr: „Dies sind dunkle Stunden, in denen der Teufel die Meinigen ... benutzt, die unermüdlich an der Zerstörung des hl. Meßopfers und der Seelen arbeiten, um sie ins Verderben zu führen. Meine Sakramente werden immer mehr aufgegeben und verabscheut. Meine Mysterien werden verflucht. Ständig und öfter als je zuvor greifen die Freimaurer Mein Sakrament der Liebe im Tabernakel an.“ (15. Dezember 1987)

Im Göttlichen Appell Nr. 70 sagte Er: „Es naht die Zeit, in der Meine Kirche ausgeraubt und verwüstet sein wird. Die Meinen sind wie zornige Löwen geworden. Viele Sakrilegien werden gegen Meine Gegenwart in den Tabernakeln begangen. Viele haben ihre Würde und ihre Vernunft verloren. Der Teufel hat ihre Herzen in Ketten gelegt. Von ihm geführt, arbeiten sie rastlos an der Zerstörung des hl. Meßopfers. Der Kelch ist voll.“ (18. Januar 1988)

Im Göttlichen Appell Nr. 71 sagte Jesus: „Die Freimaurer mißhandeln Mich in den Tabernakeln und selbst sogar in Meinem Evangelium. Der Frevel ist widerwärtig. Vereinige Dein Herz mit Meinen Blutstränen. Dies sind die Zeiten, in denen sie stark an der Abschaffung des hl. Meßopfers arbeiten. ... Die Hände der Freimaurer sind voller schlechter Absichten. Sie haben alle beschlossen, die hl. Messe abzuschaffen. ... Satan weilt mitten unter ihnen. Ich versichere Dir, daß sich Seelen mit Satan verbündet haben. Meine Liebe zur Menschheit läßt Mich Tag und Nacht im hl. Sakrament verbleiben. Wieviel Schmerz bereiten Mir ihr Verrat und ihre Demütigung! Die vielen Sünden rufen zu Meinem Ewigen Vater nach Rache. Ich wünsche, daß die Menschheit gerettet wird. Niemand fällt ohne seine Zustimmung in die Hölle. Ich rufe alle in Meine Herde zurück. Die Welt ist von Sinnen geworden.“ (19. Januar 1988)

Auch die Heilige Schrift spricht von der Abschaffung des täglichen Opfers. In Daniel 12, 4-13 heißt es, daß das tägliche Opfer tatsächlich für eine Zeitspanne von 1.290 Tagen abgeschafft sein würde: „Du aber, Daniel! verschließe diese Aussprüche und versiegle das Buch bis zur bestimmten Zeit, sehr viele werden es durchforschen, und die Erkenntnis wird sich reich mehren.

Und ich, Daniel, schaute. Siehe, da standen zwei andere, einer diesseits des Ufers des Stromes und der andere am jenseitigen Ufer des Stromes. Da sprach ich zu dem Manne, welcher in linnene Gewänder gekleidet war und über den Wassern des Flusses stand: Bis wann wird das Ende dieser wunderbaren Dinge sein? Und ich hörte, wie der Mann, welcher in Linnen gekleidet war, der über den Wassern des Flusses stand, indem er seine Rechte und Linke gen Himmel erhob, beim ewig Lebenden schwur: Bis zu einer Zeit und zwei Zeiten und einer halben Zeit, wenn die Zerstreuung der Macht des heiligen Volkes aufs höchste gekommen ist, wird dies alles erfüllt werden. Ich hörte, aber verstand es nicht. Und ich sprach: Mein Herr! was wird hiernach sein? Er antwortete: Gehe, Daniel! Denn verschlossen und versiegelt sind die Aussprüche bis zur bestimmten Zeit. Viele werden ausgeschieden, geläutert und wie im Feuer bewährt werden, aber die Frevler werden Frevel begehen, und alle Gottlosen werden nicht zur Erkenntnis kommen, doch die Einsichtigen werden Erkenntnis erlangen. **Von der Zeit aber, da das beständige Opfer abgeschafft und der Greuel zur Verwüstung aufgestellt ist, sind tausend zweihundert und neunzig Tage. Selig, wer harrt und das Ende von tausend dreihundert und fünfunddreißig Tagen erreicht! Du aber wirst zu dem dir bestimmten Ende gelangen und ruhen, doch am Ende der Tage zu deinem Lose auferstehen.**"

Die Botschaft Unserer Lieben Frau vom 31. Dezember 1992 an Don Gobbi sagt aus: „**Die heilige Messe ist das tägliche Opfer, die reine Opfergabe, die dem Herrn überall dargebracht wird, vom Aufgang bis zum Untergang der Sonne. Das Opfer der Messe erneuert und macht jenes gegenwärtig, das von Jesus auf dem Kalvarienberg vollzogen worden ist. Indem man die protestantische Lehre annimmt, wird man sagen, daß die Messe nicht ein Opfer ist, sondern allein ein heiliges Mahl, nämlich das Andenken an das, was Jesus bei seinem letzten Abendmahl getan hat. Und so wird die Zelebration der heiligen Messe unterdrückt werden. In dieser Abschaffung des täglichen Opfers besteht *der unheilvolle Greuel,* der vom Antichrist durchgeführt wird, dessen Dauer ungefähr dreieinhalb Jahre sein wird, nämlich die Dauer von zwölfhundertneunzig Tagen.**"

Weitere Schismen vorausgesagt

Mehrere von der Kirche anerkannte Menschen haben über das bevorstehende Schisma und die damit verbundenen Ereignisse gesprochen:

Die selige Anna Katharina Emmerich

In den Zwanzigerjahren des 19. Jahrhunderts hatte die selige Anna Katharina Emmerich, eine stigmatisierte Augustinernonne, Visionen von der Kirche in der Zukunft. Am 13. Mai 1820 stellte sie fest: „Ich sah auch das Verhältnis zwischen den beiden Päpsten ... Ich schaute, wie unheilvoll die Konsequenzen dieser falschen Kirche sein würden. Ich erblickte, wie sie anwuchs; Häretiker aller Art versammelten sich in der Stadt [Rom]. Der örtliche Klerus wurde lau, und ich sah eine große Finsternis ... Erneut erblickte ich, wie die Kirche Petri durch einen Plan der geheimen Sekte unterwandert war, während sie von Stürmen beschädigt wurde."

„Aber ich sah auch, daß sich Hilfe einstellen würde, wenn das Unheil seinen Höhepunkt erreicht hätte. Ich schaute, wie die Allerseligste Jungfrau Maria sich wieder über der Kirche erhob und [darüber] ihren Mantel ausbreitete. Ich erblickte einen Papst, der zugleich sanft und sehr streng war ... Ich sah eine große Erneuerung, und die Kirche reckte sich hoch in den Himmel hinauf."

Am 12. September 1820 sagte sie: „Ich schaute, wie eine seltsame Kirche wider jegliche Regel errichtet wurde ... Es gab keine Engel, die die Bauarbeiten überwachten. In jener Kirche stammte nichts von oben ... Dort herrschte nur Zwietracht und Unordnung. Es ist vermutlich eine Kirche von menschlicher Herkunft, die sich nach der neuesten Mode richtet wie auch nach der irrgläubigen Kirche von Rom, welche von derselben Art zu sein scheint ... Erneut sah ich die seltsame, große Kirche, die dort [in Rom] errichtet wurde. In ihr gab es nichts Heiliges ... Alles wurde aufgrund der menschlichen Vernunft ausgeführt. Ich erblickte alle Arten von Menschen, Dingen, Lehren und Meinungen. Es gab den Anschein von Stolz, Anmaßung und Gewalt, und sie schienen sehr erfolgreich zu sein. Weder schaute ich einen einzigen Engel noch einen einzigen Heiligen, der bei der Arbeit half. Aber in der Ferne, im Hintergrund, sah ich den Sitz eines grausamen Volkes, das mit Speeren bewaffnet war, und dabei eine lachende Gestalt, die sagte: ‚Baut es so fest, wie ihr könnt; wir werden es niederreißen.'"

Vom August bis zum Oktober 1820: „Ich sah neue Märtyrer in der Zukunft. ... Ich sah die Leute von der geheimen Sekte (Gnosis) immerfort an der großen Kirche herunterbrechen. Ich sah ein abscheuliches Tier, aus dem Meere gestiegen, bei ihnen. ... Als die Kirche schon weit [von der geheimen Sekte] abgerissen war, so daß nur noch der Chor (Glaube an die hl. Eucharistie) und der Altar standen, da sah ich diese Abbrecher mit dem Tier in die Kirche dringen. Und hier fanden sie ein großes, herrliches Weib (Maria), die schwanger zu sein schien, denn sie ging langsam. Die Feinde erschraken sehr, und das Tier konnte keinen Schritt weiter. Es streckte seinen Hals ganz grimmig nach dem Weib aus, als wolle es das Weib verschlingen, aber das Weib drehte sich um und verbeugte sich [zum Altar], wobei sein Kopf den Boden berührte. Darauf schaute ich, wie das Tier beim Meer Zuflucht suchte und wie die Feinde in größter Verwirrung flohen ... Dann sah ich, wie die Kirche sofort wiederaufgebaut wurde. Und sie war prächtiger als je zuvor."

Am 1. Oktober 1820: „Die Kirche befindet sich in großer Gefahr. Wir müssen dafür beten, daß der Papst Rom nicht verläßt. Zahllose Übel würden folgen, wenn er es täte. Jetzt verlangen sie etwas von ihm. Die protestantische Lehre und jene der schismatischen Griechen soll überall verbreitet werden. Nun sehe ich, daß an diesem Ort [Rom] die [katholische] Kirche so schlau unterminiert wird, daß kaum an die hundert Priester übrig bleiben, die nicht verführt worden sind. Sie arbeiten alle für die Zerstörung, selbst der Klerus. Ein großes Unheil steht jetzt nahe bevor."

Am 20. April 1820: „Ich hatte noch eine Vision der großen Drangsale. Es erschien mir, als wenn ein Zugeständnis vom Klerus verlangt wurde, welches nicht gewährt werden konnte. Ich sah viele ältere Priester, besonders einen, der herzergreifend weinte. Auch einige jüngere vergossen Tränen. Aber andere und die lauen unter ihnen taten sofort, was verlangt wurde. Es war, als ob sich die Leute in zwei Lager spalteten."

Am 23. April 1823: „Ich sah, wie viele Pfarrer sich auf Ideen einließen, die für die Kirche gefährlich waren. Sie errichteten eine große, seltsame und extravagante Kirche. Jeder sollte zu ihr zugelassen werden, damit alle eins seien und gleiche Rechte besäßen: Evangelische, Katholiken, Sekten aller Art. So sollte die neue Kirche sein ... Aber Gott hatte andere Vorstellungen."

„Ich sehe, wie ein schlechter Priester in der Zeit kurz vor der Wiederkunft Christi der Kirche großen Schaden zufügt. Kurz vor der Herrschaft des Antichrist wird eine falsche Religion auftauchen, welche sich der Einheit Gottes mit Seiner Kirche widersetzt. Das wird zum größten Schisma führen, das die Welt je gekannt hat. Je näher die Zeit des Endes heranrückt, umso mehr wird sich die Finsternis Satans über die Erde verbreiten, und umso größer wird die Zahl der Kinder der Verderbnis sein und entsprechend die Zahl der Gerechten abnehmen."[10]

Gegenpapst, kein Papst

Nichts ist neu in der Geschichte. In ihrer Geschichte ist die Kirche oft von Schismen, Apostasie und zwei Päpsten geplagt worden, die gleichzeitig Anspruch auf denselben Thron erhoben. Prophezeiungen sowie Ereignisse in letzter Zeit scheinen anzudeuten, daß wir uns in diese Richtung bewegen. Die Schlüssel des heiligen Petrus in der Hand von Papst Johannes Paul II. könnten bald von einem anderen verlangt werden, insofern sich Abweichler und falsche Lehrer im Vatikan mehr und mehr offen bekennen und rebellieren.

Richard Langley hat in *Signs of the Times* (zu deutsch: *Zeitzeichen*) die historischen Präzedenzfälle für den Gegenpapst dargestellt. „In der Geschichte hat es mindestens siebenunddreißig Gegenpäpste gegeben. Das große, abendländische Schisma ereignete sich nach der Wahl Papst Urbans VI. vom 8. April 1378. Am 2. August 1378 veröffentlichten die Kardinäle eine Erklärung, wonach die Wahl ungültig sei, weil sie ihn nur aus Furcht unter Druck gewählt hätten. Sie verlangten, daß Urban VI. sein Amt niederlege. Er weigerte sich, worauf sie einen anderen Papst wählten, der sich Klemens VII. nannte und nach Avignon übersiedelte. Jeder der beiden Päpste exkommunizierte den jeweils anderen Papst und behauptete, daß der andere schismatisch und abgesetzt sei. Beide schienen gültig gewählt worden zu sein. Länder, Heilige der Kirche und Ordensgemein-schaften spalteten sich darüber. Die Franziskaner wählten zwei Generalobere ihres Ordens, wobei der eine den einen und der andere den anderen Papst unterstützte. Die Verwirrung war vollständig. Wem sollte man folgen? Für 1414 wurde ein Konzil nach Konstanz einberufen, um diese Angelegenheit zu bereinigen.

Das Konzil von Konstanz erklärte, daß allgemeine Konzile über dem Papst ständen. In der Auflösung des abendländischen Schismas setzte es das Mandat fest, daß die Kirche durch allgemeine Konzile zu regieren sei. Nach dem Konzil von Konstanz wurde dieser Gedanke, der ursprünglich bei den einander entgegengesetzten Seiten Zustimmung fand, in der Folgezeit ignoriert und von Martin V. und seinen Nachfolgern zurückgewiesen, die jedoch einige allgemeine Konzile einberiefen. Die Rechtsbestimmungen des Konzils, die dieses Mandat erhoben, wurden für ungültig erklärt. Aber die übrigen Bestimmungen wurden zum großen Teil als gültig angenommen, und das Konzil von Konstanz wurde als ein gültiges ökumenisches Konzil ausgewiesen.

Obwohl grundsätzlich galt, daß nur der Papst ein allgemeines Konzil einberufen konnte, gewann doch der Gedanke an Zustimmung, daß die eigentliche Autorität beim Weltepiskopat als Ganzem ruhe und daß allgemeine Konzile jederzeit über der Autorität des Papstes ständen und nicht nur in Krisenzeiten, eine Ansicht, die man mit Konziliarismus bezeichnet. Der Papst wurde lediglich als ein Repräsentant verstanden. Nachfolgende Päpste mußten darum kämpfen, daß ihre Oberhoheit über Konzile und Bischöfe wiederhergestellt wurde.

Dieses Problem plagte die Kirche bis zur Erklärung der Unfehlbarkeit des Papstes durch das Erste Vatikanische Konzil vom 18. Juli 1870. Dieses Konzil wurde während der italienischen Revolution wegen des Einmarsches von Garibaldis Truppen in Rom, im Juli 1870, auf Dauer unterbrochen, wodurch die Stellungnahme der Kirche zum Thema des kollegialen Verhältnisses vom Gesamt aller Bischöfe der Welt zum Papst unvollständig blieb. Dies wurde teilweise vom Zweiten Vatikanischen Konzil gelöst, bei dem sich aus drei miteinander wettstreitenden Interpretationen die Ansicht Papst Pauls VI. nach seiner Intervention mit einer vorläufigen erklärenden Notiz beim Konzil durchsetzte. Seine Ansicht war, daß der Papst persönlich die Oberhoheit in der Kirche wahrnimmt, zugleich aber auch das Bischofskollegium, insofern es mit seinem Oberhaupt, dem Papst, vereint ist. **Das bedeutet, daß das Bischofskollegium seine Oberhoheit nicht unabhängig vom Papst wahrnehmen kann.**"

Herr Langley stellte weiterhin fest: „Es gibt eine direkte Verbindung zwischen dem Machtaufstieg der nationalen Bischofskonferenzen und dem Begriff der Kollegialität. Die Bischofskonferenzen in den Nationalstaaten, die Bischofsräte ... sind lediglich menschliche Einrichtungen, weil sie, wie Kardinal Ratzinger öffentlich erklärt hat, keine Einrichtungen der Hierarchie sind. Sie haben jedoch begonnen, bisweilen unabhängig von Rom zu handeln. Das fördert den Trend der Idee einer „Nationalkirche", was zu einem Schisma führen könnte."[11]

Die katholische Prophetie warnt uns vor den ernsten Problemen, die das Papsttum in dieser Endzeit bedrohen. Ein realistischer möglicher Handlungsablauf unserer Zeit konzentriert sich auf die Verfolgung von Katholiken, die die

Lehren der wahren Kirche befolgen. Wenn Papst Johannes Paul II. nicht mehr unter uns weilen wird, so deuten im allgemeinen die heutigen Seher – wie auch die Ansichten aufmerksamer Beobachter der Kirche – darauf hin, daß unter uns das Chaos herrschen wird. Ein Gegenpapst wird sich der päpstlichen Autorität bemächtigen, und das glaubenstreue Element in der Kirche wird intensiven Verfolgungen ausgesetzt sein. Prophetien sprechen von Verfolgungen für jene, die die Lehren der Kirche befolgen, wie nie zuvor in der Geschichte. Einigen Sehern zufolge werden jene, die an den Wahrheiten des Glaubens festhalten, als Übeltäter dieses schrecklichen Schismas hingestellt werden.

Der Papst abgesetzt

Der selige Joachim (s. 1202): „Vor dem Ende der Welt wird der Antichrist den Papst stürzen und sich seines Thrones bemächtigen."[12]

Der Papst flieht aus Rom

Johannes von Vitiguerro (13. Jahrhundert): „Der Papst wird seinen Sitz verlegen und fünfundzwanzig oder noch mehr Monate lang wird die Kirche nicht verteidigt werden, weil es während dieser Zeit in Rom keinen Papst geben wird ... Nach vielen Drangsalen wird ein Papst aus jenen gewählt werden, die die Verfolgungen überlebt haben."[13]

Die selige Anna-Maria Taigi (19. Jahrhundert): „Die Religion wird verfolgt und Priester werden hingerichtet werden. Die Kirchen werden, aber nur für eine kurze Zeit, geschlossen bleiben. Der Heilige Vater wird genötigt sein, Rom zu verlassen."[14]

Kein Papst

Maria Steiner (19. Jahrhundert): „Ich habe den Herrn gesehen, wie Er mit einer Geißel in der Hand die Welt durchpeitschte und sie auf eine fürchterliche Weise züchtigte. Die heilige Kirche wird verfolgt werden, und Rom wird ohne Hirten sein. Aber der Herr zeigte mir, wie schön die Welt nach dieser schrecklichen Bestrafung sein wird."[15]

Der Papst wird ermordet

Die heilige Hildegard (s. 1179): „Einer der übrig gebliebenen Mohammedaner wird sich bekehren, Priester, Bischof und Kardinal werden, und wenn der neue Papst gewählt werden wird (unmittelbar vor dem Antichrist), wird dieser Kardinal aus Eifersucht, weil er selber Papst sein möchte, den Papst vor seiner Inthronisation ermorden. Dann wenn die anderen Kardinäle den nächsten Papst wählen, wird dieser Kardinal sich selbst zum Gegenpapst ausrufen lassen, wonach zwei Drittel der Christen ihm folgen werden."[16]

Der verehrungswürdige Bartholomäus Holzhauser (s. 1658): „Der Antichrist und seine Armee werden Rom erobern, den Papst töten und sich seines Sitzes bemächtigen.“[17]

Noch zwei weitere Päpste

Zu Garabandal, in Spanien, teilte Unsere Allerseligste Mutter 1962 der Conchita, einer der Seherinnen, mit, daß „... nach Paul dem VI. nur mehr zwei Päpste“, von denen einer nur kurze Zeit regieren werde, „vor dem Ende der Zeit folgen werden, das nicht das Ende der Welt sein wird.“[18]

Der Antichrist

Ein Antichrist, im weitesten Sinne des Wortes, ist jemand, der leugnet, daß Jesus der Messias ist (1 Johannes 2, 18-22). Im Laufe der Geschichte wird vom Geist des Antichrist (mit einem kleinen „a“ [nur im Englischen so]) gesprochen. Die Heilige Schrift spricht von **dem Antichrist** als einer Person, einem Individuum. Er ist die leibhaftige Manifestation eines Menschen. In La Salette warnte Maria: „Rom wird den Glauben verlieren und der Sitz des Antichrist werden.“ In der Botschaft an die Marianische Priesterbewegung vom 17. Juni 1989 sprach Unsere Liebe Frau ausführlich über den Antichrist. Sie sagte, daß sich beim Höhepunkt der Apostasie und der Drangsale die Tür für das Erscheinen des Antichrist öffnen werde. Indem sie die Worte der Schrift aufnahm, sagte sie, daß die Menschen weder kaufen noch verkaufen könnten, ohne das Siegel des Tieres zu tragen.

„Vor der Ankunft unseres göttlichen Heilands gab es über Ihn viele Prophetien und Schauungen. So wird es auch mit dem Antichrist sein. Der Prophet Daniel spricht von ihm im wörtlichen und mystischen Sinne in vier verschiedenen Kapiteln, (nämlich 7, 9, 11 und 12), während der heilige Matthäus (24), der heilige Markus (13), der heilige Johannes (5), der heilige Paulus in seinem Zweiten Brief an die Thessalonicher, der heilige Johannes in seinem ersten und zweiten Brief und besonders in der Geheimen Offenbarung (13) etc. uns von seiner Zukunft oder den Ereignissen seiner Ankunft Mitteilung machen. Noch vor einigen Jahrzehnten war es für die Theologen ein ziemlich schwieriges Problem zu erklären, wie es dem Antichrist gelingen würde, die ganze Welt unter seine politische und religiöse Herrschaft zu bringen.“[19]

Gemäß der Voraussagen über die Endzeit im Buch Daniel ist der Antichrist eine Person, die eine Zeitlang herrscht. Vom Erzengel Michael wird im Buch Daniel als dem großen Fürsten gesprochen, der die Menschen der Endzeit beschützt. Daniel schreibt: „...; **denn es wird eine Zeit kommen, wie keine gewesen, seitdem Völker sind, bis zu jener Zeit.**“ **(Daniel 12, 1)**. Diese Schriftpassagen sprechen von großen Drangsalen und davon, daß das immerwährende Meßopfer für dreieinhalb Jahre abgeschafft werde. Der Greuel, der aufgerichtet wird, könnte jener sein, der sich ergibt, wenn der Antichrist sich während seiner Herrschaftszeit in Rom seinen Sitz wählt, wobei er nahezu unglaubliche Pein und Drangsal verursachen wird, „..., wie keine gewesen, seitdem Völker sind, bis zu jener Zeit."

Die Szene, sowohl auf der religiösen als auf der weltlichen Bühne, ist für sein baldiges Erscheinen reif. In ihren inneren Einsprechungen an Don Gobbi vom 18. September 1988 gab Unsere Allerseligste Mutter Hinweise auf die ominösen Ereignisse, die auf uns in den nächsten Jahren zukommen: **„In diesem Zeitraum von zehn Jahren wird sich die Fülle der Zeit vollenden, die euch von mir vorausgesagt worden ist, beginnend mit La Salette bis zu meinen letzten und aktuellen Erscheinungen. ... In diesem Zeitraum von zehn Jahren wird sich die geheime Macht der Gesetzwidrigkeit offenbaren, die von der immer größeren Ausdehnung des Abfalls vorbereitet wird."**

Unsere Allerseligste Mutter sprach in La Salette über den Antichrist: „So wird es um die Zeit sein, wenn der Antichrist geboren wird von einer jüdischen Ordensfrau, einer falschen Jungfrau, die mit der alten Schlange, dem Meister der Unzucht, im Bunde stehen wird. Sein Vater ist Bischof. Bei seiner Geburt wird er Gotteslästerungen ausspeien; er wird Zähne haben; mit einem Worte, dieser ist ein fleischgewordener Teufel. Er wird bei seiner Geburt in ein schreckliches Geschrei ausbrechen, er wird Wunder wirken, er wird sich von der Unzucht nähren. Er wird Brüder haben, die, obwohl sie keine fleischgewordenen Teufel wie er sind, dennoch Kinder des Bösen sind. Wenn sie zwölf Jahre alt sind, werden sie durch die stattlichen Siege, die sie errungen haben, die Aufmerksamkeit auf sich ziehen. Bald wird jeder von ihnen ganze Armeen anführen, wobei sie von den Legionen der Hölle unterstützt werden. ...

Rom wird den Glauben verlieren und der Sitz des Antichrist werden. ... Die Kirche wird verfinstert, die Welt in Bestürzung sein. Aber da sind Henoch und Elias, erfüllt vom Geiste Gottes. Sie werden mit der Kraft Gottes predigen, und die Menschen guten Willens werden an Gott glauben und viele Seelen getröstet werden. Sie werden durch die Kraft des Heiligen Geistes große Fortschritte machen und die teuflischen Irrtümer des Antichrist verurteilen. Wehe den Bewohnern der Erde! Es wird blutige Kriege geben und Hungersnöte und Pestseuchen und ansteckende Krankheiten. Es wird ein schrecklicher Hagel von Tieren niederregnen. Gewitter werden Städte erschüttern und Erdbeben ganze Länder verschlingen. In der Luft wird man Stimmen hören. Menschen werden mit ihrem Kopf gegen die Wand rennen und den Tod herbeiwünschen, und anderseits wird der Tod ihre Qual sein. Überall wird Blut fließen. Wer könnte da siegen, wenn Gott nicht die Zeit der Prüfung abkürzte?

Durch das Blut, die Tränen und die Gebete der Gerechten wird sich Gott erweichen lassen. Henoch und Elias werden dem Tode überliefert. Das heidnische

Rom wird verschwinden. Und Feuer vom Himmel wird herabfallen und drei Städte verzehren. Die ganze Welt wird von Entsetzen geschlagen. Es ist Zeit. Die Sonne verfinstert sich. Der Glaube allein wird leben. ... Nun ist die Zeit da! Der Abgrund öffnet sich. Siehe da den König der Finsternis! Siehe da das Tier mit seinen Untergebenen, das sich „Erlöser der Welt“ nennt. Stolz wird es sich in die Lüfte erheben, um zum Himmel aufzusteigen. Es wird durch den Hauch des heiligen Erzengels Michael erstickt. Er stürzt herab, und die Erde, die sich seit drei Tagen in beständigen Umwälzungen befindet, wird ihren Schoß voll des Feuers öffnen. Es wird verschlungen für immer mit all den Seinen in die ewigen Abgründe der Hölle. Dann werden Wasser und Feuer die Erde reinigen und alle Werke des menschlichen Hochmuts vertilgen, und alles wird erneuert werden. Man wird Gott dienen und verherrlichen.“

Mehrere Propheten der Vergangenheit haben im Lauf der Kirchengeschichte über die leibhaftige Manifestation des Geheimnisses der Gesetzwidrigkeit geschrieben, welches ein Mensch wird, der Herrschaft ausübt. Die Kirchenväter und die Heiligen haben tief darüber nachgedacht, was uns die Schrift über den Antichrist und seine Herrschaft mitteilt:

Der heilige **Hippolyt** (s. 235): „Johannes sagt: ‚Meinen zwei Zeugen aber will ich den Auftrag geben, daß sie zwölfhundertsechzig Tage lang in Bußgewändern predigen.‘ Das ist die halbe Woche, von der Daniel sprach. Diese sind die zwei Ölbäume und die zwei Leuchter, die vor dem Herrn der Welt stehen. ... Denn genau das ist es, was die Propheten Henoch und Elias verkünden werden.

Wir wollen etwas mehr im Detail betrachten, worüber Daniel in seinen Visionen spricht. Denn indem er die Reiche unterscheidet, die hiernach sich erheben werden, zeigt er uns ebenso das Erscheinen des Antichrist in der Endzeit und das Ende der Welt. Daniel sagt: ‚Aber eine Woche wird für viele den Bund festigen und in der Mitte der Woche werden Schlachtopfer und Speiseopfer aufhören, ...‘ Mit der einen Woche meinte er deshalb die letzte Woche, welche am Ende der Welt sein wird ...

In jeder Hinsicht versucht jener Betrüger selber wie der Sohn Gottes zu erscheinen. Christus ist ein Löwe, und der Antichrist ist ein Löwe. Christus ist der König des Himmels und der Erde, und der Antichrist wird Herrscher auf Erden sein. Der Heiland manifestierte sich wie ein Lamm; und ebenso wird er wie ein Lamm erscheinen, während er doch im Innern ein Wolf ist.

Wenn Daniel sagt: ‚Aber eine Woche wird für viele den Bund festigen ...‘, so will er damit sogar Jahre andeuten. Und die halbe Woche ist für die Verkündigung durch die Propheten und während der anderen Hälfte – das soll dreieinhalb Jahre bedeuten – wird der Antichrist auf Erden herrschen. Und danach wird ihm sein Reich und sein Ruhm genommen werden. Und wegen der Lebensmittelknappheit werden alle zu ihm kommen und ihn anbeten. Und er wird sie alle mit seinem

Zeichen auf der rechten Hand und an der Stirn besiegeln, damit niemand mit seiner rechten Hand das ehrwürdige Zeichen des Kreuzes auf die Stirn zeichnen mag, sondern damit seine Hand gefesselt sei ... Und sein Zeichen auf der Stirn und auf der rechten Hand ist die Zahl sechshundert dreimal und sechs."[20]

Origines (s. 254): „Wenn sich das Ende der Zeit nähert, wird von Gott ein großer Prophet [Elias] gesandt werden, damit die Menschen das Wissen von Gott zurückerlangen. Und er wird Macht erhalten, wunderbare Dinge zu vollbringen. Wo die Menschen ihm kein Gehör schenken wollen, wird er die Him-mel verschließen und sie dazu veranlassen, ihren Regen zurückzuhalten. Er wird ihr Wasser in Blut verwandeln und sie mit Durst und Hunger quälen. Und sollte jemand versuchen, ihm Schaden beizufügen, so wird sein Mund Feuer speien und diesen Menschen verbrennen.

Durch diese Wunder und seine Macht wird er viele zur Anbetung Gottes zurückführen. Und wenn sein Wirken erfüllt sein wird, wird sich ein anderer Herrscher in Syrien erheben, der aus einem bösen Geist geboren ist, der Besieger und Vernichter der Menschheit [Antichrist], der zusammen mit sich selbst das vernichten wird, was das vorhergehende Übel übrig gelassen hat ...

Aber jener Herrscher wird sich nicht nur selbst entehren, sondern auch ein falscher Prophet sein. Und er wird sich selbst Gott nennen und dazu konstituieren, und ihm wird Macht gegeben werden, Zeichen und Wunder zu vollbringen, wodurch er Menschen dazu verführen wird, ihn anzubeten. Er wird Feuer vom Himmel herabrufen, die Sonne zum Stillstand bringen und ihren Verlauf ändern, Bilder zum Sprechen bringen. Und diese Dinge geschehen auf sein Wort hin – durch diese Wunder wird er selbst viele der Weisen verführen.

Dann wird er versuchen, den Tempel Gottes zu zerstören und die Gerechten zu verfolgen. Und es wird Leid und Drangsal herrschen, wie man es nie zuvor seit dem Beginn der Welt gesehen hat. Ihm wird die Macht gegeben werden, zweiundvierzig Monate lang die ganze Erde zu verwüsten. Das wird die Zeit sein, wenn Recht und Sitte vertrieben werden und die Unschuld gehaßt wird; die Zeit, in der die Bösen über die Guten als ihre Feinde herfallen und weder Gesetz noch Ordnung und Militärdisziplin aufrecht erhalten werden."[21]

Der heilige Johannes Chrysostomus (s. 407): „Nach der Geburt des Anti-christ wird die Welt ohne Glauben sein und entarten. Der Antichrist wird vom Satan besessen und der uneheliche Sohn einer aus dem Osten stammenden Jüdin sein."[23]

Der heilige Augustinus (s. 430): „Daniel prophezeit vom Jüngsten Gericht derart, um anzuzeigen, daß zuerst der Antichrist kommen muß, und erst danach bringt er die Beschreibung der ewigen Herrschaft der Heiligen ... Aber jener, der diesen Abschnitt auch nur halbwach liest, kann nicht umhin zu bemerken, daß das Reich des Antichrist, obwohl nur für kurze Zeit, die Kirche fürchterlich verfolgen wird, bevor das Endgericht Gottes die ewige Herrschaft der Heiligen herbeiführt. Denn aus dem Zusammenhang des Textes geht hervor, daß die eine Zeit, zwei Zeiten und eine halbe Zeit ein Jahr, zwei Jahre und ein halbes Jahr, mit anderen Worten dreieinhalb Jahre, bedeuten."[24]

Der heilige Johannes von Damaskus (s. 754): „Er, der zum Ende der Welt auftreten wird, wird als Antichrist bekannt sein. Seine Mutter wird behaupten, daß sie ihn als Jungfrau geboren habe. Er wird von einem Meer zum anderen herrschen. Der Antichrist wird ein uneheliches Kind sein, welches völlig unter der Macht des Satans stehen wird. Und Gott, der um seine unglaubliche zukünftige Perversion weiß, wird es dem Teufel erlauben, von ihm von seiner sündhaften Empfängnis an vollen und immerwährenden Besitz zu ergreifen."[25]

Die heilige Hildegard (s. 1179): „Der Sohn des Verderbens wird gegen Ende der Weltzeit erscheinen und kurze Zeit herrschen. ... Er wird in der Endzeit kommen. Er wird nicht Satan selber sein, sondern ein Mensch, der ihm in seiner schrecklichen Scheußlichkeit ähnlich und gleich ist. Seine Mutter, eine verdorbene Frau, die vom Teufel besessen ist und in der Wüste als Prostituierte lebt ... wird behaupten, daß ihr ihr Sohn von Gott auf übernatürliche Weise geschenkt wurde, so wie es auch beim Kind der Allerseligsten Jungfrau war. Darauf wird sie von den verführten Menschen wie eine Heilige verehrt werden."

„Der Antichrist stammt aus einem Land, das zwischen zwei Meeren liegt und im Osten eine Terrorherrschaft ausübt. Nach seiner Geburt werden falsche Lehrer und Lehren auftauchen, auf die Kriege, Hungersnot und Pestseuchen folgen ... An verschiedenen geheimen Orten wird er aufwachsen und in seinem Versteck bleiben, bis er erwachsen ist. Er wird die Menschen an sich ziehen, indem er sie der Befolgung aller göttlichen und kirchlichen Gebote enthebt, ihnen ihre Sünden vergibt und von ihnen nur verlangt, daß sie an seine Gottheit glauben. Er wird die Taufe und das Evangelium verachten und ablehnen. Er wird behaupten, daß Jesus von Nazareth nicht der Sohn Gottes sei, sondern nur ein Betrüger ...

Er wird von sich behaupten, daß er der Heiland der Welt sei ... Insbesondere wird er versuchen, die Juden davon zu überzeugen, daß er der von Gott gesandte Messias sei, und die Juden werden ihn als solchen akzeptieren ... Und dennoch, durch sein Sittengesetz wird er versuchen, alle Ordnung in der Welt in ihr Gegenteil zu kehren. Deshalb wird er in der Heiligen Schrift der ‚Gesetzlose' genannt. ... Er wird jegliches Gesetz, jegliche Moral und jegliches religiöse Prinzip beseitigen, um so die Welt an sich zu ziehen. Er wird vollständige Freiheit von den Geboten Gottes und der Kirche gewähren und es jedermann gestatten, so zu leben, wie es seine Leidenschaften diktieren. ... In der Religion wird er bestrebt sein, sie angenehm zu machen. Er wird sagen, daß es nicht nötig sei, sich durch Fasten und Verzicht das Leben schwer zu machen. ... Es genügt, Gott zu lieben ... Er wird die freie Liebe predigen und die Familienbande zerreißen ...; behaupten, daß Sünde und Laster keine Sünden und Untugenden seien ... **Unmittelbar vor dem Eintreffen des Antichrist wird es Hungersnot und Erdbeben geben.**"[26]

Die heilige Brigitta von Schweden (s. 1373): „Wenn die Gottlosigkeit ins Unermeßliche gewachsen sein wird und das Maß der Ungerechtigkeit überfließt, dann naht die Zeit des Antichrist heran. ... Wenn die Christen die Ketzerei lieben, und wenn die Ungerechten die Geistlichkeit und die Gerechtigkeit mit Füßen treten, so ist dies ein sicheres Zeichen, daß der Antichrist bald kommen wird."

„Am Ende dieses Zeitalters wird der Antichrist geboren werden. Wie Christus von der höchsten Stufe der Fraulichkeit [Jungfrau] zur Welt kam, so wird der Antichrist von der niedrigsten Form [Hure] geboren werden. Bei seiner Geburt wird er ein Wunderkind sein. Seine Mutter wird eine verfluchte Frau sein, die vorgibt, geistliche Dinge zu verstehen, und sein Vater wird ein verfluchter Mann sein, aus deren Vereinigung mit Zulassung Gottes der Teufel sein Werk gestalten wird. Die Zeit dieses Antichrist, die mir wohl bekannt ist, wird eintreffen, wenn der Frevel und die Unfrömmigkeit maßlos geworden sind, das Maß der Ungerechtigkeit überfließt und das Böse ins Unermeßliche angewachsen sein wird ... Drei Jahre lang wird er über die ganze Erde herrschen ... **Im Jahre 1980 werden die Bösen die Vorherrschaft übernehmen.**"[27]

Johanna Royer (s. 1798), **auch bekannt unter dem Namen Schwester Nativitas:** „Viele Vorläufer, falsche Propheten und Mitglieder der teuflischen Geheimgesellschaften, Anbeter Satans, werden die heiligsten Dogmen und Lehren unserer heiligen Religion angreifen, die Gläubigen verfolgen, verabscheuungswürdige Handlungen begehen, aber der wahre Greuel und das äußerste Elend wird erst voll verwirklicht werden zur Zeit der Herrschaft des Antichrist, welche etwa dreieinhalb Jahre andauern wird. Wehe, wehe, wehe dem letzten Jahrhundert, das herankommt! Welche Drangsale gehen seinem Beginn voraus! Aus dieser mächtigen Stimme vernehme ich, daß diese schrecklichen Drangsale vor der Zeit des Jüngsten Gerichts kommen werden. Und als ich darüber nachdachte und in Gott das Jahrhundert abwägte, sah ich, daß jenes, welches 1800 beginnt, nicht das letzte sein wird. Ich sehe, daß ein schlechter Priester der Kirche großen Schaden zufügt, wenn sich die Wiederkunft Christi nähert.

Zur Zeit der Ankunft der Herrschaft des Antichrist wird eine falsche Religion erscheinen, welche sich der Einheit Gottes mit Seiner Kirche widersetzt. Dies wird das größte Schisma, das die Welt je gekannt hat, herbeiführen. Je mehr man sich der Endzeit nähert, um so mehr verbreitet sich die Finsternis Satans auf der Erde, um so größer wird die Zahl der Kinder der Verderbnis sein, und die Zahl der Gerechten wird entsprechend abnehmen.

Der Antichrist wird den Papst ermorden, vermutlich durch Kreuzigung. Als zehnjähriges Kind wird er mehr Wissen besitzen als jeder andere auf der Welt, und wenn er dreißig Jahre alt sein wird, wird er sein wahres Werk beginnen. Fünfzehn Tage nach der Auffahrt Henochs und Elias in den Himmel, werden schreckliche Katastrophen über die Erde hereinbrechen: schlimmste Erdbeben, Flutwellen, die einen Großteil der Erdoberfläche überschwemmen, was alles in einer dichten Finsternis auf der ganzen Erde seinen Höhepunkt finden wird."[28]

Die Zeit ist reif

Die Ereignisse in der Welt geschehen mit solch großer Geschwindigkeit, daß wir sie kaum noch begreifen können. Es übersteigt unsere menschlichen Fähigkeiten, den strategischen Bewegungen des Himmels und der Hölle zu folgen und sie zu verstehen, wie sie um die Herrschaft über die Welt und ihre Menschen ringen. Das Geheimnis des Frevels befindet sich mitten unter uns. Hauptvorläufer des Antichrist, wie Hitler, Lenin, Stalin und Mao, sind in diesem Jahrhundert erschienen und wieder abgetreten.

Gemäß der Offenbarung von Gottvater an Eileen George aus Massachusetts, aus dem Jahre 1982, wird ein weiterer Vorläufer zwischen 1990 und 1999 im Nahen Osten erscheinen, auf welchen der Antichrist folgen wird, der angeblich schon lebt und aus Syrien kommen wird. Die Identität dieser beiden, des Vorläufers desselben und des Antichrist, ist zur Zeit noch verdeckt durch den Mantel des Schweigens.[29]

Die Schlacht wird auf den Ebenen des Geldes, der Politik, der Gesellschaft, der Familie und der Religion geführt. Wie uns die Schrift sagt, ist Satan der Fürst dieser Welt. Im Gegensatz dazu sagte Jesus insbesondere, daß Sein Reich nicht von dieser Welt ist. Satan haßt alles, was aus Gott stammt, und sucht es zu vernichten.

Die Eine-Welt-Regierung, die von vielen der Antichristen vorgestellt wurde, ist seit vielen Generationen geplant. Wie schon Franklin Delano Roosevelt sagte: „In der Politik geschieht nichts zufällig. Wenn etwas passiert, dann kann man wetten, daß es so geplant war." Die Struktur wurde allmählich über den Verlauf von Jahren von den Geheimgesellschaften des Tieres entwickelt. Die geheime Tagesordnung, die nur einigen wenigen Privilegierten bekannt ist, enthält nicht mehr und nicht weniger als die Eine-Welt-Regierung, die einem Herrscher untersteht. Sie soll zwischen 1995 und 1998 eingerichtet sein, und sie wird alle souveränen Nationalstaaten ersetzen.

Die Vereinten Nationen (UNO) sind die Körperschaft, der die Durchsetzung obliegt in der Verwirklichung der Struktur in ihrer derzeitigen evolutionären Form. Während des Golfkrieges sprach Präsident Bush von der Neuen-Welt-Ordnung, einem Begriff, von dessen häufiger Verwendung nahezu jedermann überrascht war bis auf jene mächtigen Personen, die eingeweiht sind und Bescheid wissen. Der sowjetische Außenminister, Eduard Schewardnadse, sagte vor der UNO in Bezug auf den irakischen Angriff auf Kuwait aus: „Ein Akt des Terrorismus ist wider die entstehende Neue-Welt-Ordnung verübt worden.“[30]

Störende Unterbrechungen für die Neue-Welt-Ordnung, die sich nicht in den Plänen jener, die die Macht ausüben, befinden, werden zermalmt. Die ökonomische Herrschaft ist eine der Fangarme dieser tintenfischartigen Bewegung. Die Kontrolle wird sich immer in der Hand der großen internationalen Banken befinden. Man wird nur jenen Nationen Zutritt gewähren, die das Spiel nach den von ihnen verordneten Regeln spielen. Weil das Bedürfnis nach Kapital so groß ist, kann keine Nation ohne die Hilfe großer Kreditinstitute überleben. Die Kreditagenturen haben sich über eine lange Zeit der Herrschaft über das Schicksal von Nationen erfreut. Diese Macht wird noch zunehmen. Anpassung an die weltweiten Regeln der Kreditaufnahme wird zum Überlebenskriterium einer Nation. Eine Nation muß sich anpassen, oder sie geht verloren.

Technische Fortschritte werden auch zum Funktionieren einer weltweiten Regierung beitragen. Mit Geschäftsabwicklungen aller Art, die über optische Faserkabel, Satelliten, Computerterminale mit sehr kleiner Öffnung, kompatible Computer, zentrale Datenbanken, Funktelefone und andere Methoden der drahtlosen Kommunikation um den Erdball rasen, haben sich für die Welt neue Möglichkeiten eröffnet. Die Kreditkarte mit einem Mikroprozessor erlaubt jederzeit von überall Kontenvorgänge von Soll und Haben. Alle Vorgänge werden über einige wenige Hauptdatenbanken abgewickelt werden, die letztlich unter der Kontrolle des Großen Bruders sein werden. Der Mikroprozessor wird riesige Mengen von Daten speichern und zu jedermanns Personalausweis aus Plastik werden. Eine Personennummer nach der Art der Sozialversicherungsnummer wird für einen jeden ausgestellt werden, um den Mißbrauch von Kreditkarten auszuschließen. Der Strichcode oder der universale Produktencode wird eine sehr wirksame Methode sein, um alle Einkäufe zu verfolgen. Alle Geschäftsabwicklungen werden optisch abgetastet werden, und der Gebrauch von Papier- und Hartgeld wird allmählich abnehmen. Der Personalcomputer, der 1979 in seiner einfachen Erstform in einer kalifornischen Garage entstand, besitzt jetzt Hochleistungszentralrechner mit Terminalen und eine Verteilungsarchitektur.

Mit jährlichem geometrischem Wachstum der Technologie ist die Geschwindigkeit, mit der die Veränderungen vor sich gehen, zu groß geworden, als daß wir sie noch verstehen könnten. Vor kurzem sagte Tom Peters, der Autor von *In Search of Excellence* (zu deutsch: *Auf der Suche nach Auszeichnung*) und *Liberation Management* (zu deutsch: *Management der Befreiung*): „Die Technik wird Ursache dafür sein, daß wir dieses Jahr verrückt werden, im nächsten Jahr verrückt zum Quadrat und im darauffolgenden Jahr verrückt zur dritten Potenz.“[31] Das freie Fließen von Daten entlang der „Informationsautobahn“, die in unsere

Wohnungen und Büros per Kabel hineingeschleust werden, wird einer kleinen Elite unvorstellbare Kontrolle ermöglichen.

Die kirchliche Kontrolle wurde durch die Geheimgesellschaften, den Modernismus und den Weltrat der Kirchen erreicht mit dem Ziel einer Kirche des Neuen Zeitalters oder einer verwässerten ökumenischen Kirche. Der Zerfall des Katholizismus mußte sich zuerst ereignen, bevor dies geschehen kann. In der Vergangenheit war die römisch-katholische Kirche zu gut organisiert und zu mächtig. Das mußte zerstört werden, und dies mußte zunächst von innen heraus geschehen. Erinnern wir uns an einige Kapitel zuvor, in denen das Buch *AA 1025* besprochen wurde. Dieses Buch zeigte in Einzelheiten, wie ein kommunistischer Geheimagent die Kirche infiltrierte. Es wird behauptet, daß eintausendvierundzwanzig Männer dem Antiapostel AA 1025 in katholische Seminare vorausgegangen sind – und Hunderte mehr folgten ihm als Priester in der Kirche.

Unsere Allerseligste Mutter hat uns durch Don Gobbi einen Großteil an Informationen über die kirchliche Freimaurerei und den Schaden, den sie anrichtet, zukommen lassen. In La Salette hat uns Unsere Allerseligste Mutter über diese Zerstörung in vielen Einzelheiten berichtet. Heute befinden wir uns im Schlußakt, in dem die Kirche um ihr Überleben kämpft. Die hundert Jahre der Herrschaft des Satans haben ihren Tribut gefordert.

Eine-Welt-Regierung

Die Armeen stehen zur Schlacht bereit. Satan hat seine Schar und Maria die ihrige. Die Taktik könnte nicht unterschiedlicher sein. Der Plan Mariens, welcher der Plan Gottes ist, umfaßt Gebet, Fasten, Buße, Versöhnung. Wir sollen einander lieben, demütig, klein und fügsam sein. Wir sollen wie die kleinen Kinder werden, um von Maria, Unserer Mutter, und von Unserem Herrn geführt zu werden. Der Plan des Satans beinhaltet die Götzen des Geldes, der Macht, der Lust, der Habgier, welche sich alle in Stolz kleiden.

Das politische, finanzielle und kirchliche Ansehen der Personen, die im Hintergrund für die Entwicklung der Eine-Welt-Regierung arbeiten, ist überwältigend. Wären da nicht die Erscheinungen Mariens, der Muttergottes, der Prophetin unserer Zeit, und ihre detaillierten Botschaften an Don Gobbi und andere, würden wir nur sehr wenig über den sich im Ablauf befindlichen, satanischen Plan wissen, der fast schon zur Vollendung gekommen ist.

Um einen ausführlichen Bericht darüber zu erhalten, wie geschickt dieser satanische Plan an allen mächtigen weltlichen und kirchlichen Fronten in die Tat umgesetzt wird, muß man Gary Kahs Schilderung in seinem Buch *En Route to Global Occupation* (zu deutsch: *Auf dem Weg zur globalen Besetzung*) lesen. Es zeichnet in Einzelheiten die Struktur der weltlichen Kontrolle mit Hilfe von angesehenen Organisationen, die in aller Welt bekannt sind. Er warnt, daß bald die eigenständige Landeshoheit einer Nation der Vergangenheit angehören wird. Politische Kräfte in der ganzen Welt arbeiten jetzt in noch nie dagewesener Weise daran zusammen, ihr Ziel zu erreichen, die Menschen dieses Planeten unter einer Neuen Weltordnung zu vereinen.

Die Dachorganisation, die tatsächlich damit beauftragt ist, uns zur Neuen Weltordnung zu bringen, heißt *The World Constitution and Parliament Association* (WCPA) (zu deutsch: *Der Verein für eine Weltverfassung und ein Weltparlament* (VfWV&P)). Er findet vielfältige finanzielle Unterstützung. Die Tagesordnung der Neuen Weltordnung wird buchstäblich von Hunderten von Organisationen finanziert. Eine davon ist der Lucis Trust (zu deutsch: Lucis-Konzern), der sich ursprünglich *Lucifer Trust* (zu deutsch: *Luzifer-Konzern*) nannte. Eine weltliche Organisation mit dem Namen Luzifer-Konzern zu bezeichnen, zeigt den Wagemut und das Selbstvertrauen der Menschen, die hinter dieser Bewegung stehen. Aber die Verwendung eines solchen Namens sollte nicht überraschen. Die Gedanken, die die Schaffung der Neuen Weltordnung vorantreiben, bedienen sich in massiver Weise des Denkens des Neuen Zeitalters, alter heidnischer Praktiken, der Freimaurerei und des Okkulten.

Die Mitglieder, die eine Neue Weltordnung vorschlagen, findet man in einem Verzeichnis prominenter Persönlichkeiten des Weltestablishments, sowohl weltlicher als auch kirchlicher. Auf ihrer Tagesordnung steht die Kontrolle; ihre Taktik ist die Täuschung. Die meisten der Schlüsselpersonen sitzen in den Aufsichtsräten oder Komitees einiger weniger mächtiger Organisationen: des Council of Foreign Relations (CFR) (zu deutsch: Rat für Auslandsbeziehungen), der Trilateral Commission (zu deutsch: Dreiseitige Kommission), der Bilderberger und des Club von Rom. Oft sind Mitglieder einer Organisation zugleich auch in mehreren der anderen engagiert tätig.

Am 17. September 1973 veröffentlichte der Club von Rom einen äußerst vertraulichen Sonderbericht unter dem Titel „Regionalized and Adaptive Model of the Global World System" (zu deutsch: Regionales und angepaßtes Modell des globalen Weltsystems), welches an die Elite der Mächtigen zur Verwirklichung gesandt wurde. **Dieser Bericht zeigt, daß der Club von Rom die Welt in zehn politisch/ökonomische Gebiete aufgeteilt hat, die er als „Reiche" bezeichnet** - eine Namensgebung, die unheimliche Parallelen zu der im Buch der Geheimen Offenbarung (Kapitel 13, 1-2) verwendeten Wortwahl zeigt. Die Autoren des Berichts, Mihaljo Mesarovic und Edward Pestel, veröffentlichten 1974 ihre Resultate in dem Buch *Mankind at the Turning Point* (zu deutsch: *Die Menschheit am Wendepunkt*). Doch haben sie in diesem Buch, das zur Verwendung für die allgemeine Öffentlichkeit gedacht ist, das Wort „Reich" nicht verwendet.[32]

Die Menschen, die diesen mächtigen Organisationen angehören, sind hochgestellte Beamte der Vereinten Nationen (UNO), bekannte Führungspersönlichkeiten aus der ganzen Welt, angesehene Politiker, Bankiers, Beamte der Weltbank und des Internationalen Währungsfonds, Kleriker, Mitglieder der World Future Society (zu deutsch: Gesellschaft der Weltzukunft), hochrangige Freimaurer und Leute, die ohne oder mit Absicht die Eine-Welt-Regierung befürworten. Die Systeme, die sie entwickelt haben, sind jetzt soweit installiert, um es einem Führer einer solchen Regierung zu gestatten, zwischen 1995 und 1998 aufzutauchen und zu herrschen.

Die Grundlagen für diese Eine-Welt-Regierung wurden bewußt von einer politischen und finanzkräftigen Elite geplant. Ein Großteil des Fundaments wurde vor 16 Jahren gelegt, als im Juni 1977 die Verfassung für die Föderation Erde verabschiedet wurde.

Die Verfassung wurde zuerst zu Innsbruck, in Österreich, auf einer Zusammenkunft der Versammlung für eine Weltverfassung verabschiedet, einem Ereignis, das von dem VfWV&P getragen wurde. Der VfWV&P betrachtet die UNO nicht als Teil seiner geplanten Neuen Weltordnung, aber 20% der Mitglieder des VfWV&P gehören der UNO an. Der VfWV&P plant, die UNO zu ersetzen, so wie der Völkerbund durch die UNO ersetzt wurde.

Die Verfassung für die Föderation Erde wurde von 135 Teilnehmern aus 25 Ländern unterzeichnet, und sie ist dazu bestimmt, die Charta der UNO abzulösen, um das Zentralstück der Neuen Weltordnung zu werden.

Gary Kah zeigt ein detailliertes „Diagramm einer Weltregierung im Rahmen der Verfassung für die Föderation Erde". Der VfWV&P zitiert neunundvierzig Probleme von internationalem Charakter, von denen er behauptet, daß sie auf die Notwendigkeit der Eine-Welt-Regierung hinweisen. Fünfzehn davon handeln vom Umweltschutz, sieben von militärischen Belangen (Abrüstung, Kriegsverhinderung und Terrorismus), sechs von Welthunger und Armut, vier von internationalen Währungsangelegenheiten. Der VfWV&P basiert sein Hauptargument für eine Neue Weltordnung auf die Bedrohung durch eine bevorstehende Klimakrise.[33]

Die Umweltschutzbewegung ist heute möglicherweise der stärkste Interessenverband für die Eine-Welt-Regierung – es ist der Auslösemechanismus zur geforderten Anpassung. In der Tat kann niemand die Notwendigkeit zur Säuberung des Planeten bezweifeln. Tschernobyl ist das beste Beispiel. Der radioaktive Niederschlag von Tschernobyl verteilte sich über Tausende von Kilometern und erreichte innerhalb von Tagen so weit nördliche Gebiete wie Schweden und Lappland. Tschernobyl zeigte, daß sich das ganze sowjetische System wie der Reaktor in Auflösung befand – und innerhalb weniger Sekunden explodierte die

Behauptung, daß der Kommunismus eine Gesellschaft geformt hatte, die technisch überlegen, sozial verständnisvoller, effizienter und ehrlicher war als der dekadente Westen. Tschernobyl war zu einem Symbol geworden für das ganze verfaulende kommunistische System mit seinen herzlosen, egoistischen Beamten, seinen barbarischen, roboterähnlichen Schlägertypen und seinen betrügerischen Ideologen, deren Lügen dazu da waren, das russische Volk in gedankenlose Fügsamkeit einzuschläfern. Aus der Sicht der anderen Nationen konnte man, was im Innern des Landes vorging, durchgehen lassen, aber tödlichen, radioaktiven Niederschlag in den Westen zu exportieren, war eine ganz andere Angelegenheit.

Hier eröffneten sich riesige Möglichkeiten für die Befürworter der Einen-Welt-Regierung. Die Finanzmeister der Welt konnten die Mutter Erde als die offizielle Königin küren, vor der alle auf die Knie fallen müssen. Wie konnte man logischerweise nach Tschernobyl seine Zustimmung verweigern? Tschernobyl sollte zur Trägerrakete werden, die die Weltvereinigung aller Nationen in ihre Umlaufbahn trüge. Es ist eine geniale Strategie, weil niemand etwas dagegen haben kann, den Planeten vor dem Fäulnisgeruch der Umweltverschmutzung zu schützen.

Der Gipfel von Rio oder Erdgipfel, der im Juni 1992 in Brasilien stattfand, eröffnete für die Nationen der Welt die Gelegenheit in mehr als bloß auf der Umweltschutzebene übereinzustimmen; seine Verbindungen zur Bewegung für ein Neues Zeitalter und die Freimaurer ist klar belegt. In Rio ging es nicht bloß um reine Luft, sauberes Wasser und die Eindämmung des sauren Regens. Es handelte sich um die massive Umverteilung des Reichtums der industrialisierten Länder an die armen Nationen, globalen Sozialismus, Kontrolle des Bevölkerungswachstums und die Eine-Welt-Regierung. Lester Brown, der Präsident des Worldwatch Institute (zu deutsch: Institut zur Weltüberwachung), sagte: „Ich denke, daß wir in der (zukünftigen) Rückschau die Konferenz von Rio als ein Ereignis erkennen werden, das das Ende einer Ära und der Beginn einer neuen markierte."

Das Schlüsselwort ist erneut „Anpassung"; – wenn eine Nation sich entsprechend den Regeln verhält, die von den herrschenden Körperschaften erlassen wurden, dann werden die Kreditanträge genehmigt werden. Befolgung von Umweltschutzmaßnahmen ist nur die erste Form von Anpassung, die man finanzbedürftigen Nationen auferlegen kann, die Zugang zu den Weltkapitalmärkten benötigen.

Die Umweltschutzbewegung erfreut sich einer Beliebtheit, die alle Parteilichkeit überschreitet. Der amerikanische Vizepräsident, Albert Gore, ist ein Hauptbefürworter der Bewegung und hat in der Tat ein Erfolgsbuch über die Umweltschutzbewegung geschrieben. Er ist der „Mann des Schicksals" in der Clintonregierung. Unterstützung für seine Politik findet man über das ganze politische Spektrum. Daten der Bundeswahlkommission zeigen, daß 1988 Organisationen der republikanischen Partei 71,1 Millionen Dollar an Spenden einnahmen, während im selben Jahr Einrichtungen der demokratischen Partei 18,6 Millionen Dollar als Einnahmen auswiesen. Die Umweltschutzpartei hatte für das Jahr 1988 ein laufendes Budget von 336 Millionen Dollar, welches auf einer Spenderbasis von 10 Millionen Personen beruhte, mehr als beide politischen Parteien. Die Umweltschutzpartei besitzt nahezu das vierfache der finanziellen Unterstützung des vereinten Finanzaufkommens der demokratischen und republikanischen Partei. Zwölf Organisationen bilden die Basisunterstützung der Umweltschutzpartei: Zentrum für Meeresschutz, Aktionsprojekt sauberes Wasser, Umweltverteidigungsfonds, Greenpeace USA, Nationale Audubon-Gesellschaft, Nationale Föderation zum Schutz der in freier Wildbahn lebenden Tiere, Verteidigungsrat für die Bodenschätze, Naturschutzverein, Forschungsgruppe des öffentlichen Interesses, Sierra-Club, Gesellschaft für die unberührte Natur und Weltfonds zum Schutz der in freier Wildbahn lebenden Tiere. Nur die Leute an der Spitze kennen die wahren Absichten dieser Bewegungen.[34]

Der VfWV&P schätzt, daß die Bildung der Eine-Welt-Regierung irgendwann zwischen 1995 und 1998 stattfinden wird. Wann wird der Antichrist auf der Weltszene auftauchen? Alle Anzeichen deuten darauf hin, daß auf der weltlichen wie religiösen Bühne alles vorbereitet ist. **Sobald diese Eine-Welt-Regierung geschaffen ist, wird die Struktur für die Herrschaft des Antichrist eingerichtet sein.** Gary Kah schreibt: „Die Anstrengungen des VfWV&P zur Schaffung einer Neuen Weltordnung basieren nicht auf einer Notwendigkeit, sondern auf der geheimen Tagesordnung der okkulten Geheimgesellschaften mit dem Ziel, die Welt unter ihre Kontrolle zu bringen, damit die Herrschaft ihres „Weltlehrers", des Antichrist, eingeläutet werden kann."[35]

Die Weltmächte

Selten geschehen in der Geschichte Ereignisse zufällig. Jim Singer aus (der Provinz) Ontario in Kanada hat auf einer konstanten Basis zwischen Mai und September 1989 Botschaften Unseres Herrn empfangen. Seither empfängt er nur noch selten Botschaften. Am 27. Mai 1993 sprach der Herr mit Jim Singer über die Funktion geplanter Ereignisse und die irdischen Körperschaften, die diese Pläne ausführen.

Die erste Botschaft Jesu an Jim war, wie folgt: „**Liebe Kinder, die Zeit ist gekommen, da ihr nicht mehr länger ohne mein direktes Eingreifen überleben könnt. Derjenige, den ihr Satan nennt, ist das Irrlicht (wörtlich: die scheinende Finsternis), das eine jede eurer Seelen vergiftet und euch der Würde beraubt hat, mit der ich jedes meiner Kinder beschenkt habe.** Ich schuf einen jeden von euch gut. Jedem von euch schenkte ich eine ganze und reine Seele. Unter euch, Kinder, gibt es keine Seele mehr, die noch ganz wäre. Ich bin die Wahrheit, und es gibt nur eine Wahrheit." Jesus sagt zu Jim, daß Er eingreifen muß, oder aber wir werden nicht mehr länger den Ansturm des Teufels überleben können.

Seit Jahren dient die UNO als Durchsetzungs- und Ausführungsorgan der Weltherrscher. Premierminister und Präsidenten der Nationen wagen es nicht, wider die Herrscher dieser Einrichtung anzugehen. Wer sind diese Menschen? Höchst bemerkenswert ist, daß der Einfluß innerhalb der UNO von der Gruppe der Sieben (G-7-Nationen) kommt – der mächtigsten Körperschaft in der Welt, welche das Kapital kontrolliert. Diese Nationen sind die Vereinigten Staaten, Kanada, Großbritannien, Frankreich, Italien, Deutschland und Japan – die wichtigsten Industrieländer. Im Jahre 1991 führte Premierminister John Major den Vorsitz, wobei er die Politik des Westens gegenüber der wirtschaftlichen Notlage der Sowjetunion koordinierte. Der ehemaligen Sowjetunion wurden Milliarden von Dollar überreicht, wobei der Westen weiß, daß sie nie zurückgezahlt werden können. Sie befindet sich jetzt unter dem Finanzmantel der Welt und in ihrer kontrollierenden Umlaufbahn. Keine Nation der Welt kann sich gegen die Macht dieser Körperschaft erheben. Vor kurzem versuchte es Saddam Hussein. Gegenmaßnahmen wurden schnell und wirksam ergriffen.

In der Geheimen Offenbarung 13, 1-8 heißt es: „Da sah ich aus dem Meer ein Tier aufsteigen. Das hatte zehn Hörner und sieben Köpfe. Auf seinen Hörnern trug es zehn Kronen und auf seinen Köpfen gotteslästerliche Namen. Das Tier, das ich sah, glich einem Panther. Seine Tatzen waren wie die eines Bären, sein Maul wie ein Löwenmaul. Ihm gab der Drache seine Macht, seinen Thron und große Gewalt. Einen von seinen Köpfen sah ich wie zu Tode verwundet. Aber seine Todeswunde heilte wieder. Die ganze Welt folgte dem Tiere voll Verwunderung und betete den Drachen an, weil er dem Tiere die Gewalt übertragen hatte. Sie betete das Tier an und sagte: ‚Wer ist dem Tiere gleich, und wer vermag mit ihm zu streiten?' Es ward ihm ein Maul gegeben, das hochtrabende und gotteslästerliche Reden führte, und es ward ihm erlaubt, zweiundvierzig Monate lang so zu schalten. ... Auch ward ihm gestattet, mit den Heiligen Krieg zu führen und sie zu besiegen. Ja, es ward ihm Macht über alle Geschlechter, Stämme, Sprachen und Völker verliehen. Alle Erdenbewohner werden es anbeten, deren Namen seit Anbeginn der Welt nicht geschrieben stehen im Lebensbuche des Lammes, das geopfert ist."

Im Einklang mit Daniel 12 herrscht das Tier zweiundvierzig Monate lang. Dem Schwarzen Tier, der Freimaurerei, der Eine-Welt-Regierung, dem Antichrist wird die Herrschaft über die Erde für diese Zeitspanne gewährt. Der Einen-Welt-Regierung ist es erlaubt, Krieg gegen die Heiligen Gottes zu führen und sie zu besiegen, selbst bis hin zur Abschaffung der heiligen Messe („Von der Zeit aber, da das beständige Opfer abgeschafft ... ist, ...", wie Daniel es beschreibt). Dem Herrscher der Einen-Welt wird Macht über jeden Stamm, jedes Volk, jede

Sprache und Nation gewährt. Alle Einwohner werden es anbeten. Der Antichrist wird scheinbar alle Antworten auf die Nöte unserer bedrängten Welt besitzen.

Die Rolle Rußlands ist in vieler Hinsicht unklar. In der Botschaft vom 18. September 1992 zu Marmora, in Ontario, an Josip Terelja sagte Unsere Liebe Frau, daß Rußland die weltweite Revolution vorbereitet. In seiner Vision von 1987, vor dem gescheiterten Staatsstreich, hatte Herr Terelja das Gesicht Satans hinter Boris Jelzin gesehen. Michail Gorbatschow ist zum Leiter des Internationalen Grünen Kreuzes aufgestiegen, wobei er mit dem Segen der Regierung die Umweltschutzbewegung übernommen hat. Ist das nicht seltsam? Ein ehemaliger Premierminister, der in einem Staatsstreich durch Stalinisten abgesetzt wurde, befindet sich jetzt in der Regierung. Ist Rußland in der Weltkörperschaft der UNO ein wichtiger Mitspieler oder ein unabhängiger internationaler Bösewicht?

Am 27. Mai 1993 zeigte Unser Herr Jim Singer, daß die UNO das Durchführungsorgan geplanter Ereignisse ist. Unser Herr sagte: „... Schau doch nur, was Satan euch antut; 326.000 meiner Kinder und all die Qualen, die du heute in der Heimat deiner Vorfahren siehst [Jim Singer stammt ursprünglich aus Kroatien], sind nur ein Vorspiel der sadistischen Wut und des Hasses, welche Satan über euch ausgießen möchte. Aus Seiner Barmherzigkeit und Gnade hat euch der Vater die Königin des Friedens geschenkt. Und doch prostituieren sich die Nationen in der UNO, und meine Kinder fahren fort, dem toten Kopf, der jetzt wieder in jener Stadt am Ozean lebt, Ehre zu erweisen. Wisset, daß es ... Satans eigene Diener sind, die unermüdlich daran schaffen, meine Kinder seinem Zugriff auszuliefern. Genauso wie sie so viel in eurem Leben infizieren und vergiften, so sind sie es auch, die die Ziele jener Organisation, der UNO, überwachen. Wisset, daß ein jedes ihrer Ziele, Unternehmungen und Handlungen immer im voraus geplant ist. In ihren Täuschungsmanövern ist selbst die Wahrheit zu einem süßen Köder geworden, um von Satan und seinen irdischen Verwaltern ausgenützt zu werden. Sie verlocken selbst eure Hirten, Meine Apostel, zusammen mit ganzen Herden Meiner Kinder.

Heute, da ihr an der Schwelle steht, seid ihr die einzigen, die auswählen, wieviel mehr an Schmerz ihr noch erdulden wollt. Ich rufe Meine Kinder dazu auf, auf die Stimme Meiner Mutter zu hören und sich auf sie zu konzentrieren. Hört auf und beantwortet das, was sie von euch erbittet. Seid versichert, daß der Triumph ihres Herzens nahe ist. Es ist Meine Mutter, eure Königin des Friedens, die brennend danach verlangt, euch den Weg zu zeigen und euch alle zu Mir zurückzuführen."

(Anmerkung der Autoren: In bezug auf die UNO verwendet Josip Terelja in seiner Vision zu Marmora, in Ontario, den Begriff „toter Kopf". Die Fußnote von Jim lautet, wie folgt: „Daß sich Unser Herr in Verbindung mit der UNO auf ‚diesen toten Kopf, der jetzt wieder lebt', bezieht, ist seltsam und rätselhaft. Eine Reihe von Erklärungen dieses Begriffs sowohl biblischer als auch nichtbiblischer Art sind möglich. Obwohl dieses Wort nirgends in der Bibel Verwendung findet, gibt es doch eine Reihe von ähnlichen Begriffen, die in der ganzen Schrift auffindbar sind. Im 13. Kapitel, Vers 3, der Geheimen Offenbarung wird von der tödlichen Verletzung eines der Köpfe gesprochen, wo aber die tödliche Wunde verheilt. Noch interessanter ist im 17. Kapitel, Vers 8, der Geheimen Offenbarung, in dem von dem Tier gesprochen wird, ‚das war, das nicht mehr ist und das wiederkommen wird'.")

Am 12. Januar 1991 erschien Unser Herr Jim Singer und gab ihm folgende Botschaft: „**Das Irrlicht, jener Übeltäter, lenkt eure Aufmerksamkeit auf jenes große Übel, mit dem er euch bedroht – jene Art von Katastrophe, von der euer Verstand nicht imstande ist, sie sich vorzustellen, während er inzwischen in allen Teilen der Welt die Übel vervielfacht.** Von Anfang an bist du, Mein Kind, hierdurch gewarnt worden, daß diese beiden Jahre für alle Meine Kinder die entscheidenden Jahre sind. Durch eure Bekehrung seid ihr alle in Meine sichere Umarmung der Liebe gerufen worden. Mehr als die Hälfte jener Zeit ist verstrichen, aber eure Herzen bleiben in den Dornen des Bösen gefangen. Heute habt ihr die Wahl, darüber zu entscheiden, welche Welt ihr nach diesen drei Tagen haben werdet. **Die Übel, von denen ihr bald wegen eures Ungehorsams und eurer verhärteten Herzen Mir gegenüber Zeugen sein werdet, werden sich unter euch vervielfachen. Ihr seid davor schon gewarnt worden. In eurer Besorgnis vor dem Bösen habt ihr alle Maßnahmen ergriffen, um euch vor dem Schrecken zu schützen. Aber unter euch gibt es nur wenige Meiner Kinder, die die Hand des Übeltäters unter euch erkannt haben.** Euch verbleiben drei Tage, um eure Herzen aus freiem Willen Mir zu weihen, Meine Belohnung und den Sieg über den Übeltäter auszukosten. Euch bleiben drei Tage, um dem Übeltäter sieben Jahre seiner besonderen Aggression und Unterdrückung unter euch zu gestatten. Durch die Zeiten hindurch seid ihr gewarnt worden, daß sich der Übeltäter auf euch während dieser Endzeit vorbereitet. Nur durch eure Bekeh-rung und aufrichtige Liebe werdet ihr geschützt werden ..."

Während seiner Erscheinung vom 22. April 1991 sagte Unser Herr zu Jim: „Ohne Meinen Eingriff könnt ihr nicht mehr länger vollständig über den Bösen triumphieren, denn Meine Kinder auf Erden sind von Verrätern umzingelt. Selbst unter jenen, die das Vertrauen Meiner Erdenkinder genießen, sind jene, die dem Satan zu Diensten sind. Sie machen Meine Herde – ihre eigenen Brüder und Schwestern – bewußt zum Opfer."

Die Botschaft Unseres Herrn vom 23. September 1991 an Jim enthielt keine Geheimnisse, aber zum Teil machte sie folgende Aussage: „Teile Meinen Kindern der Welt mit, auf die satanische Unterdrückung in der Heimat deiner Vorfahren zu schauen, denn ich habe euch schon vielfach vor den Übeln gewarnt, die der Bösewicht für euch vorbereitet. [In bezug auf den Krieg in Bosnien-Herzegowina]: Sag Meinen Kindern, daß sie erkennen mögen, wie Satan Meine Kinder in Kroatien angreift, genau deshalb, weil ich sie ausgewählt habe, ein Modell meiner Liebe für alle Meine Kinder der Welt zu sein. **Erinnert ihr euch nicht daran, daß ich euch vor der besonderen Aggression gewarnt habe, die das Irrlicht gegen Meine Kinder in der Sowjetunion verüben möchte.** Ich lade euch alle dazu ein – vertreibt den Übeltäter aus eurer Mitte. Laßt eure Herzen von Meiner Liebe erfüllt sein. Ich rufe euch erneut dazu auf: Kehrt in Meine Arme zurück, macht Gebrauch von meinen Gnadengaben! Ich werde euch beschützen. In aggressiver Weise will Satan seine Hölle in die Sowjetunion bringen. Nicht nur wird seine Wut sich gegen Meine Kinder jenes Landes entladen, sondern der Übeltäter wird all seine Höllenmacht dazu benützen, seinen Zorn mit Hilfe seiner irdischen Diener von jenem Land aus auch auf andere Länder zu richten. Sohn, nur wegen ihres festen und vollständigen Glaubens an Mich werden Meine Kinder Kroatiens fähig sein, sich des Sieges über das Irrlicht zu erfreuen. **Aber gerade wegen ihres Glaubens an Mich wird diesen Kindern der erneute, bösartige, satanische Versuch nicht erspart bleiben, mit welchem der Übeltäter unternehmen will, von der UdSSR her alle Länder des Ostens zu überfluten. Während sie davon überzeugt sind, sich der inneren und äußeren Freiheit zu erfreuen, wird Meinen Kindern im Westen ebenfalls die Wut Satans nicht erspart bleiben. Noch nie zuvor wie heute haben Meine Kinder an der Sünde so viel Vergnügen gefunden. Zur Zeit Noahs reinigte ich die Welt von viel geringeren Sünden als diesen, in denen meine Kinder jetzt schwelgen. Heute ist das Vergnügen von vielen Meiner Kinder die Todsünde. Viele Meiner Kinder sind sich dessen voll bewußt. Der Glaube von vielen, die in Meiner Herde verbleiben, ist lau.**“

Jim stellte fest: „In einer meiner Gespräche mit dem Herrn bat ich den Herrn, die Geheime Offenbarung auszulegen. Die Antwort des Herrn auf diese Bitte war, daß der Drache mit den sieben Köpfen und den zehn Hörnern jetzt in unserer Welt lebt. Der Herr sagte: ‚Schau zum Westen.‘“

Am 28. Mai 1992 teilte Unser Herr Jim mit: „Auch Babylon ist wieder errichtet worden. Es steht erneut. Bald wird in eurer Mitte und in voller Sicht auch das große Abbild (Statue) eines falschen Götzen stehen. **Das Symbol dieses Bildes wird von vielen verehrt werden, in nahezu jeder Sprache ... Das Tier hat seine sieben bösartigen Köpfe in den Ländern niedergelegt, die euch unter der Bezeichnung G-7 bekannt sind, während sein Leib weiterhin Meine Kinder in Rußland zermalmt.**“

Am 13. Januar 1991 wurde Jim auch gezeigt, daß dem Satan, dem Übeltäter, sieben Jahre der Aggression und Opposition gewährt werden. Das bringt uns in das Jahr 1998. Dies stimmt überein mit der entscheidenden Phase von zehn Jahren, die uns von dem Ende dieses Jahrhunderts trennen und über die Unsere Allerseligste Mutter in ihrer Botschaft vom 18. September 1988 an Don Gobbi offenbarte: „... **(Es) wird sich die Fülle der Zeit vollenden, die euch von mir vorausgesagt worden ist, beginnend mit La Salette bis zu meinen letzten und aktuellen Erscheinungen; ... dann wird die Reinigung ... an ihrem Höhepunkt angelangt sein ...; ... wird die Zeit der großen Bedrängnis reif werden, die euch von der göttlichen Schrift vor dem zweiten Kommen Jesu vorausgesagt worden ist; ... wird sich die geheime Macht der Gesetzwidrigkeit offenbaren, die von der immer größeren Ausdehnung des Abfalls vorbereitet wird; ... werden sich alle Geheimnisse verwirklichen, die ich einigen meiner Kinder geoffenbart habe, und es werden sich auch alle Geschehnisse erfüllen, die euch von mir vorausgesagt worden sind.**"

Dies stimmt auch mit der Zeitspanne für den Beginn von Ereignissen überein (die von Gottvater an Eileen George geoffenbart wurden), welche zwischen 1990 und 1999 anfangen sollen. Danach soll eine lange Zeit des Friedens herrschen.

Am 17. Juni 1989 teilte Unsere Allerseligste Mutter der Marianischen Priesterbewegung mit: „Luzifer, die alte Schlange, der Teufel oder Satan, der feuerrote Drache, wird in diesen letzten Zeiten der Antichrist. Schon der Apostel Johannes erklärte, daß jeder, der leugnet, daß Jesus Christus Gott ist, der Antichrist ist. Das Standbild oder das Idol, das zur Ehre des Tieres errichtet wird, um von allen Menschen angebetet zu werden, ist der Antichrist. ... 666, dreimal angegeben, das ist mal 3, drückt das Jahr 1998, tausendneunhundertachtundneunzig, aus. In dieser historischen Periode wird die Freimaurerei, unterstützt von der kirchlichen, ihr großes Ziel erreichen: ein Idol zu errichten, um es an die Stelle Christi und seiner Kirche zu setzen: einen falschen Christus und eine falsche Kirche. Deshalb ist das Standbild, das zu Ehren des ersten Tieres errichtet wurde, um von allen Bewohnern der Erde angebetet zu werden, und das mit seinem Kennzeichen alle jene bezeichnen wird, die kaufen oder verkaufen wollen, jenes des Antichrists. So seid ihr am Höhepunkt der Läuterung, der großen Bedrängnis und des Abfalls angelangt. Die Apostasie wird nun allgemein sein, weil fast alle dem falschen Christus und der falschen Kirche folgen werden. Dann wird das Tor geöffnet sein für das Erscheinen ... der Person des Antichrists selbst!"

16

Kriege, Katastrophen und Drangsale

Bestimmte Ereignisse werden vom Herrn der Geschichte gewollt, und sie werden stattfinden.

Stefan Kardinal Wyszynski

Am 31. Dezember 1984 machte Unsere Allerseligste Mutter zu Don Gobbi Mitteilung darüber, wie sie uns Zeichen senden werde, damit wir die Zeit verstehen, in der wir leben. Sie sagte aus: „Nun, mit derselben Vertrautheit, die eine Mutter zu ihren kleinen Kindern hat, offenbare ich euch die Sorgen, die Ängste und die tiefen Wunden meines Unbefleckten Herzens, und gleichzeitig helfe ich euch, die Zeichen eurer Zeit zu verstehen und zu deuten. So könnt ihr am Rettungsplan mitarbeiten, den der Herr mit euch hat und den er durch die neuen Tage, die euch erwarten, verwirklichen will.

Euer Leben ist von der dringenden Aufforderung eurer himmlischen Mutter geprägt. Sie lädt euch ein, auf dem Weg der Bekehrung und der Rückkehr zu Gott zu wandeln. Vielgeliebte Söhne, nehmt an meiner besorgten Angst einer Mutter teil, die sehen muß, daß diese meine Bitte weder angenommen noch befolgt wird. Und dennoch sehe ich, daß eure einzige Rettungsmöglichkeit allein von der Rückkehr der Menschheit zum Herrn abhängig ist und von ihrem großen Eifer, sein Gesetz zu befolgen. Bekehrt euch und geht den Weg der Gnade Gottes und der Liebe. Bekehrt euch und bemüht euch, daß eure Tage voll Heiterkeit und Frieden sind. Bekehrt euch und kommt dem Plan der göttlichen Barmherzigkeit nach."

Die Folgen der Sünde

Jahrelang ist die Welt in einen großen Glaubensabfall geraten, wobei die Menschen und die Regierungen Entscheidungen trafen, ohne sich um Gott und seine Gebote zu kümmern. Vom Januar bis zum März 1979 übermittelte uns die

Allerseligste Mutter durch Don Gobbi vier Hauptzeichen, die andeuten, daß die Reinigung nahe bevorsteht:

Das erste Zeichen: Verwirrung

„Vielgeliebte Söhne! Flüchtet euch in mein Unbeflecktes Herz! Dem herrlichen Reich Christi wird ein großes Leiden vorausgehen, das dazu dienen wird, die Kirche und die Welt zu reinigen und zu läutern, um sie zu ihrer vollkommenen Erneuerung hinzuführen. Jesus hat sein barmherziges Werk der Erneuerung mit seiner Braut, der Kirche, schon begonnen. Verschiedene Zeichen zeigen euch an, daß für die Kirche die Zeit der Reinigung und Läuterung angebrochen ist: Das erste davon ist die Verwirrung, die da herrscht. Dies ist tatsächlich die Zeit der größten Verwirrung. Die Verwirrung hat sich im Innern der Kirche ausgebreitet, wo im dogmatischen, liturgischen und disziplinären Bereich fast alles verändert wird. Da gibt es von meinem Sohn geoffenbarte Wahrheiten, die die Kirche mit ihrer göttlichen und unfehlbaren Autorität für immer definiert hat. Diese Wahrheiten sind unveränderlich, so wie Gottes eigene Wahrheit unveränderlich ist. Viele davon sind ein Teil von wahren und eigentlichen Geheimnissen, denn sie werden vom menschlichen Verstand nicht begriffen und werden auch niemals begriffen werden können. ...“

Das zweite Zeichen: Disziplinlosigkeit

„So verbreitet sich die Disziplinlosigkeit in der Kirche und rafft selbst auch unter deren Hirten ihre Opfer dahin. Dies ist das zweite Zeichen, das euch anzeigt, daß für die Kirche die abschließende Zeit der Reinigung und Läuterung angebrochen ist: Die Disziplinlosigkeit, die auf allen Ebenen verbreitet ist, vor allem im Klerus. ... Wie viele gibt es unter den Priestern, die sich von einer ungeordneten Aktivität in Beschlag nehmen lassen und nicht mehr beten!“

Das dritte Zeichen: Spaltung

„Heute zittert und bangt mein Unbeflecktes Herz, weil es die Kirche innerlich gespalten sieht. Diese ... Spaltung ist das dritte Zeichen, das euch mit Sicherheit anzeigt, daß für sie der abschließende Augenblick ihrer schmerzlichen Reinigung und Läuterung gekommen ist. Wenn [im Laufe der Jahrhunderte] die Kirche mehrmals von Spaltungen zerrissen worden ist, ..., so habe ich ihr doch von Jesus das einzigartige Privileg ihrer inneren Einheit erlangt.“

Das vierte Zeichen: Verfolgung

„Das vierte Zeichen, das euch anzeigt, daß für die Kirche der Höhepunkt der Periode ihrer schmerzhaften Reinigung und Läuterung gekommen ist, ist die Verfolgung. ... Aber in dieser Zeit wird die Kirche oft einer noch schwereren Prüfung unterworfen; man verfolgt sie auf listige und fast unmerkliche Weise – man entzieht ihr ganz leise den Sauerstoff, den sie zum Leben braucht.“

Es bedarf keiner großen Unterscheidung der Geister, um den bedeutsamen Anstieg in der Anzahl der natürlichen und vom Menschen hervorgerufenen Katastrophen unter uns zu bemerken. Kriege und Katastrophen werden uns oft als Strafe für unsere Sünden gesandt. Am 22. Januar 1993 erhielt der stigmatisierte Tony Fernwalt, aus Akron, im Bundesstaat Ohio, eine Botschaft über die Vereinigten Staaten von Amerika von Unserer Lieben Frau. Das war genau an dem Tag, als Präsident Clinton das Gesetz unterzeichnete, das die Verwendung von fötalem Gewebe zu Forschungszwecken erlaubt, und die „Gag-Regelung" für von der Bundesregierung finanzierte Familienplanungskliniken aufhob, die es verbot, Frauen in Richtung pro Abtreibung zu beraten. Der 22. Januar 1993 war auch der 20. Jahrestag der einem Wendepunkt gleichenden Grundsatzentschei-dung des Bundesverfassungsgerichtes in der Sache *Roe gegen Wade,* welche in den Vereinigten Staaten die Abtreibung legalisierte. In einer herausfordernden Zeremonie im Weißen Haus realisierte Präsident Clinton mit einem Federstrich den von der Bundesregierung finanzierten Völkermord an den Ungeborenen. Während des Sommers von 1993, als die von Präsident Clinton veranlaßten Forschungsmaßnahmen am fötalen Gewebe in Kraft traten, pries er es als das wichtigste Gesetzeswerk in seiner bisherigen Amtsperiode als Präsident.

Durch Tony Fernwalt sagte Jesus: „Von heute ab wirst du feststellen, daß all das, was ich dir mitgeteilt habe, bald anfangen wird. Euer Land ist wirklich eine unmoralische und gottlose Nation geworden. Da euer Präsident das Gesetz unterzeichnet hat, welches das Morden der Unschuldigen legalisiert, gibt es niemanden, dem man für die Folgen dieser Unterzeichnung die Schuld zuweisen kann ... Sogar mein Papst, Johannes Paul II., wird sich dazu äußern ... der Tumult wird bald anfangen ... Für die Gläubigen wird es schwierig werden ... Die Stürme werden von der Natur und vom Menschen verursacht werden ... Wie dir gesagt worden ist, werden diese Dinge beginnen ... Fürchtet euch nicht vor der Kritik irgendeines Menschen. **Euer Land ist aus der Gnade herausgefallen,** und auch die Welt ist nicht mehr in der Gnade ... Fürchtet euch vor keinem Menschen; fürchtet nur Gott!"[1] Wir allein sind die Verursacher dieser unserer Probleme und können uns nur selbst dafür die Schuld zuweisen.

Die Vereinigten Staaten und Rom

Die Handlungen des Präsidenten der Vereinigten Staaten in bezug auf die Abtreibung und die Homosexualität führen zu einer offenen Konfrontationen mit der mit Rom vereinten römisch-katholischen Kirche. Sollte der Papst sich gegen die offizielle Position der US-Regierung äußern, könnte es sein, daß Vergeltungsmaßnahmen ergriffen würden – wenn auch immer ganz subtil. Als Papst Johannes Paul II. am 15. August 1993 in Denver sprach, beschrieb er die amerikanische Kultur als eine „Todeskultur“, und er ermutigte die Jugendlichen, sich lautstark gegen die Abtreibung zu äußern und es von den Dächern auszurufen.

Die katholische Kirche und die Regierung der Vereinigten Staaten werden weiter auseinandergetrieben werden, insbesondere wenn der Papst sich gegen die wachsende Unterstützung der Abtreibung durch die Regierung äußern sollte. Die römisch-katholische Kirche und das liberale Programm Präsident Clintons sind unvereinbar. Wir sollten nicht davon überrascht sein, wenn Präsident Clinton unter dem Vorwand der leeren Kassen versuchen sollte, die Kirchen in Amerika zu besteuern.

Die Anzeichen des Niedergangs

Viele Hinweise deuten auf unseren Niedergang hin. Die Zerstörung unserer finanziellen Strukturen ist eines der Zeichen unseres inneren Verfalls. Gestern waren es die Sparkassen, heute sind es die Handelsbanken, und morgen werden sich die Versicherungsgesellschaften und Rentenversicherungen schnell in Luft auflösen. Über Zweidrittel der Weltbevölkerung legt sich abends hungrig ins Bett oder verhungert über Nacht. AIDS ist eine weitere Krise, welche klar auf die Gefahren ungezügelter Lust hinweist – sowie auf die verhärteten Herzen der Menschen, die es ablehnen, selbstzerstörerische Gewohnheiten abzulegen, selbst in Anbetracht der barmherzigen Züchtigungen Gottes. Unheilbare Krankheiten werden sich vermehren, in dem Maße, wie die Homosexualität in den größeren Städten der Welt anwächst.

In den Vereinigten Staaten explodieren quasi die Gewaltverbrechen. Der Kolumnist George Will, dessen Kommentare in mehreren Zeitungen zugleich veröffentlicht werden, wies vor kurzem darauf hin, daß in den USA „Schußwaffen unter den Fünfzehn- bis Vierundzwanzigjährigen mehr Todesfälle verursachen als alle natürlichen Todesursachen zusammengenommen. In der Zeitspanne einer Generation hat abweichendes Verhalten in solchem Ausmaß zugenommen, daß die Amerikaner es nicht wahrhaben wollen.“[2]

William Bennett, vormals Erziehungsminister und „Drogenzar“ der Regierungen Reagan und Bush und jetzt am Hudson Institute, untersuchte auf die Zukunft hinweisende kulturelle Anzeiger. Erst kürzlich stellte er fest, daß „wir über die Zeitspanne der letzten dreißig Jahre die Erfahrung eines beträchtlichen sozialen Rückganges gemacht haben“, insbesondere, was Familien und Kinder anbetrifft. Seit 1960, so berichtete er, „habe die Rate der Gewaltverbrechen um 560 Prozent zugenommen; die der unehelichen Kinder um 400 Prozent; eine Verdreifachung der Prozentzahlen der Kinder, welche von alleinerziehenden Eltern aufgebracht werden; eine Vervierfachung der Ehescheidungsraten; mehr als ein zweihundertprozentiges Anwachsen in der Selbstmordrate der Jugendlichen und ein Abfallen von mehr als 80 Punkten auf dem SAT-Test (Zulassungsprüfung zum Hochschulstudium)."[3]

Im Jahre 1990 veröffentlichte eine Sonderkommission einen Bericht zur Lage der Gesundheit der derzeitigen Jugendlichen unter dem Titel „Kodename Blau". Dieses Team von prominenten Experten schrieb: „Nie zuvor ist eine Generation von amerikanischen Jugendlichen so ungesund, so wenig versorgt oder so wenig für das Leben vorbereitet gewesen." McCready befragte 1981 4.000 amerikanische und kanadische Katholiken im Alter von 14 bis 30 Jahren nach ihren Meinungen und fand heraus, daß 75% nicht an die päpstliche Unfehlbarkeit glauben, 90% die Position der Kirche bezüglich der Empfängnisverhütung ablehnen, 80% meinen, daß voreehelicher Geschlechtsverkehr nicht falsch ist und nur 11% zustimmen, daß die Wiederheirat Geschiedener nicht ohne die Sanktionen der Kirche erfolgen sollte.[4] Der Unterschied zwischen den Wertvorstellungen von 1981 und heute ist beträchtlich.

Der Orkan „Andrew" verwüstete vor kurzem Florida und die Golfküste, womit er zur teuersten Naturkatastrophe in der Geschichte der Vereinigten Staaten wurde – vor den Überschwemmungen des Mittleren Westens. Die Nachrichten wiesen darauf hin, daß 1992 das teuerste Katastrophenjahr in den Vereinigten Staaten war, seit darüber Aufzeichnungen gemacht werden – vor dem Jahr 1993. Jedes Jahr nehmen die Schäden um Milliarden zu. Überschwemmungskatastrophen gab es auch in Frankreich und Italien, und der Pinatubovulkan brach in den Philippinen aus. Die Liste könnte man endlos fortsetzen. Orkane werden weiterhin unsere Küsten bestürmen. Das sind die Zeichen unserer Zeit. Nach einer Milliarde von Abtreibungen wird dafür von den Menschen ein Preis verlangt. Dem werden wir nicht entkommen.

Finanzkollaps und andere Zeichen

Um uns herum befinden sich allerlei Anzeichen, die unsere Aufmerksamkeit verlangen. Der Einsatz wird umso größer, je schneller die Welt in den ökonomischen und moralischen Niedergang fällt. Kriege und Katastrophen drohen damit, zum wirtschaftlichen Verfall beizutragen, und sie könnten leicht die derzeitige, anhaltende, weltweite Rezession in eine volle Depression und Wirtschaftskrise umschlagen lassen. Bald wird uns weltweite Hungersnot bedrohen.

Das Weltfinanzsystem steht am Rande des Zusammenbruchs. Den Bankexperten und Autoren von *Banking on the Brink* (zu deutsch: *Das Bankwesen vor dem Zusammenbruch*), Edward W. Hill und Roger J. Vaughn, zufolge haben der Konkurs einiger Banken die Steuerzahler Hunderte von Milliarden gekostet. Sie behaupten, daß weitere 1.000 Banken in den USA sich im Prozeß „des Sterbens und am Rande der Zahlungsunfähigkeit" befinden. Die Verluste, die sich aus dem Konkurs der Banken ergeben, könnten sich auf 95 Milliarden Dollar belaufen – und das zusätzlich zu den Milliardenverlusten der derzeitigen Bankkonkurse.[5]

Als Nation sind wir bankrott. Obwohl es in diesem Buch nicht um Banken und die Finanzwelt geht, ist es dennoch nicht schwer einzusehen, daß die Gesellschaft sehr schnell dem Niedergang entgegengehen würde, wenn die Weltwirtschaft zusammenbrechen sollte. Naturkatastrophen werden zu unserem rascheren Niedergang beitragen, insofern wir nicht mehr in der Lage sein werden, für die von der Natur verursachten Schäden zu bezahlen. Wenn die bankrotte Weimarer Republik in der Wirtschaftskrise der Zwanziger- und Dreißigerjahre schon auf den aufgehenden Stern eines verrückten Tapezierers aus Braunau – Adolf Hitler – schaute, was müssen wir dann heute um so mehr erwarten, wo die Menschen viel weniger Geduld, Ausdauer und moralische Tugendkraft besitzen.

Der Antichrist, der sich der Lage bemächtigen wird, um die Krise unter Kontrolle zu bringen, wird mit sich einen falschen Frieden und eine falsche wirtschaftliche Stabilität bringen. Vorhersagen haben angezeigt, daß er in Kürze eintreffen wird. Gegenüber der Marianischen Priesterbewegung hat Maria am 18. September 1988 ausgesagt: „In diesem Zeitraum von zehn Jahren wird sich die Fülle der Zeit vollenden, die euch von mir vorausgesagt worden ist, beginnend mit La Salette bis zu meinen letzten und aktuellen Erscheinungen .., und darum werden die Leiden für alle größer werden ... In diesem Zeitraum von zehn Jahren wird die Zeit der großen Bedrängnis reif werden, die euch von der göttlichen Schrift ... vorausgesagt worden ist ..., wird sich die geheime Macht der Gesetzwidrigkeit offenbaren, die von der immer größeren Ausdehnung des Abfalls vorbereitet wird ..., werden sich alle Geheimnisse verwirklichen."

Die Wirtschaftslage, Naturkatastrophen, AIDS, Erscheinungen in aller Welt, die Schaffung einer Weltwährung, weinende Statuen, stigmatisierte Laien, Abtreibung, Verbreitung pornographischen Materials am Fernsehen und in der Presse sind alle zusammen Anzeichen davon, wo wir uns befinden, und Anzeiger dafür, wo wir bald sein werden.

Schwester Anna Ali, die die *Offenbarungen des Göttlichen Appells* empfing, zeichnete darin Botschaften Jesu über Krankheiten, Katastrophen aller Art und unheilbare Leiden auf. Es folgen drei dieser Botschaften des Göttlichen Appells Jesu:

Göttlicher Appell Nr. 29: „Meine Tochter, bete und sühne. ... Mein Körper ist von vielen Schwertern durchbohrt worden, aber Ich werde all jenen vergeben, die zu Mir zurückkehren und Reue zeigen werden. Ich warne diese Welt voller Schrecken, für die eine entsetzliche Strafe vorbereitet ist. Der seidene Faden, der sie vom Abgrund trennt, droht zu zerreißen. Zur Erlösung wird es keinen anderen Weg geben, weil es so viele gibt, die Meinen Ruf nicht befolgen wollen ... Wenn sie weiterhin in der Korruption verbleiben, wird es für sie keine Barmherzigkeit geben, sondern statt dessen Tränen, Trauer, Erdbeben, **Überschwemmungen** und Krankheiten aller Art. Diese armen Menschen sind blind und taub für den Ruf Meiner Liebe. Die Luft ist verschmutzt, und sie ist überall voller Sünde. Die Hände der Menschen sind bewaffnet, und eine große Züchtigung wird über sie kommen. Ich liebe sie. Darum warne Ich sie, bevor es für sie zur Reue zu spät ist. Sie sollten mehr beten. ... 24. Oktober 1987"

Göttlicher Appell Nr. 40: „Von einem Tag zum anderen nähert sich die Welt immer mehr dem Abgrund. Denkt darüber nach, was ... in der ganzen Menschheit geschieht. Es gibt zuviel Haß, zuviele Feinde Meines Ewigen Vaters. Die Freimaurer und alle anderen Teufelsanbeter wollen in der Welt die Nächstenliebe auslöschen, um sie durch Spaltung und Blutvergießen zu ersetzen ... Ich rufe alle zur Buße und zum Gebet auf. Fürchtet euch nicht! ... Im Gegenteil, es werden Flammen vom Himmel fallen, welche alle Sünder und das Werk des Bösen verzehren werden: Abgründe, Berge und glühende Lava werden ganze Dörfer verschlingen. [Es folgen] Erdbeben, Überschwemmungen, Blitzeinschläge, stürmische See, Selbstmorde, Drogen und Krankheiten aller Art. Welch großes Elend; – Kinder, die gegen ihre Eltern rebellieren, unschuldige Seelen, die ermordet werden, Ehescheidungen, Kommunisten und alle Sünder. Eine gerechte Strenge belastet sie. 23. November 1987"

Göttlicher Appell Nr. 184: „In der Welt und in Meiner Kirche gibt es Vergnügungen aller Art. Dies ist ein schwerwiegender Augenblick. Zur Rettung von Seelen wird die Zeit knapp. Zur Ermahnung gibt es viele Krankheiten. Betet viel, um Sühne zu leisten und den Zorn Meines Ewigen Vaters zu besänftigen. Ich bitte euch, nicht zuzulassen, daß Mein Wort stirbt. Wenn ihr das nicht tut, was Ich euch sage, dann werdet ihr Gefangene des Satans, des roten Luzifers, der sich dieses kritischen Augenblicks sehr bewußt ist. Dies ist eine Zeit überwältigender Gewalttaten. Es nähert sich die Zeit, da sich mit Erlaubnis Meines Ewigen Vaters viele Krankheiten ausbreiten werden. Kein Arzt noch irgendeine Arznei wird sie heilen können. Wenn die Seelen auf Mich hören und meinem Ruf der Barmherzigkeit folgen, dann wird es ihnen zum Heil und zum Frieden gereichen. Setz dich dafür ein, daß die Menschen mehr beten und einander mehr lieben. Mein Herz ist voller Schmerzen. Ich bitte viele Seelen, zu Mir zurückzukehren. Luzifer hat von vielen Seelen Besitz ergriffen, und er redet ihnen ein, daß Mein Ewiger Vater nicht existiert. Um wieviel mehr hätte ich für die Menschheit noch leiden können? ... 21. Juli 1988".

AIDS und Krebs

In den Vereinigten Staaten ist das AIDS-Virus vor allem eine Folge des Drogenmißbrauchs und der Homosexualität. Durch sexuelle Freizügigkeit und Ehebruch breitet es sich jetzt auch in der heterosexuellen Bevölkerung aus.

Größere Teile Afrikas werden durch AIDS nahezu entvölkert werden. In Uganda ist AIDS unter der Bezeichnung „DÜNN" geläufig – denn es macht jene, die an dieser Krankheit leiden, schlank und ausgezehrt. Die Weltgesundheitsorganisation schätzt, daß allein in Afrika bis zum Jahre 2000 Millionen von Menschen sterben werden. Die Auswirkungen ihrer Verwüstung sind erst gerade in ihrem Anfangsstadium.

In Asien werden auch viele Städte sehr leiden. Gene Antonio, Autor des Buches *AIDS: Rage & Reality* (zu deutsch: *AIDS: Wut & Wirklichkeit*), schreibt: „AIDS ist die bedeutendste Bedrohung der menschlichen Rasse in der Moderne. AIDS besitzt das Potential, weltweit mehr Menschen zu töten als alle Kriegsopfer der beiden Weltkriege zusammengenommen. Die Fähigkeit einer ansteckenden Krankheit, die massenweise Verwüstung menschlichen Lebens zu verursachen, ist nicht ohne Präzedenzfall. Die Pest verschlang ein Drittel der Bevölkerung Europas, bevor sie schließlich unter Kontrolle gebracht wurde."[6] Er fährt fort: „Es ist offensichtlich geworden, daß AIDS zu einer politisch geschützten Erkrankung geworden ist. Die grundsätzliche Priorität, die Gesundheit der Gesellschaft als ganzer zu schützen, ist völlig untergraben worden. Um es einfach zu sagen: dem sexuellen Wohlergehen und dem Schutz der Privatsphäre jener, die mit AIDS angesteckt sind, ist die vollkommene Oberherrschaft über die Rechte der nichtangesteckten Mitglieder der Gesellschaft eingeräumt worden."[7]

Dr. Arthur Mann, Direktor des internationalen AIDS-Zentrums an der Harvard-Universität, schrieb: „Die Verbreitungsgefahr, die der Welt durch AIDS droht, hat nicht ab-, sondern statt dessen zugenommen. Die Pandemie breitet sich in neuen Gebieten und Gemeinschaften aus. Die (Ausbreitung der) Krankheit hat noch nicht ihren Höhepunkt erreicht, und sie wird beim Ende dieses Jahrzehnts alle Länder erreicht haben. Es wird geschätzt, daß beim Jahr 2000 ungefähr 110 Millionen Menschen mit HIV infiziert sein werden.[8] Die geschätzten Behandlungskosten für die Bundesregierung pro AIDS-Patient belaufen sich auf $50.000. Wenn man die privaten Aufwendungen dazu hinzurechnet, ergeben sich pro Person schätzungsweise nahezu $75.000. Im Gegensatz dazu belaufen sich die Kosten bei Krebserkrankung auf $3.500 pro Person. Geschichtlich gesehen ist das Prokopfaufkommen der Bundesregierung für AIDS bei weitem höher als für eine jede andere lebensbedrohende Erkrankung. **Mitte der Neunzigerjahre werden sich die Kosten, um alle mit HIV infizierten Personen in den Vereinigten Staaten zu behandeln, jährlich schätzungsweise auf mehr als 10 Milliarden Dollar belaufen.**"[9]

Als Gene Antonio vor mehreren Jahren in *Barrons,* einer Zeitung des Finanzwesens, einen Artikel schrieb, erschien die Schätzung von einer Milliarde Dollar als extrem. Jetzt schätzt er, daß die Zahl von zehn Milliarden Dollar möglicherweise zu gering angesetzt ist. Es ist nicht schwer zu sehen, welche Verheerung dies in unserem Wirtschaftswesen anrichten wird. Viele Krankenversicherungen werden ruiniert werden, und für die Versicherten werden die Beiträge massiv erhöht werden.

Es sollte nicht überraschen, wenn AIDS als eine Epidemie betrachtet wird. Der verantwortliche Gebrauch der Freiheit ist ein vergessenes Prinzip. Der Glaubensverlust hat zur Folge, daß nur noch wenige Einschränkungen und Kontrollen der persönlichen Freiheit verbleiben. Die sexuelle Freizügigkeit hat zu einer weltweiten Epidemie geschlechtlich übertragener Erkrankungen geführt. Pro Tag werden der Weltgesundheitsorganisation (WHO) zufolge 685.000 neue Fälle von Geschlechtskrankheiten gemeldet – mit anderen Worten, mehr als 28.000 neue Fälle pro Stunde oder etwa 250 Millionen solcher Fälle pro Jahr. Beamte der WHO stellen fest, daß geschlechtlich übertragene Krankheiten „eine schwerwiegende Bedrohung für die Gesundheit im Fortpflanzungsbereich“ darstellen und daß die derzeitige Häufigkeit solcher Erkrankungen „unannehmbar“ ist.

In der Veröffentlichung *Progress in Human Reproductive Research* (zu deutsch: *Fortschritte im Forschungsbereich der menschlichen Fortpflanzung*), die unter anderem Geschlechtskrankheiten behandelt, schätzte die WHO, daß pro Jahr weltweit mindestens 25 Millionen Fälle von Tripper, 50 Millionen Fälle von genitalen Chlamydialinfektionen, 3,5 Millionen Fälle von ansteckender Syphilis und 2 Millionen Fälle von weichem Schanker auftreten. Darüber hinaus stecken sich pro Jahr 20 Millionen Menschen mit genitalem Herpes an und weitere 30 Millionen infizieren sich mit dem geschlechtlich übertragenen menschlichen Papillomavirus.

Dr. John Platt, ein Biophysiker, schrieb im *Futurist Magazine* (zu deutsch: *Futuristenmagazin*): „AIDS hat es in sich, die US-Wirtschaft, welche auf dem Konsumentenwachstum basiert, zum Stagnieren zu bringen. Die Krankenhäuser werden schrecklich überbelegt sein, und viele AIDS-Patienten werden zu Hause sterben oder sich selbst überlassen bleiben ... Die Angst vor AIDS wird einen breiten Bereich von Aktivitäten beeinflussen – selbst solche nichtintimen Handlungen, bei denen eine Ansteckung mit AIDS unwahrscheinlich erscheint. Letztlich wird die Krankheit die Machtverhältnisse in der Welt verändern. Einige Länder werden von ihr vernichtet werden, einige sehr schlimm zugerichtet, und an einigen wird sie nahezu harmlos vorübergehen. Jene, denen der geringste Schaden von ihr zugefügt wird, werden dazu tendieren, hernach eine Position der Vorherrschaft einzunehmen, wie es bei vorhergehenden Epidemien der Fall war. AIDS könnte dazu führen, daß man Überbevölkerung, Hungersnot, Umweltverschmutzung oder den Verlust ganzer Arten als kleinere Übel betrachtet.“[10]

Der Engel der ersten Plage—AIDS

Das Buch der Geheimen Offenbarung beschreibt, wie die Engel die Zornschalen Gottes ausgießen: „Ich sah ein anderes Zeichen am Himmel, groß und wunderbar: Sieben Engel mit den sieben letzten Plagen, worin sich der Zorn Gottes erschöpfen sollte." (Offb 15, 1)

„Ich hörte eine laute Stimme aus dem Tempel den sieben Engeln zurufen: ‚Geht hin und gießt die sieben Zornschalen Gottes auf die Erde aus.' **Der erste ging hin und goß seine Schale auf die Erde aus. Da kamen bösartige, schlimme Geschwüre an die Menschen, die das Zeichen des Tieres an sich trugen und sein Bild angebetet hatten.**" (Offb 16, 1-2)

Der Engel der ersten Plage ist AIDS. Unsere Liebe Frau sprach von der ersten Plage als etwas, das schon eingetroffen ist. Es ist eine, die wir gut kennen. Sie ist Krebs und AIDS. Wir wissen wohl, wie viele Menschen im Lauf der letzten Jahr-zehnte an Krebs gestorben sind. Die bösartigen Geschwüre, von denen Maria gesprochen hat, sind Krebstumore. Seit den dreißiger Jahren sind wir Zeugen einer ständig ansteigenden Rate von Krebserkrankungen in der Weltbevölkerung geworden. Viele Menschen führen das auf Umwelterreger und die weitverbreitete Umweltverschmutzung unsererseits zurück.

Am 13. Oktober 1989 gab Unsere Allerseligste Mutter Don Gobbi die folgende Botschaft: „**Man hat begonnen, das Gewissen der Kinder und Jugendlichen zu verderben, indem man sie zur Überzeugung gebracht hat, daß die allein begangenen unreinen Handlungen nicht mehr Sünde sind, daß der Geschlechtsverkehr vor der Ehe zwischen Verlobten erlaubt und gut ist, daß die Familien sich frei verhalten und auch die Mittel zur Empfängnisverhütung anwenden dürfen. Man ist zur Rechtfertigung und Verherrlichung der unreinen Handlungen wider die Natur gelangt und sogar zu Gesetzesvorschlägen, die das Zu-sammenleben von Homosexuellen der Familie gleichstellen.**

Niemals ist die Unmoral, die Unreinheit und die Schlüpfrigkeit durch die Presse und alle Massenmedien so ununterbrochen verbreitet worden wie heute. Vor allem ist das Fernsehen das verderbte Werkzeug einer täglichen Bom bardierung mit unanständigen Bildern geworden, die darauf ausgerichtet sind, die Reinheit des Geistes und der Herzen aller zu verderben. Die Unterhaltungslokale – besonders die Kinos und Diskotheken – sind Orte der öffentlichen Entweihung der eigenen menschlichen und christlichen Würde geworden. ...

Der Engel der ersten Plage schneidet in das Fleisch derer, die sich das Kennzeichen des Ungeheuers auf der Stirn und an der Hand anbringen ließen und sein Standbild anbeteten, eine schmerzhafte und bösartige Wunde, die jene vor Verzweiflung zum Schreien bringt, die davon betroffen sind. Diese Wunde stellt die physischen Schmerzen dar, die den Körper wegen schwerer und unheilbarer

Krankheiten treffen. Die schmerzhafte und bösartige Wunde ist eine Plage für die ganze Menschheit, die heute so verdorben ist, daß sie eine atheistische und materialistische Zivilisation geschaffen hat und die Vergnügungssucht zum obersten Ziel des menschlichen Lebens macht.

Einige meiner armen Kinder sind wegen ihrer Sünden der Unreinheit und ihrer moralischen Unordnung davon betroffen und tragen in sich selbst das Gewicht des Bösen, das sie getan haben. Andere dagegen werden betroffen, auch wenn sie gut und unschuldig sind; dann dient ihr Leiden zur Rettung vieler Schlechter im Hinblick auf die Solidarität, die euch alle vereinigt.

Die erste Plage sind die bösartigen Geschwüre und jede Art Krebs, gegen den die Wissenschaft – trotz ihrem Fortschritt auf jedem Gebiet – nichts machen kann, Krankheiten, die sich immer weiter ausbreiten und den menschlichen Körper treffen, indem sie ihn durch die schmerzhaftesten und bösartigen Wunden zerstören. Vielgeliebte Söhne, denkt an die Verbreitung dieser unheilbaren Krankheiten in allen Teilen der Welt und an die Millionen Tote, die sie verursachen.

Die erste Plage ist die neue Krankheit AIDS, die vor allem meine armen Kinder trifft, die Opfer der Drogen, der Laster und der Unreinheitssünden wider die Natur sind."

Der Herr hat ebenfalls dem kanadischen Seher Jim Singer mitgeteilt, daß es für einige in der Zukunft auftretende Krankheiten keine irdischen Heilmittel geben wird: „Liebe Kinder, bekehrt euch zu Mir! Hört auf meine Ermahnungen, denn es bleibt euch nicht mehr viel Zeit! Das Irrlicht hat unter euch verschiedene, bösartige Krankheiten ausgesät. AIDS mäht euer Leben danieder. **Durch eure Bekehrung zurück zu Mir werdet ihr zwei weitere, schlimme Geschlechtskrankheiten verhindern, die der Bösewicht als sein zukünftiges ‚Geschenk' für euch vorbereitet.** Trotz all eurer irdischen Technologie und eurer Wissenschaft werdet ihr diese Krankheiten nicht ausrotten können. Aus Meiner Liebe für euch werde ich euch wegen eurer Bekehrung zu Mir beschützen."

Der Ablauf beschleunigt sich

Was möglicherweise die Hauptwaffe Satans in der Verursachung weitverbreiteter Verheerung ist, ist die Flutwelle der Schulsexualerziehung. Zuerst wurde in unserem öffentlichen Schulsystem das Gebet verbannt; jetzt gestatten es die Erzieher, daß die Jugendlichen moralisch durch die Schulsexualerziehung verdorben werden, die nichts anderes als die abgeänderte Propaganda von Planned Parenthood (in Deutschland: Pro Familia) ist. Sicherlich treffen die Worte Jesu im Lukasevangelium (17, 2) in diesem Fall zu: „Es wäre besser für ihn, wenn ihm ein Mühlstein an den Hals gehängt und er ins Meer versenkt würde, als daß er einem von diesen Kleinen Ärgernis gibt."

Nie hören wir in den Medien, daß sie über die Ursachen von AIDS diskutieren. Die Magic Johnsons (HIV infizierter Basketballstar in den USA) dieser Welt werden plötzlich zu Helden (erklärt) und werden über Nacht zu Experten bezüglich der nationalen Politik. Mit jedem Jahr, in welchem wir durch unser Schweigen unsere Zustimmung geben, entfernt sich das Gewissen der Nation immer weiter von den moralischen Normen der Heiligen Schrift. Die Enthaltsamkeit wird nur verlegen erwähnt, wenn sie nicht gar völlig verspottet wird.

Wie die Abtreibung im Denken der breiten Masse ihre Zustimmung gefunden hat, so ebenso die Homosexualität. Das Gebäude unseres Glaubens wird nach und nach abgebrochen. Ein Mitglied des Kabinetts der Clinton-Regierung wurde gehört, wie sie ihren Wunsch zum Ausdruck brachte, daß die Sexualerziehung schon im Kindergarten beginnen sollte. Sie stellte fest, daß die in der Sache der Sexualität Konservativen nicht dem Hauptstrom der Gesellschaft angehören. Die moralische Verdorbenheit erreicht mit jedem Jahr immer jüngere Jahrgänge.

Wir sollten uns nicht von der Meinung einschläfern lassen, daß alles doch wirklich nicht gar so schlimm sei. In einer Botschaft vom 31. Dezember 1987, genannt „Die große Bedrängnis", an die Marianische Priesterbewegung beschreibt die Allerseligste Mutter die Zeichen der Bedrängnis: „Vor allem breitet sich eine große Abtrünnigkeit in allen Teilen der Kirche aus – durch einen Mangel an Glauben, der sich selbst unter den Hirten breit macht. Satan ist es durch das hinterlistige Werk seiner Verführung gelungen, überall die große Abtrünnigkeit auszubreiten, die viele dazu gebracht hat, sich von der Wahrheit des Evangeliums zu entfernen, um den Fabeln der neuen theologischen Theorien anzuhangen und Freude am Bösen und an der Sünde zu haben, die geradezu wie ein echter Wert begehrt wird.

Sodann vervielfachen sich in eurer Zeit die Umstürze der natürlichen Ordnung wie Erdbeben, Dürre, Überschwemmungen, Unglücksfälle, die den plötzlichen Tod von Tausenden Personen verursachen, gefolgt von Epidemien und von unheilbaren Leiden, die sich überall verbreiten.

Darüber hinaus sind eure Tage durch den fortwährenden Lärm der sich vervielfachenden Kriege gekennzeichnet, die Tag für Tag unzählige Opfer dahinmähen. Zwietracht und Zwist wachsen innerhalb der Nationen; es breiten sich Revolten und Kämpfe zwischen den verschiedenen Völkern aus, und – ungeachtet aller Bemühungen, die man um den Frieden anstellt, – vermehren sich die blutigen Kriege.

Schließlich geschehen in eurer Zeit große Zeichen an Sonne, Mond und Sternen. Das Sonnenwunder von Fatima war ein Zeichen, das ich euch gegeben habe, um euch anzuzeigen, daß nun die Zeit dieser außerordentlichen Phänomene, die am Himmel geschehen, gekommen ist. Und wie viele Male

habt ihr selbst während meiner gegenwärtigen Erscheinungen die großen Wunder, die sich an der Sonne vollziehen, betrachten können.

So wie euch die Knospen, die an den Bäumen hervorbrechen, sagen, daß nun der Frühling gekommen ist, so sagen euch diese großen Zeichen, die in eurer Zeit geschehen, daß nun die große Bedrängnis zu euch gekommen ist, die euch auf die neue Ära vorbereitet, die ich euch mit dem Triumph meines Unbefleckten Herzens in der Welt versprochen habe."

Am 31. Dezember 1983 gab uns die Allerseligste Mutter durch Don Gobbi mehrere der Gründe für die Verheerung, die uns jetzt befällt. Sie sagte: „Die Zeichen, die der Herr schickt, werden weder verstanden noch angenommen. **Man glaubt nicht an die Gefahren, die von ‚meinem' Papst aufgezeigt werden, der mit Mut und Besorgnis den Orkan ankündigt, der euch bevorsteht.** Die Bot-schaften, die ich durch einfache kleine Seelen schenke, die ich in allen Teilen der Welt erwähle, werden nicht beachtet. Meine Erscheinungen – zumeist an fernen und gefährlichen Orten – werden ignoriert. Und ihr seid doch nur eine Hand-breit von eurem Untergang entfernt. Wenn alle nach Frieden schreien werden, könnte unversehens ein neuer Weltkrieg ausbrechen, der überallhin Tod und Zerstörung bringen würde."

Tschernobyl: eine Katastrophe, die nur wenigen wirklich bekannt ist

„... Da fiel vom Himmel ein großer Stern, der wie eine Fackel brannte. Er fiel auf den dritten Teil der Flüsse und auf die Wasserquellen. Der Stern heißt „Wermut". Da ward ein Drittel der Gewässer zu Wermut, und viele Menschen starben von dem Wasser, weil es bitter geworden war."

Offb 8, 10-11

Das ukrainische Wort Tschernobyl bedeutet so viel wie „Wermut" (bitter), was eine andere Bezeichnung für den Satan im Buch der Geheimen Offenbarung ist.

Das Atomkraftwerk von Tschernobyl befindet sich bei der nordöstlichen Grenze zur nur wenige Kilometer entfernten weißrussischen Republik. Der Reaktorunfall des Werkes verseuchte Teile Schwedens, Polens, Finnlands (bis hin nach Lappland, in dem Zehntausende von Rentieren aufgrund der Verseuchung geschlachtet werden mußten) große Teile Rußlands, der Ukraine, Ungarns und der Tschechoslowakei. Die Welt ist sich der Zerstörung nicht bewußt, die sich aufgrund des Problems in einem Werk für tausend Jahre und Tausende von Kilometern ergibt. Es gibt noch 26 weitere solche Anlagen in der ehemaligen Sowjetunion, die nach den gleichen Plänen für ein 2.000 Megawatt-Kraftwerk errichtet worden sind. Neun davon hätte man schon vor Jahren stillegen sollen. Doch es fehlt am

Geld, um diese Kraftwerke zu einem sicheren Betrieb umzurüsten, denn die Republiken sind nicht in der Lage, die westlichen Gesellschaften für ihre Arbeiten zu bezahlen. Asea, Brown und Boveri (ABB), dem größten elektrischen Anlagenbauer der Welt, zufolge sind diese Kraftwerke tickende Zeitbomben.

Die Sowjetregierung versuchte die Tschernobyl-Katastrophe zu vertuschen, bis ein amerikanischer Satellit einen braunen Wald zwei Tage nach dem Unfall fotografierte. Dadurch gelangte er im Westen in die Nachrichten, aber die Sowjetregierung enthielt ihren Einwohnern die Tatsachen solange wie möglich vor. Ungefähr 40.000 Menschen sind gestorben, und einige weitere Hunderttausend gehen in den Krebsstationen (der Krankenhäuser) ein und aus. Offiziellen Schätzungen zufolge sind 250.000 Menschen aus den verseuchten Gebieten weggezogen.

Eine Turmuhr in Gomel (einer Stadt von 700.000 Einwohnern nördlich von Tschernobyl) zeigt die Zeit, das Datum und die radioaktiven Meßwerte an. Die Leute zeigen, was man das radioaktive Lächeln nennt: eine Schnittnarbe von der Entnahme der Schilddrüse, da in ihr sich die radioaktiven Partikel im Körper ansammeln. Wissenschaftler, Psychologen und andere behandeln Gomel als Testfall, um festzustellen, was geschieht, wenn eine Gemeinschaft traumatisch heimgesucht wird. Mehr als siebzig Prozent der Menschen leiden an Depressionen, und die Hoffnung ist großteils aus ihren Augen verschwunden.

Obwohl mehrere Jahre seit jenem fatalen Tag des 26. April 1986 vergangen sind, kommt das Ausmaß der Katastrophe und ihre Langzeitwirkung erst jetzt ans Tageslicht. Jetzt ist der Boden verseucht, und die Experten schätzen, daß die Nachwirkungen des aktiven Plutoniums im Boden die Landwirtschaft für Tausende von Jahren beeinträchtigen wird. Wie wir im oben zitierten Vers aus der Geheimen Offenbarung lesen – „fiel (er) auf den dritten Teil der Flüsse" – (müssen wir uns fragen), ob nicht noch weitere radioaktive Unfälle weltweit Flüsse und Gewässer verseuchen könnten? Den Pilgern im ukrainischen Erscheinungsort Hruschiw sagte Unsere Allerseligste Mutter: **„Tschernobyl ist ein Zeichen für die Welt."**[11]

Ereignisse, die die Welt erschüttern werden

Josip Terelja, einem Seher aus der Ukraine, ist erst kürzlich in dem in der kanadischen Provinz Ontario gelegenen Ort Marmora die Muttergottes erschienen und hat ihm Botschaften übermittelt. Wir messen seinen Botschaften beträchtliches Gewicht bei. Ein vollständiger Bericht über Herrn Tereljas Leben ist in dem Buch *Witness* (deutscher Titel: *Zeugnis*) enthalten, das von ihm zusammen mit Michael Brown verfaßt wurde. Es ist ein faszinierender Bericht seiner zwanzig Jahre als Gefangener des Gewissens in der ehemaligen Sowjetunion.[12]

Sonntag, 13. September 1992: Unsere Liebe Frau sagte: „Betet beständig für Rußland, denn diese Menschen werden erneut zunehmend leiden und werden in ihren Sünden ohne Gnade und Reue umkommen. Betet in dieser Kapelle um Frieden und Liebe in diesem Land, Kanada. **Die Menschen sind sich dessen nicht bewußt, daß die vorhergesagte Zeit vor der Tür steht.** Mein Herz ist betrübt; ich vergieße meine mütterlichen Tränen für alle Sünder, aber worum geht es bei diesem ... Die Menschen haben sich von jeglicher Beherrschung losgerissen. Es gibt keine Autorität; es gibt keinen Frieden; es gibt weder Wahrheit noch Gerechtigkeit. Es gibt keine wahre Frömmigkeit.

Mein Kind, ich sage dir, daß die Endzeit nahe ist. Meine Kinder, **ihr befindet euch an der Schwelle zum Tage des Gerichts.** Gott ruft nun alle, wie nie zuvor, zu Sich Selbst, und Er ruft sie zum gegenseitigen Verständnis, zur Nächstenliebe gegenüber allen auf. Ehrt eure Eltern ... Und erneut bitte ich fromme Christen um ihr Gebet; um ihr beständiges Gebet für den Papst, daß Gott ihm die Weisheit und Kraft geben möge, die Kirche zu ihrem Triumph und zu der Ehre zu führen, die Er für sie vorherbestimmt hat. Die Zerstörung der Kirche begann während des Pontifikats von Paul VI.. Sie fingen damit an, die Kirche von innen zu zerstören.

... Seine päpstliche Autorität wird in verheerender Weise ausgehöhlt. Aber Gott hat der Kirche selbst darin Kraft gegeben, ungeachtet der inneren Unzulänglichkeiten, die durch die Abgefallenen herbeigeführt wurden. Durch die Pilgerfahrten des Papstes wird der Glaube der Christen in der ganzen Welt erneuert und bestärkt."

Freitag, den 18. September 1992: Die Muttergottes sagte: „Ich bin gekommen, weil schreckliche Ereignisse über eine gottlose Menschheit kommen werden, die meinen Sohn nicht empfangen will. Josip, mein Sohn, die Zeit ist nahe. So viele Ereignisse von größerem oder geringerem Ausmaß haben schon ihre Wirkung auf viele Nationen gehabt. Aber es kommt ein Ereignis, das die ganze Welt erschüttern wird. Ein großer Krieg, der größte, den es bis jetzt gegeben hat, steht kurz bevor. So viele werden ihn nicht überleben; nur jene, die Christus, den König, annehmen und den Geboten Gottes gehorchen. Ich teile dies dir mit, damit fromme Christen sich das Wissen aneignen können, das es ihnen ermöglichen wird, sich zu verteidigen. All dies ist im Heiligen Buch, im Evangelium Christi, niedergeschrieben. Überall werden die Diener des Antichrist, die Söhne Satans, Frieden und Ruhe verkünden, aber Satan bereitet einen großen Krieg vor, einen solchen, wie man ihn bisher noch nicht gesehen hat. Seine Macht ist unsichtbar, und seine Macht wird die Menschen dazu antreiben, sich zu bewaffnen.

... Es ist der Satan selbst, der durch den falschen Propheten der Organisation der Vereinten Nationen spricht, indem er den Leichnam der Organisation der Vereinten Nationen verwendet, um die Menschheit zu verführen ...

Seit der Frühzeit, als Gott den Namen Luzifers änderte und ihm aufgrund seiner Rebellion wider den Herrn den Namen des Drachen, der Schlange und Satans gab, hat er sich immer den Plänen Gottes widersetzt. Wir befinden uns in jener Zeit, in der das Ende nahe ist. Und erinnert euch daran, was der Herr über Satan und über seine sichtbaren und unsichtbaren Mächte auf Erden gesagt hat. In der Endzeit wird Satan bestraft und alle seine Mächte auf Erden zerstört werden. Der Teufel weiß sehr wohl, daß seine Zeit kurz ist, die Zeit der Vorbereitung auf die große Schlacht. Und seine Absicht ist, eher die ganze Menschheit zu vernichten als zusehen zu müssen, wie alle Menschen Gott dienen. Das ist die uralte Verzweiflung des Teufels, denn er weiß, daß er gegen Gott nie gewinnen kann. Satan weiß, daß er sein Duell mit Gott, dem Allmächtigen und Allbarmherzigen, nicht gewinnen kann. Darum spreche ich schon seit geraumer Zeit auf der ganzen Welt über das kurz bevorstehende Kommen des Reiches Gottes unter Christus und darüber, daß dieses Reich die Hoffnung der Welt ist. Darum befindet sich der Teufel in solcher Raserei, um alle Nationen der Welt in einen großen Krieg zu verwickeln, damit dadurch die Schöpfung Gottes vernichtet werde. Deswegen wurde die Organisation der Vereinten Nationen durch die Agentur des Teufels aufgestellt, damit durch diesen teuflischen Tausch das Reich Gottes in ein Reich der Finsternis umgewandelt werde. Der Teufel bedient sich jetzt der Organisation der Vereinten Nationen, um die Nationen zu verführen und sie gegenüber der Wahrheit Gottes blind zu machen, um zu verhindern, daß die Menschen dem Reich Gottes vertrauen, welches die einzige Hoffnung der Welt ist.

... Heute sehen wir wie nie zuvor die Diener Satans, all jene bösen Geister und Antichristen, wie sie offen ihren Haß auf Gott verkünden, indem sie sagen: ‚Wir lehnen Gott und Sein Reich ab, weil wir die Erde selbst nach unserem eigenen Willen regieren werden.'

Wie viele Priester und Bischöfe gibt es doch heute, die Gott mit ihren Lippen, aber nicht in ihren Herzen verehren. Wie viele sind der Priester, die heute die Bibel verleugnen, besonders jene Abschnitte, die Jesus als den Heiland und König der Welt verkünden.

... Einige Regierungen werden anfangen, die Homosexualität und alle Art von Greueln des Teufels (gesetzlich) zu schützen. Kongresse und Parlamente werden Gesetze gegen die Wahrheit verabschieden, und einige haben es schon gemacht. Jene, die die Wahrheit verteidigen, werden wie Kriminelle behandelt werden. Genau zu jenem Zeitpunkt wird die allgemeine Verfolgung der Christen beginnen. Das Rechtswesen wird die Wahrheit und die Gesetze Gottes verbieten.

In Rußland werden Vorbereitungen für eine weltweite Revolution getroffen; die Mächte der Hölle, die die Welt kontrollieren, werden damit fortfahren zu behaupten, daß alles, was sie unternehmen, dem Frieden und dem Wohlerge-

hen der Menschen dient, aber zugleich werden sie den Menschen die Freiheit und den freien Willen entziehen. Sie werden fortwährend die Kirche verfolgen, aber auf eine andere Art. Die Drahtzieher des Roten Drachen sind sich ihrer Sache so sicher, daß sie die Nationen besiegt haben. Und während die Macht ihrer Diktatur die Kehlen der Menschen zuschnürt, sagen sie: ‚Jetzt herrscht Friede und Sicherheit', dabei aber gibt es keine Sicherheit."

Die Zeichen unserer Zeit

Am 31. Dezember 1992 erklärte uns Unsere Allerseligste Mutter durch Don Gobbi die Zeichen der Endzeit. Sie sagte: „Ich habe euch mehrmals angekündigt, daß sich *das Ende der Zeiten* und das Kommen Jesu in Herrlichkeit nähert. Nun will ich euch helfen, die in der Heiligen Schrift beschriebenen Zeichen zu verstehen, die nun seine glorreiche Wiederkunft als nah bevorstehend anzeigen.

Diese Zeichen sind klar im Evangelium, in den Briefen des hl. Petrus und des hl. Paulus angegeben, und sie sind daran, sich in diesen Jahren zu verwirklichen.

Das erste Zeichen ist die Verbreitung der Irrtümer, die zum Verlust des Glaubens und zum Abfall vom Glauben führen. ...

Das zweite Zeichen ist der Ausbruch von Kriegen und Bruderzwistigkeiten, die zur Vorherrschaft der Gewalt und des Hasses und zu einem allgemeinen Erkalten der Liebe führen, während Naturkatastrophen, **wie Epidemien, Hungersnöte, Überschwemmungen und Erdbeben immer häufiger werden. ‚Ihr werdet von Kriegen hören und Nachrichten über Kriege werden euch beunruhigen. Gebt acht, laßt euch nicht erschrecken! Das muß geschehen. ...'**

Das dritte Zeichen ist die blutige Verfolgung all jener, die Jesus und seinem Evangelium die Treue halten und im wahren Glauben stark bleiben. ...

Das vierte Zeichen ist der unheilvolle Greuel, der von jenem vollzogen wird, der sich Christus widersetzt, das heißt vom Antichrist. Er wird in den heiligen Tempel Gottes eintreten und sich auf seinen Thron setzen, indem er sich selbst als Gott anbeten läßt. ... ‚Eines Tages werdet ihr am heiligen Ort den unheilvollen Greuel stehen sehen, der durch den Propheten Daniel vorhergesagt worden ist – der Leser begreife' (Mt 24, 15).

[Vielgeliebte Söhne], um zu verstehen, worin dieser unheilvolle Greuel besteht, lest, was vom Propheten Daniel vorausgesagt wird. ‚Geh, Daniel! Diese Worte bleiben verschlossen und versiegelt bis zur Zeit des Endes. Viele werden geläutert, gereinigt und geprüft. Doch die ruchlosen Sünder sündigen weiter. Von den Sündern wird es keiner verstehen, aber die Verständigen verstehen es.

Von der Zeit an, in der man das tägliche Opfer abschafft, und den unheilvollen Greuel aufstellt, sind zwölfhundertneunzig Tage. Wohl dem, der aushält und dreizehnhundertfünfunddreißig Tage erreicht!' (Dan 12, 9-12). ...

Das fünfte Zeichen wird von außergewöhnlichen Phänomenen gebildet, die sich am Firmament des Himmels abspielen werden. ‚Die Sonne wird sich verfinstern und der Mond wird nicht mehr scheinen. Die Sterne werden vom Himmel fallen und die Kräfte des Himmels werden erschüttert werden' (Mt 24, 29). ...

Ich bin immer mit euch, um euch zu verkünden, daß die Verwirklichung dieser Zeichen euch mit Sicherheit ankündigt, daß das Ende der Zeiten mit der Wiederkunft Jesu in Herrlichkeit nahe ist.“

Patrizia („Pachi“) Talbott aus Cuenca in Ecuador hat ähnliche Botschaften erhalten. Am 1. Januar 1989 teilte die Allerseligste Mutter Pachi mit: „Der Dritte Weltkrieg bedroht die Welt ... Es werden Erdbeben und Orkane kommen, und vom Himmel wird Feuer herabregnen. All das wird der Vater, der Sohn und der Heilige Geist senden.“[13]

Viele nationale Sicherheitsexperten meinen, daß der Zündfunke für den nächsten Weltkrieg in Bosnien liegt. Das Morden und die Brutalität sind von einem solchen Ausmaß, wie es die derzeitige Generation noch nicht gesehen hat. Vor zehn Jahren konnte man sich das Szenario, wie es sich zur Zeit entwickelt, noch nicht vorstellen. Der frühere jugoslawische Diktator, Marschall Tito, hatte nahezu vierzig Jahre lang diese Region mit fester Hand geführt und hatte so verhindert, daß sie völlig von der Sowjetunion dominiert wurde. Der schöne Adriastrand war ein Mekka für europäische Urlauber. In der Zeitspanne nur einiger Jahre ist dieses Gebiet zu einer Plage der westlichen Kultur geworden.

Das Balkangebiet ist die mögliche Geburtsstätte des nächsten Weltkriegs. Die Russen ergreifen für die Serben Partei, und Muslime wie auch Christen werden weiterhin massakriert. Russische Freischärler in Serbien komplizieren die Situation darüber hinaus. Europa hält sich zurück und schaut mit blasser Miene zu, während die ethnischen Spannungen so weit zunehmen, daß der Sicherheitsrat der Vereinten Nationen routinemäßig Problemlösungen verabschiedet, aber (wirklich) weiterhin nichts tut. Das Balkangebiet war immer schon ein Pulverfaß für ethnische Spannungen. Leicht könnten sich die heutigen Kämpfe in einen Konflikt von Christen gegen Muslime weiterentwickeln, wobei die Weltmächte darin Partei ergriffen. Ist das der Krieg, auf den so viele der Mystiker und Seher angespielt haben? Oder ist es Nordkorea mit nuklearen Sprengköpfen? „Ihr werdet von Kriegen und Kriegsgerüchten hören. ...“

Jim Singer aus Kanada

Jim Singer, gebürtig aus Zagreb, in Kroatien, lebt heute in Kanada und empfängt seit 1989 Erscheinungen des Vaters, Jesu und der Allerseligsten Jungfrau Maria.

Am 14. Dezember 1989 überbrachte Unser Herr die Botschaft, daß man bald wegen der bösartigen Aggressivität des Irrlichts und des schwachen Glaubens der Kinder Gottes tragische Ereignisse in den Ländern des Ostens bezeugen würde. „Unser Herr gab uns die Warnung, daß schwierige und tragische Zeiten die Heimat unserer Vorfahren bedrohen. [Anmerkung der Autoren: Diese Botschaft stammt aus der Zeit vor dem Krieg.] Wegen der bösartigen Aggression des Irrlichts wird die Heimat unserer Vorfahren in den Hauptnachrichten der Medien erscheinen. Die Botschaft Unseres Herrn besagt, daß Er die Absichten des Bösewichts durchkreuzen und den Kindern unserer alten Heimat Frieden und Liebe schenken wird, wenn Ihm Kinder in genügender Zahl ernstlich ihr Herz schenken werden."

„Die Botschaft Unseres Herrn vom 1. Januar 1990 besagt, daß wir seinen Lehren Folge leisten und seine Gnaden benützen sollen, und wir werden vor dem Irrlicht geschützt sein ... Die Entscheidungen, die die Regierungschefs der Länder der Welt in den nächsten Wochen treffen werden, werden von Dauer und enormer Konsequenz sein ... Die Personen selbst, die diese Entscheidungen treffen werden, sind sich der Bedeutung dieser Entscheidungen nicht bewußt. Unsere Allerseligste Mutter ruft die Kinder des Herrn zur Bekehrung, zum Opfer und zu vielen reuevollen Gebeten auf. Sie versprach, daß man durch ... Gebete das Übel verhindern kann ..., das der höllische Feind vorbereitet ..."

„Die nächsten beiden Jahre (1990 und 1991) sind für alle meine Kinder von entscheidender Bedeutung ... Dieser Übeltäter wird seine bösen Kräfte vervielfachen ... Durch die Macht meiner Gegenwart werdet ihr bald mit dem ersten Sieg in dieser Endschlacht belohnt werden. Vor euren Augen wird der Kommunismus zusammenbrechen, aber viele meiner Kinder werden meine Hand unter euch nicht erkennen. Viele meiner Kinder unter euch werden erneut getäuscht und verführt werden. Erinnert euch daran, daß der Böse schon längst seine giftige Saat ausgesät hat, um eure Rückkehr in meine Arme zu verhindern, wann immer ich unter euch weile ..."

Liebe Kinder, seid auf der Hut, denn jetzt tretet ihr in die Zeit der Bösartigkeit des Irrlichts ein. Bedenkt fortwährend, daß er alle möglichen Arten von Täuschung und bösen Kräften verwendet ... Die beiden folgenden Jahre (1990 und 1991) sind von besonderer Wichtigkeit für euch. Die Konsequenzen eurer irdischen Entscheidungen sind bleibende. Freut euch nicht zu früh über den Zusammenbruch der bösen Mächte. Eure Freude soll nur dann verdient aufleuchten, wenn ihr einen jeden Tropfen von des Übeltäters Gift vollkommen aufgelöst habt, das er unter euch Kinder so tief gesät hat. Die Macht des Glaubens an mich, jedes meiner Kinder, ist der einzige Weg zum vollständigen Triumph über den bösen Feind der Körper und der Seelen meiner Kinder."

„Mein lieber Sohn, aufgrund meiner Liebe zu meinen irdischen Kindern werde ich das böse kommunistische Imperium des Irrlichts vernichtend schlagen. Mein Sohn, selbst deine alte Heimat wird von meiner Macht nicht ausgespart werden. Erinnert euch an meine Lehre. Dir wurde die Warnung gegeben, daß jeder, der seine Wohnung vom bösen Geist reinigt und aufräumt, dringendst Mich unter seinem Dach empfangen muß. Jede Wohnung, in die ich nicht eingeladen werde, wird mit sieben neuen bösen Geistern, welche viel bösartiger als der erste sind, angefüllt werden."

„Meiner Kirche sende ich die Botschaft, in jedem meiner Kinder die Liebe zu Mir stärker, durchdringender und mutiger zu erwecken. Ich mahne euch, euch des Vergnügens am Gift des Übeltäters und seiner besonderen Aufmerksamkeit gegenüber meinen Kindern im Westen bewußt zu sein. Diese Kinder bedürfen meiner Liebe genauso dringend. Unter dem Irrlicht werden sie immer mächtigere Instrumente des Bösen, aber in meiner Liebe sind sie dazu berufen, Hüter der Wahrheit, der Gerechtigkeit und des Friedens zu sein."

Unser Herr sagte zu Jim: „Zu eurer Bekehrung habe ich euch das Geschenk Medjugorjes gegeben. **In diesem Geschenk von Medjugorje besitzt ihr alle Botschaften, die die Unbefleckte Mutter euch bringt.** Sie sind für euch der einzige Weg, um aus eurem Leben das Irrlicht zu vertreiben. Seine vergifteten Geschenke führen euch zur ewigen Verdammnis."

„In China wird das Irrlicht als Sieger hervorgehen, da viel zu wenige von euch genügend an das göttliche Eingreifen glauben. **Ich sage dir, daß sich die Zeit bald nähert, da ihr zu Zeugen meines Eingreifens in euer Erdenleben werdet.** Aber ich ermahne euch, eure Liebe und Treue mir gegenüber zu prüfen. Das Irrlicht wird seine Macht vervielfachen."

„Das Irrlicht bereitet für euch im Osten, besonders in der UdSSR, großes Blutvergießen vor. Im Westen werden meine Kinder größere Ungerechtigkeit, Gewalt, Unterdrückung und einen immer tieferen und größeren Verlust der Würde, mit der ich euch beschenkt habe, erleben."

„Wegen eurer Bekehrung wird das Irrlicht diese Schlacht verlieren. Aber es wird unter euch viele Opfer geben. In dieser außergewöhnlichen Zeit werdet ihr bald Zeugen meiner Gnaden werden. Viele unter euch, die gefoltert, verleumdet, vertrieben, ins Exil geschickt und verfolgt wurden, werden bald ihren Platz unter den Ersten einnehmen. Bekehrt euch, und in meiner Liebe werdet ihr siegen. Die schrecklichen Ereignisse, die das Irrlicht als sein ‚Geschenk' für euch, meine Kinder, vorbereitet, werden durch euren Glauben abgewendet werden."

Julia Kim aus Naju in Korea

Die stigmatisierte Julia Kim aus Naju ist nur eine der Mystiker in der ganzen Welt, die behaupten, daß sich die Welt in großen Schwierigkeiten befindet. Wie andere Seher in der ganzen Welt – von denen die meisten keinen Kontakt miteinander hatten – ist Julia von Unserer Lieben Frau vor unheilvollen, zukünftigen Ereignissen gewarnt worden: „Um zu verhindern, daß Feuer vom Himmel auf die Erde fällt, bete ich unablässig für meine Kinder, die Opfer der Sünde und Verderbnis geworden sind, und ich leide an ihrer Stelle, wobei ich die Sühne aufopfere, die sie dem Allmächtigen leisten sollten. Wenn jedoch die Menschen fortfahren sollten, mit der Welt Kompromisse zu schließen, ohne den Willen Gottes zu beachten und ohne ein geistliches Leben zu führen, wird es zu spät sein, um die Katastrophen zu vermeiden. Ihr wißt, in welch traurigem Zustand sich die Welt zur Zeit des Turmbaus zu Babel und in den Jahren vor der Sintflut befand. Nun, was damals geschah, wird sich wieder ereignen, wenn nicht die Moral reformiert wird und sich das Leben der Menschen nicht bessert.“ (8. Januar 1989)

„Die Schritte, die in die Richtung gemacht werden sollten, die zur Verehrung und zum Dienst Gottes führen, werden jetzt auf den entgegengesetzten Weg gesetzt, das ist, auf die breite Straße zum Bösen und zur Vernichtung. Lippen, die dazu dienen sollten, den Herrn zu loben und zu preisen, werden dazu benützt, Ihn zu verfluchen und zu beleidigen. Darum senkt sich allmählich um die Welt herum Dunkelheit und Finsternis – ein Zustand, der nicht verfehlen wird, die Unzufriedenheit des Allmächtigen hervorzurufen. Sollten meine Kinder kein Leben nach dem Evangelium führen, meine Botschaften nicht befolgen und nicht alles daran setzen, meine Tränen abzuwischen und meine Qual zu lindern, so werden sie ... keinen Ausweg aus den Leiden finden, die durch allerlei böse Verheerungen herbeigeführt werden.“ (14. Oktober 1990)

„Es wird nicht lange dauern und die Welt wird außergewöhnlichen Katastrophen gegenüberstehen. Meine Kinder müssen vom bösen Weg abbiegen und die Botschaften, die ich dir gebe, in die Tat umsetzen. Erinnert euch daran, wie das Volk Israel Moses gehorchte und Ägypten verließ, um sich auf den Weg ins verheißene Land aufzumachen. Ich flehe jetzt zu euch mit Tränen in den Augen in der gleichen Weise, wie Gott durch Moses an das Volk der Juden appellierte, damit sie ihm auf dem Weg zur Freiheit und aus dem Heidentum und der Sklaverei folgten. Was wäre aus der Menschheit geworden, wenn Noe, der von Gott beauftragt worden war, die Arche zu seiner eigenen Rettung zu erbauen, die Befolgung der göttlichen Befehle vernachlässigt hätte? Nehmt euch meine dringenden Aufrufe zu Herzen und verzeichnet sie in euren Herzen, weil ich sie mit Blut und Tränen in meinen Augen äußere. – Warum sind so viele so kühl und so trüb? Mein Herz brennt von trauriger Sorge um die Familien, die Kirche und die Gesellschaft, weil alle diese vom Bösen und der Verderbnis berührt und geschwächt worden sind.“ (14. Oktober 1989)

Oliveto Citra, in Italien

Die Botschaften von Oliveto Citra, in Italien, welche an zwölf Jungen ergingen, warnen davor, daß sich die Welt am Rande des Abgrunds befindet – und die Zeit vor der Katastrophe äußerst knapp ist. Oliveto Citra ist eine kleine Stadt, die sich in Italien, südlich von Neapel, befindet und 3.500 Einwohner hat. Die Erscheinungen finden seit 1985 in einer Kirche mit dem Namen „Unsere Liebe Frau von der Barmherzigkeit“ statt.[14]

15. Dezember 1985: Tarcisio, einer der Seher, sagte: „Unsere Liebe Frau ist mir erschienen ... und sie sagte mir: ‚Teile den Pilgern mit, daß ich keine Blumen und Kerzen benötige, sondern Gebete, weil die verbleibende Zeit vor der Katastrophe sehr kurz ist.’“

20. Dezember 1985: „Unsere Liebe Frau sagte mir [Tarcisio], daß der Arm ihres Sohnes zurückgehalten wird und daß wir uns daran erinnern sollten, daß der Herr aber das, was Er in die Welt setzt, auch wieder zurückziehen kann.“

10. Januar 1986: Unsere Liebe Frau (sagte) zu Mafalda: „Meine lieben Kinder, Gott sendet mich zur Erde, um alle zu retten, weil sich die ganze Welt in Gefahr befindet. Ich komme zu euch, um euren Herzen Frieden zu bringen. Gott wünscht, daß dieser Friede im Herzen aller Menschen herrscht, und Er möchte, daß sich alle Völker bekehren.

Deshalb, meine lieben Kinder, betet, betet, betet; solltet ihr nicht beten, werdet ihr auch nichts erhalten. **Die Zeit, die euch noch bleibt, ist kurz; für die Bewohner der Erde wird es Erdbeben, Katastrophen und Hungersnöte geben ... Ich werde darum bitten, daß Gott euch nicht bestraft. Gott sagt: ‚Rettet euch selbst, betet viel und tut Buße und bekehrt euch; mit Gebet könnt ihr alles erreichen.’** Die Menschen sollten sich nicht nur vor Gott verneigen, sondern auch vor ihren eigenen Brüdern und Schwestern, die in der Welt Hunger leiden. Die Menschheit ist voller Todsünden, die die Liebe Gottes beleidigen. Der Frieden auf Erden wird bald zu Ende gehen, die Welt kann ohne Frieden nicht gerettet werden, aber die Welt wird nur dann Frieden finden, wenn die Menschheit zu Gott zurückkehrt. Meine Kinder, ich bitte euch für die Bekeh-rung aller Völker zu beten; tut Buße und rettet euch vor der Hölle. Ich werde in den letzten Kampf gegen Satan ziehen, welcher mit dem Triumph meines Unbefleckten Herzens und der Ankunft des Reiches Gottes in der Welt enden wird.

Jene, die sich heute Gott verweigern, werden morgen weit von Ihm entfernt in die Hölle einziehen. Ich habe mich euch als die Unbefleckte Jungfrau-Mutter

Jesu vorgestellt, und ich bin gekommen, um euch, liebe Kinder, Barmherzigkeit, Vergebung und Frieden im Namen Gottes, des Vaters, zu bringen.

Seht zu, daß diese Botschaft vor den Priestern verlesen wird, und ich wünsche, daß sie allen, so schnell wie möglich, mitgeteilt wird. Schämt euch mei-ner Botschaft nicht, sondern teilt sie allen mit, die euch begegnen. Denn die Verbreitung meiner Botschaft ist ein großes apostolisches Werk, weil viele Menschen im Besitz der Informationen über die Erscheinungen und der Kenntnis der Botschaften mehr beten werden.“

11. Februar 1986: Die Botschaft Unserer Lieben Frau an Malfada für die Menschen von Oliveto Citra: „Meine lieben Kinder, ich bitte euch in diesen Tagen viel zu beten, weil sich Satan in dieser Stadt in besonderer Weise offenbart hat. Darum betet, betet, betet, damit all das, was ich geplant habe, sich erfüllt. Auf diese Weise kann Satan nichts erreichen.“

April 1986: Mafalda schrieb: „Ich fragte Unsere Liebe Frau, ob die Gefahr eines Dritten Weltkriegs besteht. Unsere Liebe Frau antwortete darauf mit dieser Botschaft: ‚Liebe Kinder fragt nicht, sondern bekehrt euch und betet viel. Ich, Maria, werde euch nicht allein lassen, aber ich möchte, daß ihr ein für allemal begreift, daß sich die Welt am Rand des Abgrunds befindet. Die Menschheit gleitet auf eine fürchterliche Klippe zu; darum, meine Kinder, betet, betet, betet; bekehrt euch und tut Buße. Der dreifache Weg, um euch vor der Sünde und der Bestrafung zu bewahren, ist: Gebet, Umkehr und Buße.‘“

Dutzende von Besuchern haben Unsere Allerseligste Mutter in Oliveto Citra gesehen, wo sie zuerst vor zwölf kleinen Jungen erschien. Seither haben auch andere ihr Erscheinen bezeugt.

Buch IV
Die Reinigung der Welt

17

Wo sich Barmherzigkeit und Gerechtigkeit treffen

Ihr seid Priester; ihr seid keine Sozialarbeiter oder Politiker oder Beamte einer weltlichen Macht ...

Papst Johannes Paul II. an die mexikanischen Bischöfe

Die Propheten rufen übereinstimmend mit den Botschaften Unserer Lieben Frau: Bekehrt eure Herzen jetzt, bevor die Zeit der Gnade und Barmherzigkeit in den Augenblick der Gerechtigkeit umschlägt. Es wird uns gesagt, daß es ab einem bestimmten Zeitpunkt während der Züchtigungen für eine Bekehrung zu spät sein wird. Maria hat uns die letzten zwanzig Jahre geraten, uns nicht zu fürchten, sondern statt dessen uns unter ihren Schutzmantel zu begeben, im Glauben auszuhalten und der Führung durch den Papst und das Lehramt der Kirche zu folgen. In Zukunft wird es nur geistliche Zufluchtsorte geben.

Die erst kürzlich aus aller Welt erhaltenen Botschaften besagen, daß die Zeit der Gerechtigkeit kurz bevorsteht. Die Allerseligste Mutter warnt ihre Kinder – wie es eine jede Mutter täte, daß Gefahr im Verzug ist. Sie hat uns darauf vorbereitet und uns die notwendigen Informationen zukommen lassen, um die vor uns liegenden Züchtigungen zu überstehen. Seit 1973, als die Marianische Priesterbewegung begann, ist der Grad der Intensität von Jahr zu Jahr angestiegen.

Die Botschaften der frühen Jahre waren nie beiläufig; doch fehlte das Ausmaß der Einzelheiten und der Dringlichkeit, wie wir sie heute sehen. Wenn der Sturm nahe heranbricht, fährt man mit größter Eile den sicheren Hafen an. Vor Jahren weinten die Bilder und Statuen Unserer Lieben Frau menschliche Tränen. Heute sagen uns Julia Kim und andere, daß sie Bluttränen weinen, weil die Züchtigung nahe ist.

Reinigung, Gerechtigkeit und Liebe

Allen Anzeichen nach nähern wir uns dem Ende der Zeit der Barmherzigkeit Gottes. Dabei handelt es sich um eine sehr delikate und verwirrende Angelegenheit. Geht die Barmherzigkeit Gottes je zu Ende? Wenn Gott ein Gott der Liebe ist, wie kann Er uns diese schrecklichen Dinge antun? Wie kann Er es zulassen, daß wir durch diese Züchtigungen geschlagen werden?

Aufgrund eines Versprechens Jahwehs wurden die Juden im Alten Testament in das Land Israel geführt. Auf dem Weg befanden sie sich unter der Schekinah-Glorie, was die physische Gegenwart Gottes unter Seinem Volk war: eine Wolke am Tag und eine Feuersäule zur Nacht. Was nur eine kurze Reise hätte werden sollen, dehnte sich aufgrund der Sündhaftigkeit auf vierzig Jahre aus. Von Anfang an besaß der Mensch einen freien Willen, um zu tun, was er wollte. Nie hat Gott uns Seinen Willen aufgezwungen, so wie Er Seinem auserwählten Volk in der Wüste nicht Seinen Willen aufzwang. Dies stellt an sich schon eine große Tat der Liebe dar. Da die Israeliten Gott nicht gehorchen wollten, entzog ihnen Gott Seine schützende Gnade und überließ sie sich selbst. Die Folge war chaotisch. „Aber eure Missetaten sind zur Scheidewand geworden zwischen euch und eurem Gott ..." (Jesaja 59, 2) Sein Mantel, der sie schützend umgab, war fort. Als Folge des Ungehorsams Gott gegenüber wurden sie in der Wüste oft von Unheil getroffen. Sie meinten, daß sie die besseren Methoden besaßen, und ignorierten auf diese Weise jegliche Möglichkeit zur Reue.

Die Läuterung der Sünde

Im Buch Ezechiel werden die Einwohner Jerusalems sich ihrer eigenen Verworfenheit überlassen und fallen dadurch in einen tiefen Zustand der Sünde. Jahweh spricht davon, wie das Land „... voll von Blutschuld und die Stadt voll von Gewalttat ist. Und ich werde die Schlimmsten unter den Völkern herbeiführen, daß diese ihre Häuser in Besitz nehmen; ich werde dem Hochmute der Mächtigen ein Ende machen, und ihre Feinde sollen ihre Heiligtümer in Besitz nehmen. Wenn die Bedrängnis hereinbricht, werden sie Frieden suchen, aber er wird ihnen nicht gewährt werden. Bedrängnis über Bedrängnis wird kommen und Kunde über Kunde, da werden sie Gesichte begehren von den Propheten, doch das Gesetz wird dem Priester abhanden kommen und der Rat den Ältesten. Der König wird trauern, der Fürst sich in Gram kleiden, und die Hände des Volkes im Lande werden vor Schrecken verzagen. Ihrem Wandel gemäß will ich ihnen tun und sie ihren Rechten gemäß richten, und sie sollen erkennen, daß ich der Herr bin." (Ezechiel 7, 23-27) Im nächsten Kapitel nimmt Jahweh Ezechiel mit auf einen Rundweg durch die Stadt und zeigt ihm Greuel in allen Ecken Jerusalems. Jede, die ihm gezeigt wird, ist eine schlimmere Verdorbenheit als die ihm zuvor gezeigte. Jahweh sagt zu Ezechiel: „... Du siehst doch, Menschensohn, was die Ältesten des Hauses Israel im Finstern begehen, ein jeder im Dunkel seiner Kammer; denn sie sagen: Der Herr sieht uns nicht, der Herr hat das Land verlassen. ... Du wirst noch größere Greuel sehen, welche jene verüben." (Ezechiel 8,12-13) Wiederum ist ein jeder Greuel schlimmer als jener zuvor. Und da gehen Ezechiel Gott gegenüber die Argumente aus. Auch er hat genug gesehen.

Der Rest der Geschichte erzählt, wie Gott die Vernichtung der Stadt anordnet, wobei nur jene ausgespart bleiben, **die sich für Ihn rein bewahrten und denen ein Zeichen auf ihre Stirn angebracht worden war.** Nur diese Menschen sollten vor dem Tod bewahrt bleiben. „... Gehet durch die Städte hinter ihm her und erschlaget, euer Auge schone nicht und habet kein Erbarmen! Greise, Jünglinge, Jungfrauen, Kinder und Weiber tötet, bis sie vernichtet sind; **aber niemand, an dem ihr das Tau sehet, tötet,** und bei meinem Heiligtum machet den Anfang! ..." (Ezechiel 9, 5-6) Der Segen ist jetzt dem Volke Israel genommen worden. Es bleiben noch zwei Dinge zu tun. Als erstes wird die Herrlichkeit Jahwehs aus dem Tempel entfernt. In einer ausführlichen Zeremonie wird die physische Gegenwart Gottes aus dem Tempel entfernt. Gott hat Sein Volk verlassen. „Da verließ die Herrlichkeit des Herrn die Schwelle des Tempels und nahm ihren Stand über den Cheruben. Und die Cherube schwangen ihre Flügel und erhoben sich vor meinen Augen von der Erde, und da sie fortzogen, folgten ihnen auch die Räder. ..." Ezechiel (10, 18-19) Beim zweiten und letzten Schlag sagt Jahweh: „Ich will euch aus ihrer Mitte hinauswerfen und euch in die Hand der Feinde überliefern und an euch Gericht vollziehen. Durch das Schwert sollt ihr fallen, an den Grenzen Israels werde ich euch richten, und ihr sollt erkennen, daß ich der Herr bin. ... An den Grenzen Israels will ich Gericht über euch halten. Da sollt ihr erkennen, daß ich der Herr bin, weil ihr nicht nach meinen Geboten gewandelt seid und meine Rechte nicht geübt habt, sondern nach den Rechten der Völker, die rings um euch her sind, gehandelt habt." Ezechiel (11, 9-12)

Im Neuen Testament schreibt der heilige Paulus: „**Darum gab sie Gott durch die Gelüste ihres Herzens der Unlauterkeit preis, so daß ihre Leiber an ihnen geschändet wurden. Sie vertauschten den wahren Gott mit falschen Götzen und verehrten und beteten das Geschöpf an anstatt den Schöpfer, der da hochgelobt ist in Ewigkeit. Amen. Deshalb gab sie Gott schändlichen Leidenschaften preis. ...**" (Römer 1, 24-26) Wiederum zwingt Gott Sein Volk nicht, Ihm zu gehorchen. Nach einer Zeit der Barmherzigkeit, überläßt Er die Reuelosen den Folgen der Sünde.

Die Botschaften aus aller Welt sprechen heute von unserer sündhaften Welt. Maria hat gesagt, daß die Unreinheit heute schlimmer ist als zur Zeit Noahs und der Sintflut. Vielfach hat sie zum Ausdruck gebracht, „daß die Welt durch

das Feuer Seiner Gerechtigkeit gereinigt werden wird". Nicht Gott legt uns schmerzliche Strafen auf; es sind unsere Sünden, die dies ermöglichen. Die Sünde zieht ihre Konsequenzen nach sich. Es scheint, daß zu einem gewissen Zeitpunkt Gott sagt: „Jetzt reicht es. Ich liebe euch, Ich sorge für euch, Ich versorge euch, und dennoch hört ihr nicht auf, ungehorsam zu sein." Um etwas Neues zu schaffen, „... muß euch der Herr jetzt durch sein machtvolles Wirken von Gerechtigkeit und Liebe reinigen und läutern." (Marianische Priesterbewegung – 3. Juli 1987) Die Läuterung ist eine Tat der Barmherzigkeit und kein Racheakt.

Die Hölle

Die Lehre, die heute von den meisten Menschen vermutlich mißverstanden wird, ist die Lehre von der Hölle. Sehern wurde im Lauf der Geschichte, darunter auch einigen unserer Zeit, eine Vision von Himmel, Hölle und Fegefeuer gezeigt. Jesus legt uns im Markusevangelium, Kapitel 9, Vers 41 bis 47, nahe, die Hölle unter allen Umständen zu meiden.

Den drei Seherkindern wurde in Fatima eine Vision der Hölle gezeigt. Nachdem sie die Hölle gesehen hatten, unterzogen sie sich als Antwort darauf den strengsten Bußübungen. Damit beantworteten sie die Aufforderung Mariens, „... für die armen Sünder zu beten und zu opfern, denn viele landen dort [in der Hölle], weil niemand für sie betet." Die kleine Jacinta, eines der drei Seherkinder sagte: „Wenn die Menschen nur wüßten, was sie in der Ewigkeit erwartet, dann würden sie alles unternehmen, um ihr Leben zu ändern." Es wird berichtet, daß [auch] einigen der Seherkinder von Medjugorje die Hölle sowie Himmel und Fegefeuer gezeigt wurden.

Papst Paul VI. wiederholte diese Lehre der Kirche in seinem Glaubensbekenntnis des Gottesvolkes: „Jene, die bis an ihr Lebensende die Liebe und Barmherzigkeit Gottes ablehnen, werden im Feuer enden, das nie verlöscht." Francis Johnston kommentiert in seinem Buch *Fatima, the Great Sign* (zu deutsch: Fatima, das große Zeichen), wie viele „liberale Theologen innerhalb der Kirche die Lehre von der Hölle als unvereinbar mit der Mentalität des modernen Menschen betrachten und wie sie andere mit ihren Ansichten beeinflussen." Er stellt fest, daß „... diese liberalen Theologen schnell geneigt sind, Gottes Liebe und Barmherzigkeit einzugestehen, aber nicht seine Gerechtigkeit. Sie beharren auf dieser Sicht trotz der Tatsache, daß Jesus in der Heiligen Schrift etwa fünfzehnmal die Existenz der Hölle ausdrücklich hervorhebt." Es ist bedeutsam, daß in dem Maße, wie die Hölle nicht mehr auf der Kanzel erwähnt wird, die Beichtstühle leer bleiben und sich die Sünde ausbreitet wie nie zuvor.[1]

Am 13. Oktober 1977 stellte Kardinal Höffner von Köln in Fatima fest: „Wir sind heutzutage Zeugen einer großen Rebellion gegen den heiligen Willen Gottes.

Die Unmoral ist in einem solchen Maße angestiegen, wie man es sich vor zwanzig Jahren nicht hätte vorstellen können ..."

In einer ähnlichen Ansprache sagte der Bischof von Fatima am 10. Dezember 1975: „Im Licht der Fatimabotschaft ist die Sünde kein soziologisches Phänomen, sondern sie ist im wahren theologischen Verständnis eine Beleidigung Gottes, welche notwendig soziale Konsequenzen nach sich zieht. Möglicherweise hat in keinem anderen Jahrhundert die Sünde derart dominiert. Aber in den Sünden dieses Jahrhunderts ist etwas Neues hinzugekommen. **Der heutige Mensch, der in seiner Sündhaftigkeit seine Vorgänger übertrifft, hat das Bewußtsein der Sünde verloren.** Er sündigt und lacht darüber, ja prahlt, ob seiner Sünden ... Der Mensch von heute ist an diesem Stadium angelangt, weil er zwischen sich und Gott eine Trennwand aufgezogen hat, ... indem er glaubt, daß dann alles möglich ist, wenn Gott ignoriert wird."[2]

In bezug auf das Fegefeuer sagte Unsere Allerseligste Mutter am 2. November 1992 zu Don Gobbi: „Die Seelen im Fegefeuer, die auf Erden meiner Schar angehört haben, sind nun besonders mit mir vereint und fühlen in besonderer Weise meine Gegenwart, die die Bitterkeit ihres Leidens versüßt und die Zeit ihrer Läuterung abkürzt. Und ich selbst mache mich auf, um diese Seelen in meine Arme zu nehmen und sie in das unvergleichliche Licht des Paradieses zu bringen."

Das größte Zeichen

So wie Abraham mit Gott verhandelte und um seine Barmherzigkeit für die wenigen aufrechten Menschen bat, bevor Gott die Stadt Sodom zerstörte, so hat sich Maria dem Thron Gottes genähert, um für ihre Kinder Gnadengaben zu erflehen. Das ist die Rolle einer Fürsprecherin – für andere zu bitten. Erst kürzlich befand sich Christina Gallagher aus Irland in Kalifornien, wo sie auf einem Balkon mit Ausblick auf eine Stadt betete. Ihr wurde von der Allerseligsten Mutter mitgeteilt, daß diese Stadt zerstört werden würde. Sie flehte zu Gott, daß dies nicht geschehen möge. In jenem Augenblick wurde ihr das „Buch des Lebens" gezeigt, worin alle Sünden dieser Stadt verzeichnet waren. Wie vor ihr Ezechiel gingen Christina die Argumente aus. Die Sünden waren zu zahlreich.

Heute ist das größte Zeichen mitten unter uns die Allerseligste Mutter. Nur im Namen Gottes greift die Allerseligste Mutter ein. Sie sagt kein Wort, noch unternimmt sie den kleinsten Schritt ohne den ausdrücklichen Willen Gottes. Was immer sie unternimmt, ist von Gott angeordnet. Sie ist **die** Botschafterin unserer Zeit. In der Botschaft vom 8. Dezember 1990 stellte Maria gegenüber Don Gobbi ausdrücklich fest: **„Ich bin von der Heiligsten Dreieinigkeit er-**

wählt worden, die Mutter des zweiten Advents zu werden, und so besteht meine mütterliche Aufgabe darin, die Kirche und die ganze Menschheit vorzubereiten, um Jesus, der zu euch in Herrlichkeit wiederkommt, aufzunehmen." Sie wurde uns als Warnung gesandt, und sie verbleibt uns als größtes Geschenk. Das ist der Wille des Vaters.

In der Geschichte hat es keine Erscheinung gegeben, die das Ausmaß derer von Medjugorje erreichte. Im Vergleich zur Anzahl der heutigen Botschaften gab es in Fatima nur wenige, wie es auch in Lourdes,in der rue de Bac und in Garabandal der Fall war. **Maria hat uns mehrere Hinweise darauf gegeben, daß ihre Zeit sich dem Ende nähert – in allernächster Zukunft.** Am 25. Oktober 1992 sagte sie in Medjugorje: „Es kommt die Zeit, in der ich mich nicht mehr bei euch befinden werde ..." Es wurden auch Botschaften aus den Philippinen und von anderen Orten übermittelt, in denen es heißt, daß die Erscheinungen zu Ende gehen.

Die Seher von Medjugorje haben uns über mehrere wichtige Punkte informiert. Erstens: Die Erscheinungen von Medjugorje sind auf Erden die letzten Unserer Allerseligsten Mutter, weswegen sie so lange andauern und so häufig auftreten. Zweitens: Ein sichtbares Zeichen wird dort zurückbleiben. Vor dem Auftreten des sichtbaren Zeichens wird eine Zeit der Gnade zur Bekehrung und zur Vertiefung des Glaubens gewährt. Drittens: Bevor der Menschheit das sichtbare Zeichen gewährt wird, werden der Welt drei Warnungen gegeben werden. Die Warnungen werden Ereignisse auf Erden sein. Mirjana wird darüber drei Tage vor ihrem Eintreffen Zeugnis ablegen und einen Priester benachrichtigen. Dies wird als Bestätigung für die Erscheinungen dienen und als Ansporn zur Bekehrung für die Welt. Viertens: Nach den Ermahnungen wird das sichtbare Zeichen für alle Welt am Erscheinungsort in Medjugorje auftreten. Fünftens: Nach der ersten Warnung werden die übrigen kurz danach erfolgen. Somit werden die Menschen etwas Zeit zur Bekehrung haben. Sechstens: Jene Zwischenzeit wird eine Zeit der Gnade und Bekehrung sein. Wenn das sichtbare Zeichen erscheint, werden jene, die dann noch leben, nur noch kurze Zeit zur Bekehrung haben.

Christina Gallagher, Josip Terelja und andere sagen, daß die Hand Gottes nicht mehr länger zurückgehalten werden kann. Bald werden wir den **Donner seiner Gerechtigkeit** an uns erleben. Wann das genau eintreffen wird, wissen wir nicht mit Sicherheit zu sagen. Aber indem wir uns der anwachsenden, zerstörerischen Naturgewalten um uns herum bewußt werden, scheint uns dieser Tag tatsächlich gekommen zu sein. Unsere Ohren und Herzen sind dem Evangelium gegenüber taub gewesen (sehen Sie dazu auch den Anhang mit ausgewählten Texten des Evangeliums).

Maria teilte der Marianischen Priesterbewegung am Beginn des Marianischen Jahres 1987 mit, daß die große Züchtigung und die große Barmherzigkeit zusammenfallen. Was uns als Widerspruch erscheint, ist keiner in den Augen des Himmels. Die Warnungen, das Wunder und die Züchtigung sind Gottes Akte der Barmherzigkeit. Er gibt uns eine Chance zur Reue und zur Umkehr, bevor die Zeit dafür endet.

Die Botschaft der Allerseligsten Mutter an Don Gobbi vom 3. Juli 1987 handelt von der Züchtigung. Maria sagte: „Dies ist die Zeit der großen Züchtigung. Der Kelch der göttlichen Gerechtigkeit ist voll, übervoll, ja er läuft über. Bosheit bedeckt die ganze Erde; die Kirche ist durch den sich ausbreitenden Abfall von Gott und durch die Sünde verdunkelt. **Damit seine Barmherzigkeit triumphieren kann, muß euch der Herr jetzt durch sein machtvolles Wirken von Gerechtigkeit und Liebe reinigen und läutern. Für euch bereiten sich die schmerzlichsten und blutigsten Stunden vor.** Diese Zeit ist näher, als ihr es euch vorstellt. Bereits in diesem Marianischen Jahr werden sich einige von den großen Ereignissen erfüllen, die ich in Fatima vorhergesagt habe. ... Dies ist die Zeit der großen Umkehr. Ja, nach der Zeit des großen Schmerzes kommt die Zeit der großen Wiedergeburt, und alles wird neu erblühen. Die Menschheit wird wieder zu einem neuen Garten des Lebens und der Schönheit, und die Kirche zu einer Familie, erleuchtet von der Wahrheit, ernährt von der Gnade und getröstet von der Gegenwart des Heiligen Geistes. Jesus wird sein glorreiches Reich errichten. Er wird bei euch sein, und ihr werdet die neue Zeit, die neue Ära kennenlernen. Ihr werdet schließlich eine neue Erde und einen neuen Himmel sehen."

Die selige Schwester Faustine

In den Schriften der Schwester Faustine über die göttliche Barmherzigkeit erkennen wir den barmherzigen und liebenden Gott. Schwester Faustine wurde am 18. April 1993 in Rom seliggesprochen. Die Seligsprechung ist ein Schritt auf dem Weg zur Heiligsprechung in der römisch-katholischen Kirche. Obwohl sie schon vor mehr als fünfzig Jahren, 1938, verstarb, führte Schwester Faustine ein Tagebuch ihrer Erfahrungen, welche auch von Erscheinungen Jesu handeln, die auch heute noch für uns von Bedeutung sind. Die folgenden Ausschnitte sind aus den numerierten Eintragungen aus jenem Tagebuch.

Jesus spricht: 50. „**Ich wünsche, daß die Priester Meine große Barmherzigkeit gegenüber sündigen Seelen verkünden sollen. Der Sünder soll keine Angst haben, sich Mir zu nähern. Die Strahlen der Barmherzigkeit verzehren Mich, Ich will sie auf die Seelen der Menschen ausgießen. Das Mißtrauen der Seelen**

zerreißt mein Inneres. Mehr noch tut mir das Mißtrauen einer auserwählten Seele weh; trotz Meiner unerschöpflichen Liebe trauen sie Mir nicht; sogar Mein Tod reicht ihnen nicht aus. Wehe der Seele, die Meine Liebe mißbraucht."

177. „Nach der Gelübdeerneuerung und der hl. Kommunion erblickte ich plötzlich Jesus, der in Güte zu mir sagte: ‚**Meine Tochter, blicke in Mein gütiges Herz.**' Als ich in das Allerheiligste Herz hineinblickte, gingen die gleichen Strahlen von ihm aus, wie auf dem Bild – als Blut und Wasser, und ich begriff, wie groß die Barmherzigkeit des Herrn ist. Wieder sagte Jesus gütig zu mir: .**Meine Tochter, sage den Priestern von Meiner unbegreiflichen Barmherzigkeit. Die Strahlen der Barmherzigkeit brennen Mich, Ich will sie auf die Seelen ergießen. Die Seelen wollen Meiner Güte keinen Glauben schenken.**'"

186. „Heute sagte Jesus zu mir: – ‚**Ich möchte, daß du Meine Liebe, in der Mein Herz zu den Seelen entflammt ist, tiefer kennenlernst. Du wirst das verstehen, wenn du mein Leiden betrachtest. Rufe Meine Barmherzigkeit für die Sünder an. Mich verlangt es nach ihrer Erlösung. Wenn du für einen Sünder folgendes Gebet mit zerknirschtem Herzen und im Glauben verrichtest, schenke Ich ihm die Gnade der Umkehr.**'"

474. Über die Herkunft des Rosenkranzes zur göttlichen Barmherzigkeit: „Am Abend erblickte ich in meiner Zelle einen Engel, den Vollstrecker von Gottes Zorn. Er trug ein helles Gewand, sein Antlitz leuchtete. Unter seinen Füßen war eine Wolke, aus der Donner und Blitze hervorgingen in seine Hände und erst aus seiner Hand heraus berührten sie die Erde. Als ich das Zeichen von Gottes Zorn sah, das die Erde treffen sollte, besonders aber eine bestimmte Stelle, die ich aus triftigen Gründen nicht nennen kann[3], bat ich den Engel, eine bestimmte Zeit innezuhalten und die Welt wird Buße tun. Meine Bitte war aber nichts angesichts des Göttlichen Zornes. Da erblickte ich die Heiligste Dreifaltigkeit. Die Größe Ihrer Herrlichkeit durchdrang mich bis in Innerste und ich wagte nicht, meine Bitte zu wiederholen. Im gleichen Augenblick fühlte ich in meiner Seele die Macht der Gnade Jesu, die in meiner Seele wohnt. Als mir diese Gnade bewußt geworden war, wurde ich augenblicklich vor den Thron Gottes entrückt. O wie groß ist unser Herr und Gott und wie unbegreiflich ist seine Heiligkeit! Ich will mich nicht hinreißen lassen, Seine Größe zu beschreiben, denn bald werden wir Ihn alle sehen, wie Er ist ... Ich hatte noch niemals mit einer solchen inneren Macht gebetet wie damals. Die Worte, mit denen ich Gott anflehte, sind folgende: ‚Ewiger Vater, ich opfere Dir den Leib und das Blut auf, die Seele und die Gottheit Deines geliebten Sohnes, unseres Herrn Jesus Christus, für unsere Sünden und die der ganzen Welt.'" Am nächsten Tag diktierte unser Herr der Schwester Faustine den Rosenkranz zur göttlichen Barmherzigkeit.[4]

Gemäß der irischen Seherin, Christina Gallagher, „ist der Wecker aufgezogen". Was das genau bedeutet, wissen wir nicht mit Sicherheit, aber wir sind uns darüber im klaren, daß es etwas Schreckliches und Fürchterliches über den gerechten Zorn Gottes ankündigt. „‚Mein Volk, Mein Volk! Warum stellst du dich taub für die Anrufe Meines Allerheiligsten Herzens? Wo sind Meine Hirten, die Meine Herde führen sollen? Meine Herde verlangt nach Hirten!' Er schwieg für einen Augenblick. Dann sagte er: ‚Ich bin der eine, wahre Hirt. Ich werde Meine Herde führen, die sich verirrt hat. Ich versammle Meine Kleinen dieser Welt, damit sie zu Meiner Armee der Liebe und Wahrheit werden. Du, Mein Volk, das in Anbetracht Meiner Barmherzigkeit dem Fleisch und seinem Verlangen dient, dich werde ich im Licht Meiner Gerechtigkeit niedermähen. O, ihr sagt einander: dies wird nicht geschehen. Ich aber sage euch, daß es nahe bevorsteht! Der Wecker ist aufgezogen. Er kann nicht mehr abgeschaltet werden. Jetzt wird euer Wehklagen noch erhört werden, wenn ihr euch Meiner Barmherzigkeit ausliefert und von der Sünde und euren sündigen Wegen abkehrt.'"

Vor kurzem folgte auf die Warnung Unserer Lieben Frau, daß ihr Sohn Jesus bald die in seiner Hand befindliche Gerechtigkeit loslassen und „die Welt in die Tiefen ihrer Sünden gestürzt würde", der Rat an den geistlichen Führer Christinas, die Geheime Offenbarung und „die sieben Schalenengel, inbesondere die siebte Schale ...,"[5] zu lesen.

Feuer und Blut

Am 30. Mai 1982 handelte die Botschaft an die Marianische Priesterbewegung von der „Stunde des Heiligen Geistes" als dem Geschenk Seiner barmherzigen Liebe. Dennoch wiederholt dieselbe Botschaft, wie durch Feuer und Blut die ganze Welt erneuert werden wird: „Bereitet euch im Zönakel meines Unbefleckten Herzens vor, das Liebesfeuer des Heiligen Geistes zu empfangen. Er wird meine Kirche dahin bringen, den freudenreichen Augenblick ihres Pfingsten zu erleben, und er wird das ganze Angesicht der Erde erneuern. Dies ist seine Stunde. Es ist die Stunde des Heiligen Geistes, der euch immer mehr vom Vater durch Jesus als Gabe geschenkt wird – als Zeichen der erbarmenden Liebe Gottes, der diese Menschheit retten will. Durch das Feuer des Geistes der Liebe wird das Werk der großen Reinigung bald vollzogen sein. Seufzend erwartet die Kirche sein erbarmungsvolles Werk der Heiligung. Durch innere Leiden hindurch und durch Prüfungen, die für die Kirche die blutigen Stunden der Passion erneuern werden, die mein Sohn Jesus erlitten hat, wird die Kirche zu ihrem göttlichen Glanz geführt werden. Sie wird von der Wunde des Irrtums, der sich wie ein dunkles Krebsgeschwür verbreitet und das anvertraute Gut der Wahrheit bedroht, geheilt werden. Sie wird vom Aussatz der Sünde, der ihre Heiligkeit verdunkelt, befreit werden. Sie wird von all jenen menschlichen Elementen gereinigt werden, die sie vom Geist des Evangeliums entfernen. Ihre irdischen Besitztümer werden ihr genommen werden und sie wird von ihren vielen Machtmitteln gereinigt werden, damit sie wieder arm, demütig, einfach und keusch wird. In ihren Hirten und in ihrer Herde wird sie noch gekreuzigt werden, damit sie ein vollkommenes Zeugnis für das Evangelium Jesu geben kann. Mit der Kraft des Feuers und des Blutes wird auch die ganze Welt erneuert werden. Die Menschheit wird zur Verherrlichung des Vaters durch Jesus zurückkehren, der schließlich mitten unter euch sein Reich errichtet haben wird."

18

Die weltweite Warnung: Gottes allerletzter Akt der Barmherzigkeit

Die Warnung

In seiner unendlichen Liebe und Barmherzigkeit für die Menschheit gewährt der Herr weiterhin Möglichkeiten der Umkehr für Sein Volk. Eine Anzahl von Hinweisen aus vielen Quellen in der heutigen Kirche verweisen darauf, daß der Tag der Abrechnung bevorsteht. Wie die Propheten Amos, Jeremia und Jesaja ihr Volk vor bevorstehenden gerechten Züchtigungen warnten, so werden auch wir von den Propheten mitten unter uns davor gewarnt, daß erderschütternde Ereignisse bald eintreffen werden. Die Warnung wird ein Ereignis sein von einem Ausmaß, wie es dies noch nie zuvor in der Kirchengeschichte gegeben hat.

Die Warnung ist ein Geschehen, welches jedem Mann, jeder Frau und jedem Kind ermöglichen wird, den Zustand ihrer Seelen im Bewußtsein ihres erleuchteten Gewissens zu sehen. Das Feuer der göttlichen Wahrheit wird es allen Gliedern des Gottesvolkes ermöglichen, ihr jeweiliges Leben in einer Art von Gericht im Kleinen zu „sehen“. Dies wird eines von mehreren Letztakten der Barmherzigkeit des Himmels sein, die es uns gestatten werden, die Richtung und Gestaltung unseres Lebens zu ändern.

Die Botschaft Unserer Lieben Frau an die Marianische Priesterbewegung am Pfingstfest des Jahres 1988, dem 22. Mai, war deutlich: „... Der Heilige Geist wird kommen wie ein himmlischer Tau der Gnade und des Feuers, der die ganze Welt erneuert. Unter seinem unwiderstehlichen Walten der Liebe wird sich die Kirche öffnen, um die neue Ära ihrer größten Heiligkeit zu leben. Und sie wird in einem so starken Licht erstrahlen, daß sie alle Nationen der Erde an sich ziehen wird. Der Heilige Geist wird kommen, damit sich der Wille des himmlischen Vaters erfüllen und die gesamte Schöpfung erneut seine große Herrlichkeit widerstrahlen kann.

Der Heilige Geist wird kommen, um das herrliche Reich Christi aufzurichten, und es wird ein Reich der Gnade, der Heiligkeit, der Liebe, der Gerechtigkeit und des Friedens sein. Mit seiner göttlichen Liebe wird er die Tore der Herzen öffnen und alle Gewissen erleuchten. Jeder Mensch wird sich selber im brennenden Feuer der göttlichen Wahrheit sehen. Es wird wie ein Gericht im Kleinen sein. Dann wird Jesus Christus sein herrliches Reich in die Welt bringen.

Der Heilige Geist wird kommen durch den Triumph meines Unbefleckten Herzens.“

Am 2. Oktober 1992 teilte die Allerseligste Mutter Don Gobbi erneut mit, welch Wunder diese Warnung tatsächlich sein wird. Die Allerseligste Mutter sagte: **„Wenn das eintritt, wird dies das größte Ereignis seit der Erschaffung der Welt sein. Es wird ein Gericht im Kleinen sein, und jeder wird das eigene Leben und alle seine Werke im Lichte Gottes selbst sehen.“**

Wenn man von diesen Zeilen unberührt bleibt, dann handelt es sich entweder um einen Mangel an Sensibilität oder um ein allgemeines Verkennen der tiefen Bedeutung dieses Ereignisses und seiner möglichen Auswirkung auf das Denken der Welt. Obwohl wir alle Anstrengungen unternommen haben, keine genauen Zeitangaben zu machen, und wir auch glauben, daß es falsch ist, sich auf ein Ratespiel einzulassen, kann es dennoch sein, daß sich der Tag [dieses Ereignisses] nähert. Maria hat gegenüber Don Gobbi festgestellt, daß „die Zeit der großen Bedrängnis“ in dem Zeitabschnitt von 1988 bis 1998 „reif werden wird“.

Ein Zeitraum von zehn Jahren

In der Botschaft vom 18. September 1988 sagte Maria zu Don Gobbi: „In diesem Zeitraum von zehn Jahren wird sich die Fülle der Zeit vollenden, die euch von mir vorausgesagt worden ist, beginnend mit La Salette bis zu meinen letzten und aktuellen Erscheinungen.

In diesem Zeitraum von zehn Jahren wird die Reinigung, die ihr seit Jahren zu durchleben daran seid, an ihrem Höhepunkt angelangt sein, und darum werden die Leiden für alle größer werden. In diesem Zeitraum von zehn Jahren wird die Zeit der großen Bedrängnis reif werden, die euch von der göttlichen Schrift vor dem zweiten Kommen Jesu vorausgesagt worden ist. In diesem Zeitraum von zehn Jahren wird sich die geheime Macht der Gesetzwidrigkeit offenbaren, die von der immer größeren Ausdehnung des Abfalls vorbereitet wird. In diesem Zeitraum von zehn Jahren werden sich alle Geheimnisse verwirklichen, die ich einigen meiner Kinder geoffenbart habe, und es werden sich auch alle Geschehnisse erfüllen, die euch von mir vorausgesagt worden sind."

Propheten der Vergangenheit

Jesus verwendete das Beispiel der Geburtswehen, um die Ereignisse zu verdeutlichen, die dem zweiten Pfingsten vorausgehen. Die Geburtswehen, auf die Er sich bezog, sind Kriege und Kriegsgerüchte, Hungersnöte, Erdbeben, Gewaltverbrechen und Naturkatastrophen – alles Zeichen, die sich in alarmierender Weise vervielfachen. Die Allerseligste Mutter beseitigt alle Zweifel darüber, was diese Zeichen genau sind. Zum Beispiel wies Maria gegenüber Don Gobbi am 13. Oktober 1989 darauf hin, daß der erste Schalenengel, von dem im Kapitel 16, Vers 2, der Geheimen Offenbarung gesprochen wird, die Immunschwächekrankheit AIDS ist. In 16, 2 der Geheimen Offenbarung heißt es: „Der erste ging hin und goß seine Schale auf die Erde aus. Da kamen bösartige, schlimme Geschwüre an die Menschen, die das Zeichen des Tieres an sich trugen und sein Bild angebetet hatten."

Des Himmels Wege sind es, Licht auf eine Sache zu werfen, wenn Not herrscht. Die Dämonen der Hölle sind losgelassen, und sie führen einen totalen Krieg gegen die Gläubigen. Aus diesem Grund warnen uns die Allerheiligste Dreifaltigkeit und Maria auf eine deutliche Weise.

Die selige Anna Maria Taigi

Diese Botschaften stimmen überein mit jenen der seligen Anna Maria Taigi und anderer, die von einer großen Züchtigung sprachen, welche über die Welt kommen würde, der eine Erleuchtung des Gewissens vorausgehen würde, in der jeder Mensch sich so sehen würde, wie Gott ihn sieht. Sie wies darauf hin, daß diese Gewissenserleuchtung dazu führen werde, daß viele Seelen gerettet würden, weil viele aufgrund dieser „Warnung", diesem Wunder des „erleuchteten Selbst", von Reue erfüllt würden.

Anna Maria Taigi, die 1920 seliggesprochen wurde und ein Vorbild für Frauen und Mütter ist, war nicht nur eine Prophetin unserer Zeit, sondern auch eine der außergewöhnlichsten Mystikerinnen in der Kirchengeschichte. Von ihrem zwanzigsten Lebensjahr bis zu ihrem Tod, im Alter von 63 Jahren, wurde sie von einem geheimnisvollen Licht begleitet, in welchem sie vergangene, gegenwärtige und zukünftige Ereignisse sah, von denen einige sich auf Kämpfe zwischen Nationen und wieder andere auf einzelne Seelen bezogen.

Die selige Anna Maria schaute in dieses Licht nur dann, wenn sie sich im Innern dazu gedrängt fühlte, nach einer Art von Weisung Unseres Herrn und des Heiligen Geistes. Wenn sie in das Licht blickte, wurde sie dazu aufgefordert, sich einem besonderen Leiden für ein spezielles Anliegen der Kirche oder einer Einzelperson zu unterziehen.

In jenem Licht sah Anna Maria die zukünftige große Züchtigung für die Welt, aber zugleich auch einen großen Segen. Sie sprach von der Gewissenserleuchtung der Menschen in dem Sinn, daß jedem Menschen plötzlich dieselbe Art von Licht gegeben würde, von dem sie begleitet wurde, in welchem jeder sich so sehen würde, wie er von Gott gesehen wird.[1]

Die selige Schwester Faustine Kowalska

Schwester Maria Faustyna Kowalska (1905 - 1938) aus Krakau, in Polen, erfuhr ein persönliches „Gericht", worin es ihr gestattet wurde, ihre Sünden so zu sehen, wie Gott sie sieht. Über diese spirituelle Erfahrung schrieb sie folgendes: „Einmal wurde ich vor Gottes Gericht gestellt. Ich erschien vor dem Herrn von Angesicht zu Angesicht. Jesus war so, wie in Seinem Leiden. Nach einer Weile verschwanden die Wunden und es verblieben nur die fünf, an Händen und Füßen und an der Seite. Sofort erkannte ich den Zustand meiner Seele, so wie Gott sie sieht. Ganz klar erkannte ich, was Gott nicht gefällt. Ich wußte nicht, daß man sogar über kleine Schatten vor dem Herrn Rechenschaft abgeben muß.

Was für ein Augenblick! Wer beschreibt ihn? Dem Dreimal Heiligen gegenüberzustehen! Jesus fragte mich: ‚**Wer bist du?**' Ich antwortete: ‚Ich bin Deine Dienerin, Herr.' ‚**Du bist einen Tag Fegefeuer schuldig.**' Unverzüglich wollte ich mich in die Flammen des Fegefeuers werfen, doch Jesus hielt mich zurück und sagte: ‚**Was willst du, jetzt einen Tag im Fegefeuer leiden, oder kurze Zeit auf Erden?**' Ich entgegnete: ‚Jesus, ich will hier im Fegefeuer leiden und ich will auf Erden die größten Qualen leiden, wenn auch bis ans Ende der Welt.'

Jesus sagte: ‚**Es genügt eins. Du gehst zurück zur Erde und wirst viel leiden, doch nicht lange und du wirst Meinen Willen und Meine Wünsche erfüllen und einer Meiner getreuen Diener wird dir dabei behilflich sein. Jetzt lege dein Haupt auf Meine Brust, auf Mein Herz und schöpfe Kraft und Festigkeit für alle Leiden, denn woanders findest du weder Linderung noch Hilfe, noch Trost. Du sollst wissen, daß du viel, viel leiden wirst, doch dies soll dich nicht entsetzen. Ich bin mit dir.**'"[2]

Über zwanzig Jahre lang wurden ihr Leben und ihre Schriften von der Kirche stillschweigend übergangen. Heute betrachtet man ihr Tagebuch, *Divine Mercy in My Soul* (deutscher Titel: Tagebuch der Schwester Maria Faustyna Kowalska) genannt, als einen Klassiker des geistlichen Lebens. Papst Johannes Paul II. veranlaßte die erneute Untersuchung ihres Lebens und ihrer Schriften, als er Erzbischof von Krakau war. Im April 1993 wurde sie seliggesprochen, der erste Schritt zur Heiligsprechung.

Die Zeichen aller Zeit

Vor über dreißig Jahren wurde die Warnung von der Muttergottes vorausgesagt, die ihre Botschaft durch junge Mädchen aus dem Gebirgsdorf Garabandal in

Spanien vermittelte. Die Botschaft war schlicht und einfach und ihrem Inhalt nach nicht wirklich neu, denn sie hatte es von einer zur anderen Generation wiederholt, als sie im Lauf von mehreren hundert Jahren einen Ort nach dem anderen besuchte. Jedoch sprach sie in jenem Augenblick mit besonderer Dringlichkeit. Es bliebe nur kurze Zeit. Die Menschen müßten sich ändern und aufhören, Gott zu beleidigen, oder aber sie müßten die schlimmsten Konsequenzen erleiden.

Den vier Kindern, die sie sahen, wurde Mitteilung über große Ereignisse gemacht, die die Welt überwältigen würden. Diese Geschehnisse sollten sich wegen Gottes großer Barmherzigkeit ereignen, damit sich die ganze Welt bekehre. Sie würden die Bekehrung der Menschheit hervorrufen. Aber sollten die Menschen die Botschaft nicht beachten und sich nicht ändern, würde die Bekehrung sich erst nach großen Leiden ereignen.

Sie sprach zu ihnen von der Warnung, einer **„Berichtigung des Gewissens der Welt", die alle als eine Art Katastrophe in ihrem Leben erfahren würden, wovon aber niemand sterben würde, außer vielleicht von dem Schock, den sie verursache.** Außerdem sprach sie zu ihnen von einem großen Wunder, das vom Herrn in Garabandal vollbracht werde, damit alle glauben würden, aber sie ließ es nicht zu, daß der genaue Termin desselben veröffentlicht würde. Conchita, eines der vier Kinder, die die Erscheinungen sahen, kennt den Zeitpunkt des Wunders, und sie muß ihn acht Tage vorher bekannt geben. Und schließlich verkündete Maria ihnen die Bestrafung, die uns „unmittelbar von Gott" gesandt werde, wenn sich die Menschen nicht rechtzeitig bekehrten, um sie abzuwenden.

Gott sendet uns die Warnung und das Wunder als den allerletzten Akt seiner Barmherzigkeit. **Diese werden die Zeichen für alle Zeit sein,** die dazu da sind, die Welt zu warnen. Wir müssen begreifen, was zur Rettung notwendig ist, und dann müssen wir es auch ausführen. Unser Schicksal hängt am seidenen Faden. Schließlich wird am Ende Frieden sein. Die Botschaften von Garabandal und von Medjugorje stimmen in dieser Prophezeiung überein.

Was beinhaltet die Warnung? Wird die ganze Welt davon in einer solchen mächtigen, unmittelbaren Art betroffen sein? Bedeutet es das Ende der Welt? Nein, es ist die Einleitung zum Ende eines Zeitalters oder einer Epoche, wie es Unsere Liebe Frau gegenüber der Marianischen Priesterbewegung und anderen zum Ausdruck gebracht hat. Die Informationen, die in Garabandal dargeboten wurden, sind seit über dreißig Jahren bekannt, aber erst heute erfahren sie weltweite Aufmerksamkeit. Erst heute fällt Licht in die Dunkelheit und lüftet sich der Schleier.

Die Voraussage der Warnung

Die Warnung wurde von Unserer Lieben Frau vom Berge Karmel in Garabandal vorausgesagt, wo sie drei große bevorstehende Ereignisse ankündigte: die Warnung, das Wunder und die Züchtigung. Mari-Loli kennt das Datum der Warnung und Conchita weiß den Zeitpunkt des Wunders. **Das Wunder wird sich innerhalb eines Jahres nach der Warnung ereignen.**

Die Warnung wird ähnlich der Bekehrung des heiligen Paulus, des Apostels, sein, der von demselben Licht durchdrungen wurde, das wir bald zu ertragen haben werden. Er befand sich auf der Straße nach Damaskus, auf dem Weg, um die neugetauften Christen zu verfolgen. In einem leuchtenden Gesicht wurde ihm offenbart, daß er nicht nur die Mitglieder der Kirche verfolge, sondern auch Jesus selbst. Das blendende Licht des auferstandenen Christus überführte ihn seiner Sünde. Paulus nahm die Warnung, die Jesus ihm gegeben hatte, zu Herzen; er bereute und wurde zu einem treuen Gefolgsmann des Herrn. Saulus, der vormals die ersten christlichen Märtyrer steinigen ließ, wurde nach der „Erleuchtung der Seele" in den großen Paulus, einen Heiligen, umgewandelt. Dieselbe Gnade, die dem Saulus gewährt wurde, wird ein jegliches menschliches Herz in einem plötzlichen Aufbrechen des göttlichen Lichtes durchdringen. Ein jeder von uns muß die Erfahrung des Damaskusweges willig aufnehmen.

Die Warnung wird uns das Dasein Gottes bewußt machen. Jedem, ob Ungläubigem oder Glaubendem, wird zu verstehen gegeben, daß wir von der unermeßlichen Macht Gottes berührt worden sind. Er wird in einer noch nie dagewesenen Weise eingreifen, um allen Menschen seine Existenz, seine Barmherzig-keit, seine unbeschränkte Herrschaft, seine Liebe zu uns und seine Sorge für unser ewiges Heil bewußt zu machen. Es gibt einen Gott, und Er ist gut. Die Warnung wird Gott offenbaren über alle Gedankengebilde und Zweifel hinaus.

Die Offenbarung unserer Sünden

Die Warnung wird uns unsere Sünden in ähnlicher Weise zeigen, wie Dorian Gray den Zustand seines Lebens sah, außer daß es sich nicht auf einer Leinwand, sondern in unseren Seelen abspielen wird. Es wird eine „Berichtigung des Gewissens der Welt" sein. Die Heilige Schrift sagte schon vor langer Zeit voraus, daß Jesus den Heiligen Geist senden werde, um „die Welt der Sünden zu überführen". Wenn wir zuvor nicht vollkommen verstanden, was das bedeutet, so werden wir es mit Hilfe der Macht der Warnung tun.

Die Sünde – unser Widerstand dagegen, die liebevolle Art von Person zu werden, [nach der Art] wie Gott ist – hat viele lieblose Taten, Entscheidungen und Einstellungen zur Folge. Diese werden uns alle vollkommen klar sein in dem strahlenden Licht, das Gott in unsere Seelen scheinen lassen wird. In jenem

Augenblick wird unser Gewissen durch und durch erleuchtet sein, wobei die Selbsttäuschung, der wir uns so oft hingaben, offensichtlich wird, das verlorene Gedächtnis wiedergegeben wird, das nie von der Liebe durchsäuert wurde, und die versteckten Lügen, die wir uns selber vorlogen, und die eingegangenen Kompromisse zum Vorschein kommen werden.

In eklatanter Weise werden wir die vielen, harten, unnachgiebigen und herzlosen Entscheidungen sehen, die wir gefällt haben, die Momente, in denen wir in grausamer Weise die Gefühle anderer verletzt haben, ihr Hab und Gut begehrten, sie ob ihres Glücks beneideten und uns an ihren Schicksalschlägen erfreuten. Dann werden wir stöhnen und ächzen, wenn Gott uns unsere Vernachlässigung, unsere Hilfeverweigerung, unsere Unterlassungen und unsere nicht erfüllten Pläne offenbart. Dann werden wir hören, wie Er zu uns spricht: „Warum hast du mich verfolgt?"

Aufgrund der Warnung wird es uns nicht länger möglich sein, uns vor uns selbst zu verstecken. Was immer wir in unserem Leben getan haben, wird uns vor Augen stehen, alles auf einmal zugleich, in einem einzigen Blick. Dann werden wir uns darüber bewußt sein, wie der Blick Gottes alle Barrieren überwindet und die verstecktesten Geheimnisse durchdringt. Wir werden den wahren internationalen Charakter des Himmels erkennen, der keine Grenzen von Hautfarbe, Rasse oder Glaubensbekenntnis kennt. Er wird uns zum Zweck unserer Bekehrung mitteilen, wie Er uns sieht, und uns in einem barmherzigen, kurzen Augenblick zeigen, was Ihm an uns mißfällt. Wir werden den ewigen Zustand unserer Seele verstehen und, wie weiß oder schwarz sie ist. Einen Augenblick lang werden wir die Schmerzen unserer Sünden durchleiden, den Schmerz der Trennung von Gott, die Pein des Fegefeuers oder der Hölle. All das werden wir erleben, ob wir wollen oder nicht.

Die Warnung ist [ein Akt der] Barmherzigkeit Gottes. Durch die Warnung werden wir uns dessen bewußt, daß wir noch nicht zu dem geworden sind, wie Er uns gerne haben möchte. Sein Wille ist es, daß wir Ihm ähnlich werden und Ihm nahe sind. Die Sünde ist das einzige Hindernis dagegen. Sie hält uns davon ab, vollkommenes, ewiges Glücklichsein zu erlangen. Unsere Sündhaftigkeit wird in der Warnung offenbar werden, nicht aus Rache, sondern aus Liebe und Barmherzigkeit, denn Rachsucht ist Seinem Herzen fremd.

Garabandal nimmt die Schlüsselstellung ein

Die Warnung ist ein Zeichen für die Zukunft, ein wichtiger Wendepunkt in der Weltgeschichte, und vermutlich das größte Zeichen aller Zeiten. Als sich das Rote Meer teilte und Manna vom Himmel fiel, waren dies mächtige, göttliche Eingriffe für eine kleine Anzahl von Menschen. **Die weltweite Warnung und das Wunder werden viel größere Eingriffe sein, denn sie werden sich auf jeden**

Mann, jede Frau und jedes Kind auf Erden erstrecken.

Die Warnung wird alle Menschen der ganzen Welt auf die Botschaft des Evangeliums vorbereiten, auf Jesus und Sein Leben. Durch die Warnung werden wir uns alle unserer Sündhaftigkeit bewußt sein. Es wird uns klar sein, daß wir eines Heilands bedürfen. Ohne die Kenntnis unserer eignen Sünden würden wir nie verstehen, wie sehr wir Jesu und seiner Sündenvergebung bedürfen.

Die Warnung ist ein unmittelbarer Eingriff Gottes. Dieses „Zeichen" zeigt uns erneut die Tiefe seiner Liebe. **Nie zuvor hat Gott unmittelbar und allumfaßend gehandelt, um jedem Menschen in aller Welt vollkommen deutlich zu machen, wie er vor Seiner Heiligkeit sich in Sündhaftigkeit befindet.** Nie zuvor in der Geschichte hat Er mit solcher Macht, Präzision und solcher Unmittelbarkeit gehandelt.

Aber die Zeit wird knapp. Die derzeitige Epoche ist im Begriff, zu Ende zu gehen, und eine neue Ära des Friedens ist uns verheißen. Die Warnung wird für alle das erste dramatische Zeichen sein, daß das alte Zeitalter an sein Ende gelangt ist. Es entspricht nicht dem Willen Gottes, daß wir zu jenen gehören sollten, die sich weigern, sich rechtzeitig zu bekehren. Zu aller Zeit ist es niemals Sein Wille, daß auch nur das geringste von Seinen Kindern verloren geht.

Wir haben unsere Entscheidungen gefällt, und in der Vergangenheit haben wir nicht den Weg des Kreuzes gewählt. Aus diesem Grund hat Er eingegriffen, damit die Gefahr ans Tageslicht kommt, das Böse der gegenwärtigen Zeit entlarvt und die Finsternis der falschen „Aufklärung" offensichtlich wird. Wenn die Welt der Wahrheit keinen Glauben schenken will und die Kleinen des Vaters in die Irre geleitet werden, wird Er uns in Seiner uneingeschränkten Majestät und Macht dazu zwingen, Ihm Gehör zu schenken. Mit der Warnung wird Er die ganze Sophistik und Täuschung hinwegfegen, mit der Satan das Licht des Evangeliums verdunkelt hat.

Die Warnung als Vorbereitung

Die Warnung fordert uns dazu auf, uns auf das Wunder vorzubereiten. Ein großes Wunder wurde von Unserer Lieben Frau vom Berge Karmel angekündigt, welches sich in dem kleinen Dorf Garabandal ereignen soll. Die Weisheit des Himmels ist vollkommen: Mit unserem endlichen Verstand können wir ihre Kompliziertheit nicht begreifen. Wir müssen uns auf eine Weisheit verlassen, die größer ist als die unsere. Die Warnung ist eine Vorbereitung für die Zukunft: in weniger als einem Jahr danach wird der Herr in Garabandal für die Welt das größte Wunder wirken, das Er je vollbracht hat.

Ein weiteres Zeichen für alle Zeit ist das Wunder, ein weiterer Akt der Barmherzigkeit. Ein ähnliches Wunder, das ebenso im voraus angekündigt wurde, wurde 1917 in Fatima gewährt, was später unter der Bezeichnung „Sonnenwunder" bekannt wurde. Die Sonne drehte sich am Himmel und kam auf die Erde zugeflogen. Etwa 70.000 Zuschauer wurden davon Zeugen. Wie wunderbar dies auch klingt, so wird es um so erstaunlicher sein, daß so viele Menschen Zeugen des Wunders sein werden. Welches Ereignis tatsächlich das große Wunder in Garabandal sein wird? Ohne Zweifel werden Millionen dort hinreisen, um seine Glorie zu betrachten, geheilt, bekehrt und getröstet zu werden.

Sie werden dorthin reisen, weil sie darauf vorbereitet wurden, das Wunder gläubig anzunehmen. Die Warnung wird ganze Scharen in jenes entlegene spanische Gebirgsdorf locken. Sie wird die ganze Menschheit auf das bevorstehende Ereignis des Wunders aufmerksam machen und die Herzen für die Botschaft und die Handlungen Gottes öffnen, die dort geoffenbart werden.

Es bedurfte vieler Jahrzehnte, bis die Nachricht von Fatima sich in der ganzen Welt verbreitete. Wenn in Garabandal das große Wunder plötzlich auftreten wird, werden Fernsehen, Radio, Zeitungen und zahllose Zeugen, die das Wunder gesehen haben, die Geschichte zügig innerhalb von Stunden bis an den entlegensten Winkel des Planeten verbreiten. Die Warnung wird uns darauf vorbereiten, zusammen auf Gott in Garabandal zu hören, wo sein Volk erneut versammelt sein wird, so wie es am Sinai war, unter dem Schutz der Schekinah-Glorie: der Wolke oder Rauchsäule am Tag und der Feuersäule bei Nacht, wodurch dem Volk Gottes ein schützender Schild und eine Führung gewährt wurden. Der Ort des Wunders wird zu einem Anlaufpunkt werden.

Die Warnung und das Wunder sind untrennbar. Sie sind zwei Aspekte desselben Eingriffs des Herrn. Das eine kann man nicht richtig verstehen, ohne auch von dem anderen zu wissen. Die Warnung bereitet uns auf das Wunder vor, und es wird weitere Beweise für die Wahrheit dessen erbringen, was von den Sehern in der ganzen Welt gesagt wurde.

Das kommende Zeichen

Der Christina Gallagher wurde mitgeteilt, daß allen Menschen der Welt eine Warnung durch ein Zeichen zuteil würde; wenn das Zeichen nicht angenommen würde, werde die Züchtigung folgen. „**Es wird ein Zeichen kommen, wenn jeder in der Welt eine innere Erfahrung machen wird und wissen wird, daß dies von Gott stammt, und erfahren wird, wie er wirklich ist. Es wird auf die Gläubigen ankommen zu beten, damit deren Gebete dazu verwendet werden, daß jeder auf das Zeichen antworten und für Gott gerettet werden kann. Unsere Liebe Frau vertraut darauf, daß diejenigen unter uns, die glauben, beten werden, damit jene, die sich im Finstern befinden, die Gnade erhalten, umzukehren.**"

„Wir müssen nicht nur daran denken, für unsere eigenen Seelen und die unserer Verwandten und Freunde zu beten, sondern **wir müssen auch für alle ande-**

ren beten und opfern, weil dies von allen Gläubigen als Kindern Gottes und Gliedern des mystischen Leibes Christi erwartet wird. Wenn wir die Gnade Gottes entsprechend beantworten, können wir anderen helfen, die sich zu jenem Zeitpunkt nicht selber helfen können, um gerettet zu werden."

Christina Gallagher glaubt, daß das übernatürliche Zeichen nicht lange auf sich warten lassen wird. „Ich kann es in mir wahrnehmen. Ich verspüre, wie es sich mit großer Geschwindigkeit nähert", erklärte sie.

Sie glaubt, daß sich alles, was ihr gezeigt wurde, noch vor Ende des Jahrhunderts ereignen wird.

Andere Seher machen ähnliche Aussagen:

Theresa Lopez aus Denver, im Bundesstaat Colorado, USA:

„Unsere Liebe Frau bezeichnet die Warnung als den Augenblick des Schweigens. Und in jenem Moment des Schweigens wird unser inneres Selbst offenbar werden. Ihr Zweck ist es, die Seele zur Bekehrung anzuregen." (aus einer Ansprache am 11. November 1992)

Maria Esperanza aus Betania, in Venezuela

„Der große Augenblick der Ankunft des großen Lichttages steht bevor. Das Gewissen dieses geliebten Volkes muß gewaltsam aufgerüttelt werden, damit es die Ordnung im eigenen Haus wiederherstellen und Jesus ein gerechtes Opfer der Wiedergutmachung für die täglich begangenen Veruntreuungen aufopfert ..."

Die Warnung im einzelnen

Eine Seherin aus dem Nordosten der Vereinigten Staaten, die Invalidin ist und anonym bleiben will, erhielt in den Jahren 1991 und 1992 Botschaften, die Einsicht in das Wesen der Warnung gewähren und die von Hoffnung und Gottes großer Liebe erfüllt sind. Sie sagte aus: „Jene, die sich in Meiner Gnade befinden, brauchen sich nicht vor der Warnung zu fürchten. Wann werdet ihr zu begreifen beginnen, daß es nichts Größeres als Meine Liebe gibt? Verspürt ihr die Wärme Meiner Liebe nicht? Gibt es irgend jemand, der größer wäre als Ich? Warum sucht ihr woanders? Kommt in Meine Arme!

Dies wird das einzige Mal, wie nie zuvor in der Geschichte der Menschheit, sein, bei dem den Menschen die Erfahrung gewährt wird, wie sie sie sonst nur im Moment des Todes machen. Dies wird mein größter Akt der Barmherzigkeit sein! Wenn der Mensch mit den Sünden seines ganzen Lebens konfrontiert wird, dann gehört ihm dieser Augenblick. Ich werde alles wiederherstellen, aber er muß darum bitten. Ich werde alles vergeben, aber er muß es bereuen. Ich werde jeden zu Meinem Herzen zurückkehren lassen, aber sie müssen die Umkehr vollziehen.

... Die Unwissenheit, von der die Menschheit geplagt wird, macht es jedem unmöglich, die Tiefe [der Sünde der Welt] zu begreifen. Folglich müssen die Konsequenzen in entsprechendem Maß ausgelegt sein. Die göttliche Majestät steht allein in der Erwartung der Verherrlichung Meiner Passion. **Damit meine ich, daß in Kürze das ganze menschliche Geschlecht erneut Zeuge Meiner Kreuzigung sein wird. Zu jenem Zeitpunkt wird jeder verstehen, welch große Beleidigung Meinem Vater zugefügt wurde.**

Endlich wird man das Ausmaß begreifen. Die Verdunkelung in jedem Geist wird beseitigt werden. Und nicht nur das, die Möglichkeit, die Ihm rechtmäßig zustehende Ehre wiederherzustellen, wird zum ersten Mal in der Geschichte der Menschheit gegeben werden.

... Die Aussendung Meines Geistes, wie sie sich nach der Warnung ereignen wird, wird von jenem Ausmaß sein wie beim ersten Pfingsten. Nur Gott kann die Welt erschaffen: nur Er kann sie retten. Könnt ihr nicht die große Liebe in Meines Vaters Herzen sehen? Niemanden verlangt es mehr nach Frieden als Meinen Vater."

Vom Himmel sprach Gottvater: „**Mein Volk hat mich vergessen. Drei Stunden lang werde ich die Sonne verdunkeln.**"

„Die Menschen werden in Verwirrung aus ihren Häusern kommen. Es wird unmöglich sein, einige von ihnen zu trösten. Das Telefonnetz wird überlastet sein. Selbst die Priester werden von Schmerz und Pein übermannt werden.

Fordere die Menschen auf, den Rosenkranz zu beten. Das ist so wichtig. Die Menschen müssen mir helfen. Sie müssen erneut fasten. Die Menschen müssen Opfer bringen, ihr Leben ändern und von ihren Sünden umkehren. Die, die zusammenleben, werden ihre Wohnräume von einander trennen, alle Exzesse werden zu Ende gehen, die Abhängigen werden allein mit Hilfe Meiner Gnade geheilt werden.

Dies handelt von der Warnung. Gestatte mir, über die Warnung zu sprechen. Es wird um 14:00 Uhr am Nachmittag geschehen. Du kennst das Datum.

Der Himmel wird sich verdunkeln, sehr dunkel werden. Die Erde wird beben. Die ganze Welt wird sich in Verwirrung befinden. Die größte Erschütterung wird sich in den Herzen der Menschen abspielen. Die Menschen werden glauben, daß das Ende der Welt gekommen sei. Die Furcht wird im Verhältnis zu ihrer Schuld empfunden werden.

Ich werde ihnen die Zeit gewähren, die sie benötigen. Ich werde dort geduldig hängen. Die Ausgießung des Heiligen Geistes wird genau in dem Augenblick beginnen, in dem sie Mich wahrnehmen werden. Das wird der Moment des Menschen sein. Er kann sich dann von all seinen Sünden befreien lassen,

oder er kann es zulassen, daß sie zu seinem Ruin führen.

Meine Arme werden ausgestreckt sein. Meine Barmherzigkeit wird überfliessen. Es wird das Ende sein. Jeder wird es verstehen. (Er meint damit nicht das Ende der Welt, sondern das Ende des Lebens, wie es jetzt gelebt wird.)

... Ich fragte, ob (das Leiden vom) Kalvarienberg während der Warnung vollendet werde. Er antwortete: ‚Ja.'

Die Sünden der Welt sind so gewaltig, daß zur Zeit nichts sie aufwiegen könnte. Wie ich dem Willen des Vaters gehorsam war, so müßt ihr es auch alle sein. Die Warnung wird eintreten. Täuscht euch darüber nicht. Wenn ihr es am wenigsten erwartet – Ich habe es schon einmal gesagt – **werdet ihr das Kreuz am Himmel sehen.** Was ich versprochen habe, werde ich auch ausführen. Dann werdet ihr alle sagen: ‚Wahrlich, das ist der Sohn Gottes.'

Zwölf Punkte möchte ich zur Warnung anführen:

1. Wo immer sich eine Person befinden wird, werde auch Ich sein.
2. Die ganze Welt wird mit ihren Aktivitäten aufhören.
3. Die Menschen werden sagen, daß es ihnen leid tut.
4. Die Sünder wünschen sich den Tod.
5. Das Ausgießen Meiner Gnade wird die Sünder wieder aufrichten.
6. Die Kirchen werden von bereuenden Beichtwilligen überfüllt sein.
7. Der Schmerz und die Verwirrung werden ihren Höchstpunkt erreicht haben.
8. Die Priester werden rund um die Uhr Beichte hören müssen.
9. Das Leben, „wie gehabt", wird es nicht mehr geben.
10. Geschäfte werden geschlossen sein.
11. Endlich werden die Menschen die Bedeutung der Nächstenliebe begreifen.
12. Den Starken obliegt es, sich um die Schwachen zu kümmern."

Im großen Detail sprach Jesus zu der seligen Schwester Faustine von einem Kreuz am Himmel in den letzten Tagen: „**Noch bevor Ich als gerechter Richter kommen werde, komme ich als König der Barmherzigkeit. Bevor der Tag der Gerechtigkeit anbricht, wird den Menschen folgendes Zeichen am Himmel gegeben werden: Alles Licht am Himmel erlischt, und große Finsternis wird auf der ganzen Erde sein. Dann erscheint das Zeichen des Kreuzes am Himmel und aus den Öffnungen, wo die durchbohrten Hände und Füße des Erlösers waren, werden große Lichter fluten, die eine Zeitlang die Erde beleuchten. Das wird kurz vor dem Jüngsten Tag geschehen.**'"[3]

Diese Offenbarungen an Schwester Faustine stimmen überein mit jenen, die erst kürzlich von Unserem Herrn an die Seherin im Nordosten der Vereinigten Staaten ergangen sind. Es scheint, daß es möglicherweise zwei getrennte Zeiten der Finsternis geben wird. Die erste wird sich während der Warnung (dreistündige Finsternis) und die zweite beim Höhepunkt der Züchtigung ereignen – der dreitägigen Finsternis.

19

Das Wunder, das dauernde Zeichen und andere Zeichen

Laut spricht er: Höret auf mich, ihr Kinder Gottes! und bringet Frucht gleich der Rose, die an den Wasserbächen gepflanzt ist. Duftet Wohlgeruch wie der Weihrauch. Treibet Blüten wie die Lilie, duftet Wohlgeruch und grünet zum Ergötzen, stimmet ein Loblied an und preiset den Herrn ob seiner Werke. ... Alle Werke des Herrn sind sehr gut. ... Er gebeut und es geschieht, was ihm gefällt, und nichts kann hindernd entgegenstehen, wenn er helfen will. ... Von Ewigkeit zu Ewigkeit reicht sein Blick und nichts ist wunderbar vor seinem Angesichte. Man darf nicht sagen: Was ist dies oder was ist jenes? denn alles wird zu seiner Zeit erforscht.

Buch Jesus Sirach 39, 17-26

Zu Garabandal hat Maria für uns genug über das Wunder offenbart, um uns auf dieses Ereignis vorzubereiten, welches **innerhalb eines Jahres** vom Zeitpunkt der Warnung geschehen wird. Das genaue Datum ist nur Conchita bekannt, einer der Seherinnen, die heute in New York lebt. Ihr wurde von der Allerseligsten Jungfrau geboten, es erst acht Tage vor seinem Eintreffen bekanntzugeben. Dann wird sie es der ganzen Welt verkünden. Diese lange Wartefrist unterscheidet Garabandal von Fatima, wo das im voraus angekündigte Sonnenwunder im Lauf der Erscheinungen eintraf. Mit dem Wunder von Fatima war kein Versprechen von wunderbaren Heilungen verbunden, aber dies gilt für einige der Anwesenden während des Wunders von Garabandal.

Millionen von Menschen wird es möglich sein, an jenem Tag das Wunder zu sehen, denn Garabandal liegt in den Bergen, die ein weites natürliches Amphitheater bilden, welches in der Lage ist, die zahlreiche Schar von

Menschen aufzunehmen, die zu jenem abgelegen Ort hinreisen werden. Eine große Schar wird von überall her in diesem Dorf zusammenströmen und all jene, denen es gelingt, die umliegenden Berge zu erreichen, werden sich derselben Ansicht erfreuen können, die Pater Luis in den Himmel hob, nachdem er Zeuge des Wunders gewesen war.

Pater Vlasic aus Medjugorje schrieb in einem Brief an Papst Johannes Paul II., datiert vom 2. Dezember 1983, von einem sichtbaren Zeichen. Pater Vlasic schrieb: „Unsere Liebe Frau hat versprochen, ein für alle sichtbares Zeichen an der Erscheinungsstätte in Medjugorje zurückzulassen.“ Das Wunder wird dazu beitragen, einiges von dem zu entschleiern, was Gott durch diese Erscheinungen geplant hat. Die Besuche Mariens vermitteln eine Botschaft, nicht nur durch die wörtlichen Mitteilungen der Muttergottes, sondern auch durch die Ereignisse selbst, die daran beteiligten Personen, die Umstände und die Umgebung.

Das große Zeichen am Himmel

Die Botschaft an die Marianische Priesterbewegung vom 13. Oktober 1991 lieferte Einzelheiten und Erklärungen zu dem, was dieses große Zeichen am Himmel sein mag. Sie lautet: „Ich bin das große Zeichen, das am Himmel erscheint. Heute gedenkt ihr meiner letzten Erscheinung, die in Fatima in der Cova da Iria stattfand und die durch das Sonnenwunder bestätigt wurde. Dieses Wunder zeigt euch auf außergewöhnliche Weise, daß ich die mit der Sonne bekleidete Frau bin. **Dieses Wunder lädt euch ein, auf mich als auf das große Zeichen, das am Himmel erscheint, zu schauen. Ich bin ein großes Zeichen des Kampfes zwischen mir und meinem Widersacher, zwischen der Frau und dem Drachen, zwischen meiner Schar und der vom Feind Gottes geführten Schar. Ihr tretet in die entscheidenden Zeiten des Kampfes ein. Ihr bereitet euch vor, die schwierigsten Stunden und die größten Leiden zu durchleben. Ihr müßt alle auf schnellste Weise bereit werden, zu meiner Schar zu gehören. Deshalb lade ich weiterhin meine Kinder ein, sich meinem Unbefleckten Herzen zu weihen und sich mir wie kleine Kinder anzuvertrauen.** Heute weite ich diese meine Einladung besonders auf die Kleinen, auf die Armen, auf die Letzten, auf die Kranken und auf die Sünder aus.“

Theresa Lopez aus Denver, in Colorado, USA

In den inneren Einsprechungen der Theresa Lopez aus Denver, im Bundesstaat Colorado, USA, kommen viele Informationen über die Warnung, das Wunder, das hinterlassene Zeichen und die Züchtigung vor. Das folgende Zitat ist einer Rede entnommen, die sie am 11. November 1992 hielt: „... Wird in Denver ein dauerhaftes Zeichen verbleiben, und wird es das gleiche sein wie in

Medjugorje? Ich weiß nicht, ob es etwas mit irgendeiner Erscheinung, wo auch immer, zu tun hat. Unsere Liebe Frau hat zu mir nur über die Wichtigkeit ihrer Erscheinungen in Denver gesprochen. Deshalb wird das dauerhafte Zeichen, wovon sie spricht, sich hier in Denver ereignen. Es ist mir nicht möglich zu sagen, daß es eine Beziehung hat zu dem, was auch immer anderswo geschieht. Aber dieses dauerhafte Zeichen ist ein Bekehrungszeichen, und es ist ein Zeichen Unserer Lieben Frau. Es ist dazu da, daß man sich zur Bekehrung gedrängt fühlt, und es ist die Ursache für den Zug zur Kirche.

Sobald die Menschen die Bekehrung erleben, die durch das dauerhafte Zeichen entfacht worden ist, wird Unsere Liebe Frau natürlich jenes Zeichen und jene Menschen zu ihrem Sohn führen. Das zweite Paket von Geheimnissen wird sich in Gestalt des Wunders entfalten. Und das Wunder wird die Gegenwart Gottes sein. Wie das geschehen wird? Nun, ich kann Ihnen nicht hier alles erzählen. Unsere Liebe Frau bezieht sich darauf als Zeichen in der Gegenwart Gottes. Dies wird man in der Kirche erfahren, wie es auch mit ihrem ganzen Plan geschehen wird. Es ist dazu da, uns anzuregen und uns zu ihrem Sohn in der Kirche zu führen, durch die Sakramente, durch den Empfang der Realpräsenz Christi in der Heiligen Eucharistie.

Unsere Liebe Frau bezeichnet die Warnung als den Moment des Schweigens. Und im Augenblick des Schweigens wird unser Inneres offenbar werden. Sein Zweck ist, die Seele zur Bekehrung anzurühren. Das Wunder wird zwei Ziele haben: die Offenbarung der Gegenwart Gottes und die Erneuerung der Kirche. Unsere Liebe Frau hat gesagt, daß diese Geheimnisse durch die feierliche Verkündigung ihres letzten Titels zur Verwirklichung gebracht werden. Sobald das Wunder eintrifft, endet die Zeit der Gnade. Sie hat ein Enddatum. Die Züchtigungen werden folgen.

Und es gibt eine Mär, die da sagt, daß die sogenannten guten Menschen von der Erde hinweggenommen und die sogenannten schlechten Menschen zurückbleiben werden. Jeder wird (auf der Erde) verbleiben. Die sogenannten guten Menschen werden ihre ganze Aufmerksamkeit auf den Himmel richten. Sie werden in einem Zustand sein, den Unsere Liebe Frau mit ewiger Anbetung bezeichnet. Und man wird sich auf den himmlischen Anblick konzentrieren und nicht mehr mit Irdischem befaßt sein, weil man sich ganz und gar auf Gott konzentriert. Man mag sich seiner Umgebung bewußt sein, aber man wird weder Verzweiflung oder Sorgen noch Furcht oder irgendein anderes menschliches Gefühl empfinden. Man wird in einen Zustand der ewigen Anbetung eingehüllt sein. Jene, die sich zur Bekehrung nicht entschließen, werden ihre irdischen Ansichten beibehalten, weil sie irdisch sind, und sie werden die Verzweiflung und die Agonie der Züchtigungen verspüren. Unsere Liebe Frau hat gesagt, daß **jene, die ein tugendhaftes Leben führen, von den Züchtigungen nichts zu**

befürchten haben. Selbst nachdem all diese Züchtigungen vorüber sein werden, selbst dann wird noch eine Stunde der Gnade verbleiben. Und in jener Gnadenstunde wird selbst den Schlimmsten der Schlimmen, die den Züchtigungen ausgesetzt worden waren, die allerletzte Möglichkeit zur Bekehrung gewährt werden. **Das neue Jerusalem wird sich dann auf die Erde niederlassen. Die Bösen werden nicht mehr existieren, und wir werden uns im ewigen Paradies befinden, genau so, wie Gott es von Anfang an geplant hatte.**"[1]

Das Wunder ist Barmherzigkeit

Das Wunder wird eine deutliche Offenbarung der Barmherzigkeit Gottes sein. Wir müssen uns darauf vorbereiten, damit wir bei seinem Eintreffen die Fülle seiner Bedeutung begreifen und seine Macht voll in uns aufnehmen können. Selbst jetzt schon können wir damit beginnen, über die Informationen in fruchtbarer Weise nachzudenken, die uns von Unserer Lieben Frau über das Wunder mitgeteilt worden sind. Diese Hinweise sind zu unserem Nutzen erteilt worden, damit wir vorbereitet sind, das Wunder bei seinem Eintreffen entsprechend aufzunehmen und zu schätzen.

Eine der Botschaften aus Lubbock, in Texas, sprach von einem Kreuz, welches den Himmel erhellen wird: „Ich gebe euch euer Zeichen. Wartet darauf, denn es wird den [Himmel] erhellen. Seid voller Frieden, denn ihr seid meine Auserwählten und Geliebten. Weint für jene, die weinen und die weinen werden. Gebt Hoffnung denen, die keine haben, so wie mein Sohn Jesus es tat. Seid wie Jesus, mein geliebter Sohn. Denn Jesus ist, und wird es auch immer sein, das immerwährende Licht der Welt ... und das Leben für die ganze Menschheit." (4. Juli 1988)[2]

Der heilige Ludwig von Montfort erwähnte in seinen Schriften ein solches Kreuz. „Jene, die jetzt freiwillig dem Kreuz folgen, werden sich nicht vor dem letzten Gericht zu fürchten brauchen. Wenn der Herr zum Gericht erscheinen wird, wird sich das Zeichen des Kreuzes am Himmel befinden. Dann werden sich jene Diener des Kreuzes, die sich zu ihrer Lebenszeit mit dem Gekreuzigten vereinten, mit großem Vertrauen Christus, dem Richter, nähern."[3]

Das Wunder wird eucharistisch sein

Das Wunder wird eucharistisch sein. Die Betonung der Verehrung der Allerheiligsten Eucharistie ist so nachdrücklich in Garabandal, daß eine eucharistische Ausprägung des Wunders vollkommen mit allem zusammenpaßt, was sich im Dorf während der Erscheinungen ereignete. Es wurde offenbart, daß das Wunder an einem Donnerstagabend, um 20:30 Uhr, stattfinden wird. Am Tag des Wunders wird die Kirche das Fest eines jungen Märtyrers der heiligsten Eucharistie feiern. Wir müssen uns darauf vorbereiten, von Gott durch das Wunder einen unmißverständlichen Beweis dafür zu erhalten, daß die Allerheiligste Eucharistie die Mitte unseres Lebens in der Kirche und Jesus uns in der Eucharistie wahrhaft gegenwärtig ist. Wir müssen von diesem Sakrament sooft wie möglich Gebrauch machen.

Am 8. Dezember 1980 sprach Maria durch Don Gobbi zu „ihren vielgeliebten Söhnen", worin sie einige Informationen gab: „In der Stunde, da alles verloren zu sein scheinen wird, wird alles durch die erbarmungsvolle Liebe des Vaters gerettet werden, die sich durch die größte Offenbarung des Eucharistischen Herzens Jesu sichtbar machen wird."

Das Wunder wird kirchlich sein, das heißt, es wird die Wahrheit unterstützen, daß alle Gnaden durch den (mystischen) Leib Christi, welcher die Kirche ist, kommen und daß alle Männer und Frauen nicht nur dazu eingeladen sind, Jesus persönlich zu folgen, sondern auch seiner Kirche beizutreten und sich ihrer Disziplin, ihren Lehren und Sakramenten zu unterwerfen. Aus diesem Grund wird das Wunder im Zusammenhang mit einem großen kirchlichen Ereignis geschehen. Die Zeit Gottes ist die Zeit der Kirche, und die Autorität der Kirche wird durch die Tatsache bestärkt werden und sich als authentisch erweisen, daß das „kirchliche Ereignis" und das Wunder am selben Tag geschehen werden, möglicherweise sogar im selben Augenblick. Darüber hinaus wird der Papst das Wunder von jenem Ort aus sehen, wo immer er sich gerade aufhalten mag.

Das Wunder wird marianisch sein

Das Wunder wird marianisch sein. Es wird die Glorie der Muttergottes mit Nachdruck zum Ausdruck bringen, so daß alle Christen ihre Einwände gegen ihre Rolle im (mystischen) Leib Christi aufgeben werden und ihr die Ehre erweisen werden, die ihr von Gott selbst gewährt wird. Die Welt wird damit anfangen, dem Unbefleckten Herzen Mariens die Ehre und Verehrung zu erweisen, die ihm zusteht. Aufgrund dieses großen Wunders werden viele damit beginnen, die „heilige Maria, Mutter Gottes," zu lieben.

Die heilige Mutterschaft

Die Allerseligste Mutter teilte der Seherin Mariamante mit: „Die Bosheit der Menschen würde, wenn es möglich wäre, meinen Plan vernichten, aber meine Macht, die mir von Gott selbst gegeben wurde, ist um ein Unendliches viel größer als die ganze Bosheit der Welt. Gott triumphiert immer über das Böse. Vergiß das nie! Dies zu wissen und darüber nachzudenken, wird dir Mut machen.

Satan und seine Legionen können meinen Triumph nicht verhindern, wenn sie es auch mit aller Macht versuchen, weil Gott selbst es vorausbestimmt hat, daß dies in dieser Zeit geschehen soll. Glücklich bist du, in dieser Zeit zu leben, diesem Zeitalter der Barmherzigkeit und Liebe. Nicht allen wurde eine solch große Chance gegeben, so viel Böses zu bereuen. **An dem Zeichen am Himmel, das ich selber bin, wirst du erkennen, daß die Zeit der augenblicklichen Bekehrung vieler gekommen ist.** Dies wird durch die enorme Ausgießung der Gnade auf die Erde erreicht werden, die mir aus der Hand Gottes zu diesem Zweck gewährt wurde. Dies wird der Triumph meines Unbefleckten Herzens sein, von dem ich in Fatima sprach.“ (22. Februar 1987)[4]

Macht

Das Wunder hat zum Ziel die Bekehrung der ganzen Welt. Diese Behauptung machte Unser Herr selbst in Garabandal gegenüber Conchita. Der Herr beantwortete ihre Frage bezüglich der Bekehrung Rußlands, indem er ihr versicherte, daß „das Wunder nicht nur zur Bekehrung Rußlands“, sondern auch „zur Bekehrung der ganzen Welt da sei“ und daß „so alle Unsere Herzen“ [die Herzen Jesu und Mariens] „lieben werden“.

Aus seinen Worten scheint hervorzugehen, daß das Wunder uns allen irgendwie zeigen wird, wie eng die Herzen Jesu und Mariens miteinander verbunden sind, als Zeichen der Frieden vermittelnden Liebe, die unser aller Herzen einen sollte. Das Wunder wird vermutlich einen großen Eindruck auf die verlorene Tochter des Himmels – Rußland – machen.

Vielleicht bedeuten die beiden Herzen auf der Rückseite der Wunderbaren Medaille sowohl eine Prophetie als auch eine Lektion, indem sie uns ein Zeitalter vorhersagen, in welchem alle Herzen miteinander versöhnt sein werden, so wie es die Herzen Jesu und Mariens sind. Die Versöhnung der Herzen ist es, worum es sich bei der Bekehrung eigentlich handelt, und es scheint, daß alle Marienerscheinungen sich damit befassen.

Sobald das Wunder eingetroffen ist, muß sich das Menschengeschlecht än-dern, oder es wird sich der schrecklichsten Katastrophe gegenüber sehen, die die Welt je gesehen hat: der Bestrafung. Die Bestrafung wird sicher eintreffen, wenn die Menschen nicht auf die Botschaft des Wunders hören sollten. Davor wird es keine Ausflucht geben. Das Wunder wird die Zündschnur entzünden. Sollten wir sie nicht durch unsere Reue und Buße auslöschen, so wird die Bestrafung folgen.

Jene, die aus den Bergen von Garabandal zurückkehren werden, werden die Herrlichkeit des Herrn gesehen haben und darauf erpicht sein, diese Herrlichkeit der ganzen Welt mitzuteilen. Die Glorie Zions, die Glorie des neuen Pfingsten, für welches Papst Johannes XXIII. bei der Eröffnung und Papst Paul VI.

erneut bei der Schlußversammlung des Zweiten Vatikanischen Konzils beteten, wird sich über die ganze Kirche und die ganze Welt ausgießen. Auf diese Weise werden, wie Jesus der Conchita offenbarte, „alle Unsere Herzen lieben".

In einer Botschaft vom 3. März 1990 an Patrizia aus Cuenca, in Ecuador, gab Maria aufschlußreiche Informationen über das Wesen des Wunders: „**Kinder, ich erteile euch den Segen des Allmächtigen Gottes, des Vaters und des Sohnes und des Heiligen Geistes. Kommt immer, um mich zu besuchen. Laßt mich nie allein, ihr Kleinen, weil ich euch so sehr liebe.** ***Zum Ende aller Erscheinungen in der Welt werde ich an diesem Ort und an allen Orten, an denen ich gewesen bin, ein Zeichen zurücklassen.***"

Das dauerhafte Zeichen

Das dauerhafte Zeichen, das die Allerseligste Jungfrau versprochen hat, wird nach dem Wunder bei „den Kiefern" (einem Hain von neun Kiefern, der sich außerhalb des Dorfes, oben am Ende eines steinigen Pfades, der den Berg hinaufführt, befindet) in Garabandal zurückbleiben. Nur wenig ist über das Wesen dieses Zeichens offenbart worden. Wir kennen die folgenden Einzelheiten: Es wird bei den Kiefern bis zum Ende der Welt verbleiben; es wird uns möglich sein, es zu sehen, zu fotografieren und es per Fernsehen zu übertragen, aber unmöglich sein, es zu berühren; niemandem wird es gelingen, es wissenschaftlich zu erklären.

Es wird uns für immer an das große Wunder erinnern, das auf jenen Ort bezogen ist. Wer immer möchte, kann sich nach dem Wunder nach Garabandal begeben und das Zeichen begutachten. Es wird uns ins Gedächtnis zurückrufen, daß Gott die Welt zu Reue und Buße aufruft. Weil es dort bis zum Ende der Welt verbleiben wird, wird es durch seine Gegenwart bestätigen, daß die Welt tatsächlich eines Tages enden wird und daß Jesus „auf den Wolken des Himmels" zurückkehren „und alle Dinge erneuern und die Lebenden und Toten richten" wird.

Das Zeichen wird unsere Aufmerksamkeit auf die Wahrheit lenken, daß Gott auf diesem Berg sichtbar eingegriffen hat, genau so wie Er es auf dem Berg Sinai, dem Berg Karmel, dem Zionsberg und dem Kalvarienberg tat, um sein Volk zu sich zu rufen. Die Patriarchen des Altertums errichteten Altäre und Monumente, um an einem bestimmten Ort, welcher durch Seine Ankunft ewiglich geheiligt wurde, ihre Erfahrung Gottes für immer festzuhalten. Zum ersten Mal in der Geschichte errichtet der Herr selbst zu Garabandal, bei den Kiefern, Sein eigenes Zeichen als immerwährendes Denkmal Seiner Rettungstat für die heutige Welt.

Das Zeichen wird uns alle zur Heiligkeit aufrufen. Die Israeliten wurden fortwährend durch die Feuersäule, Schechinah-Herrlichkeit genannt, welche über ihrem Versammlungszelt schwebte, daran erinnert, daß Gott sich unter ihnen befand, was sie zur Heiligkeit und ins Heilige Land führte. Das Zeichen wird sich unter uns befinden wie jene Wolke der Herrlichkeit Gottes, um uns daran zu erinnern, daß der Herr uns zur Heiligkeit und zum Himmel führt und daß Er keinen Götzendienst bei Seinem Volk tolerieren wird.

Andere Zeichen

In der Botschaft vom 31. Dezember 1983 an die Marianische Priesterbewegung sprach Maria von den Zeichen, die vom Herrn gesandt sind, welche weder verstanden noch angenommen werden: „Die Zeichen, die der Herr schickt, werden weder verstanden noch angenommen. Man glaubt nicht an die Gefahren, die von ‚meinem' Papst aufgezeigt werden, der mit Mut und Besorgnis den Orkan ankündigt, der euch bevorsteht. **Die Botschaften, die ich durch einfache Seelen schenke, die ich in allen Teilen der Welt erwähle, werden nicht beachtet. Meine Erscheinungen – zumeist an fernen und gefährlichen Orten – werden ignoriert. Und ihr seid doch nur eine Handbreit von eurem Untergang entfernt.** Wenn alle nach Frieden schreien werden, könnte unversehens ein neuer Weltkrieg ausbrechen, der überallhin Tod und Zerstörung bringen würde. Wenn man sagen wird: Ruhe und Sicherheit!, dann könnte die größte Umwälzung der einzelnen Menschen und der Völker beginnen. Wie viel Blut sehe ich auf allen Straßen der Welt fließen!... Wie viele meiner armen Kinder sehe ich wegen der Geißel des Feuers, des Hungers und einer schrecklichen Zerstörung weinen!"

Die Allerseligste Mutter nennt sich selbst die Prophetin dieser Endzeit. Oft wird sie durch Schweigen und Ablehnung behindert. Am 5. März 1982 sagte sie: „So wie in Jerusalem die Propheten getötet wurden, so wie in dieser Stadt sogar der Sohn Gottes, der seit Jahrhunderten vorhergesagte und vorbereitete Messias, abgelehnt, beschimpft und verurteilt wurde, so wird jetzt in der Kirche, im neuen Israel Gottes, das Heilswirken eurer Mutter, der himmlischen Prophetin dieser letzten Zeiten, allzu oft behindert, indem man es verschweigt oder ablehnt. Auf so viele Arten habe ich gesprochen, aber man hat nicht auf meine Worte gehört. Auf vielerlei Weisen bin ich in Erscheinung getreten, aber man hat meinen Zeichen nicht geglaubt. Meine Interventionen, auch die außerordentlichsten, sind bestritten worden. O, neues Jerusalem, Kirche Jesu, wahres Israel Gottes!"

Das neue Blut an den Türpfosten – Das Siegel

Daß ein besonderer Schutz des Himmels erteilt wird, ist kein neues oder einzigartiges Geschehen in der Heiligen Schrift. Bei vielen Gelegenheiten wählte Jahwe jene aus, die leben oder sterben sollten. Propheten wurde aufgetragen, was sie zu tun oder auszurichten hatten. Daniel wurde aufgrund seiner Weisheit und seines Ansehens bevorzugt. Andererseits wurden Nationen und Städte wegen ihrer Sünden vernichtet; die bekanntesten Beispiele sind Sodom und Gomorrha. Die Schrift weist viele Menschen aus, die aufgrund ihrer Sünden der Vernichtung anheimfielen. Im Buch Exodus weist das Blut an den Türpfosten als „Zeichen" den Todesengel darauf hin, an diesem Haus vorüberzugehen. Jedoch zeigt das Buch Ezechiel den Zorn Gottes über ein sündhaftes Geschlecht und die Strafe, die ihm deswegen auferlegt wird. Es folgt ein bemerkenswerter Ausschnitt, dessen sich nur wenige bewußt sind.

Das Kreuz auf der Stirn

„Dann rief er vor meinen Ohren mit lauter Stimme also: Es nahen die Heimsuchungen der Stadt, und ein jeder hat eine Mordwaffe in seiner Hand. Siehe, da kamen sechs Männer den Weg vom oberen Tore herab, das nach Mitternacht zu liegt, und jeder hatte eine Waffe des Verderbens in seiner Hand; ein Mann aber war in ihrer Mitte, in Linnen gekleidet und ein Schreibzeug an seiner Seite; diese traten ein und stellten sich neben den ehernen Altar. Und die Herrlichkeit des Herrn Israels erhob sich von dem Cherub, auf dem sie gewesen, nach der Schwelle des Hauses hin und rief den Mann, der in Linnen gekleidet war und das Schreibzeug an der Seite hatte. Und der Herr sprach zu ihm: **Gehe mitten durch die Stadt, mitten durch Jerusalem hindurch und zeichne ein Tau auf die Stirne der Männer, welche über alle Greuel seufzen und wehklagen, die in ihrer Mitte begangen werden. Zu jenen aber sprach er, so daß ich es hörte: Ge-het durch die Städte hinter ihm her und erschlaget, euer Auge schone nicht und habet kein Erbarmen! Greise, Jünglinge, Jungfrauen, Kinder und Weiber tötet, bis sie vernichtet sind; aber niemand, an dem ihr das Tau sehet, tötet,** und bei meinem Heiligtum machet den Anfang!

So begannen sie bei den Ältesten, welche vor dem Hause waren. Und er sprach zu ihnen: Verunreiniget das Haus und füllet die Vorhöfe mit Erschlagenen an, dann ziehet fort! Da zogen sie aus und erschlugen die, welche in der Stadt waren. Als nun das Morden zu Ende war und ich allein zurückblieb, fiel ich auf mein Angesicht nieder und rief mit lauter Stimme: Wehe, wehe, wehe, Herr, Gott! willst du denn den ganzen Überrest Israels vertilgen, indem du deinen Grimm vollends über Jerusalem ausgießest? Da sprach er zu mir: **Die Verschuldung des**

Hauses Israel und Juda ist überaus groß, das Land ist voll von Blutschuld und die Stadt voll von Abtrünnigkeit, denn sie sagen: Der Herr hat das Land verlassen, und der Herr sieht nicht!" (Ezechiel 9, 1-9)

Die heutige Sicherheit

Gegenwärtig sehen wir, wie eine andere Geschichte für jene abläuft, die besonders für einen Schutz vorgesehen sind. Eine moderne Version des „Blut bestrichenen Türpfostens" und des Tauzeichens, das auf „die Stirne der Männer, welche über alle Greuel seufzen und wehklagen", gezeichnet ist, wird jetzt der Kohorte Mariens erteilt. Die Botschaft an die Marianische Priesterbewegung vom 12. November 1981 besagt, daß der Himmel all jene durch ein Siegel beschützt, die Gott angehören. Jenen, die mit diesem Bild bezeichnet sind, wird nichts zustoßen. Es folgen mehrere Botschaften, durchgehend bis 1991, die diese bemerkenswerte Wiederholung dessen bestätigen, was im Buch Ezechiel geschah.

„Auf diese Weise seid ihr von meinem Liebes**siegel gekennzeichnet**, das euch von denjenigen unterscheidet, die sich von dem Tier verführen lassen und dessen gotteslästerliche Zahl eingeschrieben tragen. Der Drache und das Tier vermögen nichts gegen diejenigen, die mit meinem Siegel gekennzeichnet sind.

Der Stern des Abgrunds wird alle jene verfolgen, die mit meinem Siegel gekennzeichnet sind, jedoch wird er jenen Seelen nicht schaden können, in die ich selbst mein Bild eingeprägt habe. Mit dem Blut, das viele von ihnen vergießen werden müssen, wird die göttliche Gerechtigkeit besänftigt und die Zeit meines Sieges beschleunigt werden."

Eine darauf folgende Botschaft vom 29. September 1987 bestätigte dies: „... Die Engel des Lichtes meines Unbefleckten Herzens sammeln nun von überallher die Auserwählten, die berufen sind, an meiner siegreichen Schar teilzunehmen. **Sie bezeichnen euch mit meinem Siegel.** Sie bekleiden euch mit einer starken Rüstung für die Schlacht. Sie bedecken euch mit meinem Schild. **Sie geben euch Kruzifix und Rosenkranz als die Waffen für den großen Sieg.** Die Zeit des Endkampfes ist angebrochen. Darum greifen die Engel des Herrn in außerordentlicher Weise ein und stellen sich jeden Tag jedem einzelnen von euch zur Seite, um euch zu führen, euch zu schützen und zu trösten."

Am 8. September 1989 stellte die Allerseligste Mutter fest: „Wenn mein Widersacher alle seine Anhänger mit seinem Kennzeichen bezeichnet, ist die Zeit gekommen, in der **auch ich, eure himmlische Heerführerin, mit meinem mütterlichen Siegel alle jene bezeichne, die sich meinem Unbefleckten Herzen geweiht haben und zu meiner Schar gehören. Ich präge eurer Stirn mein Siegel mit dem heiligsten Zeichen des Kreuzes meines Sohnes Jesus ein.** So öffne ich den menschlichen Verstand, um sein göttliches Wort anzunehmen, ... Den auf der Stirn mit dem gotteslästerlichen Kennzeichen Bezeichneten stelle ich meine mit dem Kreuz Jesu Christi bezeichneten Kinder entgegen. ... Deshalb präge ich eurer Hand mein Siegel ein, das das Zeichen des Vaters, des Sohnes und des Heiligen Geistes ist. ... Meine vielgeliebten Söhne, laßt euch alle ... auf der Stirn und auf der Hand mit meinem mütterlichen Siegel kennzeichnen."

Turzovka in der Tschechoslowakei, 1958

Als Unsere Liebe Frau 1958 dem Matus Lasut aus der Tschechoslowakei erschien, sagte sie folgendes: „Alle meine Kinder werden auf ihrer Stirn das Zeichen des Kreuzes empfangen und tragen. Nur meine Auserwählten werden dieses Zeichen sehen. Diese Auserwählten werden von den Engeln unterrichtet werden, wie sie sich zu verhalten haben.

Meine Getreuen werden in den schwierigsten Stunden ohne jegliche Furcht sein. Sie werden von den guten Geistern beschützt und vom Himmel genährt werden, von wo aus sie weitere Anweisungen erhalten werden."[5]

Jenen, die sich gegenüber diesen aufhorchen lassenden Äußerungen skeptisch zeigen, soll gesagt sein, daß im 7. Kapitel der Geheimen Offenbarung genau dasselbe ausgesagt wird. Für Gott ist es nicht ungewöhnlich, daß Er Seine Diener beschützt: „Alsdann sah ich vier Engel an den vier Enden der Erde stehen. Sie hielten die vier Winde der Erde fest, damit kein Wind wehe über Land und Meer oder irgendeinen Baum. Dann sah ich einen andern Engel mit dem Siegel des lebendigen Gottes vom Sonnenaufgang aufsteigen. Er rief den vier Engeln, denen die Macht verliehen war, das Land und das Meer zu schädigen, mit lauter Stimme zu: ‚Schädigt nicht das Land und das Meer und die Bäume, bis wir die Knechte unseres Gottes *mit einem Siegel auf ihrer Stirne* bezeichnet haben.' Und ich hörte die Zahl der Besiegelten: Hundertvierundvierzigtausend aus allen Stämmen der Söhne Israels:" (Offb 7, 1-4)

Die Kinder von Medjugorje sprechen über die Zeichen

Während einer Fragestunde mit Jan Connell sprachen Maria und Mirjana über die Zeichen, die dem großen Zeichen vorausgehen:[6]

„Frage: Ihr und andere Seher habt angedeutet, daß an vielen Orten der Welt vorhergehende Zeichen [Zeichen, die dem großen Zeichen vorausgehen,] erscheinen werden, um die Welt zu warnen. Wann werden diese vorausgehenden Zeichen beginnen?

Antwort: Schon jetzt gibt es an vielen Orten der Welt Zeichen. Viele Menschen sehen Vorzeichen. Viele machen die Erfahrung der persönlichen Heilung, sowohl körperlich als auch geistig und ebenso psychisch. Viele erfahren persönliche

Zeichen. Menschen aus aller Welt sind hierher gekommen. Oft machen oder machten sie die Erfahrung außergewöhnlicher Zeichen in ihrem Leben.

F: Werden die Menschen auf Erden an Gott, an die Allerseligste Mutter glauben, wenn das dauerhafte Zeichen erfolgt?

A: Die Allerseligste Mutter hat gesagt, daß jene, die dann noch leben werden, wenn das dauerhafte Zeichen eintrifft, wegen des Zeichens Zeugen vieler Bekehrungen unter den Menschen sein werden, aber sie sagt ebenfalls, daß jene selig sind, die glauben und nicht sehen.

F: Mirjana hat mir gesagt, daß es selbst mit dem Eintreffen des dauerhaften Zeichens noch einige Ungläubige geben wird.

A: Die Allerseligste Mutter hat gesagt, daß es immer Judasse geben wird.

F: Vicka hat mir gesagt, daß in dem Aufruf der Allerseligsten Mutter zur sofortigen Bekehrung eine große Dringlichkeit zum Ausdruck kommt. Sie sagte, daß es für jene zu spät sein werde, die nur so am Rande glaubten und bis zum Eintreffen des großen Zeichens warten wollten. Wißt ihr, warum es für jene zu spät sein wird?

A: Dies ist eine Zeit der großen Gnade und Barmherzigkeit. Jetzt ist die Zeit, diesen Botschaften Gehör zu schenken und unser Leben zu ändern. Jene, die dies tun, werden nie in der Lage sein, Gott zur Genüge zu danken."

Dozule in Frankreich

Magdalena wurde am 27. Oktober 1924 in der Normandie geboren, und sie ist Mutter von fünf Kindern. Nicht besonders religiös eingestellt, erzählte sie, daß ihr 1970 in einer Kirche „etwas widerfuhr, das sie nicht erklären konnte ... Ich fühlte mich schwach ... Es war, als ob ich von Glück und Freude trunken wäre. Es schien, als ob ich eine andere Welt entdeckt hätte." Als sie nach Hause zurückkehrte, fühlte sie sich wie verwandelt, und ihr Sinn war voller Freude. So begann eine weitere Geschichte von übernatürlichen Veränderungen eines gewöhnlichen Menschen, der nur seinen alltäglichen Dingen nachging. Von 1972 bis 1974 wurden ihr Visionen zukünftiger Ereignisse gewährt. Am 1. März 1974 sagte Jesus zu ihr: „Teile der Kirche mit, daß sie ihre Botschaft des Friedens an die ganze Welt erneuern muß, weil die Lage ernst ist. Satan dirigiert die ganze Welt, er verführt den Verstand der Menschen, und er befähigt sie, die ganze Menschheit innerhalb weniger Augenblicke zu vernichten. Wenn sich die Menschheit ihm nicht widersetzt, werde Ich es ihm gestatten zu handeln, und es wird zu einer Katastrophe führen, wie man sie seit der Sintflut nicht gesehen hat, und dies wird vor dem

Ende des Jahrhunderts geschehen. All jene, die kommen, um am Fuß des glorreichen Kreuzes (diese Erscheinung ist unter dem Titel „glorreiches Kreuz“ bekannt) Reue zu zeigen und Buße zu tun, werden gerettet werden. Satan wird vernichtet werden; danach wird nur Friede und Freude herrschen.“[7]

Es scheint, daß wir Zeugen einer großen Darstellung des Kreuzes am Himmel sein werden als einer besonderen Gnade oder Vorwarnung vor dem Höhepunkt der Züchtigungen und dem Eintreten der Finsternis. Auszugsweise sagte Jesus zu Magdalena am 4. Juli 1975: „**Versteht dies gut: In den Tagen vor der Sintflut erwarteten die Menschen nichts bis zur Ankunft der Wasserfluten, von denen sie hinweggeschwemmt wurden. Aber heute seid ihr gewarnt. Ihr lebt in der Zeit, von der Ich sprach: ‚Auf dieser Erde wird es Katastrophen aller Art geben: Die Sünde ist der Grund aller Not und Hungersnot. Nationen werden voller Angst sein. Es wird Zeichen und Phänomene am Himmel und auf Erden geben.‘ Deshalb haltet euch bereit, weil große Bedrängnisse bevorstehen, wie man sie seit Anbeginn der Welt bis heute noch nie gesehen hat und wie man sie nie wieder sehen wird.**

Ich sage euch, daß diese junge Generation nicht vergeht, bevor dies nicht alles geschieht. Aber fürchtet euch nicht, denn betrachtet am Himmel das Zeichen des Menschensohns, welches Magdalena vom Osten zum Westen hin aufleuchten sah. Ihr Hirten der Kirchen, in Wahrheit sage Ich euch, daß durch dieses Kreuz, das über der Welt aufgerichtet ist, ganze Nationen gerettet werden. Mein Vater hat Mich gesandt, um zu retten, und der Moment ist gekommen, in dem Ich Meine Barmherzigkeit in die Herzen der Menschen ausgießen muß.“

Viele dieser Prophetien und Zeichen sagen die Wiederkunft Christi voraus. Christus sagte zu Magdalena am 3. Mai 1974: „Das glorreiche Kreuz oder das Zeichen des Menschensohnes ist die Ankündigung der sich nähernden Wiederkunft des auferstandenen Jesus in Herrlichkeit.“

20

Die große Züchtigung und die dreitägige Finsternis

Die Herrschaftszeit der Sendung des Vaters erfüllte sich mit der Sintflut; die Herrschaftszeit der Sendung des Sohnes kam mit der Flut des Blutes am Kreuz zur Vollendung; die Herrschaftszeit der Sendung des Heiligen Geistes wird mit der Flut des „Feuers und der Liebe und der Gerechtigkeit" in der Endzeit zur Erfüllung kommen.

Der heilige Ludwig von Montfort

Wir sind uns dessen nicht sicher, wann genau Kriege und Katastrophen enden werden und die große Züchtigung anfangen wird. Wenn man sich von der Heiligen Schrift, den Botschaften der Marianischen Priesterbewegung und anderer Mystiker leiten läßt, dann scheint es, daß Kriege und Katastrophen bloß ein Vorspiel für wesentlich bedeutsamere Ereignisse sind. Die Züchtigung, die Reinigung und die Drangsale wurden durch die Sünden der Menschen herbeigeführt. Die Allerseligste Mutter spricht davon, daß „Feuer und Blut die größten Zerstörungen seit dem Anbeginn der Welt verursachen werden".

Die große Züchtigung wird etwas Größeres sein als die gewöhnlichen Naturkatastrophen. Verschiedene Schriften weisen darauf hin, daß sie eine Reihe von katastrophalen Ereignissen darstellt. Höchst wahrscheinlich kommt ein Komet, der sich der Erde nähert und große Flutwellen hervorruft. **Die Hungersnot, von denen viele sprechen, ist nicht das Resultat einer ausgetrockneten und ausgedörrten Erde, sondern eines von Wasser überschwemmten Landes.** Es gibt keine Daten, die eine Hypothese im Vergleich zu einer anderen den Vorzug geben würde. Unabhängig davon, ob es sich um einen Kometen oder Asteroiden handelt, wie es die alten Propheten voraussagten, wissen wir, daß es etwas so Bedeutsames ist, wie es die Welt zuvor noch nie gesehen hat. Es handelt sich zumindest um die Fortsetzung von sich verschlimmernden Ereignissen.

Kriege, Hungersnot, Orkane, Sozial- und Finanzkollaps, Erdbeben, radioaktive Katastrophen, Feuer vom Himmel, Kometen, Glaubensabfall, dreitägige Finsternis und die Vernichtung von Zweidrittel oder mehr der Menschheit machen vielleicht Teile der Züchtigung aus.

Das Neue Testament

Die große Züchtigung ist eine Katastrophe, die von Jesus im 24. Kapitel des Matthäus-, 13. Kapitel des Markus- und 21. Kapitel des Lukasevangeliums beschrieben wird. Außerdem handeln davon der 2. Petrusbrief, Kapitel 2 und 3 und die Geheime Offenbarung.

Im 24. Kapitel des Matthäusevangeliums teilt uns Jesus die Zeichen Seiner Wiederkunft mit: „Ihr werdet von Kriegen und Kriegsgerüchten hören. ... Denn Volk wird sich gegen Volk, Reich gegen Reich erheben. Hungersnot und Pest und Erdbeben wird es allenthalben geben. Aber das ist alles erst der Anfang der Wehen. Alsdann wird man euch der Drangsal überliefern und töten; ... Dann werden viele im Glauben irre werden, einander verraten und hassen. Falsche Propheten werden in großer Zahl auftreten und viele irreführen. Weil die Gottlosigkeit überhandnimmt, wird die Liebe bei vielen erkalten. ... Dieses Evangelium vom Reiche wird in der ganzen Welt verkündigt werden zum Zeugnis für alle Völker.

Dann erst kommt das Ende. Wenn ihr nun an heiliger Stätte den Greuel der Verwüstung seht, von dem der Prophet Daniel gesprochen hat – wer es liest, der beachte es wohl! – dann sollen die Leute in Judäa ins Gebirge flüchten. ... Alsdann wird eine so große Drangsal eintreten, wie es von Anbeginn der Welt bis jetzt keine gegeben hat noch je geben wird. Ja, würden jene Tage nicht abgekürzt, so würde kein Mensch gerettet werden. ... Denn es werden falsche Messias und falsche Propheten auftreten und große Zeichen und Wunder wirken, um wo möglich selbst die Auserwählten irrezuführen.

Sogleich nach der Drangsal jener Tage wird sich die Sonne verfinstern und der Mond seinen Schein verlieren, die Sterne werden vom Himmel fallen und die Kräfte des Himmels erschüttert werden. Dann wird das Zeichen des Menschensohnes am Himmel erscheinen, und alle Völker auf Erden werden wehklagen. Sie werden den Menschensohn kommen sehen auf den Wolken des Himmels mit großer Macht und Herrlichkeit. ... Jenen Tag aber und jene Stunde kennt niemand, auch die Engel im Himmel nicht, sondern nur der Vater allein. **Wie in den Tagen Noes, so wird es bei der Wiederkunft des Menschensohnes sein. In den Tagen vor der Sintflut schmausten und tranken sie, nahmen zur**

Ehe und gaben zur Ehe bis zu dem Tage, da Noe in die Arche ging; und sie kamen nicht zur Einsicht, bis die Sintflut hereinbrach und alle hinwegraffte."

Im Lukasevangelium 21, 20 lauten Jesu Worte: „Wenn ihr Jerusalem von Kriegsheeren eingeschlossen seht, dann wisset, daß seine Zerstörung nahe ist." Und weiter in Lukas 21, 25-27: „Es werden Zeichen sein an Sonne, Mond und Sternen. Auf Erden wird unter den Völkern angstvolle Verzweiflung herrschen beim Brausen und Branden des Meeres. Die Menschen werden vergehen vor banger Erwartung der Dinge, die über den Erdkreis kommen werden. Denn die Kräfte des Himmels werden erschüttert werden. Dann wird man den Menschensohn auf einer Wolke kommen sehen mit großer Macht und Herrlichkeit."

Im 2. Petrusbrief, Kapitel 2, 4-9, lesen wir: „Gott hat ja auch der sündigen Engel nicht geschont, sondern sie in die Hölle hinabgestürzt und den finstern Abgründen übergeben, um sie für das Gericht aufzubewahren. Auch der alten Welt hat er nicht geschont. Nur Noe, den Herold der Gerechtigkeit, hat er mit noch sieben andern gerettet, als er die Sintflut über die Welt der Gottlosen hereinbrechen ließ. Auch die Städte Sodoma und Gomorrha verurteilte er zum Untergang und legte sie in Asche. Damit wollte er künftigen Frevlern ein warnendes Beispiel geben. Nur den gerechten Lot, der unter dem zügellosen Wandel der zuchtlosen Menschen schwer zu leiden hatte, hat er gerettet. ... So weiß der Herr die Frommen aus der Prüfung zu erretten, die Gottlosen aber für den Tag des Gerichtes zur Strafe aufzubewahren, ..."

Im 2. Petrusbrief, Kapitel 3, 3-13, lautet es: „Vor allem wißt, daß am Ende der Tage lose Spötter auftreten werden. Sie werden ihren eigenen Gelüsten nachgehen und sagen: ‚Wo bleibt seine Wiederkunft, die doch verheißen ist? Seit die Väter entschlafen sind, bleibt alles gleich, wie es von Anfang der Schöpfung war.' Dabei übersehen sie absichtlich, daß Himmel und Erde schon längst kraft des Wortes Gottes aus Wasser und durch Wasser Bestand hatten. Dadurch ging aber die damalige Welt in der Wasserflut unter. Der jetzige Himmel und die jetzige Erde dagegen sind kraft des nämlichen Wortes für das Feuer aufgespart. Sie sind aufbewahrt für den Tag des Gerichtes und des Verderbens der gottlosen Menschen. ...

Der Tag des Herrn wird aber kommen wie ein Dieb. Da wird der Himmel mit Sausen vergehen. Die Elemente werden sich in Gluthitze auflösen, und die Erde samt allem, was darauf ist, wird verbrennen. Da sich das alles in dieser Weise auflöst, wie müßt ihr euch da eines heiligen Wandels und der Frömmigkeit befleißigen und so die Ankunft des Tages Gottes erwarten und erstreben! Um seinetwillen wird sich der Himmel in Feuer auflösen, und die Elemente werden in Gluthitze zerschmelzen. Wir erwarten aber gemäß seiner Verheißung einen neuen Himmel und eine neue Erde, worin die Gerechtigkeit ihre Stätte haben wird."

In diesen biblischen Ausschnitten werden uns die Ereignisse der großen Züchtigung in Einzelheiten vorgestellt. Diese Ereignisse führen zur Wiederkunft Jesu, dem neuen Himmel und der neuen Erde. Die Schriftpassagen sprechen von Kriegen, Hungersnot, Pest, Erdbeben, falschen Propheten, falschen Messiassen, falschen Zeichen und Wundern, dem Greuel der Verwüstung an heiliger Stätte, der Verfinsterung der Sonne und des Mondes, dem Herunterfallen der Sterne vom Himmel, der Zerstörung Babylons (der Welt) und ihres Reichtums durch das Feuer innerhalb einer Stunde, der Wiederkunft Jesu, der Verstoßung des Tieres und seines Propheten in den Abgrund.

Maria, Königin der Propheten, Erscheinungen, Botschaften

Gott hat uns in dieser Endzeit Seine Mutter, die Königin der Propheten, als Prophetin gesandt, um uns zu warnen und dazu zu ermuntern, zu fasten, zu bereuen und uns zu bekehren, damit die völlige Vernichtung der Menschheit durch diese große Züchtigung verhindert werde. Es folgen einige wichtige Auszüge von mehreren Erscheinungen, die von diesen Ereignissen Auskunft geben. Obwohl wir über mehrere dieser Erscheinungen in vorhergehenden Kapiteln berichtet haben, geben wir sie hier erneut wieder, um die mächtige und sich häufende Wirkung der Botschaften Unserer Lieben Frau zu zeigen:

La Salette, 1846

Am 19. September 1846 erschien Unsere Allerseligste Mutter zu La Salette in Frankreich den beiden Kindern Mélanie und Maximin, denen Geheimnisse mitgeteilt wurden, die 1858 veröffentlicht werden sollten und in denen diese Zeit vorausgesagt wurde in Worten, die wie ein Echo der Heiligen Schrift klingen.

Der Mélanie wurde das Geheimnis mitgeteilt, „daß Luzifer mit einer großen Menge von Teufeln im Jahre 1864 aus der Hölle losgelassen wird. Sie werden den Glauben allmählich auslöschen. Schlechte Bücher wird es zur Genüge auf Erden geben. Es werden Kirchen errichtet werden, die diesen Geistern dienen. Rom wird den Glauben verlieren und zum Sitz des Antichrist werden. Die Kirche wird sich im Niedergang befinden, die Welt in Angst und Schrecken. Kriege, Erdbeben, Feuer vom Himmel, Pest, ansteckende Krankheiten, Hungersnöte und andere Drangsale werden die Erde bedrängen. Der Antichrist wird geboren werden und Wunder wirken. Die Jahreszeiten werden sich ändern. Die Erde wird nur schlechte Früchte hervorbringen. Die Sterne werden aus ihrer Bahn geworfen werden. Der Mond wird nur ein schwaches rötliches Licht wiedergeben. Das Wasser und das Feuer werden der Erde furchtbare Erdbeben und krampfhafte Bewegungen mitteilen. In der Luft wird man Stimmen hören."

Unsere Allerseligste Mutter sagte: „Nun ist die Zeit da! Der Abgrund öffnet sich. Siehe da den König der Finsternis! Siehe da das Tier mit seinen Untergebenen, das sich Erlöser der Welt nennt. Stolz wird es sich in die Lüfte erheben, um zum Himmel aufzusteigen. Es wird durch den Hauch des heiligen Erzengels Michael erstickt. Er stürzt herab, und die Erde, die sich seit drei Tagen in beständigen Umwälzungen befindet, wird ihren Schoß voll des Feuers öffnen. Es wird verschlungen für immer mit all den Seinen in die ewigen Abgründe der Hölle. Dann werden Wasser und Feuer die Erde reinigen und alle Werke des menschlichen Hochmuts vertilgen, und alles wird erneuert werden. Man wird Gott dienen und verherrlichen."[1]

Fatima, 1917

Zu Fatima, in Portugal, sagte 1917 Unsere Allerseligste Mutter vor der bolschewistischen Revolution vom November 1917 den Aufstieg des Roten Drachens in Rußland voraus. Sie erbat die Weihe Rußlands an ihr Unbeflecktes Herz und den Vollzug der Sühnekommunion an den ersten Samstagen. Wenn man ihren Bitten Folge leiste, sagte Maria, würde Rußland sich bekehren und es würde Frieden einkehren. Sollte man ihre Bitten mißachten, dann würde Rußland seine Irrtümer über die ganze Welt verbreiten, Kriege anzetteln und die Kirche verfolgen. Die Guten würden gemartert werden, der Heilige Vater müßte viel leiden und verschiedene Nationen würden vom Erdboden verschwinden. Aber am Ende würde ihr Unbeflecktes Herz triumphieren, der Heilige Vater würde Ihr Rußland weihen, Rußland würde sich bekehren, und der Welt würde eine Zeit des Friedens gewährt werden.

Garabandal, 1961 - 1965

Die Allerseligste Jungfrau erschien 1961 in Garabandal, Spanien, wo sie die Warnung aussprach, daß der Kelch der göttlichen Gerechtigkeit schon voll wird, daß viele Kardinäle, Bischöfe und Priester den Weg des Verderbens gehen und viele Seelen mit sich reißen. Unsere Allerseligste Mutter warnte, daß es nach Johannes XXIII. nur mehr drei Päpste geben würde, von denen einer nur kurze Zeit regieren würde (Johannes Paul I. war nur vierunddreißig Tage lang Papst), worauf sich das Zeitenende einstellen würde. Als Papst Paul VI. die Schlüssel des heiligen Petrus erbte, sagte Unsere Liebe Frau, daß ihm vor dem Ende der Zeit nur noch zwei Päpste folgen würden.

In Garabandal machte Unsere Allerseligste Mutter die Prophezeiung, daß der Welt eine Warnung gegeben und ihr innerhalb eines Jahres ein Wunder folgen würde. Eine der Seherinnen stellte fest, daß die Warnung tausendmal schlimmer sein werde als ein Erdbeben; sie werde wie Feuer sein, welches aber die Haut nicht verbrennt. Ein Schrecken erregendes Ereignis werde am Himmel erscheinen.

Unsere Allerseligste Mutter sagte, daß eine Zeit kommen werde, in der es so aussähe, als ob die Kirche am Ende sei, wenn die Priester Schwierigkeiten hätten, die Messe zu lesen und über heilige Dinge zu reden. Daniel sprach davon, daß die Messe oder das „immerwährende Opfer" eine Zeitlang verschwinden werde.

Als man sie fragte, wie dies geschehen solle, war die Antwort „durch den Kommunismus". Wenn wir die Warnung mißachten und uns nach ihr nicht ändern, wird Gott uns die Züchtigung senden.

Akita, 1973 - 1981

Zu Akita, in Japan, sagte Unsere Allerseligste Mutter am 3. August 1973 zu Schwester Agnes Sasagawa: **„Um seinen Zorn gegen die Welt zu offenbaren, beabsichtigt der Vater, über die ganze Menschheit eine Strafe zu verhängen."**

Am 13. Oktober 1973 gab Unsere Allerseligste Mutter Schwester Agnes eine Botschaft, die möglicherweise das unveröffentlichte dritte Geheimnis von Fatima enthält. In ihr sagte Unsere Allerseligste Mutter: „Wie ich dir schon früher sagte, wird der himmlische Vater, wenn die Menschen nicht bereuen und sich nicht bessern, eine schreckliche Strafe über die ganze Menschheit verhängen; eine Strafe, die fürchtrelicher sein wird als die Sintflut; eine Strafe, wie man sie noch nie erlebt hat. Feuer wird vom Himmel fallen und den größeren Teil der Menschheit vernichten und weder Priester noch Laien verschonen. Die Überlebenden werden sosehr leiden, dass sie die Toten beneiden ...

Teuflische Kräfte werden selbst in der Kirche stattfinden; Kardinäle werden sich gegen Kardinäle erheben und Bischöfe gegen Bischöfe. **Die Kirche wird erfüllt sein von Menschen, die Kompromisse annehmen.** Die Priester, die mich verehren, werden von ihren Kollegen verachtet und verlacht; Altäre und Kirchen wird man verwüsten. **Durch den Teufel verführt, werden zahlreiche Priester und Ordensleute den Dienst des Herrn verlassen. Der Teufel wird sich besonders mit den gottgeweihten Seelen beschäftigen."**

Medjugorje, 1981 bis heute

Unsere Allerseligste Mutter begann 1981 sechs Sehern in Medjugorje, in Bosnien-Herzegowina (Jugoslawien), zu erscheinen. Sie gewährte auch zwei weiteren jungen Leuten innere Einsprechungen. Sie bekundete diesen Sehern, daß dies ihre letzten Erscheinungen auf Erden sein würden. Nachdem jedem der Seher zehn Geheimnisse mitgeteilt wären, würden an die Menschheit drei Warnungen ergehen, wonach an der Erscheinungsstätte in Medjugorje ein sichtbares Zeichen erscheinen werde als Zeugnis für die Erscheinungen und als Mittel, um Menschen zum Glauben zurückzurufen. Das neunte und zehnte Geheimnis sind ernster Natur, und sie beziehen sich auf Züchtigungen für die Sünden der Welt. **Unsere Allerseligste Mutter sagte der Mirjana, daß eine Bestrafung unabänderlich sei, aber ebenso, daß sie durch Gebet und Buße verringert, jedoch nicht aufgehoben werden könne.**

Unsere Allerseligste Mutter erscheint weiterhin in Medjugorje. Zwei der Seher besitzen alle zehn Geheimnisse; die anderen haben jeweils neun.

Cuenca, Ecuador, 1988 bis 1990

Unsere Allerseligste Mutter teilte der Patrizia Talbott aus Cuenca, in Ecuador, am 6. Januar 1990 mit: „Kinder, mein Herz ist so betrübt, weil viele Naturkatastrophen und anderes vom Menschen hervorgerufenes Unheil auf euch zukommen. Schon verbreitet sich das Elend, ein kurzes mit vielen Leiden angefülltes Jahrzehnt. Kinder, der dritte Weltkrieg steht kurz bevor ... Kinder, die Zeit wird knapp, sehr knapp. Bekehrungen müssen treu befolgt werden ... In diesen letzten Tagen, in denen ich [noch] bei euch sein werde, weil sich mein Abschied nähert, müßt ihr eure Herzen mit dem Licht meines Sohnes erfüllen, daß euer Glaube nicht verödet." Im Februar 1990 sagte sie: „Die Zeit des Elends hat begonnen. Es werden zehn sehr traurige Jahre sein. Die Zeit wird knapp."

Im Oktober 1988 übergab Unsere Allerseligste Mutter Patrizia ein Geheimnis, das aus drei Teilen besteht. Patrizia sagte: „Sie teilte mir das Geheimnis mit, daß in der Welt schlimme Dinge geschehen werden und daß Bekehrung und Umkehr dasjenige sind, was erforderlich ist." Gegenwärtig kann Patrizia dies noch nicht bekanntgeben. Die Allerseligste Mutter sagte ihr: „Einen Monat vor dem Eintreffen werde ich es dir sagen, so daß du es mitteilen kannst." Einige Zeit später teilte die Allerseligste Mutter Patrizia mit, daß einige Teile des Geheimnisses veröffentlicht werden könnten. Das Geheimnis besitzt drei Teile. Patrizia sagte aus, daß alle drei Teile sich auf zukünftige Ereignisse beziehen, welche für unsere Welt Züchtigungen sein werden.

Mehrmals sprach Unsere Liebe Frau von der Möglichkeit eines dritten Weltkriegs, von Naturkatastrophen und über von Menschen hervorgerufene Katastrophen: „Ihr kleinen Kinder, wißt, daß alles, was ihr tut, der Welt zum Nutzen sein wird. Eure Gebete, Bußübungen und euer Fasten tragen dazu bei, den Beginn des dritten Weltkrieges aufzuhalten. Alles verhält sich so, wie ich es schon zuvor gesagt habe. Es ist in eurer Hand. Es liegt an euch, ob die Züchtigung im Verhältnis zu dem Leid, das mein Sohn verspürt, ausfällt oder ob sie [die Züchtigung] durch eure Gebete gemildert wird ... Große Katastrophen kommen auf die Menschheit zu; der dritte Weltkrieg bedroht die Welt. Vom Menschen geschaffene Katastrophen stehen bevor."

Unsere Allerseligste Mutter teilte ihr einige der Einzelheiten über den Krieg mit, die sie verbreiten darf: „Der Krieg steht nahe bevor. Er beginnt mit falschen Friedensverträgen, Verträgen, auf die wir nicht vertrauen sollten. Viele Länder würden an ihm beteiligt sein, darunter China, Rumänien, Rußland und die Vereinigten Staaten. Im Anfang wird auch Polen daran beteiligt sein, aber wenn der Heilige Vater Rom verläßt, indem er zunächst nach Frankreich und von dort weiter nach Polen reist, wird Polen geschützt werden." Deshalb, so sagte Patrizia, ist jetzt Bekehrung so wichtig.[2]

Patrizia übermittelte auch noch weitere Informationen, die ihr von der Allerseligsten Mutter mitgeteilt wurden: „Drei Tage lang würde die Erde ihre Bahn verlassen. Zu jenem Zeitpunkt steht die Wiederkunft Christi nahe bevor. Der Teufel wird die Herrschaft in der ganzen Welt übernehmen. In jenen Tagen sollten sich die Familien in ständigem Gebet befinden. Wegen falscher Propheten, die die Worte Jesu verfälschen werden, müssen wir uns im Stande der Gnade befinden, damit wir das Gute vom Bösen unterscheiden können. Wir müssen die Flamme Jesu Christi in unseren Seelen tragen. Niemandem sollten wir die Türen zu unseren Häusern öffnen [während der dreitägigen Finsternis]. Wir sollen einfach weiter beten. Die Jungfrau sagte, daß es besser sei, sogar nicht einmal zum Fenster hinauszuschauen, weil wir [den Vollzug] der Gerechtigkeit Gottes an den Menschen sehen würden. Es wird so grauenhaft sein, daß wir es nicht sehen wollten."

Mittels Don Gobbi von der Marianischen Priesterbewegung (1973 bis heute) gab uns die Allerseligste Mutter mehrere Botschaften:

Am 15. September 1987: **„Eine schlimmere Strafe als die Sintflut ist daran, über diese arme und pervertierte Menschheit hereinzubrechen. Feuer wird vom Himmel fallen, und das wird das Zeichen sein, daß die Gerechtigkeit Gottes nun die Stunde ihrer großen Offenbarung festgesetzt hat."**

Am 8. Dezember 1987: „Ihr erlebt die schmerzvollen Zeiten der Strafe. Ihr erlebt die dunkle Stunde des Sieges meines Widersachers, der der Fürst der Nacht ist. Ihr erlebt die schwierigsten Augenblicke der Reinigung."

Am 15. November 1990: **Maria sprach über die große Prüfung, die über die Vereinigten Staaten und die ganze Menschheit hereinbrechen wird. Ganz besonders erwähnte die Allerseligste Mutter, daß die Vereinigten Staaten die Stunde ihrer Schwäche und Armut sowie „die Stunde des Leidens und der Niederlage" erleben werden. Der Donner der göttlichen Gerechtigkeit wird angekommen sein:**

„Die große Prüfung ist für eure Nation [USA] gekommen. ... Die Sünden der Unreinheit haben sich immer mehr verbreitet und die Unmoral hat sich wie ein Meer, das alles bedeckt, ausgeweitet. Man hat die unkeusche, gegen die Natur gerichtete Sünde der Homosexualität gerechtfertigt. Man hat den Zurückgriff auf die Mittel, um das Leben zu verhindern, verallgemeinert, und die Abtreibungen, diese Tötungen von unschuldigen Kindern, die vor dem Angesichte Gottes nach Rache schreien und in jedem Teil dieses eures Vaterlandes ausgeführt werden, verbreitet. Der Augenblick der göttlichen Gerechtigkeit und der großen Barmherzigkeit ist nun gekommen. Ihr werdet die

Stunde der Schwäche und der Armut kennenlernen, die Stunde des Leidens und der Niederlage, die reinigende Stunde des großen Strafgerichtes.“

„Die große Prüfung ist für die ganze Menschheit gekommen. Das von mir in Fatima vorausgesagte Strafgericht ist daran zu kommen. Es ist in jenem Teil des Geheimnisses enthalten, das euch noch nicht enthüllt worden ist. **Der große Augenblick der göttlichen Gerechtigkeit und Barmherzigkeit ist über die Welt gekommen.** Deshalb habe ich gewollt, daß ihr hier seid. Ihr müßt die Apostel dieser letzten Zeiten sein. ...“ Amerika wird die Armut und Niederlage kennenlernen! Das sind deutliche Worte, die von der Allerseligsten Jungfrau selbst geäußert wurden. Nie zuvor ist uns so etwas auf nationaler Ebene bekannt gewesen.

Am 22. November 1992 sagte die Allerseligste Mutter zu Don Gobbi: **„Im ganzen Land werden zwei Drittel vernichtet, sie werden umkommen. Nur der dritte Teil wird übrigbleiben. Dieses Drittel will ich ins Feuer werfen, um es zu läutern, wie man Silber läutert, um es zu prüfen, wie man Gold prüft.“**

Maria sagt, daß zwei Drittel der Menschheit umkommen werden!

Uns wurden Dutzende von Warnungen und Ermahnungen bezüglich der Reinigung durch die Marianische Priesterbewegung gegeben. Eine Vielzahl von Informationen wurde uns mitgeteilt. Geheimnisse wurden uns nicht vorenthalten. Mit jedem Jahr werden die Botschaften immer spezifischer. Reinigung durch Feuer und Blut, Reinigung durch die Finsternis und das bevorstehende Martyrium sind immer wiederkehrende Themen. Sie sind äußerst unangenehm und deprimierend. Dennoch sind sie wahr, und wir müssen uns der Herausforderung unausweichlich in Wahrheit stellen, denn die Tatsachen liegen offen vor uns. Gottvater, Jesus, Maria, die Heiligen und die Heilige Schrift teilen uns dasselbe mit.

Am 8. Februar 1990 erschien Unser Herr der Patrizia Talbott und teilte ihr mit, daß eines der Zeichen, daß die Züchtigung nahe bevorsteht, ein Komet ist, der an der Erde vorbeizieht. Er sagte, daß Seine Mutter uns auf seine Wiederkunft vorbereitete.

Botschaften von Gottvater

Eileen George ist Mutter von acht Kindern. Sie wohnt in Worcester, im US-Bundesstaat Massachusetts, und seit Anfang der achtziger Jahre hat sie Botschaften Unseres Herrn empfangen. Ihr ist ein besonderer Dienst gegenüber dem Klerus eigen, und sie hat die Zustimmung vieler Priester und Bischöfe erhalten, darunter auch die von Kardinal O'Connor aus New York. Sie ist eine Frau, die viel gelitten hat, und sie wurde mehrfach an Krebs operiert. Wenn sie oft mit Priestern spricht, dann redet sie mit ihnen nur in aller Vertraulichkeit; die anderen werden gebeten, das Zimmer zu verlassen.

Botschaften von Gottvater an Eileen George im Jahre 1982

Am 20. Februar 1982 teilte Gottvater Eileen George mit: „Der dritte Weltkrieg wird stattfinden, und er wird von einem Mann entfacht werden, der dem Glauben nach einen Turban trägt, einem Moslem. Er wird ein Antichrist sein, der von Luzifer auf die Erde gebracht wurde. Dennoch wird sich ein noch mächtigerer in Syrien erheben, wenn jener sein Werk vollendet hat. Er wird Zerstörung und Leid hervorrufen. Er wird Gram und Tränen verursachen sowie eine große Christenverfolgung. Die Erde wird von Erdbeben erschüttert sein. Er wird ein großer Herrscher des Satans sein. Nach vielen Kriegsjahren." Eileen fragte danach, wie viele Jahre es sein würden. Gottvater antwortete: „Fünfzehn. Nach fünfzehn Jahren wird ein großer Frieden herrschen, ein großer Frieden. Das Land der Schrecken wird vor Maria auf die Knie fallen. Ihr blauer Mantel wird sie überschatten, und der rote wird ins Meer fließen, und, bedeckt vom blauen Mantel, werden sie sich der freien Welt im Frieden und in der Harmonie anschließen. Danach wird ein langer, langer Frieden währen, länger, als es ihn je auf Erden gegeben hat."

In bezug auf den Antichrist stellte Eileen fest: „Jesus zeigte ihn mir: Er hat einen Oberlippenbart, schwarzes Haar und trägt einen Turban."

Am 28. Februar 1982 sagte Gottvater zu Eileen: „Auf der ganzen Erde wird Hungersnot herrschen. Nichts wird mehr wachsen. Die ganze Welt wird Hunger leiden. Allen wird es an Nahrung mangeln. Die Lufthülle wird sich verändern, und das wird auf Erden große Katastrophen bewirken. Ein schreckliches Erdbeben ..." Eileen fragte: „Ist das San Francisco?" Gottvater antwortete: „Sie [die Erde] wird sich öffnen, und es wird verschlungen werden. Du kannst die Menschen warnen, damit sie beten und die Dinge ändern ... Es wird geschrieben werden, daß Gott durch eine Seiner Kleinen zu Seinem Volk gesprochen hat, eine, die Er liebte und der Er vertraute, Seine Worte zu offenbaren."

Eileen fragte: „Was geschieht mit jenem schlechten Menschen, der den Turban trägt? Wird das sein erster Akt gegen uns sein? ..." ‚Es wird New York sein ...'

„O je, darunter könnten wir nicht leben ... O Schreck, die hat man noch abfangen können, aber jene ist durchgekommen (Laut des Erstaunens erklingt) ... Ich weiß, daß Du uns nicht bestrafst, ich weiß, daß Du mit uns einen Bund eingegangen bist, aber all das erscheint mir wie etwas Schauderhaftes, was auf uns zukommt: die Hungersnot, die Erdbeben. Für San Francisco, für New York wird es das Ende bedeuten ... Dort [in jenen Städten] wird niemand mehr übrig bleiben ... Vater, wann wird das alles anfangen? ..."

„Zwischen 1990 und 1999."

In der Unterredung mit Eileen über diese Botschaft, stellte sie fest, daß die Hungersnot „irgend etwas damit zu tun haben wird, daß sich die Jahreszeiten verändern werden, mit einer fortwährenden Periode von Frost und Kälte. Es wird nichts zu essen geben, eine große Verknappung des Erdöls, keine Wärme. Der Krieg kommt erst später, weil wir über Erdöl Krieg führen werden. Dann wird sich der Antichrist in der mohammedanischen Welt erheben, ein Moslem. Er wird einen Turban tragen. Die Leute werden ihn ‚das Auge Satans' nennen. Er ist jung. Zuerst kommt die Hungersnot, irgendwann zwischen 1990 und 1999. Dann wird er einen großen Krieg anzetteln.

Mein Vater sagte, daß er ihn schon plane. Sie legen schon Waffendepots an. ... Er wird mit den Russen, den Kommunisten, in Verbindung stehen. Er wird ein Antichrist sein. ... Er trägt ein langes Gewand. Er wird sehr intelligent und gut ausgerüstet sein, um einen Atomkrieg zu führen. ... Er wird schlimmer als Hitler sein. Dieser Moslem wird auf uns Raketen losschicken. Unser Radar wird sie entdecken, und unsere Raketen werden sie abfangen. Aber einige werden durchkommen und auf New York fallen.

Mein Vater sagt jetzt [über ‚die Veränderung der Jahreszeiten'], daß die Wissenschaftler, die Astronomen, dies entdecken werden. Sie werden die Welt warnen, aber niemand wird ihnen Glauben schenken. Die Erdbeben sind schrecklich. Ich sah, wie große, hohe Gebäude zusammenfielen. San Francisco wird verschlungen werden. Das Erdbeben wird vom Meeresboden ausgehen. Mein Vater sagte, daß die Flutwellen schrecklich sein werden. Nichts wird sie zurückhalten können. Sie reißen Gebäude, Straßen, alles mit sich. Der Krieg wird schon begonnen haben, was es noch mal so schlimm macht."

Anmerkung: *Dies sind keine bedingungslos erfolgende Ereignisse.* Ihr Geschehen, Ausmaß und ihre Folgen hängen von den Gebeten und der Bekehrung der Menschen ab. Sie sind die Folge der Bosheit der Menschen, des Teufels und natürlicher Ursachen. Aber ein göttlicher, wunderbarer Eingriff, welcher diese Katastrophen begrenzt oder verhindert, hängt von uns ab. Gott ist barmherzig, aber Er ist auch gerecht. Während dieser Ereignisse, wird Er jene beschützen und stärken, *die Ihn lieben.*

Am 3. März 1982 sagte Gottvater zu Eileen: „Die Kirche neigt sich wie der schiefe Turm von Pisa, und sie wird zur Erde krachen, wenn nicht zuvor von irgendwoher ein Apostel kommt, der die Weisheit Gottes spricht. ... Meine auserwählten Söhne müssen sich ändern, denn die Kirche stürzt ins Nichts. In diesem kommenden Jahr werden die Glaubenslehre und die Tradition auseinander gezogen werden, und die Kirche wird anfangen zusammenzubrechen. Es muß diese unsichtbare Quelle des Glaubens geben, die die Teile zusammenhält. Die Priester werden miteinander im Streit liegen und gegeneinander und gegen den Stellvertreter Stellung beziehen. Es wird eine große Finsternis herrschen, und dies ist jetzt über die Kirche gekommen. Es wird eine große Spaltung geben. Es werden Warnungen erfolgen, die aber nicht befolgt werden. ..."

Eileen wurde von Gottvater ein Auftrag für die Priester erteilt. Am 23. Mai 1982 teilte Gottvater Eileen mit: „Für die Kirche ist dies ein kritischer Augenblick. ... Dies ist die Stunde des Vaters. Er läßt sich zu Seinem Volk herab, um die Kirche zu retten, denn der Satan selbst geht auf der Erde einher, um das Volk Gottes zu verschlingen."[3]

Die dreitägige Finsternis

Die neunte Plage—die Finsternis

„Und der Herr gebot Moses: Strecke deine Hand aus zum Himmel empor, es soll Finsternis über das Land Ägypten kommen, so dicht, daß man sie greifen kann. Da streckte Moses seine Hand aus zum Himmel empor, und es entstand eine schreckenerregende Finsternis drei Tage lang im ganzen Lande Ägypten. Niemand sah seinen Nächsten, oder bewegte sich von der Stelle, an welcher er war; überall aber, wo die Söhne Israels wohnten, war es Licht." (Exodus 10, 21-23)

„Sogleich nach der Drangsal jener Tage wird sich die Sonne verfinstern und der Mond seinen Schein verlieren, die Sterne werden vom Himmel fallen und die Kräfte des Himmels erschüttert werden." (Matthäus 24, 29)

„Der fünfte goß seine Schale auf den Thron des Tieres aus, und sein Reich wurde verfinstert. Die Menschen zerbissen sich vor Schmerz die Zungen und lästerten den Gott des Himmels wegen ihrer Schmerzen und Geschwüre, ließen aber nicht von ihrem Treiben ab." (Offb 16, 10-11)

In den letzten Jahren ist viel über die dreitägige Finsternis gesprochen worden, welche die Erde reinigen wird. Die folgende Geschichte ist den Visionen des Bruders David Lopez entnommen. Seine Vision ähnelt denen anderer aus der letzten Zeit und stimmt mit vielem überein, von dem im Werk des Pfarrers Albert Hebert aus Louisiana berichtet wird, der bis vor kurzem von manchem als zum Extrem neigender Denker betrachtet wurde. Nahezu zwanzig Jahre lang hat Pfarrer Hebert zu diesen Themen gesprochen und darüber geschrieben. Heute erfreuen sich seine Bücher einer regen Nachfrage. Jetzt, da sich die Stunde nähert, und mit der Wiederholung und Klarheit der Botschaften, erscheint die dreitägige Finsternis nicht mehr als eine an den Haaren herbeigezogene The-orie, wie sie es noch vor nur ein paar Jahren war.

Bruder David lebt an der Grenze zwischen Texas und Mexiko in einem Dorf mit dem Namen El Ranchilo, in einer Einsiedelei, die Unsere Liebe Frau von der Zärtlichkeit genannt wird. Nachdem er schon achtzehn Jahre lang Franziskaner war, unterhält David dort ein kleines Exerzitienhaus, welches illegale Einwanderer unterstützt, indem man sie großzügig mit Nahrungsmitteln versorgt, einen Schutzraum gewährt und ihnen mit Gebeten hilft. Bruder David leidet an Gehirnlähmung, was ihm beim Gehen und Sprechen erhebliche Schwierigkeiten bereitet, und was es um so beachtlicher macht, wenn er eine solche Verantwortung mit dem Unterhalt seines kleinen „Schutzhafens" auf sich nimmt. Bruder David ist mehrmals nach Medjugorje gepilgert, und es widerstrebt ihm, über die dreitägige Finsternis auch nur zu sprechen, aber er weiß, daß es in unseren Tagen ein relevantes Thema ist. Dem Bruder David wurde verdeutlicht, daß er darüber sprechen solle, obwohl es ihm unangenehm ist. Die Botschaft, die ihm von der Allerseligsten Jungfrau mitgeteilt wurde, lautet wie folgt. Dies ist der vollständige Bericht seiner Vision.

Die Botschaft der Allerseligsten Jungfrau Maria an Bruder David

Fürchtet euch nicht vor der dreitägigen Finsternis, die die Erde umgeben wird, weil jene, die meine Botschaften befolgen und ein geistliches, inneres Leben des Gebets führen, drei Tage bis zu einer Woche vor ihrem Eintreffen durch eine innere Stimme gewarnt werden. Meine Kinder müssen damit fortfahren, ihre Sünden zu bereuen und mehr zu beten, wie ich es empfohlen habe. Sie sollten sich Weihwasser und gesegnete Gegenstände besorgen, und sie sollten das Allerheiligste Herz Jesu besonders verehren, indem sie zu jeder Zeit vor Ihm ein Licht brennen lassen. Sie müssen sich mit den lebensnotwendigen Dingen begnügen und weniger von den materiellen Gütern abhängig sein. Die Priester müssen sich nicht nur um ihr eigenes Gebetsleben sorgen, sondern sie müssen sich auch um die Entwicklung des inneren Gebetslebens ihrer Pfarrangehörigen bemühen. In gleicher Weise sollten sie von jenen Abstand nehmen, die von Revolution und Aufruhr reden. Die, welche von Revolution und Aufruhr sprechen, sind die Jünger des Antichrist. Ich bin betrübt über die Ordensleute im Westen, die die Zeichen ihrer Gelübde abgelegt haben. Sie werden besonders vom Satan versucht werden, und sie werden nicht in der Lage sein, den spirituellen und physischen Angriffen zu widerstehen. Sie müssen zu einem Leben der Heiligkeit und zum Gehorsam gegenüber Christus, meinem Sohn, zurückkehren. Fürchtet euch nicht vor irgendetwas oder vor irgendwem! Seid erfüllt von der Liebe Gottes, indem ihr betet, die Heilige Schrift lest und die Sakramente empfangt. Während der Zeit der Schmerzen werde ich bei euch sein, und meine Kinder können mich als ihren sicheren Zufluchtsort anrufen.

Jene, die sich damit abmühen, Gewohnheitssünden zu überwinden, sollten nicht verzweifeln, weil Gott ihnen ihr Verlangen und ihre Bemühungen zur Überwindung der Sünden anrechnet. Wandelt im Frieden Gottes!

Während dieser dreitägigen Finsternis wird nicht ein einziger Dämon in der Hölle verbleiben. Alle werden sich auf der Erde befinden. In jenen drei

Tagen wird es derart dunkel sein, daß man seine Hand nicht vor den Augen sehen kann.

In jenen Tagen werden jene wegen des Anblicks der schrecklichen Dämonen aus Angst sterben, die sich nicht im Stand der Gnade befinden. Die Allerseligste Jungfrau sagte mir, daß ich alle Türen und Fenster schließen und niemandem, der von draußen ruft, antworten solle. Die größte Versuchung, der wir ausgesetzt sein werden, wird vom Teufel stammen, der die Stimmen unserer lieben Angehörigen nachahmen wird. Sie sagte zu mir: ‚Bitte, achtet nicht darauf! Denn jene sind nicht eure lieben Verwandten. Jene sind Dämonen, die versuchen, euch aus dem Haus hinauszulocken.'

Mit Bezug auf den Ort, wo ich wohne, ist zu sagen, daß zu Beginn jener drei Tage Menschen versuchen werden, den Fluß (Rio Grande) zu überqueren, was ihnen aber, weil sie nichts sehen können, nicht gelingen wird, und sie werden ertrinken. Sie werden so voller Furcht sein, daß sie einander töten werden; sie werden im Stand der Sünde sterben.

Die Allerseligste Jungfrau teilte mir mit, daß Gott einige Menschen für den Beginn der dreitägigen Finsternis zum Martyrium auserwählt hat, die sich aber nicht fürchten sollten, weil Gott sie mit Beharrlichkeit ausstatten wird, und nach ihrem Martyrium werden die Engel sie mit Leib und Seele in den Himmel entrücken. Sie besteht darauf, daß wir den Herrn bitten, daß jene Tage nicht in den Winter fallen und für Schwangere nicht die Zeit der Geburt sein wird, weil, wenn das im Winter geschieht, es ohne Heizungsmöglichkeit äußerst kalt sein wird und den Schwangeren in ihren Geburtswehen kein Arzt behilflich sein kann.

Sie gewährte mir zwei Gnaden, über die ich zu niemandem sprechen darf. Sie sagte mir ebenfalls: ‚Die Leute sollten nicht nach Zeichen Ausschau halten und nicht ihre Zeit damit vergeuden, das genaue Datum ausfindig zu machen.' Sie teilte mir dies mit, weil es einen Mann gibt, der das genaue Datum der dreitägigen Finsternis angibt. Als ich die Jungfrau nach dieser Prophezeiung befragte, antwortete sie nur: ‚Hüte dich vor jenen, die ein genaues Datum festlegen.' Wir sollten uns nicht um ein jegliches Datum kümmern. Wenn wir den genauen Zeitpunkt wüßten, würden die Menschen nur im Bewußtsein der Erwartung jenes Tages leben, ohne sich aus Liebe zu Gott zu bekehren.

Sie sagte mir, daß die Dauer der dreitägigen Finsternis genau 72 Stunden sein wird und man sie nur mit Hilfe von mechanischen Uhren ablesen kann, weil es keine Elektrizität geben wird. Nach jener Reinigung wird Frühling sein. Alles wird grün und sauber sein. Das Wasser wird kristallklar sein, selbst das Wasser aus der Wasserleitung. Weder das Wasser noch die Flüsse oder die Luft werden verseucht sein.

Das schönste wird sein, daß sich die Menschen von der Landwirtschaft ernähren und aus Liebe und zur gegenseitigen Unterstützung arbeiten werden und nicht um des Überlebens willen.

Um diese Veränderung herbeizuführen, ist das wichtigste, sich heute zu bekehren und Werke der Nächstenliebe zu verrichten. Lebt im Stand der Gnade! Es ist sehr wichtig, Gemeinschaften brüderlicher Vereinigungen zu schaffen, in denen man aus der Unterstützung durch die Brüder leben kann. Die Tage der Finsternis werden für alleinlebende Personen und Eltern mit erwachsenen Kindern sehr schwierig sein, weil sie draußen deren Stimmen hören werden.

Die Eltern, besonders die Väter, müssen ihre Kinder lehren zu beten. In den Stunden der Finsternis wird das Gebet der Kinder wunderbar sein."

Eine hinzugefügte Botschaft an die Priester

„Ich möchte noch folgende Botschaft an die Priester hinzufügen. Es ist deren Verantwortung, diese Ereignisse allen ihren Pfarrangehörigen mitzuteilen, ihnen Umkehr und Kraft zu geben und ihnen zu sagen, daß sie sich nicht fürchten sollen. Sie sind verpflichtet, diese Botschaft weiterzugeben und sich nicht zu fürchten, sie mitzuteilen, weil diese Botschaft schon zuvor vielen Heiligen enthüllt worden ist und wir kein Zeit mehr haben, sie zu ignorieren. Sie sollten nachdrücklich in ihrer Belehrung die Menschen zur Umkehr bewegen und im Heiligen Geist beten. Ebenso sollten sie die Menschen dahingehend belehren, daß sie sich nicht vorwiegend mit materiellen Gütern, Geld, Macht, Arbeit, etc. beschäftigen, weil diese es nicht wert sind.

Ebenso sollten sie darüber predigen, wie man sich auf den Tod vorbereitet. Es ist wichtig, über die letzten Dinge des menschlichen Lebens zu predigen: Tod, Gericht, Himmel und Hölle. Predigt ausdrücklich über das Bewußtsein der Sünde und insbesondere der Todsünde mit ihrer tödlichen Folge! Der Herr zieht es vor, wenn wir uns aus Liebe bekehren, aber wenn es notwendig sein sollte, auch aus Furcht vor der Strafe. Nichtsdestoweniger nimmt Er immer unsere Umkehr an, und Er empfängt uns, weil Er uns liebt und unser Heil wünscht. Aus Liebe oder aus Furcht, das einzige, was zählt, ist, daß wir uns Ihm darbringen. Die Priester sind verpflichtet, die Menschen zu führen, insbesondere durch das Beispiel ihres Lebens einer absoluten Hingabe an Christus."

Das große Zeichen

„Vor den großen Drangsalen wird es ein Zeichen geben. An einem wolkenlosen Tag mit einem blauen Himmel werden wir dort ein großes, rotes Kreuz sehen. Die Farbe rot deutet auf das Blut Jesu hin, der uns erlöst hat, sowie das Blut

der Märtyrer, die von Gott für die finsteren Tage auserwählt worden sind. Jeder wird dieses Kreuz sehen: Christen, Heiden, Atheisten, etc. sowie die, die darauf vorbereitet sind. (Man muß unter ‚Vorbereiteten' nicht nur Christen verstehen, weil es Menschen gibt, die nie zuvor vom Evangelium gehört haben, aber auch für jene, die die Stimme Gottes in ihrem Gewissen tragen.) Diese werden von Gott auf dem Wege Christi geleitet werden. Sie werden die Gnade empfangen, die Bedeutung des Kreuzes auszulegen."

Wie Bruder David schließlich dazu kam, diese Botschaft niederzuschreiben

„Am 11. September [1987] schrieb ich die Botschaft der Jungfrau nieder, und fast einen Monat lang sträubte ich mich dagegen, es zu tun. Ich war auf der Suche nach Menschen, die mir davon abraten würden, diese Botschaft weiterzugeben, aber ich fand niemanden. Deshalb suchte ich meinen geistlichen Führer auf, und er meinte, daß ich es aufschreiben solle, aber ich tat es nicht.

Am 11. September begab ich mich nach San Antonio, im US-Bundesstaat Texas. Ich fuhr ein paar Tage früher dorthin, um mich auf den Besuch von Papst Johannes Paul II. vorzubereiten. Meine Freunde brachten mich zu einem Schrein von Tschenstochau, wo ich vor dem in der Kapelle ausgestellten Allerheiligsten Altarssakrament betete. Um 11:40 Uhr verspürte ich, wie der Herr mir zu bedeuten gab, daß ich mich von dort zur Hauptkirche begeben solle (die Kapelle mit dem Allerheiligsten Altarssakrament befindet sich an der Seite des Hauptschiffes der Kirche). So ging ich und begann vor der Statue der Jungfrau von Guadalupe den Rosenkranz zu beten. Es war 11:45 Uhr, als ich aus keinem ersichtlichen Grund meine Augen erhob und wahrnahm, wie die Statue Leben annahm. Die Statue enthüllte dann einige persönliche Dinge über meine Freunde und machte mich dann darauf aufmerksam, daß ich bisher noch das nicht erfüllt hätte, was sie mich zu tun gebeten hatte. Dann sagte sie mir: ‚Ich wünsche, daß du die Botschaft, die ich dir in Medjugorje mitteilte, aufschreibst, bevor du sie vergißt, und ich möchte, daß du sie zur Bestätigung zum Bischof bringst.' So dachte ich: ‚Wenn das, was sie mir über meine Freunde mitteilte, wahr ist, werde ich die Botschaft niederschreiben. Wenn es aber nicht wahr ist, nein, dann werde ich schweigen.' Ich sprach mit meinen Freunden über das, was mir die Jungfrau über sie mitgeteilt hatte, und es stellte sich alles als wahr heraus. Deshalb gab es für mich keine weiteren Ausflüchte; ich beschloß, sie (die Botschaft) aufzuschreiben.

Zwei Wochen später suchte ich Bischof Fitzpatrick auf [Bischof von Brownsville, im US-Bundesstaat Texas, jetzt im Ruhestand] und zeigte ihm, was ich geschrieben hatte in der Hoffnung, daß er es nicht glauben und es ablehnen würde. Aber das traf nicht ein. Er sagte mir: ‚David, das ist nichts Neues. Dies ist nicht deine Botschaft, und du darfst sie nicht (für dich selbst) behalten. Sie gehört der ganzen Welt, und ich werde dich nicht davon abhalten, diese Worte zu veröffentlichen, aber sei weise, weil nicht jeder dies annehmen noch verstehen will. Sicherlich finden sich darin keine dogmatischen, spirituellen oder moralischen Irrtümer.'"[4] (Bruder David bittet uns ausdrücklich zu verstehen, daß Bischof Fitzpatrick keinerlei offizielle Gutheißung bezüglich dieser Botschaft zum Ausdruck gebracht hat.)

Der Höhepunkt der Züchtigung

Ist die dreitägige Finsternis die Spitze oder der Höhepunkt der Züchtigung? Schon seit mehreren Jahren befindet sich die Welt in der Phase der Reinigung, und mit jedem neuen Jahr werden sich neue Zerstörungen einfinden, wenn die Mystiker in der ganzen Welt recht haben sollten. In den meisten Teilen der Welt finden wir Kriege, Hungersnöte, ökonomische und finanzielle Nöte vor mit einer fortlaufenden Liste von Problemen. Die große Züchtigung wird kommen, wenn das Chaos aufgrund weltweiter Katastrophen sich überall um uns herum befindet. Die Reinigung führt uns zu Gott zurück. Als Beispiel dafür seien die Philippinen genannt. Im Zeitraum der letzten fünf Jahre gab es schlimme Überschwemmungen, ein großes Erdbeben, den Ausbruch des Pinatubo-Vulkans und mehrere andere Katastrophen. Heute sind in den Philippinen die Kirchen erneut wieder voll besetzt.

Die derzeitige Situation auf dem Balken ist ein Vorzeichen dessen, was sich noch viel weiter ausdehnen wird. Viele Seher glauben, daß sofort nach der dreitägigen Finsternis die Herrschaft Jesu Christi in all ihrer Herrlichkeit eingerichtet werden wird. Ob dies die eucharistische oder die physisch-materielle Herrschaft sein wird, ist zu diesem Zeitpunkt unklar. Stimmen der Vergangenheit sprechen von diesen Ereignissen. Wie der Bischof gegenüber Bruder Lopez erwähnte: „Das ist nichts Neues." Im Folgenden führen wir einige andere Seher oder Heilige auf, die sich über diese Ereignisse geäußert haben.

Weisheit aller Zeitalter zur Züchtigung

Die Worte der Allerseligsten Mutter an **Schwester Elena Aiello,** einer stigmatisierten Nonne und Gründerin eines Ordens aus Kalabrien: „Wolken mit feurigen Lichtblitzen und ein Feuersturm werden sich über die ganze Welt verbreiten, und die Bestrafung wird die schrecklichste der ganzen Menschheitsgeschichte sein. Sie wird siebzig Stunden andauern. Die Bösen werden zermalmt und ausgelöscht werden. Viele werden verloren gehen, weil sie hartnäckig in ihren Sünden verstrickt blieben. Dann werden sie die Macht des Lichtes über die Finsternis zu verspüren bekommen. Die Stunde der Finsternis nähert sich."

Die Allerseligste Mutter sagte zu **Mutter Elena Leonardi:** „Ein unvorhergesehenes Feuer wird auf die ganze Erde herabkommen, und ein Großteil der Menschheit wird vernichtet werden. Das wird für die Glaubenslosen eine Zeit der Verzweiflung sein: Mit Geschrei und unter satanischem Fluchen werden sie darum bitten, von den Bergen bedeckt zu werden, und sie werden ohne Erfolg versuchen, in Höhlen Zuflucht zu finden. Jene, die übrig bleiben, werden Gottes Barmherzigkeit unter meinem Schutz und in meiner Kraft finden, wohingegen all jene, die sich weigern, ihre Sünden zu bereuen, in einem Feuermeer ihr Ende finden werden!"

Der selige Gaspar del Bufalo (19. Jahrhundert) [verkündet]: „Der Tod wird die reuelosen Verfolger der Kirche während der dreitägigen Finsternis ereilen. Wer die Finsternis und die Angst jener drei Tage überlebt, wird glauben, allein auf Erden zu sein, weil die ganze Welt von Leichen übersät sein wird."

„Im Verlauf einer drei Tage währenden Finsternis werden die dem Bösen anhängenden Menschen umkommen, so daß nur ein Viertel der Menschheit überleben wird." [So berichtet] **Schwester Maria vom gekreuzigten Jesus aus Pau, die „kleine Araberin"** genannt, (1878 gestorben), 1983 von Papst Johannes Paul II. seliggesprochen, Gründerin eines Karmelitenklosters zu Bethlehem.[5]

Die selige Anna Maria Taigi kannte mit Gewißheit das Schicksal der Verstorbenen. Ihre Schau reichte bis ans Ende der Erde, und dort entdeckte sie Menschen, die sie nie zuvor gesehen hatte und in deren Seeleninnerstes sie Einsicht nahm. Ein Blick genügte. Worauf immer sie ihre Gedanken konzentrierte, wurde ihr offenbart und verständlich gemacht. Sie erblickte die ganze Welt, wie wir die Frontansicht eines Gebäudes sehen. Ob es sich um Nationen oder um Einzelpersonen handelte, spielte keine Rolle; sie erkannte die Ursachen ihres Elends und auch die Mittel, die sie wieder heilen würden.

Mit Hilfe dieses dauerhaften und erstaunlichen Wunders wurde die arme Frau des Domenico Taigi Theologin, Lehrerin und Prophetin. Das Wunder dauerte siebenundvierzig Jahre lang. Die Armen, die Großen dieser Welt und die Kirchenfürsten kamen zu ihr mit der Bitte um Rat und Hilfe. Sie trafen sie mitten in ihrer Hausarbeit an und oft auch von Krankheiten geschlagen. Sie verweigerte weder ihre letzte Brotkrume noch den kostbaren Augenblick ihrer Zeit, und doch akzeptierte sie weder Geschenke noch Lob.

Ihre einflußreichsten Freunde konnten sie nicht dazu bewegen, es ihnen zu gestatten, ihre Kinder über das Maß zu bevorzugen, das ihnen durch ihre Geburt erteilt worden war. Wenn sie ans Ende ihrer Mittel angelangt war, teilte sie Gott davon mit, und Gott sandte ihr, was sie benötigte. Sie meinte, daß es gut sei, wie die Vögel unbekümmert von Tag zu Tag zu leben. Eine Königin, die in Rom

Zuflucht gefunden hatte, wollte ihr Geld geben. „Gnädige Frau", sagte sie, „wie einfältig Sie doch sind! Ich diene Gott, und der ist reicher als Sie."

„Sie berührte die Kranken, und sie wurden geheilt; sie warnte andere vor ihrem bevorstehenden Ende, und diese starben einen heiligmäßigen Tod. Für die Armen Seelen im Fegefeuer nahm sie große Armut auf sich, und sobald diese Seelen daraus befreit worden waren, kamen sie, um sich bei ihr zu bedanken. ... Sie litt an Leib und Seele ... Sie erkannte, daß es ihre Aufgabe sei, die Sünden anderer zu sühnen, und daß Jesus sie mit Seinem Leiden vereinigte. Wir zählen einige ihrer Prophetien auf:

Gott wird zwei Strafen senden; eine wird in der Gestalt von Kriegen, Revolutionen und anderen Übeln auftreten; sie wird von der Erde ausgehen. Die andere wird vom Himmel gesandt werden. Eine tiefe Finsternis wird auf die Erde herabkommen, welche drei Tage und drei Nächte währen wird. Man wird nichts sehen können, und die Luft wird voller Pestilenz sein, die hauptsächlich, aber nicht nur, den Feinden der Religion den Tod bringen wird. Während dieser Finsternis wird es außer mit geweihten Kerzen unmöglich sein, Licht zu machen. Wer aus Neugierde sein Haus verläßt oder sein Fenster öffnet, um nach draußen zu schauen, wird auf der Stelle tot sein. Während dieser drei Tage sollten die Leute zu Hause bleiben, den Rosenkranz beten und Gott um Barmherzigkeit bitten. ...

Alle Feinde der Kirche, ob bekannt oder unbekannt, werden während dieser allgemeinen Finsternis auf der ganzen Erde den Tod finden bis auf einige wenige Ausnahmen, die Gott bald danach bekehren wird. Die Luft wird voller Dämonen sein, die in allen möglichen schrecklichen Gestalten erscheinen werden. Die Religion wird verfolgt und Priester werden hingerichtet werden. Die Kirchen werden geschlossen sein, aber nur für kurze Zeit. Der Heilige Vater wird sich gezwungen sehen, Rom zu verlassen. ...

Nach der dreitägigen Finsternis werden der heilige Petrus und der heilige Paulus vom Himmel herabsteigen, in der ganzen Welt predigen und einen neuen Papst bestimmen. Ein großer Lichtblitz wird von ihren Körpern ausgehen und sich auf dem Kardinal niederlassen, der Papst werden soll. Danach wird sich das Christentum in der ganzen Welt verbreiten. Er ist der Heilige Pontifex, der, von Gott auserwählt, dem Sturm widerstehen wird. Am Ende wird er die Gnadengabe der Wundertätigkeit besitzen, und sein Name wird auf der ganzen Erde gepriesen werden. Ganze Nationen werden zur Kirche zurückkehren, und das Antlitz der Erde wird erneuert werden. Rußland, England und China werden sich der Kirche anschließen."

Maria von der Fraudais (19. Jahrhundert) [prophezeite]: „Es wird eine dreitägige, vollständige Finsternis kommen. Nur gesegnete Wachskerzen werden während dieser schrecklichen Finsternis etwas Licht spenden. Eine Kerze wird für drei Tage reichen, aber Kerzen werden in den Häusern der Gottlosen nicht brennen. Blitze werden in die Häuser eindringen, aber sie werden die geweihten Kerzen nicht auslöschen. Noch werden das Wind, Sturm oder Erdbeben an den geweihten Kerzen ausrichten können. Wolken so rot wie Blut werden am Himmel ziehen, und das Getöse des Donners wird die Erde bis in ihr Innerstes erzittern lassen. Das Meer wird seine schäumenden Wellen aufs Land werfen, und die Erde wird in einen gewaltigen Friedhof verwandelt werden. Die Leichen der Bösen wie der Gerechten werden über die Erde verstreut sein. Die darauf folgende Hungersnot wird schlimm sein. Die ganze Pflanzenwelt wird ausgelöscht sein sowie das Leben von Dreiviertel der Menschheit. Diese Krise wird plötzlich auftreten, und die Bestrafung wird weltweit sein.“[7]

Julka aus Zagreb, im ehemaligen Jugoslawien [verkündet]: „... Aber nach der Finsternis blieb die Erde verwüstet. Die schöne, warme Sonne stieg am Himmel auf, um die Erde und alle Lebewesen zu bescheinen, aber nur hier und dort lebte noch ein Mensch. Die von Gott erschaffene Natur blieb leer – ohne Menschen.“[8]

Unser Herr teilte Julka die folgende Botschaft mit: „Die Finsternis, die ich dich sehen ließ, hat auch diese Bedeutung: Die Sünden der Menschen sind so schwarz, daß sie alles auf Erden vergiften, die ganze reine Atmosphäre, selbst Meine Lehre, die ich durch Meine Diener verkünde. Die Sünde wird alles verdunkeln. Die Sonne, welche die Erde erwärmt, stellt Mich, ihren Schöpfer, dar. Die Ungläubigen sagen, daß Ich nicht existiere, und sie verleugnen Mich, da man Mich nirgends sehen kann. Wie du es gesehen hast, so wird es geschehen. Ich werde rasch und in Herrlichkeit kommen. Alle Meine Geschöpfe, die die große Drangsal überleben, werden Mich sehen. Es wird dann niemandem möglich sein zu sagen, daß Ich nicht existiere, weil Ich der Erde nahe sein werde; und alle Lebewesen auf Erden werden meine Stimme hören. Sie werden dann meine Gegenwart sehen und zum zweiten Mal beim Jüngsten Gericht.

Dies ist die kleine Herde, und Ich werde über ihr schweben. In jenen Tagen wird es einen Hirten und einen Glauben geben, den der römisch-katholischen Kirche, den Ich begründete, als Ich sichtbar auf der Erde wandelte. Nach dem Elend, das Ich jetzt gestatte, über mein halsstarriges Volk auf Erden zu kommen, wird ein unbescholtenes und reines Geschlecht heraufkommen, und die Erde wird von meinen Gnaden überfließen. Meine Söhne und Töchter werden Meine Gebote halten; deshalb wird dreißig Jahre lang alles mit Meinem Segen leben und wachsen. Später wird Mein Volk erneut zum Bösen neigen und sündigen. Dann werde Ich Meine Boten, Elias und Henoch, vom Himmel senden, um Mein Volk im wahren Glauben zu unterrichten.

Ein starker, warmer Wind wird von Süden her aufkommen. Er wird sich über den ganzen Erdball ausbreiten und schreckliche Stürme hervorrufen. Danach werden ungefähr zehn Donnerschläge zugleich mit solcher Macht auf die Erde niederprasseln, daß sie sich durch und durch schütteln wird. **Das ist das Zeichen, daß die großen Drangsale und die schwarze Finsternis im Begriff sind zu beginnen. Dies wird drei Tage und drei Nächte lang anhalten.** Deshalb sollten sich nach diesem Zeichen die Menschen in ihre Häuser begeben, sie gut verschließen, die Fenster verhängen, sich selbst und das Haus mit Weihwasser segnen und geweihte Kerzen anzünden. Draußen werden sich dermaßen schreckliche Dinge ereignen, daß jene, die es wagen, nachzuschauen, sterben werden. Alle Dämonen werden auf Erden losgelassen sein, so daß sie ihre Beute selbst vernichten können.

Die Dämonen werden auf Erden heulen und viele rufen, um sie zu vernichten. Was? Sie werden die Stimmen von Verwandten und Bekannten nachahmen, die keinen sicheren Zufluchtsort gefunden haben. Öffnet niemandem mehr eure Tür, nachdem die Greueltaten begonnen haben!

An vielen Orten werden mehrere Menschen in Angst und Schrecken zusammenkommen. Aus derselben Gruppe werden einige zu Tode kommen, anderen wird für diesen Tag und Augenblick und jene Finsternis das Leben erhalten bleiben, viele werden geweihte Kerzen vorbereitet haben, aber sie werden nicht brennen, wenn die Menschen nicht gemäß Meinen Geboten gelebt haben; wieder anderen wird es aus Furcht nicht einmal gelingen, ihre Kerzen anzuzünden. Aber jenen, die glauben, wird in diesen drei Tagen und drei Nächten, selbst wenn sie nur den Stummel einer geweihten Kerze besitzen sollten, diese leuchten und nicht verlöschen. Einige Menschen werden in einen von Mir geschenkten tiefen Schlaf fallen, damit sie nicht sehen, was auf Erden geschieht.“

Viele Jahre lang hat die Allerseligste Mutter bei ihren Erscheinungen und durch Statuen als Zeichen ihrer Betrübnis über die Sünden der Menschheit Tränen geweint. In den letzten Jahren haben Seher (oder Sühneseelen) sowie viele Statuen Bluttränen geweint. Julka wurde als Bedeutung dieser Bluttränen zu verstehen gegeben, daß die Züchtigung kurz bevorsteht. „Die Bluttränen, die aus meinen Augen fließen, zeigen an, daß die große Züchtigung über die ganze Welt kommen wird.“

Christina Gallagher: Christina zitiert die Worte des Propheten Jeremias, als er in der Schrift sagte: „Der Herr wird die Nationen ... alles Fleisch ... richten ... der Herr der Heerscharen sagt: ‚Seht, das Böse wird von Nation zu Nation fortschreiten, und ein großer Sturm wird sich erheben ..., und die vom Herrn Er-schlagenen ... liegen vom einen Ende der Erde zum anderen ... **In der Endzeit werdet ihr diese Dinge verstehen.**‘“

Jesus sagte zu Christina Gallagher: „**Mein Kind, heute Abend lade Ich dich dazu ein zu schreiben. Fürchte dich nicht! Freizügig gebe Ich dir Meinen Frie-**

den. Teile der ganzen Menschheit mit, sie solle sich vorbereiten; die Zeit der Reinigung der Erde ist gekommen. Eine große Finsternis wird über die Welt kommen. Der Himmel wird erzittern. Das einzige Licht wird vom Menschensohn Gottes ausgehen. Gewitterleuchten wird aufblitzen, wie die Welt es noch nie gesehen hat. Meine Hand wird auf die Welt niedersausen schneller als der Wind. Fürchte dich nicht! Viele haben versucht, dich zum Straucheln zu bringen. Ich sage dir, Mein Kind, daß du immer die Einheit mit Mir, deinem Herrn und Erlöser, suchen mögest. Ich bin dein Schild. Aus Liebe dürstet es Mich nach Seelen. Die Dämonen schäumen vor Wut auf Erden. Sie sind aus ihrem Höllenloch freigesetzt worden. Sprich zur Menschheit über die sieben Siegel Gottes!" (30. Januar 1991)

Nichts zu befürchten

Trotz des Schreckens, der sie während und nach jener furchterregenden Vision vom 20. August 1991 befiel, betont Frau Gallagher, daß die ernsten Botschaften, die sie erhalten hat, uns nicht in Panik versetzen oder Furcht einflößen sollten, und sie weist darauf hin, daß Unsere Liebe Frau und Jesus versprochen haben, daß jene, die die Anweisungen Unserer Allerseligsten Mutter befolgen, nichts zu befürchten haben.

In einer Botschaft vom 23. Juli 1988 wurde ihr gesagt: „Mein Kind, die Reinigung wird kommen. Jene, die Gott in Seinem Licht gedient haben, brauchen sich nicht zu fürchten ..."

Lubbock

Die Allerseligste Mutter sprach auch von der Züchtigung. „Sieh, wie der Wind auf den Befehl meiner mächtigen Hand gewaltig hin- und herbläst. Dir sage ich, alt und jung zugleich: Niemand weiß den Tag noch die Stunde. Nach meinem Willen sollt ihr die Bitterkeit meiner Züchtigungen verspüren. Dir jedoch sage ich, obwohl mich viele [verlassen] haben, werden jene wenigen, die mir treu geblieben sind, Schutz in meinem mächtigen Schatten finden. Denn mein rechter Arm wird die Sünder schlagen, die sich nicht von ihren Sünden bekehrt haben. Sie sind es, die mein Herz betrüben. Sie sind es, die das Feuer meines Zornes schüren." (30. Mai 1988)

„Ja, ich sage euch: Obwohl viele zu Tode kommen werden, werden jene, die meiner neuen Welt würdig sind, darin aufblühen. Und es wird ein neues Leben hervorkommen, welches das, was verloren wurde, erneut entzünden wird. Die Züchtigungen sind gerecht. Erfreut euch meiner „Feuersbrunst der Liebe". Denn es ist so, daß jene, die mir treu bleiben, das ewige Leben haben werden." (13. 6. 1988)

„Denn wehe! Gott, der Herr, ist erzürnt über die Nationen; und der Tag der Züchtigungen Gottes, des Herrn, wird kommen. Der Tag der Rache Gottes, des Herrn, wird kommen; denn Sein mächtiges Schwert wird blutbefleckt sein. Wehe den Bewohnern der Erde; denn ihre Pein wird sicherlich eintreffen, und deshalb werden sie wissen, daß [unter] ihnen Propheten weilten und sie ihren Warnungen keinen Glauben schenkten." (18. Juli 1988)[9]

Für niemanden auf Erden wird die Zeit angenehm sein. Die Botschaften Mariens enthalten drastische Einzelheiten, die keinen Spielraum für [unterschiedliche] Auslegungen zulassen. Sätze wie „die große Prüfung der ganzen Menschheit ist eingetroffen, ... die Züchtigung ist im Begriff zu beginnen ..., Amerika wird Armut und Niederlage kennenlernen ..., geweihte Kerzen werden eure einzige Lichtquelle sein ..., die Lebenden werden die Toten beneiden" beschwören alle Bilder herauf, die uns in bezug auf die Zukunft sehr verunsichern. Aus diesen Gründen gibt es keine andere Sicherheit als in der Einheit mit Gott. Die Allerseligste Mutter spricht „von unserer Sicherheit in der gebrechlichen Kordel des Rosenkranzes und in der Eucharistie und in der Weihe an ihr Unbeflecktes Herz." Jesus, Unsere Allerseligste Mutter, Propheten, Heilige und Mystiker sagen, was in der Heiligen Schrift steht.

Der Prophet Daniel sagte: „Er antwortete: Gehe, Daniel! Denn verschlossen und versiegelt sind die Aussprüche bis zur bestimmten Zeit. Viele werden ausgeschieden, geläutert und wie im Feuer bewährt werden, aber die Frevler werden Frevel begehen, und alle Gottlosen werden nicht zur Erkenntnis kommen, doch die Einsichtigen werden Erkenntnis erlangen." (Daniel 12, 9-10)

Buch V
Die neue Ära - Der Triumph der zwei Herzen

21

Das zweite Pfingsten und das Zeitalter des Friedens

Ihr tretet in das letzte Jahrzehnt dieses eures Jahrhunderts ein, in dem sich die von mir vorausgesagten Ereignisse erfüllen, und euch meine Geheimnisse zur Enthüllung gebracht werden. Ihr tretet in die Zeit des Triumphes meines Unbefleckten Herzens ein. Ihr seid nun dem zweiten Pfingsten nahe. ... Das zweite Pfingsten wird wie ein Strom der Gnade und der Barmherzigkeit kommen, der die Kirche reinigen, sie arm und keusch, demütig und stark machen wird, ohne Flecken und Falten, ganz schön in Nachahmung eurer himmlischen Mutter. Ihr seid hier, um von mir herangebildet zu werden, das neue Herz dieser Kirche, die ganz vom Geist erneuert sein wird, zu werden.

Unsere Liebe Frau zu Don Gobbi
28. Juni 1990

Der heilige Ludwig von Montfort (1673 - 1716) schrieb über unsere Zeit, den Geist dieses Zeitalters, die Wiederkunft (Christi) und das Zeitalter des Friedens.

„Bei der Wiederkunft des Herrn wird Maria durch den Heiligen Geist in besonderer Weise bekannt gemacht werden, damit durch sie Jesus besser erkannt und Ihm besser gedient werde ... Maria wird in jener Endzeit größer erstrahlen als je zuvor, um dadurch arme Sünder, die sich von der Familie Gottes entfernt haben, zurückzuführen ... Doch werden Seelen, deren Herzen sich in ihrer Gottlosigkeit verhärtet haben, eine schreckliche Rebellion gegen Gott anstacheln, wobei sie versuchen werden, Seelen in die Irre zu führen (selbst jene, die sich ihrem Aufruhr widersetzen,) und sie werden der Grund sein, daß viele wegen ihrer Drohungen, Fallen und verführerischen Versprechungen abfallen werden ... Der Satan, der weiß, daß ihm nur wenig

Zeit verbleibt, wird seine Anstrengungen und Anfeindungen verdoppeln. Er wird grausame Verfolgungen und schreckliche Fallen auf den Wegen der Gläubigen heraufbeschwören ... Maria wird Apostel der Endzeit rekrutieren, damit sie gegen den Bösen Krieg führen ... Aus der Sicht der Welt werden sie klein und arm sein, und sie werden sogar von anderen Gliedern des (mystischen) Leibes Christi verfolgt werden."[1]

Am 24. Dezember 1978 richtete sich Unsere Allerseligste Mutter an die Marianische Priesterbewegung. Die Worte des heiligen Ludwig von Montfort und der Königin des Himmels lauten ähnlich: „... Gleich seinem ersten wird auch sein zweites Kommen sein, vielgeliebte Söhne. Wie seine Geburt in dieser Nacht war, so wird die Wiederkunft Jesu in Herrlichkeit sein – vor seinem letzten Kommen zum Jüngsten Gericht. Allerdings ist dessen Stunde noch in den Geheimnissen des Vaters verborgen. Die Welt wird ganz in die Finsternis der Gottesleugnung, seiner ständigen Zurückweisung und der Rebellion gegen das Gesetz seiner Liebe eingehüllt sein. Durch das Eis des Hasses werden die Straßen der Welt noch verödet werden. ***So wird fast niemand bereit sein, ihn aufzunehmen.***

Die Großen werden sich seiner nicht einmal mehr erinnern, die Reichen werden ihm ihre Türen verschließen, während die Seinen sehr damit beschäftigt sein werden, sich selbst zu suchen und zu bestätigen... ‚Wenn der Menschensohn kommen wird: Wird er noch Glauben auf der Erde finden?' Er wird unvorhergesehen kommen, und die Welt wird nicht für seine Ankunft bereit sein. Er wird zu einem Gericht kommen, auf das der Mensch nicht vorbereitet sein wird. Nachdem er seine Feinde niedergeworfen und vernichtet haben wird, wird er kommen, um auf der Welt sein Reich aufzurichten.

Auch bei seinem zweiten Kommen wird der Sohn durch seine Mutter zu euch gelangen."

Von der Allerheiligsten Dreifaltigkeit auserwählt: ein Geheimnis

Die Allerseligste Mutter spricht am 8. Dezember 1990 zu Don Gobbi über die ungewöhnliche Rolle, die ihr von der Allerheiligsten Dreifaltigkeit zugewiesen worden ist: „Ich bin von der Heiligsten Dreieinigkeit erwählt worden, die Mutter des Wortes zu werden, das in meinem jungfräulichen Leib Mensch geworden ist, und so habe ich euch meinen Sohn Jesus geschenkt. Sein erster Advent unter euch hat sich in der Armut, in der Demut und im Leiden abgespielt, denn Jesus hat die Begrenztheit, das Elend und die Schwäche eurer menschlichen Natur annehmen wollen. Damals hat sich mein mütterliches Wirken in der Stille, im Gebet, in der Verborgenheit und in der Demut erfüllt.

Ich bin von der Heiligsten Dreieinigkeit erwählt worden, die Mutter des zweiten Advents zu werden, und so besteht meine mütterliche Aufgabe darin, die Kirche und die ganze Menschheit vorzubereiten, um Jesus, der zu euch in Herrlichkeit wiederkommt, aufzunehmen."

Die Worte Mariens, als sie am 15. August 1991 zu Don Gobbi über eine neue Ära sprach, waren deutlich. Sie sagte: „Die neue Ära, die euch erwartet, entspricht einer besonderen Begegnung der Liebe, des Lichtes und des Lebens zwischen dem Paradies, wo ich mich in vollkommener Glückseligkeit mit den Engeln und Heiligen befinde, und der Erde, auf der ihr, meine Kinder, inmitten von so vielen Gefahren und zahlreichen Betrübnissen lebt. Es ist das himmlische Jerusalem, das aus dem Himmel auf die Erde herabkommt, um sie völlig umzuwandeln und um so den neuen Himmel und die neue Erde heranzubilden. Die neue Ära, auf deren Weg ihr euch begeben habt, bringt alles Geschaffene zur vollkommenen Verherrlichung der Heiligsten Dreieinigkeit. Der Vater erhält seine größte Verherrlichung von jedem Geschöpf, das sein Licht, seine Liebe und seinen göttlichen Glanz wiederstrahlt. Der Sohn richtet sein Reich der Gnade und der Heiligkeit auf, indem er alles Geschaffene von der Knechtschaft des Bösen und der Sünde befreit. Der Heilige Geist ergießt sich in Fülle mit seinen heiligen Gaben, führt zum Verständnis aller Wahrheit und erneuert das Angesicht der Erde."

„Die neue Ära, die ich euch vorbereite, fällt mit der Niederlage Satans und seiner universalen Herrschaft zusammen. Seine ganze Macht wird zerstört werden. Er wird mit allen bösen Geistern gefesselt und in die Hölle eingeschlossen werden, aus welcher er nicht herauskommen kann, um der Welt zu schaden. In dieser Welt herrscht Christus im Glanz seines verherrlichten Leibes und es triumphiert das Unbefleckte Herz eurer himmlischen Mutter im Licht ihres in die Herrlichkeit des Paradieses aufgenommenen Leibes."

Mehrere Mystiker und Seher unserer Zeit sprechen über diese unsere Zeit und die neue Ära, die uns erwartet:

Julka aus Zagreb in Jugoslawien

„Aber ihrer werden so wenige sein, daß alle Überlebende eines Gebietes sich an einem Ort versammeln werden."[2]

„Vom Nordosten her entstand eine schreckliche, dunkle Finsternis. Sie erstreckte sich über den ganzen Himmel. Über dieser dichten Finsternis erschien ein wunderbarer Neumond, der von der Finsternis getrennt war. Unser Herr Jesus sprach, wie folgt: ‚Die schreckliche, dunkle Finsternis stellt die Todsünden, die von den Menschen begangen werden, dar. Der herrliche Neumond bezeichnet die kleine Herde, jene Menschen, die die große Katastrophe überleben werden. Das wird eine schöne Rasse sein, die aus der Reinheit ihrer Seelen und Körper leuchten wird.'

Die Erde wurde in den schönsten Garten voller Blumen verwandelt. Er wurde beleuchtet vom hellsten Sonnenschein und bekleidet von der strahlendsten Reinheit. Alles schien durchsichtig, wohl geordnet und rein zu sein. Berge konnte man keine mehr sehen, nur noch Flachland und Hügel." (21. Oktober 1974)

„... Während dieser Zeit haben sich die Menschen weit von Mir entfernt; sie leben gemäß ihrer eigenen Klugheit. Meine Weisheit und Meine Demut werden auf der Erde lächerlich gemacht. Deshalb werde Ich die Erde verwandeln, und sie wird gemäß Meinen Gesetzen neu gemacht werden. Die Menschen, die Ich verschonen und deren Leben Ich erhalten werde, werden Meinen Heiligen Namen verehren. Ihre Herzen werden durch Meine Stimme aufgerüttelt werden, welche sie nach den großen Drangsalen hören werden ..."

Ein Priester meinte, daß viele der Prophetien, insbesondere jene bezüglich der Warnung und des großen Wunders von Garabandal, sich schon längst erfüllt haben sollten. Unser Herr Jesus beantwortete das, wie folgt: „Wie es vorausgesagt wurde, so wird es auch eintreffen. Aber man kann nicht ein Geschehnis verschieben, ohne dies nicht zugleich auch mit allen anderen Ereignissen zu machen. Wenn Ich dort eine Begebenheit verlängert habe, dann habe Ich das auch mit den anderen gemacht und [die Dauer und Intensität der Bestrafung] abgekürzt." Auf der Erde gibt es viele Sühneseelen. Durch ihre Gebete und Opfer und besonders durch die Fürsprache Mariens, der Muttergottes, sind viele Aufschübe gewährt worden. Dadurch ist der ganze Reinigungsvorgang deutlich verlängert worden. Aber deswegen wird die große Katastrophe nicht so streng ausfallen, wie es vorhergesagt wurde.

„Nachdem eine gewisse Zeit verstrichen war, befahl Unser Herr Jesus, daß die große Drangsal enden solle. Darauf wich die schreckliche Finsternis von der Erde zusammen mit allen Dämonen, die in dem abscheulichen Abgrund verschwanden. Die Erdoberfläche war geborsten und mit Kratern ausgefüllt. Es sah so aus, als ob sie einem schrecklichen Bombenteppich ausgesetzt gewesen wäre. Nur hier und dort waren einige Gegenden verschont worden.

Unser Herr Jesus und Seine Himmlische Mutter nahmen ihre vorige Position ein. Unser Herr sagte: ‚Ich habe die tote Erde von der lebendigen abgesondert. Der lebendigen Erde habe Ich die Gnade Meiner Weisheit gegeben, damit sie in Meinem Geist lebe.' Gott, der Vater, und der Heilige Geist befahlen, daß die Sonne mit erneuter Kraft die Erde beleuchte. Die Luft wurde kristallklar, und die Erde schien wie neugeboren zu sein.

‚Ich werde sie gestalten und erneuern, und sie wird schöner sein als jetzt. Meine Gesetze werden anders sein, als sie es jetzt sind, weil Meine Göttlichkeit in allem gegenwärtig sein wird. Ich werde unter Meinen Geschöpfen wandeln, so daß Mich viele sehen und zahllose (unter ihnen) Mich hören werden; und sie werden erkennen, daß Ich der lebendige Gott des Himmels bin. Ich werde sichtbar in die Gemeinden der kleinen Herde herabkommen, welche das Reich Meiner heiligsten Mutter sein werden.“ (31. Mai 1976)

Ein Engel erschien vom Himmel, welcher die Seherin einlud: „Komm mit mir!“ Und sie flogen lange Zeit über die Erde in südlicher Richtung. Nachdem sie gelandet waren, verschwand der Engel und der Herr Jesus erschien. Er war mit einem weißen Gewand und einem blauen Mantel bekleidet. Der Herr sagte: „Julka, Ich werde die Erde mit Meinem Maßstab messen, und Ich werde (alles) an ihr gemäß Meinem Plan anordnen, wie Ich es beabsichtigt hatte.“ Die Seherin entgegnete: „Mein Herr Jesus Christus, aber die Erde ist eine Wildnis!“ Man konnte weder ein Haus noch eine Hütte sehen. Der Herr antwortete: „Wir befinden uns in einem Gebiet nach der großen Züchtigung ... Die Züchtigung ist beendet.“ Die Seherin: „O Herr, ich kann keinerlei Menschen erblicken!“ Der Herr Jesus lächelte nur.

Dann bemerkte Julka im Süden einen alten Mann. Schweren Schrittes näherte er sich. Als er plötzlich lebendige Menschen sah, war er überrascht und blieb stehen. Er erkannte den Herrn Jesus, näherte sich Ihm und sagte: „Ich bete Dich an, Herr Jesus Christus, mein Gott! Ich danke Dir dafür, daß Du es wert befunden hast, hier zu sein. Ich bin allein und erschöpft. Ich weiß nicht, wohin ich mich wenden soll, um jemanden anzutreffen, und Du selbst bist gekommen, um mich zu beglücken.“

Der Herr Jesus näherte Sich ihm, umarmte und tröstete ihn: „Du wirst noch Menschen finden, die leben. Jedoch bevor du sie finden wirst, mußt du eine Strecke von einhundert oder gar zweihundert Kilometern zurücklegen. Sei aber versichert, daß du sie finden wirst! Ich warne euch durch Meine Erwählten und durch Meine Propheten, aber Ich habe nur wenige eifrige Priester und Mönche, die tote Seelen mit starker Stimme aufrütteln, um sie von ihrem tödlichen Schlaf vor Meiner Wiederkunft aufzuwecken. Jene, die nicht daran glauben, daß Ich bin, werden Mich am Tag des Jüngsten Gerichts erblicken, wenn Ich in Herrlichkeit als der Gott des Himmels und der Erde und der ganzen Schöpfung erscheinen werde. Für die Guten werde Ich dann ihre ganze Freude sein, aber für die Bösen Furcht und Schrecken. Lautes Wehklagen wird von der Erde her erklingen, und die Zeit, um noch etwas zu tun, wird ausgelaufen sein. Wie ihr in jenem Augenblick sein werdet, so werdet ihr verbleiben. Gemäß dem Willen Gottes werden einige sterben und andere überleben. Es wird schrecklich sein! **Darum erschien Ich mit Bluttränen als einem Zeichen dafür, daß die Züchtigung der Welt angekommen ist.**

Gelobt und gepriesen sei die Allerheiligste und Unteilbare Dreifaltigkeit, in uns ein Gott in alle Ewigkeit und in den gottesfürchtigen Seelen, welche in Ihm Zuflucht suchen und nach Seinen Gesetzen leben. In jener Stunde werdet ihr euch Meines Schutzes erfreuen ..." Jedoch, fügt der Herr hinzu, daß sich die Zeit nähert, in der das Antlitz der Erde erneuert wird. Nach der großen Katastrophe werden alle Regionen der Welt umgestaltet werden. (Oktober 1975)

Schwester Natalia

Schwester Natalia ist eine ungarische Nonne, die 1904 zur Welt kam und zur Zeit dieser Niederschrift noch lebt. Sie wurde von Jesus als Sühneseele für die Priesterschaft auserwählt und dazu, Vermittlerin von Botschaften für die Welt zu sein. Ihre wichtigste Aufgabe war es, der Welt das Verlangen Jesu mitzuteilen, daß die ganze Welt Seine Mutter als die „Siegreiche Königin der Welt" anerkenne. Zum Teil den Botschaften, die Schwester Natalia erhielt, entsprechend, weihte Papst Pius XII. im Jahre 1954 die Welt an Maria und richtete für den 31. Mai das Marienfest „Königin der Welt" ein. Wie viele der Gottgeweihten hat sie unter der Herrschaft des Kommunismus in Ungarn ein Leben der Leiden durchlitten. Schon in jungen Jahren begannen für sie die Erscheinungen Unserer Lieben Frau. Die folgenden sind Botschaften von mehreren Erscheinungen, die sich auf die Ära des Friedens beziehen.

„Jesus zeigte mir in einer Vision, daß die Menschheit nach der Reinigung ein engelhaftes und reines Leben führen werde. Die Sünden wider das sechste Gebot, Ehebruch, und die Lügen werden beendet sein. Der Heiland zeigte mir, daß unaufhörliche Liebe, Glückseligkeit und göttliche Freude diese zukünftige reine Welt bezeichnen werde. Ich sah, wie der Segen Gottes überreich auf die Erde ausgeteilt wurde. Der Satan und die Sünde waren vollkommen überwältigt und verschwunden."[3]

Schwester Natalia bezeugt wie die meisten anderen apokalytischen Mystiker bezüglich dieses Themas, daß vor diesem Sieg des Friedens große Verwirrung und Schrecken in der Kirche herrschen würden, was vor allem auf das Eindringen der Gottlosigkeit in die Heiligtümer der Kirche zurückzuführen sei. Ein zeitlicher Ablauf oder wie sich diese Ereignisse entfalten würden, war ihr nicht bekannt. Doch wußte sie, daß es nach diesen Geschehnissen eine andere Kirche geben würde.

Die erneuerte Kirche

Schwester Natalia spricht über die erneuerte Kirche: „Jesus sagte mir auch, daß die Kirche – durch große Leiden gereinigt und erneuert – wieder in Demut und Einfachheit gekleidet und arm sein wird, wie sie es am Anfang war. Wie wir uns dem Ende der Welt nähern, werden diese Einfachheit und Armut immer größere Akzeptanz finden. Nach der Züchtigung wird es keinerlei Möglichkeiten mehr zur Errichtung von Palästen oder zum Tragen üppiger Kleidung geben. Jeder wird seine Pflicht kennen, und deshalb werden Titel nicht mehr vonnöten sein.

Ich sah, daß in jener Zeit, wenn der herrliche Friede kommt und die Liebe regiert, nur noch ‚**eine Herde und ein Hirte**' sein wird. Maria, die Mutter aller Glaubenden, wird das Leben der Seelen führen, indem sie in verschiedener Gestalt erscheinen wird. Sie wird die Königin des kommenden Zeitalters sein."

Jesus erläutert dazu weiterhin: „**Mit ihrer Macht als Königin wird Meine Unbefleckte Mutter über die Sünde siegen. Die Lilie bedeutet die Reinigung der Welt, das kommende Zeitalter des Paradieses, wenn die Menschheit so leben wird, als wenn sie ohne Sünde sei. Das wird eine neue Welt und ein neues Zeitalter sein. Dies wird das Zeitalter sein, wenn die Menschheit das zurückerlangen wird, was sie im Paradies verloren hat. Wenn meine Unbefleckte Mutter auf den Nacken der Schlange treten wird, werden die Pforten der Hölle geschlossen werden. Die Chöre der Engel werden an diesem Sturzflug beteiligt sein. Ich habe die Meinen mit Meinem Siegel bezeichnet, daß sie bei diesem Sturzflug nicht verloren gehen.**"[4]

Bruder David Lopez aus Texas

„Sie sagte mir, daß die Dauer der Finsternis genau zweiundsiebzig Stunden betragen und man sie nur mit einer mechanischen Uhr messen können wird, weil es keine Elektrizität geben wird. Nach jener Reinigung wird Frühling sein. Alles wird grün und sauber sein. Das Wasser wird kristallklar sein, selbst das Wasser aus den Wasserhähnen in den Häusern. Weder das Wasser, noch Luft, noch die Flüsse werden verschmutzt sein."[5]

Theresa Lopez aus Denver, im US-Bundesstaat Colorado

„Selbst nachdem alle diese Züchtigungen vorüber sein werden, selbst dann wird eine Stunde der Gnade verbleiben. Und in jener Gnadenstunde wird selbst den Allerschlimmsten, die die Züchtigungen durchlebt haben, eine letzte Möglichkeit zur Bekehrung gewährt werden. Das neue Jerusalem wird auf die Erde herabkommen. Alles Böse wird aufhören zu existieren, und wir werden uns im ewigen Paradiese befinden, genau so wie Gott es zu Beginn geplant hatte."[6]

Die Botschaft der Allerseligsten Jungfrau an Don Gobbi vom 31. Dezember 1986 handelt von den Themen der Reinigung, einem zweiten Pfingsten, von der Züchtigung und dem Triumph des Unbefleckten Herzens. Maria sagte: „Betet, um den Heiligen Geist anzurufen, damit er sobald wie möglich das Wunder eines zweiten Pfingsten der Heiligkeit und der Gnade wirken kann, das wahrlich das Angesicht der Erde verändern kann. Betet und tut Buße. Betet den heiligen Rosenkranz mit Liebe und mit Zuversicht. Mit diesem Gebet, das ihr mit mir betet, könnt ihr alle menschlichen Wechselfälle beeinflussen, auch die zukünftigen Ereignisse, die euch erwarten. Mit diesem Gebet könnt ihr die Gnade der Wandlung der Herzen erlangen und die so sehr ersehnte Gabe des Friedens erreichen."

Die Allerseligste Mutter beleuchtete diese Ereignisse ein wenig mehr in ihrer Botschaft an Don Gobbi vom 1. Januar 1991: „Das große Leiden, das euch erwartet, dient dazu, euch auf die Geburt der neuen Ära vorzubereiten, die daran ist, auf die Welt zu kommen. Lebt dieses neue Jahr in meinem Unbefleckten Herzen: Es ist die Zufluchtstätte, die ich euch für die Zeit bereitet habe, die voll von Leiden für die einzelnen und für die Völker ist. Dann werdet ihr keine Angst haben. Euer Leiden wird sich mit der Vermehrung der Prüfung, die bereits begonnen hat, vergrößern. Ich bin die Ankündigung der neuen Ära. In der tiefen Finsternis dieser eurer Zeit werdet ihr, wenn ihr sie mit mir durchlebt, schon das Aufleuchten der neuen Zeiten, die euch erwarten, erahnen können."

Im Laufe der Jahre sind die Erklärungen Mariens hinsichtlich dieser neuen Ära immer weniger rätselhaft und immer ausdrücklicher geworden. Schmerz und Leid gehen ihr sicherlich voraus, und der überlebende Rest, von dem die Schrift spricht, wird diese so klar versprochene neue Ära als Erbe in Empfang nehmen.

Der heilige Ludwig von Montfort schrieb über die Wiederkunft Christi und die Rolle Mariens in jener Zeit: **„Wenn mein süßer Jesus ein zweites Mal in Seiner Herrlichkeit zur Erde kommt, um Seine Herrschaft auszuüben, wie es überaus gewiß ist, dann wird Er für Seine Ankunft keinen anderen Weg wählen als Maria, durch die Er beim ersten Mal so sicher und so vollkommen gekommen ist. Aber es wird einen Unterschied zwischen Seinem ersten und Seinem letzten Kommen geben. Beim ersten Mal kam Er insgeheim und versteckt; beim zweiten Mal wird Er in Vollkommenheit erscheinen, weil Er beide Male durch Maria angekommen sein wird. Ach! Hier handelt es sich um ein Geheimnis, das man nicht versteht. Hierin sollen alle schweigen."**[7]

Das Zeitalter des Friedens

„Wenn die Menschen meine Bitten erfüllen, wird Friede sein." Diese Worte der Hoffnung, die Unsere Liebe Frau von Fatima sprach, waren einer langen Liste von Nöten vorangestellt, die sich gemäß ihrer Vorhersage in der Welt ereignen würden, wenn ihre Bitten nicht ernst genommen würden. Es ist unbedingt erforderlich, sich dessen bewußt zu sein, daß ihre Aussage auch heute noch wahr ist: Der Friede wird sich einstellen, wenn die Menschen ihre Bitten erfüllen. Selbst wenn wir jetzt während der „letzten Warnungen" in Reue antworten, indem wir unsere Herzen durch Gottes vergebende Gnade von der Sünde reinigen lassen, wird in der Tat der Friede sich einstellen: Zuerst Frieden im Herzen eines jeden Menschen, dann in den Gesellschaften in der ganzen Welt, wodurch ein

Zeitalter des Friedens begonnen würde, von dem Maria prophetisch sprach, daß es sich unweigerlich einstellen würde.

Wenn wir nur am Anfang oder in all den dazwischenliegenden Jahren, während deren sie zu uns sprach, auf sie gehört hätten, hätten wir „Kriege, Hungersnöte, Verfolgungen der Kirche und des Heiligen Vaters“ vermeiden können. Vielen guten Menschen wäre das Martyrium erspart geblieben, Hungersnöte hätten nicht ganze Nationen verheert, Rußland wäre schon bekehrt und wäre nicht in der Lage, „seine Irrtümer in der ganzen Welt zu verbreiten“. Der Zweite Weltkrieg hätte nie stattgefunden.

Die neu Ära

Das permanente Zeichen wird über dem „Zeitalter des Friedens“ Wache halten. Der Zeitabschnitt des Friedens, den Unsere Liebe Frau in Fatima versprach, wird sich einstellen. Die Dauer dieses Friedens ist unbestimmt; sie versichert uns, daß uns eine „gewisse Zeit“ des Friedens beschert wird. Der Friede kann durch die Sünde verloren gehen.

So wie Kinder geboren werden, die nie das vorhergehende Zeitalter und seine Dekadenz, weder die Warnung, das Wunder noch die Züchtigung gekannt haben, werden sie wie alle anderen vor ihnen durch die Sünde in Versuchung gebracht werden. Das permanente Zeichen wird sie darüber unterrichten, indem es die Lehren ihrer Eltern bekräftigt, daß sie niemals sundigen dürfen, so wie es ihre Vorfahren taten. Andernfalls werden sie den Frieden, den sie ererbten, wieder verlieren, und dann werden die Menschen sicherlich einander vernichten und die Welt an ihr Ende bringen.

Diese Kinder und die Kindeskinder werden Garabandal besuchen und das Zeichen bestaunen können – ein Zeugnis wider die Sünden vergangener Generationen, eine Erklärung dafür, warum die alte Welt zugrunde gehen mußte und warum jetzt Frieden und Einigkeit herrschen, und eine Warnung für die Zukunft, daß die Menschen nie wieder Unseren Herrn so sehr beleidigen dürfen. Die Kinder der heutigen Generation werden nach Hause zurückkehren unter dem machtvollen Eindruck des mahnenden Anblicks des permanenten Zeichens, denn irgendwie wird es ihren Verstand erleuchten und ihre Herzen bewegen, um ihre eigene Sündhaftigkeit zu erkennen und sie auch zu Reue und Umkehr aufzurufen, indem es sie in der Annäherung an Seine Herrlichkeit reinigt.

In dem Maße wie sich die Ereignisse in der Welt entfalten und die Entfaltung sich beschleunigt, wird jenen, die im Heiligen Geiste leben, das Licht der Erleuchtung gegeben werden, um das Evangelium und seine Botschaften zu verstehen, damit sie sich vorbereiten können. Die Geheimnisse werden uns entschleiert werden, und der Herr wird offenbaren, was notwendig ist, um uns auf die vor uns liegenden Tage vorzubereiten.

Die Marianische Priesterbewegung bestätigte dies in einer Botschaft vom 19. Mai 1991: **„Aufgabe des Geistes ist es, die Menschheit auf ihre vollkommene Umwandlung vorzubereiten und das Angesicht der Schöpfung zu erneuern und auch den neuen Himmel und die neue Erde zu bilden. Darum fordere ich euch auf, in der Treue zu den Zönakeln, die ich von euch verlangt habe, auszuharren.“**

Lubbock, im US-Bundesstaat Texas

„Ich bin nicht hierher gekommen, um euch auf das Fest meiner Aufnahme in den Himmel vorzubereiten, sondern auf die Ankunft meines Sohnes ... zum Jüngsten Gericht. Meine lieben, kleinen Kinder, hört auf mich, eure Mutter.“ (11. Juli 1988)

„Ich, der Herrgott, werde alles neu machen ... einen neuen Mond ... einen neuen Sonnenaufgang und so weiter. Einen neuen Sabbath. Wie ihre Beleidigungen gegen Mich wird das Alte vergehen. Erneut werden die Völker Mich ihren Gott heißen, und sie werden Mir Mein Volk sein. Darin soll Mir wieder Herrlichkeit und Lobpreis erschallen ... und erneute Anbetung.“ (1. Aug. 1988)

Die Marianische Priesterbewegung

In der inneren Einsprechung an Don Gobbi und der Botschaft vom 1. November 1989 bezüglich des Neuen Jerusalems findet man Trost und Hoffnung für die Zukunft. Die Umwelt und alle Dinge werden in das Abbild Gottes umgewandelt, wie Er es für Adam und Eva beabsichtigt hatte. Die Sünde wird hinweggenommen und von der Erde verbannt. Hierin liegt unsere Hoffnung für die Zukunft, wenn alle Dinge neu gemacht werden: „... **Und ihr bildet die Wohnung Gottes unter den Menschen, damit alle sein Volk werden, wo jede Träne von ihren Augen abgewischt werden wird und der Tod nicht mehr sein wird, keine Trauer, keine Klage, keine Mühsal. Denn was früher war, ist vergangen.“**

Das zweite Pfingsten

Am 22. November 1992, dem Christkönigsfest, teilte Unsere Allerseligste Mutter Don Gobbi mit: „Jesus Christus ist König, denn es gehört zu seiner göttlichen Sendung, das geschaffene Universum zur vollkommenen Verherrlichung des Vaters zurückzubringen, indem er es im brennenden Feuer des Heiligen Geistes reinigt, sodaß es von jedem bösen Geist, von jedem Schatten der Sünde gänzlich befreit wird und sich so der überwältigenden Schönheit eines neuen irdischen Paradieses öffnen kann. ... In dieser durch eine vollkommene Gemein-schaft des Lebens mit dem Vater erneuerten Schöpfung wird Jesus Christus sein Reich der Herrlichkeit errichten, damit das Werk seiner göttlichen Erlösung seine vollkommene Verwirklichung finden kann."

Am 8. Dezember 1992 sagte die Allerseligste Mutter durch Don Gobbi: **„Die heilige Stadt wird schließlich die erlöste und errettete Menschheit aufnehmen, nachdem sie durch die Läuterung, durch die große Bedrängnis und das schreckliche Strafgericht völlig von der Knechtschaft Satans, der Sünde und des Bösen befreit sein wird. ... Die sündige Stadt wird dann verschwunden sein, und so wird sich die ganze Schöpfung mit Freude öffnen, um die heilige Stadt aufzunehmen, das neue Jerusalem, das aus dem Himmel ... herabkommt.**

‚Dann sah ich einen neuen Himmel und eine neue Erde; denn der erste Himmel und die erste Erde sind vergangen, auch das Meer ist nicht mehr. Ich sah die heilige Stadt, das neue Jerusalem, von Gott her aus dem Himmel herabkommen; sie war bereit wie eine Braut, die sich für ihren Mann geschmückt hat. ...' ...; laßt euch anziehen von der überwältigenden Schönheit eurer himmlischen Mutter und folgt mir nach auf der Woge meines süßen Duftes, um mit mir der heiligen Stadt entgegenzugehen, die am Ende der schmerzhaften Läuterung und der großen Bedrängnis, die ihr nun in diesen letzten Zeiten erlebt, aus dem Himmel herabkommen wird."

Eine Zeit, um Bestandaufnahme zu machen

Am 14. Juni 1979, am Fronleichnamsfest, sagte Maria zu Garabandal, in Spanien, durch Don Gobbi: „Sein herrliches Reich wird vor allem in seinem eucharistischen Triumph erstrahlen, weil die Eucharistie wieder das Herz und das Zentrum des ganzen Lebens der Kirche sein wird."

Und so fährt der mystische Leib Christi fort, neue Wege zu bahnen. Unsere Gewohnheiten und unsere Theologie müssen sorgfältig überprüft werden, wenn wir uns mit der Bewegung des Heiligen Geistes in unserem Zeitalter in Einklang bringen lassen wollen. Wie Maria ihre mütterlichen Handlungen im Schweigen, im Gebet, verborgen und in Demut vollzog, so müssen auch wir es tun. Sie zeigt den Weg zu Jesus auf. Es scheint keinen Spielraum für Verhandlungen mit dem Himmel zu geben. Wir befinden uns in Gewässern ohne Seekarte. Wie die Allerseligste Mutter zu den Dienern bei der Hochzeit zu Kana sagte: „Tut, was er euch sagt!"

22

Apostel der letzten Zeiten

„Ich will dir kundtun, o Mensch!
was gut ist und was der Herr von dir fordert, nämlich:
Recht zu üben und
Barmherzigkeit zu lieben und
mit Sorgfalt vor deinem Gotte zu wandeln.“

Micha 6, 8

Wenn das wahr ist, was dem Evangelium, dem Lehramt der Kirche und den Propheten der Vergangenheit und Gegenwart gemäß niedergeschrieben ist, dann wird sich unser Leben in den nächsten Jahren drastisch ändern. Der Himmel hat laut und deutlich gesprochen, und die Erscheinungsorte haben uns einzigartige Möglichkeiten gewährt, unsere spirituelle Bildung und Formung zu vertiefen. Gemäß unserem Stand und unseren Möglichkeiten sind wir alle zu Aufgaben aufgerufen, und der Himmel hat uns einige Richtlinien gegeben, die wir befolgen müssen. In dem folgenden Abschnitt gibt Jesus Seinen Jüngern einige Anweisungen:

„Danach bestimmte der Herr noch siebzig andere Jünger und sandte sie zu zweien vor sich her in alle Städte und Ortschaften, in die er zu kommen gedachte. Er sprach zu ihnen: ‚Die Ernte ist groß, aber der Arbeiter sind wenige. Bittet darum den Herrn der Ernte, daß er Arbeiter in seine Ernte sende. So geht denn hin! Seht, ich sende euch wie Lämmer mitten unter Wölfe. Nehmt weder Beutel noch Tasche noch Schuhe mit und grüßt niemand unterwegs. Wenn ihr an ein Haus kommt, so sagt zuerst Friede sei mit diesem Hause! Wohnt dort ein Kind des Friedens, so wird euer Friedensgruß auf ihm ruhen; andernfalls wird er zu euch zurückkehren. Bleibt in diesem Hause, eßt und trinkt, was sie haben; denn der Arbeiter ist seines Lohnes wert. Zieht nicht von einem Haus zum andern. Wenn ihr in eine Stadt kommt und Aufnahme findet, so eßt, was man euch vorsetzt. Heilt die Kranken, die dort sind, und verkündet: Das Reich Gottes hat sich euch genaht. Wenn ihr aber in eine Stadt kommt und keine Aufnahme findet, so geht auf ihre Straßen hinaus und sagt: Selbst den Staub eurer Stadt, der sich an unsere Füße geheftet hat, schütteln wir auf euch ab. Aber das wisset: das Reich Gottes hat sich genaht. Ich sage euch: Sodoma wird es an jenem Tage erträglicher ergehen als jener Stadt. ...'" (Lukas 10, 1-12)

Am 8. Juni 1991 ermutigte uns Maria durch Don Gobbi, in unserer Aufgabe als „Apostel der letzten Zeiten" resolut zu sein. In bezug auf unseren Glauben gibt es keinerlei Unterschied zwischen der Botschaft des Evangeliums und den inneren Einsprechungen Mariens an die Marianische Priesterbewegung. Maria sagte: „Als Apostel der letzten Zeiten müßt ihr mit Mut alle Wahrheiten des katholischen Glaubens verkünden, mit Kraft das Evangelium predigen, mit Entschiedenheit die gefährlichen Heräsien (sic!) entlarven, die sich als Wahrheiten verkleiden, um so den Geist der Menschen besser zu täuschen und eine große Zahl meiner Kinder vom wahren Glauben abspenstig zu machen.

Als Apostel der letzten Zeiten müßt ihr euch mit der Macht der Kleinen der stolzen Kraft der Großen und der Gelehrten widersetzen, die – verführt von einer falschen Wissenschaft und von der Ruhmsucht – das Evangelium Jesu zerstückelt haben, indem sie eine rationalistische, rein menschliche und ganz irrige Auslegung davon anbieten."

Die Aufgabe eines Apostels ist es, das Evangelium zu verkünden mit all den Mitteln und Möglichkeiten, die er erhalten hat. Einige sind Propheten, Lehrer, Hirten und Evangelisten. Die Zeit der nebensächlichen Behandlung unseres Glaubens ist wie die Tage der unverriegelten Haustüren – eine Angelegenheit der Vergangenheit. In dieser Zeit müssen wir uns in unserem Glauben gut auskennen, oder wir werden wie ein kleines Boot auf stürmischer See bei Nacht hin- und hergetrieben. Der Weizen und die Spreu werden voneinander getrennt, und die Stirn derjenigen, die sich auf der Seite Gottes befinden, wird mit dem Siegel des Himmels bezeichnet (Offb 7, 3-4). Die Botschaft des Evangeliums und der Mystiker ist ein und dieselbe. Das Feuer der Gerechtigkeit lastet jetzt auf uns, und die Heftigkeit und Dringlichkeit der Bitten des Himmels erfolgen in einem Maß wie nie zuvor.

Der Anruf der Propheten

Die Berufung eines Propheten, der die Nachrichten Gottes verkündet, ist ungewöhnlich. Sie kennt keine Rassen-, Geschlechts- oder Klassenunterschiede.

Die Heilige Schrift lehrt uns, daß Jesaja ein Adliger war, Moses am Hofe des Pharao erzogen und bevorzugt wurde und David der Jüngste aus einer großen Familie war, ein Hirtenjunge, der keinerlei offensichtliche Führungsqualitäten zu besitzen schien. Gott sieht ins Herz (der Menschen). Elias fürchtete sich vor niemandem und wurde deshalb in die Schlacht gerufen. Zu keinem Zeitpunkt ließ er sich von seinen schlechten Chancen beeinflussen, weil zu jeder Zeit Gott plus eins immer eine Mehrheit darstellt. Der heilige Franziskus von Assisi wurde in die Familie eines reichen Händlers hineingeboren, und er erfreute sich einer guten schulischen Bildung. Don Bosco war ein Jugendlicher, der sich am Spielen erfreute, welcher in der tiefsten Armut zur Welt kam und keinerlei Mittel besaß, um eine Schulausbildung zu bestreiten, und doch stieg er auf, um einen Orden, (die Salesianer), zu gründen, die weltweit verbreitet sind, obwohl das politische Umfeld seiner Zeit nicht dazu angetan war, junge Herzen für Christus zu gewinnen. Die [heilige] Katharina von Siena war das jüngste von zweiundzwanzig Kindern. Sie war lange Zeit Analphabetin und wird doch heute zu den Kirchenlehrern gezählt, deren Schriften ganze Generationen beeinflußt haben. Päpste und Könige suchten ihren Rat. Vielen dieser Menschen war nichts anderes gemeinsam, als daß der Himmel sie damit beauftragt hatte, das Evangelium ohne Abstriche und Kompromisse zu verkündigen. In der Ausführung (dieses Auftrags) gewann man und verlor man Freunde, aber diese Propheten und Heiligen waren nicht Menschen, die die Klugheit dieser Welt achteten. Bei nahezu jeder Gelegenheit vertrauten sie in ihren Aktionen weniger auf Wissen, umso mehr aber auf den Glauben. Nur im Rückblick können wir erkennen, daß sie recht hatten. Oft waren sie sich mitten in ihrem erfahrenen Anruf ihrer selbst nicht sicher, aber sie gehorchten. Für uns heute ist es nicht anders.

Der heilige Ludwig von Montfort sprach über die Zeit, in der wir leben: „**Ich habe gesagt, daß sich dies insbesondere am Weltenende und tatsächlich gegenwärtig ereignen würde, weil der Allerhöchste und seine heiligste Mutter für sich selbst große Heilige heranbilden muß, die alle anderen Heiligen an Heiligkeit übertreffen werden, wie die Zedern des Libanons weit über kleine Büsche hinauswachsen. Diese großen Seelen, voller Gnade und Eifer, werden ausgewählt sein, um sich mit den Feinden Gottes zu messen, die von allen Seiten voller Wut (auf sie) eindringen; und ihre Frömmigkeit wird sich einzig auf Unsere Liebe Frau ausrichten, wobei sie von ihrem Licht erleuchtet, von ihrer Nahrung gestärkt, von ihrem Geist geleitet, von ihrem Arm unterstützt und ihrem Schutzmantel unterstellt werden, so daß sie mit einer Hand kämpfen und mit der anderen aufbauen werden. Mit der einen Hand werden sie die Häretiker mit ihren Häresien, die Schismatiker mit ihren Schismen, die Götzendiener mit ihren Götzen und die Sünder in deren Gottlosigkeit bekämpfen, besiegen und vernichten ... Mit ihren Worten und durch ihr (vorbildhaftes) Beispiel werden sie die ganze Welt zur wahren Verehrung**

Mariens hinlenken. Das wird ihnen viele Feinde einbringen, aber ebenso wird dies zu vielen Siegen und zur großen Ehre für Gott allein führen."[1]

Die Berufung Jesajas

Einer der größten biblischen Propheten war Jesaja, ein Mann, der eine gute Ausbildung genossen und sehr gebildet war. Er war sich seiner Sünden bewußt („Wehe mir, daß ich geschwiegen habe; denn ich bin ein Mann, unrein von Lippen ..."). Seine Demut war wahrscheinlich der Grund dafür, daß er so erhöht wurde. Als der Seraph herbeikam, um seine Lippen mit dem heißen Stein zu berühren, wurde seine Sünde gesühnt. Darauf willigte Jesaja ein, Vermittler zu sein. Er schrieb:

„Und ich hörte die Stimme des Herrn, welcher sprach:
Wen soll ich senden? und wer wird für uns gehen?
Da sprach ich: Siehe, hier bin ich, sende mich! Er sprach:
Gehe hin und sage diesem Volke:
Höret immerfort und verstehet nicht!
Sehet immerfort und erkennet nicht!
Verblende das Herz dieses Volkes,
verhärte seine Ohren und
schließ ihm die Augen,
daß es nicht etwa mit seinen Augen sehe und
mit seinen Ohren höre und
mit seinem Herzen verstehe und
sich bekehre und ich es heile.
Da sprach ich: Bis wann, Herr? Er entgegnete:
Bis die Städte verödet sind ohne Bewohner und
die Häuser ohne Menschen und
das Land verödet und verlassen.
Und der Herr wird die Menschen wegführen in die Ferne und
groß wird die Verlassenheit sein inmitten des Landes.
Und ist daselbst noch ein Zehnteil, so wird es wiederkehren
und zur Schau sein wie eine Terebinthe und wie eine Eiche,
die ihre Äste ausbreitet; ein heiliger Same wird sein,
was daselbst übrigbleibt." (Jes 6, 8-13)

Jeremias war von ähnlichen Umständen begleitet. Er fühlt sich unwürdig, wird zum Propheten für die Nationen bestellt, und ihm wird wie dem Moses gesagt, daß ihm die Worte in den Mund gelegt werden und daß Reiche erstehen und vergehen werden. Dann wird er zum Mann Gottes seiner Zeit. Jeremias sagt:

„Und das Wort des Herrn erging an mich also:
Ehe ich dich im Mutterleibe bildete, habe ich dich gekannt;
und ehe du hervorgingst aus dem Mutterschoße,
habe ich dich geheiligt und
dich zum Propheten für die Völker bestellt.
Da sprach ich: Ach, ach, ach! Herr und Gott!
Siehe, ich weiß nicht zu reden, denn ich bin ein Kind!
Der Herr aber sprach zu mir: Sage nicht: Ich bin ein Kind;
denn zu allem, wozu ich dich sende, sollst du gehen und
alles, was ich dir befehlen werde, sollst du sprechen.
Fürchte dich nicht vor ihnen,
denn ich bin mit dir, dich zu erretten,
spricht der Herr.
Alsdann streckte der Herr seine Hand aus und
berührte meinen Mund, und der Herr sprach zu mir:
Siehe, ich lege meine Worte in deinen Mund;
Siehe, ich bestelle dich heute über die Völker und
über die Reiche, um auszureißen und zu zerstören,
zu verderben und niederzureißen,
aufzubauen und zu pflanzen.“ (Jeremias 1, 4-10)

Wenn Johannes der Täufer, [der heilige] Franziskus von Assisi oder einer der biblischen Propheten am Sonntagmorgen sich in unsere Kirche begeben sollten, was würden wir davon halten? Vermutlich würden wir ihr Verhalten und ihre scharfen Ansichten für ein bißchen seltsam und zu offen halten. Voraussichtlich würden die Hälfte bis zu Dreiviertel der Versammlung aufstehen und den Kirchenraum verlassen, da deren Ansichten als zu extrem betrachtet würden. Jenen, die von Gott berufen werden, wird die Gnade gewährt, Sein Wort zu verkünden. Johannes der Täufer nahm kein Blatt vor den Mund, und als er dem Herrscher seiner Zeit sagte: „Herodes, du schläfst mit der Frau deines Bruders“, kostete ihm das Kopf und Kragen. Das Leben aus Christus ist dem Leben der Welt diametral entgegengesetzt und wird immer ein Engagement gegen den Status quo verlangen. Das Establishment wird niemals Veränderungen zulassen, da es viel zu viel zu verlieren hat. Ein Prophet wird sich immer außerhalb der breiten Masse einer Gesellschaft befinden. Dies ist die Berufung.

Im Lauf der Geschichte ist das Leben der Menschen, die Gott gefunden und seine Botschaften verkündet haben, ähnlich verlaufen – jeder von ihnen besaß den Mut, die Wahrheit zum Ausdruck zu bringen. Das ist die Tugend, welche der Himmel von den Aposteln der letzten Zeiten verlangt. Die Wahrheit ohne Erröten und Furcht vor den Menschen zum Ausdruck zu bringen ist und wird immer die Berufung eines Propheten sein.

Maria Pavlovic, eine der jungen Seherinnen von Medjugorje, weist uns in die richtige Richtung. Sie erinnerte uns daran, daß die Allerseligste Mutter gesagt hat, daß in all dem, was wir hören, „nichts Neues" ist: „Wir entdeckten mit der Allerseligsten Mutter ein neues Leben. Zum Beispiel erlaubte sie uns am Anfang, uns in sie zu verlieben. Und dann durch ihre Botschaften gestattete sie uns, immer mehr das zu leben, wovon in der Heiligen Schrift geschrieben steht. Die Allerseligste Mutter sagte: **‚Alle diese Botschaften, die ich euch mitteile, sind nichts Neues.'** Aus diesem Grund hat sie uns dazu eingeladen, die Heilige Schrift in unseren Wohnungen an einem sichtbaren Ort auszustellen. Sie hat uns dazu eingeladen, den rechten Weg zu beschreiten. Als wir in die Allerseligste Mutter völlig verliebt waren, bekleidete sie sich mit etwas wie einem Schleier, und sie sagte: **‚Ich bin nicht wichtig. Wer wichtig ist, ist Jesus.'**"

Der mystische Leib Christi

Seit dem heiligen Paulus bezeichnet sich die Kirche als den mystischen Leib Christi. Es ist wichtig zu verstehen, daß es sich dabei um mehr als einen Ehrentitel handelt. Wenn dieser Ausdruck richtig verstanden wird, dann mißt er uns schwachen und fehlbaren Menschen eine nahezu unertragbare Wichtigkeit zu.

Die Lehre vom mystischen Leib Christi bedeutet einfach dies: In der Zeit von Seiner Himmelfahrt bis zu Seiner Wiederkunft in Herrlichkeit, um den neuen Himmel und die neue Erde herbeizubringen, **ist die Kirche der einzige Leib, den Jesus besitzt, um Seine Werke in der Welt zu vollbringen.** In Seiner tiefen Demut und Seiner unausschöpflichen Liebe für die Menschen hat es der Herr gewollt, Seinen Heilsdienst vorzüglich durch die Männer und Frauen fortzusetzen, die Seine Herrschaft anerkennen und Seine Kirche bilden.

Die Lehre vom mystischen Leib zeigt die außergewöhnliche Demut unseres Herrn auf, der die Gleichheit mit Gott nicht als etwas erachtet, das es zu begehren galt. Indem Er die Fortsetzung Seines Erlösungswerkes Menschen übertrug, fährt Jesus in gewisser Weise fort, auf Seine Allmacht zu verzichten, wie es in Seiner Menschwerdung begonnen wurde. Weil wir der mystische Leib Christi sind, können wir wirklich die Pläne des Herrn stören, indem wir sie durch unsere Lauheit hemmen und durch unsere Verzögerungen zum Erlahmen bringen.

Jedoch stimmt auch das Gegenteil davon: Wir nehmen an der Erlösung der Welt teil, wenn wir unsere Liebe und unsere Arbeit, unsere Leiden und unsere Gebete mit dem Leiden des Herrn vereinen. In seinem Brief an die Kolosser schreibt der heilige Paulus, daß er sich seiner Leiden für die erstehende Kirche tatsächlich erfreut, da er „... damit am eigenen Fleische erfüllt, was am Leidensmaße Christi noch abzutragen ist." (Kolosser 1, 24) Natürlich sagt uns der heilige Paulus damit nicht, daß das Erlösungsleiden unvollständig wäre – es erfüllte all das, was Gott damit erfüllt sehen wollte. Aber ein Teil dessen, was das Leiden Christi vollbrachte, war die Ermächtigung von Männern und Frauen, mit Jesus an Seiner Erlösungssendung mitzuwirken. Die Leiden des heiligen Paulus – wie auch unsere eigenen – tragen zur Erlösung der Welt bei.

Unsere Aufgabe als Instrumente Gottes in der Welt wird wiederholt in den Botschaften Unseres Herrn und Unserer Lieben Frau betont. In ihrer Botschaft vom 25. Januar 1987, in Medjugorje, hob Unsere Liebe Frau hervor, daß das Zeugnis, welches für ihre Botschaften bekundet wird, eine Sendung darstellt, durch welche wir die Welt retten können. **„Gott hat jeden von euch ausgewählt, damit Er euch in einem großen Plan zur Rettung der Menschheit verwenden kann"**, sagte Maria. Ihre Worte unterstreichen jene des heiligen Paulus an die Korinther: „Das alles kommt von Gott. Er hat uns durch Christus mit sich versöhnt und uns mit dem Dienste der Versöhnung betraut. Denn Gott hat in Christus die Welt mit sich versöhnt; er rechnet ihr die Sünden nicht mehr an und hat uns das Wort der Versöhnung übertragen. **An Christi Statt also walten wir des Amtes.** Gott selbst ist es, der durch uns mahnt. An Christi Statt bitten wir: Laßt euch mit Gott versöhnen!" (2 Korinther 5, 18-20)

In ihrer Botschaft vom 2. Januar 1989 sagte Unsere Liebe Frau erneut, daß wir mit ihr zusammenarbeiten müssen, um den Plan Gottes zu verwirklichen: **„Meine lieben Kinder, für dieses Jahr möchte ich euch sagen: Betet! Eure Mutter liebt euch. Ich möchte mit euch zusammenarbeiten, denn ich bedarf eurer Zusammenarbeit. Ich wünsche, daß ihr, liebe Kinder, meine und meines Sohnes Verkündiger werdet, der Frieden, Liebe, Bekehrung ... bringen wird. ... Ich möchte, daß ihr ein Zeichen für andere seid."**

In der Botschaft vom 24. Juli 1988 sagte Unsere Liebe Frau, daß wir zunächst den Frieden in unseren eigenen Herzen haben müssen, bevor wir ihn an andere weitergeben können. Sie bat uns um unsere Mitarbeit, indem wir ihr helfen, ihren von Gott angeordneten Plan zu verwirklichen: „Liebe Kinder, ... lebt die Liebe. Ich möchte euch den Frieden geben, damit ihr ihn anderen bringen könnt. Ihr könnt keinen Frieden an andere weitergeben, wenn ihr diesen Frieden nicht in euch selbst besitzt. **Ich bedarf euer, liebe Kinder, daß ihr mit mir zusammenarbeitet, weil es viele Pläne gibt, die ich ohne euch nicht verwirklichen kann. Ich bedarf eurer Mitarbeit.** Betet, betet, betet!" Weniger als zwei Wochen später, am 4. August 1988, wiederholte Unsere Liebe Frau dieses Thema: „Liebe Kinder, ... **Ich wünsche eure Mitarbeit. Ich möchte mit euch zusammenarbeiten. Eure Mitarbeit ist für mich notwendig. Ohne euch kann ich nichts tun."**

Die beeindruckendsten Worte Unserer Lieben Frau zu diesem Thema waren vielleicht für Jelena aus Medjugorje, die innere Einsprechungen empfängt, für den 30. Juli 1987 aufbewahrt: „Liebe Kinder, von Gott auserwählt worden zu sein ist wirklich etwas Großes, aber es bedeutet für euch auch eine Verantwortung, mehr zu beten, für euch, die ihr erwählt worden seid, andere zu ermutigen, so daß ihr ein Licht für Menschen in der Finsternis sein könnt ... Liebe Kinder, dies ist der Grund meiner Gegenwart bei euch von so langer Dauer: um euch auf den Weg zu Jesus zu führen. **Ich möchte euch retten und durch euch die ganze Welt.**"

Wie wir schon festgestellt haben, findet man Übereinstimmungen zwischen der Botschaft Unseres Herrn vom 22. Juli 1993 an die australische Seherin Josefina-Maria und den Botschaften Unserer Lieben Frau in Medjugorje: „Verweilt im Frieden, und seid beharrlich in der Liebe, indem ihr mein Volk im Frieden leitet und ihr es immer an meine Liebe erinnert. Bringt Opfer, meine Kinder, und seid meine Miterlöser, indem ihr beim Plan meines Vaters mithelft."

Christina Gallagher

Ähnliche Botschaften von mehreren Erscheinungsorten geben uns Ratschläge darüber, was unsere Aufgabe in diesen letzten Zeiten sein soll:

Christina Gallagher brachte über die Botschaft der Allerseligsten Mutter folgendes zum Ausdruck: „Auch fällt ihr fortwährender Nachdruck auf den Wert des Leidens auf, und wie jene, die leiden, viel Gutes vollbringen und dazu beitragen, daß viele andere Seelen, die sich ‚in der Finsternis' befinden, gerettet werden, indem sie jedwedes Kreuz, das Gott zuläßt, auf sich nehmen. Wenn die Menschen den wahren Wert des Kreuzes erkennen, erkennen sie wirklich die Liebe Gottes an, die allein Seelen und Herzen heilt."

Seid bereit

„Die Menschen sollten nicht auf eine Reinigung oder eine Züchtigung oder irgend etwas anderes warten. Sie sollten alle Tage ihres Lebens bereit sein, weil niemand von uns, ob jung oder alt, weiß, wann wir hinweggenommen werden, wann Gott uns haben will. Wie eine Blume kann Er uns jeden Tag pflücken, und unsere Reinigung könnte heute oder morgen sein. Jeder von uns könnte zu jeder Zeit hinweggenommen werden, und wir sollten immer bereit und nicht so sehr damit beschäftigt sein, [zu erforschen], wann dies oder jenes eintreffen wird", betonte sie.

„Die Menschen erhalten Warnungen darüber, was vor uns liegt, so daß ihnen damit geholfen wird, zu Gott zurückzukehren und um Sein Erbarmen zu bitten. Jene, die beten und die Botschaften leben und dem Wort Gottes Folge leisten, haben nichts zu befürchten, was auch immer kommen mag, und unabhängig davon, ob sie ihr Leben verlieren oder übrigbleiben werden."

Geweihte Seelen

Frau Gallagher legt großen Nachdruck auf die Heiligkeit des Priestertums. Sie sagt, daß man Priester nicht kritisieren oder mit Fehlern belegen soll, sondern statt dessen soll man für sie immer mehr beten. Sie erklärt: „Wir müssen fortwährend für geweihte Seelen beten, Priester und Ordensleute, Bischöfe, Kardinäle, indem wir Gott bitten, ihnen die Gnaden zu gewähren, die sie benötigen."

Unsere Liebe Frau hatte ihr mitgeteilt, wie sehr diese geweihten Seelen angegriffen werden, viel mehr als Laien: „Sie sind diejenigen, die über Seiner Herde stehen, und sie üben solch [großen] Einfluß auf die Gläubigen aus, und wir müssen immer beten, daß sie vom Licht Gottes umgeben und beschützt werden, weil sie für uns so wichtig sind. Wenn wir glauben, daß ein Priester versagt hat oder gefallen ist, so müssen wir uns dessen bewußt werden, daß wir gegenüber diesem Priester versagt haben, denn hätten wir mehr für ihn gebetet, wäre ihm die Hilfe gewährt worden, stärker zu sein und den gegen ihn gerichteten Versuchungen zu widerstehen."

Der Wert des Rosenkranzes

„In allen Botschaften betont die Jungfrau Maria die Macht des Rosenkranzes und bittet fortwährend, den Rosenkranz zu beten. Sie richtet ebenfalls die Bitte [an uns], daß er von Herzen gebetet werde. Und in einer der ersten Botschaften gab Unsere Liebe Frau den Menschen den Rat, die Schwierigkeiten damit hatten, ‚... meine Botschaft und jene meines Sohnes anzunehmen, den Rosenkranz, alle drei Geheimnisse, neun Tage lang von Herzen zu beten. Opfert diese Gebete dem Herzen Meines Sohnes und dem Heiligen Geist für eure Erleuchtung auf. Wenn ihr das tun könnt, werdet ihr verstehen.' Unsere Liebe Frau hat mir aufgetragen, den Menschen mitzuteilen, daß sie sich mit Ihrem Rosenkranz bewaffnen und ihn nie aus ihren Herzen entfernen sollen." Er wird sie während der Zeit der Drangsale und Leiden beschützen.

Hört auf all das, was sie euch sagt

Jesus hatte der Mariamante, der Seherin, deren Botschaften Sein Apostolat von der Heiligen Mutterschaft inspirierten, erstaunliche Dinge zu sagen.

Das Christkind: **„Meine Mutter möchte fortfahren, mit dir zu sprechen. Höre gut zu auf all das, was sie dir sagt. Sie wird viele ihrer getreuen Gefolgsleute in der Verwirklichung dieser wunderbaren Aufgabe einsetzen. Ihr müßt bereit sein, besonders jetzt, euch selbst vollkommen darzubringen, da die Zeit so kritisch ist. In eurem Dienst für sie und in der Sache, für die sie euch begeistert, welches der Triumph ihres Unbefleckten Herzens ist, haltet nichts für euch selbst zurück. Dies wird die Herrschaft Meines Allerheiligsten Herzens erleichtern. Wie Maria die Ankündigung Meiner Herrlichkeit war, als ich zur Erde kam, so wird sie erneut der Vorläufer zu Meinem Zeitalter der Liebe und des Friedens sein, welches sie in Fatima voraussagte."**

Lubbock im US-Bundesstaat Texas

Andere Mystiker dieser Zeit gewähren uns wichtige Hinweise darauf, wie unsere täglichen Handlungen in der uns bevorstehenden Zeit eingerichtet sein sollen.

„Meine lieben Kinder, ich wünschte, ihr wärct euch der Macht des Gebets bewußt ... der Macht des Fastens. Denn, wenn ihr betet und fastet, erhören mein Sohn und unser Vater im Himmel eure Gebete. Bewährt euch in euren Gebeten mit Ausdauer, meine lieben Kinder! Ihr müßt fortwährend beten. Macht aus all euren Handlungen – jeder Arbeit, aus allem, was ihr tut, – ein Gebet! Denn, wenn ihr mit eurem Herzen betet, schließen sich die Engel und Heiligen im Himmel eurem Gebet an. Erneut, meine Kinder, muß ich euch an die Wichtigkeit des häufigen Empfangs der Sakramente erinnern. Ihr bedürft der vielen Gnaden, die euch gewährt werden, wenn ihr das Sakrament der Beichte und der heiligen Kommunion empfangt. Die ganze Welt benötigt die Gnaden, die gewährt werden, wenn ihr die Sakramente empfangt." (20. Juni 1988)

„Meine lieben Kinder, Satan streift auf dieser Erde umher und sucht Ehen und Familien zu zerstören. Meine lieben Kinder, ihr müßt als Familien (zusammen) beten. Ihr müßt eure Kinder unterrichten, ihr müßt eure Familien belehren. Ihr müßt eure Kinder schon von frühester Kindheit an lehren, mit euch zu beten. Wenn eure Kinder schon älter sind, ist es dennoch nie zu spät, damit zu beginnen. Betet in der Familie! Denn ich erinnere euch erneut daran, meine lieben Kinder, daß eure Gebete die Augen Satans blenden werden." (26. Sept. 1988)

„Meine lieben Kinder, laßt euch nicht so sehr mit den Dingen eurer Welt ein, daß ihr keine Zeit mehr zum Gebet und zur Nächstenliebe habt. Erinnert euch daran, meine Kinder, daß das Reich Gottes eure erste Sorge sein soll. Betrachtet das Matthäusevangelium, in dem [Jesus] darauf drängt, zunächst das Reich Gottes zu suchen." (24. Oktober 1988)

„Meine Kleinen, meine Gnaden werden euch beständig gewährt, da ich für euch bete, aber besondere Zeiten der Gnaden und Segnungen finden sich im heiligen Meßopfer zum Zeitpunkt des Segens und der Gebete für die Familien, die ich für eure Pfarrei angezeigt habe. Ich werde ebenso die Zeit der Fürbittgruppe nicht vergessen, um meine Liebe über euch zu verströmen. Die Engel des Himmels werden sich immer in eurer Mitte befinden, wobei sie den König preisen und verherrlichen." (25. Dezember 1988)

Gladys aus Argentinien

„Meine Tochter, meine Botschaften müssen langsam gelesen werden, damit sie so verstanden werden, wie ich es wünsche. Ich wünsche, daß jedes Kind damit beginnt, in der Gnade Gottes zu leben, indem es Ihn liebt, wie Er geliebt werden soll. **Die Schwächen der Menschen werden um so größer, je mehr sie**

sich von Gott entfernt haben; darum scheint der Feind gegenwärtig zu gewinnen. Wenn meine Kinder alles verstünden, was die Mutter sagt, dann würde sich alles ändern. Daß sie sich doch dem Herrn mit Leib und Seele auslieferten in der Gewißheit, daß der Herr sie erlösen wird." (24. Jan. 1986)

„Meine Tochter, aufgrund einiger weniger guter Menschen werden viele schlechte Menschen gerettet werden. Ich meine damit, daß durch das Gebet, das beständige Gebet wahrer Christen, viele das Heil erlangen werden. Hier erkläre ich den Grund meiner Anwesenheit und die Bedeutung meiner Botschaften, die letztlich des Herrn Worte sind. Um das Heil der Seele zu ermöglichen, bedarf es der Bekehrung." (15. Dezember 1986)

„Derjenige, der auf Gott hofft, wird sehr belohnt werden. Immer denke ich an euch. Darum sage ich euch: Seid tugendhaft, haltet euch von Unvollkommenheiten fern. Der Herr verlangt dies von euch. Zweifelt nicht! Folgt Ihm!" (14. Februar 1985)

„Die ganze Schöpfung ist das Werk Gottes. Ihm gehört die göttliche Gerechtigkeit, und Seine Größe übersteigt alles menschliche Verstehen. Der Mensch soll vor dem Stolz fliehen. Es gibt nichts Schöneres als aufrichtige Demut, weil dies die Demut ist, die der Herr nachdrücklich verlangt. Das Materielle vergeht, das Geistige bleibt. Das Irdische verwelkt und stirbt; das Himmlische ist von Dauer." (15. Mai 1987)

Julia Kim aus Naju in Korea

„Betet ohne Unterbrechung für den Papst und für die Bischöfe und die Priester der Kirche. Gerade jetzt sind Priester wie Laternen, die versuchen, weiterhin Licht zu verbreiten trotz der starken Winde, die von allen Seiten auf sie eindringen. Heutzutage brauchen Priester immer mehr Sühneseelen, die für ihre Heiligung und den Erfolg ihres Dienstes zu Gott beten, fasten und Sühneopfer darbringen." (11. August 1985)

Evangelisierung

Die Aufgabe des Apostels war und wird immer diejenige sein, das Evangelium zu verkünden. In ausführlichen Botschaften an die Marianische Priesterbewegung hat die Allerseligste Mutter zwanzig Jahre lang gewarnt, ermahnt, belehrt, ermutigt und im allgemeinen über ihre Kinder gewacht. An den Botschaften des Jahres 1992 fällt ihr besonderer Aufruf zur Evangelisierung auf. Allein in den Vereinigten Staaten gibt es mehr als 200 Marianische Zentren, Friedenszentren, Medjugorje-Zentren (oder andere mit einem ähnlichen Auftrag), wie man sie im nationalen katholischen Register aufgelistet findet, – das Volk Mariens. Die weltlichen Medien haben sich hartnäckig geweigert, darüber zu berichten, was in der ganzen Welt geschieht, so daß die Allerseligste Mutter eine neue Industrie der Heimarbeit aus denjenigen geschaffen hat, die die Nachrichten verbreiten werden. Die beiden folgenden Botschaften an die Marianische Priesterbewegung, die an zwei verschiedenen Tagen erfolgt sind, gewähren Einblick darin, was Maria derzeit bezüglich der apostolischen Aufgaben am Herzen liegt.

„Ich bin die Mutter der zweiten Evangelisierung."

„Gleich einem Stern führe ich euch auf dem leuchtenden Weg der Treue zu Christus und zu seinem Evangelium. Es ist notwendig, daß ihr wieder zum Glauben an das Evangelium Jesu zurückkehrt. Ihr müßt es allen in der Kraft seiner Vollständigkeit verkünden. Predigt es mit der gleichen Klarheit, in der mein Sohn Jesus es euch verkündet hat. Meine mütterliche Aufgabe ist es, euch zu den Aposteln der zweiten Evangelisierung zu machen." (27. Februar 1992)

„Es ist der Augenblick eures öffentlichen Zeugnisgebens gekommen. Zeigt euch allen als meine kleinen Söhne, als die Apostel, die von mir für die große Aufgabe der Neuevangelisierung, die euch erwartet, ausgebildet worden sind. ... Geht und verkündet das Evangelium." (27. März 1992)

Engel und ihre Aufgabe für den Schutz der Menschen

Eine der großen Verarmungen des katholischen Glaubens heute ist der starke Rückgang im Glauben an und im Vertrauen auf die Engel. Die meisten Katholiken betrachten die Verehrung der Engel als ein Überbleibsel aus einer abergläubischeren Vergangenheit oder als eine Praxis, die mit den Reformen des Zweiten Vatikanischen Konzils abgeschafft worden ist.

Nichts könnte von der Wahrheit weiter entfernt sein. In den letzten Jahren haben die Päpste lang und deutlich über die Notwendigkeit für Katholiken gesprochen, den Schutz der Schutzengel zu suchen und anzuerkennen. Sie haben den Gläubigen die machtvollen Lehren über die Engel dargestellt, die man in der Bibel und der feierlichen Doktrin der Kirche von den ersten Anfängen des Glaubens bis heute findet. Indem sie ihre Herde durch ihr Beispiel leiteten, ist von den modernen Päpsten bekannt, daß sie eine herzliche Beziehung zu ihren Schutzengeln pflegten.

Der Nachdruck, den Päpste und Theologen auf die Verehrung der Engel legten, findet seine Parallele in den Botschaften heutiger Seher und Mystiker. Für nahezu alle von ihnen ist dies jetzt eine besondere „Stunde der Engel", in der wir auf der Erde ganz besonders auf die Stärke und den Schutz unserer himmlischen Beschützer während der vor uns liegenden bedrohlichen Tage angewiesen sind.

Der spätere Papst Johannes Paul I. sagte, als er Bischof von Vittorio Veneto war: „Die Engel sind die großen Unbekannten in dieser Zeit. Es ist notwendig, viel mehr über sie als die Diener der Vorsehung in der Verwaltung der Welt und der Menschen zu sprechen ... [und] ein vertrauliches Verhältnis mit ihnen [zu] entwickeln."[2]

Die Lehre der Kirche und die Heilige Schrift

Die Bibel ist voller Hinweise auf die Engel und ihre besonderen Aufgaben auf der Erde. Die Engel kommen sowohl im Alten wie im Neuen Testament vor, wobei sie den Menschen auf verschiedene Weise helfen. Die Engel verkünden den Willen Gottes (Lukas 1, 5-19 und 26-38); leiten und helfen dem Volk Gottes (Exodus 14, 19 und Apostelgeschichte 12, 5-11); beraten und lehren die richtigen Verhaltensweisen (Tobias 36, 10-21 und 12, 7-12); heilen und befreien Menschen von Krankheiten und bösen Geistern (Tobias 3, 24; 6, 7-9; 8, 1-3 und 12, 14-15) und führen Gottes Gerechtigkeit aus (Genesis 19, 12-13; Apostelgeschichte 12, 18-22 sowie durchgehend im Buch der Geheimen Offenbarung).

Die katholische Kirche hat nachdrücklich Lehren zu diesem Thema geäußert. Das Vierte Lateran-Konzil erklärte 1215, daß Gott zur gleichen Zeit, als Er die materielle, sichtbare Welt erschuf, auch die Schöpfung eines weiten Universums der Geister – der Engel und des himmlischen Reiches – vollzog. Die Lehre wurde vom Ersten Vatikanischen Konzil 1869 bestätigt.[3] Das Zweite Vatikanische Konzil sprach erneut über Engel, wobei es die Gläubigen in der Dogmatischen Konstitution über die Kirche betont daran erinnerte, daß die Kirche immer die Engel – zusammen mit der Allerseligsten Jungfrau und den Heiligen – mit heiliger und besonderer Liebe verehrt hat.[4]

Die Kirche hat von den Engeln so nachdrücklich und stetig gelehrt, daß Papst Paul VI. 1968 eine feierliche Erklärung abgab, worin er den Glauben an die Engel zu einem wesentlichen Teil des katholischen Glaubens erklärte.[5] P. Karl Rahner, einer der größten Theologen der Moderne, schrieb in der *Enzyklopädie der Theologie*, daß die „Existenz der Engel von einem aufrichtigen Christen nicht geleugnet werden kann".[6] Von allen modernen Päpsten – angefangen mit Papst Pius XI. bis zu Johannes Paul II. – ist bekannt, daß sie eine [enge] Beziehung zu ihrem Schutzengel entwickelten und die Gläubigen dazu ermunterten, dasselbe mit ihren eigenen zu tun.

Johannes Paul II. ist vielleicht der herausragendste in seiner Katechese über die Engel.[7] Im Jahre 1986 lehrte der Heilige Vater sechsmal zu diesem Thema – ein starkes Zeichen für den Wert, den er auf die [Verehrung der] Engel in dieser entscheidenden Epoche der Kirchengeschichte legt. Johannes Paul II. sprach über unsere Zeit als eine des „Konfliktes zwischen den dunklen Mächten des Bösen und den Mächten der Erlösung".[8]

Seher und Mystiker

Padre Pio

Diese moderne Betonung der [Macht der] Engel durch die Führungspersönlichkeiten der Kirche erhält ihr Echo durch die heutigen Seher und Mystiker. Mit nahezu vereinter Stimme bestehen sie darauf, daß Engel gegenwärtig sind, um zu helfen, zu leiten, zu schützen und uns zu trösten – und daß ihre Hilfe besonders in der gegenwärtigen Stunde vonnöten ist.

Padre Pio, der berühmte italienische stigmatisierte Priester, war ein starker Verteidiger der Verehrung der Engel. Er konnte seinen eigenen himmlischen Beschützer sehen und mit ihm sprechen. Padre Pio betete häufig für die Menschen, damit sie erkennen sollten, welch große Liebe Gott ihnen gezeigt hat, weil Er uns allen unseren je eigenen Schutzengel überlassen hat. P. Pio meinte, daß diese Wahrheit von besonderer Bedeutung für unsere Zeit sei, weil er wiederholt feststellte, daß „er davon überzeugt sei, daß dies die Stunde der Engel sei".[9]

Mariamante

Mariamante, die Seherin, deren Botschaften das *Apostolat von der heiligen Mutterschaft* inspiriert haben, hat mehrere Botschaften über die Wichtigkeit der Engel empfangen. Sie erhielt diese Botschaft von der Allerseligsten Mutter: „Ich wünsche, die Macht der Legionen der Heiligen Engel einzusetzen, um euch zu helfen und über alle diese Wege Gottes zu unterrichten, denn ich bin die Königin der Engel. Sie werden maßgeblich an der Verwirklichung meines Triumphes beitragen. Täglich streiten sie weiterhin für eure Seelen. Wenn sie zu euch sprechen, oft über euer Gewissen, hört auf sie. Sie werden euch helfen, den Gesetzen Gottes zu gehorchen und an Heiligkeit zuzunehmen. Betet oft zu den Heiligen Engeln um Anweisung und Weishcit, um in eurem Alltag den Willen Gottes zu tun, und sie werden euch helfen, Seinem Willen Folge zu leisten."

Mariamante erhielt eine ähnliche Botschaft vom Christkind: „Meine Allerheiligste Mutter ist ein Grund für die Freude aller Engel des Himmels und der seligen Geister. Sie erwarten ihre Anweisungen, um ihren Willen auszuführen, der zu jeder Zeit der Wille Gottes ist. Sie sind ihre Legionen seliger Geister, auf die zurückgegriffen wird, um in diesem Kampf für eure Seelen zu streiten. Achtet auf das Wirken der heiligen Engel in eurem Leben! Sie werden euch helfen, das zu erreichen, was Gott für euch in eurem Leben geplant hat."

Eileen George

Es wird von Eileen George berichtet, daß sie Mystikerin sei, die Gaben des Heilens und Belehrens besitze und auch in der Lage sei, ihren Schutzengel zu sehen. In dem Buch *Eileen George: Beacon of God's Love* (zu deutsch: *Eileen*

George: Leitstern von Gottes Liebe) erzählt sie, wie sie zweimal die Kommunion von Engeln empfangen habe. Sie schreibt auch, daß zwei ihrer Kinder durch den wunderbaren Eingriff ihrer Schutzengel davor bewahrt wurden, von einem zu schnell fahrenden Fahrzeug überfahren zu werden. Eileen betont, daß die Obhut und Besorgtheit, die ihr von ihrem Schutzengel entgegengebracht werden, nicht ihr Privileg ist: Allen Menschen wird von Gott solch ein himmlischer Beschützer zugeteilt. Eileen ermuntert alle, mit ihren Schutzengeln Kontakt aufzunehmen, sich auf sie zu verlassen und sie zu lieben.[10]

Marianische Priesterbewegung

Engel sind ein stetiges Thema der Botschaften Unserer Lieben Frau an Don Gobbi. Im Verlauf der Botschaften erzählt uns Maria, daß die Engel ständig bei uns sind, wobei sie für uns in einem großen, spirituellen Kampf streiten, der sich jetzt auf seinen Höhepunkt zubewegt. Die Botschaft vom 29. September 1981 vermittelt uns eindrücklich die Stärke und Dringlichkeit der Belehrung Mariens: „Im Kampf, zu dem ich euch, meine vielgeliebten Söhne, rufe, werdet ihr insbesondere von den Engeln des Lichtes unterstützt und verteidigt. *Ich bin die Königin der Engel.* Auf meine Befehle hin sammeln sie in allen Teilen der Welt jene, die ich in meine große siegreiche Schar berufe. Im Kampf zwischen der mit der Sonne bekleideten Frau und dem roten Drachen haben die Engel den wichtigsten Teil zu bewältigen. Deshalb müßt ihr euch von ihnen fügsam führen lassen.

Die Engel, die Erzengel und alle himmlischen Heerscharen sind mit euch in dieser furchtbaren Schlacht gegen den Drachen und seine Anhänger vereint. Sie verteidigen euch gegen die Fallen Satans und der vielen Dämonen, die nun in jedem Teil der Welt in rasender und zerstörerischer Wut entfesselt sind."

„Aus diesem Grunde lade ich euch ein, euch immer mehr den Engeln des Herrn anzuvertrauen. Habt mit ihnen eine zärtliche Vertraulichkeit, denn sie sind euch näher als eure Freunde und eure Lieben. Wandelt im Licht ihrer unsichtbaren, aber sicheren und wertvollen Gegenwart. Sie bitten für euch, sie begleiten euch, sie stützen euch in der Ermüdung, sie trösten euch im Schmerz, sie wachen über euer Ausruhen, sie nehmen euch bei der Hand und ziehen euch sanft auf den Weg, den ich für euch vorgezeichnet habe.

Bittet eure Schutzengel und durchlebt die leidvollen Stunden der Läuterung mit Vertrauen und Ausgeglichenheit. Gemäß den Befehlen eurer himmlischen Heerführerin verbinden sich in diesen Augenblicken nun wirklich Himmel und Erde in einer außerordentlichen Gemeinschaft des Gebets, der Liebe und der Tat."

Am 2. Oktober 1992, am Fest der Heiligen Schutzengel, sprach die Allerseligste Mutter zu Don Gobbi über die aktive Rolle der Engel als Boten in diesen letzten Zeiten. Maria sagte: „Dieser letzte Abschnitt der Läuterung und der großen Bedrängnis geht Hand in Hand mit einer besonderen und deutlichen Manifestation der Engel des Herrn.

Ihr seid nun in die schmerzlichste und schwierigste Phase des Kampfes zwischen den guten und bösen Geistern, den Engeln und den Dämonen, eingetreten. Es ist ein schrecklicher Kampf, der sich rund um euch und über euch abspielt. ... Dies ist nun die Zeit, in der das Wirken eurer Schutzengel noch stärker und pausenloser werden muß. Betet oft zu ihnen, hört fügsam auf sie und folgt ihnen jederzeit. ... *Dem ersten Engel* fällt die Aufgabe zu, allen zu verkünden: ‚Fürchtet Gott, und erweist ihm die Ehre! Denn die Stunde seines Gerichts ist gekommen. ...' ... Alle Macht Satans wird zunichte gemacht werden. Die Verkündigung *des zweiten Engels* lautet: ‚Gefallen, gefallen ist Babylon, die Große, die alle Völker betrunken gemacht hat mit dem Zornwein ihrer Hurerei.' ... *Der dritte Engel* verkündet die große Bestrafung: ‚Wer das Tier und sein Standbild anbetet und wer das Kennzeichen auf seiner Stirn oder seiner Hand annimmt, der muß den Wein des Zornes Gottes trinken, ...'"

Dann sagte Maria am 7. Oktober 1992 zu Don Gobbi: „*Der Engel* ist ein Geist, der von Gott gesandt wird, um eine besondere Mission zu erfüllen. *Ich bin die Königin der Engel*, weil es zu meiner eigentlichen Aufgabe gehört, vom Herrn gesandt zu sein, die größte und wichtigste Mission zu erfüllen – den Satan zu besiegen."

In ihrer Darstellung dieser Zeit als einer Zeit der großen Krise ist die Botschaft düster. Wir sind in einer furchtbaren Schlacht; die Mächte der Hölle befinden sich inmitten eines großen Sturmangriffs. Aber der wesentliche Gehalt der Botschaften ist recht hoffnungsvoll. Denn mitten in dieser Schlacht sind wir von einer riesigen Armee umgeben, mit der leuchtenden Helle und der Pracht der himmlischen Heerscharen. Unter dem Banner Jesu und unter der Führung Mariens – und mit der Hilfe unserer Kampfgefährten des Gebets, den Engeln, – sind wir ihrer Hilfe und unseres Endsieges versichert.

Weihegebet an das Allerheiligste Herz Jesu

O Allerheiligstes Herz Jesu, angefüllt von unendlicher Liebe, gebrochen von meiner Undankbarkeit, durchstoßen von meinen Sünden und dennoch mich liebend – nimm gnädigst die Weihe an von all dem, was ich bin und habe, die ich Dir gegenüber vollziehe. Nimm Besitz von jeder Fähigkeit meiner Seele und meines Leibes. Tag für Tag zieh mich immer näher an Dein Allerheiligstes Herz, und dort lehre mich, soweit ich die Lektionen ertragen kann, Deine geheiligten Wege. Amen.

23

Das Heilmittel

Ich rufe euch auf, mit eurem ganzen Herzen zu beten und Tag um Tag euer Leben zu ändern ... Ich rufe, damit ihr durch eure Gebete und Opfer damit anfangt, in Heiligkeit zu leben ... Ändert euer Leben täglich, um heilig zu werden.

Unsere Liebe Frau von Medjugorje
13. November 1986

Der Geist der Welt

In diesem abschließenden Kapitel haben wir die Zentralthemen aus den marianischen Botschaften zusammengestellt. Demütig bieten wir sie unseren Lesern als einziges Heilmittel an, um die Welt zu Christus zurückzuführen und Sühne für alle unsere Sünden zu leisten, denn Seine Barmherzigkeit ist grenzenlos. Wir haben versucht, durchgehend ein positives Netz zu spinnen, insofern als diejenigen, welche beten und die Botschaften in ihrem Leben umsetzen und dem Wort Gottes folgen, nichts zu befürchten haben, gleichgültig was uns erwartet und ob wir überleben oder unser Leben verlieren werden, wenn Sein Donner der Gerechtigkeit von allen Seiten auf uns einbricht.

Oft haben wir Antworten am falschen Ort gesucht und nicht gefunden. Die Lösung unserer Probleme fand sich nicht in betörenden Philosophien, im Existenzialismus, dem Nihilismus des Ostens, in der Politik, im weltlichen Humanismus oder in der Stärke unserer eigenen Weisheit. Jesus Christus kam aus dem ganz besonderen Grund in die Welt, um als Sühneopfer für die Sünde zu sterben. Er ist die einzige Person, die sagt: „Ich bin der Weg, die Wahrheit und das Leben, und kein Weg führt zum Vater außer durch Mich.“ Er ist Gott: „Und das Wort ist Fleisch geworden und hat unter uns gewohnt.“

In der Suche nach Antworten, fragen wir uns oft, was fehlt. Was ist uns abhanden gekommen? Blind haben wir Allheilmittel gesucht, wobei wir uns wie Narren die Rolle Gottes angemaßt haben. Wir waren ohne Erfolg und der Grad unserer Erfolglosigkeit ist an dem Punkt angelangt, wo wir zu einer Ansammlung von Widersprüchen persönlicher wie auch gesellschaftlicher Art geworden sind. Die Voltaires („Écrasez l'infâme! – Zermalmt die schändliche Sache – das heißt, die katholische Kirche") und die Nietzsches wurden in ihrem eigenen Stolz ins Grab gelegt und verweilen dort, nachdem sie gelästert hatten und der Welt nichts gaben. Kein anderer Mensch stand von den Toten auf, nachdem er es zuvor prophezeit hatte.

Das Geniale an Gott, dem Vater, ist Seine Einfachheit. Wenn man die weltweit erfolgten Botschaften in zwei Worte zusammenfaßte, dann ergäben sich „Frieden" und „Liebe". Uns wurden die Zehn Gebote in siebzehn Versen im zwanzigsten Kapitel (des Buches) Exodus gegeben. Selbst die einfachsten Geister können verstehen, was dort geschrieben steht. Das *Föderale Register* der Vereinigten Staaten erstreckt sich über mehrere große Räume und zu diesem Zeitpunkt widerspricht es wesentlich sich selbst durch Gesetze, die einander überschneiden. Die Vereinten Nationen, die als der Vollstreckungsarm der Welt handeln, sind nicht in der Lage, die einfachsten Vereinbarungen zur Ausführung zu bringen und ihnen Dauerhaftigkeit zu verleihen. Sie stecken in einer Verwaltungsschicht nach der anderen fest. Wir haben unsere erste Liebe, den Gott, der uns schuf, aufgegeben – und wir sind nicht mehr in der Lage, uns selbst in zivilisierter Weise zu regieren. *Das Freudenfeuer der Eitelkeiten* spielt sich in jedem Verwaltungsbezirk im ganzen Lande ab. Der Hauptdarsteller, Sherman McCoy, ist Nachbar oder Freund, und wir kennen ihn allzu gut. Das System ist reparaturbedürftig, und wir wissen es.

Der Geist des Antichrist, von dem in der Heiligen Schrift und in der Marianischen Priesterbewegung gesprochen wird, ist der Geist dieser Welt oder der Dinge, die nicht von Gott stammen. Diese Dinge sehen wir täglich. Das mögen sein Geiz, Haß, Negativität, Sünden der Konzerne und im allgemeinen jene Dinge, die Gott nicht ist. Der ANTICHRIST wird die Manifestation einer wirklichen Person sein, die vielen zufolge vor dem Jahr 2000 auf der Weltbühne erscheinen wird. In dem Maße, wie die Welt immer mehr in die Rezession absinkt, vermutlich bald in eine weltweite Depression, wird es leichter einsichtig, wie dies geschehen könnte.

Wie sich die Folge von Ereignissen in der Welt beschleunigt, werden wir nicht mehr in der Lage sein, das Ergebnis in unserem Verstand abzusehen. Es ist dermaßen kompliziert, daß es die Fähigkeiten unseres Intellekts übersteigt, weswegen wir uns auf das verlassen müssen, was uns der Himmel an so vielen Orten lehrt. Das Grundsätzliche der Heiligen Schrift ist für unser Verständnis nie zu schwierig gewesen; wir machen sie nur kompliziert, um intellektuell und gelehrt zu erscheinen. An Erscheinungsorten wird im Prinzip das Gleiche gesagt, oft mit einer anderen Betonung der Botschaft des Evangeliums. In Korinth, (einer Hafenstadt), brachte der Apostel Paulus eine Botschaft der Reinheit, und dann sprach er auf dem Marshügel in Athen den Intellekt an, da sich dort die Stadtväter versammelten. Jede Zuhörerschaft muß zu ihrer Belehrung etwas anderes hören. Aus diesem Grund können wir andere Erscheinungsorte nicht einfach ablehnen. Wir wissen es einfach nicht. Darum müssen wir das Urteil des Lehramts der Kirche abwarten.

Sobald wir diese Botschaft kennen, müssen wir zum Wesentlichen des Evangeliums – Gehorsam – weitergehen. Wir haben die Botschaften von Medjugorje vernommen, deren wichtigste Bestandteile Fasten und Beten sind. Wann haben wir das letzte Mal an einem Mittwoch und an einem Freitag gefastet, wie es verlangt wird? Wann haben wir das letzte Mal eine Stunde lang vor dem Allerheiligsten Altarssakrament gebetet? Jahr für Jahr verlangt es uns danach, von den sensationelleren Aspekten marianischer Botschaften verblüfft zu werden, aber wir ignorieren weiterhin die Faktoren, welche die Heiltherapie für unsere persönlichen, familiären und nationalen Sünden sind.

Die Verdrängung des Göttlichen

Die letzten Jahrzehnte der westlichen Kultur tragen an sich das Merkmal des schonungslosen Strebens nach Vergnügen und Behaglichkeit. Mit jedem neuen Jahr haben wir uns noch mehr „Dinge“ angeschafft, und die Unzufriedenheit und der Mangel an Freude dringen weiterhin in unsere Wohnungen ein. Unsere Unterhaltungen sind auf das Banale und das Weltliche herabgemindert worden, und es scheint keinen Ausweg zu geben. Wir sind eine Zivilisation, die im Materialismus ertrinkt, wobei wir versuchen, die Antwort auf unsere Existenz am falschen Ort zu finden. Wenn finanzielle Sicherheit, schnellere und besser aussehende Autos, größere Häuser, bessere Restaurants, ein niedrigeres Handikap beim Golf und ein sportlicherer Körperbau die Antworten auf alle unsere Sorgen sein sollen, warum sind wir dann nicht glücklicher?

Die Antwort liegt in der Wahrnehmung unserer Werte. Die lebhafteste Streitfrage zur Zeit Jesu war die römische Besatzung jüdischen Gebiets. Die praetorianische Garde und ihre Legionen versklavten die Israeliten, und die Juden erwarteten einen Messias, der majestätisch herbeigeritten käme und Schlachten siegreich führte wie in den Tagen der Patriarchen. Dieses politische und soziale Thema stand bei den Juden im Vordergrund. Jesus behandelte dieses Thema nicht ein einziges Mal bis zu dem Zeitpunkt, als Er danach befragt wurde. Als der Aufschrei erfolgte: „Was sollen wir dem Kaiser geben?“ antwortete Jesus: „Gebt also dem Kaiser, was dem Kaiser gebührt, und Gott, was Gott gebührt." Die Frage des Herzens war für Jesus weitaus wichtiger als irgendein politisches Programm. Er war sich dessen bewußt, daß nichts Gutes vom Menschen ausgehen könne, bevor nicht eine Bekehrung der Herzen stattgefunden hätte. Die Wurzel seines Gesetzes findet sich in den Zehn Geboten, die zum Verständnis keines Kommentars bedürfen.

Das Verbot [der Anbetung] falscher Götter nimmt in unserem Alltag so viele Formen und Gestalten an. Wenn irgend etwas eine höhere Stelle als die Verehrung Gottes einnimmt, dann ist das ein [falscher] Götze. Darin sehen wir viele Ursachen unserer Probleme von ihrem Ansatz her. Es gilt das Gebot, „den Sabbat heilig zu halten". Diesen Tag nicht zu heiligen zog im Alten Testament als nur eine unter einigen Sünden die Todesstrafe nach sich. Obwohl wir nicht unter dem Gesetz des Alten Testamentes leben, findet im ganzen christlichen Kulturbereich ein weitverbreiteter Mißbrauch in bezug auf den Sabbat statt. Im Westen haben wir Gott aufgrund unseres Wohlstandes verloren, und im Osten wurde Gott wegen des Kommunismus und des Leidens verloren. Beide haben den Sabbat aus den Augen verloren, und deshalb sind unsere Probleme so groß geworden, daß wir sogar nicht mehr wissen, wo wir anfangen sollen, um die Lösung unserer Nöte zu finden.

Die Absicht Gottes, die Er für den Sabbat hegte, war, es sollte ein Tag der Ruhe sein, an dem man Gott durch Anbetung, Unterhaltung, Belehrung und Lob ehrte. Wenn heute jemand sich noch die Mühe macht, zur Kirche zu gehen, so findet er einen Sonntag voll Erholung, Fernsehen, Sport, Einkaufen und Erledigung von Besorgungen, die dort alle hineingedrängt werden. Zeit für die Familie zu haben ist etwas, was zu den vorhergehenden Generationen gehört. Die Götzen häufen sich vor dem Altar, wobei sie die Oberhoheit Gottes in unserem Leben verdrängen. Die Ablehnung spiritueller Verantwortung hat uns so weit geführt, daß sich uns der Friede entzieht. Als der Heiligen Schrift als Leitstern und Maßstab zum Leben zugestimmt wurde, war die Welt [zum Leben noch] ein besserer Ort. Türen wurden nicht verschlossen, im Klassenzimmer wurde gebetet, und man besaß einen Sinn für einen zivilen Gehorsam. Nichts war je vollkommen, aber die Gesellschaft war ein Hort größerer Sicherheit. Je mehr Gott aus unserem Leben entfernt worden ist, um so mehr haben die Menschen den Sinn für das Gute verloren. Die gewählten Regierungschefs reflektieren nur den Willen des Volkes. Der Sünde wurde ein anspruchsvolles, psychiatrisches Zeugnis gegeben.

Glück und Zufriedenheit

Das Buch des Gesetzes komme nicht von deinem Munde, sondern sinne darüber Tag und Nacht, damit du alles haltest und tuest, was in demselben geschrieben ist; dann wirst du deinen Weg recht gehen und weise handeln. (Josue 1, 8)

Wenn das Vergnügen im Unmaß gelebt wird, wird es schließlich den Tod der Seele oder des Leibes bewirken. Erholung, Sport und Hobbys sind wunderschöne Dinge, die für eine ausgeglichene Lebensgestaltung kultiviert werden müssen, aber wir müssen sie in bezug auf einen gesunden Geist und Leib in die rechte Perspektive rücken. Sie werden niemals glücklich machen, aber sie können uns ein Gefühl der Verwirklichung und des Wohlbehagens geben. Wenn wir immer nur den „größeren Kitzel" suchen, dann wird die unbotmäßige Vergnügungssucht unseren Seelenfrieden zerstören. Wenn wir damit fortfahren, dann werden wir wie eine leere Patronenhülse.

Alles im Übermaß schlägt bald in sein Gegenteil um. Je mehr wir uns selbst verhätscheln, um unsere spirituelle Leere zu füllen, um so mehr klingeln die Kassen beim Psychiater. Nachdem Ernest Hemingway seine Leidenschaft im Angeln von Marlin-Fischen in Florida wie in Kuba, im Stierlaufen von Pamplona, in der Großwildjagd in Afrika, im Angeln von Forellen in Idaho, an der spanischen Riviera-Küste, im Nachtleben des Café Vendome in Paris und in der Gesellschaft des Jet-set von Hollywood gestillt hatte, ging er ins Badezimmer, drückte [den Abzug seiner Schußwaffe] ab und seine Frau wischte [Teile] sein[es] Gehirn[s] vom Fußboden auf. Trotzdem er allen Vergnügungen nachgegangen war, war er dennoch nicht glücklich.

Unsere Liebe Frau sagte der jungen Bernadette Soubirous in Lourdes: „Ich kann dir kein Glücklichsein in diesem Leben versprechen, aber im nächsten." Das beste, was wir zu erreichen hoffen können, sind ein wenig Frieden, Freude, Zufriedenheit und Liebe in unserem Leben. Es wird immer eine Leere geben, weil [die Sehnsucht] unsere Seele, bis wir den Himmel erreichen, niemals vollkommen erfüllt sein wird. Hier können wir uns nur einiger Funken von Güte, Schönheit und Liebe erfreuen. Aber im Jenseits werden wir uns in der ewigen Gegenwart jener Flamme befinden, von der diese Funken sprühen. Im liebenden und barmherzigen Herzen Christi werden unsere ruhelosen Herzen Frieden und Zufriedenheit finden. Der heilige Augustinus sagte: „Unser Herz ist ohne Ruhe, bis es in Dir ruht, o Gott!"

Das Herz der Bewegung: Das Apostolat von der Heiligen Mutterschaft

Vom Februar bis August 1987, im ersten Teil des von Papst Johannes Paul II. ausgerufenen Marianischen Jahres, wurden einer Mutter von drei Kindern aus dem mittleren Westen der Vereinigten Staaten Visionen gewährt. Die Visionen bezogen sich auf Jesus und die Allerseligste Jungfrau Maria. Um die Privatsphäre der Mutter zu schützen und um Unanehmlichkeiten zu vermeiden, [die eine solche Verantwortung begleiten], hat die Mutter die Anonymität gesucht und gefunden, und dies wurde ihr auch von der Allerseligsten Jungfrau versichert. Die Kinder, die zum Zeitpunkt der Visionen sieben, drei und ein Jahr alt waren, wären durch die öffentliche Aufmerksamkeit, die mit solchen Visionen einhergeht, gefährdet gewesen. Die Frau hat den lateinischen Namen „Mariamante" angenommen, der übersetzt soviel bedeutet wie „Liebhaber Mariens". Sie wurde in einer Vision des Christuskindes am 25. März 1987 beauftragt, „sie [dic Bewegung] nach Meiner Mutter, der Königin des Himmels, zu benennen" und sie *„Apostolat der heiligen Mutterschaft in katholischen Familien"* zu nennen. Gemäß der Prophezeiung wird dieses Apostolat vom Heiligen Vater anerkannt und wird bis an die vier Enden der Welt bekannt werden, viel Gutes tun und viel dazu beitragen, daß die Welle des Bösen, die heute so viele Familien zerstört, aufgehalten wird.

Die beste Quelle für Ideen, um die Leiden unserer Familien und unserer Gesellschaft als Ganze zu beheben, liegt darin, sich an die grundsätzlichen Gedanken zu halten, die wir diesen Botschaften entnommen haben. Heute sind die beiden Hauptangriffsziele des Satans der Klerus und die Familie. Es bedarf keiner großen Fähigkeiten in der Unterscheidung der Geister zu verstehen, welche Auswirkungen der Zerfall dieser Institutionen mit sich bringt. Das nachfolgende Material ist gedacht, als Richtschnur zu dienen, um in den uns bevorstehenden Tagen Frieden und Verständnis zu erlangen.

Die Hauptpunkte des Apostolats von der Heiligen Mutterschaft

1. „... Sie müssen all ihre Zeit, Energie und Mittel, ihr eigenes Selbst eingeschlossen, zur größeren Ehre Gottes und zur Ausführung des Willens Gottes für ihr Leben aufbringen;

2. Sie müssen Meiner heiligsten Mutter unter dem Titel ‚Mutter Gottes' geweiht sein;

3. Sie müssen danach trachten, ihre täglichen Pflichten zu erfüllen, das heißt: als Mütter und Ehefrauen in beispielhafter Heiligkeit leben, indem sie in ihren Häusern ein betrachtendes Leben führen ..."[1]

Diese Botschaften enthalten die notwendigsten Aspekte des inneren Lebens, indem sie geradezu einen Katechismus des geistlichen Lebens zusammenfassen. Ein besonderer Nachdruck wird auf die Tugend der Reinheit gelegt, was von Unserer Lieben Frau als „evangelische Reinheit" bezeichnet wird. Indem es die Tugenden der Allerseligsten Mutter heraushebt und durch die Gnade dieselben Tugenden den Mitgliedern ihres Apostolates mitteilt, spricht das Christkind ebenso. Dieser Bewegung ist eine wichtige Rolle in der Herbeiführung des Triumphes des Unbefleckten Herzens, welcher in Fatima vorausgesagt wurde, und in Gottes Erneuerung des Antlitzes der Erde zugedacht.

Dies ist eher eine spirituelle Bewegung als eine Organisation, deren Hauptfrüchte die erneuerte Anerkennung und Achtung von Kindern und der Person

Christi in Kindern sein werden, welche besonders durch die Verehrung des Christuskindes herbeigeführt werden. Die Heilige Familie soll für diese Familien ihr Vorbild sein. Die Gnaden, die durch die Mitglieder dieses Apostolats erworben werden, werden dazu mithelfen, die Leiden unschuldiger Kinder in der gan-zen Welt zu verringern, von denen viele heute unter geistlicher und physischer Vernachlässigung leiden. In den (hoch) entwickelten Ländern werden Kinder durch den Materialismus und die geistliche Vernachlässigung ihrer Eltern geistlich verarmt. Der Glaube wird an sie nicht durch ihre Eltern weitergegeben. Das ist die größte Vernachlässigung, diejenige, die die Kinder ihres ewigen Lebens mit Gott im Himmel beraubt. In seiner Güte liebt Gott in unvorstellbarer Weise jedes dieser kostbaren Kleinen und wünscht für sie, daß sie von ihren Eltern wie „kostbare Juwelen" geliebt werden, was sie wirklich sind.

Einige der Hauptpunkte dieser Bewegung (zusammen mit ähnlichen Botschaften aus anderen Quellen) werden im Folgenden aufgeführt:

Anbetung der Allerheiligsten Eucharistie

Die Allerseligste Mutter: „Die Allerheiligste Eucharistie muß angebetet und verehrt werden. Betet die Allerheiligste Eucharistie an! Das eucharistische Herz Jesu ist das größte Geschenk Gottes an die Menschen. Traurig ist, daß es nicht entsprechend gewürdigt wird. Das ist eine schwer wiegende Tragödie. Mein Sohn hat für eure Sünden sein Blut vergossen. Das Geringste, was ihr tun könnt, ist sein eucharistisches Herz im Tabernakel zu verehren. Die Kirchen sind verschlossen. Das ist eine weitere Tragödie. Die Menschen sollten Tag und Nacht vor dem Tabernakel für das Heil der Welt beten, und besonders für die Reinheit im Westen."

Am 21. August 1987 ermahnt uns Maria durch die Marianische Priesterbewegung, uns vor den Tabernakel zu begeben, um eine Beziehung mit Jesus zu erlangen. „Geht zum Tabernakel, um mit Jesus eine einfache und tägliche Lebensbeziehung herzustellen. Mit derselben Natürlichkeit, mit der ihr einen Freund sucht und ihr euch Menschen, die euch lieb sind, anvertraut und ihr euch nach helfenden Freunden sehnt, sollt ihr zum Tabernakel gehen, um Jesus zu suchen. Macht Jesus zu eurem liebsten Freund, zu jemand, dem ihr am meisten vertraut, nach dem ihr euch am meisten sehnt und den ihr am meisten liebt."

Darüber hinaus sprach Maria am 26. Februar 1991 mit Don Gobbi über Jesus, der in der Allerheiligsten Eucharistie gegenwärtig ist, als unserer geistlichen Nahrung, damit wir nicht mehr länger zu hungern und zu dürsten brauchen: „Ich fordere euch auf, diese geistige Speise im Überfluß zu spenden, und besonders bitte ich euch, meine vielgeliebten und mir geweihten Kinder, daß ihr euch noch mehr anstrengt, allen das Licht des Evangeliums mitzuteilen. Predigt das

Evangelium mit Mut und ohne Angst. Schenkt es in der Klarheit seiner Ganzheit. Verkündet es mit der gleichen Kraft, mit der mein Sohn Jesus es euch gepredigt hat. So werdet ihr allen helfen, auf dem Weg des wahren Glaubens zu gehen, im größten Gehorsam zum Lehramt des Papstes und der mit ihm vereinten Bischöfe. ... Der eucharistische Jesus ist das lebendige Brot, das vom Himmel herabgekommen ist, die Speise, die man essen muß, um nicht mehr zu hungern, das Wasser, das man trinken muß, um nicht mehr Durst zu haben. Der eucharistische Jesus will heute für eure so sehr gespaltene und leidende Kirche und für euer so krankes und bedrohtes Vaterland der gute Samariter werden."
Mutter Teresa hat gesagt: „Wenn die Menschen eine Stunde pro Woche in der Anbetung und Verehrung der Allerheiligsten Eucharistie verbringen würden, würde die Abtreibung beendet werden."

Priester

Die Allerseligste Mutter: „Die Priester, die ihre Herde vernachlässigen, befinden sich gleicherweise im Irrtum. Erholsame Vergnügungen sind keine wichtigen Aspekte eines christlichen Lebens und stehen tatsächlich nicht im Einklang mit dem Weg zur Vollkommenheit, den ich für alle meine Kinder wünsche. Sie müssen ihrer Eigensucht entsagen, die sie dazu veranlaßt, viel Zeit zu vergeuden, während Seelen, die die Sakramente, insbesondere die Beichte, benötigen, unversorgt belassen werden. Viele meiner Kinder sind aufgrund dieser Situation nicht in der Lage, ihre Sünden zu bekennen. Sie können keinen Priester finden, der dazu bereit wäre, seine Zeit damit zu verbringen, dieses heiligste Sakrament zu spenden.

Wie traurig ist es für mich, das wahrzunehmen. Der Zweck des Priestertums ist die Spendung der Sakramente. Warum haben sie das vergessen? Sie müssen ihre Prioritäten neu setzen und sich ihrer Herde widmen, die ihnen von meinem Sohn selbst anvertraut worden ist. Folgt Seinem Beispiel während eures Erdenlebens. Verbrachte er nutzlose Stunden in vergnügsamer Erholung? Natürlich nicht. Warum sollt ihr das dann tun, wenn ihr doch bekennt, Ihm zu folgen, und ihr doch zur Vollkommenheit berufen seid, was Sein Wille für euch ist. Die Spendung der Sakramente der Allerheiligsten Eucharistie und der Beichte sollte in eurem Leben von äußerster Wichtigkeit sein. Nichts anderes sollte jemals diesem zuvorkommen."

Häufige Beichte

Die Allerseligste Mutter: „Ich wünsche, daß alle meine Kinder von diesem Sakrament Gebrauch machen und häufig, nicht sporadisch oder selten, zur (heiligen) Beichte gehen. Die häufige, regelmäßige Beichte wird sie dazu führen, an Heiligkeit zuzunehmen, in einer Weise, wie nichts anderes es kann. Betet für jene, die den Beichtstuhl vernachlässigen oder fürchten. Sie müssen das überwinden, um meinem göttlichen Sohn näherzukommen. Er soll jetzt und in Ewigkeit gepriesen sein. Ich werde euch unter allen Umständen beschützen."

Trachtet nur danach, Mich zu lieben: das Allerheiligste Sakrament

(Vision des Christuskindes): **„Erneut sage ich dir: Die beste Vorbereitung, die du treffen kannst, ist, dich durch lange Stunden des Gebets vorzubereiten, aus Liebe zu Mir Opfer zu bringen und mehr Zeit mit Mir im Allerheiligsten Sakrament zu verbringen. Dies wird dich nicht nur auf jegliches Ereignis in dieser, sondern auch in der jenseitigen Welt vorbereiten."**

Die Sakramente: Die Antwort auf alle Leiden der modernen Welt

(Vision des Christuskindes): **„Sie müssen Mich in den Sakramenten der heiligen Mutter Kirche suchen, die ihre oberste Führerin zur Heiligkeit auf Erden ist. Die Kirche, die Ich gegründet habe, ist ihre Antwort. Die Antwort zu allen Leiden der modernen Welt liegt in den Sakramenten Meiner Kirche. Sie ist ein immerwährendes Geschenk Meiner Liebe für euch; der Weg ist so deutlich und wird doch so oft nicht gewählt. Er braucht für euch nicht ungewählt zu sein, wenn ihr euch im Sakrament der Beichte Mir zuwendet. Es gibt euch die Kraft, all das zu sein, was ich wünsche, daß ihr wäret, wenn ihr euch Mir zuwendet und in dieser Weise von euren Sünden befreit werdet."**

Das Gebet ist die Antwort

(Vision des Christuskindes): **„In der Zeit von Krisen wendet euch Mir statt einander zu. Die Menschen verbringen Stunden damit, miteinander über ihre Probleme zu sprechen, wenn sie doch die Lösung ihrer Probleme darin finden könnten, indem sie die Hälfte dieser Zeit mit Mir im Allerheiligsten Sakrament verbringen würden. Ich sage Lösung in dem Sinne, daß sie die Kraft besäßen, ihr Kreuz zu tragen, oder daß es in einigen Fällen ihnen genommen würde, wenn sie es nicht zur Vervollkommnung ihrer Seelen tragen sollten. Viele schleppen nutzlosen Ballast mit sich herum, weil sie nicht zu Mir kommen. Sie suchen nach menschlichen Lösungen, wenn es keine gibt.**

... Wie ihr wißt, ist das Gebet die Voraussetzung dafür, die Gott eingerichtet hat, um all das im geistigen Bereich zu erlangen, was euch gewährt werden soll. ‚Bittet, und es wird euch gegeben; suchet, und ihr werdet finden; klopfet an, und es wird euch aufgetan.' Tut dies, und ihr werdet empfangen, ja sogar im Übermaß. Bittet um die Tugenden meiner Mutter, die sieben Gaben des Heiligen Geistes, und sie werden euch gewährt werden. Amen, Ich sage euch; das Himmelreich gehört jenen, die beten. Betet, und ihr werdet es erlangen.

Betet, und ihr werdet mehr erhalten, als eure Herzen in ihrer Geringheit sich jetzt vorstellen. Ich segne euch alle aus Meinem Herzen.“

Die Allerseligste Mutter sprach durch Don Gobbi über Kinder, die ohne Glauben erzogen werden: „Hunderte von Millionen meiner armen Kinder werden so von ihrer Kindheit an erzogen, Gott entbehren zu können. Und oft sind es gute, hochherzige Kinder, aber des wahren Lichtes beraubt, das allein ihrer Existenz Freude und Hoffnung verleihen kann. Du fühlst das ganze schwere Leid, das über diesem riesigen Land liegt. ... Ich versichere dir, daß sich tatsächlich das verwirklicht hat, was ich euch schon in Fatima vorausgesagt habe: Rußland hat seine Irrtümer in der ganzen Welt verbreitet. Der Herr hat sich der gottlosen Nationen bedient, um die christlichen Völker zu strafen, die sich vom Weg, den mein Sohn Jesus gewiesen hat, entfernt haben. Nun, da ihr gerade erlebt, was ich euch vorausgesagt habe, was müß ihr tun, meine armen Söhne, um Abhilfe zu schaffen? Nehmt vor allem eure Zuflucht zum Gebet. Betet noch mehr, betet mit noch größerem Vertrauen, betet mit Demut und ganzer Selbstübergabe. Vor allem betet jeden Tag den heiligen Rosenkranz! Mit eurem Gebet verhindert ihr, daß sich der Irrtum in größerem Ausmaß verbreitet. Ihr haltet damit das Wirken des Bösen in Schach, geht zum Gegenangriff über und begrenzt immer mehr dessen Aktionsradius.“ (12. Juni 1978)

Das tägliche Rosenkranzgebet

Die Allerseligste Mutter: „Mein Sohn erduldete für eure Sünden schreckliche Leiden. Ihr müßt für sie Sühne leisten. Vernachlässigt eure Pflichten nicht! Sie sind äußerst wichtig. Betet die fünfzehn Gesetze des heiligen Rosenkranzes täglich! Das erfreut Gott sehr. Es ist wichtig.“

Demut und Reinheit

Die Allerseligste Mutter: „Ich möchte mit meiner Belehrung über die Demut fortfahren. Demut und Reinheit werden jetzt in der Welt benötigt. Ohne sie kann es keine wahre Liebe geben. Betet in dieser Absicht viele Rosenkränze! Dir werde ich persönlich große Demut geben, damit es unmißverständlich sein wird, daß diese Botschaft von mir und nicht von dir stammt ... Liebet euren Nächsten! Die Nächstenliebe muß siegen. Es verbleibt keine Zeit mehr für Kleinlichkeiten. Vergebt einander! Ich bereite viele Seelen vor, Großes für Gott zu tun.“

Schweigen und Verborgenheit

Die Allerseligste Mutter: „Schweigen und Verborgenheit. Das verlange ich von euch. Das Licht des Herrn soll durch euch in euren täglichen Pflichten scheinen. Viele verstehen dies falsch und glauben, daß sie sich in der Öffentlichkeit darstellen müssen, wenn sie für Gott Großes leisten wollen. Oft ist es genau das Gegenteil. Schweigen und Verborgenheit, wie es bei mir in Bethlehem und Nazareth war. So viele meiner Priestersöhne wollen in der Welt Auszeichnungen erlangen, anstatt das Evangelium meines Sohnes zu verkünden. Dies ist ein Irrtum. Mein Sohn hat alles offenbart. Es gibt nichts Neues. Sie sollten Ihm in seinen Fußstapfen folgen, anstatt ihre eigenen Wege zu bahnen. Durch ihre Irrtümer führen sie viele in die Irre. Sag ihnen, daß Jesus und nicht der menschliche Verstand das Licht ist. Statt Gott selbst verehren sie den menschlichen Intellekt.

Mütter, lehrt eure Kinder, einander gut zu behandeln! Die wichtigen Lektionen werden zu Hause gelernt. Erwartet nicht von anderen, daß sie eure Kinder erziehen. Dies ist eure Verantwortung und sollte eure Freude sein. Die Welt hat der elterlichen Erziehung die Freude entzogen. Dies ist ein Irrtum. Disziplin ist vonnöten, aber so ist auch die Freude. Liebt eure Kinder! Viele Kinder leiden unter dem Mangel an Liebe. Dies ist eine Tragödie. Man gibt ihnen zu verstehen, daß sie eine Last sind. Ihre Eltern sollten Gott um Verzeihung bitten, denn der, welcher die Kleinen in die Irre führt, muß sich dafür verantworten. Liebt und schätzt nur eure Kinder!"

Das Skapulier

Die Allerseligste Mutter: „Sorgt euch nicht, meine Kinder, die ihr unter dem Zeichen meines Schutzes lebt. Tragt es immer! Es wird euch dabei behilflich sein, Gutes zu tun, weil es ein Zeichen meiner Liebe ist und euch oft an mich erinnert. Dies ist der Zweck aller Sakramentalien, euch an die Person, die hinter ihnen steht, zu erinnern und euch zu helfen, deren Tugenden nachzuahmen. Unter diesen sind das Skapulier und der Rosenkranz die größten, und sie werden euch den meisten Schutz gewähren. Ich wünsche, daß alle meine Kinder eines tragen. Es wird ihnen dabei helfen, Jesus mehr zu lieben. Dies ist ein einfaches Mittel, wodurch Gott Seinen Kindern hilft. Tragt es immer!"

Kinder

Die Allerseligste Mutter: „Schätzt eure Kinder und gewährt ihnen die stabile Umgebung, die ihnen zusteht! Entledigt euch der Mentalität der Welt, die da besagt, daß ihr eurer eignen Lust und Laune freien Lauf lassen müßt, und statt dessen opfert euch für eure Familien auf. Dies ist wahre Liebe, wenn sie sich im Opfer darstellt. Luxus ist nicht wichtig; er könnte zu eurem Ruin führen. Strebt nicht nach materiellem Reichtum! Er ist völlig unwichtig und kann oft eurem Hinstreben zu meinem Sohn entgegenstehen. Vergeßt die irdischen Dinge und strebt nach den himmlischen, nach dem, was immer währt, damit ihr, wenn ihr für alles Rechenschaft ablegen müßt, euch darüber freuen könnt, eure Zeit auf Erden gut verwendet zu haben. Ihr braucht nicht in jeder Einzelheit überbedenklich zu sein; führt ein am Guten ausgerichtetes Leben, wie es die Lehre der Kirche anordnet."

Erweitert den Gebetsumfang

Vision des Christuskindes: „Die Zahl meiner Nachfolger, die nichts tut, um aus reiner Liebe zu Mir für ihre Sünden Sühne zu leisten, und statt dessen ihre Gebetszeit damit verbringt, um Gnadenerweise und Bekehrung für nur ihre Familienangehörigen zu bitten, beunruhigt Mich. Wenn ihr meinen Willen erfüllen wollt, dann müßt ihr euren Gebetsumfang erweitern, damit er jetzt die ganze Menschenrasse umfaßt. Ich alleine bin der Richter, der darüber entscheidet, wann das Herz eines Menschen bereit ist, die Gnade der Bekehrung zu empfangen, und viele wären zum Empfang bereit, doch gibt es niemanden, der sich der Mühe unterzieht, für sie darum zu bitten. Das Gebet ist die Voraussetzung für geistliche Gnadenerweise und Geschenke, und sie müssen von jemandem erbeten werden."

Das menschliche Leben ist heilig

Vision des Christuskindes: „Der Herr übt seine Rache mit einem zweischneidigen Schwert aus, und die Rache ist Mein, sagt der Herr. Jene, die ihren Leib in dem nimmer endenden Versuch, das Leben zu verhindern, verstümmelt haben, müssen bereuen. Sie haben schwer gesündigt und sollten zur Sühne für ihre Sünden keusch leben. Betrachte den Schmerz, den diese Verirrung der heutigen Gesellschaft verursacht hat, insbesondere gegenüber den Kindern, die Opfer dessen sind, Opfer in dem Sinne, daß sie materiell alles besitzen, aber einen Mangel an Liebe aufweisen, da sie keine Brüder und Schwestern haben.

Die Eltern, die sich dazu entschieden, das Leben zu zerstören, bevor es begann, haben für die wenigen, die die Anforderungen des Denkens der modernen Welt überlebt haben, ein Vakuum erzeugt. Sie leiden an Einsamkeit, einem Mangel an Zuneigung und aller anderen Art, die sich als direkte Folge dieser Verirrung manifestiert. Das menschliche Leben wegen der launischen und kapriziösen Entschuldigungen von Personen heutzutage abzuweisen, ist ein Greuel wider die göttliche Ordnung und ist unmittelbar verantwortlich für viele der Sünden und Tragödien, deren Zeugen ihr heute werdet."

Das Allerheiligste Herz

Christuskind: „Meine Kinder leiden derart unter diesen überhandnehmenden Irrtümern in Gedanken und Handlungen, daß Ich um ihretwillen einzugreifen wünsche. Sie müssen Mich im Bildnis des Allerheiligsten Herzens verehren, und Ich werde ihnen helfen, die heimtückischen Seuchen zu überwinden, die in ihre Wohnungen hineinkriechen. Ich spreche von Seuchen im Sinne von Sünden der Unmoral und der Schamlosigkeit. Wenn ihr Mich auf diese Weise verehrt, werdet ihr in euren Häusern von dieser Tyrannei verschont bleiben. Schützt eure Wohnungen und eure Kinder durch das Bildnis von Mir und Meinem Allerheiligsten Herzen! Tragt das Abzeichen des Allerheiligsten Herzens und stellt Mein Bildnis an einem markanten Ort in eurer Wohnung aus, und Ich werde euch in Überfülle segnen. Nur wenige wissen oder verstehen wirklich die Kraft, die Ich in diese Weise, Mich zu verehren, hineingelegt habe. Wenn sie es wüßten, würden sie es in der Tat praktizieren. Ich bin gekommen, um euch erneut einzuladen, das zu praktizieren, was Ich euch in der Vergangenheit zu eurem Heil und Schutz offenbart habe. Die Unzahl von Formen und Handlungen der Frömmigkeit, die durch die Jahrhunderte überliefert und von Meiner Kirche anerkannt worden sind, sollten in die Tat umgesetzt und weit verbreitet angewendet werden, um das Böse einzuschränken, das heute in der Erwartung lauert, wie ein hungriger Löwe jeden zu verschlingen, der zum Opfer wird. Bewaffnet euch mit der Heiligkeit und dem, was heilig ist, Meinen Sakramentalien und Akten der Frömmigkeit, damit ihr nicht dem Bösen zum Opfer fallt. Das Skapulier und der Rosenkranz Meiner Mutter sowie die Verehrung des Allerheiligsten Herzens werden euch den größten Schutz gewähren und euch in der Erlangung der Heiligkeit in großem Maße helfen."

Die heilige Margarete Maria Alacoque sagte im siebzehnten Jahrhundert zur Verehrung des Allerheiligsten Herzens Jesu: „Ich verstehe, daß die Verehrung des Allerheiligsten Herzens Jesu ein letzter Versuch Seiner Liebe für die Christen in dieser Endzeit ist, indem sie ihnen ein derart durchdachtes Objekt und Mittel anbietet, um sie davon zu überzeugen, Ihn zu lieben."

Das Zeitalter der beiden Herzen

Jesus: „Das Allerheiligste Herz und das Unbefleckte Herz sollen die fortwährende Quelle eurer Inspiration und Konzentration eures Gebetes sein. Dies ist das Zeitalter der beiden Herzen und die Weise, in der Wir verehrt und geehrt zu sein wünschen. Die Tiefe dieser Verehrung entzieht sich den vielen, die danach trachten, sich auf ihren Gott in einer Weise zu beziehen, die sie blind als eine moderne Form verstehen, welche nichts anderes als eine Verringerung des Grades der Heiligkeit bedeutet, zu der die Menschen berufen sind. Sie suchen, in nur menschlicher Weise zu erklären, wenn doch Meine Anordnung an sie lautet, vollkommen zu sein, wie Mein Himmlischer Vater vollkommen ist. Dies erfordert eine Form der übernatürlichen Liebe, welche euch im Überfluß durch die Verehrung der beiden Herzen zugänglich gemacht wird. Durch dieses Mittel werdet ihr befähigt, in ähnlicher Weise zu lieben, wie Meine Mutter und Ich den Vater lieben und verherrlichen. Der Rosenkranz und das Skapulier Meiner Mutter sowie die Verehrung des Allerheiligsten Herzens Jesu werden euch den größten Schutz bieten und euch in hohem Grade Hilfe zur Erlangung euer Heiligkeit gewähren. Ich wünsche, daß alle Meine Kinder die Andachten der neun Herz-Jesu-Freitage zur Sühne der Sünden und die fünf Herz-Mariä-Samstage zu Ehren Meiner Mutter praktizieren, damit die Flutwelle des Bösen, die die Welt überrollt, in der Niederlage endet. Wenn diese beiden monatlichen Andachten getreu von Meinen Nachfolgern praktiziert würden, würde diese Schlacht durch sie allein gewonnen werden, derart groß ist ihre Macht in der Besänftigung der göttlichen Gerechtigkeit und in der Auslöschung von Sünde und Bosheit."

Antwortet jetzt mit eurem Fiat!

Vision der Allerseligsten Mutter mit dem Christuskind: „Die Fürsprache Meiner Mutter wird euch in allen euren Nöten helfen. Ihr braucht euch vor nichts zu fürchten. Ruft sie unter allen Umständen an, und sie wird euch helfen, indem sie sogar viele von euch zu einem hohen Grad der Heiligkeit führen wird, was gerade jetzt so äußerst notwendig ist. Ich sage allen, die dies lesen: Antwortet jetzt mit eurem Fiat und dies von ganzem Herzen, damit ihr dadurch am Triumph Meiner Mutter mithelft, welcher die Rettung der Welt in dieser Generation sein wird und das Zeitalter des Friedens, von dem sie in Fatima gesprochen hat. Jetzt ist [dafür] die [rechte] Zeit. Zögert nicht! Morgen wird es nicht mehr geben. Ich wünsche, daß alle Meine Kinder die Wichtigkeit dieser prompten Antwort auf die Bitten Meiner Mutter und Meiner Bitten verstehen. Sie sind einfach und lassen sich durch Meine Gnade leicht erfüllen. Jene, die Meinen Namen anrufen, brauchen sich nicht vor außergewöhnlichen Lasten zu fürchten. Ich werde ihnen alle dazu notwendigen Gnaden schenken, um alles zu erfüllen, sogar ganz leicht, wenn ihr Glauben habt. Der Glaube kann die Welt verändern. Glaubt an Mich und an die Fürsprache Meiner Mutter, und die Welt soll verändert werden."

Liebt Meine Mutter und ihr werdet Mich lieben

Vision des Christuskindes: „Wenn eine Seele eng mit Meiner Mutter verbunden und fest in ihrem Herzen geborgen ist, kann ich ihr nichts verweigern, sie gefällt Mir so sehr. Sie (die Seele) wird so liebenswert durch ihre (Mariens) Fürsprache, welche sie von den Dingen dieser Welt rein und Mir ähnlich macht, wie selbst Ich in ihrem Leib durch die Kraft des Heiligen Geistes Gestalt annahm. Aber so, wie sie für die Verwirklichung des Plans von der Fleischwerdung notwendig war, ist sie auch für eure persönliche Erlösung oder eure Annäherung an Mich notwendig. Sie ist das Tor des Himmels, durch das Ich zu euch gekommen bin und durch das ihr zu Mir kommen werdet. Der

Protestantismus, der sich in Meine Kirche eingeschlichen hat, das heißt in jene, die Ich gegründet habe, nämlich die katholische Kirche, ist eben genau nur das – Protestantismus. Er ist keine katholische Wahrheit. Es ist ein Irrtum, die Bedeutung der Rolle Meiner Mutter in eurer und der Welt Erlösung herabzusetzen. In allen Aspekten der Erlösung war und ist sie äußerst wichtig, weil Ich beschloß, durch dieses Werkzeug zu euch zu kommen, und weil Ich beschließe, daß ihr durch dasselbe Werkzeug zu Mir kommt, welches die Allerseligste Jungfrau Maria ist, Meine Mutter und eure Mutter. Sie ist die Königin aller Heiligen, Königin der Engel und Königin des Himmels und der Erde. Sie wird euch zum Himmel führen, wenn ihr es ihr gestattet."

Das Heilmittel – trachtet nach Heiligkeit

Sucht den Zufluchtsort des Unbefleckten Herzens Mariä auf und betet für die Gnaden, die durch ihr Herz kommen, zu eurem und eurer Angehörigen Schutz! Betet für die Gnaden, die euch zur Heiligkeit führen!

Wie Moses die Juden aus Ägypten, so führt Unsere Allerseligste Mutter den ihr verbliebenen Rest durch die Drangsale. Fürchtet euch nicht, denn die Furcht stammt vom Bösen, sondern vertraut auf Jesus und die Allerseligste Mutter, daß Er den Heiligen Geist sendet, um uns zur Heiligkeit und letztlich zum Himmel zu führen.

Die Botschaften von Medjugorje fassen für uns den Weg zur Heiligkeit zusammen: **Gebet, Fasten, Glauben, Bekehrung und Frieden.** Diese Botschaften führen uns zur Heiligkeit, welche das Heilmittel für die Leiden unserer Zeit ist.

Die geistliche Instruktion von Mutter Teresa aus Calcutta belehrt einen jeden von uns in ansprechender Weise:

Die Frucht des Schweigens ist das Gebet.
Die Frucht des Gebets ist der Glaube.
Die Frucht des Glaubens ist die Liebe.
Die Frucht der Liebe ist der Dienst.
Die Frucht des Dienstes ist der Frieden.

und

Es mögen das barmherzige Herz Jesu und das Unbefleckte Herz Seiner geliebten Mutter, Maria, jeden von uns zur Verwirklichung unserer himmlischen Hoffnung, Freude und Sehnsucht bringen.

Gebet zum Heiligen Geist

Heiliger Geist, Geliebter meiner Seele, ... ich bete Dich an. Erleuchte mich, führe mich, stärke mich, tröste mich. Teile mir mit, was ich tun soll, ... gib mir Deine

Anweisungen. Ich verspreche, mich all dem zu unterwerfen, was Du von mir verlangst, und all das anzunehmen, was Du erlaubst, daß es mir zustößt. Laß mich nur Deinen Willen wissen.

Weihe an die Herzen Jesu und Mariä, wobei der heilige Josef uns zum Vorbild dient

Ehre den liebenswertesten Herzen Jesu und Mariä! Wir verehren euch. Wir lieben und ehren euch. Wir bringen uns euch dar, und wir weihen uns euch auf ewig. Nehmt uns an und nehmt ganz und gar Besitz von uns.

Macht uns rein, erleuchtet und heiligt uns, damit wir Dich, Jesus, mit dem Herzen Mariä lieben, und Dich, Maria, mit dem Herzen Jesu. Herz Jesu, das in Maria und durch Maria lebt. Herz Mariä, das in Jesus und für Jesus lebt.

Herz Jesu, Du wurdest für unsere Sünden durchbohrt und hast uns Deine Mutter auf Kalvaria gegeben. Herz Mariä, Du wurdest vom Kummer durchbohrt und hast an den Leiden Deines göttlichen Sohnes um unserer Erlösung willen teilgenommen. Heilige Union dieser beiden Herzen! Gepriesen sei der Gott der Liebe, Der sie vereint hat.

Möge Er unsere Herzen und alle Herzen vereinen, damit alle Herzen in der Nachahmung der heiligen Einheit, welche zwischen diesen beiden Herzen herrscht, in Einigkeit leben. Triumphiere, du kummervolles und Unbeflecktes Herz Mariä! Herrsche, Du Allerheiligstes Herz Jesu, in unseren Herzen, in unseren Wohnungen und Familien, in den Herzen jener, die Dich noch nicht kennen, und in allen Nationen der Welt. Errichte in den Herzen der ganzen Menschheit den unumschränkten Triumph und die unumschränkte Herrschaft der beiden Herzen, damit es auf der ganzen Erde von Pol zu Pol mit einer Stimme erschalle: Hochgelobt sei allzeit das Allerheiligste Herz Jesu und das kummervolle und unbefleckte Herz Mariä!

O liebster, heiliger Josef, ich weihe und übergebe mich Dir, damit Du immer mein Vater, Beschützer und Führer auf dem Heilswege seist. Erlange für mich eine größere Reinheit des Herzens und eine glühendere Liebe zum inneren, geistlichen Leben. Möge ich, Deinem Beispiel folgend, alle meine Handlungen zur größeren Ehre Gottes in der Einheit mit dem göttlichen Herzen Jesu und dem Unbefleckten Herzen Mariä vollziehen.

O gelobter, heiliger Josef, bitte für mich, daß ich mit Dir den Frieden und die Freude eines heiligen Todes teile. Amen.

Anhang I

Ausgewählte Texte der Heiligen Schrift

Matthäus 24, 1-44

Die letzten Tage Jesu

Am Tag lehrte Er im Tempel und verbrachte die Nächte auf dem Berg, der Ölberg genannt wurde. Schon am frühen Morgen versammelten sich die Menschen im Tempel, um Ihm zuzuhören.

„**Weissagung vom Ende. Anlaß.** Jesus verließ den Tempel und ging weg. Da traten seine Jünger zu ihm und machten ihn auf die Tempelbauten aufmerksam. Er sprach zu ihnen: ‚Seht ihr das alles? Wahrlich, ich sage euch: Hier wird nicht ein Stein auf dem andern bleiben, der nicht niedergerissen wird.'

Als er sich dann auf dem Ölberg niedergelassen hatte, traten seine Jünger allein zu ihm und sprachen: ‚Sag uns, wann wird dies geschehen, und was ist das Zeichen deiner Wiederkunft und des Weltendes?'

Vorausgehende Drangsale. Jesus sprach zu ihnen: ‚Seht zu, daß euch niemand irreführt. Denn viele werden unter meinem Namen auftreten und sagen: Ich bin der Messias. Und sie werden viele irreführen. Ihr werdet von Kriegen und Kriegsgerüchten hören. Habt acht, laßt euch dadurch nicht erschrecken. Das muß so kommen, aber das Ende ist damit noch nicht da. Denn Volk wird sich gegen Volk, Reich gegen Reich erheben. Hungersnot und Pest und Erdbeben wird es allenthalben geben. Aber das alles ist erst der Anfang der Wehen.

Alsdann wird man euch der Drangsal überliefern und töten; um meines Namens willen werdet ihr von allen Völkern gehaßt sein. Dann werden viele im Glauben irre werden, einander verraten und hassen. Falsche Propheten werden in großer Zahl auftreten und viele irreführen. Weil die Gottlosigkeit überhandnimmt, wird die Liebe bei vielen erkalten. Wer aber ausharrt bis ans Ende, wird gerettet werden. Dieses Evangelium vom Reiche wird in der ganzen Welt verkündigt werden zum Zeugnis für alle Völker. Dann erst kommt das Ende.

Vorzeichen der Zerstörung Jerusalems. Wenn ihr nun an heiliger Stätte den Greuel der Verwüstung seht, von dem der Prophet Daniel gesprochen hat – wer es liest, der beachte es wohl! –, dann sollen die Leute in Judäa ins Gebirge flüchten. Wer auf dem Dache ist, steige nicht hinab, um noch etwas aus dem Hause mitzunehmen. Wer auf dem Felde ist, kehre nicht erst heim, um seinen Mantel zu holen. Wehe den hoffenden und stillenden Müttern in jenen Tagen! Betet, daß eure Flucht nicht in den Winter fällt oder auf einen Sabbat.

Die große Drangsal. Alsdann wird eine so große Drangsal eintreten, wie es von Anbeginn der Welt bis jetzt keine gegeben hat noch je geben wird. Ja, würden jene Tage nicht abgekürzt, so würde kein Mensch gerettet werden. Aber um der Auserwählten willen werden jene Tage abgekürzt. Wenn dann jemand zu euch sagt: Hier ist der Messias oder dort!, so glaubt es nicht. Denn es werden falsche Messias und falsche Propheten auftreten und große Zeichen und Wunder wirken, um wo möglich selbst die Auserwählten irrezuführen. Seht, ich sage es euch voraus. Wenn man dann zu euch sagt: Er ist in der Wüste, so geht nicht hinaus; er ist in den Gemächern, so glaubt es nicht. Denn wie der Blitz im Osten aufzuckt und bis zum Westen leuchtet, so wird es auch mit der Wiederkunft des Menschensohnes sein. Wo ein Aas ist, da sammeln sich die Adler.

Wiederkunft Christi. Sogleich nach der Drangsal jener Tage wird sich die Sonne verfinstern und der Mond seinen Schein verlieren, die Sterne werden vom Himmel fallen und die Kräfte des Himmels erschüttert werden. Dann wird das Zeichen des Menschensohnes am Himmel erscheinen, und alle Völker auf Erden werden wehklagen. Sie werden den Menschensohn kommen sehen auf den Wolken des Himmels mit großer Macht und Herrlichkeit. Er wird seine Engel aussenden mit lautem Posaunenschall, und sie werden seine Auserwählten von den vier Windrichtungen zusammenbringen, von einem Ende des Himmels bis zum andern.

Gleichnis vom Feigenbaum. Vom Feigenbaum lernt das Gleichnis: Wenn seine Zweige saftig werden und Blätter treiben, so wißt ihr, daß der Sommer nahe ist. So sollt ihr auch, wenn ihr dies alles seht, wissen, daß es vor der Türe ist. Wahrlich, ich sage euch: Dieses Geschlecht wird nicht vergehen, bis das alles geschieht. Himmel und Erde werden vergehen, aber meine Worte werden nicht vergehen. Jenen Tag aber und jene Stunde kennt niemand, auch die Engel im Himmel nicht, sondern nur der Vater allein.

Mahnung zur Wachsamkeit. Wie in den Tagen Noes, so wird es bei der Wiederkunft des Menschensohnes sein. In den Tagen vor der Sintflut schmausten und tranken sie, nahmen zur Ehe und gaben zur Ehe bis zu dem Tag, da Noe in die Arche ging; und sie kamen nicht zur Einsicht, bis die Sintflut hereinbrach und alle hinwegraffte. Geradeso wird es auch bei der Wiederkunft des Menschensohnes sein. Dann werden zwei auf dem Felde sein: der eine wird aufgenommen, der andere bleibt zurück. Zwei Frauen werden auf einer Mühle mahlen: die eine wird aufgenommen, die andere bleibt zurück.

Seid also wachsam; denn ihr wißt nicht den Tag, an dem euer Herr kommt. Das aber beachtet: Wenn der Hausherr wüßte, zu welcher Stunde der Nacht der Dieb kommt, so würde er sicher wachen und ließe ihn nicht in sein Haus einbrechen. Darum haltet auch ihr euch bereit; denn der Menschensohn kommt zu einer Stunde, da ihr es nicht vermutet." (Matthäus 24, 1-44)

Matthäus 25, 1-13
Das Gleichnis von den zehn Jungfrauen

„Dann wird es mit dem Himmelreiche sein wie mit zehn Jungfrauen, die ihre Lampen nahmen und dem Bräutigam [und der Braut] entgegengingen. Fünf von ihnen waren töricht, fünf klug. Die törichten nahmen zwar ihre Lampen mit sich, aber kein Öl. Die klugen dagegen nahmen mit den Lampen auch Öl in ihren Krügen mit. Da sich die Ankunft des Bräutigams verzögerte, wurden alle schläfrig und schliefen ein. Um Mitternacht erscholl der Ruf: Der Bräutigam kommt! Geht ihm entgegen! Da erhoben sich alle jene Jungfrauen und richteten ihre Lampen her. Die törichten aber sprachen zu den klugen: Gebt uns von eurem Öl! Unsere Lampen sind am Erlöschen. Die klugen erwiderten: Nein! Es möchte für uns und für euch nicht reichen. Geht lieber zu den Händlern und kauft es euch. Während sie hingingen, um zu kaufen, kam der Bräutigam. Die bereit waren, gingen mit ihm in den Hochzeitssaal, und die Türe ward verschlossen. Endlich kamen auch die andern Jungfrauen und riefen: Herr, Herr, mach uns auf! Er aber erwiderte: Wahrlich, ich sage euch, ich kenne euch nicht. Seid also wachsam; denn ihr kennt weder den Tag noch die Stunde!"

Matthäus 25, 31-46
Das Jüngste Gericht

„Wenn der Menschensohn in seiner Herrlichkeit kommt und alle Engel mit ihm, dann wird er sich auf den Thron seiner Herrlichkeit setzen. Alle Völker werden vor ihm versammelt werden. Er wird sie voneinander scheiden, wie der Hirt die Schafe von den Böcken scheidet. Die Schafe wird er zu seiner Rechten stellen, die Böcke zu seiner Linken. Alsdann wird der König zu denen auf der Rechten sprechen: Kommt, ihr Gesegneten meines Vaters! Nehmt in Besitz das Reich, das seit der Weltschöpfung für euch bereitet ist.

Denn ich war hungrig, und ihr habt mir zu essen gegeben,
Durstig, und ihr habt mir zu trinken gegeben.
Ich war fremd, und ihr habt mich beherbergt,
Nackt, und ihr habt mich bekleidet.
Ich war krank, und ihr habt mich besucht,
Gefangen, und ihr seid zu mir gekommen.

Dann werden die Gerechten ihn fragen: Herr, wann haben wir dich hungrig gesehen und haben dir zu essen gegeben, oder durstig und haben dir zu trinken gegeben? Wann haben wir dich als Fremdling gesehen und haben dich beherbergt ? oder nackt und haben dich bekleidet? Wann haben wir dich krank gesehen oder im Gefängnis und sind zu dir gekommen? Der König wird ihnen antworten: Wahrlich, ich sage euch: Was ihr einem dieser meiner geringsten Brüder getan habt, das habt ihr mir getan.

Dann wird er zu denen auf der Linken sagen: Hinweg von mir, ihr Verfluchten, ins ewige Feuer, das dem Teufel und seinen Engeln bereitet ist!

Ich war hungrig, und ihr habt mir nicht zu essen gegeben,
Durstig, und ihr habt mir nicht zu trinken gegeben.
Ich war fremd, und ihr habt mich nicht beherbergt,
Nackt, und ihr habt mich nicht bekleidet.
Ich war krank und gefangen, und ihr habt mich nicht besucht.

Dann werden auch sie ihn fragen: Herr, wann haben wir dich hungrig oder durstig oder fremd oder nackt oder krank oder gefangen gesehen und haben dir nicht Dienste geleistet? Doch er wird ihnen antworten: Wahrlich, ich sage euch: Was ihr einem von diesen Geringsten da nicht getan habt, das habt ihr auch mir nicht getan.

Diese werden eingehen in die ewige Pein, die Gerechten aber in das ewige Leben."

2 Timotheus 3, 1-5

Die Gefahren der Endzeit

„Wisse, daß in den letzten Tagen schlimme Zeiten hereinbrechen. Da werden die Menschen selbstsüchtig sein; geldgierig, prahlerisch, hochmütig, schmähsüchtig; den Eltern ungehorsam, undankbar, gottlos; lieblos, treulos, verleumderisch; zügellos, grausam, gemein; verräterisch, frech und aufgeblasen. Sie werden die Lust mehr lieben als Gott. Sie geben sich wohl den Schein der Frömmigkeit, lassen aber deren Kraft vermissen. Von solchen Menschen halte dich fern."

Römer 1, 24-32

Homosexualität

Die Worte des heiligen Paulus an die Römer klingen (heute noch) so wahr, wie sie es vor 2000 Jahren waren. Die Zeiten mögen sich ändern, aber die Herzen der Menschen nicht. „Darum gab sie Gott durch die Gelüste ihres Herzens der Unlauterkeit preis, so daß ihre Leiber an ihnen geschändet wurden. Sie vertauschten den wahren Gott mit falschen Götzen und verehrten und beteten das Geschöpf an anstatt den Schöpfer, der da hochgelobt ist in Ewigkeit. Amen. Deshalb gab sie Gott schändlichen Leidenschaften preis. Ihre Weiber verkehrten den natürlichen Verkehr in den widernatürlichen. Ebenso gaben die Männer den natürlichen Verkehr mit der Frau auf und entbrannten in ihrer wilden Gier zueinander. Männer trieben Schamloses mit Männern und empfingen so an sich die verdiente Strafe für ihre Verirrung. Weil sie es verschmähten, Gott anzuerkennen, gab sie Gott ihrer verworfenen Gesinnung preis, so daß sie taten, was sich nicht geziemt. So sind sie voll jeglicher Ungerechtigkeit, Schlechtigkeit, [Unzucht,] Habsucht, Bosheit, voll Neid, Mordlust, Streitsucht, Arglist und Tücke. Sie sind Ohrenbläser, Verleumder, Gotteshasser; Spötter, Verächter, Prahler; erfinderisch im Bösen, unbotmäßig gegen die Eltern, unverständig, treulos, lieblos, erbarmungslos. Sie kennen zwar die Satzung Gottes, daß des Todes schuldig ist, wer solches begeht; dennoch tun sie es, ja spenden noch denen Beifall, die es tun."

Osee 4, 1-10

Die Verbrechen und die Bestrafung Israels

„Vernehmet das Wort des Herrn, ihr Söhne Israels! denn der Herr geht ins Gericht mit den Bewohnern des Landes; denn es ist keine Wahrhaftigkeit, kein Erbarmen und keine Erkenntnis Gottes im Lande. Denn Lästern, Lügen, Morden, Stehlen und Ehebrechen haben überhandgenommen, und ein Blutvergießen folgt dem andern. Darum muß das Land trauern und dahinschmachten alle seine Bewohner, samt dem Wilde des Feldes und den Vögeln des Himmels, ja auch die Fische des Meeres werden dahingerafft werden. Doch keiner möge rechten und niemand weise zurecht, denn dein Volk ist denen gleich, die mit dem Priester hadern. Heute wirst du zu Falle kommen und der Prophet wird mit dir straucheln, bei Nacht werde ich deine Mutter zum Schweigen bringen. Verstummt ist mein Volk, weil es keine Erkenntnis hatte; weil du die Erkenntnis verschmäht hast, will auch ich dich verschmähen, daß du mir nicht mehr als Priester dienest; weil du das Gesetz deines Gottes vergessen hast, will auch ich deiner Söhne vergessen. Je mehr ihrer wurden, desto mehr versündigten sie sich wider mich; ich werde ihre Herrlichkeit in Schmach verwandeln. Die Sünden meines Volkes verzehren sie, und nach dessen Verschuldung steht ihr Begehren. Darum soll es, wie dem Volke, so den Priestern ergehen, und ich will an ihnen ihren Wandel heimsuchen und ihr Sinnen ihnen vergelten. Wenn sie essen, sollen sie nicht satt werden; sie buhlten ohne Aufhören, denn sie haben den Herrn verlassen und ihn mißachtet."

Osee 5, 15

Jahweh verläßt sein Volk

„Ich werde zu meiner Stätte zurückkehren, bis ihr ermattet und mein Angesicht sucht."

Isaias 13, 9-11

„Siehe, der Tag des Herrn kommt, der schreckliche, voll von Unwillen und Zorn und Grimm, um die Erde in eine Wüste zu verwandeln und ihre Sünder von ihr hinwegzutilgen. Denn die Sterne des Himmels und ihr Glanz werden ihr Licht nicht ausstrahlen, die Sonne wird verdunkelt bei ihrem Aufgange und der Mond wird sein Licht nicht glänzen lassen. Und ich werde die Bosheit des Erdbodens heimsuchen und an den Frevlern ihre Gottlosigkeit und werde dem Stolze der Ungläubigen ein Ende machen und den Übermut der Gewaltigen niederwerfen."

Anmerkungen

Wichtiger Hinweis

Die Autoren unternahmen alle nur erdenklichen Mühen, um die Tatsachen zu verifizieren. Aufgrund der Natur des Materials ist dies nicht immer leicht, da Hörensagen und persönliche Interpretationen oft die Tatsachen verdunkeln. Bitte schreiben Sie uns, wenn Irrtümer gemacht worden sind, damit wir in verbesserten Auflagen jedwede Unklarheit beseitigen können.

Das Material wurde über viele Jahre aus (verschiedenen) Quellen zusammengetragen. Die Autoren sind eher Aufzeichnende, die Informationen über viele Erscheinungen zusammengestellt haben. Wir versuchen ein verständliches Bild dessen darzustellen, was Maria über Jahrhunderte durch ihr Eingreifen in der Geschichte zusammengewoben hat. Die Bibliographie und die Quellenhinweise am Ende dieses Buches vermitteln einen Großteil an Informationen über die Bücher, die zur Zusammenstellung des Textes verwendet wurden. Mehrere Kapitel dieses Buches sind Informationsblättern und Zeitschriften entnommen, die wir im Zeitraum der letzten fünf Jahre vierteljährlich erstellt haben. Jene, die mehr über die Bücher wissen möchten, die zur Zusammenstellung Verwendung fanden, finden diese Informationen im Detail aufgezeigt. Viele der Bücher, die (im Text) zitiert werden, sind von **Signs of the Times**, 1301 Moran Drive, Suite 303, Sterling, VA, 20166, USA, Telefon: (703) 421-1300, Telefax: (703) 421-1133, erhältlich. Signs of the Times ist ein katholisches Informationszentrum, welches katholisches Schrifttum erstellt und weltweit zur Verbreitung bringt. Informationsblätter/Zeitschriften über Marienerscheinungen und ähnliche Themen sind vierteljährlich gedruckt worden. Es ist möglich, mit Hilfe des am Ende des Buches vorhandenen Bestellscheines ausgelaufene Zeitschriften per Bestellung zu erwerben.

Dieses Buch zitiert viele Seher. Häufig entstammt das Material einem Pamphlet, Notizbuch oder einem Buch, welches von dem Seher veröffentlicht wurde. Vielfach weisen wir auf diese Information einmal hin und wiederholen sie nicht, wenn wir aus dieser Quelle bei anderer Gelegenheit zitieren.

In vielen Kapiteln finden sich Zitate aus der **Marianischen Priesterbewegung**. Seit 1973 bis in die Gegenwart hat Don Stefano Gobbi aus Mailand, in Italien, innere Einsprechungen von der Allerseligsten Mutter empfangen. Die Autoren haben ihre Zitate der Botschaften, die Don Stefano Gobbi von Unserer Allerseligsten Mutter mitgeteilt wurden, dem Buch *An die Priester die vielgeliebten Söhne der Muttergottes* entnommen. Die Interpretation, Auswahl und Verwendung dieser Botschaften unterliegt einzig der Verantwortung der Autoren und in keiner Weise wird die implizite oder explizite Übereinstimmung (damit) von Seiten der Marianischen Priesterbewegung unterstellt.

Es sollte bemerkt werden, daß das Lesen der hierin zitierten Botschaften in keiner Weise eine akzeptable Alternative zur Lektüre aller Botschaften in ihrer Gesamtheit darstellt. Wiederholt bittet uns Unsere Liebe Frau, nicht über zukünftige Ereignisse besorgt zu sein, indem sie uns dazu auffordert, in der Gegenwart zu leben. Sie fährt weiterhin damit fort, uns durch ihre Worte der Ermahnung und Ermutigung zu warnen und zu belehren, wobei sie uns auf die uns bevorstehenden Heimsuchungen vorbereitet. Die volle Absicht der Botschaften Mariens ist, uns spirituell zu formen und uns näher zu Jesus zu bringen.

Die Leser sollten durch den Titel *An die Priester die vielgeliebten Söhne der Muttergottes* nicht irregeleitet werden zu meinen, daß dieses Buch sich nur an die Priester richtet. Die in dem Buch enthaltenen Botschaften sind für jedermann gedacht. Deshalb wird den Lesern äußerst nahe gelegt, das Buch von den folgenden Adressen zu erwerben: Marianische Priesterbewegung, in Deutschland: Pfarrer Helmut Maria Gressung, Niedaltdorf – St. Rufus, Neunkircherstraße 36, D-66780 Rehlingen-Siersburg; in Österreich: P. Hermann Netter, SVD, A-1130 Wien, Schrutkagasse 48; in der Schweiz: P. Paul Holdener, Redemptoristen Mariawil, Bruggerstraße 143, CH-5400 Baden.

Die ausgezeichneten Dr. und Frau Francis B. Henessey (sic!) aus Endwell, im US-Bundesstaat New York, halfen den Autoren bei der sinnvollen Auswahl und Zusammenstellung der Informationen für dieses Buch. Der gelehrte Dr. Hennessey hat einen Verstand wie eine Stahlfalle. Einige sagen wie ein Skalpell. Dazu hat die Jury sich noch nicht geäußert. Er ist klug wie eine Schlange und sanft wie eine Taube. Es gibt nur eine Handvoll von Menschen, die eine umfaßende Sicht der Dinge wahrnehmen, wie es Dr. und Frau Hennessey tun. Alle stimmen darin überein, daß Jim O'Rourke, der mit starker Hand bei diesen Materialien mitmischte, einen Verstand wie eine Rasierklinge hat. Dessen sind wir sicher, weil die Jury dazu ihr Urteil gefällt hat.

[Anmerkung des Übersetzers: Die Quellenhinweise des amerikanischen Originals beziehen sich alle auf Texte und Bücher in der englischen Sprache. Deshalb werden sie im folgenden im Originaltext mit einer deutschen Übersetzung der Titel in Klammern wiedergegeben. Wo es sich um einen Originaltext in deutscher Sprache handelt (zB Scheeben, Mariologie), der im Anschluß ins Englische übersetzt und als diese Übersetzung von den Autoren verwendet wurde, war ursprünglich geplant, den deutschen Originaltext aufzusuchen und ihn im Text statt einer Rückübersetzung zu verwenden. Da aber entweder die Texte hier nicht vorhanden waren oder aber sich niemand fand, dies in Deutschland durchzuführen, mußte dies schließlich auch aus Zeitgründen unterbleiben.]

Kapitel 1 – Der Morgenruf des Wächters. 1. R. Vincent, *Please Come Back To Me And My Son (Bitte kehre zu Mir und Meinem Sohn zurück)*, Ireland's Eye, Ireland (Irland), 1992, Seite (S.) 7; 2. Ebenda, S. 10; 3. Jean Guitton, *The Private Life of Pope Paul VI (Das Privatleben Papst Paul VI.)*, S. 152; 4. *Apostolate for Family Consecration (Apostolat für die Familienweihe)*, Bloomingdale, US-Bundesstaat Ohio, 21. Juli 1993; 5. Informationen über innere Einsprechungen entstammen der Einleitung des Buches *An die Priester die vielgeliebten Söhne der Muttergottes.*

Kapitel 2 – Die große Schlußszene. 1. R. Vincent, *Please Come Back To Me And My Son (Bitte kehre zu Mir und Meinem Sohn zurück)*, Ireland's Eye, Ireland (Irland), 1992, S. 15; 2. Ebenda; 3. P. Lambert Terstroet SMM, ein in Island lebender Priester, der der Kongregation des hl. Montfort angehört, unterteilt die Marienerscheinungen in vier Hauptzeitabschnitte. Mit Erlaubnis haben wir seine Einteilung verwendet. Die Gliederung der Darstellung wurde von ihm erstellt, aber nahezu alle Informationen entstammen verschiedenen Quellen, darunter vor allem hervorzuheben: Informationsblätter von *Signs of the Times (Zeitzeichen)* und persönliche Befragungen über einen Zeitraum von fünf Jahren. Weitere Informationen ergaben sich aus persönlich (durchgeführten) Besuchen oder von Freunden, die Seher kannten; 4. *Our Lady of All Nations (Die Frau aller Völker)* ist einem Informationsblatt von *Signs of the Times (Zeitzeichen)* entnommen; 5. Alle Zitate der Gladys aus San Nicolas in Argentinien stammen aus *San Nicolas, Argentina (San Nicolas in Argentinien)*, herausgegeben von Faith Publishing, Milford, OH 45150, USA; 6. Patrizia aus England ist einem Informationsblatt von *Signs of the Times (Zeitzeichen)* entnommen. Zwischen ihr und ihrem Ortsbischof, dem Bischof von Southwark, in England, besteht eine Kontroverse. Informationen wurden (der Schrift) *Mother of the Hidden Wounds (Mutter der verborgenen Wunden)* entnommen; 7. Erscheinungen in der Ukraine aus *Witness (Zeugnis)* von Josip Terelja und Michael H. Brown, Seiten 211-213 (Seiten 232-234 in der deutschen Ausgabe, die beim Mediatrix-Verlag erschienen ist.) Die Informationen über Serednje oder die Ukraine im allgemeinen entstammen dieser Quelle; 8. Die Informationen über Cuenca, in Ecuador, sind aus *I Am the Guardian of the Faith (Ich bin der Hüter des Glaubens)*, Schwester Isabel Bettwy, Franciscan University Press, S. 90-95; Das Material über *Litmanova* stammt vom Pittsburgh Center for Peace (Pittsburgher Friedenszen-trum), Tom Petrisco, 6111 Steubenville Pike, McKees Rocks Pike, PA 15136, USA. Die Lücken wurden durch die Aufstellung in *Signs, Wonders, and Response (Zeichen, Wunder und Antwort)* von P. Albert Hebert, S.M., P.O. Box 309, Paulina, LA, USA, und durch Dr. Rosalie Turton von der 101 Foundation (101-Stiftung) aus New Jersey ausgefüllt. Es bleiben noch weitere Hunderte unerwähnt, die nur aus Platzmangel nicht aufgeführt wurden.

Kapitel 3 – Prophetin unserer Zeit. 1. Informationen stammen von Ellen Commerce, Herndon, VA, USA; 2. Die Zitate des hl. Ludwig von Montfort sind beide entnommen (dem Buch) *True Devotion to Mary (Wahre Verehrung Mariens)*. 3. Ellen Commerce, Herndon, VA, USA; 4. Ebenda; 5. Ebenda; 6. Gerhard Kittel und Gerhard Friedrich, *Theological Dictionary of the New Testament (Theologisches Wörterbuch des Neuen Testaments)*, gekürzte Ausgabe, Michigan, 1985, S. 782-783, Scheeben, Mariology (Mariologie), v. II, S. 262; 7. St. Irenäus in J.H. Newman, *Letter to Pusey, Anglican Difficulties (Brief an Pusey, Anglikanische Schwierigkeiten)*, London, 1866, S. 37, hl. Johannes von Damaskus, Serm. Dorm. II, S. 96 und 733, O'Carroll, Advocate, Theotokos (Fürsprecherin, Theotokos), S. 6; 8. M.J. Scheeben, übers. Geukers, *Mariology (Mariologie)*, v. II, S. 262; 9. Vgl. Kapitel II dieses Werks, das ist *Mary: Coredemptrix, Mediatrix, Advocate (Maria: Miterlöserin, Mittlerin, Fürsprecherin)*, Abschnitt: The Holy Spirit and the Mediatrix of All Graces (Der Heilige Geist und die Vermittlerin aller Gnaden); 10. St. Maximilian Kolbe, Notizen, 1938, ed. Manteau-Bonamy, übers. Armandez, *The Immaculate Conception and the Holy Spirit (Die Unbefleckte Empfängnis und der Heilige Geist)*, Marian Writings of Fr. Kolbe (Marianische Schriften P. Kolbes), 1977, Franciscan Marytown Press, S. 39; 11. Manteau-Bonamy, The Immaculate Conception and the Holy Spirit (Die Unbefleckte Empfängnis und der Heilige Geist), Marian Writings of Fr. Kolbe (Marianische Schriften P. Kolbes), 1977, Franciscan Marytown Press, S. 39-40; 12. Papst Johannes Paul II., *Redemptoris Mater*, n. 24, Zweites Vatikanisches Konzil, *Lumen Gentium*, n. 59; 13. Ebenda, n. 48; 14. Hl. Ludwig Maria Grignion de Montfort, übers. F. Faber, *True Devotion to Mary (Wahre Verehrung Mariens)*, n. 20 und 35, vgl. auch 21, 25; 15. Papst Johannes Paul II., *Redemptoris Mater*, n. 41; 16. Zum Beispiel vgl. Papst Johannes Paul II., *Redemptor Hominis*, 1978, n. 15-17, Enzyklika, *Dives in Misericordia*, 1980, n. 15, Apostolisches (Mahn)schreiben, *Christifideles Laici*, n. 3-7; 17. Papst Johannes Paul II., *Dives in Misericordia*, 1980, n. 15, das Material der Fußnoten 6-17 ist mit Genehmigung entnommen: Dr. Mark Miravalle, *Mary: Co-Redemptrix, Mediatrix, Advocate (Maria: Miterlöserin, Mittlerin, Fürsprecherin)*, Franciscan University of Steubenville, Ohio, USA, 1993, S. 66-70; 18. *Lumen Gentium*, para. 60; 19. *Lumen Gentium*, para. 62; 20. *Inter Sodalica*, Brief vom 22. Mai 1918; 21. Ausgabe der Zeitschrift *Signs of the Times (Zeitzeichen)* über Die Frau aller Völker; 22. *Redemptoris Mater*, para. 3; 23. Das Zitat stammt ursprünglich von P. René Laurentin aus Frankreich, obwohl diese Zitierung entnommen ist aus: Janice T. Connell, *Visions of the Children (Visionen der Kinder)*, St. Martins Press, 1992.

Kapitel 4 – Propheten mitten unter uns. 1. AAS, 59, 1186; 2. Die kurzen Einführungen entstammen den Büchern zu jenen Themen, die im Verlaufe des Textes zitiert werden; 3. Maria Esperanza liegen Stan Karminski und *The Apparitions in Betania, Venezula* (sic!) *(Die Erscheinungen von Betanien in Venezuela)*, von Schwester Margaret Catherine Sims, Framingham, MA, USA zugrunde; 4. Mirna aus Damaskus stammt vom Pittsburgh Center for Peace (Pittsburgher Friedenszentrum), Tom Petrisco, Pittsburgh, PA, USA; 5. Julia Kim aus Naju in Korea und das Leben Luz Amparo Cuevas wurden teilweise der Kleinschrift von Pfarrer Liam O'Glannor entnommen, die *Warnings and Messages from Mater Dolorosa (Warnungen und Botschaften der Mater Dolorosa)* betitelt ist und davon handelt, was die Allerseligste Mutter heute an mehreren Erscheinungsorten in der Welt tut. Veröffentlicht von Dolas, P.O. Box 148, Allaagash, ME 04774, USA. Vom selben Autor wurden einige Informationen in dem Abschnitt über die ukrainischen Erscheinungen verwendet; 6. Alle Botschaften von Jim Singer sind aus *The Messages of Our Lord (Die Botschaften Unseres Herrn)*, von Jim Singer, 4082 Stephanie Street, Burlington, ON, L7L 1X1, Kanada. Das Material wurde den Autoren von Jim Singer als Fotokopie einer Kleinschrift zugesandt; 7. Die Information über Estela Ruiz ist einem Informationsblatt von *Signs of the Times (Zeitzeichen)* Vol. 5 entnommen; 8. Theresa Lopez aus Colorado, *The Denver Apparitions Return Focus to Fatima (Die Erscheinungen von Denver lenken die Aufmerksamkeit auf Fatima zurück)*, Informationsblatt von *Signs of the Times (Zeitzeichen)*; 9. Die Informationen über Josefina, von Kevin Morley aus Melbourne, in Australien, Chestnut Hill Marian Lodge, überlassen; 10. Alles über die Erscheinungen an Joseph Januszkiewicz stammt aus einem privaten Interview. Zur Zeit der Niederschrift dieses Textes waren die Botschaften seiner Erscheinungen der Öffentlichkeit nicht zugänglich.

Kapitel 5 – Die Rolle Unserer Lieben Frau in der Erlösung. 1. Der heilige Ludwig von Montfort, *True Devotion to Mary (Wahre Verehrung Mariens)*, Montfort Publications, Bayshore, NY, USA; 2. Ida aus Amsterdam und die Frau aller Völker ist einem Informationsblatt von *Signs of the Times (Zeitzeichen)* entnommen. Das Interesse ist erneut in Rom geweckt worden und durch die neue Veröffentlichung von Dr. Mark Miravalle, genannt *Mary-Coredemptrix, Mediatrix, Advocate (Maria-Miterlöserin, Mittlerin, Fürsprecherin)*, veröffentlicht von Queen-ship Publishing mit Sitz in Kalifornien, die auch eine deutsche Ausgabe veröffentlicht haben; 3. Die Abschnitte: Eine einzigartige Rolle zugestanden, Die universale Kirche, Maria und ihre protestantischen Kinder, Das Lehramt der Kirche und Die Inkarnation wurden primär von dem Mönch Joseph vom Mount Tabor Monastery (Kloster vom Berge Tabor) in Redwood Valley, CA 95470, USA, geschrieben.

Kapitel 6 – Apokalypse. 1. Alle Zitate aus der Marianischen Priesterbewegung stammen von Don Gobbi aus Mailand, in Italien. Die Botschaften werden auf der Basis des Datums, an dem sie erfolgt sind, für jedes fortschreitende Jahr vorgestellt, wobei man alle sachdienlichen Hinweise in den Anmerkungen zu Kapitel 1 finden kann; 2. *The New World Order (Die neue Weltordnung)* von Pat Robertson, Thomas Nelson, Inc., Word Publishing, S. 95, 1991; 3. Turzovka-*Pittsburgh Center for Peace (Pittsburgher Friedenszentrum)*, Tom Petrisco.

Kapitel 7 – „Warum weine ich?" 1. Alle Zitate von Christina Gallagher sind *Please Come Back to Me and My Son (Bitte kehre zu Mir und Meinem Sohn zurück)*, R. Vincent, Ireland's Eye, in Irland veröffentlicht; 2. Rosa Mystica, Informationsblatt von *Signs of the Times (Zeitzeichen)*, Rosa Mystica: Mary the Mystical Rose (Rosa mystica: Maria, die mystische Rose), Vol. 4, Juli 1989; 3. Pfarrer James Bruse, privates Interview, Informationsblatt und Freund von Signs of the Times (Zeitzeichen).

Kapitel 8 – La Salette: Der Teufel in der Welt. 1. Die Botschaften aus Medjugorje entstammen *Words from Heaven (Worte vom Himmel)*, von St. James Publishing Company,

Birmingham, Alabama, USA; 2. Die Zitate vom hl. Ludwig von Montfort sind aus *True Devotion to Mary (Wahre Verehrung Mariens)*, Montfort Publications, Bayshore, NY, USA; 3. Die Botschaft von La Salette ist der Originalübersetzung entnommen. Siehe Bibliographie: La Salette; 4. Patrizia aus Cuenca in Ecuador. Siehe Bibliographie; 5. Christina Gallagher, R. Vincent, veröffentlicht von Ireland's Eye; 6. *Focus on the Family (Die Familie im Brennpunkt)*, Informationsblatt, April 1993, S. 1; 7. Pfarrer Lucia Martin, *Perpetual Adoration (Immerwährende Anbetung)*; 8. Die Zitate in diesem Abschnitt über die Abtreibung sind aus *Abortion, What Heaven Has to Say (Abtreibung: Was der Himmel dazu sagt)*, einer Zusammenstellung von Botschaften, die vom Pittsburgh Center for Peace (Pittsburgher Friedenszentrum) erstellt wurde, Tom Petrisco, PA; 9. Guadalupe ist einem Informationsblatt von *Signs of the Times (Zeitzeichen)* entnommen, welches von dieser Erscheinung und ihrer andauernden Rolle in der Beendigung der Abtreibung handelte.

Kapitel 9 – Fatima. 1. *Fatima Family Messenger (Fatima-Familienbote)*, Juli-September 1992; 2. Ebenda; 3. Ebenda; 4. Erscheinung der Allerseligsten Jungfrau auf dem Berg von La Salette vom 19. September 1846, Originalausgabe von Lecce; 5. Informationen über die Erscheinung selbst stammen aus dem Informationsblatt von *Signs of the Times (Zeitzeichen)*; 6. *Fatima Family Messenger (Fatima-Familienbote)*, Juli-September 1992; 7. *The Final Hour (Die letzte Stunde)*, Michael H. Brown, Faith Publishing Company, Milford, Ohio, USA; 8. Alle weiteren Punkte sind aus *Fatima Family Messenger (Fatima-Familienbote)*, Juli 1992; 9. Die Informationen über Fatima stammen aus dem dreibändigen Werk von Bruder Michel de la Sainte Trinité, *The Whole Truth about Fatima (Die vollständige Wahrheit bezüglich Fatima)*, Augustine Publishing, Chulmleigh, Devon EXIS 7HL, UK, 1986; 10. Ebenda; 11. Ebenda; 12. Ebenda; 13. Ebenda; 14. Ebenda; 15. Ebenda; 16. Ebenda; 17. *Garabandal Magazine (Garabandal-Magazin)*, Juli-September 1993, Lindenhurst, NY, USA; 18. op. cit.-Michel; 19. Ebenda; 20. Ebenda; 21. Ebenda; 22. Ebenda; 23. Ebenda; 24. Ebenda. Sämtliche Materialien in diesem Abschnitt des „Dritten Geheimnisses", „Sollte das Geheimnis veröffentlicht werden?" und „Die größte Gefahr für eine Nation" stammen aus dem Werk von Bruder Michel bis auf den Punkt über die Gelehrten, die nicht damit übereinstimmen, ob das Geheimnis für die Allgemeinheit oder nur für den Papst bestimmt war; 25. *Stimme des Glaubens*, Fulda, Zusammenkunft in Deutschland 1980. Es gibt beträchtliche Meinungsverschiedenheiten darüber, ob diese Unterhaltung wirklich stattgefunden hat. Viele glaubwürdige Menschen auf beiden Seiten des Arguments stimmen miteinander nicht überein, und deshalb stellen wir die beiden unterschiedlichen Gesichtspunkte vor. Ob Johannes Paul II. jemals sagen würde: „Die Kirche kann nicht reformiert werden", ist der Knackpunkt. Das Gegenargument lautet: „Kennt er das Schicksal der Kirche, weswegen er dies sagte?"

Die Versammlung von Fulda ist ein mögliches Beispiel eines Gerüchtes, das im Laufe der Jahre zur akzeptierten Wahrheit wird; 26. *The Keys of This Blood (Die Schlüssel dieses Blutes)*, P. Malachi Martin, S. 680-695, Simon and Schuster, 1990, NY, USA; 27. Ebenda; 28. Ebenda; 29. *The Final Hour (Die letzte Stunde)*, Michael Brown; 30. *The Third Secret of Fatima (Das Dritte Geheimnis von Fatima)*, Bruder Michel; 31. Die Materialien in Kontroverse Nummer 2 sind aus *Fatima Family Messenger (Fatima-Familienbote)*, Juli-September 1992; 32. Ebenda; 33. Zusammenfassung von *New Lies For Old (Neue Lügen anstelle der alten)* von Anatoliy Golitsyn, Dodd Publishers, 1984, 412 Seiten; 34. Francis Johnston, *Fatima: The Great Sign (Fatima: Das große Zeichen)*, TAN Books, 1980, Rockford, IL, USA, Zitat vom rückseitigen Buchumschlag.

Kapitel 10 – Garabandal. 1. Bei diesem Kapitel handelt es sich um ein Informationsblatt, das von Stan Karminski aus Wayne, PA, USA, für Signs of the Times (Zeitzeichen) geschrieben wurde. Herr Karminski war einer der ersten Befürworter Garabandals und einer der ersten

Amerikaner, der die Botschaften von Medjugorje verbreitet hat. Einige Informationsquellen sind: *O Children Listen to Me (O Kinder hört auf Mich)* von Robert Francois, *Star on the Mountain (Stern auf dem Berg)* von P. Materne Laffineur und M.T. le Pelletier, Garabandal: ... Donnerstag 20:30 Uhr von F. Speckbacher, Mediatrix-Verlag. Die beste uns bekannte Informationsquelle über Garabandal ist The Workers of Our Lady of Mount Carmel de Garabandal (Die Arbeiter Unserer Lieben Frau vom Berge Karmel, in Garabandal) aus Lindenhurst, im US-Bundesstaat New York. Siehe die Bibliographie für wei-tere Texte zu diesem Thema; 2. *The Warnings of Garabandal (Die Warnungen von Garabandal)* wird von P. Joseph A. Pelletier, A.A., zitiert, der viele Jahre lang über Marienerscheinungen schrieb—siehe Bibliographie; 3. Die Informationen in ‚Garabandal und die Synagoge' entstammen einem Vortrag, den der französische Dominikaner, P. François Turner, in einer Scheune, in der Nähe der Kiefern, am 8. August 1988 hielt. Er wurde mit Erlaubnis verwendet und nur stilistisch und grammatikalisch von seiner französischen Übersetzung zur besseren Verständlichkeit geändert. Das Buch Exodus spricht von der Rauchsäule am Tag und der Feuersäule bei Nacht, welche die Juden ins gelobte Land führte. P. Turner wird als ein sehr glaubwürdiger Zeuge Garabandals aufgefaßt.

Kapitel 11 – Akita. 1. Die Informationen über Akita entstammen einem Informationsblatt von Signs of the Times (Zeitzeichen). Informationsquellen waren *Akita—The Tears and Message of Mary (Akita—Die Tränen und die Botschaft Mariens)* von Teiji Yasuda, O.S.V., mit der englischen Version von John Haffert, und *The Meaning of Akita (Die Bedeutung Akitas)*, beide von 101 Foundation (101-Stiftung), Asbury, NJ, USA. Siehe Bibliographie.

Kapitel 12 – Medjugorje. 1. Medjugorje Network for the United Kingdom (Medjugorje-Netzwerk für das Vereinigte Königreich), 12. Januar 1992; 2. Medjugorje ist wirklich ihrer aller „Mutter". *Signs of the Times (Zeitzeichen)* hat darüber ein Informationsblatt veröffentlicht, aber es konzentrierte sich hauptsächlich auf die Sachlage und die Persönlichkeiten. Dieses Material stammt aus *Medjugorje: Its Background and Messages (Medjugorje: Der Hintergrund und die Botschaften)* von Mary Joan Wallace von Follow Me Communications, Inc. (Kommunikationsgesellschaft Folge Mir), Huntington Beach, CA, USA. Erlaubnis wurde uns gewahrt. Dies ist ein ausgezeichnetes Werk; 3. *The Queen of Peace Visits Medjugorje (Die Friedenskönigin besucht Medjugorje)* von P. Joseph Pelletier, A.A., Assumption Publica-tions, Worcester, MA, USA; 4. Marian Workers in Canada (Marianische Arbeiter in Kanada), Ausgabe, die Pfarrer Peyton gewidmet war.

Kapitel 13 – Rauch dringt in die Kirche ein. 1. Die Botschaft von La Salette ist zitiert nach *The Apparitions of the Blessed Virgin on the Mountain in 1846 (Die Erscheinungen der Allerseligsten Jungfrau auf dem Berge im Jahre 1846).* Wiedergabe ohne Kommentar, 12. avenue von grain d'or, 49600 Beaupreau, Frankreich; 2. *Syllabus of Errors (Syllabus der Irrtümer)* und *Humanus Genus*, (TAN Publishers) und *Quod Apostolici Muneris* wurden nach-gedruckt von The Remnant (Der Überrest), 2539 Morrison Ave., Saint Paul, Minnesota, USA, und sind erhältlich von The Servants of Jesus and Mary (Die Diener Jesu und Mariens), Nazareth Homestead, R.D. I, Box 258, Constable, NY 12926, USA. Siehe auch in der Bibliographie hinsichtlich Informationen über die Enzykliken der katholischen Kirche; 3. *Our Sunday's Visitor Catholic Encyclopedia (Katholische Enzyklopädie unseres sonntäglichen Besuchers)*, 1991, Our Sunday Visitor Publishing Division, 200 Noll Plaza, Huntington, Indiana, USA; 4. Ebenda; 5. *The Electronic Encyclopedia (Die elektronische Enzyklopädie)*, (TM) (©) 1990, Groiler (sic!) Electronic Publishing, Inc.; 6. Ebenda; 7. *Divini Redemptoris*; 8. *A Catechism of Modernism (Ein Katechismus des Modernismus)*, P. J.B. Lemius, O.M.I., TAN Books and Publishers, Rockford, Illinois, USA, 1981; 9. Ebenda; 10. Ebenda; 11. Ebenda; 12. Die

Enzykliken *Quanta Cura* und der *Syllabus der Irrtümer*, welche 1864 von Papst Pius IX. herausgegeben wurden, und der Syllabus, der die Irrtümer der Modernisten (Lamentabili Sane) verurteilte, und *Divini Redemptoris*, wie von The Remnant nachgedruckt; 13. *The Antichrist (Der Antichrist)*, P. Vincent P. Miceli, SJ, Roman Catholic Books, PO Box 255, Harrison, NY, USA, 1981; 14. Ebenda; 15.Ebenda; 16. Ebenda; 17. Ebenda; - alle zuvorgenannten stammen aus derselben Quelle; 18. *AA-1025, The Memoirs of an Anti-Apostle (AA-1025, Die Memoiren eines Antiapostels)*, Marie Carre, TAN Books, PO Box 424, Rockford, IL 61105, USA, 1991.

Kapitel 14 – Die große Apostasie. 1. Das Material über La Salette und Akita stammt aus einem Informationsblatt von *Signs of the Times (Zeitzeichen)*. Das Zitat von Pfarrer St. Marie wurde von einem Freund aus Annandale, im US-Bundesstaat Virginia, übermittelt, der anonym bleiben will; 2. *Inside the New Age Nightmare (Inmitten des Alptraums vom Neuen Zeitalter)*, Randall Baer, Huntington House, Inc., Lafayette, LA, USA, 1989; 3. Ebenda, S. 78-79; 4. Ebenda, S. 84; 5. Ebenda, S. 85-87; 6. Ebenda, S. 88; 7. Ebenda, S. 89; 8. Ebenda, S. 91; 9. Ebenda, S. 94; 10. Ebenda, S. 168.

Kapitel 15 – Des Satans 100 Jahre. 1. Quito in Ecuador, Our Lady of Good Fortune (Unsere Liebe Frau vom Glück), Broschüre gedruckt von Gregorian Press, Holy Family Monastery, 261 Cross Keys Road, Berlin, NJ, USA; 2. *The Keys of This Blood (Die Schlüssel dieses Blutes)* von P. Malachi Martin, 1990, S. 677-685, Simon and Schuster, 1990; 3. *The Problems With the New Mass (Die Probleme mit der neuen Messe)*, S. 24, Rama P. Coomaraswamy, M.D., TAN Books, Rockford, IL, 1990; 4. Ebenda, S. 25; 5. *The Ottaviani Intervention, A Short Critical Study of the New Order of the Mass (Die Ottaviani-Intervention, Eine kurze, kritische Studie der neuen Meßordnung)*, Kardinal Ottaviani und Kardinal Bacci, S. 4-25, TAN Books and Publishers, Rockford, Il, 1992; 6. *The Problems With the New Mass (Die Probleme mit der neuen Messe)*; 7. Ebenda, S. 15; 8. Ottaviani-Intervention, S. 4; 9. Alles aus *Divine Appeal (Göttlicher Appell)* ist von Newborne Enterprises Ltd.; Ibadan, Nigeria, 1992; 10. Im Buch stammen alle Zitate von *Anne Catherine Emmerick (Anna Katharina Emmerich)* von P. Carl Schmoger CSSR, Band 1 und 2, Ausgabe von 1976, TAN Books, Rockford, IL; 11. Richard Langley, *The Signs of the Times (Die Zeichen der Zeit)*, 24. Juni 1992, ohne Verlagsangabe; 12. Hochwürden Gerald Cullerton, *The Reign of Antichrist (Die Herrschaft des Antichrist)*, TAN Books, Rockford, IL, USA; 13. Yves DuPont, *Catholic Prophecy (Katholische Prophetie)*, S. 28., TAN Books; 14. Ebenda, S. 45; 15. Ebenda, S. 73; 16. Ebenda; 17. Ebenda; 18. *Our Lady at Garabandal (Unsere Liebe Frau zu Garabandal)*, Judith M. Albright, Faith Publishing Company, S. 28, Milford, OH, USA, 1992; 19. Cullerton, *The Reign of Antichrist (Die Herrschaft des Antichrist)*, TAN Books; 20. - 28. Ebenda; 29. Eileen George, *Conversations in Heaven (Unterhaltungen im Himmel)*, Meet the Father Ministry (Dienst: Begegne dem Vater), Millbury, MA, USA; 30. *Toward a New World Order (Auf eine neue Weltordnung zu)*, Donald McAlvaney, S. 336, Western Publishing Company, 1992, Phoenix, AZ, USA; 31. *Forbes* Magazine, ASAP-Ausgabe, April 1993, Ein Interview mit Tom Peters, Autor von *In Search of Excellence (Auf der Suche nach der ausgezeichneten Leistung)* und *Liberation Manage-ment (Befreiungs-Management)*; 32. *En Route to Global Occupation (Unterwegs zur weltweiten Besetzung)*, Gary Kah, Huntington House Publishers, S. 193-195, 1992; 33. Ebenda; 34. Ebenda; 35. Ebenda.

Kapitel 16 – Kriege und Katastrophen. 1. Nachricht von Tony Fernwalt, die den Autoren per Telefax mitgeteilt wurde; 2. *The Washington Post* (Die Zeitung *Washington Post)*, George Will, 28. März 1993, S. C7; 3.Die Zeitung *The International Herald Tribune*, Aufsatz von David Broder: „The Loss of Two Parent Families" (Der Verlust von Familien mit zwei Elternteilen), 25. März 1993; 4. *Apostasy Within (Apostasie aus dem Innenraum)*, P. Paul Trinchard, Christopher Publishing House, Hanover, MA, USA, 1989; 5. „Banking on the Brink" (Das Bankwesen am Abgrund), *The Washington Post,* Wirtschaftsteil, 6. Oktober 1992; 6. *AIDS: Rage and Reality, Why Silence is Deadly (AIDS: Wut und Realität, Warum Schweigen tödlich ist),* Gene Antonio, Anchor Books, Dallas, TX, USA, S. X; 7. Ebenda; 8. Ebenda; 9. Ebenda, S. 2; 10. Ebenda, XV; 11. Das Material über Tschernobyl stammt von fünf Besuchen des Autors in der Nähe des Reaktors und den darum liegenden Republiken, welche insgesamt nahezu vier Monate ausmachten. 12. Herr Terelja hatte seine Vision während des Gebets in (der Erscheinungsstätte in) Marmora in Ontario, Kanada, und die Informationen wurden an Signs of the Times (Zeitzeichen) weitergeleitet; 13. *I Am the Guardian of the Faith (Ich bin der Hüter des Glaubens),* Schwester Isabel Bettwy, Franciscan University Press, Steubenville, OH, USA; 14. *The Apparitions at Oliveto Citra – Mary Among Us – The Apparitions at Oliveto Citra (Die Erscheinungen in Oliveto Citra – Maria unter uns – Die Erscheinungen in Oliveto Citra),* von P. Robert Faricy SJ und Luciana Pecoraio, Franciscan University Press, Steubenville, OH, USA, 1989.

Kapitel 17 – Wo sich Barmherzigkeit und Gerechtigkeit treffen. 1. Francis Johnston, *Fati-ma: The Great Sign (Fatima: Das große Zeichen),* TAN Books, 1980; 2. Ebenda; 3. Die Botschaften der seligen Schwester Faustine Kowalska sind ihrem persönlichen Tagebuch entnom-men, welches *Divine Mercy in My Soul (Göttliche Barmherzigkeit in meiner Seele)* genannt wird. Die Botschaften sind numeriert, Marian Press, Stockbridge, MA, USA, 1987. Man nimmt an, daß der gewisse Ort Warschau, in Polen, ist, welcher von den Deutschen im Zweiten Weltkrieg zerstört wurde; 4. Tagebuch der seligen Schwester Faustine; 5. *Please Come Back to My Son (Bitte, kehrt zu meinem Sohn zurück),* R. Vincent, veröffentlicht von Ireland's Eye, Irland, 1992.

Kapitel 18 – Die Warnung. Der ursprüngliche Entwurf für dieses Kapitel stammt aus einer Kleinschrift von P. Philip Bebie, welches *The Warning (Die Warnung)* betitelt war. Das Material ist seinem persönlichen Tagebuch entnommen, während er sich im Endstadium von unheilbarem Krebs befand. Er war ein großer Marienverehrer, und weil Garabandal bisher vom Heiligen Stuhl nicht anerkannt wurde, sieht sich der Orden, dem er angehörte, derzeit nicht in der Lage, diesem Tagebuch seine Zustimmung zu gewähren. *The Warning (Die Warnung)* wurde 1981 geschrieben und P. Philip starb 1987. Der Provinzial seines Ordens hat uns die Erlaubnis zur Verwendung seines Materials gewährt, unter der Voraussetzung, daß wir den obigen Hinweis auf die fehlende Zustimmung einfügen. Die Kleinschrift weist kein Copyright aus, und es heißt, daß der Druck mit kirchlicher Genehmigung erfolgte. Zitate aus *The Warning (Die Warnung)* werden durchweg verwendet sowohl im vorgenannten Abschnitt als auch im Abschnitt Das beständige Zeichen. 1. Informationen zur seligen Anna Maria Taigi sind aus *The Warning (Die Warnung)*; 2. *Divine Mercy in My Soul (Tagebuch der Schwester Maria Faustyna Kowalska),* das persönliche Tagebuch der Schwester Faustine, Botschaft Nr. 36; 3. Ebenda, Botschaft Nr. 83.

Kapitel 19 – Das Wunder. 1. Informationen über Theresa Lopez wurden von Scott White, Mitglied einer Gruppe aus Denver, im US-Bundesstaat Colorado, mittels eines Videobandes zur Verfügung gestellt. Im November 1992 wurde ein Vortrag gegeben und dieses Material ist jener Rede entnommen; 2. Informationen über Lubbock im US-Bundesstaat Texas sind aus *The Lubbock Rosary Messages—Queen of Mercy (Die Botschaften von Lubbock bezüglich des Rosenkranzes – Königin der Barmherzigkeit),* veröffentlicht von Queen of Mercy Center, PO Box 683, Earth, Texas, USA; 3. *Total Consecration (Vollkommene Hingabe),* der hl. Ludwig von Montfort, Montfort Publications, S. 75, Bayshore, NY, USA; 4. Die Botschaften des *Apostolate of Holy Motherhood (Apostolats der heiligen Mutterschaft)* sind von Mariamante (unbekannter Wohnort in den Vereinigten Staaten), von Dr. Mark Miravalle, Riehle Foundation, Milford, OH, USA; 5. Tom Petrisco, The Pittsburgh Center for Peace, Steubenville Pike, Pittsburgh, PA, USA; 6. Janice T. Connell, *Visions of the Children (Visionen von Kindern)*, St. Martin's Press, 1992, New York, S. 123-129; 7. Informationen über Dozulé in Frankreich aus *The Glorious Cross (Das glorreiche Kreuz)*, von Les Amis de la Croix Glorieuse, 171, rue de l'Université, Paris, Frankreich. Die englische Ausgabe vom selben Verleger.

Kapitel 20 – Die große Züchtigung. 1. La Salette, siehe Bibliographie; 2. Bettwy, S. 57-58, siehe Bibliographie; 3. Eileen George, *Beacon of God's Love: Her Teaching (Leitstern von Gottes Liebe: Ihre Lehre)*, Meet the Father Ministry, Millbury, MA 01527, USA; 4. Die Seiten über „Die dreitägige Finsternis" und die Botschaft der Allerseligsten Jungfrau Maria an Bruder David Lopez wurden von Wayne Weible geschrieben und werden mit Genehmigung wiedergegeben. Das Material ist aus Weible Columns (Weibles Spalten), August 1992, Myrtle Beach, SC, USA; 5. Bezüglich der Zitate von Yves DuPont siehe Hinweise *Catholic Prophecy (Katholische Prophetie)*; 6. *The Warning (Die Warnung)*, Bebie; 7. Die Botschaften aus Fraudais, siehe Bibliographie; 8. Julka aus Zagreb ist dem 3. Band von *Jesus Calls Us (Jesus ruft uns)* entnommen, 1975-1976, 1988 veröffentlicht von In Wahrheit und Treue, Postfach 279, 8401 Winterthur, Schweiz; 9. Lubbock, *Queen of Mercy (Königin der Barmherzigkeit)*, siehe Bibliographie.

Kapitel 21 – Das zweite Pfingsten. 1. Der hl. Ludwig von Montfort, *True Devotion to Mary (Wahre Verehrung Mariens)*, Montfort Publications, Bayshore, NY, USA; 2. Die Botschaften von Julka stammen aus der Quelle, die im vorherigen Kapitel angeführt wurde; Informatio-nen über Schwester Natalia aus Ungarn sind ihrem Tagebuch entnommen, das *Victorious Queen of the World (Siegreiche Königin der Welt)* betitelt ist, veröffentlicht von Two Hearts Books and Publishers, 2. Ausgabe 1992; 4. Ebenda; 5. Das Zitat von Bruder Lopez ist aus dem Kapitel The Great Chastisement (Die große Züchtigung) aus den Weible Columns (Weible-Spalten); 6. Informationen bezüglich Theresa Lopez sind dem im November 1992 aufgenommenen Videoband entnommen, welches den Autoren von Scott White zugesandt wurde; 7. Zitat vom hl. Ludwig von Montfort, *True Devotion to Mary (Wahre Verehrung Mariens)*.

Kapitel 22 – Apostel der letzten Zeiten. 1. Montfort, *True Devotion to Mary (Wahre Verehrung Mariens)*, Montfort Publications, Bayshore, NY, USA; 2. *Our Guardian Angels (Unsere Schutzengel)*, Hochwürden Alfred Boedecker O.F.M., World Apostolate of Fatima (Fatima-Weltapostolat), Washington, NJ, USA; 3. Ebenda; 4. *The Angels are Waiting (Die Engel warten)*, Hochwürden Randall Paine O.R.C., S. 44, The Leaflet Missal Company, 418 W. Minnehaha Ave, St. Paul, MN, USA, 1988; 5. Ebenda, S. 5; 6. *Our Guardian Angels (Unsere Schutzengel)*, Boedecker; 7. *The Angels are Waiting (Die Engel warten)*, S. 45; 8. Ebenda, S. 61; 9. Ebenda, S. 46; 10. Eileen George, *Beacon of God's Love: Her Teaching (Leit-stern von Gottes Liebe: Ihre Lehre)*, Meet the Father Ministry, Inc., 363 Greenwood St., Mill-bury, MA 01527, USA, 1990.

Kapitel 23 – Das Heilmittel. 1. Botschaften vom Apostolate of Holy Motherhood (Apostolat von der heiligen Mutterschaft) stammen von der Riehle-Stiftung (Riehle Foundation), Dr. Mark Miravalle, Milford, OH, USA. Das Weihegebet ist von Alliance of the Two Hearts (Allianz der Zwei Herzen).

Bibliographie

[Anmerkung des Übersetzers: Die von den Autoren des Originals verwendeten Bücher sind alle Werke in englischer Sprache. Die Bibliographie wird deshalb hier im Original wiedergegeben. Zusätzlich sind die entsprechenden deutschen Ausgaben angegeben, insofern sie in der Übersetzung Verwendung fanden oder dem Übersetzer bekannt waren.]

A Call to Peace, Published by Mir-A-Call Center, 6 Bentley Lane, Bella Vista, AR.

Abortion, What Heaven Has to Say, Messages from Our Lord and the Blessed Virgin Mary Concerning Abortion to Prophets of Today, a compilation of messages, Pittsburgh Center for Peace, Pittsburgh, PA, 1992.

Agreda, Mary of, *Mystical City of God*, 4 vols., AMI Press, Washington, NJ. Deutsche Ausgabe: Agreda, Maria von, *Leben der Jungfrau und Gottesmutter Maria*, Albertus-Magnus-Verein, Gosheim, 1978.

Antonio, Gene, *AIDS: Rage and Reality – Why Silence is Deadly*, Anchor Books, Dallas TX 1992.

Aquinas, St. Thomas, *Summa Theologica*, 5 Vols., Westminster, MD, Classics, 1981.

Baer, Randall N., *Inside the New Age Nightmare*, Lafayette, LA, Huntington House, Inc., 1989.

Bander, Peter, *The Prophecies of St. Malachy*, Tan Books, Rockford, IL, 1973.

Bebie, Father Philip, C.P., *The Warning*, Printed in 1986 with ecclesiastical permission.

Bessiers, S.J., Albert, *Wife, Mother and Mystic, Blessed Anna Maria Taigi*, Tan Books, 1970.

Bettwy, Sister Isabel, *I am the Guardian of the Faith*, Patricia of Ecuador, Franciscan University Press, Steubenville, OH.

Borelli-Spann, Antonio A. & John R, *Our Lady at Fatima, Prophecies of Tragedy of Hope for America and the World*, Am, TFP, Box 823 Carmel, NY, 1985.

Brown, Michael H., *The Final Hour*, Faith Publishing, Milford, OH, 1992.

Carré, Marie, *AA-1025, The Memoirs of an Anti-Apostle*, Tan Books and Publishers, Rockford, IL.

Carter, Michelle, and Christensen, Michael, *The Childern of Chernobyl – Hope from the Ashes*, Augsburg Fortress, Minneapolis, MN, 1993.

The Catholic World Report, November 1992, Ignatius Press, 2512 McAllister Street, San Francisco, CA.

Connell, Janice T., *The Visions of the Children*, St. Martin's Press, NY, 1992.

Connor, Edward, *Prophecy for Today*, Tan Books, 1984.

Coomaraswamy, Rama, MD., *The Problems with the New Mass*, Tan Books and Publishers, Rockford, IL, 1990.

Culleton, Rev. R. Gerald, *The Prophets and Our Times*, Tan Books, 1974.

Dale, Algina Stone, *The Outline of Sanity, The Life of G.K. Chesterton*, Williams Eerdmons Publishing Co., 1982.

Delaney, John J., *A Woman Clothed With the Sun*, Image Books, 1960.

De Marchi, I.M.C., John, *The Immaculate Heart, The True Story of Fatima*, Farrar, Strauss and Young, NY, 1952.

De Montfort, St. Louis Marie Grignion, *The Secret of the Rosary*, T.O.P., Montfort Publications, Bayshore, NY, 1965. Ebenso, *True Devotion to Mary*, und *Letter to His Missionaries*, aus demselben Verlag.

Devotion to Divine Innocence, Patricia of England, Signs of the Time, 6 Pidgeon Hill Drive, Suite 260, Sterling, VA, Newsletter Volume I, 1990.

Dozulé, *The Messages of Christ, The Glorious Cross in 1972*, Les Amis de la Glorieuse Croix, 171 rue de l'Université, 75007 Paris, France.

Dupont, Yves, *Catholic Prophecy*, Tan Books, Rockford, IL, 1970.

Dupont, Yves, *Prophecies and Portent*, Tenet Books, Hawthorn, Australia.

Dupont, Yves, *The Prophecies of La Fraudais*, Parts I, II, III, Tenet Books.

Faricy, Robert, S.J. and Pecoraio Luciana, *Mary Among Us, The Apparitions at Oliveto Citra*, 1989, Franciscan University Press, Steubenville, OH.

Farrell, Gerald, M.M., and Kosicki, George, C.S.B., *The Spirit and the Bride Say Come*, AMI Press, Asbury, NJ.

Fatima Family Messenger, October-December, 1992, Fatima Family Department, New Hope, KY.

Fatima in Lucia's Own Words, Postulation Center, Fatima, Portugal.

Flame of Love of the Immaculate Heart of Mary, Diary of a Third Order Carmelite, and The Victorious Queen of the World, Sister Natalia of Hungary, second edition, Two Hearts Books, Mountain View, CA, 1991. Dazu deutscher Literaturhinweis: Roth, Sr. Anna, *Das Opfer der Liebe, Offenbarungen und Botschaften der Gottesmutter*, Verlag Salvator mundi, A-3292 Gaming.

Foglein, Stephen A., *The Age of One Fold and One Shepherd is Coming*, Atlas Books, Box 844, Mountain View, CA, 1981.

Francois, Robert, *O Children Listen to Me, Our Lady Teaches at Garabandal*, The Workers of Our Lady of Mount Carmel, PO Box 606, Lindenhurst, NY. Dazu deutscher Literaturhinweis: Speckbacher, Franz, *Garabandal ... Donnerstag 20.30 Uhr*, Mediatrix-Verlag, A-3423 St. Andrä-Wördern, 2. Auflage, 1992.

Freemasonry, Humanum Genus, Encyclical Letter by Pope Leo XIII, April 20, 1834, Servants of Jesus and Mary, Box 258, Constable, NY.

Garabandal, *The Warning and the Miracle, A Summary of Events, 1961 - 1965*, The Workers of Our Lady of Mount Carmel, P.O. Box 606, Lindenhurst, NY.

Gobbi, Don Stefano, *Our Lady Speaks to Her Beloved Priests, Marian Movement of Priests*, P.O. Box 8, St. Francis, ME, 1991 edition. Dazu die in der Übersetzung verwendete deutsche Ausgabe: Gobbi, Don Stefano, *An die Priester die vielgeliebten Söhne der Muttergottes*, Übersetzung aus dem Italienischen, 9. deutschsprachige Ausgabe, Internationales Zentrum Marianische Priesterbewegung, 20122 Milano, 1994.

Golitsyn, Anatoli, *New Lies for Old*, 1984.

Gouin Abbe, *Sister Mary of the Cross, Sherpherdess* (sic!) *of LaSalette*, Melanie Calvat, Marian Centre for Unitas, Catolica (sic!), 31, Parkdale, Wolverhampton, WVI 4TE, England.

Groiler (sic!) Electronic Publishing, Inc., *The Electronic Encyclopedia*, 1990.

Haffert, John M, *Explosion of the Supernatural*, AMI Press, Washington, NJ, 1975.

Haffert, John M, *The Meaning of Akita*, 101 Foundation, P.O. Box 151, Asbury, NJ.

Hebert, Father Albert, S.M., *Prophecies! The Chastisement and the Purification*, P.O. Box 309, Paulina, LA.

Hebert, Father Albert, S.M., *Three Days of Darkness*, P.O. Box 309, Paulina, LA.

Jesus, King of All Nations, written and released by *Signs of the Time*, 6 Pidgeon Hill Drive, Suite 260, Sterling, VA, 20165, Volume 3, 1992.

Jesus and Mary Speak in Ireland, Messages to Christina Gallagher.

Johnston, Francis, Alexandrina, *The Agony and the Glory*, Veritas Pubs., Dublin, 1979, Tan Books, 1982.

Johnston, Francis, *Fatima: The Great Sign*, AMI Press, Washington, NJ, 1980. Published Under Agreement by Tan Books, Rockford, IL.

Johnston, Francis, *When Millions Saw Mary*, Augustin Pub. Co., Chulmleigh, Devon, United Kingdom, 1980.

Jongen, S.M.M., H., *Look – The Madonna is Weeping*, Montfort Pubs., Bayshore, NY, 1959.

Julka of Yugoslavia, *Jesus Calls Us, Volumes 1 and 3, Messages from 1945 to 1976*, Vol 1 Published 1990, Vol 3 published 1988 by In Wahrheit Und Treue (sic!), Postfach 279, CH-8401 Winterthur, Switzerland.

Kah, Gary H., *En Route to Global Occupation*, Huntington House Publishers, 1992.

Karminski, Stanley J, *Our Lady at Garabandal, Signs of the Times*, 6 Pidgeon Hill Drive, Suite 260, Sterling, VA, Volume 3, July 1991.

The Kingship of Christ, Quas Primas, Encyclical Letter of Pope Pius XI, December 11, 1925, Servants of Mary and Jesus, Box 258, Constable, NY.

Kosicki, George W., C.S.B., *Special Urgency of Mercy, Why Sister Faustina?* Franciscan University Press, Steubenville, OH, 1990.

Kowalska, Sister Faustina, Apostle of Divine Mercy, Marian Fathers, Stockbridge, MA.

Kowalska, Sister Faustina, *Divine Mercy in My Soul, The Diary of Sister Faustina*, Marian Press, Stockbridge, MA, 1987. Dazu die in der Übersetzung verwendete deutsche Ausgabe: Kowalska, Sr. Maria Faustyna, *Tagebuch der Schwester Maria Faustyna Kowalska aus der Kongregation der Muttergottes der Barmherzigkeit*, Parvis-Verlag, CH-1648 Hauteville/Schweiz, 4. Auflage, 1996.

Laffineur, Fr. Materne, and Pelletier, M.T., *Star on the Mountain*, Our Lady of Mount Carmel de Garabandal, Inc., Lindenhurst, NJ, 1969.

Langley, Richard, *The Signs of the Time*, June 24, 1992.

The Language of Silence, Apparitions in Shoubra and Zeitun, Signs of the Times, Sterling, VA, Newsletter Volume 1, 1989.

LaSalette, the Apparitions of the Blessed Virgin on the Mountain in 1846, reproduction without commentary, 12th Ave. of Grain d'or, 49600 Beaupreau, France.

Laurentin, Father René, *The Apparitions of the Blessed Virgin Mary Today*, (Revised Edition) 1991, Veritas Pubs.

Lemius, J.B., Reverend, *A Catechism of Modernism*, Founded on the Encyclical Pascendi Dominici Gregis, by Pope Pius X, Tan Books and Publishers, Rockford, IL, 1981.

Leonardi, Mother Elena Patricia, House of the Kingdom of God and Reconciliation of Souls, *Mary's Triumph, Years of Revelation*, Via dei Gracchi, 29 B. Roma, Italia.

Lopez, Theresa, *Denver Apparitions Return Focus to Fatima, Signs of the Times*, 6 Pidgeon Hill Drive, Suite 260, Sterling, VA, Volume 4, 1992.

Lubbock Rosary Messages, Queen of Mercy, 1992, The Queen of Mercy Center, Lubbock, TX.

Mariamante, *The Apostolate of Holy Motherhood*, Compiled and Edited by Mark I. Miravalle, S.T.D., Published by the Riehle Foundation, Milford, Ohio, 1991.

Martin, Malachi, *The Keys of This Blood*, 1990, Simon and Schuster, New York, NY.

Mbukanma, Jude, Dominican, edited by, *On the Eucharist: A Divine Appeal, Revelations to Sister Anna Ali*, D.O.J.G.S., published by Newborne Enterprises Ltd., P.O. Box 21006, U.I. PO Ibadan, Nigeria, 1992. Dazu gibt es auch eine schlechte Übersetzung ins Deutsche, die in dieser Übersetzung keine Verwendung fand: Mbukanma, Padre Jude O., Herausgegeben von, *Göttlicher Appell: (Offenbarungen gerichtet an Sr. Anna)*, Mit Genehmigung der Schwestern des Ordens der Töchter Jesu der gute Hirt voon (sic!) S.E. Monsignore E. Milingo, Editrice Insieme con Gesù Alleluja, 1994.

McAlvany, Donald, S., *Toward a New World Order*, 192 (sic!), Western Pacific Publishing, P.O. Box, Phoenix, AZ, 85071.

Menendez, Sister Josefa, *The Way of Divine Love*, Tan Books, 1973.

Miceli, Vincent, P, S.J., *The Antichrist*, Roman Catholic Books, P.O. Box 255, Harrison, NY.

Michel, Frère, *The Whole Truth About Fatima*: Volume I: Science and the Facts, 1989 Volume 2: The Secret and the Church, 1989 Volume 3: The Third Secret, 1990 Volume 4: In the End My Immaculate Heart Will Triumph-InPreparation, Immaculate Heart Publications, Box 1028, Buffalo, NY.

Mother of the Hidden Wounds, Messages to Patricia of England, Divine Innocence Trust, 9 Broomfield Road, Surbiton, Surrey, KT5 9AZ, England.

Newman, Cardinal John Henry, *Apologia Pro Vita Sua*, Doubleday & Company, 1956.

Odell, Catherine M., *Those Who Saw Her*, Our Sunday Visitor Publishing Division, 1986, Huntingdon, IN.

Our Holy Mother of Virtues, Messages for the Harvest, Volume I, 1992, Apparitions at the Mother Cabrini Shrine, Denver, CO.

Our Lady of America, first printed February 2, 1960, notes from a personal diary, author anonymous.

Our Lady of Fatima's Peace Plan From Heaven, Tan Books, P.O. Box 424, Rockford, Illinois.

Our Lady of Kibeho, Produced by the Marian Guadalupe Press, 6 Whitestrand Park, Galway, Ireland.

Our Lady of Lourdes Shrine in Mellary Grotto, County Waterford, Ireland, Signs of the Times, 6 Pidgeon Hill Drive, Suite 260, Sterling VA.

Our Lady of the Rosary, The Messages of Fatima, Signs of the Time, 6 Pidgeon Hill Drive, Suite 260, Sterling VA, May 1989.

Our Lady's Wounds and Eucharist, Purification to Mankind, Patricia of England, Newsletter Volume 3, April 1991, *Signs of the Time*, 6 Pidgeon Hill Drive, Suite 260, Sterling VA.

O'Reilly, Father James P, *The Story of LaSalette*, J.S. Paluch Co. Inc., 1953.

Our Sunday's Visitor Catholic Encyclopedia, 1991, 220 Noll Plaza, Huntington, IN.

Ottaviani, Cardinal Alfredo, and Bacci, Cardinal Antonio, *The Ottaviani Intervention*, A Short Critical Study of the Mass, Tan Books, Rockford, IL.

Pascual, P. Sanchez-Ventura, *Garabandal, The Apparitions*, St. Michael's Garabandal Center, 889 Palo Verde Ave., Pasadena, CA, 1966.

Pelletier, A.A., Joseph A., *Our Lady Comes to Garabandal*, Assumption Pubs., Worcester, MA, 1971, and *God Speaks at Garabandal*, 1970.

Pelletier, Joseph, A.A., *The Warning of Garabandal*, An interview, The Workers of Our Lady of Mount Carmel, P.O. Box 606, Lindenhurst, NY.

Perleman (sic!), Ida of Amsterdam, *Our Lady of All Nations and the Links Between Akita, Signs of the Times*, 6 Pidgeon Hill Drive, Suite 260, Sterling, VA.

Perleman (sic!), Ida, *Visionary of Amsterdam, The Hour of The Lady of All Peoples*, Earl Massecar translated from the French, L'Armée de Marie, P.O. Box 95, Limoilou, Québec, Canada, G1L T4B, 1978.

Ratzinger, Cardinal Joseph, Messori Vittorio, *The Ratzinger Report*, Ignatius Press, San Francisco, CA, 1985. Für die Übersetzung wurde die deutsche Ausgabe verwendet: Ratzinger, Joseph Kardinal, *Zur Lage des Glaubens, Ein Gespräch mit Vittorio Messori*, Verlag Neue Stadt, 1. Auflage, 1985.

Quito, Ecuador, *Our Lady of Good Fortune in Quito, Ecuador, 1634*, leaflet by Gregorian Press, Holy Family Monastery, 261 Cross Keys Road, Berlin, NJ.

Roberdel, Pierre, *Prophecies of La Fraudais*, 53150 Montsours, France.

Robertson, Pat, *The New World Order*, Thomas Nelson, Inc. Publishing, 1991.

Rosa Mystica Speaks to the World, Signs of the Time, 6 Pidgeon Hill Drive, Suite 260, Sterling, VA. Dazu in deutscher Sprache: Speckbacher, Franz, *Rosa Mystica, Marienerscheinungen in Montichiari-Fontanelle*, Mediatrix-Verlag, A-3423 St. Andrä-Wördern, 3. Auflage, 1986.

San Nicolas, Argentina, Messages edited and published by Faith Publishing, PO Box 237, Milford, OH.

Schmoger, Reverend Carl, CSSR., *Emmerich, Anne Catherine*, Volume 1 and 2, Tan Books, Rockford, IL.

The Secret Letter of Fatima, Two Hearts Books and Publishers, P.O. Box 844, Mountain View, CA.

Shamon, Rev. Albert, *Apocalypse, The Book for Our Times*, Faith Publishing Company, PO Box 237, Milford, OH.

Signs of the Times, 1301 Moran Drive, Suite 303, Sterling, VA, 20166. Publications are quarterly in the form of a magazine reporting on Marian apparitions and spiritual issues of our day. Address and phone are in the order form in the back of this book. many of the topics in this book have ben reported in the form of an article, newsletter, or story/magazine.

Sims, Sister Margaret Catherin, CSJ, *The Apparitions in Betania, Venezuela*, Medjugorje Messengers, 85 Bethany Road, Framingham, MA.

Stimme Des (sic!) Glaubens, *The Pope on the Secret Letter of Fatima*, a speech delivered in Fulda, Germany.

The Syllabus of Errors, The Encyclical of Quanta Cura, issued by Pope Pius IX in 1864, and a *Syllabus Condemning Modernism (Lamentabili Sane)*, issued by Pope Pius X in 1907, The Remnant, 2539 Morrison Ave., St. Paul, MN, 55117.

Terelya, Josyp, and Michael Brown, *Witness*, Faith Publishing Company, Milford, OH, 1991. The vision of Terelya at Marmora, Ontario, Canada, was sent to the authors by Michael Brown, coauthor of *Witness* and author of *The Final Hour*, 1992. Die für diese Übersetzung verwendete deutsche Ausgabe: Terelja, Josip, *Zeugnis von Erscheinungen und Verfolgung in der UdSSR, Eine Autobiographie von Josip Terelja mit Michael H. Brown*, Mediatrix-Verlag, A-3423 St. Andrä-Wördern, 1. Auflage, 1995.

Vincent, R., *Please Come Back to Me and My Son*, 1992, Ireland's Eye Publication, Mullingar, Co., Westmeath, Ireland.

Wallace, Mary Joan, *Medjugorje - Its Backround* (sic!) *and Messages*, Follow Me Communications, 18600 Main Street, Suite 210, Huntington, Beach, CA, 1991.

To the Priests, Our Lady's Beloved Sons, Marian Movement of Priests, P.O. Box 8, St. Francis, ME, 1991.

Yasuda, Teiji, OSV., Akita: *The Tears and Messages*, 101 Foundation, P.O. Box 151, Asbury, NJ. Die für diese Übersetzung verwendete deutsche Ausgabe: Shimura, Tatsuya, Vikar und Administrator der Kathedrale von Tokyo, *Die heilige Jungfrau Maria weint in Japan (Akita), Das Blut und die Tränen der heiligen Jungfrau Maria*, Parvis-Verlag, CH-1631 Hauteville/Schweiz, 1985.

Index

Earthquakes. Abortion. Crime. Family Breakdown. Corruption. War. Are you reading the

Signs Of The Times

A "decade of tears." That's what visionaries are calling the end of this twentieth century–and already the prophecy begins to unfold. Earthquakes. Tornadoes. Bizarre weather. Corruption. Crime. War. Signs of the times.

But we at *Signs of The Times* magazine know there's hope amidst this darkness.

Because in these last days a "Woman Clothed with the Sun" has descended from Heaven, revealing secrets of the future and calling for peace. She's visiting places such as **Betania, Venezuela; Naju, Korea; Kibeho, Rwanda, and Medjugorje, Yugoslavia**. She's come with a message for the whole world.

She's come with a message for you.

Interested in learning more about Mary's messages? Subscribe to *Signs of the Times* magazine, and you'll receive four quarterly issues plus special updates reporting on Heaven's revelations and warnings to our world. **Subscribe today for only $18 per year**. ($30 Canadian Subscriptions / $35 other foreign. U.S. funds only).

Also available... The *Signs of The Times* Binder.
All our issues from 1989 through 1993. Now just $49.95 !
(Just use the order form on the opposite page).

Signs of the Times Apostolate
1301 Moran Drive * Suite 303, Sterling, VA 20166
Tel (703) 421-1300 * Fax (703) 421-1133

Order Form

❑ **Yes,** I want to be kept up-to-date on all of Our Lady's appearances around the world. I've enclosed $18 to subscribe to *Signs of the Times* magazine. I understand I will receive four issues per year, plus special updates and reports (Canadian subscriptions $30 per year, other foreign subscriptions $35).

❑ **Yes,** please send me both **SOT Binders, Volumes I** and **II**, containing all issues of *Signs of the Times* from April 1989 through December 1993 ($49.95 includes shipping and handling).

❑ **Yes,** please send me the **Sot Binder Volume I** containing all issues of the **SOT** newsletters from April 1989 through December 1992 ($34.95 includes shipping and handling).

❑ **Yes,** please send me the **SOT Binder Volume II** containing all issues of the **SOT** magazine from January 1993 through December 1993 ($15 includes shipping and handling).

Donations

❑ **Yes,** I want to help spread Our Lady's messages of peace and conversion throughout the world. I wish to donate $________ per month to become a **Monthly Partner for Our Lady's Peace Plan**.

❑ **Yes,** I want to help spread Our Lady's messages of peace and conversion throughout the world. I've enclosed a one-time donation of $________ to help your apostolate.

My Name ______________________________

Address ______________________________

City, State, Zip ______________________________

Phone (h) ________________ (o) ________________

Recipient of Subscription (if different from above)

My Name ______________________________

Address ______________________________

City, State,Zip ______________________________

Phone (h) ________________ (o) ________________

Payment is by

❑ Check

❑ MasterCard ________________ Exp. ________

❑ Visa ________________ Exp. ________

Signature for credit card orders

____

Order today! Send your mail orders to *Signs of the Times*,
1301 Moran **Drive ✳ Suite** 303, **Sterling, Va 20166**.
Phone Orders: 703-421-1300. **Fax orders: 703-**421-1133.

Ted Flynn ist Vorstandsvorsitzender der ***Eurus Capital Group***, einer internationalen Management-Consulting-Gesellschaft. Er besitzt Hochschuldiplome der Universität von Massachusetts und der American University. Er studierte an der Universität von Freiburg in der Schweiz und an der London School of Economics. Er hat über fünfundvierzig Länder bereist, und er hat den Abschluß eines Magisters der Ökonomie erworben.

Maureen Flynn ist die Vereinsvorsitzende von ***Signs of the Times***, eines wohltätigen Laienapostolats, welches katholische Literatur und Informationen über Marienerscheinungen weltweit verbreitet. Sie besitzt Hochschuldiplome vom Boston College und der Catholic University. Sie hat den Abschluß eines Magisters der Sozialarbeit erworben.